박문각 행정사

조장형
행정사실무법

기본서 | 2차

박문각 행정사연구소 편_조장형

브랜드만족 1위 박문각

2024

5년 최다

전체 수석

합격자 배출

머리말

이 책은 일반행정사 자격시험을 준비하는 수험생을 위하여 박문각 학원용 강의교재로 먼저 집필되었습니다. 그리고 1년 동안 실제 강의를 하면서 발견된 본서의 오탈자와 일부 내용을 보완하여 2024년 제12회 행정사 자격시험을 준비하고자 하는 수험생을 위한 기본서로서의 역할을 수행하고자 이번에 정식으로 신간으로 출판하게 되었습니다. 행정사 자격시험에서 요구하는 행정사실무법은 행정심판법, 비송사건절차법, 행정사법으로 구성되어 있습니다.

모든 자격시험이 그러하듯이 주관식 논술형으로 치루어지는 2차 시험의 특성상 해당 과목의 방대한 내용을 전부 이해하고 암기하여 시험에 임하는 것은 결코 쉬운 작업은 아닙니다. 특히 법학 관련 전공자가 아닌 수험생이 행정사실무법의 내용을 단기간에 제대로 파악하는 것은 사실상 불가능에 가깝습니다.
시험의 횟수가 거듭될수록 시험의 난이도는 높아지고 공부해야 할 내용도 점점 많아지고 있습니다. 이와 같은 이유로 시험을 준비하려는 수험생에게는 체계적으로 잘 정리된 기본서는 선택이 아닌 필수입니다.

이 책은 이러한 점을 충분히 고려하여 다음과 같은 사항에 역점을 두었습니다.

첫째, 행정사실무법의 전체 내용을 소개하면서 시험에 출제될 수 있는 모든 영역을 짜임새 있게 구성하려고 노력하였습니다.

둘째, 2023년 10월까지 개정된 행정사실무법과 관련된 주요법률 내용을 반영하였고 최근의 대법원판례 및 행정심판 재결례를 통해 쟁점이 되는 주요 사항을 체계적으로 정리하였습니다.

셋째, 본서를 쉽게 이해할 수 있도록 기술하고 내용의 높은 완성도를 높이려는 수고를 아끼지 않았습니다.

이번에 신간으로 선보이는 본서가 행정사실무법을 이해하고 행정사 자격시험을 준비하는 모든 수험생 여러분들에게 조금이라도 도움이 되기를 기대합니다.

끝으로 원고의 교정과 편집에 크나큰 수고를 하여주신 박문각 출판·편집부 직원 여러분께 감사의 말씀을 드립니다.

2023년 10월

지은이 조장형

행정사 시험 정보

1. 시험 일정: 매년 1회 실시

원서 접수	시험 일정	합격자 발표
2024년 8월경	2024년 10월경	2024년 12월경

2. 시험 과목 및 시간

▶ 2차 시험

<table>
<tr><th>교시</th><th>입실</th><th>시험 시간</th><th>시험 과목</th><th>문항 수</th><th>시험 방법</th></tr>
<tr><td>1교시</td><td>09:00</td><td>09:30~11:10
(100분)</td><td>[공통]
① 민법(계약)
② 행정절차론(행정절차법 포함)</td><td rowspan="2">과목당
4문항
(논술 1,
약술 3)
※ 논술 40점,
약술 20점</td><td rowspan="2">논술형 및
약술형
혼합</td></tr>
<tr><td>2교시</td><td>11:30</td><td>• 일반/기술
행정사
11:40~13:20
(100분)

• 외국어번역
행정사
11:40~12:30
(50분)</td><td>[공통]
③ 사무관리론
(민원처리에 관한 법률 및 행정효율과 협업 촉진에 관한 규정 포함)
[일반행정사]
④ 행정사실무법(행정심판사례, 비송사건절차법)
[기술행정사]
④ 해사실무법(선박안전법, 해운법, 해사안전법, 해양사고의 조사 및 심판에 관한 법률)
[외국어번역행정사]
해당 외국어(외국어능력시험으로 대체 가능한 영어, 중국어, 일본어, 프랑스어, 독일어, 스페인어, 러시아어 등 7개 언어에 한함)</td></tr>
</table>

외국어능력검정시험 성적표 제출

2차 시험 원서 접수 마감일 전 2년 이내에 실시된 것으로 기준 점수 이상이어야 함

● 영어

시험명	TOEIC	TEPS	TOEFL	G-TELP	FLEX	IELTS
기준 점수	쓰기시험 150점 이상	쓰기시험 71점 이상	쓰기시험 25점 이상	GWT 작문시험에서 3등급 이상(1, 2, 3등급)	쓰기시험 200점 이상	쓰기시험 6.5점 이상

● 일본어, 중국어, 스페인어, 프랑스어, 독일어, 러시아어

시험명	FLEX (공통)	신HSK (중국어)	DELE (스페인어)	DELF/DALF (프랑스어)	괴테어학 (독일어)	TORFL (러시아어)
기준 점수	쓰기 시험 200점이상	6급 또는 5급 쓰기 60점 이상	C1 또는 B2 작문 15점 이상	C2 독해/작문 25점 이상 및 C1 또는 B2 작문 12.5점 이상	C2 또는 B2 쓰기 60점 이상 및 C1 쓰기 15점 이상	1~4단계 쓰기 66% 이상

시험의 면제

1. **면제 대상:** 공무원으로 재직한 사람과 외국어 번역 업무에 종사한 경력이 있는 사람 등은 행정사 자격시험의 전부 또는 일부가 면제된다(제2차 시험 일부 과목 면제).

2. **2차 시험 면제 과목**

일반/기술행정사	행정절차론, 사무관리론
외국어번역행정사	민법(계약), 해당 외국어

합격자 결정 방법

1. **합격기준:** 1차 시험 및 2차 시험 합격자는 과목당 100점을 만점으로 하여 모든 과목의 점수가 40점 이상이고, 전 과목의 평균 점수가 60점 이상인 사람으로 한다(단, 2차 시험에서 외국어시험을 외국어능력검정시험으로 대체하는 경우에는 해당 외국어시험은 제외).

2. **최소합격인원:** 2차 시험 합격자가 최소선발인원보다 적은 경우에는 최소선발인원이 될 때까지 모든 과목의 점수가 40점 이상인 사람 중에서 전 과목 평균점수가 높은 순으로 합격자를 추가로 결정한다. 이 경우 동점자가 있어 최소선발인원을 초과하는 경우에는 그 동점자 모두를 합격자로 한다.

출제경향 분석

2023년도 제11회 행정사실무법의 문제의 수준은 전반적으로 평이하다고 할 수 있습니다. 소위 예상하지 못한 문제의 출제는 없었고 출제 가능성이 있다고 예상되었던 문제가 출제되었습니다. 따라서 꾸준히 학습한 수험생들은 수월하게 시험을 보았을 것이고, 직전 연도의 높은 체감난이도에 맞추어 공부량을 대폭 늘려 공부했던 수험생들은 작은 허탈함도 느꼈을 것이라 추측도 하여봅니다. 이와 같은 추측은 지난 제10회 행정사 시험에서 행정사실무법의 과락율이 70.35%에 해당할 정도로 이례적으로 높았던 터라 적지 않은 수험생들이 이번 제11회 시험을 준비하면서 행정사실무법에 많은 공을 들였을 것이라 충분히 예상할 수 있다는 점에 기인합니다.

올해 출제 문제를 살펴보면, 아래 [기출문제 분석표] 내용과 같이 논술형 문제로 출제되었던 행정심판 사례 문제는 행정쟁송(행정심판, 행정소송)에서 다루었던 실제 재결과 판례를 응용한 문제로 「행정심판법」의 중요 쟁점을 다룬 전형적인 문제입니다. 그리고 약술형으로 출제된 「행정사법」과 「비송사건절차법」 문제 역시 해당 법률의 기본적인 문제가 출제되었습니다. 전체적으로 이번 행정사실무법 시험의 출제는 수험가에서 일반적으로 예상한 바와 같이 「행정심판법」 부분에서는 특별행정심판 제도가 배제되었고, 「비송사건절차법」에서는 총칙 부분만이 출제되어 그동안의 출제경향과 범위를 그대로 유지하는 수준에 머물렀습니다. 다만, 내년을 준비하는 수험생은 그동안 시험 범위에서 사실상 배제되었던 특별행정심판과 「비송사건절차법」의 각칙 부분인 민사비송사건, 상사비송사건 등은 언제든지 출제 가능하므로 이에 대한 준비는 여전히 필요합니다.

통상의 자격시험에서 요구되는 논술형의 자격시험은 대체로 해를 거듭할수록 시험의 난이도가 지속적으로 상승하는 경향을 보이면서도 일정한 경우에는 기출문제 수준의 평이한 문제로 시험의 난이도를 조정하려는 경향을 보이고 있습니다. 따라서 내년을 준비하는 수험생은 그동안의 기출문제를 완벽히 분석하고 기출문제에서 중요 부분으로 다루지 아니하였던 부분과 특별행정심판제도 부분도 심도 있게 준비를 하여야 할 것입니다.

끝으로 행정사실무법의 사례형 논술 문제의 답안은 출제자의 의도(질문의 요지)를 정확히 파악하는 것에서부터 출발함을 거듭하여 강조해 드립니다. 출제자의 의도된 질문과 무관한 내용으로 답안지를 채우는 것은 득점에 도움이 되지 않으므로, 해당 질문에 맞추어 평소 답안지를 구성하는 습관을 꾸준히 연습하고 연마하는 것이 빠른 합격을 보장한다는 사실을 수험생 여러분들은 반드시 숙지하여야 합니다.

| 역대 행정사실무법 기출문제 분석표 |

구분	행정사법	행정심판법	비송사건절차법
제1회		•청구의 인용여부–사정재결(40점) •행정심판위원회의 위원 등의 제척, 기피, 회피(20점)	•비송사건의 심리방법(20점) •재판상의 대위(20점)
제2회	•업무정지사유와 업무정지처분효과의 승계(40점)	•청구의 인용여부–신뢰보호(40점)	•비송사건절차의 종료 사유(20점) •과태료 재판에 대한 불복방법(20점)
제3회	•장부검사와 자격취소(20점)	•청구요건의 적법 여부 및 거부처분의 적법 여부(40점)	•토지관할, 우선관할 및 이송(15점) •관할법원의 지정(5점) •항고의 의의 및 종류(20점)
제4회	•과태료 부과대상자의 유형 및 내용(20점)	•임시처분(40점)	•재판의 방식과 고지(20점) •비송사건의 대리(20점)
제5회	•업무신고와 그 수리 거부(20점)	•청구요건의 충족 여부(20점) •처분사유의 추가(20점)	•재판의 취소•변경(20점) •과태료재판의 적법 여부(20점)
제6회	•행정사와 그 사무직원의 금지행위와 벌칙(20점)	•의무이행심판의 대상적격과 청구인적격의 적법 여부(20점) •인용재결의 기속력(20점)	•재판의 효력(20점) •절차비용의 부담자 및 비용액의 재판(20점)
제7회	•행정사의 의무와 책임(20점)	•관할행정심판위원회 및 참가인(20점) •시정명령과 직접처분 및 간접강제(20점)	•비송사건절차의 특징(20점) •비송사건에서의 증거조사(20점)
제8회	•업무신고의 기준과 행정사업무신고확인증(20점)	•행정심판의 청구기간(20점) •비례원칙(20점)	•비송사건의 대리(20점) •항고기간과 항고제기의 효과(20점)
제9회	•행정사법인의 설립과 설립인가의 취소(20점)	•행정심판의 피청구인과 근로복지공단의 심사청구 및 산업재해보상보험재심사위원회의 재심사청구의 법적성질(20점) •처분사유의 추가(20점)	•비송사건절차의 개시 유형(20점) •비송사건과 민사소송사건의 구별기준 및 차이점(20점)
제10회	•행정사법인의 업무신고 및 그 수리의 거부와 행정사법인의 업무수행방법(20점)	•거부처분의 대상적격 여부와 거부처분에 대한 집행정지 허용 여부(20점) •인용재결의 기속력(20점)	•「비송사건절차법」상 기일(20점) •비송사건의 재량이송과 그 이송재판의 효력(20점)
제11회	•행정사의 자격취소와 업무정지(20점)	•거부처분에 대한 집행정지 인용 여부(20점) •간접강제(20점)	•비송사건의 토지관할과 이송(20점) •비송사건 재판에 대한 항고와 효과(20점)

구성 및 활용법

1

체계적인 교재 구성

주요 내용을 시험 출제영역에 따라 체계적으로 구성하였다. Chapter별로 시험에 나올 가능성이 있는 내용을 모두 수록해 독자들이 이 책 한권으로 행정사실무법을 모자람 없이 학습할 수 있도록 하였다.

Chapter 01 행정심판제도 개관

제1절 행정심판과 행정구제

행정심판은 위법·부당한 행정권의 행사로부터 국민의 권리 또는 이익을 보호하고 구제하기 위한 제도로 행정구제로서의 기능을 가지고 있다.

1. 행정구제의 의의

행정구제란 행정주체의 행정작용으로 인하여 권리나 이익이 침해되었다고 주장하는 자가 국가기관에 그 침해에 대한 원상회복, 손해전보 또는 당해 행정작용의 취소·변경 등을 청구하거나, 기타 피해구제·예방조치를 요구하고, 이에 대하여 행정기관 또는 법원이 심리·판정하는 일련의 절차를 말한다.

2. 행정구제의 종류

일반적인 행정구제 제도로서 실체적인 제도인 행정상의 손해전보로서 손실보상과 국가배상이 있고, 절차법적 제도인 행정쟁송으로 행정심판과 행정소송이 있다. 한편, 행정구제는 사전·사후적 행정구제로 구분하기도 하는데, 사전적인 구제로는 행정절차, 청원, 고충민원,[1] 옴부즈만[2] 등이 있으며, 사후적인 구제로는 행정상의 손해전보(국가배상, 손실보상)와 행정쟁송(행정심판, 행정소송)이 있다.

가. 사전적 권리구제

행정주체의 위법·부당한 행위로 국민의 권리 또는 이익의 침해가 발생하기 전에 이를 예방하는 제도로 행정절차, 청원, 고충민원, 옴부즈만 등이 있다.

1) 국민권익위원회(국무총리 소속의 합의제 행정기관)에서의 국민고충민원처리

2) 옴부즈만(=호민관)제도는 1809년 스웨덴의 사법호민관 제도에서 시작된 것으로 옴부즈만은 위법·부당한 행정활동에 대하여 비사법적인 수단으로 국민을 보호하는 공무원을 말한다. 한국의 국민권익위원회의 국민고충민원처리제도는 옴부즈만제도와 유사하다.

이론 관련 법조문 및 판례 수록

본문 내용과 관련된 법률, 규정, 시행규칙 등을 함께 수록해 따로 관련 법률을 찾지 않고도 바로 학습이 가능하도록 구성하였으며, 관련 판례도 충분히 수록해 이론학습에 효율성을 더하였다.

www.pmg.co.kr

판례 및 재결례

외국인에게 사증발급거부처분취소청구의 청구인적격을 부정한 사례

① 사증발급의 법적 성질, 출입국관리법의 입법 목적, 사증발급 신청인의 대한민국과의 실질적 관련성, 상호주의원칙 등을 고려하면, 우리 출입국관리법의 해석상 외국인에게는 사증발급 거부처분의 취소를 구할 법률상 이익이 인정되지 않는다(대법원 2018.5.15. 선고 2014두42506 판결).

② 외국인에게는 입국의 자유를 인정하지 않는 것이 세계 각국의 일반적인 입법 태도이고, 우리 「출입국관리법」의 입법 목적은 '대한민국에 입국하거나 대한민국에서 출국하는 모든 국민 및 외국인의 출입국관리를 통한 안전한 국경관리, 대한민국에 체류하는 외국인의 체류관리와 사회통합 등에 관한 사항을 규정'하는 것인 바, 사증발급기준과 절차에 관한 「출입국관리법」과 그 하위법령의 규정들은 대한민국의 출입국 질서와 국경관리라는 공익을 보호하려는 취지일 뿐, 외국인에게 대한민국에 입국할 권리를 보장하거나 대한민국에 입국하고자 하는 외국인의 사익까지 보호하려는 취지로 해석하기는 어렵다. 이와 같은 사증발급의 법적 성질, 「출입국관리법」의 입법 목적 등을 고려하면, 우리 「출입국관리법」의 해석상 외국인에게는 사증발급 거부의 취소를 구할 법률상 이익이 인정되지 않는다고 봄이 타당하다. 따라서 이 사건 심판청구는 이 사건 거부의 취소를 구할 법률상 이익이 없는 자가 제기한 부적법한 청구이다(중앙행정심판위원회 2020.11.17.자 2020-13680 재결).

사. 청구인 적격의 흠결의 효과

청구인 적격이 없는 심판청구는 부적법한 청구로 각하된다. 행정심판 절차진행 중 청구인 적격을 상실한 경우에는 청구인의 지위승계문제가 생길 수 있다. 지위가 승계되지 않는 경우에는 부적법한 청구로 각하된다. 행정심판위원회는 청구인 적격 여부를 조사해야 하며 이를 간과하고 행한 재결은 재결에 고유한 하자가 있는 것으로 재결취소소송의 대상이 된다.

판례

「행정심판법」에 의한 행정심판 절차에서 임의적인 청구인의 변경은 원칙적으로 허용되지 않는 것이므로, 청구인 적격 없는 자가 제기한 심판청구는 부적법한 것으로서 흠결이 보정될 수 없는 것이다(대법원 1990.2.9.선고 89누4420 판결).

3. 피청구인 적격

피청구인은 청구인으로부터 행정심판을 청구받은 상대방인 당사자를 말한다. 행정심판의 피청구인은 처분을 한 행정청(의무이행심판의 경우에는 청구인의 신청을 받은 행정청)이 된다(법 제13조 제1항 본문).

제17조【피청구인의 적격 및 경정】① 행정심판은 처분을 한 행정청(의무이행심판의 경우에는 청구인의 신청을 받은 행정청)을 피청구인으로 하여 청구하여야 한다. 다만, 심판청구의 대상과 관계되는 권한이 다른 행정청에 승계된 경우에는 권한을 승계한 행정청을 피청구인으로 하여야 한다.
② 청구인이 피청구인을 잘못 지정한 경우에는 위원회는 직권으로 또는 당사자의 신청에 의하여 결정으로써 피청구인을 경정(更正)할 수 있다.

3

독자의 이해를 돕는 상세한 설명

이론 및 법조문, 판례의 중요한 부분에 밑줄로 표시하였고, 참고적으로 알아둘 필요가 있거나 부가설명이 필요한 내용에는 각주를 달아 내용을 상세하게 기술하였다. 빠른 학습을 원할 때는 중요 부분을 위주로 공부할 수 있고, 더 깊이 있는 학습을 원할 때는 각주 내용을 참고하여 공부할 수 있다.

www.pmg.co.kr

나. 필요적 기재사항

처분에 대한 심판청구의 경우에는 심판청구서에 ① 청구인의 이름과 주소 또는 사무소(주소 또는 사무소 외의 장소에서 송달받기를 원하면 송달장소를 추가 기재함) 및 청구인이 법인이거나 청구인 능력이 있는 법인이 아닌 사단 또는 재단이거나 행정심판이 선정대표자나 대리인에 의하여 청구되는 것일 때에는 청구인의 이름과 주소 외에 그 대표자 · 관리인 · 선정대표자 또는 대리인의 이름과 주소, ② 피청구인과 위원회, ③ 심판청구의 대상이 되는 처분의 내용,[156] ④ 처분이 있음을 알게 된 날,[157] ⑤ 심판청구의 취지와 이유,[158] ⑥ 피청구인의 행정심판 고지 유무와 그 내용,[159] ⑦ 청구인 등의 서명 또는 날인[160] 등 **필요적 기재사항**이 반드시 포함되어야 한다(법 제28조 제2항 · 제3항 · 제4항 · 제5항).

재결례

「행정심판법」 제3조, 제27조 제1항에 따르면 행정청의 '처분'에 대하여 행정심판을 청구할 수 있으며, 행정심판은 처분이 있음을 알게 된 날부터 90일 이내에 청구하여야 한다고 되어 있는 바, 이 사건에서 청구인은 피청구인이 운전면허 취소처분을 하기 전에 미리 이 사건 행정심판을 청구하여 심판청구 당시에는 행정심판의 대상인 '처분'이 존재하지 않는 하자 있는 심판청구에 해당하였다. 그러나 행정심판제도는 준사법절차라는 점, 국민의 권리구제를 도모하고자 마련된 행정심판제도의 목적과 취지, 분쟁의 일회적이고 효율적인 해결의 필요성 등을 고려할 때 행정심판청구요건의 구비 여부는 재결시를 기준으로 판단함이 타당하다 할 것이고, 이 사건에서 심판청구 이후 피청구인이 이 사건 운전면허 취소처분을 하였으므로 위 하자는 치유되었다 할 것이어서 이 사건 심판청구는 청구요건을 갖춘 적법한 청구에 해당한다(중앙행정심판위원회 2020.12.22.자 2020-21266 재결).

다. 엄격한 형식을 요하는지 여부

판례는 표제나 형식 여하 등을 불문(예 이의신청 · 진정서 · 답변서 등)하고 권리 등을 침해받은 자가 처분의 취소를 구하는 서면이 제출된 경우 행정심판 청구로 볼 수 있고,[161] 진정서의 형식으로 제출된 서류도 행정심판 청구서로 볼 수 있다[162]고 판시하여 행정심판 청구를 엄격한 형식을 요하지 않는 행위로 보았다.

156) 심판청구는 처분 또는 부작위에 대하여 불복하여 그 취소나 변경을 요구하는 것이므로 심판청구의 대상이 되는 처분의 내용을 특정하여야 하고, 그 부작위의 전제가 되는 신청의 내용과 날짜를 적어야 한다(법 제28조 제3항).

157) 행정심판위원회는 처분의 사전통지만 했을 뿐 처분이 아직 이루어지지 않았거나, 처분이 당사자에게 도달하기 전이거나 또는 처분의 효력이 발생하기 전에 심판청구서가 제출된 사안에서 이 사건 심판청구 당시에는 행정심판의 대상인 처분이 존재하지 않으므로 부적법한 청구이나 심판계속 중에 처분서가 상대방에게 도달되어 효력이 발생한 경우에는 하자가 치유되었다 하여 이 사건 심판청구는 청구요건을 갖춘 적법한 청구에 해당된다고 보았다(중앙행정심판위원회 2020.12.22.자 2020-21266 재결).

158) 청구취지는 해당 심판청구를 인용하는 재결을 하는 경우에 재결의 주문이 된다. 청구취지의 이유는 심판청구서 제출 이후 심리 중에도 수시로 보충서면을 통해 청구인의 주장을 보충하거나 상대방의 주장을 반박하는 내용으로 보충할 수 있다(법 제33조 제1항).

159) 행정청이 처분을 할 때에는 처분의 상대방에게 ① 해당 처분에 대하여 행정심판을 청구할 수 있는지 ② 행정심판을 청구하는 경우의 심판청구 절차 및 심판청구 기간을 알려야 한다(법 제58조 제1항).

조 제5항).

4

학습에 도움이 되는 관련 법령

책의 뒷부분에 행정사실무법 관련 법령을 수록함으로써, 학습에 정확성과 효율성을 높일 수 있도록 하였다.

www.pmg.co.kr

행정사법

[시행 2022. 11. 15.]
[법률 제19034호, 2022. 11. 15., 일부개정]

제1장 총칙

제1조 【목적】 이 법은 행정사(行政士) 제도를 확립하여 행정과 관련한 국민의 편익을 도모(圖謀)하고 행정제도의 건전한 발전에 이바지함을 목적으로 한다.

제2조 【업무】 ① 행정사는 다른 사람의 위임을 받아 다음 각 호의 업무를 수행한다. 다만, 다른 법률에 따라 제한된 업무는 할 수 없다.
1. 행정기관에 제출하는 서류의 작성
2. 권리 · 의무나 사실증명에 관한 서류의 작성
3. 행정기관의 업무에 관련된 서류의 번역
4. 제1호부터 제3호까지의 규정에 따라 작성된 서류의 제출 대행(代行)
5. 인가 · 허가 및 면허 등을 받기 위하여 행정기관에 하는 신청 · 청구 및 신고 등의 대리(代理)
6. 행정 관계 법령 및 행정에 대한 상담 또는 자문에 대한 응답
7. 법령에 따라 위탁받은 사무의 사실 조사 및 확인

② 제1항에 따른 업무의 내용과 범위는 대통령령으로 정한다.

제3조 【행정사가 아닌 사람에 대한 금지 사항】 ① 행정사가 아닌 사람은 다른 법률에 따라 허용되는 경우를 제외하고는 제2조에 따른 업무를 업(業)으로 하지 못한다.
② 행정사가 아닌 사람은 행정사 또는 이와 비슷한 명칭을 사용하지 못한다.

제4조 【행정사의 종류】 행정사는 소관 업무에 따라 일반행정사, 해사행정사 및 외국어번역행정사로 구분하고, 종류별 업무의 범위와 내용은 대통령령으로 정한다. <개정 2020. 6. 9.>

제2장 행정사의 자격과 시험

제5조 【행정사의 자격】 행정사 자격시험에 합격한 사람은 행정사 자격이 있다.

제6조 【결격사유】 다음 각 호의 어느 하나에 해당하는 사람은 행정사가 될 수 없다. <개정 2016. 1. 27.>
1. 피성년후견인 또는 피한정후견인
2. 파산선고를 받고 복권(復權)되지 아니한 사람
3. 금고 이상의 실형을 선고받고 그 집행이 끝나거나(집행이 끝난 것으로 보는 경우를 포함한다) 집행이 면제된 날부터 3년이 지나지 아니한 사람
4. 금고 이상의 형의 집행유예를 선고받고 그 유예기간이 끝난 날부터 2년이 지나지 아니한 사람
5. 금고 이상의 형의 선고유예를 받고 그 유예기간에 있는 사람
6. 공무원으로서 징계처분에 따라 파면되거나 해임된 후 3년이 지나지 아니한 사람
7. 제30조에 따라 행정사 자격이 취소된 후 3년이 지나지 아니한 사람

제7조 【행정사자격심의위원회】 ① 행정사 자격의 취득과 관련된 다음 각 호의 사항을 심의하기 위하여 행정안전부에 행정사자격심의위원회를 둘 수 있다. <개정 2013. 3. 23., 2014. 11. 19., 2017. 7. 26.>
1. 행정사 자격시험 과목 등 시험에 관한 사항
2. 행정사 자격시험 선발 인원의 결정에 관한 사항
3. 행정사 자격시험의 일부면제 대상자의 요건에 관한 사항
4. 그 밖에 행정사 자격의 취득과 관련한 중요 사항

② 행정사자격심의위원회의 구성 및 운영에 필요한 사항은 대통령령으로 정한다.

제8조 【행정사 자격시험】 ① 행정사 자격시험은 행정안전부장관이 실시한다. <개정 2013. 3. 23., 2014. 11. 19., 2017. 7. 26.>
② 행정사 자격시험은 제1차시험과 제2차시험으로 구분하여 실시한다.
③ 행정안전부장관은 행정사 자격시험의 관리에 관한 업무를 「한국산업인력공단법」에 따른 한국산업인력공단에 위탁할 수 있다. <개정 2013. 3. 23., 2014. 11. 19., 2017. 7. 26.>
④ 행정사 자격시험의 시험과목, 시험방법, 그 밖에

차 례

Part 01 행정심판법

Part 02 비송사건절차법

차 례

부록 행정사실무법 관련 법령

행정사
조장형 행정사실무법

PART

01

행정심판법

행정심판제도 개관

제1절 행정심판과 행정구제

행정심판은 위법・부당한 행정권의 행사로부터 국민의 권리 또는 이익을 보호하고 구제하기 위한 제도로 행정구제로서의 기능을 가지고 있다.

1. 행정구제의 의의

행정구제란 행정주체의 행정작용으로 인하여 권리나 이익이 침해되었다고 주장하는 자가 국가기관에 그 침해에 대한 원상회복, 손해전보 또는 당해 행정작용의 취소・변경 등을 청구하거나, 기타 피해구제・예방조치를 요구하고, 이에 대하여 행정기관 또는 법원이 심리・판정하는 일련의 절차를 말한다.

2. 행정구제의 종류

일반적인 행정구제 제도로서 실체적인 제도인 행정상의 손해전보로서 손실보상과 국가배상이 있고, 절차법적 제도인 행정쟁송으로 행정심판과 행정소송이 있다. 한편, 행정구제는 사전・사후적 행정구제로 구분하기도 하는데, 사전적인 구제로는 행정절차, 청원, 고충민원,[1] 옴부즈만[2] 등이 있으며, 사후적인 구제로는 행정상의 손해전보(국가배상, 손실보상)와 행정쟁송(행정심판, 행정소송)이 있다.

가. 사전적 권리구제

행정주체의 위법・부당한 행위로 국민의 권리 또는 이익의 침해가 발생하기 전에 이를 예방하는 제도로 행정절차, 청원, 고충민원, 옴부즈만 등이 있다.

---

1) 국민권익위원회(국무총리 소속의 합의체 행정기관)에서의 국민고충민원처리

2) 옴부즈만(=호민관)제도는 1809년 스웨덴의 사법호민관 제도에서 시작된 것으로 옴부즈만은 위법・부당한 행정활동에 대하여 비사법적인 수단으로 국민을 보호하는 공무원을 말한다. 한국의 국민권익위원회의 국민고충민원처리제도는 옴부즈만제도와 유사하다.

나. 사후적 권리구제

(1) 개념

행정작용 등으로 인하여 국민의 권리 또는 이익의 침해가 발생한 경우에 당해 행정작용을 시정하거나 그로 인한 손해를 전보하여 주는 제도이다. 행정구제라고 할 때 사후적 권리구제가 일반적 의미로 사용된다.

(2) 행정상 손해전보(損害塡補)

행정상 손해전보는 국가의 적법 또는 위법한 행정행위에 의하여 국민의 권익이 침해당할 경우 그 손해를 금전 등으로 전보하는 것으로, 위법한 행정행위로 발생한 손해를 전보하는 행정상 손해배상[3]과 적법한 행정행위에 의해 발생한 특별한 손실을 전보하는 행정상 손실보상[4]이 있다.

(3) 행정쟁송

행정상 법률관계에 관한 다툼을 행정기관이 심판하는 행정심판절차와 당사자의 청구에 의하여 법원이 심판하는 행정소송절차가 있다.

제2절 행정쟁송제도 개관

1. 행정쟁송의 개념

행정쟁송은 **행정상 법률관계의 형성 또는 존부에 관한 다툼**을 권한 있는 국가기관(행정청 또는 법원)이 유권적으로 심리·판정하는 절차를 말한다.

2. 행정쟁송의 종류

(1) 행정심판

행정심판이란 행정기관이 행정상의 법률관계의 분쟁에 대해 심리·판정하는 절차로, 국민은 행정청의 위법 또는 부당한 처분이나 부작위로 권리 또는 이익을 침해당한 경우 행정심판을 통해 구제받을 수 있다(행정심판법 제1조).

---

3) 행정상 손해배상에 관한 일반법으로 「국가배상법」이 있으며, 「국가배상법」은 공무원의 위법행위로 인한 국가배상책임과 영조물 책임을 규정하고 있다.

4) 행정상 손실보상에 관한 일반법은 없고, 개별 법률만이 있다. 예를 들어 토지수용에 관해서는 「공익사업을 위한 토지 등의 취득 및 보상에 관한 법률」이 있고, 그 밖에 「하천법」 등 개별 법률에서 규정하고 있다.

(2) 행정소송

법원에서 행정상의 법률관계에 관한 분쟁에 대해 심리・판정하는 절차로, 국민은 행정청의 위법한 처분 그 밖의 공권력의 행사・불행사 등으로 권익을 침해당한 경우 행정소송을 통해서도 구제받을 수 있다(행정소송법 제1조).

(3) 행정심판과 행정소송의 구별

양자의 같은 점은 ① 행정의 합법성의 보장을 통하여 위법한 처분에 의하여 침해된 국민의 권익구제를 목적으로 하는 실질적 쟁송이라는 점, ② 심리에 있어 직권심리주의, 불고불리(不告不理)의 원칙, 불이익변경금지의 원칙 및 집행부정지 원칙이 적용된다는 점, ③ 원칙적으로 대심적 심리구조(청구인 대 피청구인, 원고 대 피고)를 취하는 점, ④ 법률상 이익이 있는 자만이 청구할 수 있다는 점, ⑤ 적법한 쟁송의 제기가 있는 한 판단기관은 이를 심리・판단할 의무를 지는 점, ⑥ 사정재결 또는 사정판결이 인정되는 점, ⑦ 행정심판의 재결 또는 행정소송의 판결에 기속력 또는 기판력 등 특별한 법적 효력이 부여되는 점, ⑧ 위법한 처분이나 부작위를 대상으로 한다는 점, ⑨ 일정한 기간 내에 제기해야 한다는 점, ⑩ 참가인 제도, 청구의 변경이 있다는 점, ⑪ 복심적 쟁송・항고쟁송・주관적 쟁송인 점 등이다.
양자의 다른 점은 ① 행정심판은 권익구제기능과 자율적 행정통제기능을 함께 하지만 행정소송은 권익구제기능을 주된 목적으로 하는 점, ② 행정심판은 행정기관이 하며 형식적 의미의 행정작용인 데 반하여 행정소송은 법원이 행하며 사법작용이라는 점, ③ 행정심판은 행정의 적법성에 대한 판단뿐만 아니라 합목적성(당・부당)의 판단도 하는 반면에 행정소송은 행정의 적법성에 대한 판단만을 하는 점, ④ 행정심판은 서면심리와 구술심리를 할 수 있지만 주로 서면심리를 하는 데 반하여 행정소송은 구술심리를 원칙으로 하는 점, ⑤ 행정심판에서는 의무이행심판이 인정되는 반면에 행정소송에서는 의무이행소송이 없다는 점, ⑥ 행정심판은 원처분을 다른 처분으로 변경하는 변경재결이 가능하나 행정소송에서는 원처분을 소극적으로 변경하는 판결만 가능한 점, ⑦ 행정심판에서는 임시처분제도가 있으나 행정소송에는 없다는 점 등에서 차이가 있다.

구분	행정심판	행정소송
적용법률	행정심판법(일반법)	행정소송법
존재이유	자율적 통제, 전문성 확보	타율적 통제, 독립성 확보
심판기관	행정청(행정심판위원회)	법원
성질	• 행정작용+준사법적 작용 • 약식쟁송 • 행정통제적 성격이 강함	• 사법작용 • 정식쟁송 • 행정구제적 성격이 강함
심리/공개 여부	• 구술 또는 서면심리 • 비공개원칙	• 구술심리원칙 • 공개원칙
쟁송대상	• 위법·부당한 처분+부작위 • 재결	• 위법한 처분+부작위 • 위법한 재결 • 대통령의 처분 또는 부작위
종류	취소심판, 무효등확인심판, 의무이행심판(거부처분, 부작위)	취소소송, 무효등확인소송, 부작위위법확인소송
심판청구(제소) 기간	• 취소심판(거부처분에 대한 의무이행심판 포함): 처분이 있음을 알게 된 날로부터 90일, 처분이 있었던 날로부터 180일 • 무효등확인심판 및 부작위에 대한 의무이행심판: 기간 제한×	• 취소소송: 처분등이 있음을 안 날로터 90일, 처분등이 있는 날로부터 1년 • 무효등확인소송: 기간 제한× • 부작위위법확인소송: 기간 제한×(단. 행정심판 등 전심절차를 거친 경우는 재결서 정본을 송달받은 날부터 90일)
재결/판결	• 위법과 부당을 모두 판단 • 취소심판: 취소재결, 변경재결, 변경명령재결 • 의무이행심판: 처분재결, 처분명령재결 • 사정재결: 취소심판과 의무이행심판에서 인정(재결주문에 위법 또는 부당함을 명시)	• 위법사유만 판단(부당은 기각사유) • 취소판결만 가능 • 사정판결: 취소판결에만 인정(판결주문에 위법함을 명시)
의무이행쟁송의 인정 여부	의무이행심판 인정	의무이행소송 불채택
거부처분에 대한 쟁송형태	의무이행심판+취소심판	취소소송
부작위에 대한 쟁송형태	의무이행심판	부작위위법확인소송
적극적 변경 여부	가능	불가능
재결(판결)의 기속력 확보수단	시정명령, 직접처분, 간접강제	간접강제
가구제	집행정지, 임시처분	집행정지

3. 행정심판전치주의와 행정심판임의주의

가. 입법례

행정심판과 행정소송의 관계를 어떻게 조정할 것인지에 관하여, 행정심판전치주의(=필요적 행정심판전치주의)와 행정심판임의주의(=임의적 행정심판전치주의)의 두 가지 입법례가 있다. 행정심판전치주의는 항고소송의 제기에 앞서 필수적으로 행정심판을 거치도록 하는 것임에 비해, 행정심판임의주의는 행정심판을 거치는 것을 항고소송의 요건으로 요구하지 아니하고 원고의 선택에 맡기는 것이다.

「행정소송법」은 종래 행정심판전치주의를 택하고 있었으나, 1994. 7. 27. 법률 제4770호로 개정(시행 1998. 3. 1.)으로 행정소송에도 3심제를 채택하고 아울러 전심절차로서 행정심판은 행정심판임의주의를 원칙으로 채택하였다.

나. 행정심판임의주의(원칙)

(1) 취지

「행정소송법」 제18조 제1항 본문과 이를 부작위위법확인소송에도 준용하도록 하는 동법 제38조 제2항으로 행정심판임의주의가 원칙임을 명문으로 규정되었다. 여기서 말하는 행정심판은 행정기관이 재결청이 되는 행정쟁송을 총칭하는 것으로 실정법상 행정심판, 이의신청,[5] 심사청구,[6] 심판청구, 소청심사[7] 등으로 불리는 모든 경우를 포함하는 개념이다.

「행정소송법」 제18조 【행정심판과의 관계】 ① 취소소송은 법령의 규정에 의하여 당해 처분에 대한 행정심판을 제기할 수 있는 경우에도 이를 거치지 아니하고 제기할 수 있다. 다만, 다른 법률에 당해 처분에 대한 행정심판의 재결을 거치지 아니하면 취소소송을 제기할 수 없다는 규정이 있는 때에는 그러하지 아니하다.

② 제1항 단서의 경우에도 다음 각 호의 1에 해당하는 사유가 있는 때에는 행정심판의 재결을 거치지 아니하고 취소소송을 제기할 수 있다.

1. 행정심판청구가 있은 날로부터 60일이 지나도 재결이 없는 때
2. 처분의 집행 또는 절차의 속행으로 생길 중대한 손해를 예방하여야 할 긴급한 필요가 있는 때
3. 법령의 규정에 의한 행정심판기관이 의결 또는 재결을 하지 못할 사유가 있는 때
4. 그 밖의 정당한 사유가 있는 때

③ 제1항 단서의 경우에 다음 각 호의 1에 해당하는 사유가 있는 때에는 행정심판을 제기함이 없이 취소소송을 제기할 수 있다.

1. 동종사건에 관하여 이미 행정심판의 기각재결이 있은 때

---

5) 「지방세기본법」, 「국세기본법」에 의한 지방세 및 국세 부과·징수처분에 대한 제1심적 불복절차, 「공익사업을 위한 토지등의 취득 및 보상에 관한 법률」에 의한 수용재결에 대한 불복절차

6) 「감사원법」에 의한 직무등에 관한 처분에 대한 불복절차

7) 공무원이 징계처분 그 밖에 그 의사에 반하는 불리한 처분이나 부작위에 대하여 불복하는 절차

2. 서로 내용상 관련되는 처분 또는 같은 목적을 위하여 단계적으로 진행되는 처분중 어느 하나가 이미 행정심판의 재결을 거친 때
3. 행정청이 사실심의 변론종결후 소송의 대상인 처분을 변경하여 당해 변경된 처분에 관하여 소를 제기하는 때
4. 처분을 행한 행정청이 행정심판을 거칠 필요가 없다고 잘못 알린 때

④ 제2항 및 제3항의 규정에 의한 사유는 이를 소명하여야 한다.

제38조【준용규정】 ① 제9조, 제10조, 제13조 내지 제17조, 제19조, 제22조 내지 제26조, 제29조 내지 제31조 및 제33조의 규정은 무효등 확인소송의 경우에 준용한다.
② 제9조, 제10조, 제13조 내지 제19조, 제20조, 제25조 내지 제27조, 제29조 내지 제31조, 제33조 및 제34조의 규정은 부작위위법확인소송의 경우에 준용한다.

(2) 행정심판임의주의에서의 행정심판청구의 실익

행정심판임의주의하에서는 행정처분으로 인하여 권리이익을 침해받은 자가 행정심판만을 제기할 수도 있고, 행정심판과 행정소송을 동시에 청구하거나 또는 행정심판을 거쳐 행정소송을 청구할 수도 있다. 한편, 행정심판에서는 ① 행정처분의 위법뿐만 아니라 부당을 주장할 수 있고, ② 절차가 비교적 간단하고, ③ 행정심판에서 권리구제를 받지 못하였다 하더라도 행정소송절차에서 행정심판기록 제출명령제도에 의하여 간편하게 소송자료를 얻을 수 있는 장점이 있다.

다. 행정심판전치주의(예외)

(1) 취지

「행정소송법」 제18조 제1항 단서(동법 제38조 제2항 포함)는 취소소송과 부작위위법확인소송에서 예외적으로 행정심판전치주의(행정심판을 청구하기만 하면 되는 것이 아니라 원칙적으로 재결까지 거칠 것을 요구)가 적용되는 사건이 있음을 밝히고 있다.
이러한 필요적 전치주의는 주로 대량으로 행하여진 처분이나 전문・기술적인 성질을 띤 처분 등에 대하여 소송에 앞서 행정심판을 거치도록 함으로써 행정청에게 스스로 시정할 기회를 마련하여 주어 행정청이 전문지식을 활용하여 자율적이고 능률적으로 행정작용을 하도록 하는 한편, 법원의 부담을 줄이려는 데에 그 취지가 있다.[8]

(2) 행정심판전치주의가 적용되는 사건

① 법률의 근거

제소에 앞서 필요적으로 행정심판을 거치도록 하기 위해서는 처분의 근거가 되는 형식적 의미의 법률에 필요적 전치를 요하는 규정이 있어야 한다.[9]

---

8) 대법원 2010.6.25. 선고 2007두12514 전원합의체 판결 등

9) 법률 이외의 법규명령이나 규칙・조례로는 이를 규정할 수 없다.

② **명시적 규정(=현행법상 행정심판전치주의의 적용을 받는 처분)**[10]

법률에 '행정심판의 재결을 거치지 아니하면 취소소송을 제기할 수 없다'는 취지의 명시적 규정이 필요하다.[11] 필요적 전치주의는 예외적인 제도이므로, 재결을 거치지 아니하면 소송을 제기할 수 없음이 명시적으로 규정되어 있어야 한다.[12]

현행법상 필요적 전치를 거쳐야 하는 대표적인 예로 (ⅰ) 공무원에 대한 징계 기타 불이익 처분(국가공무원법 제16조 제1항, 교육공무원법 제53조 제1항, 지방공무원법 제20조의2),[13] (ⅱ) 「국세기본법」 및 「지방세기본법」과 「관세법」상의 처분(국세기본법 제56조 제2항, 지방세기본법 제98조 제3항, 관세법 제120조 제2항),[14] (ⅲ) 운전면허취소처분 등 「도로교통법」에 의한 각종 처분(도로교통법 제142조, 다만, 과태료처분과 통처분은 제외), (ⅳ) 해양수산부장관의 외국선박에 대한 시정조치명령과 출항정지명령(선박안전법 제68조 제7항), (ⅴ) 해양수산부장관 등의 검사·검정 및 확인(선박안전법 제72조 제3항)을 들 수 있다.[15]

라. 개별 법률상 필요적 행정심판전치주의 규정의 적용 완화

「행정소송법」은 개별 법률에서 행정심판전치주의를 채택하고 있는 경우라고 하더라도 전심절차를 일률적으로 행정심판 재결을 거치도록 요구하면 국민의 권리구제에 불필요한 장애가 되는 때가 있다. 이에 따라 「행정소송법」은 필요적 전치가 요구되는 사건이라 하더라도 일정한 요건 아래 예외를 인정함으로써 일률적으로 행정심판을 거치도록 하는 데서 오는 폐단을 방지하고 있다(행정소송법 제18조 제2항·제3항).[16] 예외에 해당하는 경우로 ① 행정심판을 청구한 후 60일을 경과할 때까지 행정심판의 재결을 받지 못한 때 등 행정심판을 청구하였으나 심판

10) 법원행정처, 법원실무제요(행정), 2016, 175면

11) 예를 들어, 「도로교통법」상의 처분에 대한 행정소송은 반드시 행정심판을 거쳐야만 제기할 수 있도록 되어 있다.
「도로교통법」 제142조 【행정소송과의 관계】 이 법에 따른 처분으로서 해당 처분에 대한 행정소송은 행정심판의 재결(裁決)을 거치지 아니하면 제기할 수 없다[전문개정 2011.6.8.].

12) 개별 법률에 이러한 명시적 규정이 없이 단지 행정심판이 제기에 관한 근거 규정만 두고 있는 경우는 1998.3.1.자로 모두 임의적 전치절차로 전환되었다(대법원 1999.12.20.자, 99무42 결정)[시정명령등효력정지].

13) 일반공무원: 처분이 있음을 안 날로부터 30일 이내 소청심사위원회에 심사 청구(국가공무원법 제76조, 지방공무원법 제20조의2), 소청결정서 송달일로부터 **90일** 이내에 소송(행정소송법 제20조)
교원인 공무원: 처분이 있었던 것을 안 날로부터 30일 이내에 교원소청심사위원회에 소청심사 청구, 소청결정서를 송달받은 날로부터 **30일**(시행일: 2021.9.24., 종전 90일) 이내에 소송(교원의지위향상및교육활동보호를위한특별법 제9조, 제10조, 교원소청에관한규정 제2조)

14) 「지방세법」상의 처분에 불복하는 경우 지방세심의위원회에 이의신청 및 심사청구를 거쳐야만 행정소송을 제기할 수 있도록 규정하였던 「구 지방세법」 제78조 제2항 및 제81조가 위헌으로 결정(헌재 2001.6.28. 선고 2000헌바30 전원재판부)된 이후 2001.12.29. 「지방세법」 개정으로 삭제됨으로서 지방세법상의 특별행정심판절차는 임의적 전치절차로 되었다. 그러나, 2019년 12월 31일 「지방세기본법」을 개정(시행일: 2021.1.1.)하여 행정심판전치주의를 다시 도입하였다(지방세기본법 제98조 제3항).

15) 그 밖에 「노동조합 및 노동관계조정법」상의 중앙노동위원회의 재심판정(제85조 제2항)이나 특허청의 특허거절심결, 토지수용사건에서 토지수용위원회의 재결, 「감사원법」상의 재심의판정 등과 같이 원처분이 아니라 행정심판 재결만이 소송의 대상이 되는 사건의 경우에도 행정심판을 거쳐야 한다. 다만, 이는 재결주의가 채택된 결과이므로 통상적인 필요적 전치주의 사건과는 구별된다.

16) 다만, 이러한 행정심판 전치의 예외는 어디까지나 행정소송의 원고를 위한 것이므로 행정심판을 거칠 필요가 없음에도 불구하고 이를 거쳤다 하더라도, 제소기간의 기산점을 재결서 송달일이 아닌 처분이 있음을 안 날로 함으로써 원고에게 불리하게 하여서는 안 된다.

절차가 끝나지 않아도 행정소송을 제기할 수 있는 때와,[17] ② 동종사건에 관하여 이미 행정심판의 기각재결이 있는 때[18] 등 행정심판의 청구 자체를 요하지 아니하는 때에는 행정심판을 거치지 않고 행정소송을 제기할 수 있도록 하고 있다(행정소송법 제18조 제2항 · 제3항). 예외사유는 행정심판의 재결을 거치지 않고 소송을 제기한 원고가 소명하여야 한다(행정소송법 제18조 4항). 현행법상 필요적 전치를 요하는 대표적 처분인 「국세기본법」 및 「관세법」상의 처분에 대하여는 위 각 개별법에서 「행정소송법」 제18조 제1항 본문과 함께 동법 제2항 · 제3항의 규정까지 그 적용을 배제하고 있으므로 행정심판전치주의의 완화는 이들 세법상의 처분에는 그대로 적용되지 않음에 주의를 요한다(국세기본법 제56조 제2항, 관세법 제120조 제2항).[19]

4. 사안별 행정심판전치주의의 적용 여부

개별 법률에서 행정심판전치주의를 채택하고 있는 경우에도 행정심판전치주의가 적용되어야 하는지 여부가 이론상 논란이 되는 경우를 사안별로 살펴본다.[20]

가. 당사자소송

행정심판은 항고쟁송이기 때문에, 당사자가 항고소송[21]으로 제기하는 경우에만 행정심판전치주의가 적용된다. 공법상의 법률관계에 관한 소송인 당사자소송[22]에는 그 성질상 행정심판전치주의가 적용되지 않는다. 「행정소송법」에서는 당사자소송에는 행정심판전치주의가 적용되지 않는다는 것을 명시하고 있다(행정소송법 제44조).

---

17) [행정심판 제기는 하되 재결 없이 제소할 수 있는 경우] **[경중규정]**
① 행정심판을 청구한 후 60일을 **경**과할 때까지 행정심판의 재결을 받지 못한 때
② 처분의 집행 등으로 생길 **중**대한 손해를 예방해야 할 긴급한 필요가 있을 때
③ 법령의 **규**정에 의한 행정심판기관이 의결 또는 재결을 하지 못할 사유가 있는 때
④ 그 밖의 **정**당한 사유가 있는 때

18) [행정심판 제기 없이 바로 제소할 수 있는 경우] **[기이변잘]**
① 동종사건에 관하여 이미 행정심판의 **기**각재결이 있는 때
② 서로 내용상 관련되는 처분 또는 같은 목적을 위하여 단계적으로 진행되는 처분 중 어느 하나가 **이미** 행정심판의 재결을 거친 때
③ 행정청이 사실심변론종결 후 소송의 대상인 처분을 **변**경하여 당해 변경된 처분에 관하여 소를 제기한 때
④ 처분을 행한 행정청이 행정심판을 거칠 필요가 없다고 **잘**못 알린 때 등

19) **「국세기본법」 제56조 【다른 법률과의 관계】** ② 제55조에 규정된 위법한 처분에 대한 행정소송은 「행정소송법」 제18조 제1항 본문, 제2항 및 제3항에도 불구하고 이 법에 따른 심사청구 또는 심판청구와 그에 대한 결정을 거치지 아니하면 제기할 수 없다. 다만, 심사청구 또는 심판청구에 대한 제65조 제1항 제3호 단서(제81조에서 준용하는 경우를 포함한다)의 재조사 결정에 따른 처분청의 처분에 대한 행정소송은 그러하지 아니하다.
「관세법」 제120조 【「행정소송법」 등과의 관계】 ② 제119조에 따른 위법한 처분에 대한 행정소송은 「행정소송법」 제18조 제1항 본문, 제2항 및 제3항에도 불구하고 이 법에 따른 심사청구 또는 심판청구와 그에 대한 결정을 거치지 아니하면 제기할 수 없다. 다만, 심사청구 또는 심판청구에 대한 제128조 제1항 제3호 후단(제131조에서 「국세기본법」을 준용하는 경우를 포함한다)의 재조사 결정에 따른 처분청의 처분에 대한 행정소송은 그러하지 아니하다.

20) 국민권익위원회 · 중앙행정심판위원회, 행정심판의 이론과 실무, 2022. 34~38면(사안별 행정심판전치주의의 적용 여부에 관한 상세한 내용은 김기표, 신행정심판법론, 한국법제연구원, 2003. 689~734면 참조)

21) 항고소송이란 행정청의 처분 등이나 부작위에 대해 제기하는 소송을 말한다. 즉 처분 등 자체를 대상으로 하는 소송이다.

22) 당사자소송이란 행정청의 처분등을 원인으로 하는 법률관계에 관한 소송, 그 밖의 공법상 법률관계에 관한 소송으로서 그 법률관계의 한쪽 당사자를 피고로 하는 소송을 말한다(행정소송법 제3조 제2호). 처분 자체를 대상으로 하는 것이 아니라 (처분의 무효 · 취소를 전제로) 공권력의 행사 · 불행사의 결과로서 생긴 법률관계를 대상으로 한다는 점에서 항고소송과 구별된다.

나. 무효등 확인소송

무효등 확인소송에 대해서는 행정심판전치주의가 적용되지 않는다. 무효인 행정행위는 외형상으로는 행정행위가 존재하더라도 법적으로는 처음부터 효력이 발생되지 않은 상태에 있는 것이기 때문이다.

「행정소송법」은 무효등 확인소송을 항고소송의 일종으로 하면서도(행정소송법 제4조), 무효등 확인소송에는 행정심판전치주의가 적용되지 않는다고 명시하고 있다(행정소송법 제38조 제1항). 그러나 당사자소송이나 무효등 확인소송에 행정심판전치주의가 필요한 취소청구를 예비적으로 병합하는 때에는 그 예비적 청구에 대하여는 행정심판전치주의가 적용된다.

판례

주위적 청구가 전심절차를 요하지 아니하는 당사자소송이더라도 병합 제기된 예비적 청구가 항고소송이라면 이에 대한 전심절차 등 제소의 적법요건을 갖추어야 한다(대법원 1989.10.27. 선고 89누39 판결).

다. 무효선언의 뜻에서의 취소소송

처분의 무효선언의 뜻에서의 취소를 구하는 취소소송에 대해서 행정심판전치주의가 적용되는지의 여부에 대하여 판례는 적극설을 취하고 있다. 적극설은 처분의 무효사유와 취소사유는 객관적으로 뚜렷하지 않고 상대적일 뿐만 아니라 무효확인을 구하는 뜻에서라고 하더라도 그 소송의 방식이 취소소송의 형식을 취하고 있다면 「행정소송법」상 취소소송의 제기요건이 적용되어야 하므로 행정심판전치주의도 적용되는 것이라는 것이다.

판례

[판례 1]

처분의 무효를 선언하는 의미에서 취소를 구하는 소송도 항고소송의 일종이므로 전심절차를 거쳐야 한다(대법원 1987.9.22. 선고 87누482 판결).

[판례 2]

처분의 당연무효를 선언하는 의미에서 취소를 구하는 행정소송을 제기한 경우에도 제소기간의 준수 등 취소소송의 제소요건을 갖추어야 한다(대법원 1993.3.12. 선고 92누11039 판결).

라. 복효적 행정행위의 제3자의 제소(=제3자의 취소소송)

복효적 행정행위(=제3자효 행정행위)에 있어서 처분의 직접 상대방이 아닌 이해관계 있는 제3자가 행정소송(경업자소송, 인인소송 등)을 제기하는 경우에 행정심판전치주의를 적용할 것인지에 관해 적극설이 통설 및 판례이다. 판례는 행정심판제기기간에 대해서만 특례를 인정하고, 행정심판전치주의는 적용된다는 입장을 취하고 있다. 개별 법률에서 행정심판전치주의를 항고소송의 제기를 위한 필요적 요건으로 하고 있는 경우에는 「행정소송법」 제18조 제2항 및 제3항에서 규정하고 있는 행정심판전치주의의 예외에 해당하지 않는 한 제3자라는 이유만으로 행정심판을 거치지 않고 행정소송을 제기할 수 있다고 하는 것은 타당성이 없다는 것이다. 「행정소송법」은 '정당한 사유가 있는 때'에 해당한다 하더라도 행정심판은 제기해야 하고, 다만 재결을 거치지 아니할 수 있는 경우로 규정하고 있기 때문에(행정소송법 제18조 제2항 제4호), 제3자라고 하더라도 행정심판은 일단 제기해야 한다.[23]

판례

처분의 상대방이 아닌 제3자는 「행정심판법」 제18조 제3항 본문 소정의 제척기간 내에 심판청구가 가능하였다는 특별한 사정이 없는 한 그 제척기간에 구애됨이 없이 행정기관에 행정심판을 제기할 수 있으나, 어떠한 경우에도 행정심판을 제기함이 없이 곧바로 행정소송을 제기할 수 없다고 보아야 할 것이다(대법원 1989.5.9. 선고 88누5150 판결, 대법원 1991.5.28. 선고 90누1359 판결).

마. 2단계 이상의 행정심판 절차[24]

개별 법령에서 2단계의 행정심판을 모두 거치도록 규정하고 있지 아니하는 이상, 행정심판 전치주의의 취지에 비추어 한 번의 행정심판만을 거치는 것으로 충분하며,[25] 원고가 임의로 한 번의 행정심판만을 거친 채 행정소송을 제기할 경우 그 제소기간은 1단계(1차) 행정심판 청구에 대한 결정의 정본을 송달받은 날부터 기산하여야 한다.

바. 전치요건의 충족을 위한 인적 관련의 정도(=동일인 관련성)

행정심판의 청구인과 행정소송의 원고와의 사이에 어느 정도의 관련성이 있어야 행정심판전치주의의 요건을 충족한 것으로 볼 것인가 하는 것이 인적 관련성의 문제이다. 행정심판전치주의의 취지는 이미 행한 처분에 대하여 행정청에 재심사의 기회를 주려는 데에 있는 것이므로, 특정한 처분에 대한 행정심판이 한 번 있었으면 다시 행정심판을 거칠 필요가 없다. 특정한 처분에 대하여 행정심판의 청구인과 행정소송의 원고가 동일인일 필요는 없다. 어떤 처분이 여러 사람을 상대로 행하여진 경우 그중 한 사람이 행정심판을 거친 경우에는 나머지 사람은 행정심판을 거치지 않고 행정소송을 제기할 수 있다.[26]

판례

동일한 처분에 의하여 여러 사람이 동일한 의무를 부담하는 경우 그중 한 사람이 적법한 행정심판을 제기하여 행정청으로 하여금 그 처분을 시정할 수 있는 기회를 가지게 한 이상 나머지 사람은 행정심판을 거치지 아니하더라도 행정소송을 제기할 수 있다(대법원 1988.2.23. 선고 87누704 판결).

---

23) 김기표, 신행정심판법론, 한국법제연구원, 2003, 729~730면; 박송규, 행정심판법, 한국법제연구원, 1998. 245면; 이상규, 행정쟁송법, 법문사, 2000, 272면

24) 개별 법령에서 2단계 이상의 행정심판절차를 규정하는 경우가 있다. 그 예로는, 「산업재해보상보험법」상의 보험급여에 관한 결정에 대한 심사청구와 재심사청구(산업재해보상보험법 제103조, 제106조), 「국민연금법」상의 국민연금에 관한 처분에 대한 심사청구와 재심사청구(국민연금법 제108조, 제110조), 「지방세법」상의 처분에 대한 이의신청과 심판청구(지방세기본법 제90조, 제91조, 〈개정 2019.12.31〉) 등이 있다.

25) 대법원 2002.11.26. 선고 2002두6811 판결, 대법원 2003. 8. 22. 선고 2001두3525 판결 등

26) 국민권익위원회 · 중앙행정심판위원회, 행정심판의 이론과 실무, 2022, 36면

사. 전치요건의 충족을 위한 물적 관련의 정도(=대상처분의 관련성)

행정심판의 청구원인과 행정소송의 청구원인이 어느 정도 일치해야만 행정심판전치주의 요건을 충족한 것으로 볼 수 있는가에 대하여 판례는 양자가 반드시 일치할 필요는 없고 각 청구원인이 기본적인 점에서 동일성이 유지되면 된다고 보고 있다. 「행정소송법」은 제18조 제3항 제2호에서 '서로 내용상 관련되는 처분 또는 같은 목적을 위하여 단계적으로 진행되는 처분 중 어느 하나가 이미 행정심판의 재결을 거친 때'에는 행정심판을 제기하지 않고 행정소송을 제기할 수 있다고 하고 있다.

판례

「행정소송법」 제18조 제3항 제2호에서, 선·후 수개의 처분 중 그 선처분과 후처분이 서로 내용상 관련되어 일련의 발전적 과정에서 이루어진 것이라든가 후처분이 그 선처분의 필연적 결과로서 이루어진 경우에 있어 그 선처분에 대한 행정심판의 재결을 거친 때에는 후처분에 대하여 별도의 행정심판을 거치지 아니하고도 소를 제기할 수 있도록 한 취지는, 비록 형식적으로는 별개의 처분이라 하더라도 그 별개의 처분에 깔려 있는 분쟁사유가 공통성을 내포하고 있어서 그 선처분에 대한 전치절차의 경유만으로도 이미 그 처분행정청으로 하여금 스스로 재고, 시정할 수 있는 기회를 부여한 것으로 볼 수 있어 후처분에 대하여는 다시 전치요건을 갖추지 아니하고서도 행정소송을 제기할 수 있도록 함으로써 무용한 절차의 반복을 피하고 행정구제제도의 취지를 살리기 위한 것이다(대법원 1994.11.22. 선고 93누11050 판결).

아. 처분 전의 행정심판청구

구체적인 처분이 있기 전에 사전통보 등을 받고 이에 대하여 행정심판청구를 한 경우 해당 심판청구는 부적법한 것이므로 이를 행정소송을 위한 적법한 전심절차로 볼 수 없다. 그러나 그에 대한 재결이 있기 전에 그 심판청구의 대상이 된 사전통보행위와 동일성이 인정되는 처분이 행하여졌다면 그 시점에서 해당 행정심판청구의 하자는 적법한 것으로 치유되었다고 볼 것이고, 그런 행정심판청구를 전제로 제기한 행정소송은 소정의 전심절차를 이행한 것으로 보는 것이 타당하다는 것이 판례의 입장이다.

판례

납세의무자가 비록 과세처분이 있기 전에 소득금액의 변동통지에 대한 심사청구를 한 것이라고 하여도 그 심사청구의 취지 중에 소득금액의 변동통지 후에 필연적으로 뒤따르게 될 과세처분을 예견하여 그 취소까지 함께 구하는 취지가 포함되어 있고, 그에 대한 심사결정이 있기 전에 과세처분의 납세고지가 있었다면 위 심사결정에는 과세처분의 당부에 관한 실질적인 심리·판단이 있었다고 볼 것이고, 이에 대하여 불복하여 심판청구를 하였다면 위 과세처분의 취소를 구한 것이라고 볼 것이므로 위 과세처분취소소송에 관하여 국세기본법 소정의 전심절차를 거쳤다고 보아야 한다(대법원 1989.10.10. 선고 88누11292 판결).

자. 부적법한 심판청구를 각하하지 않고 본안재결을 한 경우

부적법한 심판청구(청구인 적격이 없는 제3자가 제기한 심판청구, 처분이 아닌 것을 대상으로 제기한 심판청구, 심판청구 기간 경과 후에 제기된 심판청구 등)에 대하여 행정심판위원회가 이를 간과하여 본안에 대하여 재결을 하였을 경우에는 그 부적법이 치유된다고 할 수 없으므로 행정심판을 거친 것으로 볼 수 없다. 따라서 행정심판 전치요건을 충족한 것으로 볼 수 없다는 것이 판례의 입장이다.

판례

처분의 취소를 구하는 항고소송의 전심절차인 행정심판청구가 기간도과로 인하여 부적법한 경우에는 행정소송 역시 전치의 요건을 충족하지 못한 것이 되어 부적법 각하를 면치 못하는 것이고, 이 점은 행정청이 행정심판의 제기기간을 도과한 부적법한 심판에 대하여 그 부적법함을 간과한 채 실질적인 재결을 하였다 하더라도 달라지는 것은 아니다(대법원 1991.6.25. 선고 90누8091 판결).

차. 적법한 심판청구를 각하한 경우

적법한 행정심판에 대하여 행정심판위원회가 각하하고 본안에 대하여 재결하지 않은 경우에는 행정심판 전치요건이 충족된 것으로 보아야 한다. 행정심판기관의 과오로 인하여 국민에게 권익구제의 기회를 배제하는 것은 타당하지 않다. 행정심판 전치요건을 갖추었는지의 여부에 대한 판단은 법원의 직권조사사항이므로 행정청에서 각하하였다 하더라도 법원에서 직권으로 조사하여 적법하게 제기된 행정심판이라고 판단되면 행정심판 전치요건을 갖춘 것으로 인정해야 한다.

판례

당사자가 과세처분에 대한 심사청구를 함에 있어서 구체적인 부당사유를 일일이 열거하지 아니하고 국세청장의 보정요구에도 응하지 아니하여 심사청구가 각하되고, 같은 이유로 심판청구가 각하되었다고 하더라도 그 과세처분에 대하여 전부 불복임을 표시하였고 처분청이 심사청구에 대한 의견서로서 구체적 처분사유를 기재함으로써 국세청장이 불복사유를 알 수 있었으며, 또한 그 후 심판청구를 하면서 이를 제대로 보정하였다면 그 하자는 치유되는 것으로 봄이 타당하므로 위 과세처분에 대한 적법한 전심절차를 거친 것으로 볼 수 있다(대법원 1990.10.12. 선고 90누2383 판결).

5. 행정심판과 행정소송의 중복 제기

1998년부터 행정심판임의주의가 채택됨에 따라 처분에 대하여 불복하는 자는 개별 법률에서 행정심판을 거치도록 규정하고 있는 경우 외에는 행정심판을 거치지 않고 바로 행정소송을 제기할 수 있게 되었다.[27)]

행정심판과 행정소송의 동시 제기를 금지하는 명문규정은 없다. 따라서 처분에 불복하는 자는 종전처럼 행정심판을 청구한 후 그 결과에 따라 행정소송을 제기할 수도 있고, 행정심판을 청구하지 않고 바로 행정소송을 제기할 수도 있으며, 행정심판과 행정소송을 동시에 또는 순차적으로 제기할 수도 있다. 행정심판과 행정소송이 동시 또는 순차적으로 제기된 경우 양자 사이에 절차의 우선 관계에 대하여 특별히 규정된 것이 없기 때문에 양 절차는 각각 별도로 진행된다.

다만 재판실무에서는 개별 법률에서 행정심판전치주의를 채택하고 있는 경우에 행정심판을 청구하면서 취소소송도 함께 제기하는 때에는 이를 부적법한 제소로 보아 각하하는 것이 아니라 재결이 있기까지 기다리거나 심판청구일로부터 60일이 도과하기를 기다려 행정심판전치주의에 대한 하자가 치유된 것으로 보고 본안판단을 하는 것이 통상적이다.[28)]

27) 1995년 국무총리 소속으로 설치된 행정쇄신위원회 주관으로 행정심판 제도개선 시에 행정심판과 행정소송의 동시 제기를 금지하여 불필요한 행정절차를 배제해야 한다는 의견이 제시되기도 하였으나 중복청구를 금지할 경우 재판의 전심절차로서 행정심판을 할 수 있다는 「헌법」 제107조 제3항에 위반될 소지가 있다는 의견이 제기됨에 따라 행정심판과 행정소송의 동시 제기를 금지하는 규정을 두지 않았다.

28) 사법연수원, 행정구제법, 2012, 142면
한편, 행정심판 계속 중에 행정소송에서 기각으로 확정판결이 난 사건이더라도 행정심판에서 부당한 처분으로 판단되는 경우에는 확정판결에 구애되지 않고 부당을 이유로 인용재결을 할 수 있다. 행정심판에서 인용재결이 내려지면 행정소송은 소의 이익이 없게 되므로 원칙적으로 각하판결을 해야 한다는 견해도 있다(박균성, 행정법강의, 박영사, 2021, 648면).

행정심판 일반론

제1절 행정심판의 개관

1. 행정심판의 의의

가. 개념

(1) 행정심판

행정심판은 행정청의 위법 또는 부당한 처분, 그밖에 공권력의 행사·불행사에 대해서 행정기관이 심리·판정하는 절차를 말한다. 실정법상 행정심판임에도 이의신청, 심사청구, 재심청구, 심판청구 등 여러 가지 명칭으로 사용되고 있다.

(2) 행정심판의 법적 성격

행정심판은 행정상의 법적분쟁에 대하여 판단하는 사법적 작용의 성격과 행정기관이 행정목적 실현을 위하여 행하는 행정적 작용의 성격을 함께 가지고 있다.

즉, 행정심판은 사법작용과 행정작용이라는 2가지의 법적 성격을 동시에 가지고 있다. 행정심판은 행정상의 분쟁에 대해 사실을 인정하고 그에 대하여 법을 해석·적용하여 분쟁을 심판한다는 점에서 권익구제절차로서 사법적 작용이다. 또한 행정심판은 행정기관이 일정한 행정적 의사를 행하는 사후적 행정절차로서 행정법관계의 분쟁을 규율하고 일정한 행정질서를 형성·유지·소멸시킴으로써 행정목적의 실현을 도모하는 행정작용에 해당한다.[29)]

(3) 일반법으로서 행정심판법

행정심판에 관하여 다른 특별법이 있으면 특별법이 우선 적용되며, 그 법이 규정하지 않은 사항에 대해서는 「행정심판법」이 적용된다.

29) 따라서 행정심판의 재결은 처분의 성질을 가지며, 행정행위가 기지고 있는 일반적 성질인 공정력, 불가변력, 불가쟁력 등을 가진다.

나. 행정심판과 구별되는 유사제도

(1) 이의신청

이의신청은 위법・부당한 처분이나 부작위에 대해 그 처분청이나 부작위청에 대하여 제기하는 쟁송절차를 말한다. 실정법상으로는 이의신청, 이의제기, 심사청구 등 다양한 용어가 사용되고 있다. 종전에 이의신청은 개별법에 근거가 있는 경우에만 제기할 수 있었으나, 「행정기본법」의 제정으로 행정심판의 대상이 되는 모든 처분에 대하여 30일 이내에 해당 행정청에 이의신청을 할 수 있도록 하고, 이의신청 결과에 불복하는 경우에는 그 결과를 통지받은 날부터 90일 이내에 행정심판이나 행정소송을 제기할 수 있도록 하고 있다.[30)]

이런 점에서 「행정기본법」에서 말하는 이의신청은 준사법절차를 갖춘 행정심판에 해당하지 않는 불복절차를 말한다고 할 수 있다.[31)]

(2) 고충민원

고충민원이란 행정기관 등의 위법・부당하거나 소극적인 처분(사실행위 및 부작위 포함) 및 불합리한 행정제도로 인하여 국민의 권리를 침해하거나 국민에게 불편 또는 부담을 주는 사항에 관한 민원을 말한다(부패방지 및 국민권익위원회의 설치와 운영에 관한 법률 제2조 제5호).

고충민원은 ① 처분 외에 불합리한 행정제도도 대상으로 한다는 점, ② 법적 쟁송수단이 아닌 옴부즈만제도와 유사한 비쟁송적이고 보충적인 행정구제라는 점, ③ 신청권자에 제한은 없고 누구나 신청할 수 있다는 점, ④ 제기기간의 제한이 없다는 점, ⑤ 고충민원의 결정은 기속력은 없고 단지 관계기관에 대한 권고적 효력만이 있다는 점에서 행정심판과는 다르다.

판례는 고충민원의 신청이 행정심판청구에 해당하지는 않으나, 고충민원 신청서가 행정기관의 처분에 대하여 시정을 구하는 취지임이 내용상 분명한 것으로서 해당 행정청 또는 그 재결기관에 이송된 경우에는 행정심판청구가 제기된 것으로 보고 있다(대법원 1995.9.29. 선고 95누5332 판결).

(3) 청원

청원은 국가기관에 대해 권익의 구제 또는 공익을 위한 일정한 권한행사를 요구하는 것이다. 따라서 공공제도의 개선과 관련된 법률의 개선에 대한 희망까지 표시가 가능하다. 「헌법」 제26조는 청원권을 국민의 기본권으로 규정하고 있으며 이에 근거하여 「청원법」이 제정되어 있다. 청원은 국가기관이면 대상기관, 제기권자, 제기기간, 심사절차 등에 제한이 없음에 반해 행정심판은 심판청구권자, 심판청구기간・대상 등에 엄격한 제한이 있다.

30) 「행정기본법」 제36조는 공포 후 2년이 경과한 날(2023.3.24.)부터 시행되고 있다.

31) 박균성, 행정법론(상), 박영사, 2021, 1075면

(4) 진정

진정은 법령의 형식과 절차에 의하지 않고, 널리 행정청에 대해서 일정한 희망을 진술하는 것을 말한다. 진정은 법적 구속력이나 효과를 발생하지 않는 사실행위에 불과하므로 진정에 대한 회답은 법적 효력이 없는 데 반하여 행정심판은 재결에 기속력이 인정된다는 점에서 다르다. 판례는 행정기관이 진정을 거부하는 통지를 하더라도 이로써 진정인의 권리·의무 또는 법률관계에 어떠한 영향을 미치는 것은 아니다(대법원 1991.8.9. 선고 91누4195 판결). 진정의 형식인 경우에도 그 내용이 행정심판을 청구하는 취지의 진정서라면 행정심판청구로 보아야 한다(대법원 1995.9.5. 선고 94누16250 판결).

2. 행정심판의 존재 이유[32)]

가. 권익구제의 신속성·효율성과 비용절감

행정심판은 행정소송에 비해 국민의 권익구제의 신속성과 비용절감이라는 면에서 보다 효율적이다. 행정소송은 국민의 권익구제에 충실하나 상당한 시일과 변호사 선임비용 등 소송비용이 많이 든다. 이에 반해 행정심판은 간이한 절차(약식절차)로 재결까지의 소요기간이 짧고 인용재결의 경우에는 재결의 기속력으로 피청구인이 불복하여 행정소송을 제기할 수 없어 신속하게 심판절차를 마무리할 수 있다.[33)]

나. 행정의 합법성·합목적성 확보와 자기통제적 기회부여

행정심판은 행정사건이 법원에 의한 행정소송으로 가기 전에 행정청 스스로 판단하여 시정하게 함으로써 행정 내부에서 자율적으로 자기통제의 기회를 부여하여 행정의 적법성·합목적성을 실현하고 행정능률을 높이는 데 기여할 수 있다.[34)]

다. 행정의 전문지식 활용과 법원의 부담경감

현대사회의 전문화·기술화된 행정문제에 대한 분쟁을 해결함에 있어서는 법원보다는 전문적 지식을 가지고 있는 행정청이 판단하는 것이 더 용이할 수가 있다.

행정심판도 당사자의 심판청구로 사실확인 후 해당 법률을 해석 및 적용하여 분쟁을 해결한다는 점에서 준사법적 기능을 수행한다. 행정사건은 전문성과 기술성인 필요한 사건이 많아 행정심판 단계에서 전문성과 기술성을 가진 행정기관이 분쟁을 심판하면 복잡한 쟁점이 미리 정리될 수 있어 소송경제 차원에서 법원의 소송부담이 경감되는 효과가 있다.

---

32) 국민권익위원회·중앙행정심판위원회, 행정심판의 이론과 실무, 2022, 26~28면 발췌·인용

33) 행정소송은 의무이행소송이 인정되지 않으므로 원처분을 취소하는 것에 그치나 행정심판에서는 의무이행심판이 있다. 또한, 원처분을 취소하는 것 외에 원처분에 갈음하여 다른 종류의 처분으로 변경하는 변경재결도 가능하므로 행정소송보다 신속하고 효율적으로 권리구제를 받을 수 있다.

34) [판례] 행정소송을 제기함에 있어서 행정심판을 먼저 거치도록 한 것은 행정관청으로 하여금 그 행정처분을 다시 검토케 하여 시정할 수 있는 기회를 줌으로써 행정권의 자주성을 존중하고 아울러 소송사건의 폭주를 피함으로써 법원의 부담을 줄이고자 하는 데 그 취지가 있다(대판 1988.2.23. 87누4704).

제2절 행정심판법 연혁

1. 행정심판제도의 변천 개관

행정심판제도는 1951년 처음 도입 시에는 소원제도로 운영되었다. 1984년 「행정심판법」이 제정되면서 행정심판으로 명칭이 변경된 후 10차례의 개정이 되어 현재에 이르고 있다.[35)]

행정심판제도의 변천과정은 「헌법」 제107조 제3항에서 요구하고 있는 행정심판의 준사법절차를 반영하여 권익구제기능을 보강하는 한편 행정의 자율적 통제기능을 효율적으로 수행하기 위하여 발전하는 과정이라 할 수 있다. 행정심판위원회의 독립성 및 제3자성 강화, 직접처분, 행정심판위원회의 재결기관화, 대심적 심리구조의 강화, 특별행정심판 신설 시 중앙행정심판위원회와의 협의 의무화로 남설 억제, 온라인행정심판시스템, 임시처분, 간접강제, 조정, 국선대리인 제도 등을 도입하거나 개정되었다.

2. 소원제도

소원제도는 「소원법」(訴願法)의 제정[36)]으로 도입되었다.[37)] 그러나 「소원법」은 이를 집행하기 위한 기구인 소원심의회가 구성되지 아니하다가 10여 년이 지난 1964년 9월 10일에야 비로소 「소원심의회규정」(대통령령 제1931호)이 제정 · 시행됨으로써 국무총리소원심의회 및 각 부처의 소원심의회가 설치 · 운영되면서 정식으로 시행되었다.[38)]

3. 행정심판법의 제정 및 주요 개정 연혁

(1) 1984년 「행정심판법」 제정

1984년 종전의 「소원법」을 폐지하고 같은 해 「행정심판법」이 제정되었다.[39)] 주요 내용으로는 ① 의무이행심판제도 신설, ② 의결기관으로서 행정심판위원회 설치, ③ 국무총리행정심판위원회 설치, ④ 협의의 소의 이익에 관한 규정 신설,[40)] ⑤ 대리인 선임범위의 확대, ⑥ 심판청구

35) 1980년 「헌법」 제108조 제3항의 헌법적 근거에 따라 「행정심판법」은 1984.12.15. 공포되고 1985.10.1.부터 시행되었다. 이후 1995년 1차 「행정심판법」 개정을 시작으로 현재까지 10차례 개정이 이루어졌다.

36) 법률 제211호, 1951.8.3. 제정[시행 1951.9.4.]

37) 소원이라는 용어는 일본의 명치헌법 이래 1962년까지 시행한 「소원법」에서 유래된다. 일본은 1962년 「소원법」을 폐지하고 「행정불복심사법」을 제정 · 시행하고 있다.

38) 그러나, 「소원법」은 1984년 「행정심판법」에 의해 폐지될 때가지 30여년 동안 단 한번의 보완개정도 없었고 「소원심의회규정」만 1985. 9.14. 「행정심판법 시행령」 부칙(대통령령 제11769호)으로 폐지될 때까지 4차에 걸친 개정이 있었다.

39) 법률 제3755호, 1984.12.15. 제정 · 공포[시행 1985.10.1.]

40) 처분의 효과가 기간의 경과, 처분의 집행 등으로 소멸된 후에도 처분의 취소로 회복되는 법률상 이익이 있는 경우에는 행정심판을 청구할 수 있도록 하였다.

기간의 연장, ⑦ 사정재결제도의 신설[41], ⑧ 불이익변경금지원칙의 명시[42], ⑨ 고지제도의 신설 등이 있다.

(2) 1995년 「행정심판법」 개정

대법원의 사법제도 개선으로 행정소송법이 개정[43]되어 행정심판전치주의가 폐지되었다. 이에 행정심판을 반드시 거쳐야 행정소송을 제기할 수 있었던 것을 당사자의 선택에 따라 행정심판을 거치지 않고도 바로 행정소송을 제기할 수 있게 되었다. 이와 함께 「법원조직법」이 개정되어 행정소송사건의 제1심을 고등법원에서 관장하던 것을 행정법원 또는 지방법원 합의부에서 관장하도록 하였다.[44] 이를 토대로 1995년 「행정심판법」이 개정 · 공포[45]되었다.
주요 내용으로는 ① 중앙행정기관 소속의 행정심판위원회를 폐지하고 국무총리행정심판위원회(위원장 법제처장)로 일원화, ② 구술심리 확대, ③ 직접처분제도 신설[46] 등이 있다.

(3) 2008년 「행정심판법」 개정[47]

행정심판사건과 고충민원 등의 창구를 일원화하기 위한 국민권익위원회를 설치됨에 따라 국무총리행정심판위원회의 설치 · 구성을 변경되었다.
주요 내용으로는 ① 행정심판위원회에 재결권 부여로 행정심판기관 일원화(행정심판위원회에 심리 · 의결권과 재결권을 부여하고 별도의 재결청은 폐지), ② 국무총리행정심판위원회, 국민고충처리위원회, 국가청렴위원회를 통합한 국민권익위원회에서 행정심판 관련 사무를 수행하는 내용으로 「부패방지 및 국민권익위원회의 설치와 운영에 관한 법률」이 제정됨에 따라 국민권익위원회에 국무총리행정심판위원회 설치 등이 있다.

---

41) 심판청구가 이유 있는 경우에도 공공복리의 측면에서 청구를 기각할 수 있게 하여 행정목적 실현과 조화를 이루도록 하고 행정소송법에 규정하고 있는 사정판결 제도와 균형을 맞추도록 하였다.

42) 심판청구의 대상이 되는 처분보다 불이익하게 재결하지 못하도록 하여 행정심판이 권리구제제도로서 최대한 활용될 수 있도록 하였다.

43) 법률 제4770호, 1994.7.27.공포[시행 1998.3.1.]

44) 또한, 행정규제 및 민원사무 기본법의 제정(법률 제4735호, 1994.1.7.)으로 국민고충처리위원회가 국무총리 소속으로 설치되어 행정기관의 위법부당한 처분 등에 대하여 국민의 권익을 구제할 수 있는 고충민원 기능을 담당하게 되었다[국민권익위원회, 행정심판 30년사, 행정심판제도의 변천과정(김기표), 49면].

45) 법률 제5000호, 1995.12.6. 일부개정[시행 1996.4.1.]

46) 행정청이 의무이행심판의 인용재결에 따르지 아니할 경우에는 재결청이 직접 처분을 할 수 있도록 함으로써 행정심판재결의 실효성을 제고하였다.

47) 법률 제8871호, 2008.2.29. 일부개정[시행 2008.2.26.]

(4) 2010년 「행정심판법」 전부개정[48)]

주요 내용으로 ① 국무총리행정심판위원회의 명칭을 중앙행정심판위원회로 변경, ② 특별행정심판 신설 등을 위한 협의 의무화, ③ 행정심판위원회의 회의 정원 및 위촉위원 비중 확대, ④ 중앙행정심판위원회 상임위원 증원, ⑤ 자동차운전면허행정처분과 관련한 사건은 중앙행정심판위원회에 소위원회를 신설하여 전담, ⑥ 절차적 사항에 대한 행정심판위원회의 결정에 대해 이의신청제도 도입[49)], ⑦ 심판참가인의 절차적 권리 강화[50)], ⑧ 임시처분제도의 도입, ⑨ 전자정보처리조직을 통한 행정심판 근거 마련 ⑩ 행정청의 용어 정의 신설[51)] 등이 있다.

(5) 2017년 「행정심판법」 일부개정[52)]

주요 내용으로 ① 취소재결 등에 대한 처분청의 재처분 의무 명시[53)], ② 간접강제제도의 도입[54)], ③ 국선대리인제도 도입, ④ 조정제도 도입 등이 있다.

(6) 2023년 「행정심판법」 일부개정

심판청구가 그 내용이 특정되지 아니하는 등 명백히 부적법하다고 판단되는 경우 피청구인은 답변서를 행정심판위원회에 보내지 않을 수 있도록 하고, 심판청구서에 타인을 비방하거나 모욕하는 내용 등이 기재되어 청구내용을 특정할 수 없고 그 흠을 보정할 수 없다고 인정되는 경우에 보정요구 없이도 행정심판위원회가 그 심판청구를 각하할 수 있도록 근거가 마련되었다. 이를 토대로 2023년 「행정심판법」이 개정・공포[55)]되었다.

주요 내용으로는 ① 심판청구 내용이 불특정 등 명백히 부적법하다고 판단되는 경우에 피청구인은 행정심판위원회에 답변서의 불송부 제도 도입, ② 행정심판위원회의 요구에 따른 보정기간 내 청구인의 미보정의 경우 해당 심판청구를 각하할 수 있는 규정의 신설, ③ 보정할 수 없는 심판청구의 각하 규정의 신설 등이 있다.

---

48) 법률 제9968호, 2010.1.25. 전부개정[시행 2010.7.26.]

49) 양수인의 청구인 지위 승계신청에 대한 불허가, 참가신청의 불허가 또는 청구의 변경 불허가 등에 대하여는 행정심판위원회에 이의신청을 할 수 있도록 하여 심판절차에 참여하는 자의 절차적 권리를 보장하고, 행정심판위원회로 하여금 관련 결정을 신중히 하도록 함으로써 행정심판절차의 공정성이 강화되도록 하였다.

50) 행정심판절차에 참가하려는 경우 참가절차, 참가인의 권리에 관한 규정이 미비하여 행정심판절차에서 참가가 미진한 편이었다. 이에 심판참가인은 당사자에 준하는 절차적 지위를 갖도록 하고, 관련 서류를 참가인에게도 송달하도록 하는 등 참가인의 절차적 지위를 강화하도록 규정하여 행정심판절차에서 참가인의 지위를 보장함으로써 행정심판사건에 이해관계가 있는 자의 절차 참여가 활성화되도록 하였다.

51) 「행정절차법」상의 행정청의 개념을 그대로 옮겨와 「행정심판법」에 이를 명문화하였다.

52) 법률 제9968호, 2017.4.18. 일부개정[시행 2017.10.19.]

53) 행정심판위원회의 재결의 실효성을 높이기 위하여, 재결에 의하여 취소되거나 무효 또는 부존재로 확인되는 처분이 당사자의 신청을 거부하는 것을 내용으로 하는 경우에는 그 처분을 한 행정청은 재결의 취지에 따라 다시 이전의 신청에 대한 처분을 하도록 하였다.

54) 행정심판 인용재결에 따른 행정청의 재처분 의무에도 불구하고 행정청이 인용재결에 따른 처분을 하지 아니하면 행정심판위원회는 당사자의 신청에 의하여 결정으로 상당한 기간을 정하고, 행정청이 그 기간 내에 이행하지 아니하는 경우에는 지연기간에 따라 일정한 배상을 하도록 명하거나 즉시 배상을 할 것을 명할 수 있도록 간접강제 제도가 마련되었다.

55) 법률 제19269호, 2023.3.21. 일부개정[시행 2023.3.21.]

제3절 행정심판의 종류

1. 개관

(1) 행정심판의 종류

「행정심판법」은 행정심판의 종류로 취소심판, 무효등확인심판, 의무이행심판 등 세 가지를 규정하고 있는데 이들은 모두 항고심판의 성질을 갖는다.
한편, 「행정소송법」은 행정소송의 종류를 항고소송, 당사자소송, 민중소송, 기관소송으로 구분하고, 항고소송은 다시 취소소송, 무효등 확인소송, 부작위위법확인소송으로 구분하고 있다. 행정심판의 종류는 항고소송의 종류에 대응하는 것이고, 행정심판에서는 당사자소송, 민중소송, 기관소송에 대응하는 심판은 도입되어 있지 않다.

(2) 일반 행정심판과 특별행정심판

특별행정심판이란 사안의 전문성과 특수성을 살리기 위해 「행정심판법」이 아닌 개별법에서 정한 다른 기관에서 심리·재결하는 행정심판을 말한다. 특별행정심판도 행정기관이 심판기관이 된다는 점에서는 동일하지만 「행정심판법」의 적용이 제한되는 점에서 구별된다. 그 예로 특허심판, 조세심판이 있다.

(3) 당사자 심판

공권력 행사를 전제로 하지 않고 공법상 법률관계의 형성 또는 존부에 관해 다툼이 있는 경우 당사자의 신청에 의해 권한 있는 기관이 판정하는 심판이다. 즉, 행정처분에 불복하여 청구하는 것이 아니라 처음부터 쟁송절차에 의해서 법률관계의 형성 또는 존부에 관해 행정청의 판단을 구하는 것으로 원처분이 없는 시심적 쟁송에 해당한다.

제5조【행정심판의 종류】 행정심판의 종류는 다음 각 호와 같다.
1. 취소심판 : 행정청의 위법 또는 부당한 처분을 취소하거나 변경하는 행정심판
2. 무효등확인심판 : 행정청의 처분의 효력 유무 또는 존재 여부를 확인하는 행정심판
3. 의무이행심판 : 당사자의 신청에 대한 행정청의 위법 또는 부당한 거부처분이나 부작위에 대하여 일정한 처분을 하도록 하는 행정심판

2. 취소심판

가. 의의

취소심판은 공정력 있는 처분의 취소·변경을 구하는 항고쟁송이고 행정심판의 종류 중에서 가장 대표적인 유형으로 「행정심판법」은 취소심판을 중심으로 하여 규정을 두고 있다. 행정청의 위법·부당한 처분이나 그 거부 또는 그 밖에 이에 준하는 행정작용으로 인하여 권익을 침해받은 자가 그 **취**소 또는 **변**경을 구하는 심판을 말한다(법 제5조 제1호).
(예 운전면허취소처분 취소청구, 건축허가신청거부처분 취소청구)
취소에는 전부취소 및 일부취소를 포함하며, 적극적 처분(예 영업허가 또는 정지처분, 자격정지처분)의 취소뿐만 아니라 소극적 처분인 거부처분(예 건축허가 신청에 대한 거부)의 취소를 포함한다.
취소심판에서 변경이란 허가취소처분을 영업정지처분으로 적극적으로 변경하는 경우를 말한다(법 제43조 제3항).

나. 법적 성질

(1) 형성적 쟁송설

취소심판을 일정한 법률관계를 성립시킨 처분의 효력을 다투어 해당 처분의 취소 또는 변경을 통하여 해당 처분으로 형성된 법률관계를 소멸·변경시키는 심판으로 보는 견해이다. 통설 및 판례의 입장이다.

(2) 확인적 쟁송설

취소심판의 본질을 처분의 위법·부당함을 확인하여 법률관계의 존재 또는 부존재를 확인하는 심판으로 보는 견해이다.

다. 취소심판의 특징

(1) 심판청구 기간

심판청구 기간(처분이 있음을 알게 된 날부터 90일 이내, 처분이 있었던 날부터 180일 이내)이 제한되어 있어 그 기간이 지나면 해당 처분의 취소·변경을 청구할 수 없다(법 제27조).

(2) 집행부정지(執行不停止)원칙

집행부정지원칙이 적용되어 행정심판을 청구하여도 해당 처분의 효력이나 그 집행 또는 절차의 속행에는 영향을 주지 아니한다(법 제30조 제1항). 청구인은 집행정지 결정을 신청할 수 있으나, 집행정지 요건에 해당되는 경우에 한하여 집행정지 결정을 받을 수 있다.

(3) 사정재결(事情裁決)

행정심판위원회는 심판청구가 이유 있다고 인정하는 경우에도 이를 인용하는 것이 공공복리에 크게 위배된다고 인정하면 그 심판청구를 기각하는 사정재결을 할 수 있다. 이 경우 행정심판위원회는 재결의 주문(主文)에서 그 처분 또는 부작위가 위법하거나 부당하다는 것을 구체적으로 밝혀야 한다(법 제44조 제1항). 사정재결은 취소심판 및 의무이행심판에서만 인정되고 무효등확인심판에는 인정되지 않는다.

라. 취소심판의 쟁점

(1) 취소심판청구에 무효등확인 심판청구 취지 포함 여부

취소심판청구에는 그 처분의 무효확인을 구하는 취지가 포함되어 있다고 볼수 없다. 해당 처분이 취소심판에서 주장하는 취소사유에 해당하면 그 처분을 취소하면 되고, 취소사유에 해당하지 않는 경우에는 그보다 흠이 중대하고 명백한 무효사유에 해당될 수 없기 때문이다. 반면에 무효등확인심판청구에는 특별한 사정이 없는 한 그 처분의 취소를 구하지 아니한 이상 그 처분이 만약 당연무효가 아니라면 그 취소를 구하는 취지도 포함되어 있는 것으로 보아야 한다.[56] 계쟁처분이 무효사유에는 해당하지 않더라도 취소사유에는 해당할 수 있기 때문이다. 이런 경우 취소청구를 인용하려면 심판청구 기간 등 취소심판의 일반적 청구요건은 갖추어져야 한다.

(2) 무효처분에 대한 취소심판청구 가능 여부

청구인 입장에서 해당처분이 무효인 행위인지 또는 취소할 수 있는 행위인지 분명하지 않은 경우에는 그 무효인 처분도 일단 취소심판의 대상이 될 수 있다. 따라서 청구인 입장에서 해당처분이 무효인 경우라고 생각되면 무효등확인심판청구는 물론이고 무효선언을 구하는 의미의 취소심판청구, 단순한 취소를 구하는 취소심판청구 모두 가능하다.

행정심판위원회는 무효선언을 구하는 취소심판청구에 대해서는 무효를 선언하는 의미의 취소재결을 하면 되고, 단순히 취소를 구하는 취소심판청구에 경우에는 해당 처분의 위법이 무효 또는 취소사유인지 구분할 필요 없이 취소재결을 한다.

(3) 무효선언으로서의 취소심판청구

해당처분에 대해 무효임을 주장하는 경우 당연 무효를 선언하는 의미에서 그 취소를 구하는 취소심판을 청구할 수 있다. 다만, 무효선언으로서의 취소심판청구도 취소심판에 해당하므로 취소심판의 일반적 청구요건을 갖추어야 한다. 청구인이 무효선언으로서의 취소심판을 청구하였으나 심판청구기간 등 취소심판의 요건을 갖추지 못한 경우에는 취소심판을 무효등확인심판으로 청구변경을 할 수 있다.

56) 대법원 1987.4.28. 선고 86누887 판결, 대법원 1994.12.23. 선고 94누477 판결

판례

처분의 당연무효를 선언하는 취소를 구하는 행정소송을 제기한 경우에는 제소기간의 준수등 취소소송의 제소요건을 갖추어야 한다(대법원 1993.3.12. 선고 92누11039 판결).

(4) 거부처분에 대한 취소심판청구 가능 여부

종래 거부처분에 대하여 취소심판이 허용되는지에 관해 긍정설과 부정설의 대립이 있어 왔다. 현행 「행정심판법」은 거부처분에 대한 취소심판의 재결의 기속력을 부여하고(법 제49조 제2항), 간접강제를 도입(법 제50조의2)하여 거부처분에 대한 취소심판을 명문으로 인정하여 논란을 입법적으로 해결하였다.

마. 취소심판의 재결

행정심판위원회는 취소심판의 청구가 심판청구 요건을 갖추지 못하였다고 인정되면 각하재결을 한다. 취소심판 청구가 본안심리 결과 이유 없다고 인정되면 기각재결을 하고 반대로 본안 심리결과 이유가 있다고 인정되면 위원회는 처분의 취소(취소재결) 또는 다른 처분으로 변경(변경재결)하거나 다른 처분으로 변경할 것을 피청구인에게 명하는 재결(변경명령재결)을 한다(제43조 제3항).

취소심판청구를 인용하는 재결인 취소재결 및 변경재결은 형성재결이고 변경명령재결은 이행재결이다.

3. 무효등확인심판

가. 의의

무효 등 확인심판이란 행정청의 처분의 효력 유무 또는 존재 여부에 대해 확인을 구하는 심판을 말한다(법 제5조 제2호). 처분이 무효 또는 부존재인 경우에는 처음부터 아무런 효력이 없다. 그러나 현실적으로 유효 또는 존재하는 것으로 오인되어 행정청에 의해 집행될 우려가 있고, 반대로 유효하게 존재하는 처분을 무효 또는 부존재하는 것으로 잘못 주장할 수도 있다. 따라서 처분의 상대방 또는 이해관계인이 특정한 처분의 효력의 유무나 존재 여부에 대한 처분의 무효·부존재 또는 유효·존재의 확인을 구할 필요가 있어 인정되는 심판이다.

(예 관리처분계획 무효확인청구, 개발행위허가 반려처분 무효확인청구)

나. 법적 성질

(1) 확인쟁송설

당해 처분의 무효·유효 등 효력 유무나 존재 여부를 확인하는 데 그치는 것이라고 보는 견해이다.

(2) 형성쟁송설

무효나 취소는 상대적인 것이므로 무효등확인심판도 취소심판과 같이 처분의 효력관계를 다투는 심판으로 보는 견해이다.

(3) 준형성적 쟁송설

실질적으로는 확인쟁송이나, 형식적으로는 처분의 효력 유무 등을 다툰다는 점에서 형성적 쟁송의 성질도 동시에 갖고 있다는 견해이다.

다. 무효등확인심판의 특징

행정심판청구 기간에 관한 제한 규정이 없어 언제든지 청구할 수 있다(법 제27조 제7항). 한편 집행정지는 가능하나 사정재결에 관한 규정이 적용되지 아니하므로 처분이 무효인 경우에는 인용재결을 하여야 한다(법 제44조 제3항).[57)]

라. 무효등확인심판청구와 취소청구

(1) 무효확인심판청구에 취소청구 취지 포함 여부

계쟁처분이 무효사유에 해당하지 않더라도 취소사유에는 해당될 수 있으므로 무효등확인심판청구에는 특별한 사정이 없는 한 그 처분의 취소를 구하는 취지도 포함되어 있다. 따라서 행정심판위원회는 직권으로 계쟁처분에 취소사유 존재 여부를 심리·판단하여야 한다.[58)] 이런 경우 취소청구를 인용하려면 심판청구 기간 등 취소심판의 일반적 청구요건은 충족되어 있어야 함은 물론이다.

(2) 주위적 청구와 예비적 청구

청구취지로 무효확인청구를 주위적 청구로, 취소청구를 예비적 청구로 하는 것은 가능하나[59)], 그 반대는 불가능하다. 다만, 취소청구가 심판청구 기간의 도과 등으로 각하되는 경우를 대비하여 취소청구에 대하여 본안판단이 행하여지는 것을 해제조건으로 무효확인청구를 예비적으로 청구할 수는 있다고 할 것이다.[60)]

---

57) 또한, 청구인은 해당처분의 무효사유를 주장·입증하여야 하며, 심판대상은 현재의 구체적인 권리나 법률관계로 한정된다.

58) 대법원 1986.9.23. 선고 85누838 판결, 다만, 심판청구기간 도과로 각하대상인 사안에 대해 이를 피하기 위한 취소심판청구의 무효확인심판청구로의 변경은 취소를 구하는 취지까지 포함된 것으로 볼 여지가 없으므로 해당 처분의 당연무효여부만 심리·판단하면 족하다.

59) 처분에 대한 무효확인과 취소청구는 서로 양립할 수 없는 청구로서 주위적·예비적으로 청구로만 병합이 가능하고 선택적 청구로서의 병합이나 단순병합은 허용되지 아니한다(대법원 1999.8.20. 선고 97누6889 판결).

60) 박균성, 행정법론(상), 박영사, 2021, 1115면

마. 무효등확인심판의 재결

행정심판위원회는 무효등확인심판의 청구가 심판청구 요건을 갖추지 못하였다고 인정되면 각하재결을 한다. 무효확인심판 청구가 본안 심리결과 이유 없다고 인정되면 기각재결을 하고 반대로 본안 심리결과 이유가 있다고 인정되면 위원회는 처분의 효력 유무 또는 존재 여부를 확인한다(법 제43조 제4항). 재결에는 그 확인의 대상에 따라 처분유효확인재결, 처분무효확인재결, 처분실효확인재결, 처분존재확인재결, 처분부존재확인재결 등이 있다.[61]

4. 의무이행심판

가. 의의

의무이행심판은 당사자의 신청에 대한 행정청의 위법 또는 부당한 거부처분이나 부작위에 대하여 일정한 처분을 하도록 하는 행정심판을 말한다(법 제5조 제3호).

(예 행정정보공개 의무이행청구, 건축물용도변경 신고수리 의무이행청구 등)

국민의 권익은 행정청의 적극적 공권력 행사뿐만 아니라 소극적으로 공권력의 발동을 거부하거나 불행사로도 침해된다. 이에 거부처분과 부작위로 인한 권익침해에 대한 구제수단이 필요한데, 「행정심판법」에 따른 의무이행심판과 「행정소송법」에 따른 부작위위법확인소송이 이를 담당하고 있다.

오늘날에는 행정이 질적·양적으로 확대되어 국민이 행정에 의존하는 바가 크다. 의무이행심판은 거부처분이나 부작위와 같은 소극적 부작위로 인하여 국민의 권리나 이익이 침해된 경우에 실효적 구제수단이 된다. 행정소송에서는 의무이행심판이 인정되지 않는 데 비해 행정심판은 의무이행심판을 규정하고 별도로 부작위 위법확인심판은 두지 않고 있다.

나. 법적 성질

의무이행심판은 행정청에 대하여 일정한 처분을 할 것을 명하는 재결을 구하는 행정심판이므로 이행쟁송의 성질을 가진다(통설).

61) 민사상 확인판결의 효력은 당사자 및 관계인에게만 미치는 원칙이나, 행정소송상의 무효확인판결이나 무효등확인재결의 효력은 취소판결 또는 취소재결과 마찬가지로 해당심판의 당사자는 물론 제3자에게도 효력이 미친다[박윤흔·정형근, 최신행정법강의(상), 박영사, 2009, 702면].

다. 의무이행심판의 특징

(1) 의무이행심판의 대상(대상적격)

의무이행심판은 거부처분[62]과 부작위[63]에 대하여 청구할 수 있다. 거부처분에 대하여는 취소심판, 무효확인심판 또는 의무이행심판을 모두 청구할 수 있다. 재결의 모순·저촉을 방지하기 위해 함께 청구될 경우 필요적으로 병합하여 심리·재결하여야 한다.

(2) 거부처분에 대한 취소심판과 의무이행심판의 병합청구

청구인이 거부처분에 대한 취소심판만을 청구하여 인용재결을 받았다 하더라도 처분청이 이를 이행하지 아니하면 청구인은 그 목적을 달성할 수 없다. 이 경우 청구인은 의무이행심판을 별도로 청구하여 처분청에 직접청구를 요구하는 인용재결을 받아야 하는 번거로운 절차를 밟아야 한다. 이에 거부처분에 대하여 취소심판과 의무이행심판을 선택적 또는 병합하여 청구할 필요성을 긍정하는 견해가 다수설이고 심판실무에서도 취소심판과 의무이행심판의 병합청구를 인정하고 있다.

(3) 심판청구의 당사자 및 제기기간의 제한

거부처분 또는 부작위에 대하여 일정한 처분을 구할 법률상 이익이 있는 자가 청구인 적격자가 되며, 피청구인 적격자는 상대방의 신청에 대하여 이를 거부·방치하고 있는 행정청이 되는 것이 원칙이다.

거부처분에 대한 의무이행심판에는 심판청구 제기기간의 제한은 있으나, 부작위에 대한 의무이행심판에는 청구의 기간제한이 없다(법 제27조 제7항).

(4) 집행정지 규정의 미적용

의무이행심판은 거부처분이나 부작위에 대하여 행하는 것이므로 성질상 집행정지에 관한 규정이 적용되지 않는다. 집행정지는 침익적 처분의 집행정지라는 소극적 형성을 내용으로 하며, 적극적으로 수익적 처분이 행하여진 것과 같은 상태를 창출하는 것은 아니기 때문이다.[64] 다만, 행정청의 거부처분이나 부작위로 당사자가 받을 우려가 있는 중대한 불이익이나 당사자에게 발생할 급박한 위험을 막기 위하여 당사자에게 임시지위를 부여할 수 있는 임시처분은 가능하다.

---

62) 소극적 행정행위로서 상대방의 신청을 명시적으로 거부하거나 또는 일정 부작위가 거부처분으로 간주되는 경우에 의무이행심판을 청구할 수 있다.

63) 행정청이 당사자의 신청에 대하여 일정기간 내에 일정한 처분을 하여야 할 법률상 의무가 있음에도 불구하고 하지 않는 경우에 의무이행심판을 청구할 수 있다.

64) 국민권익위원회·중앙행정심판위원회, 행정심판의 이론과 실무, 2022, 86면

(5) 현재의 이행쟁송만 가능

의무이행심판은 항고쟁송으로서의 성질을 가지므로 현재의 이행쟁송, 즉 당사자의 신청에 대하여 피청구인이 일정한 처분을 하여야 할 법률상 의무의 이행기가 도래하여 현실화된 경우에 그 이행의무의 존재를 주장하는 행정심판만이 가능하고, 장래에 이행하여야 할 법률상 의무의 존재를 주장하는 이행쟁송은 허용되지 않는다.[65]

라. 의무이행심판의 재결

(1) 재결의 종류

행정심판위원회는 의무이행심판의 청구가 심판청구 요건을 갖추지 못하였다고 인정되면 각하재결을 한다. 의무이행심판청구가 본안 심리결과 이유 없다고 인정되면 기각재결을 하고, 본안 심리결과 이유가 있다고 인정되면 위원회는 지체 없이 처분을 하거나(처분재결), 처분을 할 것을 피청구인에게 명하는 재결(처분명령재결)을 한다(법 제43조 제5항). 즉, 행정심판위원회는 스스로 처분재결(형성재결)뿐만 아니라 처분명령재결(이행재결)도 할 수 있는 바, 의무이행심판은 형성쟁송 및 이행쟁송의 성질을 모두 가지고 있다. 의무이행심판에는 사정재결의 적용이 있다.

① 처분재결

처분재결은 행정심판위원회가 직접 신청에 따른 처분을 하는 것을 말한다. 예컨대 영업허가 신청에 대해 행정청이 거부처분 또는 부작위를 한 경우 청구인은 영업허가를 구하는 취지의 의무이행심판을 청구하는 것이 일반적이다. 이 경우 행정심판위원회는 청구인의 신청내용이 적법・타당하다고 인정되면 피청구인(행정청)에게 허가를 명하는 명령의 재결(처분명령재결)을 하면 된다.

그런데 「행정심판법」은 행정심판위원회가 직접 영업허가를 하는 처분재결을 할 수 있도록 하고 있다. 처분재결은 형성재결로서 피청구인에 의한 불이행의 문제가 발생하지 않는다는 점에서 국민의 권익구제 구제수단으로는 가장 효과적이다.[66] 다만, 중앙행정심판위원회의 심판실무에서는 의무이행심판에서 처분재결을 하는 사례는 거의 없다.

② 처분명령재결

처분명령재결은 행정심판위원회가 처분청에게 신청에 따른 처분을 하도록 명령하는 것을 말한다. 처분재결은 이행재결로서 처분명령재결이 있으면 해당 행정청은 지체 없이 재결의 취지에 따라 이전의 신청에 대하여 처분할 의무를 지게 된다(법 제49조 제3항).

---

65) 김동희・최계영, 행정법Ⅰ, 박영사, 2012, 659~660면

66) 그러나 의무이행심판에서 처분재결을 하는 것은 처분청의 권한을 지나치게 제한하고, 재결처분 후 사후관리문제 등에 관한 아무런 규정이 없다는 비판이 있다(김기표, 신행정심판법론, 한국법제연구원, 2003, 729~730면; 김중권, 행정법, 법문사, 2021, 682면).

처분명령재결은 그 처분의무의 내용이 기속행위에 대한 것일 경우에는 특정행위의 이행을 명하는 것이 되고, 처분의무의 내용이 오로지 선택재량만이 부여된 행위에 대한 것일 때는 재량권을 행사하여 일정한 처분을 할 것을 명할 수 있음에 그치고, 신청에 따른 처분을 할 것을 명할 수는 없다.[67] 다만 재량권이 0으로 수축되어 오직 하나의 처분만이 적법한 경우에는 신청대로의 처분을 하거나 이를 할 것을 처분청에 명하여야 한다.

이 점에서 의무이행심판의 인용재결은 행정소송의 부작위위법확인소송의 인용판결보다 권익구제의 효력이 직접적이고 효과적이다.[68]

(2) 재결에 대한 불복

거부처분과 부작위에 대한 의무이행심판 결과 그 재결에 불복하는 경우에는 행정소송을 제기할 수 있다. 「행정소송법」은 의무이행소송을 인정하고 있지 않은 이유로 부작위를 다투기 위해서는 부작위위법확인소송을 제기하여야 하고, 거부처분에 대하여는 거부처분취소소송을 제기하여야 한다.[69]

마. 의무이행재결의 실효성 확보수단

(1) 직접처분

처분명령재결(이행재결)이 있어도 해당 행정청이 재결의 취지에 따라 이전의 신청에 대한 처분을 하지 않는다면 이행재결을 어떻게 관철시킬 것인가 하는 문제가 있다. 현행 「행정심판법」은 직접처분제도를 명문으로 규정하여 논란을 입법적으로 해결하였다. 즉, 행정청이 처분명령재결을 받고도 처분을 하지 않는 경우에는 당사자의 신청에 따라 기간을 정하여 서면으로 시정을 명하고 그 기간 내에 행정청이 이행하지 않는 경우에는 행정심판위원회가 직접 해당 처분을 할 수 있도록 하여 처분명령의 실효성을 확보하였다(법 제50조 제1항).

(2) 간접강제

행정심판 인용재결에 따른 행정청의 재처분 의무에도 불구하고 행정청이 인용재결에 따른 처분을 하지 아니하면 행정심판위원회는 청구인(당사자)의 신청에 의하여 결정으로 상당한 기간을 정하고, 행정청이 그 기간 내에 이행하지 아니하는 경우에는 지연기간에 따라 일정한 배상을 하도록 명하거나 즉시 배상을 할 것을 명할 수 있다(법 제50조의2 제1항).

---

67) 김동희 · 최계영, 행정법 I, 박영사, 2012, 693~694면

68) 부작위위법확인소송의 경우에는 인용판결이 있더라도 행정청은 어떠한 처분이든 하기만 하면 되는 의무, 즉 응답의무만 부담한다(통설 · 판례). (대법원 1995.9.15. 선고 95누7345 판결)

69) 대법원 1992.9.14. 선고 91누8807 판결, 대법원 1996.1.26.자95누13326,13333 결정 등

행정심판 종류별 주요특징 비교

구분		취소심판	무효등확인심판	의무이행심판 (거부처분, 부작위)
청구기간 제한		○	×	• 거부처분에 대한 의무이행심판: ○ • 부작위에 대한 의무이행심판: ×
재결의 형태		• 취소재결(형성재결) • 변경재결(형성재결) • 변경명령재결(이행재결)	무효등 확인재결	• 처분재결(형성재결) • 처분명령재결(이행재결)
사정재결		○	×	○
가구제	집행정지	○	○	×
	임시처분	×	×	○
기속력 (의무이행) 확보수단	직접처분	×	×	처분명령재결에 적용○
	간접강제	○	○	처분명령재결에 적용○

5. 당사자심판의 도입[70)]

「행정심판법」상 행정심판의 종류로 열거되어 있는 취소심판, 무효등확인심판, 의무이행심판은 보두 항고쟁송에 해당한다. 「행정소송법」은 항고소송(취소소송, 무효등확인소송, 부작위위법확인소송) 외에 당사자소송, 민중소송, 기관소송을 규정하고 있다.

가. 「행정소송법」상 당사자소송

(1) 개념

당사자소송이란 행정청의 처분 등을 원인으로 하는 법률관계에 관한 소송, 그 밖에 공법상의 법률관계에 관한 소송으로서 그 법률관계의 한쪽 당사자를 피고로 하는 소송을 말한다(행정소송법 제3조 제2호).

당사자소송은 처분 자체를 대상으로 하는 것이 아니라 (처분의 무효·취소를 전제로) 공권력의 행사·불행사의 결과로서 생긴 법률관계를 대상으로 한다는 점에서 항고소송과 구별된다. 예컨대 공무원의 면직처분이 무효인 경우 그 처분 자체를 소송의 대상으로 면직처분 무효확인소송을 제기하는 것은 항고소송인 데 반하여, 그 처분이 무효인 것을 전제로 당사자가 여전히

70) 국민권익위원회·중앙행정심판위원회, 행정심판의 이론과 실무, 2022, 92~100면 발췌·인용

공무원으로서 권리·의무를 지니는 공무원으로서의 지위에 있다는 법률관계의 확인을 구하는 것은 당사자소송에 해당한다.[71]

(2) 당사자소송의 종류

① 실질적 당사자소송

공법상의 법률관계에 관한 소송으로서 그 법률관계의 한쪽 당사자를 피고로 하는 소송을 말한다.[72] 그 예로는 처분 등의 취소나 무효를 전제로 하는 공법상 부당이득반환청구소송, 공무원의 불법행위로 인한 국가배상청구소송, 공법상의 지위신분 등의 확인소송(국가유공자의 신분이나 지위의 확인을 구하는 소송, 도시개발조합의 조합원의 자격인정 여부에 관한 소송 등), 공법상 금전지급청구소송(손실보상청구권, 공무원연금 또는 봉급지급청구권, 보조금지급청구권, 각종 사회보장법에 따른 급부청구권 등), 공법상 계약에 관한 소송(계약직 공무원의 임면분쟁 등)이 있다.

② 형식적 당사자소송

형식적 당사자소송이란 해당 처분 또는 재결의 효력을 다투지 않고 직접 그 처분이나 재결에 따라 형성된 법률관계[73]에 대하여 그 일방당사자를 피고로 하여 청구하는 소송을 말한다. 형식적 당사자소송은 실질적으로는 처분·재결에 불복하는 항고소송의 성질을 가지는 것이지만 소송경제 등의 필요성에 따라 당사자소송의 형식을 취하는 것이다.[74]

그 예로는 토지수용에 대한 토지수용위원회의 재결과 관련하여 그 보상액에 관한 부분을 토지소유자와 사업시행자가 각각 원고, 피고가 되어 다투는 보상금 증감에 관한 소송이 있다(공익사업을 위한 토지 등의 취득 및 보상에 관한 법률 제85조 제2항).[75]

---

71) 한편, 당사자소송은 항고소송과 달리 대등한 당사자 간의 법률상 분쟁의 해결을 목적으로 하는 점에서 민사소송과 유사하다. 그러나 민사소송은 사법상 법률관계를 대상으로 하는 반면에 당사자소송은 공법상 법률관계를 대상으로 하는 점에서 구별된다. 당사자소송에는 공법원리가 적용되고, 민사소송에 대한 여러 가지 특례가 인정되고 있다.

72) 공법상의 법률관계에 관한 소송이란 소송상 청구대상이 되는 권리나 법률관계가 공권을 소송물로 하는 소송이거나, 공법법규의 적용을 통하여 해결될 수 있는 법률관계 그 자체를 대상으로 하는 소송을 말한다(김남진·김연태, 행정법, 법문사, 2021, 984면).

73) 예를 들어 보상금증감소송에서 당사자가 직접 다투는 것은 보상금에 관한 법률관계의 내용이고 그 전제로서 재결의 효력이 심판의 대상이 되는 것이다.

74) 보상금증감청구소송에서는 재결청이 피고에서 제외되었기 때문에 당사자가 직접 다투는 것은 보상금에 관한 법률관계의 내용이고, 그 전제로서 재결의 효력이 심판의 대상이 되는 것이므로 보상금증감청구소송을 형식적 당사자소송으로 봄이 타당하다.

75) 만약 이런 형태의 소송이 인정되지 않는다면 토지소유자는 행정청인 토지수용위원회를 상대로 재결취소소송을 제기한 후 또는 그와 동시에 보상금 증감에 관한 당사자소송을 제기하여 양자를 병합해야 하는 불편이 있다. 이런 경우 이해당사자 간의 재산상 분쟁에 행정청이 피고가 되는 불합리한 점이 있다. 형식적 당사자소송은 이러한 불편과 불합리를 제거하기 위한 소송기술적 고려에 따라 인정된다. 특허무효심판, 특허권존속기간의 연장등록무효심판, 권리범위 확인심판 등 지식재산권에 관한 소송(특허법 제187조 단서) 등도 형식적 당사자소송에 해당한다.

나. 당사자소송과 항고소송의 관계

(1) 당사자소송과 취소소송

처분은 하자가 있더라도 무효사유에 해당하지 않는 한 공적 기관에 의해 취소되기 전까지는 유효하므로 처분에 취소사유가 있는 경우에는 취소소송 이외의 방법으로 그 효력을 부인할 수 없다. 파면처분을 당한 공무원은 그 처분이 취소사유에 해당하는 경우에는 먼저 파면취소소송을 제기해야 하고, 바로 당사자소송으로 공무원지위확인소송을 제기할 수 없다.[76]

(2) 당사자소송과 무효확인소송

처분이 무효인 경우에는 누구나 어떤 방법으로든지 그 효력을 부인할 수 있다. 예를 들면 공무원 파면처분이 무효인 경우 항고소송으로 파면처분 무효확인의 소가 가능할 뿐만 아니라 당사자소송으로 그 파면처분이 무효임을 전제로 공무원지위확인소송도 가능하다. 과세처분이 무효이면 항고소송으로 과세처분 무효확인의 소와 당사자소송으로 조세채무부존재확인의 소로 가능하다.

다. 당사자소송의 활성화

당사자소송은 1985년 개정된 「행정소송법」에 처음으로 항고소송과 구별되는 소송유형으로 명문화되었다. 그러나 「행정소송법」이 당사자소송을 명문으로 규정하고 있음에도 불구하고 법원의 소송실무상 당사자소송은 그동안 잘 활용되지 않았다.

성질상 당사자소송에 해당하는 사건, 예를 들면 국가배상·부당이득반환청구사건 등을 민사소송으로 다루고 있다. 또한, 당사자소송으로 해결하여야 할 법률상 분쟁도 처분 개념을 확대하여 이를 취소소송으로 해결하려는 경향이 있다.[77]

판례

개정 「하천법」 부칙 제2조와 특별조치법 제2조, 제6조의 각 규정들에 의한 손실보상청구권은 1984.12.31. 전에 토지가 하천구역으로 된 경우에는 당연히 발생하는 것이지, 관리청의 보상금지급결정에 의하여 비로소 발생하는 것이 아니므로, 위 규정들에 의한 손실보상금의 지급을 구하거나 손실보상청구권의 확인을 구하는 소송은 「행정소송법」 제3조 제2호 소정의 당사자소송에 의하여야 할 것이다(대법원 2006.5.18. 선고 2004다6207 전원합의체 판결).

---

76) 같은 논리로 위법한 과세처분에 따라 세금을 낸 경우에도 그 과세처분이 무효가 아닌 이상 먼저 과세처분 취소소송을 제기해야 한다. 취소소송을 제기하지 않고 낸 세금반환을 구하는 소송을 제기하면 기각될 수밖에 없다.

77) 최근 들어 당사자소송의 특성 및 다른 소송유형과 구별되는 특유의 장점을 고려하여 당사자소송을 확대하는 취지의 판례가 많이 선고되고 있다. 대법원의 손실보상청구권의 법적 성질에 관한 판례는 손실보상청구권의 법적 성질이 공법상의 권리인가 사법상의 권리인가의 여부는 행정청이 행하는 공권력의 행사 또는 그 거부와 행정청이 행하는 공권력의 행사 또는 그 거부 등을 원인으로 하는 법률관계에 관한 것인가 여부에 따라 판단되어야 한다는 취지를 최초로 밝힌 것으로 각종 보상청구권 또는 배상청구권 등의 법적 성질과 그 쟁송절차를 풀 단초를 제공하고 있다는 점에서 매우 중요한 판결이다(대법원 2006.5.18. 선고 2004다6207 전원합의체 판결). 이 판결이 제시한 법리는 기존에 민사소송 대상으로 처리하여 왔던 각종 보상금청구소송은 물론 처분 등으로 형성된 법률관계를 다투는 소송, 과세처분의 무효를 전제로 한 과오납금환급청구소송, 처분의 효력을 전제로 하는 등 공법상의 원인으로 발생한 부당이득반환청구소송, 국가배상청구소송, 행정주체 상호 간의 비용상환청구소송 등에도 유추적용될 여지가 있는 것으로서 당사자소송을 활성화시키는 데 역할을 할 것이다.

라. 당사자심판의 의의 및 현황

당사자심판이란 행정상 법률관계의 형성이나 존부에 관해 다툼이 있는 경우에 당사자의 신청에 따라 권한 있는 행정기관이 이를 유권적으로 판정하는 절차를 말한다.[78] 당사자심판은 행정청의 처분이 있은 후 그에 불복하여 청구하는 것이 아니고 처음부터 쟁송절차에 따라 법률관계의 형성이나 존부에 관한 행정청의 판단을 구하는 것이므로 원처분이 없는 시심적(始審的) 쟁송이다.

「행정심판법」에는 항고심판(취소심판, 무효등확인심판, 의무이행심판)만 인정되고 있고 당사자심판은 인정되고 있지 않다. 반면에 개별 법률에서 당사자심판을 인정하고 있는 사례가 있다.[79]

마. 행정심판법상 당사자심판의 도입 논의

(1) 행정심판법 제정 당시 도입 논의

1984년 「행정심판법」 제정 당시 당사자쟁송제도의 도입 여부에 관하여 논의가 있었다. 당사자쟁송이란 국가나 지방자치단체나 마찬가지로 권익구제대상이 되는 것인데 제3자인 법원에 권리관계에 대한 판단을 해 달라고 하는 「행정소송법」상의 당사자소송과는 달리 누구에게 그것을 재결해 달라고 할 것이냐 하는 당사자쟁송의 성질상 행정심판과는 친숙성이 없다고 판단하여 행정심판의 종류에서 제외하였다. 이에 따라 현행 「행정심판법」의 운용에 있어서는 당사자소송에 해당하는 사건[80]에 대하여 행정심판이 청구되는 경우 법원에서 당사자소송으로 다투어야 할 사항이고 행정심판으로 다툴 사항이 아니라는 이유로 각하하고 있다.

---

78) 김동희 · 최계영, 행정법 I, 박영사, 2012, 656면

79) 「공익사업을 위한 토지 등의 취득 및 보상에 관한 법률」에서 규정한 토지수용에 있어서 사업시행자와 토지소유자, 그 밖에 관계인과의 사이에 협의가 성립되지 않거나 불능인 경우에 사업시행자 등의 신청에 따라 **토지수용위원회에서 행하게 되는 수용재결**, 「수산업법」상 입어나 어장구역 등에 관한 해당 시 · 도 또는 시 · 군 · 구 **수산조정위원회의 재결**, 「광업법」상 조광권의 설정에 관한 산업통상자원부 **광업조정위원회의 재결** 등이 이에 해당한다.

80) 예를 들면 국가유공자의 신분이나 지위의 확인, 도시재개발조합의 조합원의 자격인정다툼, 손실보상청구권, 공무원연금 또는 봉급지급청구권, 계약직 공무원의 임면분쟁 등

(2) 도입 필요성

「행정심판법」은 행정심판의 종류로 공권력에 불복하는 항고쟁송(취소심판, 무효등확인심판, 의무이행심판)만을 「행정심판법」상의 행정심판으로 하고 있다. 행정심판의 대상은 처분 또는 처분의 불행사에 국한된다. 행정소송의 경우에는 처분 이외의 행정작용에 대해서 당사자소송을 통한 구제 가능성이 열려 있지만, 행정심판의 경우에는 행정소송에 비하여 구제대상이 좁아지게 되는 면도 있다. 따라서 행정심판에서도 항고심판의 틀에서 머물 것이 아니라 그 외연의 확대를 모색하는 것이 필요하다.[81]

재결례

[재결례 1]

청구인은 한국농어촌공사와 마을회가 체결한 지장물에 대한 손실보상계약의 취소를 구하고 있으나, … (중략) …. 이와 같은 손실보상에 관한 다툼은 당사자 간의 대등한 법률관계에 대한 분쟁으로서 공법상 당사자소송이나 민사소송으로 할 수 있는지 여부는 별론으로 하고, 이 부분 심판청구는 행정심판의 대상이 되는 처분 또는 부작위에 대하여 제기된 것이 아니므로 부적법한 청구이다(중앙행심위 2021.6.15.자2021-3953 재결).

[재결례 2]

피청구인이 이 사건 시험을 통해 선발된 대상자와 촉탁직 근로계약을 맺고 채용하는 것은 당사자 간 상호 대등한 지위에서 의사가 합치되어 성립하는 공법상 근로계약에 해당한다고 할 것이고, 청구인이 「행정소송법」상 대등한 당사자 간의 소송형식인 공법상 당사자소송으로 근로계약해지 의사표시의 무효확인청구 또는 해고무효확인의 민사소송을 할 수 있음은 별론으로 하더라도 이 사건 심판청구는 행정심판의 대상이 아닌 사항을 대상으로 한 부적법한 청구이다(중앙행심위 2020.10.13.자2019-24268 재결).

중앙행정심판위원회에 청구되는 당사자심판에 해당하는 분쟁은 위의 재결례에서 보듯이 국민과 행정청 간에 발생하는 공법상의 법률관계에 관한 분쟁임에도 불구하고 행정심판으로 다툴 기회를 얻지 못하고 소송으로 해결하도록 하는 것은 국민의 효율적 권익구제라는 면에서 볼 때 문제가 있다.

81) 국민의 권익구제의 효율성 확보를 위하여 공법상의 법률관계에 관한 분쟁에 대하여는 항고쟁송에 해당하는 것이 아니더라도 행정심판을 받을 기회를 부여하여야 할 것이다. 당사자소송의 대상이 되는 행위에 대하여 행정심판을 청구해도 「행정심판법」에 이에 해당하는 심판형태가 없기 때문에 행정심판으로는 다툴 방법이 없다. 「행정심판법」은 항고심판만 규정하고 당사자심판은 도입되어 있지 않기 때문에 각종 공법상 계약과 관련한 사건에 대하여 행정심판청구가 있더라도 이를 각하하거나, 부득이한 경우 예외적으로 처분성을 넓게 인정하는 우회적 방법을 활용하고 있다(국민권익위원회, 행정심판 · 행정소송 · 행정절차 제도의 조화방안 연구(김광수 외), 2012, 2면). 이런 점에서 행정심판에서도 당사자심판제도를 도입하여야 할 필요성이 있다. 당사자심판이 도입될 경우 이는 공법상 법률관계에 관한 심판이 될 것이다. 항고심판의 대상이 될 수 없는 사항(처분성이 인정되지 않는 행정입법, 비구속적 행정계획, 행정지도, 그밖에 행정상 사실행위 등과 관련된 공법상 법률관계)은 당사자심판에 다루어질 수 있을 것이다. 이 경우 당사자심판은 처분이 아닌 행정작용 그 자체의 위법 · 부당을 다투는 행위쟁송이 아니라, 행정작용에 관한 공법상 법률관계를 다투는 법률관계쟁송이 될 것이다[국민권익위원회, 당사자심판과 예방적 금지심판도입에 관한 연구(최승원 외), 2015, 6~63면].

제4절 행정심판의 대상

1. 개괄주의

> **제3조 【행정심판의 대상】** ① 행정청의 처분 또는 부작위에 대하여는 다른 법률에 특별한 규정이 있는 경우 외에는 이 법에 따라 행정심판을 청구할 수 있다.
> ② 대통령의 처분 또는 부작위에 대하여는 다른 법률에서 행정심판을 청구할 수 있도록 정한 경우 외에는 행정심판을 청구할 수 없다.

현행 「행정심판법」은 제3조 제1항에서 심판청구대상(=대상적격)을 특별히 제한하지 않고 행정청의 모든 처분이나 부작위에 대하여 행정심판을 청구할 수 있게 하여 개괄주의를 취하고 있다. 다만, 대통령의 처분 또는 부작위에 대하여는 다른 법률에서 행정심판을 청구할 수 있도록 정한 경우(예 공무원징계에 대한 소청)를 제외하고는 행정심판을 청구할 수 없도록 하여 개괄주의에 대한 예외를 두고 있다(법 제3조 제2항).

행정심판의 대상이 되는 처분 또는 부작위는 행정소송의 대상이 되는 처분 또는 부작위의 개념과 동일하다.

2. 처분

> **제2조 【정의】** 이 법에서 사용하는 용어의 뜻은 다음과 같다.
> 1. "처분"이란 행정청이 행하는 구체적 사실에 관한 법집행으로서의 공권력의 행사 또는 그 거부, 그 밖에 이에 준하는 행정작용을 말한다.

가. 처분의 의의

(1) 처분의 개념

처분을 「행정심판법」은 행정청이 행하는 구체적 사실에 관한 법집행으로서 공권력행사 또는 그 거부와 이에 준하는 작용이라고 정의하고 있다. 이처럼 「행정심판법」은 처분을 광의로 정의하고 있어 개념을 두고 학설이 대립하고 있다.

(2) 학설

① 실체법상 개념설

처분을 실체법상의 행정행위의 개념과 동일한 것으로 보는 견해이다. 이 견해에 의하면 행정쟁송은 행정행위의 공정력을 깨기 위한 재심절차로 본다.

② **쟁송법적 개념설**

항고소송의 권익구제기능과 행정의 다양화를 중시하여 처분은 행정행위에 한정되지 않고, 권력적 사실행위와 공권력 행사의 실체는 없지만 국민에게 계속적 지배력을 미치는 행정작용에 대해서 처분성을 긍정하여 소송의 대상으로 삼고자 하는 견해이다.

(3) 처분의 개념에 대한 판례 및 재결례

① **판례**

종전에는 실체법적 개념설에 입각하여 전통적인 행정행위만을 항고소송의 대상으로 인정한 판례[82]가 많았으나, 최근 판례의 동향은 종전 실체법적 행정행위에 해당하지 않는다는 이유로 처분성을 인정하지 않던 것을 인정하는 사례[83]도 늘고 있는 추세이다.

② **재결례**

중앙행정심판위원회의 재결례도 기본적으로 판례의 입장과 유사하나, 판례보다는 처분성을 보다 넓게 인정하여 자동차운전면허대장 등 공적장부 등재행위[84], 소상공인 버팀목자금 지급거부 통보행위[85] 등에 관하여 구체적인 경우에 따라 개별적으로 처분성을 인정하고 있다.

나. 행정심판법상 처분의 개념요소

(1) 행정청이 행하는 행위일 것

처분은 행정청이 행하는 공권력 행사이며, 단순히 사인의 행위는 여기에 포함되지 않는다. 행정청이란 국가 또는 공공단체의 행정에 관한 의사를 결정하고 외부에 표시할 수 있는 권한을 가지는 행정기관을 말한다. 예컨대 서울특별시는 행정주체이지 행정청이 아니며 서울특별시장이 행정청에 해당한다. 여기서 말하는 행정청은 행정기관 외 국가 또는 지방자치단체로부터 특정사무를 위임 또는 위탁받아 행정작용을 행하는 공공단체 및 그 기관, 사인(공무수탁사인)까지도 위임・위탁받은 사무를 행하는 범위에서는 행정청에 포함된다.

행정청은 원칙적으로 단독기관이지만 국민권익위위원회, 노동중앙위원회, 방송통신위원회 등 합의제기관인 경우도 있는데, 합의제기관의 처분의 경우 피청구인은 합의제기관의 대표자가 아니라 합의제기관 자체가 된다.

---

82) 대법원 1996.3.22. 선고 96누433 판결, 대법원 1992.2.11. 선고 91누4126 판결, 대법원 2019.2.14. 선고 2016두41729 판결

83) 건축신고에 대하여 처분성을 인정한 사례(대법원 2010.11.18. 선고 2008두167 전원합의체 판결), 사업주의 산재보험 사업종류변경신청에 대한 근로복지공단의 거부행위의 처분성을 인정한 사례(대법원 2008.5.8. 선고 2007두10488 판결), 근로복지공단의 사업종류 변경 결정통지의 처분성을 인정한 사례(대법원 2020.4.9. 선고 2019두61137 판결)

84) 중앙행심위 2020.10.27.자 2020-7367 재결

85) 중앙행심위 2021.11.9.자 2021-8639 재결

(2) 구체적 사실에 관한 법집행으로서의 공권력의 행사

처분은 구체적 사실에 관한 공권력 행사로 권력적 사실행위도 이에 해당한다.

① **권력적 사실행위**

특정한 행정목적을 위해 행정청의 일방적 의사결정에 따라 국민의 신체·재산 등에 공권력을 행사함으로써 구체적 사실상태에 변동을 가져오거나 그 밖에 권익침해를 초래하는 사실행위를 말한다.[86)]

「행정심판법」 및 「행정소송법」에는 행정청의 사실행위에 대한 행정심판을 인정하는 명문 규정은 없으나, 판례는 권력적 사실행위를 행정심판의 대상이 되는 처분에 해당된다고 판시[87)]하고 있다.

② **구체적 사실**

처분의 상대방이 개별적이고 규율의 대상이 구체적인 것을 의미한다. 예컨대 특정인에게 특정행위의 금지 또는 허용을 하는 것이다.

③ **법집행행위**

처분은 법집행행위이어야 하므로 입법행위는 처분에 해당하지 않는다. 따라서 행정입법의 경우 상대방이 특정되지 않고 규율의 대상도 일반적·추상적이기 때문에 원칙적으로 처분이 아니다. 다만, 법령 또는 조례가 구체적 집행행위의 개입 없이 그 자체로서 직접 국민에 대하여 구체적 효과를 발생하여 특정한 권리의무를 형성하게 하는 경우에는 행정심판의 대상이 된다.

④ **공권력의 행사**

처분은 공권력의 행사로서 권력적 단독행위이다. 공권력의 행사란 행정청이 우월한 지위에서 일방적으로 행하는 권력적 단독행위를 말한다. 따라서 행정청의 행위라도 사법작용[88)]이나 사인과의 대등한 관계에서 이루어지는 공법상의 계약[89)], 공법상의 합동행위 등은 공권력의 행사가 아니므로 처분성이 인정되지 아니한다.

(i) **행정계획**

일반적으로 행정계획은 대외적으로 구속력이 없어 처분성이 인정되지 않는다. 다만, 판례는 특정인의 권리 내지 법률상 이익을 개별적·구체적으로 규율하는 효과를 가지는 구속적 행정계획의 경우에는 그 처분성이 인정된다고 보고 있다.

---

86) 권력적 사실행위의 예로는 ① 전염병환자의 강제격리, ② 토지출입조사, ③ 불량식품검사를 위한 수거, ④ 임검검사, ⑤ 쓰레기하치장의 설치, ⑥ 무허가건물 철거대집행의 실행, ⑦ 물건의 압류 등이다.

87) 판례는 ① 단수처분, ② 미결수용 중인 자에 대한 이송처분, ③ 동장의 주민등록 직권말소, ④ 교도소장이 수형자 접견시 교도관 참여대상자를 지정한 행위(대법원 2014.2.13. 선고 2013두20899 판결) 등에 대하여 처분성을 인정하고 있다.

88) 사경제 주체로서 하는 공사도급계약

89) 계약직 공무원에 대한 채용계획 해지통보

판례

[판례 1]

「구 도시계획법」 제12조 소정의 고시된 도시계획결정(현행 도시관리계획)은 특정 개인의 권리 내지 법률상의 이익을 개별적이고 구체적으로 규제하는 효과를 가져오게 하는 행정청의 처분이라 할 것이고, 이는 행정소송의 대상이 된다[대법원 1982.3.9. 선고 80누105 판결 (도시계획변경처분취소)].

[판례 2]

「국토의 계획 및 이용에 관한 법률」(이하 '법'이라 한다)의 규정에 의하면, 법에 따라 토지거래계약에 관한 허가구역으로 지정되는 경우, 허가구역 안에 있는 토지에 대하여 소유권이전 등을 목적으로 하는 거래계약을 체결하고자 하는 당사자는 공동으로 행정관청으로부터 허가를 받아야 하는 등 일정한 제한을 받게 되고, 허가를 받지 아니하고 체결한 토지거래계약은 그 효력이 발생하지 아니하며, 토지거래계약허가를 받은 자는 5년의 범위 이내에서 대통령령이 정하는 기간 동안 그 토지를 허가받은 목적대로 이용하여야 하는 의무도 부담하며, 법에 따른 토지이용의무를 이행하지 아니하는 경우 이행강제금을 부과당하게 되는 등 토지거래계약에 관한 허가구역의 지정은 개인의 권리 내지 법률상의 이익을 구체적으로 규제하는 효과를 가져오게 하는 행정청의 처분에 해당한다고 할 것이고, 따라서 이에 대하여는 원칙적으로 항고소송을 제기할 수 있다고 할 것이다[대법원 2006.12.22. 선고 2006두12883 판결 (공인중개사시험불합격처분취소)].

(ii) 일반처분과 고시·공고

일반처분은 불특정·다수인을 대상으로(일반적) 구체적인 사실에 대하여(구체적) 하는 행정행위로서 「행정심판법」·「행정소송법」상 처분에 해당한다(예 특정도로의 통행금지, 집회금지, 입산금지, 도로의 공공개시 및 공용폐지 등).

한편, 고시·공고는 행정청이 그가 결정한 사항 등을 일반에게 알리는 것으로서 원칙적으로 일반 국민을 구속하는 것은 아니므로 행정심판의 대상이 되지 않는다. 다만, 고시의 형식으로 일반처분의 성질을 가진 행위가 있을 경우에는 행정심판의 대상이 된다(예 구 「청소년보호법」에 다른 청소년유해매체물 결정 및 고시,[90] 「도로법」의 규정에 의한 도로구역결정의 고시, 「지가공시및토지등의평가에관한법률」의 규정에 의한 개별토지가액의 결정,[91] 보건복지부 '약제급여목록 및 급여상한금액표'고시[92]).

90) 대법원 2007.6.14. 선고 2004두619 판결 [청소년유해매체물결정및고시처분무효확인]

91) 대법원 1993.1.15. 선고 92누12407 판결 [개별토지가격결정처분취소등]

92) 대법원 2006.9.22. 선고 2005두2056 판결 [보험약가인하처분취소]

판례

[판례 1]

「구 청소년보호법」에 따른 청소년유해매체물 결정 및 고시처분은 당해 유해매체물의 소유자 등 특정인만을 대상으로 한 행정처분이 아니라 일반 불특정 다수인을 상대방으로 하여 일률적으로 표시의무, 포장의무, 청소년에 대한 판매・대여 등의 금지의무 등 각종 의무를 발생시키는 행정처분으로서, 정보통신윤리위원회가 특정 인터넷 웹사이트를 청소년유해매체물로 결정하고 청소년보호위원회가 효력발생시기를 명시하여 고시함으로써 그 명시된 시점에 효력이 발생하였다고 봄이 상당하고, 정보통신윤리위원회와 청소년보호위원회가 위 처분이 있었음을 위 웹사이트 운영자에게 제대로 통지하지 아니하였다고 하여 그 효력 자체가 발생하지 아니한 것으로 볼 수는 없다(대법원 2007.6.14. 선고 2004두619 판결).

[판례 2]

개별토지가액의 결정은 토지초과이득세, 택지초과소유부담금 또는 개발부담금 산정 등의 기준이 되어 국민의 권리, 의무 내지 법률상 이익에 직접적으로 관계된다고 할 것이고, 따라서 이는 「행정소송법」 제2조 제1항 제1호 소정의 행정청이 행하는 구체적 사실에 관한 법집행으로서의 공권력 행사이어서 행정소송의 대상이 되는 행정처분으로 보아야 할 것이다(대법원 1993.1.15. 선고 92누12407 판결).

[판례 3]

어떠한 고시가 일반적・추상적 성격을 가질 때에는 법규명령 또는 행정규칙에 해당할 것이지만, 다른 집행행위의 매개 없이 그 자체로서 직접 국민의 구체적인 권리의무나 법률관계를 규율하는 성격을 가질 때에는 행정처분에 해당한다. 보건복지부 고시인 약제급여・비급여목록 및 급여상한금액표(보건복지부 고시 제2002-46호로 개정된 것)는 다른 집행행위의 매개 없이 그 자체로서 국민건강보험가입자, 국민건강보험공단, 요양기관 등의 법률관계를 직접 규율하는 성격을 가지므로 항고소송의 대상이 되는 행정처분에 해당한다고 한 사례(대법원 2006.9.22. 선고 2005두2056 판결).

(iii) 내부지침에 근거한 행정행위

처분의 근거가 행정규칙에 규정되어 있다고 하더라도, 그 처분의 상대방에게 권리의 설정 또는 의무의 부담을 명하거나 기타 법적인 효과를 발생하게 하는 등으로 그 상대방의 권리・의무에 직접 영향을 미치는 경우라면 항고소송의 대상이 되는 행정처분에 해당된다.[93)]

판례

항고소송의 대상이 되는 행정처분이라 함은 원칙적으로 행정청의 공법상 행위로서 특정 사항에 대하여 법규에 의한 권리의 설정 또는 의무의 부담을 명하거나 기타 법률상 효과를 발생하게 하는 등으로 일반 국민의 권리의무에 직접 영향을 미치는 행위를 가리키는 것이지만, 어떠한 처분의 근거가 행정규칙에 규정되어 있다고 하더라도, 그 처분이 상대방에게 권리의 설정 또는 의무의 부담을 명하거나 기타 법적인 효과를 발생하게 하는 등으로 그 상대방의 권리의무에 직접 영향을 미치는 행위라면, 이 경우에도 항고소송의 대상이 되는 행정처분에 해당한다(대법원 2004.11.26. 선고 2003두10251,10268 판결).

93) 대법원 2004.11.26. 선고 2003두10251,10268 판결 [노선배분취소처분취소・국제선정기항공운송사업노선면허거부처분취소] – 정부간 항공노선의 개설에 관한 잠정협정 및 비밀양해각서와 건설교통부 내부지침에 의한 항공노선에 대한 운수권배분처분이 항고소송의 대상이 되는 행정처분에 해당한다고 한 사례

(3) 공권력 행사의 거부(거부처분)

① 거부처분의 개념

거부처분은 행정청이 사인으로부터 공권력 행사의 신청을 받고 요건을 미비를 이유로 이를 각하하거나 이유가 없는 것으로 신청된 내용의 행위를 하지 아니할 의사표시를 말한다. 거부처분은 소극적 공권력 행사이지만 부작위와 달리 외관상 일정한 행정행위가 있다는 점에서 처분적 행정행위와 같다.

② 거부행위가 처분성을 갖기 위한 요건(판례)[94]

(i) 신청한 행위가 **공**권력의 행사 또는 이에 준하는 작용일 것

거부처분이 성립하기 위해서는 행정청의 거부행위(=신청한 행위)가 공권력 행사에 관한 것이어야 한다. 공권력 행사의 신청이 아닌 단순한 사실행위 등의 요구에 대한 거부행위는 거부처분에 해당하지 않는다. 판례는 국유 잡종재산의 대부 신청에 대한 소관 행정청의 거부행위는 항고소송의 대상이 되는 거부처분이 아니라고 하고 있다.[95]

(ii) 거부행위로 인하여 신청인의 **법**률관계에 어떤 변동을 일으키는 것일 것

신청인의 실체법상 권리관계에 직접 변동을 일으키는 경우뿐만 아니라 신청인의 권리관계에 중대한 지장을 초래하는 것도 포함된다(판례). 행정청의 거부행위로 개인의 권익에 간접적으로 침해를 끼친 경우는 거부행위에 처분성이 성립되지 않는다.

(iii) 행정행위를 요구할 수 있는 법규상·조리상의 **신**청권이 있을 것

행정청의 거부행위의 처분성이 인정되기 위해서는 신청인에게 법률상 또는 조리상의 신청권이 있어야 한다. 신청권의 존부는 구체적 사건에서 신청인이 누구인가를 고려하지 않고 관계 법규의 해석에 의하여 일반 국민에게 그러한 신청권을 인정하고 있는가를 살펴 추상적으로 결정되는 것[96]으로 보는 것이 판례의 입장이다.

판례, 재결례

판례가 거부처분에 해당하지 않는다고 본 사례

- 국토이용계획상의 용도지역을 변경해 달라는 토지소유자의 신청에 대한 거부행위(대법원 1995.4.28. 선고 95누627 판결)
- 인접 토지소유자의 도로상 장애물 철거요구신청을 거부한 행위(대법원 1996.1.23. 선고 95누1378 판결)

판례가 거부처분에 해당한다고 본 사례

- 건축계획심의신청에 대한 반려처분(대법원 2007.10.11. 선고 2007두1316 판결)
- 금강수계 중 상수원 수질보전을 위하여 필요한 지역의 토지 등의 소유자가 국가에 그 토지 등을 매도하기 위한 매수신청에 대해 금강유역환경청장 등의 매수거부행위(대법원 2009.9.10. 선고 2007두20638 판결)

94) (=행정청의 거부행위가 거부처분이 되기 위한 요건)

95) 대법원 1998.9.22. 선고 98두7602 판결

96) 대법원 2009.9.10. 선고 2007두20638 판결

- 행정청이 토지계약거래신고를 받은 후 신고수리를 하지 않고 계약체결의 중지를 권고한 경우(대법원 1992.9.14. 선고 91누8807 판결)
- 건축신고 반려행위(대법원 2010.11.18. 선고 2008두167 전원합의체 판결)
- 착공신고 반려행위(대법원 2011.6.10. 선고 2010두7321 판결)

중앙행정심판위원회가 거부처분에 해당한다고 본 사례

자기완결적 신고(=수리를 요하지 않는 신고)[97]에 해당하는 산재보험관계 신고의 수리거부행위(중앙행심위 2012.3.6.자 2012-2081 재결 등)

판례가 조리상 신청권을 인정한 사례

- 검사임용신청에 대한 거부행위(대법원 1991.2.12. 선고 90누5825 판결)
- 국공립대학 조교수의 재임용신청에 대한 거부행위
- 인터넷 포털사이트 등의 개인정보 유출사고로 구청장에 대한 주민등록번호 변경신청을 거부한 행위(대법원 2017.6.15. 선고 2013두2945 판결)
- 도시계획시설결정에 이해관계 있는 주민의 도시시설계획의 입안 내지 변경신청을 거부한 행위(대법원 2015.3.26. 선고 2014두42742 판결)

③ 반복적 신청에 대한 거부처분의 처분성

거부처분은 행정청이 국민의 처분행위에 대하여 거절의 의사표시를 함으로써 성립된다. 그 이후 동일한 내용의 신청에 대하여 행정청이 다시 거절의 의사표시를 명백히 한 경우에는 새로운 거부처분이 있은 것으로 보아야 하며, 이 경우 행정심판 청구기간 및 행정소송 제기기간은 각 처분을 기준으로 진행된다.

판례

[판례 1]

수익적 행정해위 신청에 대한 거부처분은 당사자의 신청에 대하여 관할 행정청이 거절하는 의사를 대외적으로 명백히 표시함으로써 성립되고, 거부처분이 있은 후 당사자가 다시 신청을 한 경우에는 신청의 제목 여하에 불구하고 그 내용이 새로운 신청을 하는 취지라면 관할 행정청이 이를 **다시 거절**하는 것은 새로운 거부처분으로 봄이 원칙이다(대법원 2019.4.3. 선고 2017두52764 판결).

[판례 2]

원고가 피고 서울시장에게 도축작업장 사용수수료승인 신청을 하였다가 거절처분을 받은 후 다시 농림수산부장관에게 같은 수수료승인 신청을 하여 이를 이첩받은 피고가 종전과 동일한 사항임을 확인한 다음 그 승인이 불가하다는 회신을 한 경우, 피고의 위 2차 회신은 위 1차 거절처분 이후의 원고의 새로운 수수료승인 신청에 대하여 또다시 이를 거부한 처분으로 봄이 상당하고 이를 가리켜 동일한 사항에 대한 중복처분이라거나 단순히 종전의 거절처분이 있음을 알리는 사실의 통지에 불과한 것이라고 할 수 없다(대법원 1991.6.11. 선고 90누10292판결).

---

97) 자기완결적 신고는 다른 특별한 사정이 없는 한 행정관청에 대한 통고로써 그치는 것이고, 그에 대한 행정관청의 결정을 기다릴 필요가 없는 것이므로 신고에 대한 수리거부행위는 항고소송이나 행정심판의 대상이 되지 않는다. 다만, 자기완결적 신고도 형식적 신고요건 미비 등을 이유로 신고를 반려할 수 있도록 규정하고 있는데(행정절차법 제40조 제4항), 이 경우 신고요건을 갖추었는지 여부에 관해 다툼이 있다. 신고의무 위반은 과태료나 벌금의 대상이 될 수 있으므로 이런 경우에는 자기완결적 신고일지라도 행정청이 이를 반려한 것은 유효한 신고로 인정할 수 없다는 이유로 신고수리거부행위를 한 것이므로 그 거부행위가 외형상 성립되어 있다면 신고자가 행정심판 또는 행정소송으로 다툴 수 있다.

(4) 공권력 행사 또는 그 거부에 준하는 행정작용

① 규정의 취지

「행정심판법」 제2조 제1호는 처분의 개념에 '공권력의 행사 또는 그 거부'뿐만 아니라 '그 밖에 이에 준하는 행정작용'을 포함하고 있다.

'공권력의 행사 또는 그 거부에 준하는 행정작용'이란 행정심판의 대상을 넓히기 위한 일종의 포괄적 개념으로서 오늘날 행정형식의 다양화에 따라 엄격한 의미에서는 공권력의 행사 또는 그 거부로 보기에는 의문이 있으나 현실적으로 행정구제의 필요성이 있는 행정작용을 행정심판 대상으로 포함시키기 위하여 인정된 개념이다.[98]

② 구제적 내용

구체적으로 행정청의 어떠한 행위가 '공권력의 행사 또는 그 거부에 준하는 행정작용'에 해당할 것인지는 견해가 다양하다.[99]

사회보장부문에서 급부결정, 보조금의 지급결정, 규제적 행정지도, 공공시설(육교 · 쓰레기소각장 등)의 설치행위 등의 형식적 행정행위나 행정입법, 구속적 행정계획, 행정규칙, 사실행위 및 일반처분 등이 이에 해당될 수 있는 것들이다. 어떤 행정작용이 이에 해당될 것인지는 학설과 판례형성을 통하여 구체적인 행정작용마다 그 성질을 개별적으로 판단하여 결정해야 할 것이다.[100]

최근에는 판례도 행정소송에서 처분 개념을 지속적으로 확대하여 종래 사실행위나 행정기관 간 내부행위에 속한다고 보던 행정작용을 처분의 개념에 포함시키고 있다.

판례

판례가 항고소송의 대상인 처분에 해당한다고 본 사례

- 불문경고(대법원 2002.7.26. 선고 2001두3532 판결)
- 지적공부의 지목변경(대법원 2004.4.22. 선고 2003두9015 판결)
- 세무조사결정(대법원 2011.3.10. 선고 2009두23617 판결)
- 지방자치단체 사이의 건축협의 취소(대법원 2014.2.27. 선고 2012두22980 판결)
- 「구 농지법」상 농지처분의무통지(대법원 2003.11.14. 선고 2001두8742 판결)
- 구청장의 사회복지법인에 대한 특별감사 결과 지적사항에 대한 시정지시와 그 결과를 관계서류와 함께 보고하라고 시정지시(대법원 2008.4.24. 선고 2008두3500 판결)

98) 일정한 행정작용이 엄격한 의미에서 공권력 행사로서의 실체를 갖추지 아니한 것이라도 다른 실효적 구제수단이 없는 경우에는 해당 행정작용을 공권력 행사에 준하는 작용으로 보아 행정심판의 대상으로 인정할 수 있다.

99) 각 견해를 살펴보면, ① 형식적 행정행위의 개념 아래 거론되는 행정작용들이 이 범주에 인정될 수 있을 것이라는 견해 ② 그 밖에 이에 준하는 행정작용이란 공권력행사로서의 성질은 갖지만 전형적인 행정행위에는 해당되지 않는 행정작용, 예컨대 권력적 사실행위가 이에 해당한다는 견해, ③ 처분적 행정입법(입법 그 자체로서 국민의 권리침해의 효과를 발생하는 행정입법), 구속적 행정계획, 행정규칙, 사실행위 및 일반처분 등이 포함될 수 있다는 견해, ④ 권력적 성질을 갖는 행정지도 등과 같이 비권력적 공권력 작용이지만 실질적으로 개인의 권익에 일반적인 영향을 미치는 작용이 포함될 수 있다는 견해, ⑤ 권력적 사실행위 외의 사실행위에 대하여는 처분성을 인정할 것이 아니라 그에 적합한 소송형태를 해석론상 또는 입법론상으로 확충시켜 나가는 것이 타당하다는 견해 등이 제시되고 있다.

100) 김기표, 신행정심판법론, 한국법제연구원, 2003, 120면

- 국가인권위원회의 성희롱결정 및 시정조치권고(대법원 2005.7.8. 선고 2008두487 판결)
- 방송통신위원회의 인터넷 포털사이트에 대한 게시물의 삭제 등의 시정요구(서울행정법원 2010.2.11. 선고 2009구합35924 판결)
- 공정거래위원회의 표준약관사용 권장행위(대법원 2010.10.14. 선고 2008두23184 판결)
- 경기도 조례로 초등학교(두밀분교)를 폐교하는 경우 그 조례(대법원 1996.9.20. 선고95누8003 판결)
- 보건복지부 고시 약제급여비급여목록 및 급여상환금액표(대법원 2006.9.22. 선고 2005두2056 판결,[101] 대법원 2006.12.21. 선고 2005두16161 판결)
- 「구 도시계획법」상의 도시계획결정(대법원 1982.3.9. 선고 80누105 판결)[102]
- 「구 도시및주거환경정비법」상 재건축정비사업조합이 수립한 사업시행계획 및 관리처분계획(대법원 2009.9.17. 선고 2007다2428 전원합의체판결)
- 「구 문화재관리법」하의 지방문화재에 대한 보호구역 지정처분(대법원 1993.6.29. 선고 91누6986 판결)
- 고액상습체납자 명단공개(서울행정법원 2011.10.21. 선고 2011구합16933 판결)
- 병역의무기피자의 인적사항 등에 대한 공표(대법원 2019.6.27. 선고 2018두49130 판결)
- 「부동산 가격공시에 관한 법률」에 따른 표준지공시지가와 개별공시지가 결정
- 긴급 사전거래정지처분(서울고등법원 2019.8.28. 선고 2017누54069 판결)

재결례

행정심판위원회가 처분에 해당한다고 본 사례

- 적극적 고용개선조치 미이행 사업주 명단공표(중앙행심위 2021.1.5.자 2020-1685 결정)
- 환경부장관이 시장·군수에게 행한 공공하수도 설치인가행위(국무총리행정심판위원회 1997.10.10.자 97-4898 의결)
- 도지사가 시장에게 행한 농수산물도매시장 개설허가(국무총리행정심판위원회 1998.1.9.자 97-3534 의결)
- 훈령·지침에 근거한 보조금 등의 환수명령(중앙행심위 2021.9.14.자 2020-19365 재결)
- 긴급 사전거래정지조치 및 거래정지처분(중앙행심위 2020.2.11.자 2019-10861 재결)

3. 부작위

제2조【정의】 이 법에서 사용하는 용어의 뜻은 다음과 같다.

2. "부작위"란 행정청이 당사자의 신청에 대하여 상당한 기간 내에 일정한 처분을 하여야 할 법률상 의무가 있는데도 처분을 하지 아니하는 것을 말한다.

101) 보건복지부 고시인 약제급여·비급여목록 및 급여상한금액표(보건복지부 고시 제2002-46호로 개정된 것)로 인하여 자신이 제조·공급하는 약제의 상한금액이 인하됨에 따라 위와 같이 보호되는 법률상 이익이 침해당할 경우, 제약회사는 위 고시의 취소를 구할 원고적격이 있다고 한 사례

102) 「도시계획법」 제12조 소정의 고시된 도시계획결정은 특정 개인의 권리 내지 법률상의 이익을 개별적이고 구체적으로 규제하는 효과를 가져오게 하는 행정청의 처분이라 할 것이고, 이는 행정소송의 대상이 된다(대법원 1982.3.9. 선고 80누105 판결).

가. 개념

「행정심판법」 제2조 제2호에서 "부작위"란 행정청이 당사자의 신청에 대하여 상당한 기간 내에 일정한 처분을 하여야 할 법률상 의무가 있는데도 처분을 하지 아니하는 것을 말한다고 규정하고 있다.

나. 부작위가 처분성을 갖기 위한 요건

(1) 당사자의 신청이 있을 것

① 신청의 적법성 및 내용

신청은 반드시 적법할 필요는 없다. 신청의 내용이 되는 처분은 「행정심판법」 제2조 제1호의 처분을 의미한다. 그러나 비권력적 사실행위의 요구나 사경제적 계약의 체결요구는 여기에 포함되지 않는다.

② 신청권의 존재

「행정심판법」은 부작위의 개념에 신청권의 존부를 언급한 바 없다. 그럼에도 불구하고 신청권의 존재를 부작위의 개념요소로 보아야 하는지에 대한 논의는 있다.

즉, 행정청의 부작위가 성립하기 위해서는 국민이 행정청에 대하여 그 신청에 따른 행정행위를 해 줄 것을 요구할 수 있는 법규상 · 조리상의 권리가 있어야 하는지 또는 신청권의 유무에 관계없이 단순히 신청만 있으면 되는지 여부에 견해대립이 있다.

(i) 법규상 또는 조리상 신청권이 있어야 한다는 견해

부작위가 성립하기 위해서는 당사자에게 처분을 구할 수 있는 법규상 또는 조리상의 신청권은 있어야 한다는 것으로 다수설 및 판례의 입장이다. 법령이 명시적으로 신청권을 인정하고 있는 경우뿐만 아니라 법해석상 신청권이 도출되는 경우(예컨대, 「헌법」의 기본권 규정에서 신청권의 도출이 가능)에도 신청권이 인정된다.[103]

또한, 판례는 신청권의 존부의 문제를 대상 적격의 문제로 보는 동시에 청구인 적격의 문제로 보기도 한다. 따라서 신청권이 없는 자의 신청에 대해 행정청이 아무런 처분을 하지 않아도 의무이행심판의 대상이 되는 부작위로 보지 아니한다.

(ii) 단순히 신청만 있으면 된다는 견해

신청이 있었다는 사실만 있으면 족하고 그 신청에 대하여 원고나 청구인이 주장하는 바와 같은 처분이 있지 않았다는 사실만 있으면 부작위가 성립된다는 입장이다. 이 견해는 청구인의 신청권의 존재 여부와 행정청의 실체법상 처분의무 여부는 본안에서 판단할 문제로 부작위의 성립요건과는 무관하다고 본다.

---

103) 법령이 당사자가 행정청에 대하여 일정한 신청을 할 수 있음을 명문으로 규정한 경우(예 여권발급신청에 관한 「여권법」 제9조 제1항, 광업권설정의 출원에 관한 「광업법」 제15조 제1항 등)뿐만 아니라 해당 법령의 해석상 특정인의 신청을 전제로 하는 것이라고 인정되는 경우에도 적법한 신청권이 있다(예 일정한 건축물을 건축하고자 하는 경우 건축허가를 받아야 한다는 「건축법」 제11조의 규정은 해석상 건축허가 신청권의 근거가 됨).

판례

[판례 1]

부작위위법확인의 소는 행정청이 당사자의 법규상 또는 조리상 권리에 기한 신청에 대하여 상당한 기간 내에 그 신청을 인용하는 적극적 처분을 하거나 각하 또는 기각하는 등의 소극적 처분을 하여야 할 법률상의 응답의무가 있음에도 불구하고 이를 하지 아니하는 경우, 그 부작위의 위법을 확인함으로써 행정청의 응답을 신속하게 하여 부작위 내지 무응답이라고 하는 소극적 위법상태를 제거하는 것을 목적으로 하는 것이다(대법원 2002.6.28. 선고2000두4750 판결).

[판례 2]

「지방공무원법」 및 「지방공무원임용령」 규정에 따른 4급 공무원이 당해 지방자치단체 인사위원회의 심의를 거쳐 3급 승진대상자로 결정되고 임용권자가 그 사실을 대내외에 공표까지 하였다면, 그 공무원은 승진임용에 관한 법률상 이익을 가진 자로서 임용권자에 대하여 3급 승진임용을 신청할 조리상의 권리가 있고, 이러한 공무원으로부터 소청심사청구를 통해 승진임용신청을 받은 행정청으로서는 상당한 기간 내에 그 신청을 인용하는 적극적 처분을 하거나 각하 또는 기각하는 등의 소극적 처분을 하여야 할 법률상의 응답의무가 있다. 그럼에도, 행정청이 위와 같은 권리자의 신청에 대해 아무런 적극적 또는 소극적 처분을 하지 않고 있다면 그러한 행정청의 부작위는 그 자체로서 위법하다. 원심판결 이유에 의하면, 피고는 인사위원회의 심의를 거쳐 원고가 3급 승진대상자로 결정된 사실을 대내외에 공표한 후 원고의 2005.9.30.자 소청심사를 통한 승진임용신청에 대하여 이 사건 사실심 변론종결시까지도 아무런 조치를 취하지 않고 있는 사실을 알 수 있는 바, 위에서 본 법리에 비추어 보면 피고의 이와 같은 부작위는 그 자체로 위법하다(대법원 2009.7.23. 선고 2008두10560 판결).

(2) 상당한 기간이 경과할 것

상당기간이라 함은 사회통념상 당해 신청에 대한 처분을 하는 필요하다고 인정되는 기간을 말한다. 상당기간은 일반적으로 정할 수 없고 법령의 취지나 처분의 성질을 고려하여 개별적·구체적으로 판단해야 한다.

법령 가운데는 해당법령에 따른 신청이 있는 후 일정기간을 경과해도 행정청이 그에 대한 아무런 결정을 하지 않는 경우에는 그 처리기간이 도과함으로써 그 기간의 만료일에 해당 신청이 거부된 것으로 간주되는 때에는 부작위에 해당되는 것은 아니고 거부처분이 있는 것으로 된다. 따라서 이 경우에는 거부처분취소심판이나 의무이행심판을 청구하여야 한다.

판례

건축물관리대장등본의 교부는 「민원사무처리규정」 제2조 제2항 제3호에 해당하는 민원사항으로서 민원인의 신청이 있으면 행정청으로서는 정당한 사유가 있는 경우를 제외하고는 즉시 이를 처리하여야 할 법령상의 의무를 부담라고 있다고 보아야 할 것이다(대법원 1992.4.14. 선고 91누5556 판결).

(3) 행정청의 처분을 할 법률상 의무

행정심판의 대상인 부작위가 성립하기 위해서는 당사자의 신청에 대하여 일정한 처분을 해야 할 법률상 의무가 있어야 한다. 처분을 해야 할 법률상 의무란 법령이 일정한 요건을 갖춘 때에는 일정한 처분을 명하는 뜻의 명문의 규정이 있는 경우는 물론 법령의 취지나 해당 처분의 성질로 보아 기속행위에 해당하는 경우를 포함한다.[104]

행정청의 행위가 기속행위인 경우에는 당해 규정이 정하고 있는 특정처분을 할 법률상 처분의무가 있으며, 재량행위의 경우에는 상대방의 신청권에 대응하여 적정한 처분을 할 의무는 있으며 예외적으로 재량이 영으로 수축되는 경우와 무하자재량행사권이 인정되는 경우에는 법률상 처분의무가 있다. 그러나 종국처분에 대해서는 행정청의 독자적 판단권이 부여되어 있어서 상대방의 신청대로 특정한 처분을 할 의무는 없다.

(4) 행정청이 아무런 처분을 하지 않을 것(=처분의 부존재)

처분의 부존재란 인용처분 또는 거부처분이 있었다고 볼 만한 외관이 존재하지 않아야 한다. 부작위를 이유로 한 의무이행심판청구 후 심판절차 진행 중 또는 재결 전에 처분이 있으면 의무이행심판의 대상은 소멸하였으므로 해당 심판청구는 각하 대상이 된다.[105] 청구인은 새로운 처분에 대하여 다시 취소심판 등을 청구해야 한다.

4. 행정심판청구 대상에서 제외되는 사항

가. 행정심판법의 규정

제3조【행정심판의 대상】 ① 행정청의 처분 또는 부작위에 대하여는 다른 법률에 특별한 규정이 있는 경우 외에는 이 법에 따라 행정심판을 청구할 수 있다.
② 대통령의 처분 또는 부작위에 대하여는 다른 법률에서 행정심판을 청구할 수 있도록 정한 경우 외에는 행정심판을 청구할 수 없다.

제4조【특별행정심판 등】 ① 사안(事案)의 전문성과 특수성을 살리기 위하여 특히 필요한 경우 외에는 이 법에 따른 행정심판을 갈음하는 특별한 행정불복절차(이하 "특별행정심판"이라 한다)나 이 법에 따른 행정심판 절차에 대한 특례를 다른 법률로 정할 수 없다.
② 다른 법률에서 특별행정심판이나 이 법에 따른 행정심판 절차에 대한 특례를 정한 경우에도 그 법률에서 규정하지 아니한 사항에 관하여는 이 법에서 정하는 바에 따른다.

제51조【행정심판 재청구의 금지】 심판청구에 대한 재결이 있으면 그 재결 및 같은 처분 또는 부작위에 대하여 다시 행정심판을 청구할 수 없다.

104) 김동희·최계영, 행정법Ⅰ, 663면; 박윤흔·정형근, 최신행정법강의(상), 707면; 류지태·박종수, 행정법신론, 박영사, 2021, 632면

105) 홍정선, 행정법원론(상), 박영사, 2021, 1249면

(1) 대통령의 처분 또는 부작위

대통령의 처분(「상훈법」상의 서훈의 결정 등) 또는 부작위에 대하여는 다른 법률에서 행정심판을 청구할 수 있도록 정한 경우(「국가공무원법」상의 소청 등) 외에는 행정심판을 청구할 수 없다(법 제3조 제2항). 이는 대통령이 행정부 최고 수반임을 감안한 것이다.

(2) 행정심판의 재결

행정심판의 재결은 다시 행정심판의 대상으로 삼을 수 없다(법 제51조).[106] 이는 불필요한 행정심판의 반복을 피하기 위하여 재결에 기판력과 유사한 효력을 인정한 것이다.[107] 다만, 행정청에 대하여 다시 종전과 동일한 내용의 신청을 한 후 그 새로운 신청에 대하여 행정청이 거부처분이나 부작위를 한 때에는 이는 새로운 처분으로 보기 때문에 이에 대해서는 다시 행정심판을 청구할 수 있다.

나. 다른 법률에 특별한 규정이 있는 경우의 구제절차

「행정심판법」 제3조 제1항에서 '다른 법률에 특별한 규정이 있는 경우 외에는'의 의미는 「행정심판법」에 따른 행정심판과 다른 개별 법률에서 정한 특례규정에 따른 불복절차에 있어서 적용되는 법률의 우선순위를 정한 것 이상의 특별한 의미가 있는 것은 아니다. 즉, 다른 법률에 특별한 불복절차 규정이 있는 경우에는 우선적으로 그 법률에 따라 불복절차를 밟아야 한다는 의미일 뿐 「행정심판법」의 모든 규정을 배제한다는 것은 아니다.

사안의 전문성과 특수성이 없으면 특별행정심판절차나 특례규정을 다른 법률로 정하지 못하도록 한 「행정심판법」 제4조 제1항과 다른 법률에서 특별행정심판이나 특례규정을 정하더라도 그 법률에서 정하지 않은 사항은 「행정심판법」에 따르도록 규정한 「행정심판법」 제4조 제2항의 존재의의가 바로 여기에 있는 것이다.

다른 법률에서 정하고 있는 특별한 구제절차에는 특별행정심판 절차와 개별 법률상 규정된 특별불복절차가 있다. 다른 법률에 특별한 규정이 있음에도 불구하고 「행정심판법」에 따른 행정심판을 청구하는 경우에는 「행정심판법」 소관이 아니므로 각하대상이 된다.

---

106) 행정심판의 재결에 불복하려면 그 재결 자체에 고유한 위법이 있음을 이유로 직접 재결을 대상으로 재결취소소송을 청구하거나, 원처분(원부작위)의 위법이나 무효를 이유로 원처분의 취소나 무효를 구하는 행정소송을 제기하여야 한다(행정소송법 제19조).

107) 이상규, 행정쟁송법, 법문사, 2000, 96면

(1) 특별행정심판

특별행정심판의 예로서는 특허심판, 「공익사업을 위한 토지 등의 취득 및 보상에 관한 법률」에 따른 토지수용, 「국가공무원법」 및 「지방공무원법」에 따른 소청, 「국세기본법」에 따른 조세심판, 「해양사고의 조사 및 심판에 관한 법률」에 따른 해양안전심판 등을 들 수 있다. 이들은 각 개별 법률에서 정한 절차에 따라 행정심판을 해야 한다.[108]

특별행정심판 절차를 거치고 다시 「행정심판법」에 따른 심판청구를 하는 경우에는 같은 처분에 대해 재결을 거친 것이므로 「행정심판법」 제51조의 행정심판의 재청구에 해당한다는 이유로 각하해야 할 것이다.

(2) 개별 법률상 규정된 특별불복절차

행정청의 처분에 대하여 행정심판 절차를 거치지 아니하고 바로 법원에 의한 구제절차 등 특별한 불복절차를 거치도록 개별 법률에서 규정하고 있는 경우이다.

예를 들면 검사의 불기소처분[109]이나 구금 · 압수 또는 압수물의 환부에 관한 처분,[110] 경찰서장 · 출입국관리소장 · 세무서장 또는 세관장의 통고처분,[111] 가족관계등록에 관한 시 · 읍 · 면장의 처분[112] 또는 행정청이 부과하는 과태료처분[113]은 그 법적 성격이 행정행위로서 행정청의 처분에 해당하나 다른 구제절차가 마련되어 있다는 점에서 행정심판의 대상이 되지 않는다. 위와 같은 경우에는 관계 법률이 정하고 있는 불복절차에 따라 구제를 받아야 하며, 만약 「행정심판법」에 따른 심판청구를 하면 「행정심판법」 제3조 제1항에 위반하는 부적법한 심판청구로서 각하해야 할 것이다.

재결례

행정청의 과태료 부과에 불복하는 경우에는 「질서위반행위규제법」 에 따라 관할 법원에서 과태료 재판을 받도록 규정되어 있는 바, 이는 「행정심판법」 제3조 제1항의 '다른 법률에 특별한 규정이 있는 경우'에 해당한다 할 것이므로, 이 사건 심판청구 중 과태료 부과처분의 취소를 구하는 부분은 행정심판의 대상이 아닌 사항을 대상으로 청구된 부적법한 청구라고 할 것이다(중앙행정심판위원회 2021.12.7.자 2020-11546 재결).

---

108) 청구인이 토지수용절차, 소청절차, 국세심판절차 등 다른 법률에 따른 특별행정심판 절차와 「행정심판법」에 따른 행정심판 절차를 혼동하여 심판청구서를 제출한 경우에는 심판청구서를 관계기관에 송부하여 청구인으로 하여금 적법한 절차를 밟을 수 있게 해야 한다. 다만, 청구인이 별도의 불복절차가 있음을 알고도 「행정심판법」에 따른 심판청구를 하는 경우에는 청구인의 의사를 확인한 후 각하해야 할 것이다[국민권익위원회 · 중앙행정심판위원회, 행정심판 30년사, 2015, 특별행정심판(신봉기), 306면].

109) 검사의 불기소처분에 대하여 불복하는 자는 직근 상급검찰청의 장에게 항고 또는 재항고를 하거나(검찰청법 제10조), 고등법원에 재정신청을 하도록 하고 있다(형사소송법 제260조).

110) 검사의 구금압수 또는 압수물의 환부에 관한 처분에 대하여는 법원에 준항고를 제기하여야 한다(형사소송법 제416조).

111) 통고처분에 이의가 있는 자는 그것을 이행하지 아니함으로써 관계공무원의 고발 등에 따라 법원의 심판을 받도록 되어 있다(도로교통법 제165조, 관세법 제311조 등).

112) 가족관계의 등록 등에 관한 시 · 읍 · 면장의 처분에 불복하는 자는 가정법원에 불복신청을 하여야 한다(가족관계의 등록 등에 관한 법률 제109조).

113) 행정청이 부과하는 과태료처분에 불복하는 자는 「질서위반행위규제법」에 따라 법원의 재판을 받도록 되어 있다(질서위반행위규제법 제21조, 제25조).

결론적으로 통고처분, 검사의 불기소처분 등에 대해서는 다른 구제절차가 마련되어 있다는 점에서 행정심판의 대상이 되지 않는다.

제5절 행정심판의 당사자 및 관계인

1. 당사자의 의의와 당사자능력

제14조【법인이 아닌 사단 또는 재단의 청구인 능력】 법인이 아닌 사단 또는 재단으로서 대표자나 관리인이 정하여져 있는 경우에는 그 사단이나 재단의 이름으로 심판청구를 할 수 있다.

가. 당사자의 개념 및 특성

행정심판의 당사자는 청구인, 피청구인이다. 청구인은 행정심판의 대상인 처분 또는 부작위에 불복하여 그의 취소 또는 변경을 구하기 위하여 행정심판을 청구한 사람이다. 피청구인은 심판청구의 상대방(해당 심판청구의 대상인 처분을 한 행정청 또는 부작위를 한 부작위청)을 말한다. 미성년자의 친권자나 법인의 대표이사 등과 같은 법정대리인, 변호사와 같은 소송대리인, 참가인[114] 등은 자기의 이름으로 재결을 요구하는 자가 아니므로 당사자가 아니다.

행정심판은 대심적 심리구조(당사자대립주의)로 이루어지는데 권익구제를 주장하는 청구인에 대하여 피청구인(행정청)은 자기 권익을 주장하는 것이 아니라 권리주체인 국가 또는 지방자치단체를 대표하여 법집행이 적법·타당하였음을 주장하는 것이므로 민사소송과 구별되며 대심구조의 한계를 갖는다.

나. 당사자 능력

행정심판의 청구인 또는 피청구인이 될 수 있는 일반적인 능력을 말한다. 당사자 능력은 소송법에서 사용되는 용어이고 「행정심판법」에서는 청구인 능력이라 한다.

「행정심판법」에서는 법인이 아닌 사단 또는 재단으로서 대표자나 관리인이 있을 때에는 그 사단이나 재단의 이름으로 심판청구를 할 수 있다는 특례규정으로 법인이 아닌 사단과 재단에 대해 청구인 능력을 인정하고 있다(법 제14조).[115]

---

114) 그러나 참가인은 당사자의 인용재결을 보조하기 위하여 자기의 이름으로 행정심판을 수행하는 점에서 친권자나 대리인과는 다르며 이점에서 종(從)된 당사자라 하기도 한다(이상규, 행정쟁송법, 355면).

115) 「행정소송법」은 그 법에 규정되지 않은 사항은 「민사소송법」을 준용하여 행정소송에서는 민사소송상의 당사자 능력에 관한 준용규정(행정소송법 제8조, 민사소송법 제51조~제64조)이 있으나, 「행정심판법」에서는 별다른 규정이 없지만 「민사소송법」의 당사자 능력에 관한 규정은 그 성격상 허용되는 한 행정심판에도 준용된다(국민권익위원회 · 중앙행정심판위원회, 행정심판의 이론과 실무, 216면).

다. 청구인 능력

청구인 능력이란 행정심판절차에서 청구인이 될 수 있는 능력을 말한다. 「민법」, 「민사소송법」 그 밖의 다른 법률에 따라 권리능력을 가진 자연인과 법인은 모두 「행정심판법」상의 청구인 능력이 있다.

판례

판례가 법인이 아닌 사단 · 재단에게 당사자 능력을 인정한 사례

- 종중, 문중 등의 종족단체(대법원 2018.7.24. 선고 2018다10135 판결)
- 교회, 사찰, 신도회 등의 종교단체(교회: 대법원 1991.11.26. 선고 91다30675 판결, 사찰: 대법원 2005.8.24. 선고 2003다54971 판결, 신도회: 대법원 1996.7.12. 선고 96다6103 판결)
- 제중(堤中), 수리계(水利契) 등의 농민단체(대법원 1995.11.21. 선고 94다15288 판결)
- 자연부락, 동회, 아파트입주자대표회의, 아파트부녀회 등 주민단체(대법원 2007.7.26. 선고 2006다64573 판결, 대법원 2007.6.15. 선고 2007다6307 판결)
- 설립 중인 회사, 채권청산위원회(대법원 1996.6.28. 선고 96다16582 판결)
- 재건축조합(대법원 2001.5.29. 선고 2000다10246 판결)

판례가 다른 행정기관이 내린 처분에 대해 별다른 구제수단이 없는 경우 상대방 행정기관에게 당사자 능력과 원고적격을 인정한 사례

- 행정기관인 국민권익위원회가 시 · 도선거관리위원회위원장에게 일정한 행위를 할 것을 내용으로 하는 조치요구(대법원 2013.7.25. 선고 2011두1214 판결)
- 국민권익위원회가 행정기관의 장(소방청장)에게 일정한 의무를 부과하는 내용의 조치요구(대법원 2018.8.1. 선고 2014두35379 판결)
- 지방자치단체의 장이 건축물소재지 관할 허가권자인 지방자치단체의 장을 상대로 건축협의 취소의 취소청구를 한 경우(대법원 2014.2.27. 선고 2012두22980 판결)

판례가 학교법인뿐만 아니라 학교의 장(교장, 총장)에게 당사자 능력을 인정한 사례

아주대학교 총장을 피청구인으로 한 교원소청심사위원회의 재임용거부처분취소 인용결정에 대한 결정처분의 취소소송(대법원 2011.6.24. 선고 2008두9317 판결)

판례가 외국인의 원고능력을 인정하여 본안판단을 한 사례

- 귀화불허가결정 취소소송(대법원 2018.12.13. 선고 2016두31616 판결)
- 국적신청불허가처분 취소소송(대법원 2010.7.15. 선고 2009두19069 판결)
- 강제퇴거결정 취소소송(대법원 1972.3.20. 선고 71두202 판결)

재결례

행정심판위원회가 미성년자에게 청구인 능력을 인정한 사례

- 정보공개 거부처분 무효확인청구(중앙행심위 2020.8.18.자 2019-19079 재결)
- 체류자격 변경허가 거분처분 취소청구(중앙행심위 2020.10.27.자 2020-5946 재결)

행정심판위원회가 법인의 지점에게 청구인 능력을 인정한 사례

처분이 개별사업장 단위로 이루어진 경우에 행정청이 지점에 처분을 한 경우(중앙행심위 2020.5.26.자 2019-15461 재결 등)

행정심판위원회가 해산된 법인에게 청구인 능력을 인정한 사례

파산관재인이 청구한 사건(중앙행심위 2015.4.14.자 2014-16344 재결)

행정심판위원회가 다른 행정기관이 내린 처분에 대해 별다른 구제수단이 없는 경우 상대방 행정기관에게 청구인 능력을 인정한 사례

- 근로복지공단의 산재보험료 부과처분에 대하여 논산국도유지건설사무소가 청구한 취소심판청구사건(국무총리행정심판위원회 2000.2.7.자 99-0776 의결)
- 서울국유림관리소장이 부과한 변상금 부과처분에 대하여 인천광역시 중구가 청구한 취소심판청구사건(중앙행심위 2021.4.23.자 2020-18607 재결)

행정심판위원회가 사립대학교 총장의 청구인 능력을 인정하고 본안 판단한 사례

학생으로부터 교육비를 받지 못한 청구인에게 보조금 과오납금 납부를 통지한 사건(중앙행심위 2020.12.22.자 2020-749 재결)

행정심판위원회가 지방자치단체에게 청구인 능력을 인정하고 인용재결한 사례

- 여수시가 청구한 대기환경보전법 위반시설에 대한 경고처분 취소청구(중앙행심위 2020.12.8.자 2020-17902 재결)
- 남양주시가 청구한 국유재산 변상금 부과처분 취소청구(중앙행심위 2015.10.27.자 2015-6400 재결)

행정심판위원회가 외국인에게 청구인 능력을 인정하고 인용재결한 사례

귀화허가 거부처분에 대한 취소청구(중앙행심위 2018.8.14.자 2018-2378 재결, 중앙행심위 2017.11.7.자 2017-7971 재결 등)

라. 피청구인 능력

피청구인 능력이란 행정심판절차에서 피청구인이 될 수 있는 능력을 말한다. 행정심판은 처분을 한 행정청(의무이행심판의 경우에는 청구인의 신청을 받은 행정청)을 피청구인으로 하여 청구해야 한다(법 제17조 제1항).

일반적으로 장관, 시·도지사 등 행정기관의 장이 행정청이다. 행정청에는 독임제 기관(장관, 시·도지사, 시장·군수 등)뿐만 아니라 합의제 기관(국민권익위원회, 공정거래위원회 등)도 있다. 보조기관(차관·차장·실장·국장·과장 등)은 행정기관 내부에 부속되어 있어서 그 기관의 의사결정을 조력하거나 외부에 대하여 그 의사를 집행하는 데 불과하므로 행정청에 해당되지 않는다. 그러나 행정관청의 권한을 위임받은 경우에는 그 범위 안에서 행정청이 된다(정부조직법 제6조 제1항·제2항). 법원이나 국회의 기관도 행정적인 처분을 하는 범위 안에서는 행정청에 포함[116]된다.

116) 국회직원·법원직원에 대한 징계, 법원장의 법무사법인 설립인가 및 인가취소 등

2. 청구인 적격

청구인 적격이란 특정한 처분 또는 부작위와 관련하여 행정심판을 청구할 법률상 이익이 있는 자로서 본안재결을 구할 수 있는 자격을 말한다. 청구인 적격은 행정심판의 청구요건의 하나이므로 청구인 적격이 없는 자가 청구한 행정심판은 각하대상이 된다. 「행정심판법」은 행정심판의 종류에 관계없이 동일하게 법률상 이익이라는 개념을 사용하고 있지만 그 구체적인 의미는 행정심판의 종류에 따라 다르다.

> **제13조 【청구인 적격】** ① 취소심판은 처분의 취소 또는 변경을 구할 법률상 이익이 있는 자가 청구할 수 있다. 처분의 효과가 기간의 경과, 처분의 집행, 그 밖의 사유로 소멸된 뒤에도 그 처분의 취소로 회복되는 법률상 이익이 있는 자의 경우에도 또한 같다.
> ② 무효등확인심판은 처분의 효력 유무 또는 존재 여부의 확인을 구할 법률상 이익이 있는 자가 청구할 수 있다.
> ③ 의무이행심판은 처분을 신청한 자로서 행정청의 거부처분 또는 부작위에 대하여 일정한 처분을 구할 법률상 이익이 있는 자가 청구할 수 있다.

가. 취소심판의 청구인 적격

(1) 개념

취소심판의 청구는 처분의 취소 또는 변경을 구할 법률상 이익이 있는 자가 제기할 수 있다(법 제13조 제1항).

(2) 법률상 이익의 개념에 관한 학설 및 판례

① **권리구제설**

위법한 처분 등으로 인하여 실체적 권리를 침해당한 자만이 법률상 이익이 있는 것으로 보는 견해이다. 이 설은 법률상 이익의 범위를 지나치게 좁게 보고 있다는 비판이 있다.

② **법률상 보호이익설**

청구인이 주장하는 이익이 처분의 근거가 되는 해당 법규에 의해 보호되고 있는 것으로 인정되는 것이면 법률상 이익이 있는 것으로 보는 견해이다(통설, 판례).

③ **보호가치이익구제설**

청구인이 주장하는 이익이 법률에 의해 보호되는 이익이 아니하더라도 그 실질적・구체적 내용이 쟁송과정에서 보호할 만한 가치가 있으면 법률상 이익이 있다고 보는 견해이다. 이 설은 재판상 보호가치 개념이 불명확하여 심판기관의 자의적인 판단에 맡겨질 우려가 있다.

④ **적법성 보장설**

행정쟁송의 목적을 청구인 또는 원고의 권익구제를 위한 주관적 쟁송으로 보기보다는 행정행위의 적법성 보장에 있는 것으로 보자는 견해이다. 이 설은 행정쟁송의 성격이 주관적 쟁송이라는 점을 간과하였고, 누구나 행정쟁송을 청구할 수 있게 되어 민중쟁송화할 우려가 있다.

⑤ **판례**

판례도 "법률상 보호되는 이익을 당해 처분의 근거 법규 및 관련 법규에 의하여 보호되는 **개**별적 · **직**접적 · **구**체적 이익이 있는 경우를 말한다."라고 판시하여 법률상 보호이익설의 입장을 취하고 있다.

판례

[판례 1]

처분의 직접 상대방이 아닌 제3자라 하더라도 당해 처분으로 인하여 법률상 보호되는 이익을 침해당한 경우에는 그 처분의 무효확인을 구하는 행정소송을 제기하여 그 당부의 판단을 받을 자격이 있다 할 것이며, 여기에서 말하는 법률상 보호되는 이익이라 함은 당해 처분의 근거 법규 및 관련 법규에 의하여 보호되는 **개별적 · 직접적 · 구체적** 이익이 있는 경우를 말하고, 공익보호의 결과로 국민 일반이 공통적으로 가지는 일반적 · 간접적 · 추상적 이익이 생기는 경우에는 법률상 보호되는 이익이 있다고 할 수 없다(대법원 2006. 3.16. 선고 2007두16127 판결).

[판례 2]

처분의 근거 법규 또는 관련 법규에 그 처분으로써 이루어지는 행위 등 사업으로 인하여 환경상 침해를 받으리라고 예상되는 영향력의 범위가 구체적으로 규정되어 있는 경우에는, 그 영향권 내의 주민들에 대하여는 당해 처분으로 인하여 직접적이고 중대한 환경피해를 입으리라고 예상할 수 있고, 이와 같은 환경상의 이익은 주민 개개인에 대하여 **개별적**으로 보호되는 **직접적 · 구체적 이익**으로서 그들에 대하여는 특단의 사정이 없는 한 환경상 이익에 대한 침해 또는 침해 우려가 있는 것으로 사실상 추정되어 법률상 보호되는 이익으로 인정됨으로써 원고적격이 인정되며, 그 영향권 밖의 주민들은 당해 처분으로 인하여 그 처분 전과 비교하여 수인한도를 넘는 환경피해를 받거나 받을 우려가 있다는 자신의 환경상 이익에 대한 침해 또는 침해 우려가 있음을 증명하여야만 법률상 보호되는 이익으로 인정되어 원고적격이 입정된다(대법원 2010. 4.15. 선고 2007두16127 판결).

(3) 법률상 이익의 내용

① 「헌법」 규정이 처분의 근거법규가 될 수 있는지 여부

처분의 근거법규에 「헌법」상 기본권규정(자유권 · 환경권 등)이 포함되는지에 대해 국민의 권익구제의 확대차원에서 법률상 이익의 범위를 넓히는 추세에 비추어 볼 때 「헌법」상 기본권 및 기본원리도 근거법규가 될 수 있다.[117]

판례는 「헌법」상 기본권의 침해만으로 법률상 이익을 인정하지 않고 있으나[118], 헌법재판소는 「헌법」의 기본권 조항을 보충적으로 법률상 이익의 개념 속에 포함시킨 결정을 하고 있다.[119]

중앙행정심판위원회는 공원사업시행허가처분 취소청구사건에서 자연공원법령상의 규정뿐만 아니라 「헌법」 제35조 제1항의 쾌적한 환경에서 생활할 권리규정에 근거하여 인근주민들인 청구인에게 처분의 취소를 구할 법률상 이익이 있다고 보았다.

재결례

「헌법」 제35조 제1항 및 제2항의 규정에 의하면 모든 국민은 건강하고 쾌적한 환경에서 생활할 권리를 가지고 있고, 환경권의 내용과 행사에 대하여는 법률로 정한다고 되어 있는 바, 환경권은 인간의 존엄성 존중을 기초로 하면서 인간다운 생활권, 행복추구권적 성격을 아울러 가지고 있는 총합적 기본권성격을 띠고 있으며, 그 구체적인 모습은 국가의 적극적 처분 등에 의한 환경침해에 대한 방어권의 양태로 나타나는 한편, 사인 등의 행위로 말미암아 발생하는 환경오염이나 공해를 국가가 방지하고 배제하여 주도록 요구할 수 있는 권리의 형태로 나타난다고 할 것이다. …(중략)… 우리 헌법상 환경권은 「환경정책기본법」 제6조, 「자연환경보전법」 제7조 등의 법률에 의하여 구체화되어 있고, 이러한 환경권보장을 위하여 국가(국가로부터 업무를 위임 · 위탁받은 자를 포함함) 등 공권력주체에 대하여 「헌법」 제35조 제1항 및 「환경정책기본법」 제4조 등에서 환경보전을 위하여 노력하여야 할 책무를 아울러 부여하고 있는 바, 위 헌법 및 법률에 의한 환경기본권의 보장과 국가 등의 환경보전책무에 비추어 볼 때, 환경이익을 누리는 주민들은 그 환경이 명백히 부당하게 파괴될 우려가 있거나 환경이익이 명백히 부당하게 침해될 위험이 발생한 경우에는 그와 같은 부당한 침해를 사전에 거절하거나 미리 방지할 수 있는 권리를 가진다고 봄이 상당하다 할 것이다(국무총리행정심판위원회 1997.2.28.자1996-678 의결).

② 제3자의 법률상 이익

처분의 직접 상대방이 아닌 제3자도 해당 처분의 취소를 구할 법률상 이익이 있는 경우에는 청구인 적격이 인정된다. 제3자의 청구인 적격이 문제되는 분야는 주로 제3자효를 가지는 복효적 행정행위분야이다. 환경침해 등을 이유로 한 인근주민의 청구인 적격이 확대되고 있는 경향이다.

117) 김남진 · 김연태, 행정법 I, 836면; 박윤흔 · 정형근, 최신행정법강의(상), 787면

118) 대법원 2006.3.16. 선고 2006두330 전원합의체 판결

119) 헌재 1998.4.30. 97헌마141

판례

행정처분의 직접 상대방이 아닌 제3자라도 당해 행정처분의 취소를 구할 법률상의 이익이 있는 경우에는 원고적격이 인정되는데, 여기서 말하는 법률상의 이익은 당해 처분의 근거 법률에 의하여 보호되는 직접적이고 구체적인 이익이 있는 경우를 말하고, 다만 공익보호의 결과로 국민 일반이 공통적으로 가지는 추상적, 평균적, 일반적인 이익과 같이 간접적이나 사실적, 경제적, 이해관계를 가지는 데 불과한 경우는 여기에 포함되지 않는다. 「구 산림법」(2002.12.30. 법률 제6841호로 개정되기 전의 것) 및 그 시행령, 시행규칙들의 규정 취지는 산림의 보호·육성, 임업생산력의 향상 및 산림의 공익기능의 증진을 도모함으로써 그와 관련된 공익을 보호하려는 데에 그치는 것이 아니라 그로 인하여 직접적이고 중대한 생활환경의 피해를 입으리라고 예상되는 토사채취 허가 등 인근 지역의 주민들이 주거·생활환경을 유지할 수 있는 개별적 이익까지도 보호하고 있다고 할 것이므로, 인근 주민들이 토사채취허가와 관련하여 가지게 되는 이익은 위와 같은 추상적, 평균적, 일반적인 이익에 그치는 것이 아니라 처분의 근거법규 등에 의하여 보호되는 직접적·구체적인 법률상 이익이라고 할 것이다(대법원 2007.6.15. 선고 2005두9736 판결).

나. 무효등확인심판의 청구인 적격

무효등확인심판은 처분의 효력 유무 또는 존재 여부의 확인을 구할 법률상 이익이 있는 자가 청구할 수 있다(법 제13조 제2항). 재결로서 공권력의 확정을 구하는 것이 청구인의 법적불안상태를 제거하는 데 유효적절한 수단인 경우에 법률상 이익이 인정된다.

다. 의무이행심판의 청구인 적격

의무이행심판은 처분을 신청한 자로서 행정청의 거부처분 또는 부작위에 대하여 일정한 처분을 구할 법률상 이익이 있는 자가 청구할 수 있다(법 제13조 제3항).

라. 행정심판의 청구인 적격에 관한 문제점

행정심판은 위법한 처분만이 아니라 부당한 처분에 청구(법 제1조·제3조)할 수 있는 반면에 행정소송은 위법한 처분에 대해서만 제기할 수 있다(행정소송법 제1조·제4조). 그런데 행정심판의 청구인적격은 행정소송의 원고적격과 동일하게 '법률상 이익이 있는 자'로 한정하고 있어 이에 논란이 있다.

이에 대해 ① 행정심판의 대상을 위법한 처분뿐만 아니라 부당한 처분으로 규정하고 있음에도 행정심판의 적격을 행정소송의 원고적격과 동일하게 '법률상 이익이 있는 자'로 한정한 「행정심판법」 제13조 규정은 입법과오라는 견해(입법과오설), ② '법률상 이익이 있는 자'를 권리가 침해된 자로 보면서도 부당 더 나아가 적법에 의해서도 권리가 침해될 수 있기 때문에 과오가 아니라는 견해(입법비과오설), ③ 입법의 미비라는 견해, ④ 입법정책의 문제라는 견해 등이 있다.

문제의 해결방안으로 「행정심판법」 제13조의 청구인 적격 규정을 개정하여 행정심판의 대상이 부당한 처분인 때에는 청구인 적격의 범위를 부당한 처분까지 취소심판의 대상이 된다는 점을 분명히 할 필요가 있다.

마. 협의의 청구의 이익

(1) 개념

협의의 청구의 이익이란 구체적 사안에 있어 심판을 통해 해결할 만한 구체적 · 현실적 필요성이 있는 것을 말한다.[120] 청구인의 청구가 인용된다 하더라도 청구인에게 회복되는 이익이 없다면 해당 처분의 취소를 구할 법률상 이익이 없으므로 해당 행정심판청구는 각하대상이 된다. 다만, 처분의 취소에 따라 회복될 가능성이 있는 법률상 이익이 있다면 행정심판을 청구할 실익은 있게 된다. 또한, 회복될 가능성이 있는 법률상 이익이 기본적인 권리 또는 법적 지위일 때는 물론 부수적 이익인 경우에도 청구의 이익은 있다.

(2) 청구의 이익 인정에 대한 개별적 검토

① 당해 처분의 존재가 장래의 가중적 처분의 요건으로 규정되어 있는 경우

제재적 처분을 받은 이력의 장래의 제재적 처분을 할 때 가중요건으로 되어 있는 경우에 처음의 처분이 기간이 경과하였다는 이유로 청구의 이익이 없다고 할 것인가의 문제이다. 종전 판례는 시행규칙, 행정규칙에서 가중처분 요건을 정하고 있는 경우 처분기간이 경과한 후에는 이를 다툴 법률상 이익이 없다고 하여 소의 이익을 부정하였으나, 2003년 전원합의체 판결[121]은 법률, 시행령, 시행규칙(지방자치단체 규칙 포함) 등에서 가중처분요건이 규정되어 있는 경우에는 선행처분을 받은 상대방은 비록 그 처분에서 정한 제재기간이 경과하였다 하더라도 그 처분의 취소소송을 통해 그러한 불이익을 제거할 권리보호의 필요성이 있으므로 선행처분의 취소를 구할 소의 이익을 인정하였다.[122]

② 원상회복이 가능한 경우

판례는 처분의 집행완료, 권리존속 기간 또는 허가기간의 만료, 다툼의 전제가 된 지위의 상실 등의 경우일지라도 원상회복이 가능한 경우라면 처분의 취소를 법률상 이익이 있다고 판시하고 있다. 예컨대 (i) 현역병입영 대상자가 입영 후 현역병입영 통지처분이 취소되면 원상회복이 가능하므로 처분의 취소를 구할 소의 이익이 있고,[123] (ii) 도시계획시설사업 시행자가 토지수용재결신청을 기각하는 내용의 이의재결의 취소를 구하던 중 그 사업시행기간이 경과하더라도 이의재결이 취소되면 사업시행자의 신청에 따른 수용재결이 이루어질 수 있어 원상회복이 가능하므로 이의재결의 취소를 구할 소의 이익이 있다(대법원 2007.1.11. 선고 2004두8538 판결).

---

120) 행정소송에서는 소의 이익이라 한다.

121) 대법원 2006.6.22. 선고 2003두1684 전원합의체 판결

122) 한편, **중앙행정심판위원회**는 위 전원합의체 판결 이전부터 시행령이나 시행규칙 등 하위법령에서 선행처분의 전력을 후행처분의 가중 또는 감경사유 하고 있는 경우에는 선행처분의 기간이 비록 경과하였다 하더라도 그 처분의 취소를 구할 법률상 이익이 있는 것으로 재결하여 왔다(국민권익위원회 · 중앙행정심판위원회, 행정심판의 이론과 실무, 246면).

123) 대법원 2003.12.26. 선고 2003두1875 판결

③ 원상회복이 불가능해도 회복되는 부수적 이익이 있는 경우

처분이 취소되어도 원상회복이 불가능한 경우에는 취소를 구할 청구이익이 없다. 예컨대, 특정 일자에 개최해야 하는 집회 시위에 대한 불허처분에 대하여 그 행사일자가 지난 후에는 처분의 취소를 구할 소의 이익이 없는 것이다. 다만, 판결이나 재결의 소급효에 따라 해당 처분이 소급적으로 취소되어 회복되는 부수적인 이익이 있는 경우에는 청구의 이익이 있다.

예컨대 (ⅰ) 지방전문직공무원의 채용계약해지에 대한 무효확인소송에서 보수청구권 등의 권리를 회복하거나 다른 권리 또는 법률상 지위에 대한 위법이나 불안을 제거하기 위하여 채용기간의 만료에도 불구하고 채용계약해지 의사표시의 무효확인을 구할 법률상의 이익이 있고(대법원 1993.9.14. 선고 92누4611 판결), (ⅱ) 지방의회 의원의 제명의결 취소소송 제기 중 의원의 임기가 만료된 사안에서, 제명의결의 취소로 의원의 지위를 회복할 수는 없다 하더라도 제명의결시부터 임기만료일까지의 기간에 해당하는 월정수당의 지급을 제명의결의 취소를 통해 청구할 법률상 이익이 있고(대법원 2009.1.30. 선고 2007두13487 판결), (ⅲ) 근로자가 부당해고 구제신청으로 해고의 효력을 다투던 중 정년에 이르거나 근로계약기간만료 등의 사유로 원직복직이 불가능하게 되었다 하더라도 해고기간 중의 임금상당액을 지급받을 수 있는 경우에는 구제신청을 기각한 중앙노동위원회의 재심판정을 다툴 소의 이익이 있다(대법원 2020.2.20. 선고 2019두52386 전원합의체 판결).

④ 일련의 절차로서 연속하여 행하여지는 처분의 경우

대집행처분과 같이 일련의 절차로서 연속하여 행하여지는 처분의 경우에는 선행처분을 다툴 수 없게 되어도 후행처분인 대집행영장발부통보처분의 취소를 청구하는 소송에서 청구원인으로 선행처분인 계고처분이 위법한 것이기 때문에 그 계고처분을 전제로 행하여진 대집행영장발부통보처분도 위법한 것이라는 주장을 할 수 있다(대법원 1996. 2. 9. 선고 95누12507 판결).

⑤ 경원관계에 있는 자의 허가처분을 다투는 경우

경원관계에 있는 일방의 자에 허가처분이 이미 집행된 경우라도 타방의 자는 이를 다툴 법률상 이익이 있다. 예컨대 거리제한이 있는 주유소설치 허가신청을 먼저 한 자에게는 허가를 하지 않고 있다가 나중에 허가신청을 한 자에게 우선적으로 주유소설치허가를 하여 주유소설치가 완료되었다면 먼저 신청한 자는 이미 이루어진 주유소설치 허가의 취소를 구할 법률상 이익이 있다.

⑥ **처분 후의 사정변경이 있는 경우**

(ⅰ) 원칙

㉠ 처분의 직권취소 · 철회의 경우

처분이 사정변화, 준거법령의 개폐 등의 이유로 직권취소, 철회되어 장래에 향하여 효력을 상실한 경우에는 처분이 취소된 경우와 같기 때문에 청구이익은 인정되지 아니한다.

㉡ 목적이 실현되거나 소멸한 경우

불합격처분 이후에 실시된 국가시험에 합격한 경우에는 더 이상 불합격처분의 취소를 구할 법률상의 이익이 없다.

(ⅱ) 예외

당해 처분의 위법 또는 부당함을 확인이 국가배상의 요건이 되는 경우에는 법률상의 이익이 인정된다. 예컨대, 불합격처분 통지에 대한 취소심판청구가 인용되어 국가배상청구가 가능하게 된 경우이다.

⑦ **재결취소송에서의 소의 이익**

행정심판의 각하 · 기각재결시 행정소송의 대상은 원칙적으로 재결이 아니고 원처분이다. 그러나 재결자체에 고유한 위법이 있음을 이유로 하는 재결에 대한 취소소송은 가능하다.[124]

바. 제3자의 청구인 적격(청구인 적격의 유형별 사례)

(1) 경업자 또는 기존업자

경업자(競業者)란 행정청이 신규 인 · 허가를 함으로써 새로운 사업자가 시장에 출현하여 그와 경쟁관계의 상태에 놓이게 된 기존의 사업자를 말한다. 이때 기존사업자가 새로운 사업자에게 내려진 인 · 허가의 취소를 구하는 심판에서 법률상 이익이 인정될 수 있는지의 여부가 문제 된다.

① **인정 여부**

기존의 업자가 특허업자인 경우에는 그 업자의 이익은 법률상 이익으로 보나, 허가영업일 경우에는 그 허가로 인한 경제적 이익은 반사적 이익에 불과하다고 보아 청구인적격을 인정하지 않는 것이 일반적 경향이다.

---

124) 원처분취송소송과 재결취소소송이 함께 제기된 경우 원처분취소소송에서 승소한 때에는 재결취소소송을 유지할 소의 이익은 없으나, 원처분취소청구의 소가 기각되더라도 취소소송의 대상이 된 처분이 재량행위인 경우에는 재결취소소송의 소의 이익이 소멸되지는 않는다. 행정심판은 원처분의 위법뿐만 아니라 당 · 부당도 심판대상이 되므로 재결이 취소되면 행정심판위원회에서 원처분의 부당성에 대한 행정심판을 다시 받을 이익이 있기 때문이다[박균성, 행정법론(상), 1314면].

② **판례**

면허나 인허가 등의 수익적 처분의 근거가 되는 법률이 해당업자들 사이의 과당경쟁으로 인한 경영의 불합리를 방지하는 목적이 있는 경우, 기존의 업자는 경업자에 대해 이루어진 면허나 인·허가 등의 처분의 직접 상대방이 아니더라도 해당 처분의 취소를 구할 원고적격이 있다(대법원 2008.3.27. 선고 2007두23811 판결). 그 외 (ⅰ) 기존노선 또는 사업구역과 중복되는 자동차운수사업면허처분 등에 대한 기존의 버스운송사업자, (ⅱ) 분뇨 등 관련 영업허가를 받아 영업을 하고 있는 기존업자, (ⅲ) 신규 담배 일반소매인지정처분에 대한 기존 담배 일반소매업자 등의 판례에서 제3자의 원고적격이 인정되었다.

(2) 경원자

경원자(競願者)란 동일한 내용의 인·허가 등을 신청한 수인의 신청자를 말한다. 경원관계란 인·허가의 수익적 처분을 신청한 여러 사람 중 일방에 대한 허가가 타방에 대한 불허가로 귀결될 수밖에 없는 양립 불가능한 관계를 말한다.

예컨대 동일지역에 대한 공유수면매립면허를 신청한 경우나 도로점용허가 혹은 일정지역에 있어서의 영업허가 등에 관하여 거리제한 규정이나 업소제한규정 등이 있는 경우 등이다. 인·허가 등을 받지 못한 경원자는 다른 경원자에 대하여 행하여진 처분의 취소를 구할 법률상의 이익이 있는지가 문제된다.

① **인정 여부**

학설과 판례는 경쟁업자들의 청구인 적격을 일반적으로 인정한다. 경원관계에 있는 자는 이해관계 있는 제3자로서 허가를 받지 못한 자신에 대한 허가거부취소심판을 제기할 수도 있고, 다른 경원자에 대한 허가의 취소를 구하는 취소심판을 제기할 수도 있고, 양자를 병합하여 제기할 수도 있다.

② **판례 및 재결례**

판례는 액화석유가스충전사업의 신규허가가 군내에서 1개소만 가능한 경우 허가요건을 갖춘 경원자가 허가를 받지 못하여 제기한 소송에서 경원자에게 제3자에게 행한 허가처분의 취소를 구할 원고적격을 인정하였다(대법원 1992.5.8. 선고 91누13274 판결).[125]

중앙행정심판위원회는 1개의 기업(또는 컨소시엄)에 자유무역지역 내에서 공장을 건립·운영할 수 있도록 하기 위한 우선입주계약대상자 선정과정에서 경원자에게 제3자에게 행한 우선입주계약대상자 선정처분의 취소를 구할 청구인 적격이 있다고 판단하였다.

125) 그 외 총 입학정원을 두고 있는 법학전문대학원의 설치인가 신청을 한 대학들에게 다른 대학에 대한 법학전문대학원 설치인가처분의 취소를 구할 원고적격을 인정하였다(대법원 2009.1210. 선고 2009두8359 판결).

재결례

인・허가 등의 수익적 처분을 신청한 수인이 서로 경쟁관계에 있어서 일방에 대한 허가 등의 처분이 타방에 대한 불허가 등으로 귀결될 수밖에 없는 때 허가 등의 처분을 받지 못한 자는 비록 경원자에 대하여 이루어진 허가 등 처분의 상대방이 아니라 하더라도 당해 처분의 취소를 구할 원고 적격이 있다(대법원 2009.12.10. 선고 2009두8359 판결 참조) 할 것이고, 위와 같은 법리는 행정심판에 있어서도 마찬가지라 할 것인데, 위 인정사실에 따르면, 피청구인의 우선입주계약대상자로 청구인들과 경원자관계에 있는 이 사건 경쟁업체를 선정하였고, 청구인들은 피청구인의 우선입주계약대상자 선정과정이 불공정하게 이루어지는 등 재량권을 일탈・남용하였다고 주장하면서 피청구인이 이 사건 경쟁업체에게 한 이 사건 처분의 취소 등을 구하고 있는 바, 비록 청구인들이 이 사건 처분의 직접 상대방은 아니라 하더라도 이 사건 처분의 취소 등을 구할 법률상 이익이 있다고 할 것이다(중앙행정심판위원회 2020.3.3.자 2019-16539 재결).

(3) 인근주민

특정인에 대한 수익적 처분에 대하여 인근주민이 생활환경 침해 등을 이유로 그 처분을 다툴 법률상 이익이 인정되는지(청구인 적격)의 인정 여부가 문제된다.

① 학설

인근주민의 청구인 적격 여부는 관련법령이 행정청에게 의무를 부과하는 규정이 공익뿐만 아니라 인근주민의 사익도 보호하는 취지로 해석되는지에 따라 결정하는 입장이다. 최근에는 「국토의 계획 및 이용에 관한 법률」, 「건축법」 등의 규제를 통하여 주민이 이익을 받고 있는 경우에 반사적 이익이 아니라 법률상 이익으로 보고 있다.

② 판례

처분의 직접 상대방이 아닌 인근주민 등 제3자라도 당해 처분의 취소를 구할 법률상의 이익이 있는 경우에는 원고적격이 인정을 인정하고 있다(대법원 2007. 6. 15. 선고. 2005두9736 판결). 나아가 영향권 밖에 거주하는 주민이라고 하더라도 농작물 경작 등 해당 지역 내에서 현실적으로 환경상 이익을 향유하는 자 및 당해 처분으로 인하여 수인한도를 넘는 환경상 이익의 침해발생 및 침해우려를 입증하는 자의 경우에는 원고적격이 인정될 수 있다. 그 외 인근주민의 환경권을 인정하여 청구인 적격(원고적격)을 인정한 주요판례로는 (ⅰ) 연탄공장 건축허가처분 취소청구사건(대법원 1975.5.13. 선고 73누96 판결)[126], (ⅱ) 공중화장장 설치를 위한 도시계획시설 결정취소청구사건(대법원 1995.9.26. 선고 94누14544 판결)[127], (ⅲ) 환경영향평가지역 **내에 거주하는 주민들**에게 원고적격을 인정한 국립공원 용화집단

126) 주거지역 내 주민의 거주의 안녕과 생활환경의 보호라는 보호이익은 단순한 이익이 아니라 법률에 따라 보호되는 이익이다. 처분의 근거가 된 관계법규의 해석을 구체적 타당성 있게 판단하여 종래 반사적 이익으로 간주되어 오던 인근주민 등 제3자의 법률상 이익의 범위를 확대한 대표적인 판례이다.

127) 처분의 직접적인 근거 법규 외에 해당 근거법규에서 처분 시 준수해야 할 요건을 정하고 있는 법률도 해당 처분의 근거 법규로 보아 법률상 이익을 인정하는 근거 법규의 범위를 확대하였다.

시설지구 공원사업지구 공원사업시행허가처분 취소청구사건[128], 발전소건설사업 승인처분 취소청구사건[129], 납골당 허가처분 무효확인청구사건[130], 새만금간척종합개발사업을 위한 공유수면매립면허 및 사업시행인가처분 취소신청사건[131], (iv) 처분의 근거법규 또는 관련 법규에 환경상 침해가 예상되는 영향권의 범위가 구체적으로 규정되어 있는 경우, 그 영향권 **밖의 주민들**에게도 원고적격을 인정한 낙동강 취수장 부근 공장설립승인처분 취소사건[132] 등이 있다.

판례

[판례 1]

납골당설치허가처분의 허가조건을 성취하거나 그 처분의 목적을 달성하기 위한 산림형질변경허가와 환경영향평가의 근거 법규는 납골당설치허가처분에 대한 처분들의 근거 법규이고, 그 환경영향평가대상지역 안에 거주하는 주민들은 위 처분의 무효확인이나 취소를 구할 원고적격이 있다(대법원 2004.12.9. 선고 2003두12073 판결).

[판례 2] 법인 등의 대표자 또는 구성원의 원고적격 부정사례

① 지방노동위원회의 휴업지불예외 승인결정은 당해 근로자들의 수당지급채권의 발생 여부에 직접 영향을 미치는 것으로서 위 승인결정에 대한 재심신청 당사자는 위 승인 근로자들이고 이들과 별개의 인격체인 노동조합은 재심신청인으로서의 적격이 인정되지는 않는다(대법원 1993.11.9. 선고93누1671 판결).

② 하천법상 손실보상에 관한 협의가 성립되지 아니하거나 협의를 할 수 없을 때에 관할 토지수용위원회를 상대로 한 재결신청의 권한이 손실을 받은 자에게 있으므로 손실을 받은 자들이 단체를 구성하고 그 정관에 구성원들이 입은 재산상 피해 등에 관한 법적 구제절차를 그 단체 명의로 구한다고 규정되어 있다고 하여도 그 단체에게는 재결신청의 권한이 없다(대법원 1993.1.15. 선고92누8712 판결).

③ 도지사가 시외버스운송사업자에게 행한 시외버스운송사업계획 변경인가처분에 대하여 그 노선에 관계가 있는 고속버스운송 사업자의 경제적 이익이 침해됨은 별론으로 하고 그 사업자가 조합원으로 되어 있는 고속버스운송사업조합은 이 건 처분에 관하여 직접적이고 구체적인 이해관계를 가진다고는 볼 수 없으므로 행정소송을 제기할 원고적격은 없다(대법원 1990.2.9. 선고 89누4420 판결).

[판례 3]

「구 국토의 계획 및 이용에 관한 법률」(2009.2.6. 법률 제9442호로 개정되기 전의 것) 제139조 제2항 및 이에 근거하여 제정된 지방자치단체 조례에 따라 광역시장으로부터 납골시설 등에 대한 도시관리계획 입안권을 위임받은 군수는 관할구역 도시관리계획의 입안권자이므로, 도시관리계획 구역 내 토지 등을 소유하고 있는 주민의 납골시설에 관한 도시관리계획의 입안제안을 반려한 군수의 처분은 항고소송의 대상이 되는 행정처분에 해당한다(대법원 2010.7.22. 선고 2010두5745 판결).

---

128) 대법원 1998.4.24. 선고 97누3286 판결 – 공원사업시행허가처분의 직접적인 근거 법률인 「자연공원법」에서 처분시 준수해야 할 요건을 정하고 있는 법률로 명시하지 않은 「환경영향평가법」을 처분에 직접적인 영향을 미치는 근거 법규로 보아 청구인의 법률상 이익을 인정함으로써 청구인 적격 또는 원고적격의 범위를 확대시켰다. 공원사업시행자(속리산국립공원 용화온천집단시설지구지주조합)는 집단시설지구 개발을 위해 「자연공원법」 등에 따라 기본설계변경승인을 받고 국립공원관리공단으로부터 공원사업시행허가를 받았다. 당시 용화집단시설지구를 발원지로 하는 신월천의 하류지역 주민들은 이 사건 변경승인 및 허가처분에 따라 식수원 등의 환경적 이익이 침해받게 되었다고 주장하여 당시 국무총리행정심판위원회에 행정심판을 청구하는 한편 법원에 행정소송을 함께 제기하였다.

129) 대법원 1998.9.22. 선고 97누19571 판결

130) 대법원 2004.1.9. 선고 2003두12073 판결

131) 대법원 2006.3.16. 선고 2006두330 전원합의체판결

132) 대법원 2010.4.15. 선고 2007두16127 판결

판례 및 재결례

외국인에게 사증발급거부처분취소청구의 청구인적격을 부정한 사례

① 사증발급의 법적 성질, 출입국관리법의 입법 목적, 사증발급 신청인의 대한민국과의 실질적 관련성, 상호주의원칙 등을 고려하면, 우리 출입국관리법의 해석상 외국인에게는 사증발급 거부처분의 취소를 구할 법률상 이익이 인정되지 않는다(대법원 2018.5.15. 선고 2014두42506 판결).

② 외국인에게는 입국의 자유를 인정하지 않는 것이 세계 각국의 일반적인 입법 태도이고, 우리 「출입국관리법」의 입법 목적은 '대한민국에 입국하거나 대한민국에서 출국하는 모든 국민 및 외국인의 출입국관리를 통한 안전한 국경관리, 대한민국에 체류하는 외국인의 체류관리와 사회통합 등에 관한 사항을 규정'하는 것인 바, 사증발급기준과 절차에 관한 「출입국관리법」과 그 하위법령의 규정들은 대한민국의 출입국 질서와 국경관리라는 공익을 보호하려는 취지일 뿐, 외국인에게 대한민국에 입국할 권리를 보장하거나 대한민국에 입국하고자 하는 외국인의 사익까지 보호하려는 취지로 해석하기는 어렵다. 이와 같은 사증발급의 법적 성질, 「출입국관리법」의 입법 목적 등을 고려하면, 우리 「출입국관리법」의 해석상 외국인에게는 사증발급 거부의 취소를 구할 법률상 이익이 인정되지 않는다고 봄이 타당하다. 따라서 이 사건 심판청구는 이 사건 거부의 취소를 구할 법률상 이익이 없는 자가 제기한 부적법한 청구이다(중앙행정심판위원회 2020.11.17.자 2020-13680 재결).

사. 청구인 적격의 흠결의 효과

청구인 적격이 없는 심판청구는 부적법한 청구로 각하된다. 행정심판 절차진행 중 청구인 적격을 상실한 경우에는 청구인의 지위승계문제가 생길 수 있다. 지위가 승계되지 않는 경우에는 부적법한 청구로 각하된다. 행정심판위원회는 청구인 적격 여부를 조사해야 하며 이를 간과하고 행한 재결은 재결에 고유한 하자가 있는 것으로 재결취소소송의 대상이 된다.

판례

「행정심판법」에 의한 행정심판 절차에서 임의적인 청구인의 변경은 원칙적으로 허용되지 않는 것이므로, 청구인 적격 없는 자가 제기한 심판청구는 부적법한 것으로서 흠결이 보정될 수 없는 것이다(대법원 1990.2.9선고 89누4420 판결).

3. 피청구인 적격

피청구인은 청구인으로부터 행정심판을 청구받은 상대방인 당사자를 말한다. 행정심판의 피청구인은 처분을 한 행정청(의무이행심판의 경우에는 청구인의 신청을 받은 행정청)이 된다(법 제1조 제1항 본문).

제17조 【피청구인의 적격 및 경정】 ① 행정심판은 처분을 한 행정청(의무이행심판의 경우에는 청구인의 신청을 받은 행정청)을 피청구인으로 하여 청구하여야 한다. 다만, 심판청구의 대상과 관계되는 권한이 다른 행정청에 승계된 경우에는 권한을 승계한 행정청을 피청구인으로 하여야 한다.
② 청구인이 피청구인을 잘못 지정한 경우에는 위원회는 직권으로 또는 당사자의 신청에 의하여 결정으로써 피청구인을 경정(更正)할 수 있다.

가. 의의

(1) 행정청

피청구인 적격을 가지는 자는 해당 처분 등을 행한 행정청이 됨이 원칙이다. 이때 행정청이란 행정에 관한 의사를 결정하여 표시하는 국가 또는 지방자치단체의 기관, 그 밖에 법령 또는 자치법규에 따라 행정권한을 가지고 있거나 위탁을 받은 공공단체나 그 기관 또는 사인(私人)을 말한다(법 제2조 제4호).[133]

(2) 권리의무의 주체와 피청구인

이론상으로는 피청구인 적격은 처분이나 재결의 효과가 귀속되는 국가나 지방자치단체, 그 밖의 공공단체 등 권리·의무의 주체인 행정주체가 되어야 하는 것이 원칙이다. 그러나 「행정심판법」과 「행정소송법」은 쟁송수행의 편의를 위해 처분을 행한 행정청(처분청)이 피청구인 또는 피고가 되도록 하고 있다.[134]

나. 피청구인 적격에 관한 구체적인 사례

(1) 권한위임 또는 위탁에 따른 행정청

권한의 위임이란 행정청이 그 권한의 일부를 하급행정청 또는 보조기관[135]이나 지방자치단체의 장에게 이전하여 수임자의 권한으로 행사하도록 하는 것을 말한다. 수임기관은 그 수임권한에 관해서는 행정청이 되므로 권한을 위임받은 수임관청이 행한 처분이나 부작위에 대하여는 해당 수임관청이 피청구인이 된다.

권한의 위탁이란 행정청이 그 권한의 일부를 다른 행정기관의 장에게 이전하여 수탁자의 권한으로 행사하도록 하는 것을 말한다. 민간위탁이란 행정사무의 수탁자가 행정기관이 아닌 공공법인·단체 또는 기관이나 사인이 되는 것을 말한다. 이러한 권한의 위탁을 받은 행정기관·공공단체 및 사인이 행한 부작위도 행정행위이므로 행정심판의 대상이 된다. 따라서 권한을 수탁받은 행정기관·공공단체 및 사인이 행한 처분이나 부작위에 대하여는 해당 수탁행정기관 등이 피청구인이 된다.

---

133) 행정청에는 법령에 의하여 행정권한의 위임 또는 위탁을 받은 행정기관, 공공단체 및 그 기관 또는 사인이 포함되므로 공무수탁사인이 자신의 이름으로 처분을 한 경우 공무수탁사인도 피청구인이 된다.

134) 행정심판이나 행정소송은 행정청의 권한행사의 적부를 다투는 쟁송절차라는 점에서 반드시 행정주체(국가나 지방자치단체 등)가 피청구인 또는 피고가 될 필요가 없고, 행정주체의 의사를 대외적으로 표시할 수 있는 법령상의 권한을 부여받아 처분을 행한 행정청이 피청구인 또는 피고가 되는 것이 공격·방어방법의 용이성, 그 밖에 쟁송절차 진행상 기술적 편의를 위해 행정쟁송상 효율적이고 편리하다는 점에서 행정청에 피청구인적격 또는 피고적격을 입법정책상으로 부여한 것이다(김동희·최계영, 행정법 Ⅰ, 669면).

135) 보조기관이란 스스로 행정부서의 의사를 결정·표시할 권한은 없고 행정청을 보조함을 목적으로 하는 행정기관을 말한다(예 차관, 실장, 국장, 과장 등). 한편, 보좌기관은 정책기획, 계획입안 및 연구조사 등을 통해 간접적으로 행정목적수행을 돕는 행정기관을 말한다(예 차관보, 담당관 등).

(2) 권한을 승계한 행정청

심판청구의 대상과 관계되는 권한이 다른 행정청에 승계된 경우에는 권한을 승계받은 행정청이 행정심판의 피청구인이 된다(법 제17조 제1항 단서). 행정청이 처분을 한 후 그 처분권한이 다른 행정청에 승계되었음에도 당초처분을 한 행정청을 한 행정청을 상대로 심판을 청구한 경우에는 피청구인을 잘못 지정한 것이므로 피청구인 경정을 하여야 한다.

(3) 합의제 행정청

합의제 행정청(감사원, 국민권익위원회, 공정거래위원회, 금융위원회[136] 등)이 처분청인 경우에는 합의제 행정청 자체가 피청구인이 된다. 다만, 개별 법률에서 합의제 행정청을 대표하는 자를 피청구인이나 피고로 하는 규정을 두고 있으면 그 자가 피청구인 또는 피고가 된다. 예를 들어 중앙노동위원회의 처분에 대한 소는 중앙노동위원회 위원장을 피고로 하고 있고(노동위원회법 제27조), 중앙해양안전심판원의 재결에 관한 소는 중앙해양안전심판원장을 피고로 하는 규정을 두고 있다(해양사고의 조사 및 심판에 관한 법률 제75조).

(4) 공공단체 및 그 기관

「행정심판법」은 공공단체(지방자치단체, 공법상 법인) 및 그 기관도 행정권한을 위임・위탁받은 경우에는 행정청이 된다고 명시하고 있다(법 제2조 제4호).

공법상 법인(예 한국토지주택공사, 근로복지공단, 국민건강보험공단)도 그 권한의 범위 안에서는 행정에 관한 국가의사를 결정・표시할 수 있는 행정청의 지위를 가지므로 그 한도 안에서 피청구인 능력이 있다.

예를 들면 한국토지주택공사가 「공익사업을 위한 토지 등의 취득 및 보상에 관한 법률」에 따라 실시하는 이주대책 대상자 선정행위, 근로복지공단이 「고용보험 및 산업재해보상보험의 보험료징수 등에 관한 법률」에 따라 한 산업재해보상보험료 부과를 위한 사업종류 결정행위, 국민건강보험공단이 「고용보험 및 산업재해보상보험의 보험료징수 등에 관한 법률」에 따라 한 산업재해보상보험료 징수행위에 있어 한국토지주택공사, 근로복지공단 및 국민건강보험공단은 행정청의 지위를 가진다.

판례

[판례 1]

대한주택공사가 시행한 택지개발사업 및 이에 따른 이주대책에 관한 처분은 공사가 법률상 부여받은 행정작용권한을 행사하는 것으로 보아야 할 것이므로 항고송의 대상이 된다(대법원 1992.11.27. 선고 92누3618 판결).

[판례 2]

근로복지공단이 사업주에 대하여 하는 '개별사업장의 사업종류 변경결정'은 행정청이 행하는 구체적 사실에 관한 법 집행으로써 공권력의 행사인 '처분'에 해당한다(대법원 2020.4.9. 선고 2019두61137 판결).

136) 그 외 행정심판위원회, 토지수용위원회, 소청심사위원회, 중앙노동위원회, 중앙선거관리위원회, 방송통신위원회, 국가배상심의위원회 등이 있다.

(5) 지방자치단체의 장과 지방의원

조례가 행정심판의 대상이 되는 경우에는 해당 조례를 공포한 지방자치단체의 장이 피청구인이 되며, 교육·학예에 관한 조례의 경우에는 시·도교육감이 피청구인이 된다. 그러나 지방의회의원에 대한 징계결의나 지방의회의장 선거에 대하여 다투는 경우에는 그 처분청은 지방의회이므로 이들 처분에 대한 행정심판의 피청구인은 지방의회가 된다(대법원 1995.1.1. 선고 94누2602 판결).

다. 피청구인 적격의 흠결의 효과

피청구인 적격이 없는 행정청을 상대로 하는 심판청구는 부적법한 청구로 각하된다. 청구인이 피청구인을 잘못 지정한 경우에는 위원회는 직권으로 또는 당사자의 신청에 의하여 결정으로써 피청구인을 경정(更正)할 수 있다(법 제17조 제2항).

4. 당사자의 변경

행정심판을 청구한 후 당사자의 변경은 청구인의 사망 등 일정한 경우에만 허용되고 임의적인 청구인의 변경은 원칙적으로 허용되지 않는다.

제16조 【청구인의 지위 승계】 ① 청구인이 사망한 경우에는 상속인이나 그 밖에 법령에 따라 심판청구의 대상에 관계되는 권리나 이익을 승계한 자가 청구인의 지위를 승계한다.
② 법인인 청구인이 합병(合倂)에 따라 소멸하였을 때에는 합병 후 존속하는 법인이나 합병에 따라 설립된 법인이 청구인의 지위를 승계한다.
③ 제1항과 제2항에 따라 청구인의 지위를 승계한 자는 위원회에 서면으로 그 사유를 신고하여야 한다. 이 경우 신고서에는 사망 등에 의한 권리·이익의 승계 또는 합병 사실을 증명하는 서면을 함께 제출하여야 한다.
④ 제1항 또는 제2항의 경우에 제3항에 따른 신고가 있을 때까지 사망자나 합병 전의 법인에 대하여 한 통지 또는 그 밖의 행위가 청구인의 지위를 승계한 자에게 도달하면 지위를 승계한 자에 대한 통지 또는 그 밖의 행위로서의 효력이 있다.
⑤ 심판청구의 대상과 관계되는 권리나 이익을 양수한 자는 위원회의 허가를 받아 청구인의 지위를 승계할 수 있다.
⑥ 위원회는 제5항의 지위 승계 신청을 받으면 기간을 정하여 당사자와 참가인에게 의견을 제출하도록 할 수 있으며, 당사자와 참가인이 그 기간에 의견을 제출하지 아니하면 의견이 없는 것으로 본다.
⑦ 위원회는 제5항의 지위 승계 신청에 대하여 허가 여부를 결정하고, 지체 없이 신청인에게는 결정서 정본을, 당사자와 참가인에게는 결정서 등본을 송달하여야 한다.
⑧ 신청인은 위원회가 제5항의 지위 승계를 허가하지 아니하면 결정서 정본을 받은 날부터 7일 이내에 위원회에 이의신청을 할 수 있다.

가. 청구인의 지위승계

(1) 당연승계

청구인이 사망한 경우에는 상속인이나 그 밖에 법령에 따라 심판청구의 대상에 관계되는 권리나 이익을 승계한 자가, 법인인 청구인이 합병에 따라 소멸하였을 때는 합병 후 존속하는 법인이나 합병에 따라 설립된 법인이 승계한다(법 제16조 제1항 · 제2항).

판례는 승계하고자 하는 권리나 이익이 일신전속적인 경우는 승계할 수 없으므로 국가유공자 지위는 상속의 대상이 될수 없다고 판시하고 있고 중앙행정심판위원회의 재결례도 같다.[137)]

(2) 허가승계

심판청구의 대상과 관계되는 권리나 이익을 양수한 자는 위원회의 허가를 받아 청구인의 지위를 승계할 수 있다(법 제16조 제5항). 행정심판위원회는 청구인 지위승계 신청에 대하여 허가 여부를 결정하고, 지체 없이 신청인에게는 결정서 정본을, 당사자와 참가인에게는 결정서 등본을 송달하여야 한다(법 제16조 제7항). 위원회는 지위 승계 신청을 받으면 기간을 정하여 당사자와 참가인에게 의견을 제출하도록 할 수 있으며, 당사자와 참가인이 그 기간에 의견을 제출하지 아니하면 의견이 없는 것으로 본다(법 제16조 제6항).

나. 피청구인의 경정

제17조【피청구인의 적격 및 경정】 ② 청구인이 피청구인을 잘못 지정한 경우에는 위원회는 직권으로 또는 당사자의 신청에 의하여 결정으로써 피청구인을 경정(更正)할 수 있다.
③ 위원회는 제2항에 따라 피청구인을 경정하는 결정을 하면 결정서 정본을 당사자(종전의 피청구인과 새로운 피청구인을 포함한다. 이하 제6항에서 같다)에게 송달하여야 한다.
④ 제2항에 따른 결정이 있으면 종전의 피청구인에 대한 심판청구는 취하되고 종전의 피청구인에 대한 행정심판이 청구된 때에 새로운 피청구인에 대한 행정심판이 청구된 것으로 본다.
⑤ 위원회는 행정심판이 청구된 후에 제1항 단서의 사유가 발생하면 직권으로 또는 당사자의 신청에 의하여 결정으로써 피청구인을 경정한다. 이 경우에는 제3항과 제4항을 준용한다.
⑥ 당사자는 제2항 또는 제5항에 따른 위원회의 결정에 대하여 결정서 정본을 받은 날부터 7일 이내에 위원회에 이의신청을 할 수 있다.

(1) 필요성

행정심판의 피청구인은 권리 · 의무의 주체가 아닌 처분행정청인 관계로 피청구인을 잘못 지정하는 경우가 빈번하여 민사소송과는 다른 심판승계제도가 필요하다.

137) 대법원 2013.4.11. 선고 2012재두497 판결, 중앙행정심판위원회 2020.4.14.자 2020-3926 재결

(2) 절차

청구인이 피청구인을 잘못 지정한 경우 또는 행정심판이 제기된 후에 당해 처분이나 부작위에 대한 권한이 다른 행정청에 승계된 경우에는 행정심판위원회는 당사자의 신청 또는 직권에 의하여 결정으로써 바꿀 수 있다(법 제17조 제2항 · 제5항). 당사자가 피청구인의 경정을 신청할 때에는 그 뜻을 기재한 서면을 행정심판위원회에 제출해야 한다(영 제15조 제1항). 당사자가 신청할 수 있으므로 청구인뿐만 아니라 피청구인도 피청구인경정을 신청할 수 있다.
경정결정이 있으면 종전의 피청구인에 대한 심판청구는 취하되고 종전의 피청구인에 대한 행정심판이 청구된 때에 새로운 피청구인에 대한 행정심판이 청구된 것으로 본다(법 제17조 제4항). 행정심판위원회가 피청구인의 경정결정을 하면 결정서 정본을 당사자에게 송달해야 한다(법 제17조 제3항). 당사자는 위원회의 결정에 대하여 결정서 정본을 받은 날부터 7일 이내에 행정심판위원회에 이의신청을 할 수 있다(법 제17조 제6항).

5. 선정대표자

제15조 【선정대표자】 ① 여러 명의 청구인이 공동으로 심판청구를 할 때에는 청구인들 중에서 3명 이하의 선정대표자를 선정할 수 있다.
② 청구인들이 제1항에 따라 선정대표자를 선정하지 아니한 경우에 위원회는 필요하다고 인정하면 청구인들에게 선정대표자를 선정할 것을 권고할 수 있다.
③ 선정대표자는 다른 청구인들을 위하여 그 사건에 관한 모든 행위를 할 수 있다. 다만, 심판청구를 취하하려면 다른 청구인들의 동의를 받아야 하며, 이 경우 동의받은 사실을 서면으로 소명하여야 한다.
④ 선정대표자가 선정되면 다른 청구인들은 그 선정대표자를 통해서만 그 사건에 관한 행위를 할 수 있다.
⑤ 선정대표자를 선정한 청구인들은 필요하다고 인정하면 선정대표자를 해임하거나 변경할 수 있다. 이 경우 청구인들은 그 사실을 지체 없이 위원회에 서면으로 알려야 한다.

제19조 【대표자 등의 자격】 ① 대표자 · 관리인 · 선정대표자 또는 대리인의 자격은 서면으로 소명하여야 한다.
② 청구인이나 피청구인은 대표자 · 관리인 · 선정대표자 또는 대리인이 그 자격을 잃으면 그 사실을 서면으로 위원회에 신고하여야 한다. 이 경우 소명 자료를 함께 제출하여야 한다.

가. 의의

선정대표자는 청구인이 다수인 경우에 청구인들 스스로 또는 행정심판위원회의 권고에 따라 청구인을 대표하여 심판을 수행할 자로 선정된 자를 말한다. 민사소송의 선정당사자와 같은 논리로 복잡한 심판절차의 신속을 도모하는 취지이다.

나. 선정대표자의 선정방법

(1) 청구인 또는 행정심판위원회의 권고에 따른 선임

여러 명의 청구인이 공동으로 심판청구를 할 때에는 청구인들 중에서 3명 이하의 선정대표자를 선정할 수 있는데 이 경우 청구인 전원의 동의가 필요하다(법 제15조 제1항). 다만, 청구인들이 선정대표자를 선정하지 아니한 경우에 행정심판위원회는 필요하다고 인정하면 청구인들에게 선정대표자를 선정할 것을 권고할 수 있다(법 제15조 제2항).[138]

(2) 선정대표자의 자격확인

청구인들이 선정대표자를 선정한 경우에는 그 자격을 증명할 수 있는 서면을 제출해야 한다(법 제19조 제1항).

(3) 선정대표자의 권한

선정대표자는 다른 청구인들을 위하여 그 사건에 관한 모든 행위를 할 수 있다. 다만, 심판청구를 취하하려면 다른 청구인들의 동의를 받아야 하며, 이 경우 동의받은 사실을 서면으로 소명하여야 한다(법 제15조 제3항). 선정대표자가 선정되면 다른 청구인들은 그 선정대표자를 통해서만 그 사건에 관한 행위를 할 수 있다(법 제15조 제4항).

(4) 선정대표자의 변동

청구인들은 필요하다고 인정하면 선정대표자를 해임하거나 변경할 수 있다. 이 경우 청구인들은 그 사실을 지체 없이 행정심판위원회에 서면으로 알려야 한다(법 제15조 제5항). 선정대표자를 해임하거나 변경할 때에는 선정대표자 본인을 제외한 다른 청구인 전원의 동의가 있어야 하며, 선정대표자가 자격을 잃은 때에는 청구인은 그 사실을 행정심판위원회에 신고해야 한다(법 제19조 제2항).

---

138) 행정심판위원회가 선정대표자의 선정을 권고하였음에도 불구하고 그에 따르지 아니하는 경우에 해당 행정심판위원회는 그것을 이유로 별도의 불이익 조치를 취할 수는 없다. 공동청구인의 선정대표자는 민사소송에 있어서의 **선정당사자**(민사소송법 제53조)와는 다른 성격이다. 민사소송에서의 선정당사자란 공동의 이해관계를 가지는 다수인이 공동으로 소송을 하여야 할 때에 그들 중에서 선출되어 전원에 갈음하여 소송당사자가 되는 자를 말한다. 따라서 선정당사자는 선정자의 대표자나 대리인이 아니라 당사자 본인임에 반하여, 행정심판의 선정대표자는 그를 선정한 공동청구인의 대표자이고, 청구인의 지위는 여전히 공동청구인 모두가 유지한다.

6. 대리인

「행정심판법」상 대리인에는 임의대리인, 법정대리인, 특별대리인, 국선대리인이 있다. 「행정심판법」은 대리인 선임 및 권한관계를 분명히 규정하여 심리절차의 신속을 도모하고 있다.

> **제18조【대리인의 선임】** ① 청구인은 법정대리인 외에 다음 각 호의 어느 하나에 해당하는 자를 대리인으로 선임할 수 있다.
> 1. 청구인의 배우자, 청구인 또는 배우자의 사촌 이내의 혈족
> 2. 청구인이 법인이거나 제14조에 따른 청구인 능력이 있는 법인이 아닌 사단 또는 재단인 경우 그 소속 임직원
> 3. 변호사
> 4. 다른 법률에 따라 심판청구를 대리할 수 있는 자
> 5. 그 밖에 위원회의 허가를 받은 자
>
> ② 피청구인은 그 소속 직원 또는 제1항 제3호부터 제5호까지의 어느 하나에 해당하는 자를 대리인으로 선임할 수 있다.
> ③ 제1항과 제2항에 따른 대리인에 관하여는 제15조 제3항 및 제5항을 준용한다.

가. 대리인의 선임

「민사소송법」은 소송대리를 할 수 있는 자를 법률에 따른 대리인 외에는 변호사만 할 수 있도록 규정하고 있다(민사소송법 제87조). 그러나 「행정심판법」은 심판절차가 정식 소송절차가 아니라는 점과 청구인의 경제적 부담 등을 고려해 심판대리를 할 수 있는 자의 범위를 민사소송보다 확대하여 규정하고 있다.

청구인은 청구인의 배우자, 청구인 또는 배우자의 사촌 이내의 혈족, 청구인이 법인(청구인 능력이 있는 법인이 아닌 사단 또는 재단 포함)의 임직원, 변호사, 다른 법률에 따라 심판청구를 대리할 수 있는 자, 그 밖에 행정심판위원회의 <u>허가를 받아</u> 특별대리인을 선임할 수 있다(법 제18조 제1항).

피청구인은 그 소속 직원, 변호사 또는 다른 법률에 따라 심판청구를 대리할 수 있는 자를 선임할 수 있고, 그 밖에 자를 행정심판위원회의 <u>허가를 받아</u> 대리인으로 선임할 수 있다(법 제18조 제2항).

다른 법률에 따라 심판청구를 대리할 수 있는 자는 세무사(세무사법 제2조 제1호), 공인노무사(공인노무사법 제2조 제1호 · 제6호), 변리사(변리사법 제2조), 공인회계사(공인회계사법 제2조). 관세사(관세사법 제2조)가 있다.[139]

139) 그러나 다른 법률에 따라 심판청구를 대리할 수 있다고 하더라도 모든 사건에 대하여 대리할 수 있는 것은 아니고, 개별 법률에서 그 업무로 허용된 범위 내에서만 대리할 수 있다. 예를 들면, 공인노무사는 노동관계법령에 따라 행하는 심판청구에 관한 사항에 한해서 대리할 수 있다.

나. 특별대리인의 선임허가

(1) 특별대리인의 개념 및 선임절차

청구인 또는 피청구인이 대리인을 선임하고자 할 때에는 행정심판위원회의 허가를 받아야 한다(법 제18조 제1항 제5호). 행정심판위원회의 허가를 받아 선임한 대리인을 특별대리인이라고 한다. 특별대리인으로 선임허가를 받은 경우에 한하여 대리인이 될 수 있다.[140]

청구인 또는 피청구인이 행정심판위원회의 허가를 받아 특별대리인을 선임하고자 하는 경우에는 특별대리인이 될 자의 인적사항, 대리인을 선임하고자 하는 이유, 청구인 또는 피청구인과 특별대리인과의 관계를 기재한 서면으로 행정심판위원회에 허가신청을 해야 한다(영 제16조 제1항). 행정심판위원회가 특별대리인 선임허가신청을 받은 때에는 지체 없이 이를 심사하여 허가 여부를 결정하고 그 결과를 신청인에게 알려야 한다(영 제16조 제2항). 특별대리인 선임허가의 권한은 행정심판위원회 위원장에게 위임되어 있다.

(2) 특별대리인의 자격

특별대리인은 보수를 목적으로 하는 것이 아니어야 할 것이다. 행정사나 법무사 등 다른 법률에 근거한 대리인 자격이 없는 자격사를 특별대리인으로 선임 허가를 받을 수 있는가에 대해서는 논란이 있다.[141]

다. 국선대리인

제18조의2【국선대리인】 ① 청구인이 경제적 능력으로 인해 대리인을 선임할 수 없는 경우에는 위원회에 국선대리인을 선임하여 줄 것을 신청할 수 있다.
② 위원회는 제1항의 신청에 따른 국선대리인 선정 여부에 대한 결정을 하고, 지체 없이 청구인에게 그 결과를 통지하여야 한다. 이 경우 위원회는 심판청구가 명백히 부적법하거나 이유 없는 경우 또는 권리의 남용이라고 인정되는 경우에는 국선대리인을 선정하지 아니할 수 있다.
③ 국선대리인 신청절차, 국선대리인 지원 요건, 국선대리인의 자격·보수 등 국선대리인 운영에 필요한 사항은 국회규칙, 대법원규칙, 헌법재판소규칙, 중앙선거관리위원회규칙 또는 대통령령으로 정한다.

「행정심판법 시행령」 제16조의4【국선대리인의 선정 취소 등】 ① 위원회는 다음 각 호의 어느 하나에 해당하는 경우에는 국선대리인의 선정을 취소할 수 있다. 다만, 제1호부터 제3호까지의 규정에 해당하는 경우에는 선정을 취소하여야 한다.
1. 청구인에게 법 제18조 제1항 제3호 또는 제4호에 따른 대리인이 선임된 경우

140) 특별대리인제도는 청구인 또는 피청구인이 여러 가지 사정 때문에 「행정심판법」에서 규정하고 있는 대리인을 선임할 수 없는 사정이 생겼거나, 해당 계쟁 사건에 관하여 전문적 지식이 있는 사람을 대리인으로 선임할 필요가 있는 경우에 행정심판위원회의 허가를 받아 특별대리인을 선임할 수 있도록 하여 심판절차를 원활하게 수행하기 위한 것이다.

141) 중앙행정심판위원회의 심판 실무에서는 행정사와 법무사는 서류의 작성 및 제출 대행 등의 업무를 수행하고 있어 다른 법률에서 제한하고 있는 업무는 할 수 없는 점, 다른 법률에서 심판청구를 대리할 수 있는 자에 해당하지 않는 점, 「변호사법」과의 관계 등을 고려하여 심판 실무에서는 특별대리인 선임허가 신청을 하더라도 허가를 하지 않고 있다(국민권익위원회·중앙행정심판위원회, 행정심판의 이론과 실무, 296면).

> 2. 국선대리인이 제16조의3 각 호에 해당하지 아니하게 된 경우
> 3. 국선대리인이 해당 사건과 이해관계가 있는 등 해당 심판청구를 대리하는 것이 적절하지 아니한 경우
> 4. 국선대리인이 그 업무를 성실하게 수행하지 아니하는 경우
> 5. 그 밖에 위원장이 국선대리인의 선정을 취소할 만한 상당한 이유가 있다고 인정하는 경우
>
> ② 국선대리인은 다음 각 호의 어느 하나에 해당하는 경우에는 위원회의 허가를 받아 사임할 수 있다.
> 1. 질병 또는 장기 여행으로 인하여 국선대리인의 직무를 수행하기 어려운 경우
> 2. 청구인, 그 밖의 관계인으로부터 부당한 대우나 요구를 받아 국선대리인으로서 공정한 업무를 수행하기 어려운 경우
> 3. 그 밖에 국선대리인으로서의 직무를 수행할 수 없다고 인정할 만한 상당한 사유가 있는 경우
>
> ③ 위원회는 제1항 제2호부터 제5호까지의 규정에 따라 국선대리인의 선정이 취소되거나 제2항에 따라 국선대리인이 사임한 경우 다른 국선대리인을 선정할 수 있다.

(1) 도입배경

행정심판위원회에서 선정한 대리인을 국선대리인이라고 한다. 경제적 사유로 대리인 선임이 곤란한 청구인 등 사회적 약자에게 행정심판위원회가 대리인을 선정하여 행정심판 활동을 보완하게 함으로써 행정심판을 통한 국민권익 구제역량을 확대하려는 것이다. 2017. 10. 31. 「행정심판법」 개정을 통하여 도입되었다(시행 2018.11.1).

(2) 국선대리인의 자격

행정심판위원회가 국선대리인을 선정하는 경우에는 ① 「변호사법」 제7조에 따라 등록한 변호사 ② 「공인노무사법」 제5조에 따라 등록한 공인노무사(다만, 공인노무사의 경우에는 공인노무사법 제2조의 직무의 범위에 따라 노동사건에 한해 국선대리인 자격이 인정된다)에 해당하는 사람 중에서 선정된다(영 제16조의3).

(3) 국선대리인 선임 신청 요건 및 절차

① 선임 신청 청구인(국선대리인 선임 대상)

국선대리인 선임을 신청할 수 있는 청구인은 ① 「국민기초생활 보장법」에 따른 수급자, ② 「한부모가족지원법」에 따른 지원대상자, ③ 「기초연금법」에 따른 기초연금 수급자, ④ 「장애인연금법」에 따른 수급자, ⑤ 「북한이탈주민의 보호 및 정착지원에 관한 법률」에 따른 보호대상자, ⑥ 그 밖에 위원장이 경제적 능력으로 인하여 대리인을 선임할 수 없다고 인정하는 사람이다(영 제16조의2 제1항).

② 선임신청

청구인은 위원회가 지정하는 심리기일 전까지 위원회에 국선대리인 선임을 신청하여야 하고, 국선대리인 선임 신청 대상자에 해당하는 사람이라는 것을 소명하는 서류를 함께 제출하여야 한다(영 제16조의2 제2항).

③ **위원회의 결정 및 통지**

위원회는 국선대리인 선임 신청이 있는 경우 선정 여부에 대한 결정을 하고, 지체 없이 청구인에게 그 결과를 통지하여야 한다. 이 경우 위원회는 심판청구가 명백히 부적법하거나 이유 없는 경우 또는 권리의 남용이라고 인정되는 경우에는 국선대리인을 선정하지 아니할 수 있다(법 제18조의2 제2항).

⑷ 국선대리인 선정 취소 및 사임

① **필요적 선정 취소**(영 제16조의4 제2항 제1호 · 2호 · 3호)

청구인에게 변호사 등의 대리인이 선임된 경우, 국선대리인이 선정 자격을 상실한 경우, 국선대리인이 해당 사건과 이해관계가 있는 경우

② **임의적 선정 취소**(영 제16조의4 제2항 제4호 · 5호)

국선대리인이 그 업무를 성실하게 수행하지 아니하는 경우, 국선대리인의 선정을 취소할 만한 상당한 이유가 있다고 인정되는 경우

③ **사임 사유**(영 제16조의4 제2항)

(i) 질병 또는 장기 여행으로 인하여 국선대리인의 직무를 수행하기 어려운 경우

(ii) 청구인, 그 밖의 관계인으로부터 부당한 대우나 요구를 받아 국선대리인으로서 공정한 업무를 수행하기 어려운 경우

(iii) 그 밖에 국선대리인으로서 직무를 수행할 수 없다고 인정할 만한 상당한 사유가 있는 경우

⑸ 위원회의 선정 취소, 사임 허가, 재선정

행정심판위원회는 청구인에게 대리인이 선임된 경우를 제외하고 국선대리인의 선정이 취소되거나 국선대리인이 사임한 경우 다른 국선대리인을 재선정할 수 있다(영 제16조의4 제3항).

⑹ 국선대리인의 보수 및 선정 예정자 명부 관리

① **보수**

행정심판위원회는 선정된 국선대리인이 대리하는 사건 1건당 50만 원 이하의 금액을 예산의 범위에서 그 보수로 지급할 수 있다. 보수 지급의 세부기준은 국선대리인이 해당 사건에 관여한 정도, 관련 사건의 병합 여부 등을 고려하여 위원장이 정한다(영 제16조의5 제1항 · 제2항).

② **국선대리인 선정 예정자 명부관리**

행정심판위원회 위원장은 국선대리인 제도의 효율적인 운영을 위하여 필요한 경우 국선대리인 자격을 지닌 사람 중에서 국선대리인 선정 예정자를 위촉하는 방법으로 국선대리인 선정 예정자 명부를 관리할 수 있다. 이 경우 국선대리인 선정 예정자의 임기는 2년으로 하고, 한 차례만 연임할 수 있다. 그 밖에 국선대리인 선정 예정자 위촉 및 명부 관리에 필요한 사항은 위원장이 정한다(영 제16조의6).

라. 대리인 자격의 소명

제19조【대표자 등의 자격】 ① 대표자 · 관리인 · 선정대표자 또는 대리인의 자격은 서면으로 소명하여야 한다.
② 청구인이나 피청구인은 대표자 · 관리인 · 선정대표자 또는 대리인이 그 자격을 잃으면 그 사실을 서면으로 위원회에 신고하여야 한다. 이 경우 소명 자료를 함께 제출하여야 한다.

대리인의 자격은 서면으로 소명하여야 한다(법 제19조 제1항). 대리권에 관한 소명자료가 제출될 때까지는 대리권을 인정할 수 없으므로 당사자 본인을 상대로 절차를 진행한다.

마. 대리행위의 효과

대리인은 선임한 당사자를 위해 해당 사건에 관한 모든 행위를 할 수 있다. 다만, 심판청구를 취하하려면 당사자 본인의 동의를 받아야 하며, 이 경우 동의 받은 사실을 서면으로 소명하여야 한다(법 제18조 제3항). 대리인은 청구인 또는 피청구인을 위하여 대리권의 범위 안에서 자기의 의사결정과 명의로 심판청구에 관한 행위를 하는 자이지만, 그 행위의 효과는 직접 당사자 본인(청구인 · 피청구인)에게 귀속된다.

바. 대리인의 해임 · 변경 및 자격상실

대리인을 선임한 당사자는 필요한 경우 대리인을 해임하거나 변경할 수 있고, 이 경우 그 사실을 지체 없이 행정심판위원회에 서면으로 알려야 한다(법 제15조 제5항, 법 제18조 제3항). 청구인이나 피청구인은 대리인이 그 자격을 잃으면 그 사실을 서면으로 행정심판위원회에 신고하여야 한다. 이 경우 소명 자료를 함께 제출하여야 한다(법 제19조 제2항).

7. 심판참가

제20조【심판참가】 ① 행정심판의 결과에 이해관계가 있는 제3자나 행정청은 해당 심판청구에 대한 제7조 제6항 또는 제8조 제7항에 따른 위원회나 소위원회의 의결이 있기 전까지 그 사건에 대하여 심판참가를 할 수 있다.
② 제1항에 따른 심판참가를 하려는 자는 참가의 취지와 이유를 적은 참가신청서를 위원회에 제출하여야 한다. 이 경우 당사자의 수만큼 참가신청서 부본을 함께 제출하여야 한다.
③ 위원회는 제2항에 따라 참가신청서를 받으면 참가신청서 부본을 당사자에게 송달하여야 한다.
④ 제3항의 경우 위원회는 기간을 정하여 당사자와 다른 참가인에게 제3자의 참가신청에 대한 의견을 제출하도록 할 수 있으며, 당사자와 다른 참가인이 그 기간에 의견을 제출하지 아니하면 의견이 없는 것으로 본다.
⑤ 위원회는 제2항에 따라 참가신청을 받으면 허가 여부를 결정하고, 지체 없이 신청인에게는 결정서 정본을, 당사자와 다른 참가인에게는 결정서 등본을 송달하여야 한다.
⑥ 신청인은 제5항에 따라 송달을 받은 날부터 7일 이내에 위원회에 이의신청을 할 수 있다.

제21조【심판참가의 요구】 ① 위원회는 필요하다고 인정하면 그 행정심판 결과에 이해관계가 있는 제3자나 행정청에 그 사건 심판에 참가할 것을 요구할 수 있다.
② 제1항의 요구를 받은 제3자나 행정청은 지체 없이 그 사건 심판에 참가할 것인지 여부를 위원회에 통지하여야 한다.

제22조【참가인의 지위】 ① 참가인은 행정심판 절차에서 당사자가 할 수 있는 심판절차상의 행위를 할 수 있다.
② 이 법에 따라 당사자가 위원회에 서류를 제출할 때에는 참가인의 수만큼 부본을 제출하여야 하고, 위원회가 당사자에게 통지를 하거나 서류를 송달할 때에는 참가인에게도 통지하거나 송달하여야 한다.
③ 참가인의 대리인 선임과 대표자 자격 및 서류 제출에 관하여는 제18조, 제19조 및 이 조 제2항을 준용한다.

가. 의의

심판참가제도는 심판청구 대상이 된 처분이나 부작위에 대하여 이해관계 있는 자에게 심판절차에 참가하여 공격·방어방법을 제출할 수 있는 기회를 줌으로써 이해관계인의 권익을 보호하고 심리절차의 적정을 도모하는 제도이다. 참가인은 타인 간의 행정심판 결과에 따라 직접 자신의 권리관계가 영향을 받게 되는 자로서 그 심판절차에 참가한 자를 말한다.

나. 복효적 행정행위와 심판참가

행정심판결과에 이해관계가 있는 제3자는 심판참가를 할 수 있다. 심판참가는 주로 제3자효 있는 복효적 행정행위에 대한 행정심판에서 문제가 된다.
예컨대 공장설립 허가처분에 대하여 제3자인 인근주민이 환경권 침해 등을 이유로 해당 허가처분의 취소를 구하는 행정심판을 청구한 경우 공장설립 허가처분을 받은 자는 제3자로서 비록 해당 행정심판의 당사자는 아니지만 심판청구에 직접적 이해관계를 가지므로 심판절차에 참여할 필요성이 있다.[142]

다. 심판참가의 종류

(1) 참가신청에 의한 심판참가

① 참가신청을 할 수 있는 자

행정심판의 결과에 이해관계 있는 제3자 또는 행정청이다. '심판결과에 이해관계 있는 제3자'란 해당 심판의 재결결과에 따라 직접 자기의 권리·이익을 침해당할 자[143]를 말하며, '심판결과에 이해관계 있는 행정청'이란 계쟁처분이나 재결에 관계있는 행정청[144]을 말한다.

142) 이런 경우 공장설립 허가처분을 받은 자는 제3자로서 피청구인의 심판참가인이 되어 해당 행정심판 절차에 참가한다.

143) 예컨대 행정개입청구하는 경우에 있어 공장주, 복효적 행정행위에 있어서 처분의 직접 상대방이 여기에 속한다.

144) 예컨대 처분청의 감독청, 계쟁처분에 대하여 협의했거나 동의한 행정청 등으로 법령상 당해 처분에 대해 협의권 또는 동의권이 부여되어 있는 행정청을 말한다. 관계 행정청이 협의·동의 등을 통해 처분청의 처분에 관여한 경우에 해당 처분에 관한 심판에 당사자로서 참여하지 못한 채 후일 재결의 기속력을 받게 되는 것을 대비해 관계 행정청에게 미리 심판과정에 참여하게 하여 공격방어방법을 제출할 수 있는 기회를 주려는 데 그 취지가 있다.

다만 「행정심판법」에서는 「행정소송법」과는 달리 심판당사자의 참가인 신청권을 명시하지 않고 있다.

② **참가신청절차**

심판절차에 참가하고자 하는 자는 행정심판위원회나 소위원회의 의결이 있기 전까지 참가의 취지와 이유를 적은 참가신청서에 당사자의 수만큼 부본을 첨부하여 행정심판위원회에 제출하여야 한다(법 제20조 제1항·2항). 이해관계의 내용에 따라 청구인과 동일한 이해관계가 있는 자는 청구인 측 참가인으로, 반대로 피청구인과 이해관계에 있는 자는 피청구인 측 참가인으로 참가할 수 있다.[145)]

행정심판위원회는 참가신청서를 받으면 참가신청서 부본을 당사자에게 송달하여야 하며, 이때 기간을 정하여 당사자와 다른 참가인에게 제3자의 참가신청에 대한 의견을 제출하도록 할 수 있으며, 당사자와 다른 참가인이 그 기간에 의견을 제출하지 아니하면 의견이 없는 것으로 본다(법 제20조 제3항·4항).

행정심판위원회는 참가신청을 받으면 허가 여부를 결정하고, 지체 없이 신청인에게는 결정서 정본을, 당사자와 다른 참가인에게는 결정서 등본을 송달하여야 한다(법 제20조 제5항).

③ **행정심판위원회의 허가 및 참가불허가에 대한 불복**

제3자 또는 행정청의 참가신청에 대해 행정심판위원회가 허가를 하는 경우에 제3자 또는 행정청은 심판참가인으로서 해당 심판에 참가할 수 있다.

참가신청에 대하여 행정심판위원회가 불허가를 한 경우 신청인은 결정서 정본을 송달을 받은 날부터 7일 이내에 행정심판위원회에 그 사유를 소명하는 서면으로 이의신청을 할 수 있다(법 제20조 제6항, 영 제14조 제1항). 「행정소송법」에서는 소송참가 신청을 한 제3자는 그 신청을 각하한 결정에 대하여 즉시항고할 수 있는 명문규정이 있으나(행정소송법 제16조 제3항), 행정심판에서는 심판허가에 대한 권한은 행정심판위원회의 위원장에게 위임되어 있다(영 제43조 제5호).

(2) 행정심판위원회의 참가요구에 의한 심판참가

행정심판위원회는 필요한 경우 그 행정심판 결과에 이해관계가 있는 제3자 또는 행정청에 그 사건 심판에 참가할 것을 요구할 수 있다(법 제21조 제1항). 심판참가 요구권한은 행정심판위원회의 위원장에게 위임되어 있다(영 제43조 제5호).

심판참가의 요구는 서면으로 해야 하며, 이 경우 그 사실을 당사자와 다른 참가인에게 알려야 한다(영 제18조). 참가요구를 받은 제3자나 행정청은 지체 없이 참가 여부를 위원회에 통지하여야 한다(법 제21조 제2항).

145) 통상적으로 제3자는 처분의 취소재결에 의해 권리이익이 침해받는 자이므로 제3자의 심판참가는 피청구인 측 참가인이 된다.

라. 참가인의 지위

참가인은 행정심판 절차에서 당사자가 할 수 있는 심판절차상의 행위를 할 수 있다(법 제22조 제1항). 따라서 참가인은 자신의 대리인을 선임하여 심판절차에 참여할 수 있고, 선정대표자를 두어 심판에 참여할 수 있다(법 제22조 제3항).

또한 참가인은 재결서 등본을 송부받을 수 있으며(법 제48조 제3항), 심판청구의 재결이 있을 때까지 피청구인 또는 행정심판위원회에 참가취하서 제출로 참가신청을 취하할 수 있다(법 제42조 제2항 · 4항). 참가취하는 신청의 일부에 대해서도 가능하며, 당사자의 동의 없이도 취하할 수 있다. 참가취하가 있으면 그 취하된 부분에 대하여는 처음부터 참가하지 아니한 것으로 본다(영 제30조). 피청구인 또는 행정심판위원회는 계속 중인 사건에 대하여 참가취하서를 받으면 지체 없이 다른 관계기관, 청구인, 참가인에게 취하사실을 알려야 한다(법 제42조 제5항).

제6절 행정심판위원회

1. 개념

가. 의의

행정심판위원회란 행정심판청구사건을 심리 · 재결을 할 권한을 가진 합의제 행정기관을 말한다.

나. 행정심판위원회의 법적 성격

(1) 심리 · 재결기관

행정심판위원회는 심판청구사건에 관하여 각종 증거조사와 관련법령의 검토를 통하여 분쟁당사자의 주장에 대하여 제3자의 입장에서 판단하고 결정하는 심리 · 재결기관이다.

(2) 합의제 행정기관

행정심판위원회는 위원장을 포함한 재적위원 과반수의 출석으로 개회하고, 출석위원 과반수의 찬성으로 재결하는 합의제기관이다. 또한 재결한 내용을 행정심판위원회의 명의로 대외적으로 표시하는 합의제 행정청이다.

(3) 준사법적 행정기관

행정심판위원회는 심판청구사건의 심리 · 재결에 있어서 여러 가지 사법적 절차를 준용하는 제도를 도입하고 있다. 즉 이해관계인의 심판참가제도, 위원의 제척 · 기피 · 회피제도, 대리인 선임제도, 집행정지, 증거조사, 구술심리 등 쟁송절차를 채택하고 있다.

준사법적 기능을 보장하기 위해 행정심판위원회는 직무상 시 · 도지사 등 그 소속 행정기관으로부터 독립되어 있고, 특히 중앙행정심판위원회는 국민권익위원회 소속으로 되어 있지만 심판청구사건의 처리 등 그 직무수행에 있어서 독립적으로 재결할 수 있는 권한을 가진다. 행정심판위원회의 인용재결은 피청구인과 그 밖의 행정청을 구속(羈束)하는 효과를 가지므로 (법 제49조 제1항), 행정심판위원회의 재결은 당해사건에 관하여 행정부의 최종적 판단이 된다.

⑷ 비상설기관

행정심판위원회는 심판청구사건이 회부된 경우에 그 심판청구사건을 심리・재결을 위하여 필요한 범위 안에서 회의를 개최하는 비상설기관이다.

2. 행정심판위원회의 종류

제6조【행정심판위원회의 설치】 ① 다음 각 호의 행정청 또는 그 소속 행정청(행정기관의 계층구조와 관계없이 그 감독을 받거나 위탁을 받은 모든 행정청을 말하되, 위탁을 받은 행정청은 그 위탁받은 사무에 관하여는 위탁한 행정청의 소속 행정청으로 본다. 이하 같다)의 처분 또는 부작위에 대한 행정심판의 청구(이하 "심판청구"라 한다)에 대하여는 다음 각 호의 행정청에 두는 행정심판위원회에서 심리・재결한다.

1. 감사원, 국가정보원장, 그 밖에 대통령령으로 정하는 대통령 소속기관의 장
2. 국회사무총장・법원행정처장・헌법재판소사무처장 및 중앙선거관리위원회사무총장
3. 국가인권위원회, 그 밖에 지위・성격의 독립성과 특수성 등이 인정되어 대통령령으로 정하는 행정청

② 다음 각 호의 행정청의 처분 또는 부작위에 대한 심판청구에 대하여는 「부패방지 및 국민권익위원회의 설치와 운영에 관한 법률」에 따른 국민권익위원회(이하 "국민권익위원회"라 한다)에 두는 중앙행정심판위원회에서 심리・재결한다.

1. 제1항에 따른 행정청 외의 국가행정기관의 장 또는 그 소속 행정청
2. 특별시장・광역시장・특별자치시장・도지사・특별자치도지사(특별시・광역시・특별자치시・도 또는 특별자치도의 교육감을 포함한다. 이하 "시・도지사"라 한다) 또는 특별시・광역시・특별자치시・도・특별자치도(이하 "시・도"라 한다)의 의회(의장, 위원회의 위원장, 사무처장 등 의회 소속 모든 행정청을 포함한다)
3. 「지방자치법」에 따른 지방자치단체조합 등 관계 법률에 따라 국가・지방자치단체・공공법인 등이 공동으로 설립한 행정청. 다만, 제3항 제3호에 해당하는 행정청은 제외한다.

③ 다음 각 호의 행정청의 처분 또는 부작위에 대한 심판청구에 대하여는 시・도지사 소속으로 두는 행정심판위원회에서 심리・재결한다.

1. 시・도 소속 행정청
2. 시・도의 관할구역에 있는 시・군・자치구의 장, 소속 행정청 또는 시・군・자치구의 의회(의장, 위원회의 위원장, 사무국장, 사무과장 등 의회 소속 모든 행정청을 포함한다)
3. 시・도의 관할구역에 있는 둘 이상의 지방자치단체(시・군・자치구를 말한다)・공공법인 등이 공동으로 설립한 행정청

④ 제2항 제1호에도 불구하고 대통령령으로 정하는 국가행정기관 소속 특별지방행정기관의 장의 처분 또는 부작위에 대한 심판청구에 대하여는 해당 행정청의 직근 상급행정기관에 두는 행정심판위원회에서 심리・재결한다.

가. 개요

행정심판법상 행정심판위원회는 행정기관별로 설치되는 바, ① 해당 행정청 소속 행정심판위원회, ② 중앙행정심판위원회, ③ 시 · 도지사 소속 행정심판위원회, ④ 직근 상급행정기관 소속 행정심판위원회(특별지방행정청의 상급행정기관 소속 행정심판위원회)가 있다(법 제6조).

나. 해당 행정청 소속 행정심판위원회

행정청 또는 그 소속 행정청의 처분 또는 부작위에 대한 행정심판의 청구에 대하여는 해당 행정청에 두는 행정심판위원회에서 심리 · 재결한다(법 제6조 제1항).

(예 법원행정처장의 처분이나 부작위에 대한 행정심판은 법원행정처행정심판위원회가 심리 · 재결한다.)

(1) 해당 행정청[146)]

① 감사원, 국가정보원장, 그 밖에 대통령령으로 정하는 대통령 소속기관의 장(대통령비서실장, 국가안보실장, 대통령경호처장 및 방송통신위원회)

② 국회사무총장 · 법원행정처장 · 헌법재판소사무처장 및 중앙선거관리위원회 사무총장

③ 국가인권위원회, 그 밖에 지위 · 성격의 독립성과 특수성 등이 인정되어 대통령령으로 정하는 행정청(고위공직자범죄수사처장)

(2) 소속 행정청

소속 행정청이란 행정기관의 계층구조와 상관없이 그 감독을 받거나 위탁을 받은 모든 행정청을 말하되, 위탁을 받은 행정청은 그 위탁받은 사무에 관하여는 위탁한 행정청의 소속 행정청으로 본다.

다. 중앙행정심판위원회

중앙행정심판위원회는 ①「행정심판법」 제6조 제1항에 따른 행정청 외의 국가행정기관의 장 또는 그 소속 행정청, ② 특별시장 · 광역시장 · 특별자치시장 · 도지사 · 특별자치도지사(특별시 · 광역시 · 특별자치시 · 도 또는 특별자치도의 교육감을 포함) 또는 특별시 · 광역시 · 특별자치시 · 도 · 특별자치도의 의회(의장, 위원회의 위원장, 사무처장 등 의회 소속 모든 행정청을 포함), ③「지방자치법」에 따른 지방자치단체조합 등 관계 법률에 따라 국가 · 지방자치단체 · 공공법인 등이 공동으로 설립한 행정청[다만, 시 · 도의 관할구역에 있는 둘 이상의 지방자치단체(시 · 군 · 자치구) · 공공법인 등이 공동으로 설립한 행정청은 제외]의 처분 또는 부작위에 대한 심판청구를 심리 · 재결한다(법 제6조 제2항).

(예 보건복지부 장관의 처분 또는 부작위에 대해 중앙행정심판위원회가 심리 · 재결한다.)

---

146) 예 감사원행정심판위원회, 국가정보원행정심판위원회, 대통령비서실행정심판위원회, 방송통신위원회행정심판위원회, 국회사무처행정심판위원회, 법원행정처행정심판위원회, 헌법재판소사무처행정심판위원회, 중앙선거관리위원회사무처행정심판위원회, 국가인권위원회행정심판위원회, 고위공직자범죄수사처행정심판위원회

라. 시 · 도지사 소속 행정심판위원회

시 · 도지사 소속 행정심판위원회는 ① 시 · 도 소속 행정청, ② 시 · 도의 관할구역에 있는 시 · 군 · 자치구의 장, 소속 행정청 또는 시 · 군 · 자치구의 의회(의장, 위원회의 위원장, 사무국장, 사무과장 등 의회 소속 모든 행정청을 포함), ③ 시 · 도의 관할구역에 있는 둘 이상의 지방자치단체(시 · 군 · 자치구를 말한다) · 공공법인 등이 공동으로 설립한 행정청의 처분 또는 부작위에 대한 심판청구를 심리 · 재결한다(법 제6조 제3항).

(예 서초구청장의 처분이나 부작위에 대해 서울특별시행정심판위원회가 심판한다.[147])

마. 직근 상급행정기관 소속 행정심판위원회(=특별지방행정청의 상급행정기관 소속 행정심판위원회)

「행정심판법」 제6조 제2항 제1호에도 불구하고 대통령령으로 정하는 국가행정기관 소속 특별지방행정기관의 장의 처분 또는 부작위에 대한 심판청구에 대하여는 해당 행정청의 직근 상급행정기관에 두는 행정심판위원회에서 심리 · 재결한다(법 제6조 제4항).

이때 '대통령령으로 정하는 국가행정기관 소속 특별지방행정기관'이란 법무부 및 대검찰청 소속 특별지방행정기관(직근 상급행정기관이나 소관 감독행정기관이 중앙행정기관인 경우는 제외)을 말한다(영 제3조). '상급행정기관'이란 처분청 또는 부작위청을 지휘 · 감독하는 권한을 가진 행정청을 가리키며, '직근 상급기관'이란 이중삼중의 여러 상급기관이 있는 경우에 처분청 또는 부작위청으로부터 가장 가까운 상급행정기관을 말한다.

(예 지방검찰청 검사장 · 지청장의 처분은 대검찰청 소속 특별지방행정기관인 지방고등검찰청 행정심판위원회에서 심리 · 재결하며, 교도소장 · 구치소장의 처분은 법무부 소속 특별지방행정기관인 지방교정청에 두는 지방교정청 행정심판위원회에서 심판한다.)

바. 제3기관

개별법률에서 특별한 제3의 기관을 설치하여 심리 · 재결하도록 하는 경우가 있다. 개별법으로 설치된 특별행정심판기관으로는 조세심판원, 특허심판원, 소청심사위원회, 중앙토지수용위원회, 중앙노동위원회, 건강보험분쟁조정위원회 등이 있다.

---

147) 그 외 ① 경기도교육청 소속 행정청(교육지원청, 각급 학교 등)에서 행한 처분 또는 부작위에 대해 제기하는 심판청구사건은 경기도교육청행정심판위원회가 심판한다. ② 서울특별시 교육청 소속기관인 교육지원청, 공립학교(유 · 초 · 중 · 고교) 등의 처분 또는 부작위에 대해 제기하는 심판청구사건은 서울특별시교육청행정심판위원회에서 심리 · 의결한다.

참고

「행정심판법」상 행정심판위원회

1. 해당 행정청 소속 행정심판위원회(법 제6조 제1항)
   - 감사원행정심판위원회: 감사원장의 처분 또는 부작위에 대한 심판청구사건
   - 국가정보원행정심판위원회: 국가정보원장의 처분 또는 부작위에 대한 심판청구사건
   - 대통령비서실행정심판위원회, 국가안보실행정심판위원회, 대통령경호처행정심판위원회
   - 방송통신위원회행정심판위원회: 방송통신위원회의 처분 또는 부작위에 대한 심판청구사건
   - 국회사무처행정심판위원회: 국회 사무총장의 처분 또는 부작위에 대한 심판청구사건
   - 법원행정처행정심판위원회: 대법원 및 각급법원의 장, 법원행정처장 등의 처분 또는 부작위에 대한 심판청구사건
   - 헌법재판소사무처행정심판위원회: 헌법재판소 사무처장의 처분 또는 부작위에 대한 심판청구사건
   - 중앙선거관리위원회사무처행정심판위원회: 중앙선거관리위원장 등의 처분 또는 부작위에 대한 심판청구사건
   - 국가인권위원회행정심판위원회: 국가인권위원회 사무처장의 처분 또는 부작위에 대한 심판청구사건
   - 고위공직자범죄수사처행정심판위원회

2. 중앙행정심판위원회(법 제6조 제2항)

   중앙행정심판위원회: 중앙행정기관(각 부·처·청 등), 특별시, 광역시·도, 중앙행정기관 소속 특별지방행정기관(지방경찰청, 지방병무청, 지방식품의약품안전청, 지방환경청, 지방고용노동청 등)의 처분 또는 부작위에 대한 심판청구사건

3. 시·도지사 소속 행정심판위원회(법 제6조 제3항)
   - 17개 시·도행정심판위원회: 시장·군수·구청장(자치구)의 처분 또는 부작위에 대한 심판청구사건
   - 17개 시·도교육청행정심판위원회: 소속 교육장 등의 처분 또는 부작위에 대한 심판청구사건

4. 특별지방행정청의 상급행정기관 소속 행정심판위원회(법 제6조 제4항)
   - 6개 고등검찰청 행정심판위원회(서울고등검찰청행정심판위원회, 수원고등검찰청행정심판위원회, 부산고등검찰청행정심판위원회, 광주고등검찰청행정심판위원회, 대전고등검찰청행정심판위원회, 대구고등검찰청행정심판위원회): 소속 지방검찰청검사장, 지청장의 처분 또는 부작위에 대한 심판청구사건
   - 4개 지방교정청 행정심판위원회(서울지방교정청행정심판위원회, 대전지방교정청행정심판위원회, 대구지방교정청행정심판위원회, 광주지방교정청행정심판위원회): 소속 교도소장, 구치소장의 처분 또는 부작위에 대한 심판청구사건

3. 행정심판위원회의 구성 및 회의

가. 중앙행정심판위원회

(1) 구성

중앙행정심판위원회는 위원장 1명을 포함하여 70명 이내의 위원으로 구성하되, 위원 중 상임위원은 4명 이내로 한다(법 제8조 제1항). 중앙행정심판위원회의 위원장은 국민권익위원회의 부위원장 중 1명이 되며, 위원장이 없거나 부득이한 사유로 직무를 수행할 수 없거나 위원장이 필요하다고 인정하는 경우에는 상임위원(상임으로 재직한 기간이 긴 위원 순서로, 재직기간이 같은 경우에는 연장자 순서)이 위원장의 직무를 대행한다(법 제8조 제2항).

(2) 위원의 자격 및 임명 등

① 상임위원

중앙행정심판위원회의 상임위원은 일반직공무원으로서 「국가공무원법」 제26조의5에 따른 임기제공무원으로 임명하되, 3급 이상 공무원 또는 고위공무원단에 속하는 일반직공무원으로 3년 이상 근무한 사람이나 그 밖에 행정심판에 관한 지식과 경험이 풍부한 사람 중에서 중앙행정심판위원회 위원장의 제청으로 국무총리를 거쳐 대통령이 임명한다(법 제8조 제3항). 그 임기는 3년으로 하며, 1차에 한하여 연임할 수 있다(법 제9조 제2항).

② 비상임위원

중앙행정심판위원회의 비상임위원의 자격요건은 다른 행정심판위원회의 비상임위원과 동일하다(법 제8조 제4항). ① 변호사 자격을 취득한 후 5년 이상의 실무 경험이 있는 사람, ② 「고등교육법」 제2조 제1호부터 제6호까지의 규정에 따른 학교에서 조교수 이상으로 재직하거나 재직하였던 사람, ③ 행정기관의 4급 이상 공무원이었거나 고위공무원단에 속하는 공무원이었던 사람, ④ 박사학위를 취득한 후 해당 분야에서 5년 이상 근무한 경험이 있는 사람, ⑤ 그 밖에 행정심판과 관련된 분야의 지식과 경험이 풍부한 사람 중앙행정심판위원회 위원장의 제청으로 국무총리가 성별을 고려하여 위촉한다.

위촉된 위원의 임기는 2년으로 하되, 2차에 한하여 연임할 수 있다(법 제9조 제3항). 위촉된 위원은 금고(禁錮) 이상의 형을 선고받거나 부득이한 사유로 장기간 직무를 수행할 수 없게 되는 경우 외에는 임기 중 그의 의사와 다르게 해촉(解囑)되지 아니한다(법 제9조 제5항). 행정심판위원회의 독립성과 공정성을 보장하기 위한 규정이다.

(3) 위원의 결격사유

대한민국 국민이 아닌 사람, 국가공무원 결격사유에 해당하는 사람은 행정심판위원회의 위원이 될 수 없으며, 위원이 이에 해당하게 된 때에는 별도의 해촉절차 없이 당연히 퇴직한다(법 제9조 제4항).

(4) 회의(제8조 제5항~제8항)

① 중앙행정심판위원회의 회의(소위원회는 제외)는 위원장, 상임위원 및 위원장이 회의마다 지정하는 비상임위원을 포함하여 총 9명으로 구성(법 제8조 제5항)하되, 상임위원 2명 이상이 포함되어야 한다(영 제6조).

② 중앙행정심판위원회는 심판청구사건 중 「도로교통법」에 따른 자동차운전면허 행정처분에 관한 사건(소위원회가 중앙행정심판위원회에서 심리·의결하도록 결정한 사건은 제외)을 심리·의결하기 위해 4명의 위원으로 구성하는 소위원회를 둘 수 있다(법 제8조 제6항). 소위원회 위원장은 중앙행정심판위원회의 위원장이 상임위원 중에서 지정하고, 중앙행정심판위원회의 상임위원 2명(소위원회 위원장 1명 포함)과 중앙행정심판위원회의 위원장이 지정하는 2명의 비상임위원으로 구성한다(영 제7조 제1항·제2항).

③ 중앙행정심판위원회 및 소위원회는 구성원 과반수의 출석과 출석위원 과반수의 찬성으로 의결한다(법 제8조 제7항). 재결은 중앙행정심판위원회 명의로 한다.

④ 중앙행정심판위원회는 위원장이 지정하는 사건을 미리 검토하도록 필요한 경우에는 전문위원회를 둘 수 있다(법 제8조 제8항). 전문위원회는 중앙행정심판위원회의 위원장이 지정하는 행정심판의 청구 사건을 미리 검토하여 그 결과를 중앙행정심판위원회에 보고한다(영 제8조 제1항). 전문위원회는 중앙행정심판위원회의 상임위원을 포함하여 중앙행정심판위원회의 위원장이 지정하는 5명 이내의 위원으로 구성하고, 전문위원회의 위원장은 중앙행정심판위원회의 위원장이 지정하는 위원이 된다(영 제8조 제2항 · 제3항).

나. 중앙행정심판위원회 이외의 각급 행정심판위원회

(1) 구성

행정심판위원회는 위원장 1명을 포함하여 50명 이내의 위원으로 구성한다(법 제7조 제1항). 위원장은 그 행정심판위원회가 소속된 행정청이 되며,[148] 위원장이 없거나 부득이한 사유로 직무를 수행할 수 없거나 위원장이 필요하다고 인정하는 경우에는 ① 위원장이 사전에 지명한 위원, ② 지명된 공무원인 위원[149]이 위원장의 직무를 대행한다(법 제7조 제2항). 다만 시 · 도지사 소속으로 두는 행정심판위원회의 경우에는 해당 지방자치단체의 조례로 정하는 바에 따라 공무원이 아닌 위원을 위원장으로 정할 수 있다. 이 경우 위원장은 비상임으로 한다(법 제7조 제3항).

(2) 위원의 자격 및 임명 등

행정심판위원회의 위원은 해당 행정심판위원회가 소속된 행정청이 ① 변호사 자격을 취득한 후 5년 이상의 실무 경험이 있는 사람, ②「고등교육법」 제2조 제1호부터 제6호까지의 규정에 따른 학교에서 조교수 이상으로 재직하거나 재직하였던 사람, ③ 행정기관의 4급 이상 공무원이었거나 고위공무원단에 속하는 공무원이었던 사람, ④ 박사학위를 취득한 후 해당 분야에서 5년 이상 근무한 경험이 있는 사람, ⑤ 그 밖에 행정심판과 관련된 분야의 지식과 경험이 풍부한 사람 중에서 성별을 고려하여 위촉하거나 그 소속 공무원 중에서 지명한다(법 제7조 제4항). 위촉된 비상임위원의 임기는 2년으로 하되, 2차에 한하여 연임할 수 있다(법 제9조 제3항). 위촉된 위원은 금고(禁錮) 이상의 형을 선고받거나 부득이한 사유로 장기간 직무를 수행할 수 없게 되는 경우 외에는 임기 중 그의 의사와 다르게 해촉(解囑)되지 아니한다(법 제9조 제5항).

---

148) 행정청을 위원장으로 한 것은 행정청의 의사를 행정심판위원회에 반영할 수 있는 기회를 주어 행정청의 의사와 행정심판위원회의 의사를 가급적 일치시키고 행정청이 스스로 위원장을 맡도록 하여 행정심판위원회의 위상을 높이기 위한 취지이다. 따라서 시 · 도지사 소속 행정심판위원회는 시 · 도지사가, 국회사무총장 등에 소속된 행정심판위원회는 국회사무총장 등이 위원장이 된다. 감사원, 방송통신위원회, 국가인권위원회 등과 같이 합의제 행정청의 경우 대외적으로 그 합의제 행정청을 대표하는 원장 또는 위원장이 행정심판위원회의 위원장이 된다(국민권익위원회 · 중앙행정심판위원회, 행정심판의 이론과 실무, 327면).

149) 2명 이상인 경우에는 직급 또는 고위공무원단에 속하는 공무원의 직무등급이 높은 위원 순서로, 직급 또는 직무등급도 같은 경우에는 위원 재직기간이 긴 위원 순서로, 재직기간도 같은 경우에는 연장자 순서로 한다.

(3) 위원의 결격사유

대한민국 국민이 아닌 사람, 국가공무원 결격사유에 해당하는 사람은 행정심판위원회의 위원이 될 수 없으며, 위원이 이에 해당하게 된 때에는 별도의 해촉절차 없이 당연히 퇴직한다(법 제9조 제4항).

(4) 회의

행정심판위원회의 회의는 위원장과 위원장이 회의마다 지정하는 8명의 위원(위촉위원은 6명 이상으로 하되, 위원장이 공무원이 아닌 경우에는 5명 이상)으로 구성하되, 다만 국회규칙, 대법원규칙, 헌법재판소규칙, 중앙선거관리위원회규칙 또는 대통령령(시 · 도지사 소속으로 두는 행정심판위원회의 경우에는 해당 지방자치단체의 조례)으로 정하는 바에 따라 위원장과 위원장이 회의마다 지정하는 6명의 위원(위촉위원은 5명 이상으로 하되, 공무원이 아닌 위원이 위원장인 경우에는 4명 이상)으로 구성할 수 있다(법 제7조 제5항). 행정심판위원회는 구성원 과반수의 출석과 출석위원 과반수의 찬성으로 의결한다(법 제7조 제6항).

4. 위원 등의 제척 · 기피 · 회피

제10조【위원의 제척 · 기피 · 회피】 ① 위원회의 위원은 다음 각 호의 어느 하나에 해당하는 경우에는 그 사건의 심리 · 의결에서 제척(除斥)된다. 이 경우 제척결정은 위원회의 위원장(이하 "위원장"이라 한다)이 직권으로 또는 당사자의 신청에 의하여 한다.

1. 위원 또는 그 배우자나 배우자이었던 사람이 사건의 당사자이거나 사건에 관하여 공동 권리자 또는 의무자인 경우
2. 위원이 사건의 당사자와 친족이거나 친족이었던 경우
3. 위원이 사건에 관하여 증언이나 감정(鑑定)을 한 경우
4. 위원이 당사자의 대리인으로서 사건에 관여하거나 관여하였던 경우
5. 위원이 사건의 대상이 된 처분 또는 부작위에 관여한 경우

② 당사자는 위원에게 공정한 심리 · 의결을 기대하기 어려운 사정이 있으면 위원장에게 기피신청을 할 수 있다.

③ 위원에 대한 제척신청이나 기피신청은 그 사유를 소명(疏明)한 문서로 하여야 한다. 다만, 불가피한 경우에는 신청한 날부터 3일 이내에 신청 사유를 소명할 수 있는 자료를 제출하여야 한다.

④ 제척신청이나 기피신청이 제3항을 위반하였을 때에는 위원장은 결정으로 이를 각하한다.

⑤ 위원장은 제척신청이나 기피신청의 대상이 된 위원에게서 그에 대한 의견을 받을 수 있다.

⑥ 위원장은 제척신청이나 기피신청을 받으면 제척 또는 기피 여부에 대한 결정을 하고, 지체 없이 신청인에게 결정서 정본(正本)을 송달하여야 한다.

⑦ 위원회의 회의에 참석하는 위원이 제척사유 또는 기피사유에 해당되는 것을 알게 되었을 때에는 스스로 그 사건의 심리 · 의결에서 회피할 수 있다. 이 경우 회피하고자 하는 위원은 위원장에게 그 사유를 소명하여야 한다.

⑧ 사건의 심리 · 의결에 관한 사무에 관여하는 위원 아닌 직원에게도 제1항부터 제7항까지의 규정을 준용한다.

가. 제도의 취지

제척·기피·회피란 심판작용과 공정성을 유지하기 위하여 심판관이 자기가 담당하는 구체적 사건과 특수한 관계가 있는 경우에 그 사건의 직무집행에서 배제되는 제도를 말한다. 「행정심판법」은 심판청구사건에 대한 심리·재결의 공정과 이에 대한 국민의 신뢰를 확보하기 위하여, 위원은 물론 당해 사건의 심의에 관한 사무에 관하여는 직원의 제척, 기피 및 회피에 관한 규정을 두고 있다.

나. 제척

(1) 의의

제척이란 행정심판위원회의 위원 및 관계직원이 구체적인 심판청구사건에서 법률에서 정한 특수한 관계에 있는 때(법정 사유에 해당)에 법률상 당연히 그 사건에 대한 직무집행에서 배제되는 것을 말한다.[150)]

(2) 제척사유

위원회의 위원은 다음 어느 하나에 해당하는 경우에는 그 사건의 심리·의결에서 제척된다. 이 경우 제척결정은 위원회의 위원장이 직권으로 또는 당사자의 신청에 의하여 한다(법 제10조 제1항).

① 위원 또는 그 배우자나 배우자이었던 사람[151)]이 사건의 **당**사자이거나 사건에 관하여 공동권리자 또는 의무자인 경우
② 위원이 사건의 당사자와 친족이거나 **친**족이었던 경우
③ 위원이 사건에 관하여 **증**언이나 감정(鑑定)을 한 경우
④ 위원이 당사자의 **대**리인[152)]으로서 사건에 관여하거나 관여하였던 경우
⑤ 위원이 사건의 대상이 된 처분 또는 부작위에 **관**여한 경우

다. 기피

(1) 의의

기피란 제척사유 이외에 심리·의결의 공정성을 의심할 만한 사유가 있는 경우에 당사자의 신청이 있는 경우 위원장의 결정으로 심리·의결에서 배제되는 것을 말한다. 기피는 제척과 달리 기피원인이 있다고 하여 당연히 직무집행을 못하는 것이 아니라 위원장의 결정에 따라 위원이 그 사건처리의 공정을 기대하기 어렵다는 판단이 확정되어야 효력이 발생한다.

---

150) '당연히'라는 의미는 행정심판위원회의 결정을 기다릴 필요 없이 법률상 직무집행을 하지 못한다는 뜻이므로 그 원인을 행정심판위원회나 당사자가 알건 모르건 상관이 없다.

151) 배우자는 법률상의 부부관계에 있는 자를 말하며, 사실상의 내연이나 약혼관계에 있으면 기피 또는 회피의 원인이 될 수 있다.

152) 대리인이란 법정대리인이나 소송대리인을 말한다. 임의대리인인 송달영수인 또는 해당 사건의 내용인 법률행위에 관한 대리인이었던 자는 기피사유에 해당된다.

(2) 기피사유

위원이 제척사유에 해당하지 않더라도 당사자는 위원에게 공정한 심리·의결을 기대하기 어려운 사정이 있으면 위원장에게 기피신청을 할 수 있다(법 제10조 제2항). 의원이 기피사유에 해당하는지 여부는 구체적인 사건에 관하여 개별적으로 판단한다. 예컨대, 위원이 청구인과 특수한 친분관계 또는 적대관계에 있거나 또는 사건의 인용 여부에 따라 경제적으로 이해관계에 있는 경우는 기피사유에 해당한다.

라. 제척과 기피절차 및 효과

위원에 대한 제척신청이나 기피신청은 그 사유를 소명한 문서로 하여야 한다. 다만, 불가피한 경우에는 신청한 날부터 3일 이내에 신청 사유를 소명할 수 있는 자료를 제출하여야 한다(법 제10조 제3항). 제척신청이나 기피신청이 이를 위반하였을 때에는 위원장은 결정으로 이를 각하하며, 위원장은 제척신청이나 기피신청의 대상이 된 위원에게서 그에 대한 의견을 받을 수 있다(법 제10조 제4항·제5항). 위원장은 제척신청이나 기피신청을 받으면 제척 또는 기피 여부에 대한 결정을 하고, 지체 없이 신청인에게 결정서 정본을 송달하여야 한다(법 제10조 제6항). 제척신청이나 기피신청의 대상이 된 위원 또는 직원은 위원장이 요구하는 경우에는 지체 없이 그에 대한 의견서를 위원장에게 제출하여야 한다(영 제12조 제2항). 제척·기피신청이 있을 때에는 그에 대한 결정(위원회의 의결을 거치지 않고 위원장이 행함)이 있을 때까지 해당 심판청구사건에 대한 심판절차는 정지되고(영 제13조), 제척·기피결정이 있으면 그 위원은 해당 심판청구사건의 심리의결에 참여하지 못한다.

마. 회피

회피란 위원이 스스로 제척 또는 기피사유가 있다고 인정하여 자발적으로 심리·의결을 피하는 것을 말한다. 위원회의 회의에 참석하는 위원이 제척사유 또는 기피사유에 해당되는 것을 알게 되었을 때에는 스스로 그 사건의 심리·의결에서 회피할 수 있다. 이 경우 회피하고자 하는 위원은 위원장에게 그 사유를 소명하여야 한다(법 제10조 제7항). 다만, 회피는 제척·기피신청과 달리 위원장의 별도의 결정을 요하는 것은 아니다.

바. 위원 아닌 직원에의 준용

심판청구사건의 심리·의결에 관한 사무에 관여하는 간사장, 간사 등 직원에 대하여도 공정한 심판을 위하여 제척·기피·회피제도가 적용된다. 위원 아닌 직원에게도 제척·기피·회피 규정을 준용한다(법 제10조 제8항).

사. 벌칙 적용 시의 공무원의제

위원 중 공무원이 아닌 위원은 「형법」과 그 밖의 법률에 따른 벌칙을 적용할 때에는 공무원으로 본다(법 제11조).

5. 행정심판위원회의 권한

(1) 심리권

행정심판위원회는 심판청구사건에 대한 심리권을 가진다. 심리권이란 재결을 하기 위하여 당사자 및 관계인의 주장을 듣고, 이를 뒷받침하는 증거 및 그 밖의 자료 등을 수집 · 조사할 수 있는 권한을 말한다.

(2) 심리에 부수된 권한

행정심판위원회는 심리권을 효율적으로 행사하기 위하여 심리에 부수된 여러 권한을 갖는데, 증거조사권, 선정대표자 선정권고권, 청구인의 지위승계허가권, 피청구인 경정권, 심판참가허가 및 요구권, 청구변경 허가권이 그 예이다.

(3) 재결권 및 사정재결권

① **재결권**

행정심판위원회는 심판청구사건의 심리를 마치면 그 심판청구에 대하여 재결할 권한을 갖는다. 재결이란 행정심판의 청구에 대하여 행정심판위원회가 행하는 판단을 말하며, 재결권이란 심판청구사건에 대하여 각하, 기각 또는 인용의 재결을 할 수 있는 권한을 말한다.

② **사정재결권**

행정심판위원회는 심판청구가 이유가 있다고 인정하는 경우에도 이를 인용(認容)하는 것이 공공복리에 크게 위배된다고 인정하면 그 심판청구를 기각하는 재결을 할 수 있다. 이 경우 위원회는 재결의 주문(主文)에서 그 처분 또는 부작위가 위법하거나 부당하다는 것을 구체적으로 밝혀야 한다(법 제44조 제1항).

사정재결은 공익과 사익의 합리적인 조정을 도모하기 위해 예외적으로 인정되는 것으로 취소심판 및 의무이행심판에서만 인정되고 무효등확인심판에는 인정되지 않는다(법 제44조 제3항). 행정심판위원회는 사정재결을 할 때에는 청구인에 대하여 상당한 구제방법을 취하거나 상당한 구제방법을 취할 것을 피청구인에게 명할 수 있다(법 제44조 제2항). 예컨대, 구제방법으로는 손해의 보전, 원상회복, 방해제거를 위한 조치 등이 있다.

(4) 집행정지결정권 및 취소결정권

행정심판위원회는 해당 심판청구의 대상인 처분이나 그 처분의 집행 또는 절차의 속행 때문에 중대한 손해가 생기는 것을 예방할 필요성이 긴급하다고 인정할 때에는 직권으로 또는 당사자의 신청에 의하여 처분의 효력, 처분의 집행 또는 절차의 속행의 전부 또는 일부의 정지를 결정할 수 있다(법 제30조 제2항). 행정심판위원회는 집행정지를 결정한 후에 집행정지가 공공복리에 중대한 영향을 미치거나 그 정지사유가 없어진 경우에는 직권으로 또는 당사자의 신청에 의하여 집행정지 결정을 취소할 수 있다(법 제30조 제3항).

(5) 임시처분결정권

행정심판위원회는 처분 또는 부작위가 위법・부당하다고 상당히 의심되는 경우로서 처분 또는 부작위 때문에 당사자가 받을 우려가 있는 중대한 불이익이나 당사자에게 생길 급박한 위험을 막기 위하여 임시지위를 정하여야 할 필요가 있는 경우에는 직권으로 또는 당사자의 신청에 의하여 임시처분을 결정할 수 있다(법 제31조).

(6) 증거조사권

행정심판위원회는 심판청구사건에 대한 심리를 위하여 필요한 증거조사를 할 수 있는 권한을 가진다(법 제36조 제1항). 행정심판위원회는 심판청구사건을 심리하기 위하여 필요하면 직권으로 또는 당사자의 신청으로 ① 당사자나 관계인의 신문(訊問), ② 당사자나 관계인이 가지고 있는 증거자료의 제출요구 및 영치(領置), ③ 전문가 등의 감정 요구, ④ 현장 등의 조사・검증을 할 수 있다.

행정심판위원회가 증거조사를 하였을 때에는 증거방법마다 증거조사조서를 작성하여야 한다(영 제25조 제3항). 증거조사조서에는 ① 심판청구사건의 표시, ② 증거조사의 일시와 장소, ③ 증거조사에 참여한 위원의 이름, ④ 출석한 당사자・대표자・대리인 등의 이름, ⑤ 증거조사의 방법 및 대상, ⑥ 증거조사의 결과를 기재하고, 위원장이 기명날인 또는 서명하여야 한다(영 제25조 제4항).

행정심판위원회는 필요하면 해당 위원회가 소속된 행정청의 직원이나 다른 행정기관에 촉탁하여 증거조사를 하게 할 수 있는데, 이 경우에는 그 조사자로 하여금 증거조사조서를 작성하게 할 수 있다(법 제36조 제2항, 영 제25조 제5항).

(7) 선정대표자 선정권고권

행정심판위원회는 여러 명의 청구인이 공동으로 심판청구를 한 경우에 공동청구인의 대표선정이 필요하다고 인정하면 청구인들에게 선정대표자를 선정할 것을 권고할 수 있는 권한을 가진다(법 제15조 제2항).

(8) 청구인의 지위 승계 허가권

심판청구가 있은 후에 해당 심판청구의 대상인 처분에 관계되는 권리나 이익을 양수한 자는 청구인의 지위를 승계할 수 있다. 이 경우 청구인의 지위 승계는 상속인이나 합병한 법인 등이 청구인의 지위를 승계하는 경우와는 달리 행정심판위원회의 허가를 받아야 한다(법 제16조 제5항). 심판청구의 대상인 처분에 관계되는 권리나 이익을 양수한 자는 결국 해당 심판청구에 관한 법률상 이익을 갖게 되는 자이므로 그 승계허가는 기속적 행위라 할 것이다.

신청인은 행정심판위원회가 지위 승계를 허가하지 아니하면 결정서 정본을 받은 날부터 7일 이내에 행정심판위원회에 이의신청을 할 수 있다(법 제16조 제8항).

(9) 피청구인 경정권

청구인이 심판청구를 함에 있어서 피청구인을 잘못 지정한 경우 행정심판위원회는 직권 또는 당사자의 신청에 의하여 피청구인의 경정을 결정할 수 있는 권한을 가진다(법 제17조 제2항).

(10) 대리인선임 허가권 및 국선대리인 선정권

「행정심판법」은 대리인이 될 수 있는 자를 한정하고, 그 밖의 자에 대해서는 행정심판위원회로부터 허가를 받은 자를 대리인으로 선임할 수 있도록 하였다(법 제18조 제1항 제5호 · 제2항). 행정심판위원회가 하는 대리인 선임허가는 개별적 심판청구사건에 대하여 구체적으로 이루어진다.

한편, 청구인이 경제적 능력으로 인해 대리인을 선임할 수 없는 경우에는 행정심판위원회에 국선대리인을 선임하여 줄 것을 신청할 수 있고, 행정심판위원회는 청구인의 신청에 따른 국선대리인을 선정할 것인지 여부를 결정할 수 있다(법 제18조의2).

(11) 심판참가 허가권 및 참가요구권

행정심판위원회는 행정심판의 결과에 이해관계가 있는 제3자나 행정청은 해당 사건에 심판참가 신청을 한 경우 이를 허가하거나(법 제20조 제1항 · 제5항), 참가가 필요하다고 인정할 때에는 참가를 신청하지 아니한 이해관계가 있는 제3자나 행정청에 대하여 그 사건 심판에 참가할 것을 요구(법 제21조 제1항)할 수 있는 권한을 가진다.

(12) 청구변경 허가권

청구인은 청구의 기초에 변경이 없는 범위에서 청구의 취지나 이유를 변경할 수 있고, 심판이 청구된 후에도 피청구인이 새로운 처분을 하거나 심판청구의 대상인 처분을 변경한 경우에는 새로운 처분이나 변경된 처분에 맞추어 청구변경을 신청할 수 있으며, 행정심판위원회는 청구변경 신청에 대해 허가 여부를 결정할 수 있다(법 제29조). 행정심판위원회의 청구변경허가권은 민사소송에서의 청구변경허가제도(민소법 제262조)에 준하여 인정된 제도이다.

(13) 보정(補正)요구권 및 직권보정권

부적법한 심판청구는 각하의 대상이 되는 것이 원칙이나 사소한 하자의 경우에도 일률적으로 각하를 하게 되면 청구인에게 행정구제의 기회를 잃게 할 우려가 있다. 행정심판위원회는 부적법한 심판청구에 보정요구권이 있다. 행정심판위원회는 하자의 내용이 보정할 수 있는 것이라면 기간을 정하여 청구인에게 보정할 것을 요구하고 그 기간 내에 보정되면 해당 심판청구는 처음 접수된 시점에 적법한 심판청구가 있는 것으로 보도록 한 것이다(법 제32조 제1항 본문, 제4항). 행정심판위원회는 보정할 사항이 경미한 경우에는 보정요구를 하지 않고 직권으로 보정할 수 있다(법 제32조 제1항 단서).

(14) 자료제출요구권

행정심판위원회는 사건 심리에 필요하면 관계 행정기관이 보관 중인 관련 문서, 장부, 그 밖에 필요한 자료를 제출할 것을 요구할 수 있다(법 제35조 제1항). 관계 행정기관의 장은 특별한 사정이 없으면 행정심판위원회의 요구에 따라야 한다(법 제32조 제3항).

(15) 조정권한

행정심판위원회는 당사자의 권리 및 권한의 범위에서 당사자의 동의를 받아 심판청구의 신속하고 공정한 해결을 위하여 조정을 할 수 있다. 다만, 그 조정이 공공복리에 적합하지 아니하거나 해당 처분의 성질에 반하는 경우에는 그러하지 아니하다(법 제43조의2 제1항). 양 당사자 간의 합의가 가능한 사건의 경우 행정심판위원회가 개입조정하는 절차를 통해 갈등을 조기에 해결하도록 신설된 제도이다. 조정에 대하여도 재결의 기속력 등은 준용된다(법 제43조의2 제4항).

(16) 직접처분권

당사자의 신청을 거부하거나 부작위로 방치한 처분의 이행을 명하는 재결이 있으면 행정청은 지체 없이 이전의 신청에 대하여 재결의 취지에 따라 처분을 하여야 한다. 이때 위원회는 피청구인이 처분을 하지 아니하는 경우에는 당사자가 신청하면 기간을 정하여 서면으로 시정을 명하고 그 기간에 이행하지 아니하면 직접 처분을 할 수 있다. 다만, 그 처분의 성질이나 그 밖의 불가피한 사유로 위원회가 직접 처분을 할 수 없는 경우에는 그러하지 아니하다.

(17) 불합리한 법령 등의 시정조치 요구권

중앙행정심판위원회는 심판청구를 심리·재결할 때에 처분 또는 부작위의 근거가 되는 명령 등[153]이 법령에 근거가 없거나 상위 법령에 위배되거나 국민에게 과도한 부담을 주는 등 크게 불합리하면 관계 행정기관에 그 명령 등의 개정·폐지 등 적절한 시정조치를 요청할 수 있다. 이와 같은 요청을 받은 관계 행정기관은 정당한 사유가 없으면 이에 따라야 한다(법 제59조 제1항·제2항).

(18) 고유식별정보 처리 권한

행정심판위원회는 청구인의 지위 승계, 대리인의 선임, 국선대리인 선정, 심판참가, 심판청구서 등의 접수·처리, 집행문 부여에 관한 사무 등을 수행하기 위하여 불가피한 경우 「개인정보 보호법 시행령」 제19조에 따른 주민등록번호, 여권번호, 운전면허의 면허번호 또는 외국인등록번호가 포함된 자료를 처리할 수 있다(영 제44조 제1항).[154]

153) 대통령령·총리령·부령·훈령·예규·고시·조례·규칙 등을 말한다.

154) 피청구인은 심판청구서 등의 접수 처리에 관한 사무를 수행하기 위하여 불가피한 경우 「개인정보 보호법 시행령」 제19조에 따른 주민등록번호, 여권번호, 운전면허의 면허번호 또는 외국인등록번호가 포함된 자료를 처리할 수 있다(영 제44조 제2항). 「개인정보 보호법」은 개인정보 보호를 목적으로 개인정보처리자가 주민등록번호 등 고유식별 정보를 처리할 수 있는 경우를 정보주체나 제3자의 생명, 신체, 재산의 이익을 위해 명백히 필요한 경우와 법령에서 이를 요구하거나 허용하는 경우로 한정해 왔다. 이 규정은 행정심판위원회가 청구인 지위 승계 등의 심판사무를 처리하기 위해 필요한 경우와 피청구인이 심판청구서 등의 접수·처리에 관한 사무를 수행하기 위하여 불가피한 경우 등에 주민등록번호 등 고유식별정보를 처리할 수 있는 근거를 마련한 것이다.

6. 행정심판위원회의 권한 승계

가. 승계

행정심판 청구 후 사정변경에 의해 해당 행정심판위원회가 재결권을 상실한 경우에는 소관 행정심판위원회는 변경되며 새로이 재결권을 갖게 된 행정심판위원회가 그 심판청구사건을 승계하게 된다. 당사자의 심판청구 후 위원회가 법령의 개정 · 폐지 또는 피청구인의 경정 결정에 따라 그 심판청구에 대하여 재결할 권한을 잃게 된 경우에는 해당 위원회는 심판청구서와 관계 서류, 그 밖의 자료를 새로 재결할 권한을 갖게 된 위원회에 보내야 한다(법 제12조 제1항).

나. 승계 후 조치

송부받은 행정심판위원회는 지체 없이 그 사실을 행정심판 청구인, 피청구인, 참가인에게 알려야 한다(법 제12조 제2항).

Chapter

03 행정심판절차 등

제1절 행정심판청구

1. 행정심판청구의 방식

제23조【심판청구서의 제출】 ① 행정심판을 청구하려는 자는 제28조에 따라 심판청구서를 작성하여 피청구인이나 위원회에 제출하여야 한다. 이 경우 피청구인의 수만큼 심판청구서 부본을 함께 제출하여야 한다.

제28조【심판청구의 방식】 ① 심판청구는 서면으로 하여야 한다.
② 처분에 대한 심판청구의 경우에는 심판청구서에 다음 각 호의 사항이 포함되어야 한다.
1. 청구인의 이름과 주소 또는 사무소(주소 또는 사무소 외의 장소에서 송달받기를 원하면 송달장소를 추가로 적어야 한다)
2. 피청구인과 위원회
3. 심판청구의 대상이 되는 처분의 내용
4. 처분이 있음을 알게 된 날
5. 심판청구의 취지와 이유
6. 피청구인의 행정심판 고지 유무와 그 내용
③ 부작위에 대한 심판청구의 경우에는 제2항 제1호·제2호·제5호의 사항과 그 부작위의 전제가 되는 신청의 내용과 날짜를 적어야 한다.
④ 청구인이 법인이거나 제14조에 따른 청구인 능력이 있는 법인이 아닌 사단 또는 재단이거나 행정심판이 선정대표자나 대리인에 의하여 청구되는 것일 때에는 제2항 또는 제3항의 사항과 함께 그 대표자·관리인·선정대표자 또는 대리인의 이름과 주소를 적어야 한다.
⑤ 심판청구서에는 청구인·대표자·관리인·선정대표자 또는 대리인이 서명하거나 날인하여야 한다.

가. 서면주의

행정심판의 청구는 일정한 사항을 기재하여 서면으로 하여야 한다(법 제28조). 서면으로 하는 취지는 청구내용을 명확히 하고 구술하는 경우의 번잡함을 피하기 위한 것이다.[155]

155) 질의회신 : 팩시밀리 또는 전자우편(이메일) 등을 이용해 제출한 청구서는 적법한 심판청구라고 보기 어렵다(2021.9.24. 행정심판총괄과-9338)

나. 필요적 기재사항

처분에 대한 심판청구의 경우에는 심판청구서에 ① 청구인의 이름과 주소 또는 사무소(주소 또는 사무소 외의 장소에서 송달받기를 원하면 송달장소를 추가 기재함) 및 청구인이 법인이거나 청구인 능력이 있는 법인이 아닌 사단 또는 재단이거나 행정심판이 선정대표자나 대리인에 의하여 청구되는 것일 때에는 청구인의 이름과 주소 외에 그 대표자 · 관리인 · 선정대표자 또는 대리인의 이름과 주소, ② 피청구인과 위원회, ③ 심판청구의 대상이 되는 처분의 내용,[156] ④ 처분이 있음을 알게 된 날,[157] ⑤ 심판청구의 취지와 이유,[158] ⑥ 피청구인의 행정심판 고지 유무와 그 내용,[159] ⑦ 청구인 등의 서명 또는 날인[160] 등 **필요적 기재사항**이 반드시 포함되어야 한다(법 제28조 제2항 · 제3항 · 제4항 · 제5항).

재결례

「행정심판법」 제3조, 제27조 제1항에 따르면 행정청의 '처분'에 대하여 행정심판을 청구할 수 있으며, 행정심판은 처분이 있음을 알게 된 날부터 90일 이내에 청구하여야 한다고 되어 있는 바, 이 사건에서 청구인은 피청구인이 운전면허 취소처분을 하기 전에 미리 이 사건 행정심판을 청구하여 심판청구 당시에는 행정심판의 대상인 '처분'이 존재하지 않는 하자 있는 심판청구에 해당하였다. 그러나 행정심판제도는 준사법절차라는 점, 국민의 권리구제를 도모하고자 마련된 행정심판제도의 목적과 취지, 분쟁의 일회적이고 효율적인 해결의 필요성 등을 고려할 때 행정심판청구요건의 구비 여부는 재결시를 기준으로 판단함이 타당하다 할 것이고, 이 사건에서 심판청구 이후 피청구인이 이 사건 운전면허 취소처분을 하였으므로 위 하자는 치유되었다 할 것이어서 이 사건 심판청구는 청구요건을 갖춘 적법한 청구에 해당한다(중앙행정심판위원회 2020.12.22.자 2020-21266 재결).

다. 엄격한 형식을 요하는지 여부

판례는 표제나 형식 여하 등을 불문(예 이의신청 · 진정서 · 답변서 등)하고 권리 등을 침해받은 자가 처분의 취소를 구하는 서면이 제출된 경우 행정심판 청구로 볼 수 있고,[161] 진정서의 형식으로 제출된 서류도 행정심판 청구서로 볼 수 있다[162]고 판시하여 행정심판 청구를 엄격한 형식을 요하지 않는 행위로 보았다.

156) 심판청구는 처분 또는 부작위에 대하여 불복하여 그 취소나 변경을 요구하는 것이므로 심판청구의 대상이 되는 처분의 내용을 특정하여야 하고, 그 부작위의 전제가 되는 신청의 내용과 날짜를 적어야 한다(법 제28조 제3항).

157) 행정심판위원회는 처분의 사전통지만 했을 뿐 처분이 아직 이루어지지 않았거나, 처분이 당사자에게 도달하기 전이거나 또는 처분의 효력이 발생하기 전에 심판청구서가 제출된 사안에서 이 사건 심판청구 당시에는 행정심판의 대상인 처분이 존재하지 않으므로 부적법한 청구이나 심판계속 중에 처분서가 상대방에게 도달되어 효력이 발생한 경우에는 하자가 치유되었다 하여 이 사건 심판청구는 청구요건을 갖춘 적법한 청구에 해당된다고 보았다(중앙행정심판위원회 2020.12.22.자 2020-21266 재결).

158) 청구취지는 해당 심판청구를 인용하는 재결을 하는 경우에 재결의 주문이 된다. 청구취지의 이유는 심판청구서 제출 이후 심리 중에도 수시로 보충서면을 통해 청구인의 주장을 보충하거나 상대방의 주장을 반박하는 내용으로 보충할 수 있다(법 제33조 제1항).

159) 행정청이 처분을 할 때에는 처분의 상대방에게 ① 해당 처분에 대하여 행정심판을 청구할 수 있는지 ② 행정심판을 청구하는 경우의 심판청구 절차 및 심판청구 기간을 알려야 한다(법 제58조 제1항).

160) 심판청구서에는 청구인 · 대표자 · 관리인 · 선정대표자 또는 대리인이 서명하거나 날인하여야 한다(법 제28조 제5항).

161) 대법원 1999.6.22. 선고 99두2772 판결(답변서), 대법원 2000.6.9. 선고 98두2621 판결(진정서)

162) 대법원 200.6.9. 선고 98두2621 판결

라. 심판청구서의 첨부서류

심판청구서 외 피청구인의 수만큼 심판청구서 부본을 함께 제출해야 하며, 심판청구서에는 대표자 · 관리인 · 선정대표자 또는 대리인의 자격을 소명하는 서면과 그 주장을 뒷받침하는 증거서류 또는 증거물을 첨부할 수 있다(법 제34조 제2항, 영 제20조).

2. 행정심판 청구의 절차

> **제23조【심판청구서의 제출】** ① 행정심판을 청구하려는 자는 제28조에 따라 심판청구서를 작성하여 피청구인이나 위원회에 제출하여야 한다. 이 경우 피청구인의 수만큼 심판청구서 부본을 함께 제출하여야 한다.
> ② 행정청이 제58조에 따른 고지를 하지 아니하거나 잘못 고지하여 청구인이 심판청구서를 다른 행정기관에 제출한 경우에는 그 행정기관은 그 심판청구서를 지체 없이 정당한 권한이 있는 피청구인에게 보내야 한다.
> ③ 제2항에 따라 심판청구서를 보낸 행정기관은 지체 없이 그 사실을 청구인에게 알려야 한다.
> ④ 제27조에 따른 심판청구 기간을 계산할 때에는 제1항에 따른 피청구인이나 위원회 또는 제2항에 따른 행정기관에 심판청구서가 제출되었을 때에 행정심판이 청구된 것으로 본다.

가. 심판청구서의 제출 · 접수 · 처리

(1) 심판청구서의 제출

심판청구서는 피청구인인 행정청 또는 행정심판위원회에 제출하여야 한다(법 제23조 제1항). 과거에는 피청구인인 행정청을 거쳐 행정심판을 제기하도록 하는 처분청 경유주의를 취하였으나, 청구인의 선택에 따라 처분청을 경유하거나 또는 직접 행정심판위원회에 제기할 수 있도록 선택주의로 개정되었다.

(2) 피청구인(처분청)의 심판청구서 접수

피청구인은 청구인으로부터 심판청구서가 제출되면 이를 접수하여야 한다. 해당 행정청이 피청구인 적격이 없는 경우에도 이를 이유로 심판청구서의 접수를 거부하거나 접수된 심판청구서를 반려하여서는 아니 된다. 심판청구가 부적법하다고 인정되는 경우에도 역시 이를 이유로 심판청구서의 접수를 거부하거나 접수한 심판청구서를 반려할 수 없다.[163]

(3) 행정심판위원회의 심판청구서 등의 접수 · 처리

① 위원회는 심판청구서를 받으면 지체 없이 피청구인에게 심판청구서 부본을 보내야 한다(법 제26조 제1항).

② 위원회는 피청구인으로부터 답변서가 제출되면 답변서 부본을 청구인에게 송달하여야 한다(법 제26조 제2항).

---

163) 국민권익위원회 · 중앙행정심판위원회, 행정심판의 이론과 실무, 462면

나. 직권취소 및 이송

(1) 피청구인(처분청)의 직권취소 등

① 직권취소의 방법

심판청구서를 받은 피청구인은 그 심판청구가 이유 있다고 인정하면 심판청구의 취지에 따라 직권으로 처분을 취소·변경하거나 확인을 하거나 신청에 따른 처분을 할 수 있다. 이 경우 서면으로 청구인에게 알려야 한다(법 제25조 제1항). 심판청구 후에 하는 직권취소 등은 형식적으로는 직권취소이지만 실질적으로 심판청구에 대한 인용재결로 볼 수 있다.[164)]

② 직권취소의 내용

피청구인이 심판청구가 이유 있다고 인정하여 행하는 직권취소 등은 청구취지에 따라 내용이 다르게 될 것이다. 취소심판을 청구한 경우에는 처분을 취소하거나 변경할 것이고, 무효등확인심판을 청구한 경우에는 처분의 효력이나 존재 여부를 확인하여 조치할 것이고, 의무이행심판을 청구한 경우에는 당초의 심판청구취지에 따른 일정한 처분을 하게 될 것이다.[165)]

③ 청구인에 대한 통지

피청구인이 직권취소 등을 한 경우에는 이를 서면으로 청구인에게 알려야 한다(법 제25조 제1항 후단).[166)]

④ 시정조치 증명서류 제출

피청구인은 직권취소 등을 하였을 때에는 청구인이 심판청구를 취하한 경우가 아니면 행정심판위원회에 심판청구서와 답변서를 보내거나 심판청구의 내용이 특정되지 아니하는 등 명백히 부적법하다고 판단되어 행정심판위원회에 답변서를 보내지 아니할 수 있는 경우이더라도 위원장의 답변서 제출 요구로 답변서를 보낼 때 직권취소 등의 사실을 증명하는 서류를 함께 제출하여야 한다(법 제25조 제2항).

(2) 이송 여부의 결정

① 불고지나 오고지로 인하여 심판청구서가 다른 행정청에 제출된 경우

행정심판을 청구하려는 자는 심판청구서를 작성하여 피청구인이나 행정심판위원회에 제출하여야 한다. 그런데 행정청이 처분을 할 때 처분의 상대방에게 행정심판을 청구할 수 있음을 고지하지 아니하였거나 잘못 고지하여 청구인이 심판청구서를 다른 행정기관에

---

164) 2021.3.23. 제정된 「행정기본법」에는 위법하거나 부당한 처분의 직권취소(행정기본법 제18조), 적법한 처분의 철회(행정기본법 제19조), 처분의 재심사(행정기본법 제37조)를 신설하여 국민의 권익구제를 보다 효율적으로 할 수 있도록 하고 있다.

165) 이원, 주해행정심판법, 예손, 2020, 247면, 청구인은 피청구인이 직권취소 등을 한 후 행하는 구체적인 시정조치가 당초의 청구취지에 미치지 못하는 경우에는 다시 행정심판을 청구할 수 있다. 예컨대, 영업취소처분의 취소를 구하는 심판청구를 했는데 피청구인이 직권취소를 한 후 동일한 위반행위에 대해 다시 영업정지 10개월의 처분을 하는 경우에는 그 새로운 처분에 대해 다시 심판청구를 할 수 있다.

166) 통지를 받은 청구인은 직권취소 등의 이유나 내용이 청구취지에 어긋나는 경우에는 피청구인에게 이의를 제기할 수 있을 것이다.

제출한 때에는 그 행정기관은 지체 없이 정당한 권한이 있는 피청구인에게 심판청구서를 송부하고 이 사실을 청구인에게 통지하여야 한다. 이 경우 심판청구 기간을 계산할 때에는 다른 행정기관에 제출되었을 때에 청구된 것으로 본다(법 제23조).[167]

② 다른 법률에 의한 절차에 의하여야 할 사항인 경우

다른 법률에 특별한 규정이 있는 경우에는 「행정심판법」에 따른 행정심판을 청구할 수 없다(법 제3조 제1항). 그러므로 다른 법률에서 「행정심판법」에 따른 행정심판 절차가 아닌 특별한 불복절차를 규정하고 있는 처분 또는 부작위를 대상으로 하여 행정심판을 청구한 경우 그 심판청구는 부적법한 심판청구로서 각하되게 된다.[168]

③ 피청구인(행정청)을 잘못 지정한 경우

청구인이 피청구인(행정청)을 잘못 지정한 경우에는 행정심판위원회는 직권으로 또는 당사자의 신청으로 피청구인을 경정 결정할 수 있다(법 제17조 제2항).

재결례

잘못 지정된 피청구인 경정사례

- 공무원임용 필기시험 불합격처분 취소청구사건에서 피청구인을 '세종특별자치시장'에서 '세종특별자치시인사위원회위원장'으로 경정(중앙행심위 2019.9.9.자 2019-16504 결정)
- 지방공무원임용 임용시험 불합격처분 취소청구사건에서 피청구인을 '경상북도교육감'에서 '경상북도교육청인사위원회위원장'으로 경정(중앙행심위 2020.12.18.자 2020-19078 결정)

④ 피청구인의 권한이 승계된 경우

심판청구의 대상과 관계되는 권한이 다른 행정청에 승계된 경우에는 권한을 승계한 행정청을 피청구인으로 하여야 한다(법 제17조 제1항). 그러나 행정심판이 청구된 후에 피청구인의 권한이 다른 행정청에 승계된 경우에는 행정심판위원회는 당사자의 신청 또는 직권에 의하여 결정으로써 피청구인을 경정한다(법 제17조 제5항).

재결례

권한승계에 따른 피청구인 경정사례

- 과징금부과처분 취소청구사건에서 피청구인을 '행정안전부장관'에서 '개인정보보호위원장'으로 경정(중앙행심위 2021.1.21.자 2020-16139 결정)
- 배출권추가할당거부처분 취소청구사건에서 피청구인을 '산업통상자원부장관'에서 '환경부장관'으로 경정(중앙행심위 2018.6.14.자 2017-16259 결정)

---

167) 심판청구서가 정당한 권한이 있는 행정기관이 아닌 다른 행정기관에 제출된 경우 그 다른 행정기관으로 하여금 정당한 권한이 있는 피청구인에게 이송하도록 한 것은 이를 반려하여 다시 정당한 권한이 있는 피청구인에게 제출하도록 하게 되면 심판청구 기간의 도과로 인해 심판청구가 불가능할 우려가 있기 때문이다(이원, 주해행정심판법, 235면).

168) 그러나 다른 법률에 행정심판 절차가 아닌 특별한 불복절차인 특별행정심판의 절차가 정하여져 있다고 하여 바로 심판청구에 대하여 각하주장의 답변서를 작성하여 행정심판 절차를 밟는 것보다는 심판청구서를 정당한 권한 있는 행정심판기관에 회부하여 청구인으로 하여금 적법한 절차를 밟을 수 있게 하는 것이 타당할 것이다(국민권익위원회 · 중앙행정심판위원회, 행정심판의 이론과 실무, 433면).

⑤ **행정심판위원회를 잘못 기재한 경우**

심판청구서에 피청구인은 바르게 표시되어 있지만 행정심판위원회가 표시되지 아니하였거나 잘못 표시된 경우에도 정당한 권한 있는 행정심판위원회에 보내야 한다(법 제24조 제3항). 심판청구 후 행정심판위원회가 법령의 개정・폐지 또는 피청구인의 경정 결정에 따라 그 심판청구에 대하여 재결할 권한을 잃게 된 경우에는 해당 행정심판위원회는 심판청구서와 서류, 그 밖의 자료를 새로 재결합 권한을 갖게 된 행정심판위원회에 보내야 한다(법 제12조 제1항). 이 경우 송부를 받은 행정심판위원회는 청구인, 피청구인, 참가인에게 지체 없이 그 사실을 알려야 한다(법 제12조 제2항).

다. 답변서 작성

(1) 의의 및 절차

① 답변서는 심판청구서에 나타난 청구인의 주장에 대한 피청구인인 행정청의 주장을 기재한 서면이다.

② 피청구인은 심판청구서를 접수하거나 행정심판위원회로부터 송부받으면 10일 이내에 이에 대한 답변서를 작성하여 심판청구서와 함께 행정심판위원회에 보내야 한다. 다만, 청구인이 심판청구를 취하한 경우에는 그렇지 않다(법 제24조 제1항). 청구인이 행정심판위원회에 직접 심판청구를 한 경우에는 피청구인은 심판청구서를 보낼 필요 없이 답변서만 작성해서 보내면 된다.[169]

③ 심판청구의 내용이 특정되지 아니하는 등 명백히 부적법하다고 판단되는 경우에 피청구인은 답변서를 위원회에 보내지 아니할 수 있다. 이 경우 심판청구서를 접수하거나 송부받은 날부터 10일 이내에 그 사유를 위원회에 문서로 통보하여야 한다(법 제24조 제2항). 그러나, 위원장이 심판청구에 대하여 답변서 제출을 요구하면 피청구인은 위원장으로부터 답변서 제출을 요구받은 날부터 10일 이내에 위원회에 답변서를 제출하여야 한다(법 제24조 제3항).

(2) 답변서 기재사항

피청구인은 답변서를 보낼 때에는 청구인의 수만큼 답변서 부본을 함께 보내되, 답변서에는 ① 처분이나 부작위의 근거와 이유, ② 심판청구의 취지와 이유에 대응하는 답변, ③ 처분의 상대방이 아닌 제3자가 심판청구를 한 경우에는 처분의 상대방의 이름・주소・연락처와 제3자가 심판청구를 한 경우에 처분의 상대방에게 행정심판청구 사실을 알렸는지 여부를 명확하게 적어야 한다(법 제24조 제4항).

---

169) 피청구인에게 답변서를 제출하도록 한 것은 계쟁 처분이나 부작위가 정당하다는 것을 변명할 기회를 부여하고, 양 당사자의 주장과 사건의 쟁점을 분명히 하기 위한 것이다. 청구인이 보충서면을 제출하는 경우에는 이에 대한 답변서를 추가로 제출할 수 있다. 답변서는 1회에 한하지 않고 필요시 제출할 수 있다. 답변서 제출기간에 관한 규정은 **훈시규정**에 해당한다. 제출기간을 도과하여 제출된 답변서를 부적법한 답변서라고 하여 그 효력을 부인하면 피청구인의 답변(주장)이 없는 상태에서 심판하는 결과가 되기 때문이다(이원, 주해행정심판법, 243면).

라. 심판청구서 및 답변서의 행정심판위원회에의 송부

피청구인(처분청)은 청구인이 심판청구를 취하한 경우를 제외하고 심판청구서를 접수하거나 행정심판위원회로부터 송부받으면 10일 이내에 그 심판청구서를 행정심판위원회에 보내야 한다. 이 경우 피청구인은 심판청구서에 답변서 및 청구인의 수에 해당하는 만큼의 답변서 부본을 첨부하여야 한다(법 제24조 제1항・제6항).

심판청구서에 행정심판위원회가 표시되지 아니하였거나 잘못 표시된 경우에도 피청인은 정당한 권한이 있는 행정심판위원회에 심판청구서를 보내야 한다. 이 경우 피청구인은 지체 없이 송부사실을 청구인에게 알려야 한다(법 제24조 제5항・제7항).

특히, 중앙행정심판위원회에서 심리・재결하는 사건인 경우 피청구인은 행정심판위원회에 심판청구서 또는 답변서를 보낼 때에는 소관 중앙행정기관의 장에게도 그 심판청구・답변의 내용을 알려야 한다(법 제24조 제8항).

마. 제3자의 심판청구 사실의 처분의 상대방에의 통지

처분의 상대방이 아닌 제3자도 해당 처분의 취소 변경이나 효력 유무 또는 존재 여부에 대한 확인을 구할 법률상 이익이 있으면 행정심판을 청구할 수 있다(법 제13조). 이와 같이 제3자가 행정심판을 청구할 경우 처분의 상대방은 자신도 모르는 사이에 자신이 받은 처분이 취소 변경되거나 무효 또는 부존재 확인을 받게 되는 불이익을 받을 염려가 있다.

피청구인은 처분의 상대방이 아닌 제3자가 심판청구를 한 경우에는 지체 없이 처분의 상대방에게 청구인의 이름, 주소 및 심판청구일, 심판청구의 대상이 되는 처분의 내용, 심판청구의 취지와 이유를 적은 서면으로 그 사실을 알려야 하고, 이 경우 심판청구서 사본을 함께 송달하여야 한다(법 제24조 제4항, 영 제19조).

피청구인으로부터 제3자 심판청구 사실을 통지받은 처분의 상대방은 필요한 경우 행정심판위원회의 허가를 받아 심판에 참가함으로써 자신의 이익을 방어할 수 있다. 또한 행정심판위원회는 직권으로 처분의 상대방에게 심판참가를 요구할 수 있다(법 제20조 제1항・제21조 제1항).

바. 심판청구서가 행정심판위원회에 직접 제출된 경우의 처리절차

청구인은 심판청구서를 피청구인에게 제출해도 되고 행정심판위원회에 직접 제출할 수 있다(법 제23조 제1항). 행정심판위원회가 심판청구서를 받은 때에는 지체 없이 그 부본을 피청구인에게 송부하고, 피청구인은 그 부본을 송부받으면 10일 이내에 답변서를 행정심판위원회에 보내야 한다(법 제26조 제1항・제24조 제1항).[170]

170) 청구인이 심판청구서를 행정심판위원회에 바로 제출한 경우에는 행정심판위원회는 지체 없이 피청구인에게 심판청구서 부본을 보내어 피청구인인 행정청으로 하여금 답변서를 작성하도록 하여야 한다. 이 경우에는 청구인이 피청구인에게 심판청구서를 직접 제출한 때보다 행정심판위원회에 회부되는 기간이 더 지연될 가능성이 높다.

3. 심판청구기간

제27조【심판청구서의 기간】 ① 행정심판은 처분이 있음을 알게 된 날부터 90일 이내에 청구하여야 한다.
② 청구인이 천재지변, 전쟁, 사변, 그 밖의 불가항력으로 인하여 제1항에서 정한 기간에 심판청구를 할 수 없었을 때에는 그 사유가 소멸한 날부터 14일 이내에 행정심판을 청구할 수 있다. 다만, 국외에서 행정심판을 청구하는 경우에는 그 기간을 30일로 한다.
③ 행정심판은 처분이 있었던 날부터 180일이 지나면 청구하지 못한다. 다만, 정당한 사유가 있는 경우에는 그러하지 아니하다.
④ 제1항과 제2항의 기간은 불변기간으로 한다.
⑤ 행정청이 심판청구 기간을 제1항에 규정된 기간보다 긴 기간으로 잘못 알린 경우 그 잘못 알린 기간에 심판청구가 있으면 그 행정심판은 제1항에 규정된 기간에 청구된 것으로 본다.
⑥ 행정청이 심판청구 기간을 알리지 아니한 경우에는 제3항에 규정된 기간에 심판청구를 할 수 있다.
⑦ 제1항부터 제6항까지의 규정은 무효등확인심판청구와 부작위에 대한 의무이행심판청구에는 적용하지 아니한다.

「행정기본법」 제6조【행정에 관한 기간의 계산】 ① 행정에 관한 기간의 계산에 관하여는 이 법 또는 다른 법령등에 특별한 규정이 있는 경우를 제외하고는 「민법」을 준용한다.
② 법령등 또는 처분에서 국민의 권익을 제한하거나 의무를 부과하는 경우 권익이 제한되거나 의무가 지속되는 기간의 계산은 다음 각 호의 기준에 따른다. 다만, 다음 각 호의 기준에 따르는 것이 국민에게 불리한 경우에는 그러하지 아니하다.
1. 기간을 일, 주, 월 또는 연으로 정한 경우에는 기간의 첫날을 산입한다.
2. 기간의 말일이 토요일 또는 공휴일인 경우에도 기간은 그 날로 만료한다.

가. 제도의 취지

「행정심판법」은 청구기간에 제한을 두고 있는 바, 처분이 있음을 알게 된 날부터 90일 이내에 청구하도록 하는 한편, 처분이 있었던 날부터 180일이 경과하면 심판청구를 하지 못하도록 규정하고 있다(법 제27조 제1항 · 제3항). 전자를 주관적 청구기간이라 하고, 후자를 객관적 청구기간이라고 한다.

심판청구기간에 제한을 두는 것은 행정행위의 효력을 신속히 확정하여 행정법관계의 안정성을 확보하기 위한 것이다.

나. 심판청구 기간의 적용이 배제되는 행정심판

(1) 무효등확인심판과 부작위에 대한 의무이행심판

심판청구 기간에 대한 제한은 취소심판과 거부처분에 대한 의무이행심판에만 적용되고, 무효등확인심판과 부작위에 대한 의무이행심판에는 적용되지 않는다(법 제27조 제7항). 무효나 부존재, 부작위의 성질상 심판청구 기간을 적용할 수 없기 때문이다.

(2) 개별 법률상 심판청구 기간의 특례

개별 법률에서 「행정심판법」과는 심판청구 기간을 달리 정하고 있는 경우 그 심판청구 기간을 개별 법률의 규정에 따르게 된다. 대부분의 경우 「행정심판법」에서 정한 것보다 짧은 심판청구 기간을 규정하고 있다. 예컨대, 처분이 있음을 안 날부터 30일 이내(국가공무원법 제76조 제1항, 군인사법 제50조, 토지보상법 제83조 제3항)로 하는 경우 등이다.[171]

다. 심판청구 기간의 계산

(1) 기간계산의 원칙

「행정심판법」은 심판청구 기간의 계산에 관하여 따로 규정을 두고 있지 않아 그동안 기간계산에 관해서는 「민법」에 규정된 기간계산 원칙을 따라왔다. 그러나 명시적 준용 규정이 없었던 영역과 관련하여 행정실무와 국민의 입장에서 어떤 기준으로 기간계산을 하는지 혼동스러웠다. 2021년 제정된 「행정기본법」은 행정법관계와 관련된 기간계산에 관한 일반적 원칙을 명시하여 국민이나 공무원이 기간계산에 관해 가졌던 불편을 해소하고 행정의 예측가능성을 증대하게 되었다. 「행정기본법」의 기간계산에 관한 규정은 행정심판의 심판청구 기간에도 적용된다. 「행정기본법」 제6조 제1항은 행정에 관한 기간의 계산에 관하여는 이 법 또는 다른 법령 등에 특별한 규정이 있는 경우를 제외하고는 「민법」을 준용한다고 규정하고 있으므로 「행정기본법」 제6조 제2항에서 정한 사항 외에는 「민법」 의 규정이 적용된다. 「행정기본법」 제6조 제2항에 따르면 처분에서 국민의 권익을 제한하거나 의무를 부과하는 경우 권익이 제한되거나 의무가 지속되는 기간의 계산은 초일을 산입하고, 기간말일이 토요일이나 공휴일인 경우에도 기간은 그날로 만료한다고 하고 있다.[172] 그러나 심판청구 기간을 계산할 때에는 「행정기본법」 제6조 제2항 단서에 해당되므로 「민법」의 기간계산에 관한 규정이 준용되어 **초일을 산입하지 않는다.** 행정심판청구 기간은 청구인에게 유리하도록 계산하는 것이 타당하기 때문이다.[173]

---

171) **「국가공무원법」 제76조 【심사청구와 후임자 보충 발령】** ① 제75조에 따른 처분사유 설명서를 받은 공무원이 그 처분에 불복할 때에는 그 설명서를 받은 날부터, 공무원이 제75조에서 정한 처분 외에 본인의 의사에 반한 불리한 처분을 받았을 때에는 그 처분이 있은 것을 안 날부터 각각 30일 이내에 소청심사위원회에 이에 대한 심사를 청구할 수 있다. 이 경우 변호사를 대리인으로 선임할 수 있다.

「군인사법」 제50조 【위법 · 부당한 전역 및 제적 등에 대한 소청】 군인은 위법 · 부당한 전역, 제적 및 휴직 등 그 의사에 반한 불리한 처분(징계처분 및 징계부가금 부과처분은 제외한다)에 불복하는 경우에는 그 처분이 있음을 안 날부터 30일 이내에 이에 대한 심사를 소청(訴請)할 수 있다.

「토지보상법」 제83조 【이의의 신청】 ③ 제1항 및 제2항에 따른 이의의 신청은 재결서의 정본을 받은 날부터 30일 이내에 하여야 한다.

172) 예컨대, 6개월간 영업정지처분을 당한 경우 처분을 당한 날부터 기간을 계산하고, 정지 기간 마지막 날이 토요일이나 공휴일인 경우에도 그날로 만료하도록 함으로써 권익침해적 작용에 있어 국민의 권익을 보호하기 위한 것이다. 공휴일은 「공휴일에 관한 법률」 제2조에서 3 · 1절, 광복절, 개천절, 한글날 등을 열거하여 규정하고 있다.

173) 그러므로 처분서를 받은 날은 심판청구 기간에서 빼고 그 다음 날부터 심판청구 기간을 기산되며, 만료일은 심판청구 기간의 마지막 날이 토요일 또는 공휴일인 경우 그날로 만료되는 것이 아니라 「민법」에 따라 그 다음 날이 만료일이 된다. 기간의 만료점은 그 기간의 말일의 밤 12시까지이다. 말일의 근무시간이 지났더라도 밤 12시 이내에 당직실 등에 접수가 되면 기간 내에 청구된 것으로 본다.

한편, 행정심판의 재결에 따라 처분이 취소된 후에 처분청이 동일한 사안에 대하여 또 다른 처분을 하였다면 후에 한 처분은 재결로써 취소된 처분과는 별개의 새로운 처분이므로 심판청구 기간의 계산도 새로운 처분을 기준으로 한다.[174)]

판례

행정심판에 있어서 재결청의 재결내용이 처분청에 취소를 명하는 것이 아니라 처분청의 처분을 스스로 취소하는 것인 때에는 그 재결에 형성력이 발생하여 당해 취소처분은 별도의 행정처분을 기다릴 것 없이 당연히 취소되어 소멸되는 것이어서 그 후 동일한 사안에 대하여 처분청이 또 다른 처분을 하였다면 이는 위 소멸된 처분과는 완전히 독립된 별개의 처분이라 할 것이고, 따라서 새로운 처분에 대한 제소기간의 준수 여부도 그 새로운 처분을 기준으로 판단하여야 한다(대법원 1994.4.12. 선고 93누1879 판결).

(2) 심판청구일로 보는 날

「행정심판법」은 피청구인이나 행정심판위원회에 심판청구서가 제출된 때에 행정심판이 청구된 것으로 보도록 하여 도달주의를 채택하고 있다(법 제23조 제4항).[175)]

그러나 피청구인(행정청)이 고지를 하여 아니하거나 잘못 알려서 청구인이 심판청구서를 다른 행정기관에 제출한 경우에는 그 행정기관에 심판청구서가 제출된 때를 심판청구일로 보고(법 제23조 제4항), 피청구인경정을 한 경우에는 처음에 심판청구를 한 때를 심판청구일로 보도록 하고 있다(법 제17조 제4항).

한편, 전자정보처리조직을 통하여 접수된 심판청구의 경우 심판청구 기간을 계산할 때에는 전자문서를 제출한 사람이 정보통신망을 통하여 전자정보처리조직에서 제공하는 접수번호를 확인하였을 때 행정심판이 청구된 것으로 본다(법 제52조 제3항·제4항).

라. 원칙적 심판청구기간

(1) 의의

심판청구는 처분이 있음을 알게 된 날로부터 90일 이내, 처분이 있었던 날로부터 180일 이내에 청구하여야 한다(법 제27조 제1항·제3항 본문). '처분이 있음을 알게 된 날'은 유효한 행정처분이 있음을 안 날을, '처분이 있었던 날'은 그 행정처분의 효력이 발생한 날을 의미한다.[176)]

이 두 기간 중 어느 하나라도 도과하면 그 심판청구는 부적법하게 된다.[177)] 심판청구 기간의 준수 여부는 행정심판위원회가 직권으로 조사한다.

174) 대법원 1994.4.12. 선고 93누1879 판결

175) 행정심판청구서를 우편으로 제출한 경우에는 도달주의원칙에 따라 심판청구 기간 내에 우편이 행정청에 도달해야 할 것이다. 그러나 우송일수가 사회통념상 도달할 수 있는 기간보다 현저히 지연됨으로 해서 심판청구 기간을 도과한 때에는 이를 참작하여야 할 것이다.

176) 대법원 2019.8.9. 선고 2019두38656 판결

177) 행정처분이 있은 것을 안 날로부터 90일이 지나서 제기한 행정심판은 처분이 있은 날로부터 180일이 경과하지 아니하였다 하더라도 부적법하다(대법원 1971.6.30. 선고 71누61 판결).

(2) 처분이 있음을 알게 된 날부터 90일(주관적 청구기간)

행정심판은 원칙적으로 처분이 있음을 알게 된 날부터 90일 이내에 청구하여야 한다. 이를 주관적 청구기간이라 한다. '처분이 있음을 알게 된 날'이란 통지 · 공고 기타의 방법으로 유효한 행정처분이 있음을 현실적으로 알게 된 날을 의미한다. 통지를 요하는 서면처분의 경우는 서면이 상대방에게 도달한 날을 의미한다. 판례는 처분을 기재한 서류가 당사자의 주소에 송달되는 등으로 사회통념상 처분이 있음을 당사자가 알 수 있는 상태에 놓여진 때에는 반증이 없는 한 그 처분이 있음을 알았다고 추정할 수는 있다고 보고 있다.[178)]

또한, 판례는 특정인에 대한 행정처분을 주소불명 등의 이유로 송달할 수 없어 관보 · 공보 · 게시판 · 일간신문 등에 공고한 경우에는, 공고의 효력이 발생한 날에 상대방이 그 행정처분을 알았다고 볼 수는 없고, 상대방이 당해 처분이 있었다는 사실을 현실적으로 안 날에 그 처분이 있음을 알았다고 보고 있다.[179)]

처분이 상대방에게 도달하기 전에 청구된 심판청구는 부적법한 청구가 되나, 심판계속 중에 처분서가 상대방에게 도달되어 효력이 발생한 경우에는 하자가 치유되어 청구는 적법한 것으로 된다.

재결례

「행정심판법」 제3조, 제27조 제1항에 따르면 행정청의 '처분'에 대하여 행정심판을 청구할 수 있으며, 행정심판은 처분이 있음을 알게 된 날부터 90일 이내에 청구하여야 한다고 되어 있는 바, 이 사건에서 청구인은 피청구인이 이 사건 처분을 하기 전에 미리 이 사건 행정심판을 청구하여 심판청구 당시에는 행정심판의 대상인 '처분'이 존재하지 않는 하자 있는 심판청구에 해당하였다. 그러나 행정심판제도는 준사법절차라는 점, 국민의 권리구제를 도모하고자 마련된 행정심판제도의 목적과 취지, 분쟁의 일회적이고 효율적인 해결의 필요성 등을 고려할 때 행정심판청구요건의 구비 여부는 재결시를 기준으로 판단함이 타당하다 할 것이고, 이 사건에서 심판청구 이후 피청구인이 이 사건 처분을 하였으므로 위 하자는 치유되었다 할 것이어서 이 사건 심판청구는 청구요건을 갖춘 적법한 청구에 해당한다(중앙행정심판위원회 2020.9.8.자 2019-25486 재결).

(3) 처분이 있었던 날부터 180일(객관적 청구기간)

행정심판은 처분이 있었던 날부터 180일이 지나면 청구할 수 없다. 이를 객관적 청구기간이라 한다. 처분이 있었던 것을 알지 못한 경우에도 해당 처분이 있었던 날부터 180일이 지나면 행정심판을 청구할 수 없도록 한 것은 처분을 신속히 확정시킴으로써 행정법관계의 안정성을 도모하려는 취지이다. 다만, 제3자의 경우와 같이 **정당한 사유**가 있는 경우에는 예외가 인정된다. '처분이 있었던 날'이란 처분이 외부에 표시되어 처분의 효력이 발생한 날(처분일)을 의미한다. 처분의 효력은 원칙적으로 상대방에게 도달한 때 발생한다.

178) 대법원 2002.8.27. 선고 2002두3850 판결

179) 대법원 2006.4.28. 선고 2005두14851 판결

처분이 상대방에게 도달되었다고 하는 것은 상대방이 현실적으로 처분의 내용을 인석할 필요는 없고 상대방이 알 수 있는 상태에 놓여지면 된다. 그러므로 처분서가 본인에게 전달되지 않더라도 우편함에 투입되거나 동거하는 가족·친족 등에게 교부되어 본인의 생활지배권 범위 내에 들어간 경우에는 도달되었다고 보아야 한다.[180]

재결례

[재결례 1]

청구인은 이 사건 처분서에는 피청구인의 직인날인이 되어 있지 않고 팩스로 통보하여 이 사건 처분은 효력을 발생하기 위한 요건을 갖추지 못했으므로 이 사건 처분은 무효라는 취지로 주장하나, 위 인정사실에 따르면, 이 사건 처분서는 1차로 2014.12.29.자에 청구인에게 팩스로 송부되었고, 2차로 2014.12.30. 시장직인을 날인하여 같은 날 등기우편으로 청구인에게 송부하였으며 청구인의 직원 윤○○이 2015.1.2. 11:05경에 이 사건 처분서를 수령하였음이 국내등기조회로 확인되므로 이 사건 처분서는 위법·부당하다고 할 수 없고, 달리 중대하고 명백한 하자가 있다고 볼 수 없어 무효라고 할 수 없다(중앙행정심판위원회 2015.8.11.자 2015-1673 재결 등).

[재결례 2]

○○운전면허시험장장이 2007.3.20., 2007.8.10. 그리고 2007.8.24. 청구인의 주민등록상의 주소지로 수시적성검사통지서를 발송하였으나, 수시적성검사통지서가 모두 '수취인 미거주', '이사감'으로 반송되었고, 2007.9.3. 피청구인이 청구인의 수시적성검사통지서를 게시판에 공고할 당시 청구인은 이미 2007.8.6.부터 ○○교도소에 수감 중이었기 때문에 피청구인의 공고가 적법하게 이루어졌다고 볼 수 없으며, 피청구인은 청구인이 습관성약물중독을 이유로 수시적성검사대상자로 분류되었다면 청구인에 대한 수시적성검사통지서가 반송되었을 때에는 청구인이 구속 중이거나 형을 선고받아 수감 중인지 여부를 확인했어야 함에도 불구하고 이러한 확인 없이 통지서가 반송되었다는 이유만으로 수시적성검사대상자를 공고함으로써 통지에 갈음한 사실을 종합하여 볼 때, 피청구인의 수시적성검사통지에 중대하고 명백한 하자가 있다고 할 것이므로 수시적성검사를 받지 않았다는 이유로 행한 피청구인의 이 사건 처분은 위법·부당한 처분이라 할 것이다(국무총리행정심판위원회 2009.6.23.자 09-10501 재결).

판례

[판례 1]

통상 고시 또는 공고에 의하여 행정처분을 하는 경우에는 그 처분의 상대방이 불특정 다수인이고, 그 처분의 효력이 불특정 다수인에게 일률적으로 적용되는 것이므로, 그에 대한 행정심판 청구기간도 그 행정처분에 이해관계를 갖는 자가 고시 또는 공고가 있었다는 사실을 현실적으로 알았는지 여부에 관계없이 고시가 효력을 발생하는 날인 고시 또는 공고가 있은 후 5일이 경과한 날에 행정처분이 있음을 알았다고 보아야 한다(대법원 2000.9.8. 선고 99두11257 판결).

180) 사법연수원, 행정구제법, 2012, 175면

[판례 2]

개별토지가격결정에 있어서는 그 처분의 고지방법에 있어 개별토지가격합동조사지침(국무총리훈령 제248호)의 규정에 의하여 행정편의상 일단의 각 개별토지에 대한 가격결정을 일괄하여 읍·면·동의 게시판에 공고하는 것일 뿐 그 처분의 효력은 각각의 토지 또는 각각의 소유자에 대하여 각별로 효력을 발생하는 것이므로 개별토지가격결정의 공고는 공고일로부터 그 효력을 발생하지만 처분 상대방인 토지소유자 및 이해관계인이 공고일에 개별토지가격결정처분이 있음을 알았다고까지 의제할 수는 없어 …(중략)… 특별히 위 처분을 알았다고 볼만한 사정이 없는 한 개별토지가격결정에 대한 재조사청구 또는 행정심판청구는 행정심판법 제18조 제3항 소정의 처분이 있은 날로부터 180일 이내에 이를 제기하면 된다(대법원 1993.12.24. 선고 92누17204 판결).

[판례 3]

사망자를 송달받을 자로 하여 행하여진 수용재결서의 송달은 그 상속인들에 대한 송달로서의 효력을 인정할 수 없으므로 수용재결에 대한 이의신청 기간은 사망자에 대한 수용재결서정본 송달일로부터 진행된다고 할 수 없고, 그 상속인들을 송달받을 자로 하여 그들에 대하여 별도의 송달이 있은 날로부터 비로소 진행된다(대법원 1994.4.26. 선고 93누13360 판결).

마. 예외적 심판청구기간

(1) 90일(주관적 청구기간)에 대한 예외

청구인이 '처분이 있음을 알게 된 날'부터 90일이 경과하면 해당 처분은 불가쟁력이 생기고 심판청구를 할 수 없다(법 제27조 제1항). 그러나, 예외적으로 청구인이 천재지변, 전쟁, 사변, 그 밖의 불가항력으로 인하여 처분이 있음을 알게 된 날부터 90일 이내에 심판청구를 할 수 없었을 때에는 그 사유가 소멸한 날부터 14일 이내에 행정심판을 청구할 수 있다. 다만, 국외에서 행정심판을 청구하는 경우에는 그 기간을 30일로 한다(법 제27조 제2항). 「행정심판법」은 제1항과 제2항의 기간을 불변기간(不變期間)으로 규정하고 있다(법 제27조 제4항).

이러한 불가항력의 사유는 처분이 있음을 알게 된 날부터 90일 전에 발생한 불가항력의 경우에만 적용되고, 위 기간이 지난 후에 발생한 경우에는 이미 행정심판 기간이 도과하였으므로 적용되지 않는다.

(2) 180일(객관적 청구기간)에 대한 예외

행정심판은 '처분이 있었던 날'부터 180일이 지나면 청구하지 못한다(법 제27조 제3항 본문). 이 규정의 취지는 행정법 관계의 조속한 안정을 도모하기 위한 것으로 처분이 있었다는 것을 알았는지 여부는 불문한다. 다만, 정당한 사유가 있는 경우에는 예외적으로 180일이 도과해도 심판청구를 할 수 있다(법 제27조 제3항 단서).

구체적으로 어떤 사유가 정당한 사유에 해당하는지 여부는 행정심판위원회가 사회통념에 입각하여 직권으로 조사하여 구체적·개별적으로 판단한다.

(3) 복효적 행정행위의 제3자의 경우

복효적 행정행위란 어느 하나의 사람에게는 이익적 효과를 부여하면서 동시에 다른 사람에게는 불이익하게 작용하는 행정행위를 말한다. 제3자효 행정행위라고 하기도 한다.

① 제3자가 처분이 있음을 모르고 있는 경우

복효적 행정행위에 있어서 처분의 직접 상대방이 아닌 이해관계 있는 제3자에게는 현행 법상 통지하도록 하는 규정이 없기 때문에 제3자는 특별한 사정이 없는 한 처분의 존재를 알 수 없다. 따라서 제3자의 경우 처분이 있었던 날부터 180일이 경과된 경우에도 「행정심판법」 제27조 제3항 단서의 '정당한 사유가 있는 경우'에 해당되어 처분이 있었던 날부터 180일이 지나서도 심판청구가 가능하다.

판례도 처분의 직접 상대방이 아닌 제3자의 경우 일반적으로 처분이 있은 것을 바로 알 수 없는 처지에 있으므로 특별한 사정이 없는 한 정당한 사유가 있는 경우에 해당한다고 하고 있다.

판례

행정처분의 상대방이 아닌 제3자는 일반적으로 처분이 있는 것을 바로 알 수 없는 처지에 있으므로 처분이 있은 날로부터 180일이 경과하더라도 특별한 사유가 없는 한 「행정심판법」 제18조 제3항 단서 소정의 정당한 사유가 있는 것으로 보아 심판청구가 가능하다(대법원 2002.5.24. 선고 2000두3641 판결).

② 제3자가 처분이 있음을 알게 경우

제3자가 어떤 경위로든 처분이 있음을 알았거나 쉽게 알 수 있는 경우에는 처분이 있었던 날로부터 180일의 도과 여부를 불문하고 그 안 날로부터 90일 이내에 행정심판을 청구해야 한다는 것이 판례의 취지다.

(4) 심판청구기간의 오고지 · 불고지

① 고지의무

행정청이 처분을 하는 경우에는 상대방에게 심판청구기간 등 일정한 사항을 알려야 한다. 행정청이 이러한 고지의무에도 불구하고 심판청구기간을 고지하지 않거나, 착오로 소정의 기간보다 긴 기간으로 잘못 고지한 경우가 있을 수 있는 바, 이러한 경우에 특별규정을 두고 있다.

② 오고지

행정청이 심판청구 기간을 규정된 기간보다 긴 기간으로 잘못 알린 경우 그 잘못 알린 기간에 심판청구가 있으면 그 행정심판은 법정의 기간에 청구된 것으로 본다(법 제27조 제5항).[181]

181) 행정청이 심판청구 기간을 처분이 있음을 안 날로부터 90일 이내보다 짧은 기간으로 잘못 알린 경우에는 법상 명문규정은 없어 국민의 권익보호차원에서 고지가 없는 것으로 보아 180일이 적용되어야 한다는 견해와 고지가 없었던 것은 아니므로 90일이 적용된다는 견해가 있다.

③ **불고지**

행정청이 심판청구 기간을 알리지 아니한 경우에는 심판청구기간은 처분이 있었던 날로부터 180일이다(법 제27조 제6항).

(5) 감경 또는 확장하는 경정처분의 경우

① **감경처분(감액경정처분, 감경처분)의 경우**

과세처분, 부담금부과처분, 영업정지처분 등과 같이 처분의 내용을 양적으로 표시하는 처분을 한 후 그 처분을 양적으로 감경하는 경정처분의 경우에는 원처분의 일부가 취소되는 것이므로 심판청구의 대상이 되는 것은 감경처분에 의해 일부 취소되지 않고 남은 부분이 된다. 따라서 이 경우에는 심판청구의 기산일도 당초처분이 상대방에게 도달한 날이 기준이 된다.[182)]

② **확장처분(증액경정처분, 가중처분)의 경우**

당초 처분은 증액(가중)경정처분에 흡수되어 증액(가중)경정처분만 남게 되므로 증액(가중)경정처분을 대상으로 심판청구를 하여야 한다. 이 경우 심판청구 기산은 증액(가중)경정처분일이 된다. 그러므로 당초 처분에 대한 심판청구기간이 도과했더라도 증액(가중)경정처분에 대한 심판청구 기간이 도과하지 않았다면 당초 처분의 내용을 포함하여 전체처분에 대한 심판청구도 가능하다.[183)]

바. 심판청구 기간 도과의 효과

심판청구 기간 도과 후의 심판청구는 부적법한 청구로 각하된다. 그러나 기간의 도과로 처분의 위법성 자체가 없어지는 것은 아니므로 기간 도과 경과 후라도 처분청이 직권으로 해당 처분을 취소·변경하는 것은 가능하다.[184)]

사. 고시·공고의 행정심판청구기간

(1) 불특정인 대상의 고시·공고

판례는 원칙적으로 통상 고시 또는 공고에 의하여 행정처분을 하는 경우에는 그 처분의 상대방이 불특정 다수인이고, 그 처분의 효력이 불특정 다수인에게 일률적으로 적용되는 것이므로, 그에 대한 행정심판 청구기간도 그 행정처분에 이해관계를 갖는 자가 고시·공고가 있었다는 사실을 현실적으로 알았는지 여부에 관계없이 고시가 효력을 발생하는 날인 고시·공고가 있은 후 5일이 경과한 날에 행정처분이 있음을 알았다고 보고 있다.[185)]

---

182) 이원, 주해행정심판법, 272면

183) 국민권익위원회·중앙행정심판위원회, 행정심판의 이론과 실무, 398면

184) 행정처분이나 행정심판 재결이 불복기간의 경과로 인하여 확정될 경우, 그 확정력은 그 처분으로 인하여 법률상 이익을 침해받은 자가 당해 처분이나 재결의 효력을 더 이상 다툴 수 없다는 의미일 뿐, 더 나아가 판결에서 인정되는 기판력과 같은 효력이 인정되는 것은 아니어서 그 처분의 기초가 된 사실관계나 법률적 판단이 확정되고, 당사자들이나 법원이 이에 기속되어 모순되는 주장이나 판단을 할 수 없게 되는 것은 아니다(대법원 1993.8.27. 선고 93누5437 판결).

185) 대법원 1995.8.22. 선고 94누5694 전원합의체 판결 [관리처분계획인가처분취소], 대법원 2000.9.8. 선고 99두11257 판결 [도시계획시설(공공공지)결정처분취소]

판례

[판례 1]

통상 고시 또는 공고에 의하여 행정처분을 하는 경우에는 그 처분의 상대방이 불특정 다수인이고, 그 처분의 효력이 불특정 다수인에게 일률적으로 똑같이 적용됨으로 인하여 고시일 또는 공고일에 그 행정처분이 있음을 알았던 것으로 의제하여 행정심판 청구기간을 기산하는 것이므로, 관리처분계획에 이해관계를 갖는 자는 고시가 있었다는 사실을 현실적으로 알았는지 여부에 관계없이 고시가 효력을 발생하는 날인 고시가 있은 후 5일이 경과한 날에 관리처분계획인가 처분이 있음을 알았다고 보아야 하고, 따라서 관리처분계획인가 처분에 대한 행정심판은 그날로부터 60일 이내에 제기하여야 한다(대법원 1995.8.22. 선고 94누5694 전원합의체 판결).

[판례 2]

통상 고시 또는 공고에 의하여 행정처분을 하는 경우에는 그 처분의 상대방이 불특정 다수인이고, 그 처분의 효력이 불특정 다수인에게 일률적으로 적용되는 것이므로, 그에 대한 행정심판 청구기간도 그 행정처분에 이해관계를 갖는 자가 고시 또는 공고가 있었다는 사실을 현실적으로 알았는지 여부에 관계없이 고시가 효력을 발생하는 날인 고시 또는 공고가 있은 후 5일이 경과한 날에 행정처분이 있음을 알았다고 보아야 한다(대법원 2000.9.8. 선고 99두11257 판결).

(2) 개별토지가격의 경우

개별토지가격결정에 있어서는 그 처분의 고지방법에 있어 개별토지가격합동조사지침(국무총리 훈령 제248호)의 규정에 의하여 행정 편의상 일단의 각 개별토지에 대한 가격결정을 일괄하여 읍・면・동의 게시판에 공고하는 것일 뿐 그 처분의 효력은 각각의 토지 또는 각각의 소유자에 대하여 각별로 효력을 발생하는 것이므로 개별토지가격결정의 공고는 공고일로부터 그 효력을 발생하지만 처분 상대방인 토지소유자 및 이해관계인이 공고일에 개별토지가격결정처분이 있음을 알았다고까지 의제할 수는 없어 결국 개별토지가격결정에 대한 재조사 또는 행정심판의 청구기간은 처분 상대방이 실제로 처분이 있음을 안 날로부터 기산하여야 할 것이나, 시장, 군수 또는 구청장이 개별토지가격결정을 처분 상대방에 대하여 별도의 고지절차를 취하지 않는 이상 토지소유자 및 이해관계인이 위 처분이 있음을 알았다고 볼 경우는 그리 흔치 않을 것이므로, 특별히 위 처분을 알았다고 볼 만한 사정이 없는 한 개별토지가격결정에 대한 재조사청구 또는 행정심판청구는 「행정심판법」 제18조 제3항 소정의 처분이 있은 날로부터 180일 이내에 이를 제기하면 된다(대법원 1993.12.24. 선고 92누17204 판결).

판례

토지소유자 및 이해관계인이 개별토지가격결정에 대하여 재조사청구를 하지 않고 바로 행정심판법 소정의 행정심판을 제기하거나 또는 재조사청구를 하여 그 결과통지를 받은 후에 다시 행정심판법 소정의 행정심판을 제기하여 그 행정심판의 재결을 거쳐 행정소송을 제기하는 것이 가능함은 물론이고, 개별토지가격결정에 대하여 재조사청구를 하여 재조사결과의 통지를 받은 자는 별도의 행정심판절차를 거치지 않더라도 곧바로 행정소송을 제기할 수 있다[대법원 1995.8.25. 선고 94누13121 판결 (개별공시지가결정처분취소등)].

(3) 특정인 대상의 고시 · 공고

특정인에 대한 고시 · 공고의 경우에 당사자가 해당 고시 등을 본 날이 처분이 있음을 알게 된 날이다. 그러나 현실적으로 청구기간은 고시 · 공고가 있는 날로부터 180일 이내가 적용되며 특별한 사정이 없는 한 180일이 경과하더라도 심판청구가 가능하다. 판례는 행정처분을 주소불명 등의 이유로 송달할 수 없어 관보 · 공보 · 게시판 · 일간신문 등에 공고한 경우에는, 공고의 효력이 발생한 날에 상대방이 그 행정처분을 알았다고 볼 수는 없고, 상대방이 당해 처분이 있었다는 사실을 현실적으로 안 날에 그 처분이 있음을 알았다고 보고 있다.[186)]

판례

「행정소송법」 제20조 제1항 소정의 제소기간 기산점인 '처분이 있음을 안 날'이라 함은 당사자가 통지, 공고 기타의 방법에 의하여 당해 처분이 있었다는 사실을 현실적으로 안 날을 의미하는 바, 특정인에 대한 행정처분을 주소불명 등의 이유로 송달할 수 없어 관보 · 공보 · 게시판 · 일간신문 등에 공고한 경우에는, 공고가 효력을 발생하는 날에 상대방이 그 행정처분이 있음을 알았다고 볼 수는 없고, 상대방이 당해 처분이 있었다는 사실을 현실적으로 안 날에 그 처분이 있음을 알았다고 보아야 한다(대법원 2006.4.28. 선고 2005두14851 판결).

4. 심판청구의 변경 · 취하

제29조【청구의 변경】 ① 청구인은 청구의 기초에 변경이 없는 범위에서 청구의 취지나 이유를 변경할 수 있다.
② 행정심판이 청구된 후에 피청구인이 새로운 처분을 하거나 심판청구의 대상인 처분을 변경한 경우에는 청구인은 새로운 처분이나 변경된 처분에 맞추어 청구의 취지나 이유를 변경할 수 있다.
③ 제1항 또는 제2항에 따른 청구의 변경은 서면으로 신청하여야 한다. 이 경우 피청구인과 참가인의 수만큼 청구변경신청서 부본을 함께 제출하여야 한다.
④ 위원회는 제3항에 따른 청구변경신청서 부본을 피청구인과 참가인에게 송달하여야 한다.

가. 심판청구의 변경

심판청구의 변경이란 청구인이 심판청구를 제기한 후 일정한 사유가 있는 경우에는 새로운 심판청구를 제기할 필요 없이 기존의 청구의 변경을 할 수 있도록 함으로써 청구인의 심판의 편의와 심판절차의 촉진을 도모하기 위한 것이다.[187)]

186) 대법원 2006.4.28. 선고 2005두14851 판결 [주민등록직권말소처분무효확인]

187) 심판청구 기간이 적용되는 취소심판이나 의무이행심판 같은 경우에는 심판청구의 변경을 인정하지 않으면 새로운 심판청구를 해야 하는데 이미 심판청구 계속 중에 심판청구 기간이 도과하여 심판청구의 변경을 인정하지 않으면 새로운 심판청구를 하는 것이 불가능하게 된다. 이런 경우 청구의 변경을 인정하여 당초의 심판청구가 되었을 때 변경된 심판청구가 이루어진 것으로 보도록 함으로써 청구인은 시간이나 절차적 측면에서의 번거로움을 덜 수 있게 되며, 행정심판위원회로서도 신속한 재결이 가능하게 된다(류지태 · 박종수, 행정법신론, 642면).

(1) 심판청구 변경의 시기

「행정심판법」에는 청구의 변경시기에 대해서는 명문의 규정이 없으나, 청구변경은 심판청구의 계속을 전제로 하므로 행정심판위원회의 의결이 있기 전까지는 가능하다고 봄이 타당하다. 「행정소송법」에는 사실심 변론종결시까지 소의 변경이 가능하다는 신청기간 규정이 있다(행정소송법 제21조 제1항).

(2) 종류

① 임의적 청구의 변경

청구인은 청구의 기초에 변경이 없는 범위[188]에서 청구의 취지[189]나 이유를 변경할 수 있다(법 제29조 제1항).

② 처분변경으로 인한 청구의 변경

행정심판이 청구된 후에 피청구인이 새로운 처분을 하거나 심판청구의 대상인 처분을 변경한 경우에는 청구인은 새로운 처분이나 변경된 처분에 맞추어 청구의 취지나 이유를 변경할 수 있다(법 제29조 제2항).

(3) 심판청구 변경의 절차

① 신청

청구의 변경은 서면으로 신청하여야 하고, 이 경우 피청구인과 참가인의 수만큼 청구변경신청서 부본을 함께 제출하여야 한다. 그리고 위원회는 청구변경신청서 부본을 피청구인과 참가인에게 송달하여야 한다(법 제29조 제3항 · 제4항).

② 의견제출

위원회는 기간을 정하여 피청구인과 참가인에게 청구변경 신청에 대한 의견을 제출하도록 할 수 있으며, 피청구인과 참가인이 그 기간에 의견을 제출하지 아니하면 의견이 없는 것으로 본다(법 제29조 제5항).

---

188) 청구의 기초에 변경이 없는 범위란 청구한 사건의 동일성을 깨뜨리지 않는 범위를 말한다. 따라서 심판청구의 대상인 처분이나 부작위가 달라지면 그 심판청구의 목적물이 달라져서 청구의 기초에 변경이 생기게 되는 것이다. 예컨대, 토지구획정리사업의 시행인가처분의 취소를 구하는 심판을 청구한 후 이를 토지구획정리사업 시행인가처분의 무효를 확인하는 청구로 청구취지를 변경하는 것은 청구의 동일성이 유지되나 해당 처분의 전제가 되는 도시계획결정의 취소청구로 변경하는 것은 동일성은 유지되지 않게 된다. 이런 경우에는 도시계획결정의 취소를 구하는 새로운 행정심판을 청구하여야 한다(국민권익위원회 · 중앙행정심판위원회, 행정심판의 이론과 실무, 448면).

189) 심판종류의 변경(예 무효확인심판을 취소심판으로 변경, 거부처분취소심판을 의무이행심판으로 변경), 청구내용변경(처분의 전부취소를 일부취소, 원처분을 다른 처분으로 변경청구 - 예 영업정지처분을 과징금부과처분으로 변경청구)

(4) 심판청구 변경의 결정

① 심판청구변경의 허가 여부 결정

행정심판위원회는 청구변경 신청에 대하여 허가할 것인지 여부를 결정하고, 지체 없이 신청인에게는 결정서 정본을, 당사자 및 참가인에게는 결정서 등본을 송달하여야 한다(법 제29조 제6항). 행정심판위원회의 청구의 취지 또는 이유의 변경허가 여부결정에 대한 권한은 행정심판위원장에게 위임되어 있다(법 제61조, 영 제43조 제6호).

② 심판청구 변경 결정에 대한 이의신청

신청인은 송달을 받은 날부터 7일 이내에 행정심판위원회에 이의신청을 할 수 있다(법 제29조 제7항).

이의신청은 그 사유를 소명하는 서면으로 하여야 한다(영 제14조 제1항). 행정심판위원회는 이의신청을 받았을 때에는 지체 없이 위원회의 회의에 부쳐야 하며, 이의신청에 대한 결정을 한 후 그 결과를 신청인, 당사자, 참가인에게 각각 알려야 한다(영 제14조 제2항 · 제3항).

(5) 효과

청구의 변경결정이 있으면 처음 행정심판이 청구되었을 때부터 변경된 청구의 취지나 이유로 행정심판이 청구된 것으로 본다(법 제29조 제8항).

나. 심판청구의 취하

청구인과 참가인은 행정심판위원회의 의결이 있을 때까지 서면으로 심판청구를 취하할 수 있다(법 제42조 제1항 · 제2항). 심판청구 또는 참가신청을 취하하는 경우에는 상대방의 동의 없이도 할 수 있다(영 제30조 제2항).

심판청구의 취하로 심판청구는 소급적으로 소멸되어 처음부터 심판청구가 없었던 것으로 된다(영 제30조 제3항). 피청구인 또는 위원회는 취하서를 받으면 지체 없이 다른 관계 기관, 청구인, 참가인에게 취하 사실을 알려야 한다(법 제42조 제5항).

5. 행정심판청구의 효과

가. 행정심판위원회에 대한 효과

행정심판이 제기되면 심판청구서를 받은 행정청은 행정심판위원회에 송부하여야 하고, 위원회는 이를 심리 · 의결 · 재결할 의무가 발생하게 된다. 이에 대해 청구인은 행정심판위원회에 자신의 심판청구가 받아들여진 경우에는 「행정심판법」이 보장하는 절차적 권리를 갖게 된다.[190]

---

190) 류지태 · 박종수, 행정법신론, 637면 : 홍정선, 행정법원론(상), 1012면

나. 처분에 대한 효과

제30조 【집행정지】 ① 심판청구는 처분의 효력이나 그 집행 또는 절차의 속행에 영향을 주지 아니한다.

(1) 집행부정지의 원칙

① **의의**

행정심판이 제기되어도, 그것은 원칙적으로 처분의 효력이나 집행 또는 절차의 속행을 정지시키지 아니한다(법 제30조 제1항). 따라서 처분이 행해지면 행정심판을 제기하더라도 그 집행은 정지되지 않고 그대로 진행된다.

② **이론적 근거**

집행부정지 원칙의 근거에 대해 행정처분의 공정력에서 구하는 견해가 있으나 다수설은 심판청구의 남용을 막고, 행정집행의 부당한 지체를 예방하기 위한 입법정책적 고려에서 인정된 것으로 보는 견해이다.

(2) 예외적 집행정지

「행정심판법」은 집행부정지 원칙을 채택하면서도 예외적으로 일정한 요건을 갖춘 경우에 행정심판위원회는 집행의 정지를 결정할 수 있다는 규정을 두고 있다(법 제30조 제2항).

6. 심판서류의 송달

송달이란 행정심판위원회가 심판에 관한 서류를 법령에 정해진 방식에 따라 당사자, 그 밖의 이해관계인에게 교부하여 그 내용을 알리거나 알 수 있게 하는 행위를 말한다. 행정심판에 있어서 서류의 송달은 「민사소송법」 중 송달에 관한 규정을 준용하도록 규정하고 있다(법 제57조). 「민사소송법」에서는 교부송달을 원칙으로 하고 예외적으로 우편송달·송달함송달·공시송달이 있다(민소법 제178조, 제187조, 제188조, 제195조).

당사자 등은 주소 등 이외의 장소를 송달받을 장소로 법원(행정심판의 경우에는 행정심판위원회)에 신고할 수 있고, 이 경우에는 송달영수인을 정해 신고할 수 있다(민소법 제184조).

「행정심판법」에서는 전자정보처리조직을 이용한 송달을 별도로 규정하고 있다(법 제54조). 또한, 심리기일의 통지나 심리기일 변경의 통지는 서면 또는 심판청구서에 적힌 전화, 휴대전화를 이용한 문자전송, 팩시밀리 또는 전자우편 등 간편한 통지방법(간이통지방법)으로 할 수 있다는 「민사소송법」의 서류의 송달규정에 대한 특칙에 해당하는 규정을 두고 있다(법 제38조 제4항).

7. 집행정지

제30조【집행정지】 ① 심판청구는 처분의 효력이나 그 집행 또는 절차의 속행에 영향을 주지 아니한다.
② 위원회는 처분, 처분의 집행 또는 절차의 속행 때문에 중대한 손해가 생기는 것을 예방할 필요성이 긴급하다고 인정할 때에는 직권으로 또는 당사자의 신청에 의하여 처분의 효력, 처분의 집행 또는 절차의 속행의 전부 또는 일부의 정지를 결정할 수 있다. 다만, 처분의 효력정지는 처분의 집행 또는 절차의 속행을 정지함으로써 그 목적을 달성할 수 있을 때에는 허용되지 아니한다.
③ 집행정지는 공공복리에 중대한 영향을 미칠 우려가 있을 때에는 허용되지 아니한다.
④ 위원회는 집행정지를 결정한 후에 집행정지가 공공복리에 중대한 영향을 미치거나 그 정지사유가 없어진 경우에는 직권으로 또는 당사자의 신청에 의하여 집행정지 결정을 취소할 수 있다.
⑤ 집행정지 신청은 심판청구와 동시에 또는 심판청구에 대한 제7조 제6항 또는 제8조 제7항에 따른 위원회나 소위원회의 의결이 있기 전까지, 집행정지 결정의 취소신청은 심판청구에 대한 제7조 제6항 또는 제8조 제7항에 따른 위원회나 소위원회의 의결이 있기 전까지 신청의 취지와 원인을 적은 서면을 위원회에 제출하여야 한다. 다만, 심판청구서를 피청구인에게 제출한 경우로서 심판청구와 동시에 집행정지 신청을 할 때에는 심판청구서 사본과 접수증명서를 함께 제출하여야 한다.

가. 의의

집행정지란 **처**분의 **집**행 또는 **절**차의 **속**행으로 **중**대한 **손**해가 생기는 것을 **예**방할 필요성이 **긴**급한 경우에 당사자의 권리·이익을 보전하기 위하여 위원회가 처분의 효력이나 그 집행 또는 절차의 속행의 전부 또는 일부를 일시적으로 정지시키는 제도를 말한다(법 제30조 제2항). 이는 행정심판 청구 후 처분의 집행이 정지되지 않으면 본안에서 청구가 인용이 되더라도 권리구제의 실효성이 없거나 청구의 이익이 소멸되어 청구인의 실질적인 권리구제가 불가능해지지 않도록 하는 데 그 제도적인 의의가 있다.

나. 법적 성격

집행정지는 청구인의 청구가 인용되는 경우를 대비해 재결이 있을 때까지 청구인의 권리를 잠정적으로 보전하여 그 권리회복의 불능상태 발생을 방지하려는 소극적인 가구제의 성격을 갖는다. 따라서 적극적으로 임시의 지위를 정하는 임시처분과 구별된다.

다. 집행정지 결정의 내용 및 종류

(1) 내용

집행정지 결정의 내용은 처분효력이나 그 집행 또는 절차의 속행의 전부 또는 일부의 정지이다.

(2) 집행정지 결정의 종류

① 처분의 효력정지

처분의 효력인 구속력・공정력・집행력 등을 잠정적으로 정지시킴으써 처분의 효력 자체가 장래에 향하여 존재하지 아니한 상태에 두는 것을 말한다. 예를 들어 영업정지허가취소처분의 효력정지를 받은 때에는 그때부터 이러한 처분이 없는 것과 같은 상태에서 영업을 계속할 수 있다.

재결례

피청구인이 2014.9.26. 신청인에 한 1년의 요양기관 업무정지처분의 효력을 동 처분에 대한 심판청구사건의 재결이 있을 때까지 정지한다(중앙행정심판위원회 2014.10.21.자 2014-1578 결정).

다만, 집행정지제도는 신청인의 권리이익의 보전을 위한 최소한에 그쳐야 하므로 처분의 효력정지는 처분의 집행 또는 절차의 속행을 정지함으로써 그 목적을 달성할 수 있을 때에는 허용되지 아니한다(법 제30조 제2항 단서).[191] 예컨대, 영업정지처분이나 운전면허취소처분 등은 그 자체로서 효력이 발생하고 이를 집행하거나 그에 따른 절차의 속행이 없으므로 그 처분 자체에 대한 효력정지가 되어야 집행정지의 목적이 달성된다. 그러나 토지수용절차에 있어서와 같이 그 절차의 속행이 정지되면 집행정지의 목적이 달성할 수 있는 경우에는 사업인정 등 개별적인 처분의 효력을 정지시켜서는 안 된다는 것이다.

② 처분의 집행정지

처분내용의 강제적 실현을 위한 집행력의 행사를 정지시킴으로써 처분의 내용이 실현되지 아니한 상태로 두는 것을 말한다. 예컨대, 과세처분에 따른 징수행위의 정지, 외국인 강제출국명령에 따른 강제퇴거조치의 정지 등이 이에 해당한다.

재결례

피청구인이 2017.5.29. 신청인에 한 강제퇴거명령의 집행을 동 처분에 대한 심판청구사건의 재결이 있을 때까지 정지한다(중앙행정심판위원회 2017.6.13.자 2017-813 결정).

③ 절차의 속행정지

절차의 속행정지란 여러 단계의 절차를 통해 행정이 이루어지는 경우에 심판대상인 처분에 따르는 후속절차를 정지하는 것을 말한다. 예컨대, 행정대집행 절차 중 대집행영장에 따른 통지를 다투는 심판청구사건에서 대집행을 정지시키는 것, 과세처분과 체납처분에 있어 체납처분의 속행을 정지시키는 것, 토지수용절차의 하나인 사업인정을 다투는 후속 수용절차를 정지시키는 것 등이 이에 속한다.

191) 이는 집행정지제도의 목적이 중대한 손해를 방지하려는 것이므로 집행의 정지 또는 절차속행의 정지에 의해 그 목적이 달성할 수 있을 때에는 당해 처분의 효력까지 정지시킬 필요가 없기 때문이다.

재결례

피청구인이 2020.10.13. 신청인에 불합격 처분한 2020년 신입사원 공개채용 절차의 속행을 동 처분에 대한 심판청구사건의 재결이 있을 때까지 정지한다는 신청인의 신청을 기각한다(중앙행정심판위원회 2020.11.10.자 2020-1562 결정).

라. 집행정지결정의 요건

행정심판위원회가 집행정지결정을 하기 위해서는 적극적으로 갖추어야 할 적극적 요건과 소극적으로 존재하여서는 안 되는 소극적 요건이 있다.

(1) 적극적 요건[192]

① 집행정지대상인 처분이 존재할 것

집행정지대상인 처분 등이 존재해야 한다. 따라서 (ⅰ) 처분이 이미 집행 종료되었거나 그 목적이 달성되어 해당 처분이 소멸되어 집행을 정지할 대상자체가 없게 된 경우, (ⅱ) 처음부터 집행정지의 목적물이 없었던 부작위의 경우에는 집행정지의 실익이 없다. 그러므로 집행정지는 취소심판 및 무효등확인심판인 경우에만 인정되고, 행정청의 부작위를 대상으로 하는 의무이행심판의 경우에는 집행정지 신청이 허용되지 않는다.

거부처분에 대한 집행정지는 행정청에게 처분을 명하는 결과가 되므로 부인하는 것이 통설과 판례의 입장이다. 판례는 집행정지의 대상이 되는 처분은 침익적 처분(예 영업허가취소, 영업정지 등)이고 수익적 처분의 신청에 대한 거부처분(예 건축허가신청 거부처분 등)은 집행정지의 대상이 되지 않는다고 한다. 다만, 수익적 처분이 복효적 처분인 경우에 청구인인 제3자는 그 수익적 처분에 대하여 집행정지를 신청할 수 있다(예 영업허가처분에 대해 경쟁업자는 그 허가처분에 대해 취소심판청구와 동시에 집행정지 신청이 가능하다.).

판례

신청에 대한 거부처분의 효력을 정지하더라도 거부처분이 없었던 것과 같은 상태, 즉 거부처분이 있기 전의 신청 시의 상태로 되돌아가는 데에 불과하고 행정청에게 신청에 따른 처분을 하여야 할 의무가 생기는 것이 아니므로, 거부처분의 효력정지는 그 거부처분으로 인하여 신청인에게 생길 손해를 방지하는 데 아무런 보탬이 되지 아니하여 그 효력정지를 구할 이익이 없다(대법원 1995.6.21.자 95두26 결정).

② 본안 심판이 적법하게 계속되어 있을 것

적법한 본안심판이 계속되어 있어야 한다. 집행정지 신청은 심판청구와 동시에 또는 심판청구에 대한 행정심판위원회나 소위원회의 의결이 있기 전까지 해야 한다(법 제30조 제5항). 행정심판을 청구하기 전에 집행정지 신청을 한 경우에는 집행정지 신청에 대한 결정이 있기 전에 행정심판을 청구하면 그 하자는 치유되므로 집행정지 결정을 받을 수 있다.[193]

192) 신청인이 주장·소명해야 한다.

193) 박윤흔·정형근, 최신행정법강의(상), 826면

③ **중대한 손해가 생길 우려가 있을 것**

「행정심판법」상 집행정지의 요건은 과거 '회복하기 어려운 손해'에서 '중대한 손해'로 변경됨으로써 집행정지의 가능성이 확대되었다. 즉, 금전보상이 가능하더라도 구체적 상황에서 손해의 회복 정도를 고려하고 손해의 성질 및 정도와 처분의 내용 및 성질을 감안하여 손해가 중대하다고 판단되면 집행정지를 인정할 수 있다. 행정소송에서는 여전히 집행정지의 요건을 회복하기 어려운 손해로 하여 행정심판보다 집행정지의 요건을 좁게 규정하고 있다(행정소송법 제23조 제2항).[194]

④ **예방할 필요성이 긴급한 경우일 것**

중대한 손해의 발생 가능성이 절박하여 본안재결을 기다릴 여유가 없는 경우를 말한다. 긴급한 필요의 내용은 구체적・개별적으로 판단할 문제이다.

⑤ **적극적 요건의 소명책임**

집행정지 신청을 위한 적극적 요건(처분의 존재, 심판청구의 계속, 중대한 손해의 발생 우려, 긴급한 필요)의 존재 여부에 대한 주장・소명책임은 원칙적으로 신청인에게 있다.

(2) 소극적 요건[195]

① **공공복리에 중대한 영향을 미칠 우려가 없을 것**

집행정지는 공공복리에 중대한 영향을 미칠 우려가 있을 때에는 허용되지 아니한다(법 제30조 제3항). 이는 집행정지가 공공복리와 처분의 집행으로 신청인이 입을 손해를 비교・형량하여 개별적・구체적으로 결정할 일로서, 공공복리에 중대한 영향을 미칠 우려가 있다는 소극적 요건의 존재에 대한 주장・소명책임은 처분청에 있다.[196]

② **본안청구의 인용가능성이 있을 것**

「행정심판법」은 집행정지의 요건으로 본안 청구에 대한 인용가능성을 규정하고 있지는 않고 있다. 판례는 본안에서 인용가능성이 전혀 없음에도 불구하고 집행정지 신청을 인용하는 것은 제도의 취지에 어긋나므로 신청인의 본안 청구가 이유 없음이 명백하지 않을 것을 집행정지의 소극적 요건으로 보고 있다.[197]

---

194) 중앙행정심판위원회는 코로나19의 장기유행 등으로 어려움을 겪고 있는 사정을 고려해 각종 금전적 제재처분(예 과징금부과처분 등)에 대한 집행정지를 폭넓게 인정하여 행정소송에 비해 청구인의 권리를 보다 두텁게 보호하고 있다.

195) 행정청이 주장・소명해야 한다.

196) 대법원 2004.5.12.자 2003무41 결정

197) 대법원 2008.5.6.자 2007무147 결정

마. 집행정지 결정의 절차

(1) 신청 또는 직권

당사자의 신청 또는 직권에 의해 행정심판위원회가 결정한다(법 제30조 제2항). 심판청구서를 피청구인에게 제출한 경우로서 심판청구와 동시에 집행정지 신청을 할 때에는 심판청구서 사본과 접수증명서를 함께 행정심판위원회에 제출하여야 한다(법 제30조 제5항).

(2) 잠정적 결정

행정심판위원회의 심리·결정을 기다릴 경우 중대한 손해가 생길 우려가 있다고 인정되면 위원장은 직권으로 행정심판위원회의 심리·결정을 갈음하는 결정을 할 수 있다. 이 경우 위원장은 지체 없이 행정심판위원회에 그 사실을 보고하고 추인(追認)을 받아야 하며, 위원회의 추인을 받지 못하면 위원장은 집행정지 또는 집행정지 취소에 관한 결정을 취소하여야 한다(법 제30조 제6항). 행정심판위원회는 집행정지 또는 집행정지 취소에 관하여 심리·결정하면 지체 없이 당사자에게 결정서 정본을 송달하여야 한다(법 제30조 제7항).

바. 집행정지 결정의 효력

(1) 형성력

① 처분의 효력정지는 행정행위의 효력을 잠정적으로 정지시킴으로써 장래에 향하여 해당 처분이 없었던 것과 같은 상태를 실현시키는 것이므로 그 범위 내에서 형성력을 가진다. 다만, 처분의 효력정지는 처분의 집행 또는 절차의 속행을 정지함으로써 그 목적을 달성할 수 있을 때에는 허용되지 아니한다(법 제30조 제2항 단서).[198]

② 처분의 집행정지는 해당 행정행위가 가지는 집행력을 박탈함으로써 그 내용의 실현을 저지하는 형성력을 가진다.

③ 절차의 속행정지는 선행 행정행위가 유효함을 전제로 하여 해당 법률관계를 진전시킬 다른 행위를 하게 되는 경우에 그 전제가 되는 행정행위의 효력을 박탈함으로써 후속절차의 속행을 저지한다는 점에서 형성력이 인정될 수 있다.

(2) 대인적 효력(기속력)

집행정지 결정의 효력은 당사자(청구인·피청구인)뿐만 아니라 관계행정청과 제3자에게도 효력을 미친다.

---

198) 이는 집행정지제도는 신청인의 권리이익의 보전을 위한 최소한에 그쳐야 하고 집행정지제도의 목적이 중대한 손해를 방지하려는 것이므로 집행의 정지 또는 절차속행의 정지에 의해 그 목적이 달성할 수 있을 때에는 당해 처분의 효력까지 정지시킬 필요가 없기 때문이다.

(3) 시간적 효력

집행정지 결정의 효력은 해당 결정의 주문에 정해진 시기까지 존속한다. 그러나 주문에 특별한 정함이 없는 경우에는 당해 심판청구에 대한 재결이 확정될 때까지 정지의 효력이 존속하는 것으로 본다.

사. 집행정지 결정의 취소

행정심판위원회는 집행정지를 결정한 후에 집행정지가 공공복리에 중대한 영향을 미치거나 그 정지사유가 없어진 경우에는 직권 또는 당사자의 신청에 의하여 집행정지 결정을 취소할 수 있다(법 제30조 제4항). 집행정지 결정이 취소되면 일단 발생된 집행정지 결정이 효력은 소멸되고, 그때부터 집행정지 결정이 없었던 것과 같은 상태로 돌아간다.

8. 임시처분

> **제31조【임시처분】** ① 위원회는 처분 또는 부작위가 위법·부당하다고 상당히 의심되는 경우로서 처분 또는 부작위 때문에 당사자가 받을 우려가 있는 중대한 불이익이나 당사자에게 생길 급박한 위험을 막기 위하여 임시지위를 정하여야 할 필요가 있는 경우에는 직권으로 또는 당사자의 신청에 의하여 임시처분을 결정할 수 있다.
> ② 제1항에 따른 임시처분에 관하여는 제30조 제3항부터 제7항까지를 준용한다. 이 경우 같은 조 제6항 전단 중 "중대한 손해가 생길 우려"는 "중대한 불이익이나 급박한 위험이 생길 우려"로 본다.
> ③ 제1항에 따른 임시처분은 제30조 제2항에 따른 집행정지로 목적을 달성할 수 있는 경우에는 허용되지 아니한다.

가. 의의

임시처분은 행정청의 처분 또는 부작위가 위법·부당하다고 상당히 의심되는 경우로서 처분 또는 부작위로 당사자가 받을 우려가 있는 중대한 불이익이나 당사자에게 생길 급박한 위험을 막기 위하여 임시지위를 정할 필요가 있는 경우 행정심판위원회의 결정으로 행하는 가구제(假救濟) 수단을 말한다.[199]

199) 어떤 신청을 하였으나 신청한 대로 처분이 없는 경우 신청인의 권리나 이익은 침해될 수 있는데 이런 경우 임시처분은 신청인에게 잠정적으로 새로운 지위를 부여하여 신청에 따른 처분이 있는 것과 같은 상태를 창출하게 된다(국민권익위원회·중앙행정심판위원회, 행정심판의 이론과 실무, 490면).

나. 도입배경

「행정심판법」상 종전의 가구제 제도로서의 집행정지는 침해적 처분의 효력을 소극적으로 정지시키는 현상유지적 기능만이 있을 뿐 신청인의 지위에 변동을 초래하는 등의 기능이 없어 가구제 수단으로서 불충분하였다. 또한 거부처분에 대한 취소심판과 부작위를 대상으로 하는 의무이행심판의 경우는 집행정지의 대상이 되지 않아 청구인의 권익구제에 한계가 있었다. 임시처분제도의 도입은 청구인에게 생길 급박한 위험을 방지하기 위해 임시로 법적 지위를 부여하여 거부처분이나 부작위에 대한 가구제의 제도적 공백을 입법적으로 해소함으로써 당사자의 권익보호에 기여하는 데 그 취지가 있다.

다. 임시처분의 요건

(1) 적법한 심판청구의 계속이 있을 것

「행정심판법」에는 명시규정은 없으나, 집행정지의 경우와 마찬가지로 임시처분은 그 전제가 되는 적법한 심판청구가 계속되어 있어야 한다.

(2) 처분 또는 부작위가 위법·부당하다고 상당히 의심되는 경우일 것

이때의 처분에는 적극적인 처분뿐만 아니라 신청에 대한 거부처분도 포함된다. 또한 집행정지와는 달리 처분으로서의 외관이 존재하지 않는 부작위의 경우도 포함된다. 「행정심판법」은 집행정지의 요건으로 본안 청구에 대한 인용가능성을 규정하고 있지는 않고 있으나, 임시처분의 경우에는 집행정지와 달리 「행정심판법」은 명문으로 '처분 또는 부작위가 위법·부당하다고 상당히 의심되는 경우'를 적극적 요건으로 규정하여 본안 청구의 인용에 대한 개연성을 요구하고 있다.

(3) 당사자에게 중대한 불이익 또는 급박한 위험이 생길 우려가 있을 것

여기서 말하는 중대한 불이익이나 급박한 위험의 개념은 집행정지의 요건인 "중대한 손해가 생기는 것을 예방할 필요성이 긴급하다고 인정할 때"와 차이가 없는 것으로 본다.

(4) 공공복리에 중대한 영향을 미칠 우려가 없을 것

「행정심판법」 제30조 제3항이 준용되는 결과(제31조 제2항), 임시조치의 경우도 처분 또는 부작위가 위법·부당하다고 상당히 의심되고 당사자가 받을 중대한 불이익이나 긴급한 위험을 인정할 수 있더라도 당사자의 임시지위를 정하는 것이 공공복리에 중대한 영향을 미칠 우려가 있을 때에는 허용되지 아니한다. 공공복리에 중대한 영향을 미칠 우려가 있다는 소극적 요건의 존재에 대한 주장·소명 책임은 처분청에 있다.

라. 임시처분의 보충성

집행정지로 목적을 달성할 수 있을 때는 허용되지 않는다(제31조 제3항). 임시처분은 집행정지로 손해의 발생을 막을 수 없는 경우에만 보충적으로 허용되므로 집행정지가 가능한 경우에는 허용되지 않는다. 따라서 집행정지로 구제될 수 없는 거부처분과 부작위에 대해서만 임시처분이 허용된다.

마. 집행정지규정의 준용

임시처분결정의 절차 및 효력 그리고 임시처분결정의 취소에 대하여는 집행정지에 관한 규정을 준용한다(제31조 제2항).[200)]

중앙행정심판위원회 재결례로 ① 전문상담교사 자격취득예정증명서 발급이 거부된 자의 전문상담교사교원자격증을 발급받을 지위부여 임시처분 신청 사례, ② 공유수면 점용 사용허가 연장신청이 거부된 자의 공유수면 점용 사용허가 임시처분 신청에 대해 인용결정을 한 사례가 있고, ③ 도로점용허가신청이 거부된 자의 도로점용허가 임시처분 신청에 대해 기각결정을 한 사례가 있으며, ④ 체류기간 연장허가 거부처분을 받지 않은 자가 신청한 출국기한 유예 임시처분 신청에 대해 임시처분의 요건인 처분이 존재하지 않는다는 이유로 각하결정을 한 사례 등이 있다.

재결례

[재결례 1]

신청인에게 2021.2.24.자 전문상담교사 1급 교원자격증을 발급받을 자의 지위를 임시로 정한다(중앙행정심판위원회 2021.3.9.자 2021-15 결정).

[재결례 2]

신청인에게 2018.7.1.부터 중앙행정심판위원회 2018-12514 사건의 재결시까지 ○○도 ○○시 ○○동 ○○○ 번지선 공유수면 17,636m²에 대한 점용・사용허가 받은 자의 지위를 임시로 정한다(중앙행정심판위원회 2018.7.27.자 2018-20 결정).

[재결례 3]

신청인이 심판청구 한 도로점용허가 이행청구에 대한 재결이 있을 때까지 신청인이 2020.12.8. 피신청인에게 제출한 도로점용허가신청서에 기재된 대로 도로점용허가를 득한 지위를 부여한다는 신청을 기각한다(중앙행정심판위원회 2021.1.5.자 2020-38 결정).

[재결례 4]

피신청인이 2019.6.4. 신청인에게 2019.6.30.까지 출국을 위한 체류기간 연장허가를 한 사실 외에 피신청인이 신청인에게 체류기간 연장허가 거부처분을 하였다는 점에 대한 입증이 없어 임시처분의 요건의 처분이 존재하지 않으므로, 이 사건 신청은 임시처분신청의 요건을 갖추지 못한 부적법한 신청이다(중앙행정심판위원회 2019.7.16.자 2019-16결정).

---

200) 실무상 임시처분결정이 가능한 분야는 시험 응시자격, 국공립학교 입학자격이나 **외국인의 체류자격연장** 등과 같이, 임시지위를 결정한 후에 본안 청구가 기각되는 경우 원상회복이 용이하거나 임시지위의 설정이 공공복리에 미치는 영향이 비교적 적을 것으로 예상되는 분야라고 할 것이다.
국민연금 등의 사회보험에 따른 급여나 「국민기초생활 보장법」에 따른 생계급여의 지급 등은 금전적인 것으로서 원래는 가구제의 필요성이 적은 분야이기는 하나, 그 급여가 본안재결이 있을 때까지의 신청인의 생활에 필요불가결한 경우는 중대한 불이익이나 급박한 위험의 방지를 위해 임시지위를 정할 필요가 있는 경우에 해당한다고 할 것이다.

제2절 행정심판의 심리

1. 개설

가. 심리의 의의

행정심판의 심리란 재결의 기초가 될 증거 기타의 자료를 수집·조사하고 당사자 및 관계인의 대립된 주장을 통하여 해당 사건의 사실관계 및 법률관계를 명백히 정리하는 일련의 절차를 말한다.

나. 심리절차의 준사법절차화

「헌법」은 제107조 제3항에서 행정심판 절차에 사법절차를 준용하도록 명시하고 있고, 헌법재판소는 준사법절차를 규정하지 않은 입법은 위헌이 된다고 판시하고 있다.[201] 행정심판에 있어서 심리절차의 준사법절차는 ① 행정심판위원회의 독립성과 공정성 확보, ② 대심적 심리구조, ③ 당사자의 절차적 권리보장 등이다.

2. 심리의 내용과 범위

가. 심리의 내용

행정심판의 심리는 심리의 내용에 따라 요건심리와 본안심리로 구분된다.

(1) 요건심리

① 개념

요건심리란 행정심판을 청구하는 데 있어 필요한 형식적 요건을 충족하고 있는지 여부를 심사하는 것을 말한다. 요건심리결과 부적법한 경우는 재결로 각하한다.

② 판단시기

심판청구요건은 행정심판위원회의 직권조사사항이므로 당사자의 주장 없어도 조사할 수 있다. 심판청구 요건을 갖추었는지 여부는 재결시를 기준으로 판단한다. 따라서 심판청구의 요건은 행정심판위원회의 심리종결 전까지 갖추면 해당 심판청구는 적법한 청구가 된다.

③ 보정

행정심판위원회는 심판청구가 적법하지 아니하나 보정할 수 있다고 인정하면 기간을 정하여 청구인에게 보정할 것을 요구할 수 있다. 다만, 경미한 사항은 직권으로 보정할 수 있다(법 제32조 제1항). 청구인의 보정은 서면으로 당사자의 수만큼의 보정서 부본을 행정심판위원회에 제출하여야 하고, 행정심판위원회는 제출된 보정서 부본을 지체 없이 다른 당사자에게 송달하여야 한다(법 제32조 제2항·제3항).

---

201) 헌재 2001.6.28. 2000헌바30

보정요구에 따라 지정기간 내에 보정된 심판청구는 처음부터 적법하게 행정심판이 청구된 것으로 보며, 보정기간은 재결 기간에 산입하지 아니한다(법 제32조 제4항 · 제5항). 행정심판위원회는 청구인이 보정기간 내에 그 흠을 보정하지 아니한 경우에는 그 심판청구를 각하할 수 있다(법 제32조 제6항).

한편, 행정심판위원회는 심판청구서에 타인을 비방하거나 모욕하는 내용 등이 기재되어 청구내용을 특정할 수 없고 그 흠을 보정할 수 없다고 인정되는 경우에는 보정요구 없이 그 심판청구를 각하할 수 있다(법 제32조의2).

(2) 본안심리

본안심리란 요건심리 결과 심판청구가 적법요건을 모두 갖춘 것을 전제로 그 심판청구의 당부에 대한 실질적인 심사를 말한다. 본안심리결과 해당 심판청구가 이유 있으면 인용재결을 하고, 청구가 이유 없으면 기각재결을 한다.

본안심리를 항상 요건심리 후에 해야 하는 것은 아니다. 따라서 본안심리 도중에도 심판청구의 형식적 요건에 흠이 발견되면 언제든지 각하재결을 할 수 있다.

나. 심리의 범위

심리의 범위란 행정심판위원회가 구체적인 행정심판사건에서 어느 정도까지 내용의 심리를 할 수 있는가의 문제이다. 「행정심판법」은 심리의 범위에 대해 "위원회는 **필요하면** 당사자가 주장하지 아니한 사실에 대하여도 심리할 수 있다."라고 직권심리의 규정만을 규정하고 있고(법 제39조), 재결의 범위에 대해서는 불고불리의 원칙과 불이익변경금지의 원칙을 규정하고 있다(법 제47조).

(1) 불고불리 및 불이익변경금지의 원칙

① 불고불리의 원칙

불고불리(不告不理)[202]의 원칙이란 행정심판의 심리에 있어서는 심판이 청구된 처분이나 부작위 이외의 사항에 대해서는 심리하지 못하는 것으로, 행정심판위원회는 청구인이 심판청구를 하지 않은 사항에 대해서는 심리할 수 없다. 「행정심판법」은 "위원회는 심판청구의 대상이 되는 처분 또는 부작위 외의 사항에 대하여는 재결하지 못한다"는 규정으로 불고불리의 원칙을 명시하고 있다(법 제47조 제1항).

한편, 「행정심판법」 제39조는 당사자가 주장하지 아니한 사실에 대하여 행정심판위원회가 직권심리를 할 수 있다고 규정하고 있는 바, 이는 변론주의[203]에 대한 일부 예외규정으로

---

202) 형사소송에서는 공소제기 없으면 심리할 수 없다는 원칙이다.

203) 민사소송에서 소송의 해결 또는 심리자료 수집을 당사자의 권능과 책임으로 하는 주의를 말하며, 형사소송에서는 당자자 쌍방의 변론에 따라 재판하는 원칙을 말한다.

청구인의 청구범위를 유지하면서 그 범위 내에서 필요에 따라 청구인의 주장 외의 사실에 관해서도 판단할 수 있다는 뜻이지 불고불리의 원칙에 대한 예외규정이 아니다. 즉, 불고불리의 원칙은 심판의 대상에 관련된 규정이고, 직권심리규정은 심판자료의 수집이라는 면에서 변론주의에 대한 규정으로 양 규정은 무관하며 판례도 같은 취지이다.

판례

[판례 1]

「행정소송법」 제26조에 법원은 필요하다고 인정할 때에는 직권으로 증거조사를 할 수 있고 당사자가 주장하지 아니한 사실에 대해서도 판단할 수 있다고 규정하고 있기는 하나, 이는 행정소송의 특수성에 연유하는 당사자주의 변론주의에 대한 일부 예외규정일 뿐 법원이 아무런 제한 없이 당사자가 주장하지도 않은 사실을 판단할 수 있다는 것은 아니다(대법원 1991.11.8. 선고 91누2584 판결).

[판례 2]

「행정소송법」 제26조는 법원은 필요하다고 인정할 때에는 직권으로 증거조사를 할 수 있고 당사자가 주장하지 아니한 사실에 대해서도 판단할 수 있다고 규정하고 있으나, 이는 행정소송에 있어 원고의 청구범위를 초월하여 그 이상의 청구를 인용할 수 있다는 뜻이 아니라 원고의 청구범위를 유지하면서 그 범위 내에서 필요에 따라 주장 외의 사실에 관하여 판단할 수 있다는 뜻이다(대법원 1992.3.10. 선고 91누6030 판결).

② 불이익변경금지의 원칙

불이익변경금지의 원칙이란 심판청구의 대상이 되는 처분보다 청구인에게 불이익하게 심리하지 못하는 것을 말한다. 「행정심판법」은 "위원회는 심판청구의 대상이 되는 처분보다 청구인에게 불리한 재결을 하지 못한다"는 규정으로 불이익변경금지 원칙을 명시하고 있다(법 제47조 제2항).

(2) 법률문제 · 재량문제 · 사실문제

① 행정심판과 행정소송의 심리범위의 차이

행정심판의 심리에서는 심판청구의 대상인 처분이나 부작위의 위법성 여부(법률문제)는 물론 재량권 행사의 당 · 부당의 재량문제를 포함한 사실문제에 대해서도 심리할 수 있는바, 이점에서 재량의 당 · 부당에 대해서 심리할 수 없는 행정소송과 구별된다.

② 위법성 판단 시기

적극적 처분의 경우에 원칙적으로 처분시를 기준으로 위법 또는 부당 여부를 판단한다. 거부처분 또는 부작위의 경우에는 과거에 행하여진 거부처분이나 부작위를 계속 유지하는 것이 위법 · 부당한지 여부가 판단의 핵심이므로 재결시를 기준으로 위법 또는 부당 여부를 판단한다.

③ 위법성과 부당성의 구별[204)]

(i) 처분의 위법성

처분의 위법성이란 기속행위에 있어 행정권 행사에 잘못이 있는 경우를 말한다. 기속행위란 행정행위 요건 및 법적효과가 일의적으로 명확하게 규정되어 법을 집행함에 있어 행정청에 어떠한 선택의 자유가 인정되지 않고 법을 기계적으로 적용하는 행정행위를 말한다. 처분의 위법성의 원인이 되는 하자가 중대・명백한 때에는 해당 처분은 무효사유가 되며, 단순위법에 그치는 경우는 취소사유가 된다. 재량행위도 재량권을 일탈・남용한 경우에는 위법성이 인정된다.

(ii) 처분의 부당성

처분의 부당성이란 재량행위에 있어 행정청의 재량권 행사가 그 한계 내에서 행사된 관계로 재량권의 일탈・남용으로서의 위법의 문제는 없으나, 해당 법규상의 구체적인 공익목적과의 관계에서 합당하거나 바람직한 것이라고 볼 수 없는 행위를 말한다.

(iii) 구별기준

현실적으로 위법과 부당의 구별은 쉽지 않다. 특히 재량행위에 있어 재량권의 일탈・남용 여부를 기준으로 위법 또는 부당으로 구분하는 데 어려움이 있다. 재량권의 일탈이란 재량의 외적 한계(법적・객관적 한계)를 벗어난 것을 말하고, 재량권의 남용이란 재량권의 내적한계(재량권에 부여된 내재적 목적)를 벗어난 것을 말한다.[205)]

판례는 재량권의 일탈・남용 여부에 대한 심사는 사실오인, 비례・평등원칙의 위배, 행위의 목적 위반이나 동기의 부정 유무 등을 그 판단대상으로 한다고 판시하고 있다. 중앙행정심판위원회 재결례도 부당을 이유로 하는 인용재결 사례가 늘어가는 추세이다.

판례

행정행위가 그 재량성의 유무 및 범위와 관련하여 이른바 기속행위 내지 기속재량행위와 재량행위 내지 자유재량 행위로 구분된다고 할 때, 그 구분은 당해 행위의 근거가 된 법규의 체제・형식과 그 문언, 당해 행위가 속하는 행정분야의 주된 목적과 특성, 당해 행위 자체의 개별적 성질과 유형 등을 모두 고려하여 판단하여야 하고, 이렇게 구분되는 양자에 대한 사법심사는, 전자의 경우 그 법규에 대한 원칙적인 기속성으로 인하여 법원이 사실인정과 관련법규의 해석 적용을 통하여 일정한 결론을 도출한 후 그 결론에 비추어 행정청이 한 판단의 적법 여부를 독자의 입장에서 판정하는 방식에 의하게 되나, 후자의 경우 행정청의 재량에 기한 공익판단의 여지를 감안하여 법원은 독자의 결론을 도출함이 없이 당해 행위에 재량권의 일탈・남용이 있는지 여부만을 심사하게 되고, 이러한 재량권의 일탈・남용 여부에 대한 심사는 사실오인, 비례・평등의 원칙 위배, 당해 행위의 목적 위반이나 동기의 부정 유무 등을 그 판단 대상으로 한다(대법원 2001.2.9. 선고 98두17593 판결).

204) 국민권익위원회・중앙행정심판위원회, 행정심판의 이론과 실무, 522~523면

205) 박균성, 행정법강의, 215면

재결례

청구인이 이 사건 근로자의 정규직 전환일을 2018. 7. 1.로 정한 것은 단순한 계산상의 착오였던 것으로 보이는 점, 정규직전환지원금은 기간제근로자를 기간의 정함이 없는 근로자로 전환함으로써 소속 근로자의 근로조건을 개선한 사업주에게 정규직 전환에 따라 증가한 근로자의 임금의 일부와 간접노무비용의 일부를 지원하는 데 그 취지가 있는데, 청구인은 이 사건 근로자의 정규직 전환 전후의 임금을 월 250만 원에서 월 372만 5,000원으로 인상시킴으로써 이 사건 근로자의 근로조건을 개선시킨 점 등을 종합적으로 고려할 때, 정규직전환지원금의 취지에 맞게 이 사건 근로자를 정규직으로 전환시킨 청구인에게 이 사건 근로자가 기간제근로자로서 근무한 기간이 단 하루 부족하다는 이유로 정규직전환지원금의 지급을 거부하는 것은 지나치게 가혹하다고 할 것이어서 피청구인의 이 사건 처분은 부당하다(중앙행정심판위원회 2019.10.1.자 2019-3165 재결).

④ 재량행위에 대한 재결범위 및 판결범위의 비교

제재처분과 같은 재량행위의 일부취소(예 1년의 영업정지처분 중 6개월을 취소)의 경우에는 행정심판의 재결과 행정소송의 판결의 범위에 차이가 있다. 행정소송에서는 재량권 남용으로 인정되는 경우에는 일부취소는 할 수 없으나 행정심판에서는 재결로써 일부취소를 할 수 있다.[206]

(3) 행정심판에서의 명령 · 규칙의 위헌 · 위법성 심사

「행정심판법」 제59조에 불합리한 법령등의 개선과 관련하여 중앙행정심판위원회는 심판청구를 심리 · 재결할 때에 처분 또는 부작위의 근거가 되는 명령 등(대통령령 · 총리령 · 부령 · 훈령 · 예규 · 고시 · 조례 · 규칙 등)이 법령에 근거가 없거나 상위 법령에 위배되거나 국민에게 과도한 부담을 주는 등 크게 불합리하면 관계 행정기관에 그 명령 등의 개정 · 폐지 등 적절한 시정조치를 요청할 수 있으며, 이 경우 중앙행정심판위원회는 시정조치를 요청한 사실을 법제처장에게 통보하여야 하고 요청을 받은 관계 행정기관은 정당한 사유가 없으면 이에 따라야 한다는 규정을 두고 있다. 그러나 이 규정은 중앙행정심판위원회가 구체적 사건의 심리과정에서 처분의 근거가 되는 명령이 위법하거나 현저히 불합리할 때 시정조치를 요구할 수 있도록 규정하고 있을 뿐 해당 사건의 심판에 있어서 처분의 근거가 된 명령내용의 상위법 위반 등을 이유로 하는 해당 심판청구를 인용할 수 있는지에 관해서는 규정하고 있지 않다.[207]

---

206) 자동차운수사업면허조건 등을 위반한 사업자에 대하여 행정청이 행정제재수단으로 사업 정지를 명할 것인지, 과징금을 부과할 것인지, 과징금을 부과키로 한다면 그 금액은 얼마로 할 것인지에 관하여 재량권이 부여되었다 할 것이므로 과징금부과처분이 법이 정한 한도액을 초과하여 위법할 경우 법원으로서는 그 전부를 취소할 수밖에 없고, 그 한도액을 초과한 부분이나 법원이 적정하다고 인정되는 부분만을 취소할 수 없다(대법원 2010.7.15. 선고 2010두7031판결 등).

207) 심판실무에서 중앙행정심판위원회는 처분의 근거가 된 훈령이나 예규가 법령에 근거 없이 제정되어 상위법령에 명백하게 위배된다고 판단되는 때에는 상위법령 위반을 근거로 인용재결을 하고 있다. 부령의 제재처분기준에 대하여도 근거법령에 명백히 위반됨을 이유로 인용재결을 하고 있다.

재결례

[재결례 1]

이 사건 처분은 청구인으로 하여금 3년간 청년공제에 가입하지 못하게 함으로써 청년공제 관련 지원금을 받지 못하도록 하는 등 장래 청구인의 법률상 지위에 제한을 가하는 것으로서 침해적 처분으로 보아야 하고 그와 같은 침해적 처분은 법률유보원칙에 따라 법률에 그 근거를 두어야 하는데, 피청구인이 법적 근거로 들고 있는 고용보험법 …(중략)… 에는 이 사건 처분에 관한 내용이 규정되어 있지 않은 점, 「고용보험법」 …(중략)… 은 청년공제 사업의 종류 내용, 대상 피보험자 등의 범위, 지원의 내용과 수준 및 신청 방법 등에 관한 사항을 고용노동부장관에게 위임하고 있을 뿐, 부정수급에 따른 제재에 관한 사항까지는 위임하고 있지 않으므로, 피청구인이 법적 근거로 들고 있는 것으로 보이는 이 사건 지침 중 참여 자격부분 또한 고용보험법령의 관련 규정에 따라 위임되어 있지 않은 사항에 대하여 정하고 있는 것이어서 대외적 구속력을 가지지 않는다고 할 것인 점 등을 종합적으로 고려해보면, 이 사건 처분은 아무런 법적 근거 없이 한 처분이어서 당연무효라고 할 것이다(중앙행정심판위원회 2020.7.7.자2019-5509 재결).

[재결례 2]

이 사건 처분의 근거가 되는 이 사건 지침에는 이미 취업 중인 장애인이 두 개 이상의 사업장에 취업하는 경우 통상임금이 많은 사업장의 사업주, 근로자가 선택한 사업장의 사업주 순으로 어느 하나의 사업주에게만 부담금을 감면하도록 하고 있고, 이는 부담금 감면 대상사업주의 우선순위에 관한 기준으로서, 「부담금관리기본법」 제3조에 따라 설치된 이 사건 부담금의 산정기준 내지 산정방법에 관한 사항에 해당하므로 「장애인고용법」에 구체적이고 명확하게 규정하거나, 그 세부적인 내용을 하위법령에 위임할 수 있도록 근거규정을 마련할 필요가 있는 점, 이 사건 지침에 따라 장애인 고용을 인정받지 못한 사업주는 부담금을 감면받지 못하거나, 추가로 부담금 및 그에 따른 가산금을 납부하게 되므로 장애인근로자가 여러 사업주에게 이중으로 고용된 경우에 어느 하나의 사업주에게만 장애인 고용을 인정하고 다른 사업주에 대해서는 이를 부인하려면 법령에 명확한 위임규정이 있어야 함에도, 고용노동부장관이 피청구인에게 장애인 고용부담금의 징수·감면 등에 관한 권한을 위탁하는 규정 외에 「장애인고용법령」 어디에도 이에 대하여 아무런 규정이 없는 점 등을 종합적으로 고려할 때, 이 사건 지침을 피청구인이 이 사건 처분을 할 수 있는 권한 및 처분근거로 인정할 수 없다. 따라서, 이 사건 지침은 「부담금관리기본법」의 적용을 받는 이 사건 부담금의 산정기준 내지 산정방법에 관한 사항임에도 「장애인고용법」상의 위임규정이 없이 제정된 것으로서, 이 사건 지침에 근거하여 이루어진 이 사건 처분은 「부담금관리기본법」 제4조에 반하여 위법·부당하다(중앙행정심판위원회 2020.9.8.자 2019-21766 재결).

3. 심리의 원칙과 방식

가. 대심주의

대심주의(對審主義)란 심리에 있어 서로 대립되는 당사자 쌍방에게 공격·방어방법을 제출할 수 있는 대등한 기회를 보장하는 제도이다. 「행정심판법」은 심판청구의 당사자를 행정소송의 원고와 피고의 지위에 준해 청구인과 피청구인의 대립관계로 정립하여, 이들이 각각 공격·방어방법을 제출할 수 있게 하고, 당사자가 제출한 공격·방어방법을 기초로 하여 심리·재결하는 대심주의를 취하고 있다.

나. 처분권주의[208)]

처분권주의란 행정심판의 개시, 진행(대상과 범위), 종료에 대하여 당사자가 주도권을 가지고 이들에 대하여 자유로이 결정할 수 있는 원칙을 말한다. 다만, 공익적 견지에서 심판청구기간은 제한을 받으며, 청구인낙 등이 부인되는 등 처분권주의는 많은 제한을 받고 있다.

다. 직권심리주의의 가미

(1) 법규정

「행정심판법」은 당사자주의(처분권주의 및 변론주의)를 원칙으로 하면서도, 심판청구의 심리를 위하여 **필요하면** 행정심판위원회로 하여금 당사자가 주장하지 않은 사실에 대하여도 심리하고(법 제39조), 증거조사를 할 수 있도록 하고 있다(법 제36조 제1항).

(2) 동규정의 의미

행점심판에서는 직권심리주의가 원칙이고 변론주의를 보충적으로 채택한 것으로 보는 견해가 있다. 그러나 「행정심판법」의 경우도 변론주의가 원칙이고 자율적 행정통제을 통한 적법성 확보와 실체적 진실의 발견에 필요한 경우에 예외적으로 직권심리주의가 인정된다는 견해[209)]가 일반적이고 이 견해가 타당하다.

(3) 불고불리의 원칙과의 관계

직권심리주의는 행정심판의 심리에 있어서도 적용되는 불고불리의 원칙으로 인해, 행정심판의 청구대상인 처분이나 부작위 이외의 사항에 대해서는 인정되지 않는다.

라. 구술심리주의 또는 서면심리주의

심리의 방식에는 구술심리주의와 서면심리주의가 있다. 행정심판의 심리는 구술심리 또는 서면심리로 한다고 규정하여 어느 방식을 취하는지는 행정심판위원회의 선택에 맡기고 있다. 다만 당사자가 구술심리를 신청한 경우에는 서면심리만으로 결정할 수 있는 경우 외에는 구술심리를 하여야 한다(법 제40조 제1항).

구술심리의 신청은 심리기일 **3일 전**까지 위원회에 서면 또는 구술로 신청하여야 하며(영 제27조), 행정심판위원회는 회의를 개최하였을 때에는 회의에 출석한 당사자 등의 구술 내용 등을 적은 회의록을 작성하여야 한다(영 제28조).

---

208) "처분권주의"라 함은 절차의 개시, 절차의 진행(심판의 대상과 범위), 그리고 절차의 종결에 대하여 당사자에게 주도권을 주어 그 처분에 맡기는 원칙을 말한다. 직권주의(절차의 개시 · 진행 · 종료를 법원이 주도)와 구별되는 개념이다. 흔히 처분권주의를 변론주의와 혼동하는 경우가 있지만, 처분권주의는 당사자의 '소송물'에 대한 처분자유를 뜻하는 것임에 대하여, 변론주의는 당사자의 '소송자료'에 대한 수집책임을 뜻하는 것이므로 양자는 구별되는 개념이다. 처분권주의와 변론주의를 포괄하여 "당사자주의"라는 개념도 쓰이며, 이 개념이 직권주의에 대응되는 것이다.

209) 류지태 · 박종수, 행정법신론, 649면

마. 비공개주의

비공개주의란 행정심판에 있어서 심리의 능률화를 도모하는 관점에서 심판청구의 심리·재결을 일반인에게 공개하지 않는 것을 말한다.[210] 「행정심판법」은 비공개주의에 대한 명문의 규정은 없으나, 직권심리주의 및 서면심리 규정 등을 고려하면 비공개주의를 택하고 있다고 해석하는 것이 일반이다.

한편 「행정심판법」은 위원회에서 위원이 발언한 내용이나 그 밖에 공개되면 위원회의 심리·재결의 공정성을 해칠 우려가 있는 사항으로서 행정심판위원회(소위원회와 전문위원회를 포함)의 회의에서 위원이 발언한 내용이 적힌 문서, 심리 중인 심판청구사건의 재결에 참여할 위원의 명단 등은 공개하지 아니한다는 규정을 두고 있다(법 제41조, 영 제29조).

4. 당사자의 절차적 권리

(1) 위원·직원에 대한 제척·기피신청권

① 심판청구의 당사자는 행정심판위원회의 위원·직원이 (i) 자신 또는 그 배우자나 배우자이었던 사람이 사건의 당사자이거나 사건에 관하여 공동 권리자 또는 의무자인 경우, (ii) 사건의 당사자와 친족이거나 친족이었던 경우, (iii) 사건에 관하여 증언이나 감정을 한 경우, (iv) 당사자의 대리인으로서 사건에 관여하거나 관여하였던 경우, (v) 사건의 대상이 된 처분 또는 부작위에 관여한 경우 중 어느 하나에 해당하면 해당 위원·직원에 대한 제척신청을 할 수 있다(법 제10조 제1항·제8항).

② 당사자는 위원·직원에게 공정한 심리·의결을 기대하기 어려운 사정이 있으면 위원장에게 기피신청을 할 수 있다(법 제10조 제2항·제8항).

(2) 구술심리신청권

행정심판의 심리는 구술심리나 서면심리로 하되, 당사자가 구술심리를 신청한 경우에는 서면심리만으로 결정할 수 있다고 인정되는 경우 외에는 구술심리를 하여야 한다(법 제40조 제1항).

(3) 보충서면신청권

당사자는 심판청구서·보정서·답변서·참가신청서 등에서 주장한 사실을 보충하고 다른 당사자의 주장을 다시 반박하기 위하여 필요하면 위원회에 보충서면을 제출할 수 있다. 이 경우 다른 당사자의 수만큼 보충서면 부본을 함께 제출하여야 한다(법 제33조 제1항).

(4) 물적증거제출권

당사자는 심판청구서·보정서·답변서·참가신청서·보충서면 등에 덧붙여 그 주장을 뒷받침하는 증거서류나 증거물을 제출할 수 있다(법 제34조 제1항).

---

210) 박균성, 행정법강의, 662면

(5) 증거조사신청권

위원회는 사건을 심리하기 위하여 필요하면 직권으로 또는 당사자의 신청에 의하여 증거조사를 할 수 있다(법 제36조 제1항). 따라서 당사자는 자신의 주장을 뒷받침하기 위하여 행정심판위원회에 증거조사를 신청할 수 있는 바, 증거조사신청을 받은 행정심판위원회는 ① 당사자나 관계인의 신문(訊問), ② 당사자나 관계인이 가지고 있는 증거자료의 제출요구 및 영치(領置), ③ 전문가 등의 감정 요구, ④ 현장 등의 조사·검증을 할 수 있다.

(6) 이의신청권

행정심판위원회 결정 중 당사자 또는 심판참가인의 절차적 권리에 중대한 영향을 미치는 지위승계의 불허가, 참가신청의 불허가, 또는 청구의 변경의 불허가 등에 대하여는 행정심판위원회에 이의신청할 수 있다(법 제16조 제8항 등).

5. 심리의 병합 또는 분리

(1) 제도의 취지

심리의 병합과 분리제도는 심리의 신속성과 경제성을 도모하기 위한 것이다. 「행정심판법」은 행정심판위원회는 필요하면 관련되는 심판청구를 병합하여 심리하거나 병합된 관련 청구를 분리하여 심리할 수 있다는 규정을 두고 있다(법 제37조).

(2) 심리의 병합

심리의 병합이란 하나의 심판절차로 수 개의 심판청구사건을 동시에 심리하는 방식이다. 동일 또는 관련된 수 개의 심판청구사건 내지 동일한 행정청이 행한 유사한 내용의 처분에 대한 심판청구사건에 대해서 행정심판위원회는 신속한 심리의 진행을 위해 직권으로 서로 관련되는 수 개의 심판청구사건을 병합하여 심리할 수 있다(법 제37조). 병합심리의 필요성 및 관련성의 유무는 구체적 사건에 따라 행정심판위원회가 판단할 문제이다.

(3) 심리의 분리

심리의 분리란 병합된 청구사건을 사건별로 나누어 심리하는 방식이다. 분리심리의 대상이 되는 것은 '병합된 관련 청구'이다. 병합된 관련 청구는 행정심판위원회가 직권으로 병합하여 심리하기로 결정한 관련 청구사건 및 당사자에 의하여 병합하여 청구된 심판청구를 모두 포함한다.

6. 위법 · 부당성 판단의 기준시점

가. 개념

처분은 처분 당시의 사실상태와 법률상태를 기준으로 행하여진다. 그런데 행정심판 계속 중 처분 또는 부작위의 근거가 되었던 법령이 폐지 · 개정되어 처분 당시의 사실상태와 법률상태에 변화가 생긴 경우에 어느 시점의 사실상태와 법률상태를 근거로 심판할 것인가의 문제가 발생한다. 이는 행정심판에서 뿐만 아니라 행정소송에서도 동일하게 발생하는 문제이다.

나. 취소심판에서의 위법 · 부당성 판단의 기준시점

행정심판에서 해당처분의 위법 여부의 판단은 처분 당시의 법령상태와 사실상태를 기준으로 해야 한다는 처분시설이 통설이다. 처분시설 외에 재결시설(판결시설), 절충설이 있다. 판례는 처분시설에 입각하고 있으나, 제재적처분의 경우에는 위법행위시의 사실관계와 법령에 따라 처분의 적법 여부를 판단해야 한다는 입장이다.

판례

행정처분의 적법 여부는 특별한 사정이 없는 한 그 처분 당시를 기준으로 하여 판단하여야 하고, 처분청이 처분 이후에 추가한 새로운 사유를 보태어 처분 당시의 흠을 치유시킬 수는 없다(대법원 1996.12.20. 선고 96누9799 판결)

재결례

이 사건 처분은 제재적 행정처분으로서, 제재적 행정처분의 경우 위법 행위시의 사실관계와 법령에 따라 행정처분의 적법 여부를 판단하여야 할 것인 바(대법원 1987.1.20. 선고86누63 판결 등 참조). 이 사건 처분에는 처분시가 아니라 위반 행위시에 시행되었던 국가계약법령이 적용된다 할 것이다. 이에 대하여 청구인들은 「구 국가계약법」 시행령 등이 반성적 고려에서 개정된 점을 고려하여 이 사건 처분에는 처분 당시의 「국가계약법」 시행령 등이 소급적용되어야 한다고 주장하나, 개정된 「국가계약법」 시행령의 개정이유에 따르면, 부정당업자 입찰참가자격의 제한사유가 법률에 구체적으로 정해짐에 따라 종전의 입찰 참가자격 제한사유를 정비하고자 「구 국가계약법」 시행령이 개정된 것으로 보일 뿐, 청구인들의 주장과 같이 계약이행단계에서 허위의 서류를 제출한 자에 대하여 입찰참가자격제한을 하는 것이 부당하다는 반성적 고려에서 개정된 것으로는 보이지 않으므로, 이 부분 청구인들의 주장은 받아들이지 아니한다(중앙행정심판위원회 2020.2.21.자 2019-11748 재결).

다. 의무이행심판에서의 위법 · 부당성 판단의 기준시점

종국적이고 실효적인 권익구제가 의무이행심판의 목적인 점을 고려해 재결시를 기준으로 해당 거부처분의 위법 · 부당 여부를 판단한다.[211]

211) 박균성, 행정법론(상), 1123면 ; 이원, 주해행정심판법, 389면

라. 부작위의 위법 · 부당성 판단의 기준시점

부작위는 판결 시까지 아무런 처분이 없음을 전제로 하는 점, 인용재결 또는 인용판결의 효력과의 관계를 볼 때 재결(판결)시의 법률관계에 있어서의 처분권 행사가 적법한지를 가리는 것이기 때문에 재결(판결)시를 기준으로 위법 · 부당 여부를 판단하여야 한다. 통설적 견해로 판례와 재결례도 이에 입각하고 있다.

재결례

의무이행심판은 단순히 거부 또는 부작위 처분의 취소를 구하는 것이 아니라 적극적으로 일정한 처분을 하거나 그 처분을 할 것을 명하는 재결을 구하는 것으로, 원칙적으로 재결을 하는 시점에서 해당 거부 또는 부작위 처분이 위법 또는 부당한지 여부를 판단해야 할 것이다(중앙행정심판위원회 2020.5.12.자 2019-2).

7. 처분사유의 추가 · 변경

가. 의의

처분사유의 추가 · 변경이란 행정청(처분청)이 행정심판의 심리 중에 처분 당시에 밝힌 처분사유 외의 다른 사유를 추가적으로 주장하거나 처분 근거 사유를 변경하는 것을 말한다. 즉, 처분 당시에 이미 존재하였으나 행정청이 처분시에 주장하지 않았던 사실적 근거를 추가 · 변경하는 것을 말한다.

나. 인정 여부

행정청이 심판청구 또는 소송의 계속 중 당해 처분의 적법성을 유지하기 위하여 처분 당시에 제시된 처분사유 이외의 다른 사유를 어느 범위까지 추가하거나 변경할 수 있는지가 문제가 된다. 학설은 ① 일회적 분쟁해결이라는 소송경제적 측면을 강조하는 긍정설, ② 실질적 법치주의와 상대방의 신뢰보호를 강조하는 부정설, ③ 당초의 처분사유와 기본적 사실관계의 동일성이 인정되는 범위 내에서 제한적으로 인정된다는 제한적 긍정설이 대립된다.

판례는 처분시에 존재하였던 사유이고, 당초에 처분의 근거로 삼은 것과 기본적 사실관계의 동일성이 인정되는 범위 내에서 처분사유의 추가변경을 제한적으로 인정하고 있다.

다. 구체적 사례

(1) 처분근거법령의 추가 · 변경

처분사유의 추가 · 변경이란 처분의 기초가 되는 사실관계의 추가 · 변경을 말하므로, 기본적 사실관계의 변경 없는 단순한 처분근거 법령의 추가 · 변경은 처분사유의 추가 · 변경에 해당하지 않는다. 다만, 판례는 행정처분의 취소를 구하는 항고소송 계속 중 처분청이 당초 처분의 근거로 삼은 사유와 **기본적 사실관계가 동일한 범위 내**에서 그 처분의 근거 법령만을 추가변경하거나 당초의 처분사유를 구체적으로 표시하는 것은 가능하다고 보고 있다.

판례

행정처분의 취소를 구하는 항고소송에서 처분청은 당초 처분의 근거로 삼은 사유와 기본적 사실관계가 동일성이 있다고 인정되는 한도 내에서는 다른 사유를 추가하거나 변경할 수도 있으나, 기본적 사실관계가 동일하다는 것은 처분사유를 법률적으로 평가하기 이전의 구체적인 사실에 착안하여 그 기초적인 사회적 사실관계가 기본적인 점에서 동일한 것을 말하며, 처분청이 처분 당시에 적시한 구체적 사실을 변경하지 아니하는 범위 내에서 단지 그 처분의 근거 법령만을 추가·변경하거나 당초의 처분사유를 구체적으로 표시하는 것에 불과한 경우에는 새로운 처분사유를 추가하거나 변경하는 것이라고 볼 수 없다(대법원 2008.2.28. 선고 2007두13791,13807 판결).

재결례

피청구인은 이 사건 처분을 하면서 청구인이 '의료기관의 개설자가 될 수 없는 자에게 고용되어 의료행위를 한 경우'에 해당된다는 사실을 적시하고 '이 사건 의원을 의료인이 아닌 사람과 공동으로 개설하여 운영'하였다는 사실을 부연하고 있는 바, 결국 이 사건 처분의 기본적 사실관계는 청구인이 의료인이 아닌 사람과 공동으로 의료기관을 개설하여 운영(「의료법」 제33조 제2항 및 같은 법 제66조 제1항 제10호)하였다는 것이므로, 피청구인이 처분 당시 적시한 구체적 사실은 변경하지 않은 채 적용법조만을 '「의료법」 제66조 제1항 제2호'에서 '「의료법」 제33조 제2항 및 같은 법 제66조 제1항 제10호'로 추가·변경하는 것은 허용된다고 할 것이다. 따라서 이하에서는 추가·변경된 적용법조를 기준으로 이 사건 처분의 무효여부를 판단한다(중앙행정심판위원회 2020.3.10.자 2020-399 재결 – 의사면허 자격정지처분 무효확인청구).

(2) 침익적 처분의 경우

판례는 징계처분이나 제재처분과 같은 침익적 처분의 경우에는 징계사유나 제재사유가 변경되면 기본적 사실관계의 동일성을 부정하고 있다.

(3) 거부처분의 경우

판례는 각 거부처분의 취지가 공통되면 기본적 사실관계의 동일성을 인정하고, 그 취지가 다르면 기본적 사실관계의 동일성을 부정하고 있다.

라. 허용 여부 및 허용범위

(1) 허용 여부

처분사유의 추가·변경에 관하여는 「행정심판법」 이나 「행정소송법」에 규정이 없다. 그러나 처분사유의 추가·변경은 원칙적으로 허용된다는 것이 통설 및 판례이다.[212] 다만, 일부 학설은 처분사유의 추가·변경이 **가능함에도 불구**하고 이를 하지 않았고, 계쟁처분의 재결로 취소

212) 원칙적인 입장에서 보면 당초 처분의 근거가 된 사유가 적법·타당하지 못하여 청구인이나 원고가 이를 이유로 행정심판이나 행정소송을 제기하였음에도 불구하고 심리과정에서 행정청이 새로운 처분사유를 들어 처분의 적법·타당성을 주장하는 것을 허용한다면 이는 당초의 처분사유에 대하여 공격·방어방법을 준비하던 청구인이나 원고에게 예기치 못한 불이익과 법적 불안을 초래하게 된다. 그러나 이를 허용하지 않고 인용재결을 내린다 하더라도 처분청은 다시 새로운 처분사유를 근거로 원처분과 동일한 처분을 하게 될 것이다. 이 경우 청구인이나 원고는 권익구제를 받기 위하여 또다시 행정심판이나 소송을 제기해야 되는데, 이는 결국 권익구제만 지연되는 결과를 가져오게 된다. 따라서 일정한 범위 안에서 처분사유의 추가·변경을 허용하는 것이 신속하고 실질적인 권익구제를 위하여 필요하다는 것이다(김민호, 행정법, 박영사, 541면 : 홍준형, 행정구제법, 오래, 596면).

되었다면 추가변경이 가능했던 사유를 들어 다시 동일한 처분을 하는 것은 재결의 기속력에 위반되어 허용되지 않는다고 하면서 제한적으로 인정하고 있다.[213)]

(2) 허용범위(인정요건)

1) 처분의 기본적 사실관계의 동일성이 있을 것

기본적 사실관계의 동일성 유무는 처분사유를 법률적으로 평가하기 이전의 구체적인 사실에 착안하여 그 기초가 되는 사회적 사실관계가 기본적인 점에서 동일한지 여부에 따라 결정된다. 구체적 판단은 시간적·장소적 근접성, 행위의 태양, 결과 등의 제반사정을 종합적으로 고려해야 한다.

판례는 당초 처분의 근거로 삼은 사유와 기본적 사실관계가 동일성이 있다고 인정되는 한도 내에서만 처분 사유의 추가·변경이 허용된다고 한다.

판례

[판례 1]

행정처분의 취소를 구하는 항고소송에서 처분청은 당초 처분의 근거로 삼은 사유와 기본적 사실관계가 동일성이 있다고 인정되는 한도 내에서만 다른 사유를 추가 또는 변경할 수 있고, 이러한 기본적 사실관계의 동일성 유무는 처분사유를 법률적으로 평가하기 이전의 구체적 사실에 착안하여 그 기초인 사회적 사실관계가 기본적인 점에서 동일한지에 따라 결정되므로, 추가 또는 변경된 사유가 처분 당시에 이미 존재하고 있었다거나 당사자가 그 사실을 알고 있었다고 하여 당초의 처분사유와 동일성이 있다고 할 수 없다(대법원 2011.11.24. 선고 2009두19021 판결).

[판례 2] 대법원 2001.9.28. 선고 2000두8684 판결 [토지형질변경행위허가신청반려처분취소]

[판시사항]

[1] 행정처분의 취소를 구하는 항고소송에 있어서 당초의 처분사유와 기본적 사실관계의 동일성이 없는 별개의 사실을 처분사유로 주장할 수 있는지 여부(소극) 및 기본적 사실관계의 동일성 유무의 판단기준

[2] 토지형질변경 불허가처분의 당초의 처분사유인 국립공원에 인접한 미개발지의 합리적인 이용대책 수립시까지 그 허가를 유보한다는 사유와 그 처분의 취소소송에서 **추가하여 주장**한 처분사유인 국립공원 주변의 환경·풍치·미관 등을 크게 손상시킬 우려가 있으므로 공공목적상 원형유지의 필요가 있는 곳으로서 형질변경허가 금지 대상이라는 사유는 기본적 사실관계에 있어서 동일성이 인정된다고 한 사례

[판결요지]

[1] 행정처분의 취소를 구하는 항고소송에 있어서는 실질적 법치주의와 행정처분의 상대방인 국민에 대한 신뢰보호라는 견지에서 처분청은 당초처분의 근거로 삼은 사유와 기본적 사실관계가 동일성이 있다고 인정되는 한도 내에서만 다른 사유를 추가하거나 변경할 수 있을 뿐, 기본적 사실관계와 동일성이 인정되지 않는 별개의 사실을 들어 처분사유로 주장함은 허용되지 아니하고, 여기서 기본적 사실관계의 동일성 유무는 처분사유를 법률적으로 평가하기 이전의 구체적인 사실에 착안하여 그 기초가 되는 사회적 사실관계가 기본적인 점에서 동일한지 여부에 따라 결정된다.

---

213) 박균성, 행정법론(상), 박영사, 2021, 1152~1153면; 이원, 주해행정심판법, 예손, 2020, 391면

[2] 토지형질변경 불허가처분의 당초의 처분사유인 국립공원에 인접한 미개발지의 합리적인 이용대책 수립시까지 그 허가를 유보한다는 사유와 그 처분의 취소소송에서 추가하여 주장한 처분사유인 국립공원 주변의 환경·풍치·미관 등을 크게 손상시킬 우려가 있으므로 공공목적상 원형유지의 필요가 있는 곳으로서 형질변경허가 금지 대상이라는 사유는 기본적 사실관계에 있어서 동일성이 인정된다고 한 사례

[판례 3]

주택신축을 위한 산림형질변경허가신청에 대하여 행정청이 거부처분을 하면서 당초 거부처분의 근거로 삼은 준농림지역에서의 행위제한이라는 사유와 나중에 거부처분의 근거로 추가한 자연경관 및 생태계의 교란, 국토 및 자연의 유지와 환경보전 등 중대한 공익상의 필요라는 사유는 기본적 사실관계에 있어서 동일성이 인정된다(대법원 2004.11.26. 선고 2004두4482 판결, 산림형질변경불허가처분취소).

[판례 4]

행정처분의 취소를 구하는 항고소송에서 처분청은 당초 처분의 근거로 삼은 사유와 기본적 사실관계가 동일성이 있다고 인정되는 한도 내에서만 다른 사유를 추가 또는 변경할 수 있고, 이러한 기본적 사실관계의 동일성 유무는 처분사유를 법률적으로 평가하기 이전의 구체적 사실에 착안하여 그 기초인 사회적 사실관계가 기본적인 점에서 동일한지에 따라 결정되므로, 추가 또는 변경된 사유가 처분 당시에 이미 존재하고 있었다거나 당사자가 그 사실을 알고 있었다고 하여 당초의 처분사유와 동일성이 있다고 할 수 없다. 그리고 이러한 법리는 행정심판 단계에서도 그대로 적용된다(대법원 2014.5.16. 선고 2013두26118 판결, 시장정비사업추진계획).

판례가 당초 처분의 근거로 삼은 사유와 기본적 사실관계가 동일성이 있다고 인정한 사례는 다음과 같은 것이 있다.

① 행정청이 폐기물처리사업계획 부적정 통보처분을 하면서 그 처분사유로 사업예정지에 폐기물처리시설을 설치할 경우 인근 농지의 농업경영과 농어촌 생활유지에 피해를 줄 것이 예상되어 「농지법」에 따른 농지전용이 불가능하다는 사유 등을 내세웠다가, 위 처분의 취소소송에서 사업 예정지에 폐기물처리시설을 설치할 경우 인근 주민의 생활이나 주변 농업활동에 피해를 줄 것이 예상되어 폐기물처리시설 부지로 적절하지 않다는 사유를 주장한 경우에 두 처분사유는 모두 인근 주민의 생활이나 주변 농업활동의 피해를 문제 삼는 것이어서 기본적 사실관계가 동일하므로, 행정청은 위 처분의 취소소송에서 후자의 처분사유를 **추가**로 주장할 수 있다고 한 사례[214)]

② 골프연습장에 대한 건축허가신청에 대하여, 당초에는 전체 공유수면매립지에 대한 도시계획수립 등 향후 토지이용계획 검토가 이루어진 후에 결정되어야 할 사항이라며 반려했다가, 주민휴식공간으로 조성된 호수 주변에 철골구조물의 골프연습장이 건축될 경우 주변경관과의 부조화가 예상되어 「국토이용 및 계획에 관한 법률」 제58조 제1항 제4호에 저촉된다고 처분사유를 추가로 주장한 사안에서, 추가로 제시된 처분사유는 당초 처분사유를 구체화한 것에 불과하다고 판시한 사례[215)]

214) 대법원 2006.6.30. 선고 2005두364 판결

215) 대법원 2006.10.13. 선고 2005두10446 판결

판례가 당초 처분의 근거로 삼은 사유와 기본적 사실관계가 동일성이 없다고 인정한 사례는 다음과 같은 것이 있다.

① 당초에 컨테이너가 「건축법」 제2조 제1항 제2호의 건축물에 해당함에도 「건축법」 제11조를 위반하여 건축하였다는 이유로 처분을 하였다가 원심에 이르러 컨테이너가 가설건축물에 해당함에도 「건축법」 제20조 제3항을 위반하여 축조신고를 하지 아니하고 축조하였다고 처분사유를 추가한 사안에서, 대법원은 「건축법」상 건축물 · 가설건축물의 구별, 건축허가와 축조신고의 절차요건 등에서의 차이를 고려하여 보면, 당초의 처분사유와 원심에서 피고가 추가한 처분사유는 그 위반행위의 내용이 다르고, 그에 따라 위법 상태를 해소하기 위하여 거쳐야 하는 절차, 건축기준 및 허용가능성이 달라지므로 결국 그 기초인 사회적 사실관계가 동일하다고 볼 수 없다고 본 사례[216)]

② 입찰참가자격을 제한시킨 당초의 처분사유인 정당한 이유 없이 계약을 이행하지 않은 사실과 항고소송에서 새로 주장한 계약의 이행과 관련하여 관계 공무원에게 뇌물을 준 사례[217)]

2) 처분 당시에 이미 존재하였던 사유일 것

추가 · 변경사유는 처분 당시에 이미 객관적으로 존재하고 있던 것이어야 하며, 처분 후에 새로 생긴 사실관계나 법률관계는 제외한다. 위법성의 판단은 처분시를 기준으로 판단해야 하기 때문이다.

3) 처분사유의 추가 · 변경은 재결시까지 할 것

행정청은 기본적 사실관계의 동일성이 있다고 인정되는 한도 내에서만 다른 처분사유를 추가 변경할 수 있다고 할 것이며 이는 행정심판위원회의 재결시까지만 허용된다.[218)]

판례

대법원 2012.9.13. 선고 2012두3859 판결 [장해급여부지급결정처분취소]

[판시사항]

[1] 「산업재해보상보험법」상 심사청구에 관한 절차의 성격(=근로복지공단 내부의 시정절차) 및 그 절차에서 근로복지공단이 당초 처분의 근거로 삼은 사유와 기본적 사실관계의 동일성이 인정되지 않는 사유를 처분사유로 **추가 · 변경**할 수 있는지 여부(적극)

[2] 근로복지공단이 '우측 감각신경성 난청'으로 장해보상청구를 한 근로자 甲에 대하여 소멸시효 완성을 이유로 장해보상급여부지급결정을 하였다가, 甲이 불복하여 심사청구를 하자 甲의 상병이 업무상 재해인 소음성 난청으로 보기 어렵다는 처분사유를 추가하여 심사청구를 기각한 사안에서, 甲의 상병과 업무 사이의 상당인과관계 부존재를 처분사유 중 하나로 본 원심판단을 정당하다고 한 사례

216) 대법원 2021.7.29. 선고 2021두34756 판결

217) 대법원 1999.3.9. 선고 98두18565 판결

218) 대법원 1999.8.20. 선고 96두17043 판결 참조(재판에서는 사실심변론종결시)

[판결요지]

[1] 「산업재해보상보험법」 규정의 내용, 형식 및 취지 등에 비추어 보면, 「산업재해보상보험법」상 심사청구에 관한 절차는 보험급여 등에 관한 처분을 한 근로복지공단으로 하여금 스스로의 심사를 통하여 당해 처분의 적법성과 합목적성을 확보하도록 하는 근로복지공단 내부의 시정절차에 해당한다고 보아야 한다. 따라서 처분청이 스스로 당해 처분의 적법성과 합목적성을 확보하고자 행하는 자신의 내부 시정절차에서는 당초 처분의 근거로 삼은 사유와 기본적 사실관계의 동일성이 인정되지 않는 사유라고 하더라도 이를 처분의 적법성과 합목적성을 뒷받침하는 처분사유로 추가・변경할 수 있다고 보는 것이 타당하다.

[2] 근로복지공단이 '우측 감각신경성 난청'으로 장해보상청구를 한 근로자 甲에 대하여 소멸시효 완성을 이유로 장해보상급여부지급결정을 하였다가, 甲이 불복하여 심사청구를 하자 甲의 상병이 업무상 재해인 소음성 난청으로 보기 어렵다는 **처분사유를 추가하여 심사청구를 기각한 사안**에서, 근로복지공단이 「산업재해보상보험법」상 심사청구에 대한 자신의 심리・결정 절차에서 추가한 사유인 '甲의 상병과 업무 사이의 상당인과관계 부존재'는 당초 처분의 근거로 삼은 사유인 '소멸시효 완성'과 기본적 사실관계의 동일성이 인정되는지와 상관없이 처분의 적법성의 근거가 되는 것으로서 취소소송에서 처음부터 판단대상이 되는 처분사유에 해당한다는 이유로, 甲의 상병과 업무 사이의 상당인과관계 부존재를 처분사유 중 하나로 본 원심판단을 정당하다고 한 사례

4) 신뢰보호와 처분사유의 추가・변경

처분의 상대방은 당초의 처분사유를 기준으로 하여 공격・방어방법을 준비하게 되는데 심리 계속 중 피청구인이 처분사유를 변경하면 심판절차에 지장을 초래하고 상대방의 방어권을 침해하여 신뢰에 반하게 되는 문제점이 있다.

처분사유의 추가・변경은 처분의 동일성을 벗어나지 않는 한도 내에서 하는 것이고 청구인에게 인용재결을 받은 후 다시 심판청구를 하는 불편을 제거하려는 취지이므로 청구인에게 새로 주장하는 처분사유에 대하여 공격・방어방법을 준비할 충분한 시간을 주어 해결하여야 할 것이다. 판례도 기본적 사실관계와 동일성이 인정되지 않는 별개의 사실을 들어 처분사유로 주장하는 것을 허용하지 않는 것은 상대방의 신뢰보호를 위한 것임을 판시하고 있다.

판례

행정처분의 취소를 구하는 항고소송에 있어서는 실질적 법치주의와 행정처분의 상대방인 국민에 대한 신뢰보호라는 견지에서 처분청은 당초 처분의 근거로 삼은 사유와 기본적 사실관계에 있어서 동일성이 인정되는 한도 내에서만 새로운 처분사유를 추가하거나 변경할 수 있을 뿐 기본적 사실관계와 동일성이 인정되지 않는 별개의 사실을 들어 처분사유로 주장하는 것은 허용되지 아니하며 법원으로서도 당초의 처분사유와 기본적 사실관계의 동일성이 없는 사실은 처분사유로 인정할 수 없다(대법원 1999.2.12. 선고 98두11861 판결).

5) 의무이행심판의 경우 처분사유의 추가 · 변경

의무이행심판의 경우 처분의 위법 · 부당 여부를 판단하는 시점이 재결시이므로 처분청은 당초의 처분사유를 변경하거나 새로운 처분사유를 주장하는 것이 일반적으로 인정된다. 처분 후에 발생한 사실관계나 처분 후 제정 · 개정된 법령을 처분사유로 추가 · 변경하는 것도 허용된다.[219]

부작위나 간주거분처분에 대한 의무이행심판에서는 처분사유 자체가 존재하지 않으므로 심리과정에서 처분사유를 제시하는 것이 허용되지 않는다면 행정심판위원회는 판단할 자료가 없으므로 신청을 방치한 것 자체에 대한 위법 · 부당 여부를 판단할 수 밖에 없다. 이 경우 인용재결을 하는 경우에도 피청구인으로 하여금 당초의 신청에 대해 결정을 하도록 응답의무를 이행하게 할 수 있을 뿐이고, 적극적으로 처분을 하거나 특정처분을 명하는 것은 할 수 없다.

판례

대법원 2019.10.31. 선고 2017두74320 판결 [건축신고반려처분취소]

[판시사항]

[1] 법률이 전부 개정된 경우, 종전 법률의 본문 및 부칙 규정 외에 종전 법률 부칙의 경과규정도 실효되는지 여부(원칙적 적극) / 예외적으로 그 효력이 상실되지 않는 '특별한 사정'이 있는 경우 및 이때 '특별한 사정'이 있는지 판단하는 방법

[2] 「구 건축법 부칙」(1975.12.31.) 제2항이 1991.5.31. 법률 제4381호로 전부 개정된 「건축법」 시행에도 실효되지 않았다고 보아야 할 예외적인 '특별한 사정'이 있는지 여부(적극)

[3] 건축신고가 「건축법」 등 관계 법령에서 정하는 명시적인 제한에 배치되지 않지만, 건축을 허용하지 않아야 할 중대한 공익상 필요가 있는 경우, 건축허가권자가 건축신고의 수리를 거부할 수 있는지 여부(적극)

[4] 갑이 '사실상의 도로'로서 인근 주민들의 통행로로 이용되고 있는 토지를 매수한 다음 2층 규모의 주택을 신축하겠다는 내용의 건축신고서를 제출하였으나, 구청장이 '위 토지가 「건축법」상 도로에 해당하여 건축을 허용할 수 없다'는 사유로 건축신고수리 거부처분을 하자 갑이 처분의 취소를 구하는 소송을 제기하였는데, 1심법원이 위 토지가 건축법상 도로에 해당하지 않는다는 이유로 갑의 청구를 인용하는 판결을 선고하자 구청장이 항소하여 '위 토지가 인근 주민들의 통행에 제공된 **사실상의 도로**인데, 주택을 건축하여 주민들의 통행을 막는 것은 사회공동체와 인근 주민들의 이익에 반하므로 갑의 주택 건축을 허용할 수 없다'는 주장을 **추가한 사안**에서, 구청장이 원심에서 추가한 처분사유는 당초 처분사유와 기본적 사실관계가 동일하고, 정당하여 결과적으로 위 처분이 적법한 것으로 볼 여지가 있다고 한 사례

219) 이원, 주해행정심판법, 393면

[판결요지]

[1] 개정 법률이 전부 개정인 경우에는 기존 법률을 폐지하고 새로운 법률을 제정하는 것과 마찬가지여서 원칙적으로 종전 법률의 본문 규정은 물론 부칙 규정도 모두 효력이 소멸되는 것으로 보아야 하므로 종전 법률 부칙의 경과규정도 실효되지만, 특별한 사정이 있는 경우에는 효력이 상실되지 않는다. 여기에서 말하는 '특별한 사정'은 전부 개정된 법률에서 종전 법률 부칙의 경과규정에 관하여 계속 적용한다는 별도의 규정을 둔 경우뿐만 아니라, 그러한 규정을 두지 않았다고 하더라도 종전의 경과규정이 실효되지 않고 계속 적용된다고 보아야 할 만한 예외적인 사정이 있는 경우도 포함한다. 이 경우 예외적인 '특별한 사정'이 있는지는 종전 경과규정의 입법 경위·취지, 전부 개정된 법령의 입법 취지 및 전반적 체계, 종전 경과규정이 실효된다고 볼 경우 법률상 공백상태가 발생하는지 여부, 기타 제반 사정 등을 종합적으로 고려하여 개별적·구체적으로 판단하여야 한다.

[2] 「건축법」이 1991.5.31. 법률 제4381호로 전부 개정되면서 「구 건축법」 부칙(1975.12.31.) 제2항(이하 '종전 부칙 제2항'이라 한다)과 같은 경과규정을 두지 않은 것은 당시 대부분의 도로가 시장·군수 등의 도로 지정을 받게 됨으로써 종전 부칙 제2항과 같은 경과규정을 존치시킬 필요성이 줄어든 상황을 반영한 것일 뿐, 이미 「건축법」상의 도로가 된 사실상의 도로를 다시 「건축법」상의 도로가 아닌 것으로 변경하려고 한 취지는 아닌 점, 종전 부칙 제2항이 효력을 상실한다고 보면 같은 규정에 의하여 이미 확정적으로 「건축법」상의 도로가 된 사실상의 도로들에 관하여 법률상 공백 상태가 발생하게 되고 그 도로의 이해관계인들, 특히 그 도로를 통행로로 이용하는 인근 토지 및 건축물 소유자의 신뢰보호 및 법적 안정성 측면에도 문제가 생기는 점 등의 제반 사정을 종합해 볼 때, 종전 부칙 제2항은 1991.5.31. 법률 제4381호로 전부 개정된 「건축법」의 시행에도, 여전히 실효되지 않았다고 볼 '특별한 사정'이 있다.

[3] 건축허가권자는 건축신고가 「건축법」, 「국토의 계획 및 이용에 관한 법률」 등 관계 법령에서 정하는 명시적인 제한에 배치되지 않는 경우에도 건축을 허용하지 않아야 할 중대한 공익상 필요가 있는 경우에는 건축신고의 수리를 거부할 수 있다.

[4] 갑이 '사실상의 도로'로서 인근 주민들의 통행로로 이용되고 있는 토지를 매수한 다음 2층 규모의 주택을 신축하겠다는 내용의 건축신고서를 제출하였으나, 구청장이 '위 토지가 **「건축법」상 도로**에 해당하여 건축을 허용할 수 없다'는 사유로 건축신고수리 거부처분을 하자 갑이 처분에 대한 취소를 구하는 소송을 제기하였는데, 1심법원이 위 토지가 건축법상 도로에 해당하지 않는다는 이유로 갑의 청구를 인용하는 판결을 선고하자 구청장이 항소하여 '위 토지가 인근 주민들의 통행에 제공된 **사실상의 도로**인데, 주택을 건축하여 주민들의 통행을 막는 것은 사회공동체와 인근 주민들의 이익에 반하므로 갑의 주택 건축을 허용할 수 없다'는 주장을 **추가한 사안**에서, 당초 처분사유와 구청장이 원심에서 추가로 주장한 처분사유는 위 토지상의 사실상 도로의 법적 성질에 관한 평가를 다소 달리하는 것일 뿐, 모두 토지의 이용현황이 '도로'이므로 거기에 주택을 신축하는 것은 허용될 수 없다는 것이므로 기본적 사실관계의 동일성이 인정되고, 위 토지에 건물이 신축됨으로써 인근 주민들의 통행을 막지 않도록 하여야 할 중대한 공익상 필요가 인정되고 이러한 공익적 요청이 갑의 재산권 행사보다 훨씬 중요하므로, 구청장이 원심에서 추가한 처분사유는 정당하여 결과적으로 위 처분이 적법한 것으로 볼 여지가 있음에도 이와 달리 본 원심판단에 법리를 오해한 잘못이 있다고 한 사례

제3절 재결

1. 재결의 의의

가. 개념

재결(裁決)이란 행정심판의 청구에 대하여 행정심판위원회가 행하는 판단을 말한다(법 제2조 제3호).

나. 성질

① **행정행위**

재결은 공법관계의 분쟁에 대해 행정심판위원회가 일정한 절차를 거쳐 공적으로 판단하고 확정하는 행위이므로 준법률적 행정행위인 확인행위에 해당하고, 처분재결의 경우에는 형성행위의 성격을 가진다. 따라서 불가변력 등 행정행위에 부수하는 효력이 발생한다.

② **준사법작용**

재결은 행정법상 법률관계의 분쟁에 대해 일정한 심리절차를 거쳐 해당 분쟁에 대한 판단을 행하는 점에서 법원의 판결과 비슷하므로 준사법작용이라 할 수 있다.

다. 소송의 대상인지 여부

재결도 심판청구를 전제로 일정한 절차를 거쳐 행하는 판단작용이며, 「행정소송법」상 처분등에 해당한다(행소법 제2조 제1항 제1호). 다만, 재결취소송의 경우에는 재결 자체의 고유의 위법이 있는 경우에 한한다(행소법 제19조 단서).

2. 재결기간

가. 「행정심판법」상 재결기간

재결은 행정심판위원회 또는 피청구인인 행정청이 심판청구서를 받은 날로부터 60일 이내에 하여야 한다. 부득이 한 사정이 있는 경우에는 위원장이 직권으로 30일을 연장할 수 있다(법 제45조 제1항).

위원장이 재결기간을 연장할 경우에는 재결기간이 끝나기 7일 전까지 당사자에게 알려야 한다(법 제45조 제2항). 심판청구가 부적법하여 보정을 명하는 경우의 보정기간은 재결기간에 산입하지 않는다(법 제32조 제5항).

나. 훈시규정

「행정심판법」상 재결기간의 규정은 재결에 대한 시간적 기준을 제시하는 훈시규정이다. 따라서 심판실무상 재결기간 경과 후의 재결의 효력은 유효하다.

3. 재결의 방식과 범위

(1) 재결의 방식

① 서면주의

재결은 서면으로 한다(법 제46조 제1항). 재결서에는 ① 사건번호와 사건명, ② 당사자・대표자 또는 대리인의 이름과 주소, ③ 주문, ④ 청구의 취지, ⑤ 이유, ⑥ 재결한 날짜가 포함되어야 하며, 재결서에 적는 이유에는 주문 내용이 정당함을 인정할 수 있는 정도로 판단을 표시하여야 한다(법 제46조 제2항・제3항). 재결서 형식은 엄격한 요식행위의 문제로 이에 문제가 발생하면 그 자체만으로 재결에 대한 고유의 하자가 되어 행정소송의 대상이 된다.

② 관인 날인

재결서에는 행정심판위원회의 명의를 적은 관인을 찍는다. 관인이 없는 재결서는 위법한 재결이 된다.

(2) 재결의 범위

① 불고불리의 원칙, 불이익변경금지의 원칙

불고불리의 원칙 및 불이익변경금지의 원칙이 적용되어 행정심판위원회는 심판청구의 대상이 되는 처분 또는 부작위 이외의 사항에 대해서는 재결을 할 수 없으며(법 제47조 제1항), 심판청구의 대상이 되는 처분보다 청구인에게 불리한 재결을 할 수 없다(법 제47조 제2항).

② 재량의 당・부당

행정심판은 행정소송의 경우와는 달리 위법한 처분이나 부작위뿐만 아니라 부당한 처분이나 부작위에 대해서도 제기할 수 있다. 따라서 행정심판위원회는 재량행위와 관련하여 재량의 일탈・남용 등과 같은 재량권 행사의 위법 여부뿐만 아니라 재량권의 한계 내의 당・부당에 대해서도 판단할 수 있다.

4. 재결서의 송달

가. 송달의 대상 및 효력

송달이란 원래 소송법상 인정되고 있는 제도로서 소송법상의 서류를 일정한 방식에 따라 당사자, 그 밖에 이해관계인에게 명확하게 알리는 것이다. 송달제도는 장래의 분쟁의 소지를 방지할 수 있기 때문에 「행정심판법」은 재결에 관하여도 송달제도를 채택하고 있는 바, 서류의 송달에 관해서는 「민사소송법」 중 송달에 관한 규정을 준용하고 있다(법 제57조).

재결의 송달과 효력은 재결서의 정본이 청구인에게 송달되었을 때에 발생한다(법 제48조 제1항·제2항). 재결서의 정본을 송달받은 날이란 재결서 정본을 본인이 직접 수령한 경우에 한하지 않고, 보충송달, 유치송달, 공시송달 등 「민사소송법」이 정한 바에 따라 적법하게 송달된 모든 경우를 포함한다(법 제48조·제57조). 재결서 정본이 송달되지 않은 이상 실제로 재결이 있었던 사실과 내용을 알 수 있었다 하더라도 행정소송의 제소기간은 진행되지 않는다.

판례

「토지수용법」[220] 제75조의2 제1항은 "이의신청의 재결에 대하여 불복이 있을 때에는 재결서가 송달된 날로부터 1월 이내에 행정소송을 제기할 수 있다"고 규정하고 있으므로, 중앙토지수용위원회의 재결에 대하여 이의를 신청한 수용대상토지의 소유자인 원고가, 다른 토지 소유자인 제3자에 대한 재결서를 송달받음으로써 또 공탁된 보상금의 증액분을 수령함으로써 자신의 이의신청에 대한 재결이 있은 사실과 그 재결의 내용을 알 수 있었다고 하더라도, 재결서(재결서의 정본)가 송달되지 아니하였음에도 불구하고 이의신청의 재결에 대한 행정소송의 제소기간이 진행된다고 볼 수는 없다(대법원 1992.7.28. 선고 91누12905 판결).

심판청구에 참가인이 있는 때에는 그 참가인에 대하여도 재결서의 등본을 송달해야 한다(법 제48조 제3항). 참가인에 대한 여부는 재결의 효력발생과는 직접 관계가 없다.[221]

나. 전자정보처리조직을 이용한 송달

전자정보처리조직을 통하여 간편하게 행정심판을 청구할 수 있는 시스템이 개발됨에 따라 「행정심판법」이 개정되면서 전자정보처리조직을 통한 행정심판청구가 가능하게 되었다. 전자서면에 대한 근거 규정 및 전자정보처리조직을 이용한 송달에 관하여 별도의 규정이 마련되었다(법 제52조~제54조).

다. 복효적 행정행위에 있어서 처분의 상대방에 대한 송달

「행정심판법」 제48조 제4항은 "처분의 상대방이 아닌 제3자가 심판청구를 한 경우 위원회는 재결서의 등본을 지체 없이 피청구인을 거쳐 처분의 (원)상대방에게 송달하여야 한다."라고 규정하고 있다. 이 규정은 처분의 상대방이 아닌 제3자가 심판청구를 한 사건에 있어서 신청에 따라 행한 원처분이 취소된 경우 원처분의 상대방은 심판청구의 당사자는 아니지만 재결에 직접적인 이해관계를 가지는 자이므로 재결서의 등본을 송달하도록 한 것이다.[222]

---

220) 2022. 2. 4. 제정된 「공익사업을 위한 토지등의 취득 및 보상에 관한 법률」(=토지보상법)로 폐지된 「구 토지수용법」을 말한다.

221) 재결서의 **정본**이란 문서의 등본에 특별히 정본이라고 표시한 문서로서 **원본**과 동일한 효력이 발생되는 문서를 말한다. **등본**이란 원본의 내용을 완전히 복사한 문서를 말한다.

222) 복효적 행정행위에 있어서 심판청구가 처분의 상대방이 아닌 제3자에 의하여 행하여진 경우 그 원처분을 취소·변경하는 재결이 있은 때에는 원처분의 상대방에게 재결이 송달되지 않으면 재결은 효력이 발생하지 않는다고 보아야 할 것이다. 원처분의 취소·변경으로 인하여 권익을 침해받는 자는 청구인이 아니라 원처분의 상대방이기 때문이다. 재결의 송달시기가 청구인과 원처분의 상대방에게 각각 다른 시기에 송달된 경우에는 늦게 도달한 시점에 재결의 효력이 발생한다고 보아야 한다.

라. 공고된 처분 등이 재결로 취소·변경된 경우의 송달

법령의 규정에 따라 공고하거나 고시한 처분이 재결로써 취소되거나 변경되면 처분을 한 행정청은 지체 없이 그 처분이 취소 또는 변경되었다는 것을 공고하거나 고시하여야 한다(법 제49조 제5항). 이 경우 원처분(原處分)이 공고 또는 고시된 날짜와 내용, 취소 또는 변경된 경위와 내용, 공고 또는 고시의 날짜를 분명하게 밝혀야 한다(영 제32조 제1항).

법령의 규정에 따라 처분의 상대방 외의 이해관계인에게 통지된 처분이 재결로써 취소되거나 변경되면 처분을 한 행정청은 지체 없이 그 이해관계인에게 그 처분이 취소 또는 변경되었다는 것을 통지하여야 한다(법 제49조 제6항).

5. 재결의 경정

가. 의의

재결의 경정(更正)이란 재결서에 오기(誤記), 계산착오 또는 그 밖에 이와 비슷한 잘못이 있는 것이 명백한 경우에는 위원장은 직권으로 또는 당사자의 신청에 따라 이를 정정하는 것을 말한다(영 제31조).

나. 요건 및 절차

재결의 경정은 재결서의 착오기재 등 기타 표현상의 잘못이 명백한 경우이어야 한다. 따라서 재결시 법규정의 잘못된 적용 등의 사유는 경정대상이 아니고 재결에 고유한 하자가 있음을 이유로 하는 재결취소소송의 대상이 된다.[223]

경정은 당사자의 신청이나 행정심판위원회 위원장이 직권으로 결정으로 한다(영 제31조 제1항).

위원장이 재결의 경정결정을 한 때에는 경정결정의 원본을 재결서의 원본에 첨부하고, 경정결정의 정본(正本) 및 등본을 당사자 및 참가인에게 송달하여야 한다(영 제31조 제2항).

다. 경정의 효력

재결의 경정은 재결시에 소급하여 그 효력이 발생한다. 따라서 재결의 경정은 원래의 재결의 효력에 영향을 미치지 않는다.

6. 재결의 종류

재결의 종류는 그 내용에 따라 각하재결, 기각재결, 인용재결로 분류할 수 있고, 그 효력에 따라 형성재결, 이행재결, 확인재결로 분류할 수 있다.

223) 판례가 인정하는 경정사유는 당사자의 표시에 주소 누락, 판결서 말미의 별지목록 누락, 목적물 표시에 번지의 호수 누락, 호프만식 계산법에 따른 손해금의 계산 착오 등이다.

가. 재결의 내용에 따른 분류

(1) 각하재결

① **의의**

각하(却下)재결은 심판청구의 요건심리의 결과 그 제기요건이 결여되어 부적법한 청구라는 이유로 본안심리를 거절하는 재결을 말한다(법 제43조 제1항).

② **각하사유**

「행정심판법」에는 심판청구가 적법하지 아니하면 그 심판청구를 각하한다는 규정(법 제43조 제1항)만 있을 뿐 부적합한 사유가 무엇인지에 대한 구체적인 규정은 없어 각하사유 여부는 구체적·개별적으로 판단하여야 한다.

각하사유에 해당하는 사례로는 (i) 심판청구사항(행정청의 처분이나 부작위)이 아닌 행위에 대하여 심판청구를 한 경우(예 법령 제정·개정행위, 행정청 내부행위, 사경제적 행위, 단순한 사실행위 등), (ii) 청구인 능력 또는 청구인 적격이 없는 자의 심판청구, (iii) 심판청구기간을 경과하여 심판청구를 한 경우, (iv) 심판청구 대상이 소멸된 후 심판청구를 하거나 심판계속 중 소멸한 경우[224](예 영업정지처분 기간 도과 후 심판청구를 하거나 영업정지처분 기간 중 심판청구를 하였으나 심판계속 중에 정지기간이 끝난 경우), (v) 재결 이후에 재심판청구를 한 경우(법 제51조), (vi) 보정을 요구하였음에도 보정하지 아니한 경우(법 제32조 제6항) 등이 있다.

(2) 기각재결

기각재결은 심판청구 요건을 갖춘 심판청구사건에 대하여 본안심리를 한 후 청구인이 신청한 내용이 이유 없음을 이유로 행정청이 했던 원처분을 그대로 유지하는 재결을 말한다(법 제43조 제2항). 기각재결은 처분청이나 관계행정청을 기속하는 효력은 없으므로 기각재결이 있은 후에도 처분청은 원처분을 직권으로 취소·변경할 수 있다.

(3) 인용재결

인용재결은 본안심리 결과 심판청구가 이유 있다고 판단하여 청구인의 청구 취지를 받아들이는 재결을 말한다.

① **취소재결·변경재결 및 변경명령재결(취소심판에서의 인용재결)**

행정심판위원회는 취소심판의 청구가 이유 있다고 인정하면 그 처분을 취소하는 재결(취소재결－형성재결)을 하거나, 다른 처분으로 변경하는 재결(변경재결－형성재결)을 하거나, 처분청에 대하여 해당처분을 다른 처분으로 변경을 명하는 재결(변경명령재결－이행재결)을 한다(법 제43조 제3항).

224) 심판청구대상인 처분이 기간의 경과·처분의 집행 등으로 그 효과가 소멸되었거나 심판청구대상인 부작위에 대해 일정한 행위가 이루어져 부작위의 상태가 해소된 경우이다.

「행정심판법」은 취소심판을 행정청의 위법 또는 부당한 처분의 취소 또는 변경을 구하는 심판으로 규정하고 있는데(법 제5조 제1호) 취소는 전부취소 뿐만 아니라 일부취소를 포함하며, 변경은 행정심판위원회가 위법한 처분을 취소하고 새로운 처분을 내용으로 하는 재결을 하는 것이 가능하므로 적극적 변경으로 해석하는 것이 일반적이다.[225]

(i) 취소재결

취소재결은 처분이 위법 또는 부당하다고 인정되는 경우에 그 처분을 취소하는 재결이다. 취소재결이 행해지면 처분은 당초에 소급해서 그 효력이 소멸한다. 취소재결에는 해당 처분의 전부취소를 내용으로 하는 전부취소재결과 일부취소를 내용으로 하는 일부취소재결이 있다. 행정심판에서도 일부취소재결의 요건[226]을 구비하면 행정심판위원회는 일부취소재결을 할 수 있다.[227]

행정심판위원회는 필요하면 당사자가 주장하지 아니한 사실에 대하여도 심리할 수 있으므로(법 제39조), 직권탐지에 의해 청구인이 주장하지 않은 위법 또는 부당사유를 근거로 취소재결을 할 수 있다.

(ii) 변경재결

변경재결은 처분의 내용을 적극적으로 변경하는 재결을 말한다. 예컨대 영업취소처분을 영업정지처분으로 변경하거나, 영업정지처분을 과징금부과처분으로 변경하는 것이다.[228]

(iii) 변경명령재결

변경명령재결은 처분을 다른 처분으로 변경할 것을 피청구인에게 명하는 재결이다.[229]
변경명령재결은 취소재결・변경재결과 같이 원처분을 직접 취소・변경하는 형성재결이 아니라 원처분청으로 하여금 원처분을 변경할 것을 명하는 데 그치는 이행재결이다.

225) 취소심판은 취소소송과 달리 적극적 변경도 가능할뿐더러, 행정심판은 위법뿐만 아니라 부당도 통제할 수 있으므로(법 제1조) 행정심판위원회는 과징금부과처분을 위법 또는 부당을 이유로 일부취소재결을 할 수도 있다. 소송과는 달리 행정심판위원회가 재량권을 대신 행사할 수 있는가 하는 권력분립관점에서의 문제가 발생하지 않기 때문이다.

226) 일부취소의 가능성은 일부취소의 대상이 되는 부분의 분리취소 가능성에 따라 판단된다. 외형상 하나의 처분이라도 가분성이 있거나 처분대상의 일부가 특정될 수 있으면 일부만의 취소도 가능하며 일부의 취소는 당해 취소부분에만 효력이 생긴다. 반면 재량행위인 경우에는 처분청의 재량권을 존중해야 하고, 행정심판위원회는 취소재결에서의 직접처분은 인정되지 않으므로 일부취소는 불가하고 전부취소를 하여 처분청이 재량권을 행사하여 적법한 처분을 하도록 해야 한다. 판례도 영업정지 처분이나 과징금부과처분과 같은 재량처분을 함에 있어서 법원으로서는 재량권 남용이라고 판단될 때에는 위법한 처분으로서 처분을 취소할 수 있을 뿐이고, 재량권이 한계 내에서 어느 정도가 적정한 것인지를 가리는 일은 사법심사의 범위를 벗어난다고 한다.

227) 행정심판은 위법뿐만 아니라 부당도 통제할 수 있으므로 행정심판위원회는 과징금부과처분을 위법 또는 부당을 이유로 일부취소재결을 할 수 있다. 소송과 달리 행정심판위원회가 재량권을 대신 행사할 수 있는가 하는 권력분립관점에서의 문제가 발생하지 않기 때문이다.

228) 중앙행정심판위원회의 재결례 중에는 운전면허 취소처분을 110일의 운전면허 정지처분으로 변경하는 재결례가 많은데, 이는 변경재결의 대표적 사례에 해당한다.

229) 원처분에 갈음하는 새로운 처분은 여러 방안이 있을 수 있으므로 행정심판위원회가 직접 변경재결을 하는 것보다 피청구인 행정청으로 하여금 최선의 방안을 판단하여 처분하도록 하는 것이 합리적일 때에는 변경명령재결을 할 수 있다.

② **무효등확인재결(무효등확인심판에서의 인용재결)**

무효등확인재결이란 행정심판위원회가 무효등확인심판의 청구가 이유 있다고 인정할 때에 해당 처분의 효력 유무 또는 존재 여부를 확인하는 재결을 말한다(법 제43조 제4항). 즉, 처분의 유효·무효나 존재·부존재 또는 실효를 공권적으로 확인하는 내용의 것이다. 무효등확인심판의 인용재결은 형성적 효력을 수반하지 아니한다. 무효등확인심판의 인용재결에는 처분무효확인재결, 처분실효확인재결, 처분유효확인재결, 처분존재확인재결, 처분부존재확인재결이 있다.

③ **의무이행재결(의무이행심판에서의 인용재결)**

(i) 의의

의무이행심판의 청구가 이유 있다고 인정될 때 청구인의 신청에 따른 처분(처분재결－형성재결)을 직접하거나 피청구인(처분청 또는 부작위 행정청)에게 신청에 따른 처분을 하도록 명하는 재결(처분명령재결－이행재결)을 말한다(법 제43조 제5항). 행정심판위원회는 의무이행심판청구의 인용시에 행정심판위원회의 판단에 따라 처분재결과 처분명령재결 중에서 어느 하나를 선택해서 할 수 있다.[230]

(ii) 위법·부당 판단의 기준시

취소·변경재결의 경우에 원칙적으로 처분시가 되나, 의무이행재결의 경우에는 과거에 행하여진 거부처분이나 부작위를 계속 유지하는 것이 위법·부당한지 여부가 판단의 핵심이므로 재결시를 기준으로 위법·부당 여부를 판단하여야 할 것이다.

(iii) 의무이행재결의 종류와 내용

㉠ 처분재결

처분재결은 행정심판위원회가 청구인의 신청에 따른 처분을 직접 하는 것이므로 형성재결이다. 이때 신청에 따른 처분이란 반드시 청구인의 신청내용대로 한 처분만을 의미하는 것이 아니고 신청에 대한 거부 또는 기타의 처분도 포함된다.

㉡ 처분명령재결

처분명령재결은 행정심판위원회가 피청구인(처분청 또는 부작위 행정청)에게 신청에 따른 처분을 하도록 명하는 재결이므로 이행재결이다. 처분명령재결이 있으면 해당 행정청은 지체 없이 재결의 취지에 따라 원신청에 대한 처분을 할 의무를 지게 된다(법 제49조 제3항).

230) 처분은 처분권한을 가진 행정청이 하는 것이 합리적인 점, 사건의 내용이나 결론이 일의적이고 명백한 것이 아니므로 다른 처리방안을 고려할 필요가 있다는 점, 행정심판위원회가 처분청의 판단을 전적으로 대체할 수 있는 것이 아니란 점 등을 고려하면 제3자기관으로서 처분청의 상급관청이 아닌 행정심판위원회는 청구인의 권익구제가 시급하다든지 하는 특별한 사정이 없는 한 처분재결을 하는 것은 바람직하지 않고 처분명령재결을 하는 것이 바람직할 것이다. 심판 실무에서는 처분재결을 하는 경우는 거의 없고 처분명령재결을 하고 있다.

㉢ 기속행위에 대한 인용재결

의무이행심판청구의 대상인 행정청의 행위가 기속행위인 경우 행정청은 법적으로 당해 행위를 하여야 할 기속을 받는다. 따라서 행정심판위원회는 청구의 이유가 있을 때에는 재결로 청구인의 청구내용대로의 직접 처분을 하거나, 행정청에 처분할 것을 명해야 한다.[231] 왜냐하면 기속행위에 있어서 처분청은 신청이 적법한 경우에는 신청된 대로 특정한 처분을 하여야 할 의무를 부담하기 때문이다.

㉣ 재량행위에 대한 인용재결

의무이행심판청구의 대상인 행정청의 행위가 재량행위인 경우, 행정청은 상대방의 신청에 대하여 처분을 할 의무는 있으나, 그 종국적 처분의 내용에 대하여는 행정청에 재량권, 즉 고유한 판단권이 부여되어 있으므로 반드시 상대방의 신청대로 처분해야 할 법적 의무는 없다. 그러므로 재량행위에 속하는 행정청의 거부처분 또는 부작위에 대하여 행정심판위원회가 위법을 이유로 인용하는 경우에는 청구인의 청구내용대로 스스로 처분을 하거나 청구내용대로 처분을 할 것을 처분청에 명할 수는 없다. 이 경우에는 행정심판위원회는 처분청의 재량 처분권을 존중하여 처분청에 재량의 하자가 없는 일정한 처분을 할 것을 명하는 재결(=처분명령재결)을 해야 한다.[232]

나. 재결의 효력에 따른 분류

(1) 형성재결

형성재결은 재결로써 처분을 직접 취소 또는 변경하는 재결이다. 형성재결은 해당 처분을 바로 취소하거나 변경하는 형성력이 있으므로 심판청구 대상이 된 처분은 원처분청의 취소절차를 거칠 필요 없이 재결에 따라 바로 취소되거나 변경된다.

(2) 이행재결

이행재결은 행정심판위원회가 원처분을 직접 취소·변경하는 것이 아니라 처분청에 대하여 원처분을 취소·변경하도록 명하는 재결이다. 명령재결이라고도 한다.

(3) 확인재결

확인재결은 무효등확인심판청구에 대하여 법률관계의 존부 및 효력에 대한 확인을 내용으로 하는 재결이다.

231) 박균성, 행정법강의, 670면

232) 다만, 재량권이 영(零)으로 수축되는 경우로서 위법을 이유로 인용재결을 하는 때에는 행정심판위원회는 청구인이 청구한 내용대로 스스로 처분을 하거나, 처분청에 청구인이 청구한 내용대로 처분을 할 것을 명할 수 있다.

다. 사정재결

> **제44조【사정재결】** ① 위원회는 심판청구가 이유가 있다고 인정하는 경우에도 이를 인용(認容)하는 것이 공공복리에 크게 위배된다고 인정하면 그 심판청구를 기각하는 재결을 할 수 있다. 이 경우 위원회는 재결의 주문(主文)에서 그 처분 또는 부작위가 위법하거나 부당하다는 것을 구체적으로 밝혀야 한다.
> ② 위원회는 제1항에 따른 재결을 할 때에는 청구인에 대하여 상당한 구제방법을 취하거나 상당한 구제방법을 취할 것을 피청구인에게 명할 수 있다.
> ③ 제1항과 제2항은 무효등확인심판에는 적용하지 아니한다.

⑴ 의의

사정재결이란 심판청구가 이유 있다고 인정하는 경우에도 이를 인용하는 것이 공공복리에 크게 위배된다고 인정할 때에는 그 심판청구를 기각하는 재결을 말한다(법 제44조 제1항). 사정재결은 기각재결의 일종이다.

⑵ 인정이유

사정재결은 청구를 인용해서 사익의 보호가 결과적으로 공익에 중대한 침해요소가 되는 일이 없도록 이를 시정하여 다수인 또는 국가 전체의 이익을 우선시켜 전체로서 공익보호를 확보하기 위한 것이다. 사정재결은 공익과 사익의 합리적인 조정을 도모하기 위하여 예외적으로 인정되는 제도이다.[233]

⑶ 적용범위

사정재결은 취소심판 및 의무이행심판에만 인정되고 무효등확인심판에는 인정되지 아니한다(법 제44조 제3항).

⑷ 요건

① 처분 또는 부작위의 취소나 이행을 구하는 청구일 것

사정재결은 처분 또는 부작위가 위법하거나 부당하여 그 취소나 이행을 구하는 청구의 경우만 인정된다.

② 청구가 이유 있다고 인정하는 경우일 것

사정재결은 심판청구의 대상인 처분 또는 부작위가 위법 또는 부당하여 이를 인용하여야 함에도 불구하고 예외적으로 기각하는 경우에 해당하여야 한다.

③ 인용재결하는 것이 공공복리에 크게 위배될 것

위법·부당한 처분 또는 부작위를 제거하는 것보다 오히려 이를 유지하는 것이 공익에 보다 부합되는 것을 요한다.

---

233) 김동희·최계영, 행정법Ⅰ, 691면

(5) 사정재결의 형식

행정심판위원회가 사정재결을 하는 경우에는 재결의 주문(主文)에 그 처분 또는 부작위가 위법하거나 부당함을 구체적으로 밝혀야 한다.

(6) 구제방법

행정심판위원회는 사정재결을 함에 있어서, 직접 청구인에 대하여 상당한 구제방법을 취하거나 피청구인에게 상당한 구제방법을 취할 것을 명할 수 있다(법 제44조 제2항). 구제조치로는 금전보상 및 제거시설의 설치 등을 들 수 있다.

(7) 사정재결 및 사정판결의 사례

행정심판에서 사정재결을 한 사례는 없으나 행정소송에서는 ① 환지예정지 지정처분 취소, ② 주택개량재개발조합설립 및 사업시행인가 처분무효확인, ③ 개발제한구역 내 행위허가처분 무효확인, ④ 법학전문대학원 예비인가처분 취소 등의 사례가 있다.

판례

[판례 1]

환지예정지지정처분의 기초가 된 가격평가의 내용이 일응 적정한 것으로 보일 뿐만 아니라 환지계획으로 인한 환지예정지지정처분을 받은 이해관계인들 중 원고를 제외하고는 아무도 위 처분에 관하여 불복하지 않고 있으므로 원고에 대한 환지예정지지정처분을 위법하다 하여 이를 취소하고 새로운 환지예정지를 지정하기 위하여 환지계획을 변경할 경우 위 처분에 불복하지 않고 기왕의 처분에 의하여 이미 사실관계를 형성하여 온 다수의 다른 이해관계인들에 대한 환지예정지지정처분까지도 변경되어 기존의 사실관계가 뒤엎어지고 새로운 사실관계가 형성되어 혼란이 생길 수도 있게 되는 반면 위 처분으로 원고는 이렇다 할 손해를 입었다고 볼 만한 사정도 엿보이지 않고 가사 손해를 입었다 할지라도 청산금보상 등으로 전보될 수 있는 점 등에 비추어 보면 위 처분이 토지평가협의회의 심의를 거치지 아니하고 결정된 토지 등의 가격평가에 터잡은 것으로 그 절차에 하자가 있다는 사유만으로 이를 취소하는 것은 현저히 공공복리에 적합하지 아니하다고 보여 사정판결을 할 사유가 있다(대법원 1992.2.14. 선고 90누9032 판결).

[판례 2]

재개발조합설립 및 사업시행인가처분이 처분 당시 법정요건인 토지 및 건축물 소유자 총수의 각 3분의 2 이상의 동의를 얻지 못하여 위법하나, 그 후 90% 이상의 소유자가 재개발사업의 속행을 바라고 있어 재개발사업의 공익 목적에 비추어 그 처분을 취소하는 것은 현저히 공공복리에 적합하지 아니하다(대법원 1995.7.28. 선고 95누4629 판결).

[판례 3]

건축허가취소처분이 의견진술 절차 없이 이루어진 절차적인 위법사유가 있으나, 이를 이유로 취소처분을 취소하고 당초의 건축허가를 유지하는 것은 현저히 공공복리에 적합하지 아니하다는 이유로 사정판결을 할 사유가 있다(대법원 2005.12.8. 선고 2003두10046 판결).

[판례 4]

법학전문대학원이 장기간의 논의 끝에 사법개혁의 일환으로 출범하여 2009년 3월 초 일제히 개원한 점, 전남대 법학전문대학원도 120명의 입학생을 받아들여 교육을 하고 있는데 인가처분이 취소되면 그 입학생들이 피해를 입을 수 있는 점, 법학전문대학원의 인가 취소가 이어지면 우수한 법조인의 양성을 목적으로 하는 법학전문대학원 제도 자체의 운영에 큰 차질을 빚을 수 있는 점, 법학전문대학원의 설치인가 심사기준의 설정과 각 평가에 있어 법 제13조에 저촉되지 않는 점, 교수위원이 제15차 회의에 관여하지 않았다고 하더라도 그 소속대학의 평가점수에 비추어 동일한 결론에 이르렀을 것으로 보여, 전남대에 대한 이 사건 인가처분을 취소하고 다시 심의하는 것은 무익한 절차의 반복에 그칠 것으로 보이는 점 등을 종합하여, 전남대에 대한 이 사건 인가처분이 법 제13조에 위배되었음을 이유로 취소하는 것은 현저히 공공복리에 적합하지 아니하다고 인정하였다(대법원 2009.12.10. 선고 2009두8359 판결).

7. 재결의 효력

재결은 처분으로서 행정행위의 일종이므로 행정행위가 일반적으로 가지는 기속력, 형성력, 공정력, 불가쟁력(=형식적 확정력), 불가변력 등을 가진다.

가. 기속력

제49조 【재결의 기속력 등】 ① 심판청구를 인용하는 재결은 피청구인과 그 밖의 관계 행정청을 기속(羈束)한다.
② 재결에 의하여 취소되거나 무효 또는 부존재로 확인되는 처분이 당사자의 신청을 거부하는 것을 내용으로 하는 경우에는 그 처분을 한 행정청은 재결의 취지에 따라 다시 이전의 신청에 대한 처분을 하여야 한다.
③ 당사자의 신청을 거부하거나 부작위로 방치한 처분의 이행을 명하는 재결이 있으면 행정청은 지체 없이 이전의 신청에 대하여 재결의 취지에 따라 처분을 하여야 한다.
④ 신청에 따른 처분이 절차의 위법 또는 부당을 이유로 재결로써 취소된 경우에는 제2항을 준용한다.
⑤ 법령의 규정에 따라 공고하거나 고시한 처분이 재결로써 취소되거나 변경되면 처분을 한 행정청은 지체 없이 그 처분이 취소 또는 변경되었다는 것을 공고하거나 고시하여야 한다.
⑥ 법령의 규정에 따라 처분의 상대방 외의 이해관계인에게 통지된 처분이 재결로써 취소되거나 변경되면 처분을 한 행정청은 지체 없이 그 이해관계인에게 그 처분이 취소 또는 변경되었다는 것을 알려야 한다.

(1) 의의

기속력(羈束力)이란 피청구인인 행정청과 그 밖의 관계 행정청이 재결의 취지에 따르도록 구속하는 효력을 말한다. 재결은 피청구인인 행정청과 그 밖의 관계 행정청을 구속하여 피청구인인 행정청은 재결의 내용을 실현할 의무를 지게 된다. 이와 같은 재결의 기속력은 심판청구가 인용재결되었으나 행정청이 그 재결의 취지를 따르지 않아 발생하는 청구인의 권리실현의 어려움을 방지할 수 있다는 점에서 그 의의가 있다.

⑵ 기속력이 인정되는 재결

재결의 기속력은 인용재결에만 인정되는 효력이다.[234] 기각재결이나 각하재결의 경우에는 기속력은 인정되지 않고 심판청구를 배척하는 데 그치므로 처분청과 그 밖의 관계행정청은 원처분을 유지시킬 의무를 부담하지 않는다. 따라서 처분청은 기각재결이나 각하재결 후에도 정당한 사유가 있으면 직권으로 원처분을 취소·변경·철회할 수 있다.

⑶ 기속력의 법적 성질

① 「행정소송법」상 판결의 기속력의 법적 성질

「행정소송법」에서도 "처분등을 취소하는 확정판결은 그 사건에 관하여 당사자인 행정청과 그 밖의 관계 행정청을 기속한다."라고 하여 판결의 기속력에 관하여 「행정심판법」과 같은 내용을 규정하고 있다.[235] 판결의 기속력의 법적 성질이 무엇인지에 관하여는 행정소송에서의 취소판결의 기속력과 관련하여 논의가 되고 있다.

(i) 기판력설

판결의 기속력은 취소판결의 기판력이 행정청에 미치는 것에 지나지 않으며 그 본질은 기판력과 같은 성질이라고 보는 견해이다.[236]

(ii) 특수효력설

기속력은 취소판결의 판결 자체의 효력은 아니고, 판결의 실효성을 확보하기 위하여 「행정소송법」이 특별히 부여한 효력이며, 따라서 판결 자체의 효력인 기판력과는 그 본질을 달리한다고 보는 견해이다.[237]

② 「행정심판법」상 재결의 기속력의 성질

「행정심판법」상의 재결의 기속력에 대하여는 다수설은 법원의 판결과 같은 사실인정절차의 객관성이 부족하여 기판력이 인정될 수 없다고 한다. 판례도 행정심판의 재결에 대하여는 소송에서의 기판력을 인정하고 있지 않다.

---

234) 따라서 인용재결이 내려진 경우 재결의 기속력으로 인해 처분청은 이에 불복하여 항고소송을 제기할 수 없다는 것이 판례의 태도이다.

235) 「행정소송법」 제30조 제1항·제38조·제44조 제1항

236) 기판력이란 재판이 확정된 때에는 동일한 소송물에 대하여는 다시 소를 제기할 수 없고 설사 후소가 제기되어도 상대방은 전소에서의 기판사항이라는 이유로 항변을 할 수 있으며, 법원도 일사부재리의 원칙에 따라 전소의 확정판결과 모순되는 판단을 후소에서 하지 못한다는 것이다.

237) 즉, **기판력은** 법적 안전성을 위하여 후소의 재판을 구속하여 모순된 재판을 금하는 소송법상의 효력인 데 반하여 **기속력은** 판결의 실효성을 확보하기 위하여 판결의 취지에 따라 행동하도록 관계 행정청을 구속하는 실체법상의 효과를 발생시키는 효력이므로 양자는 그 효력을 달리한다고 한다[김동희·최계영, 행정법 Ⅰ, 781면; 박균성, 행정법론(상), 1444면].

판례

행정심판이 재결은 피청구인인 행정청을 기속하는 효력을 가지므로 재결청의 취소심판의 청구가 이유 있다고 인정하여 처분청에게 처분을 취소할 것을 명하면 처분청으로서는 그 재결의 취지에 따라 당해 처분을 취소하여야 하는 것이지만, 나아가 그 재결에 판결에서와 같은 기판력이 인정되는 것은 아니어서 재결이 확정된 경우에도 그 처분의 기초가 된 사실관계나 법률적 판단이 확정되고 당사자들이나 법원이 이에 기속되어 모순되는 주장이나 판단을 할 수 없게 되는 것은 아니다(대법원 2015.11.27. 선고 2013다 6759 판결).

(4) 기속력의 범위

① 주관적 범위

기속력은 피청구인인 행정청뿐만 아니라 그 밖의 모든 관계 행정청을 기속한다(법 제49조 제1항). 관계 행정청이란 피청구인 행정청과 일련의 상하관계에 있는 행정청 및 해당 처분에 관계가 있는 행정청이다.[238] 재결의 기속력으로 인해 처분청은 위원회의 재결에 대하여 재의를 요구할 수 없고, 인용재결에 불복하여 행정소송도 제기하지 못한다. 헌법재판소는 재결의 기속력을 규정하고 있는 「행정심판법」 규정은 지방자치제도의 본질적 부분을 침해하지 않는다고 합헌결정을 하였다.[239]

② 객관적 범위

기속력은 재결 주문 및 그 전제가 된 요건사실의 인정과 판단에만 미치고, 이와 직접 관계가 없는 다른 처분에 대하여는 미치지 아니한다.

(i) 절차나 형식의 위법이 있는 경우

재결의 기속력은 재결에 적시된 개개의 위법사유에 미치기 때문에 재결 후 행정청이 재결에 의해 적시된 절차나 형식의 위법사유를 보완한 경우에는 다시 동일한 내용의 처분을 하더라도 기속력에 반하지 않는다. 즉, 적법한 절차를 거쳐 다시 거부처분을 하면 재처분의무을 이행한 것이 된다.

238) 취소된 처분을 전제로 하여 이와 관련되는 처분 또는 부수되는 행위를 행하는 행정청을 말한다.

239) 헌재 2014.6.26. 2013헌바122

(ii) 내용상 위법이 있는 경우

재결의 기속력은 재결의 주문 및 그 전제가 된 요건사실의 인정과 판단, 즉 처분 등의 구체적 위법사유에 관한 판단에만 미친다. 따라서 종전 처분이 재결에 의하여 취소되었다 하더라도 종전 처분시와 기본적인 사실관계와 동일하지 아니한 별개의 **다른 사유**를 들어 처분을 하는 것은 **기속력에 저촉되지 않는다**. **기**본적 **사**실관계의 **동**일성 인정 여부는 구체적인 사실관계가 동일한지 여부로 결정된다(대법원 2017.2.9. 선고 2014두40029 판결).[240] 또한, 기속력은 처분시를 기준으로 발생하므로 거부처분 이후에 사정변경이 있으면 그 **사정을 이유**로 다시 거부처분을 하더라도 기속력에 반하지 않는다.

판례

대법원 2017.2.9. 선고 2014두40029 판결 [압류처분무효확인]

원고, 피상고인 학교법인 ○○학원
피고, 상고인 경주세무서장

주문

원심판결 중 피고 패소 부분을 파기하고, 이 부분 사건을 대구고등법원에 환송한다.

이유

1. 재결의 기속력은 재결의 주문 및 그 전제가 된 요건사실의 인정과 판단, 즉 처분의 구체적 위법사유에 관한 판단에만 미친다. 따라서 종전 처분이 재결에 의하여 취소되었더라도 종전 처분시와 다른 사유를 들어 처분을 하는 것은 기속력에 저촉되지 아니한다. 여기서 동일한 사유인지 다른 사유인지는 종전 처분에 관하여 위법한 것으로 재결에서 판단된 사유와 기본적 사실관계에서 동일성이 인정되는 사유인지 여부에 따라 판단하여야 한다(대법원 2005.12.9. 선고 2003두7705 판결 등 참조).
2. 원심판결 이유 및 원심이 채택한 증거에 의하면 아래와 같은 사실을 알 수 있다.
   가. 원고는 경주○○고등학교와 ○○중학교를 운영하는 학교법인인데, 1983.12.3.경부터 경상북도 교육감의 용도변경허가를 받아 원고 소유의 경주시 천북면 오야리 (주소1 생략) 답 8,549m² 및 같은 리 (주소2 생략) 답 6,255m²(이하 '오야리 토지'라고 한다)를 **교육용** 기본재산으로 등재하고 학교 야구부와 축구부의 연습장으로 사용하였다.
   나. 원고는 1990.4.4.경 경상북도 교육감에게 야구부 해체 등으로 인한 부지 미활용과 학교 이전계획을 위한 재정확보 등을 이유로, 오야리 토지를 **수익용** 기본재산으로 용도변경한 후 처분하고 그 처분대금을 정기예금으로 대체하여 관리하겠다는 취지의 용도변경 및 대체처분허가를 신청하였다.
   다. 경상북도 교육감은 1990.5.7. '처분대금의 정기예금 예치와 1990.8.20.까지의 처분' 등의 조건을 붙여 허가하였으나, 원고는 위 기한까지 오야리 토지를 처분하지 못하였고, 이후 다시 오야리 토지의 용도를 교육용 기본재산으로 변경하는 허가는 받지 않았다.
   라. 피고는 원고가 법인세 1,361,188,760원을 체납하자 1996.5.8. 오야리 토지를 포함한 원고 소유의 부동산에 대하여 압류처분(이하 '종전 압류처분'이라고 한다)을 하였다.

240) 이 사건은 토지에 관한 종전 압류처분이 학교법인 재산대장 등에 사립학교 교육용 기본재산으로 등재된 압류금지재산에 대한 것이라는 이유로 재결에 의해 취소된 이후 과세관청이 해당 토지는 학교 교육에 직접 사용되지 않고 있어 압류금지재산인 교육용 기본재산이 아니라는 이유로 후행 압류처분을 한 경우, 후행 압류처분은 종전 재결의 사실인정 및 판단과 **기본적인 사실관계가 동일하지 아니한 사유**를 바탕으로 이루어진 것이므로 재결의 기속력에 저촉되지 않는다고 판단한 사안이다. 앞서 제1심은 경주세무서(피고)의 승소로 판단하였지만, 제2심은 "이 사건 압류처분은 이전 압류처분에 대한 재결의 기속력에 반한다"며 ○○학원(원고)의 승소로 판결한 바 있다. [경주정보고등학교 사건]

마. 원고는 이에 불복하여 이의신청과 심사청구를 거쳐 1996.11.21. 국세심판소에 심판청구를 제기하면서, 오야리 토지 등은 교육용 기본재산으로서 사립학교법 등 관련법령에 따라 경매목적물이 될 수 없는 부동산이어서 압류할 수 없다고 주장하였고, 피고는 강제경매의 목적물이 될 수 있는지는 별론으로 하고 압류금지재산은 아니라는 취지로 다투었다.

바. 국세심판소는 1997.4.14. '경상북도 교육감이 확인해 준 원고 소유 재산현황에 의하면 오야리 토지를 비롯한 일부 부동산은 교육용 기본재산으로 등재되어 있음이 확인되는 바, 압류처분의 대상이 된 원고의 부동산 중 사립학교 교육에 직접 사용되는 **교육용 기본재산**으로 인정되는 오야리 토지 등 일부 부동산은 압류가 허용되지 않는다'는 이유로 원고의 심판청구 중 일부를 받아들여 오야리 토지 등에 관한 압류처분을 취소하는 재결(이하 '이 사건 재결'이라고 한다)을 하였다.

사. 피고는 2004.10.15. 위 **법인세 체납**을 이유로 다시 오야리 토지를 압류하는 처분을 하였고, 2010.8.18. 오야리 토지 가운데 (주소1 생략) 답 8,549m² 중 19m²가 (주소3 생략)으로, (주소2 생략) 답 6,255m² 중 1,782m²가 (주소4 생략)로 각 분할되었다(이하 오야리 토지 중 분할 후 (주소1 생략), (주소2 생략), (주소4 생략) 토지에 대한 2004.10.15.자 압류처분을 '이 사건 압류처분'이라고 한다).

아. 한편 오야리 토지에 대하여는 소외1이 2004년부터 2008년까지, 소외2가 2009년부터 2010년까지 쌀소득보전 직접지불금을 수령하였다.

3. 위와 같은 사실관계와 기록에 의하여 알 수 있는 다음과 같은 사정들, 즉 ① 이 사건 재결에서 국세심판소는 오야리 토지가 교육용 기본재산으로 등재되어 있다는 사실을 인정한 후 이를 교육용 기본재산으로 판단하였을 뿐 그 실제 이용현황에 관하여는 아무런 사실인정이나 판단을 하지 아니한 점, ② 종전 압류처분 당시 피고는 원고 소유의 부동산이 사립학교 교육에 직접 사용되는 교육용 기본재산인지 여부를 따지지 않고 모두 압류하였던 점, ③ 이 사건 압류처분 당시에도 원고와 경상북도 교육청은 학교법인 재산대장 등에 오야리 토지를 교육용 기본재산으로 기재하고 있었으나, 피고는 원고 소유의 부동산들 중 오야리 토지만을 압류한 점 등을 종합하여 보면, 이 사건 압류처분의 사유는 2004.10.15. 당시 오야리 토지가 제3자에 의하여 농경지로 사용되는 등 그 실제 사용현황이 사립학교 교육에 직접 사용되지 아니하고 있어서 압류금지재산인 교육용 기본재산에 해당하지 아니한다는 것이었다고 봄이 상당하다. 따라서 **이 사건 압류처분**은, **종전 압류처분** 당시 오야리 토지가 교육용 기본재산으로 등재되어 있어서 압류금지재산에 해당한다고 본 이 사건 재결의 사실인정 및 판단과는 기본적 사실관계가 동일하지 아니한 사유를 바탕으로 이루어진 것이므로, 이 사건 재결의 기속력에 저촉된다고 볼 수 없다.

그런데도 원심은 그 판시와 같은 이유만으로 이 사건 압류처분의 사유가 이 사건 재결에서 판단된 위법사유와 기본적 사실관계가 동일하다고 보아 이 사건 압류처분이 이 사건 재결의 기속력에 위배된다고 판단하였다. 이러한 원심의 판단에는 재결의 기속력에 관한 법리 등을 오해하여 판결에 영향을 미친 잘못이 있다.

③ **시간적 범위**

기속력은 처분 당시를 기준으로 그 당시까지 존재하였던 처분사유에만 미치고 그 이후에 생긴 사유에는 미치지 않는다. 따라서 처분시 이후에 생긴 새로운 법률관계나 사실관계를 들어 동일한 내용의 처분을 하는 것은 무방하다. 다만 의무이행재결의 경우에는 재결시를 기준으로 한다. 한편, 시간적 범위와 관련하여 처분시 이후에 생긴 새로운 처분사유로 동일한 내용의 처분을 하는 것은 무방하다.[241] 행정처분의 적법 여부는 처분이 행하여진 때의 법령과 사실을 기준으로 하여 판단하는 것이므로 거부처분 후에 법령이 개정・시행된 경우에는 개정된 법령 및 허가기준을 새로운 사유로 들어 다시 이전의 신청에 대한 거부처분을 할 수 있으며, 그러한 처분도 「행정심판법」 제49조 제2항에 규정된 재처분을 해당한다.

(5) 기속력의 내용

① **반복금지의무(소극적 효력)**

행정청은 재결에 기속된다. 따라서 청구인용재결로서 취소・변경재결, 무효등확인재결, 의무이행재결이 있게 되면 관계 행정청은 재결의 취지에 반하는 동일한 사정하에서 동일한 당사자에게 동일한 내용의 처분을 반복해서는 안 된다. 이는 일종의 부작위의무이다.

② **재처분의무[242](적극적 효력)**

(ⅰ) 거부처분취소심판에 대한 재처분의무

㉠ 「행정심판법」상 규정

재결에 의하여 취소되거나 무효 또는 부존재로 확인되는 처분이 당사자의 신청을 거부하는 것을 내용으로 하는 경우에는 그 처분을 한 행정청은 재결의 취지에 따라 다시 이전의 신청에 대한 처분을 하여야 한다(법 제49조 제2항).[243] 거부처분에 대한 취소재결의 경우 행정청이 확정재결을 무시하고 그에 따르는 행동을 하지 않을 우려가 있어 「행정심판법」은 재처분의무를 규정하고 있는 것이며 재처분의무의 불이행시 간접강제 제도에 의해서 이행을 강제하고 있다(법 제50조의2). 기속행위나 재량이 영으로 수축된 경우 행정청은 당사자의 신청에 따른 처분을 하여야 하고, 재량행위인 경우에는 재량의 하자 없는 재처분을 하면 되며, 그 재처분은 신청에 따른 처분일 수도 있고 거부처분일 수도 있다.

---

241) 다만, 거부처분의 경우, 처분청이 거부처분취소재결이 내려진 후 정당한 이유 없이 재처분을 늦추고 그 사이에 법령이 변경된 경우에 새로운 사유에 의하여 거부처분을 하는 것은 재처분의무를 잠탈하는 결과가 되므로 허용되지 않는다.

242) 행정청의 재처분의무는 이행재결(취소심판에서의 변경명령재결, 의무이행심판에서의 처분명령재결), 무효등 확인재결의 기속력의 문제로 형성재결(취소심판에서의 취소재결이나 변경재결, 의무이행심판에서의 처분재결)의 경우에는 재처분의무가 문제가 발생되지 않는다. 형성재결은 재결만 있으면 당해 처분청의 별도의 처분이 없더라도 재결의 내용에 따라 형성력(행정법관계의 직접적인 변동)이 발생하는 것에 반해, 이행재결에는 형성력이 발생하지 않는 관계로 재결로 처분청(피청구인)에게 재결에 따른 처분을 할 법적의무(작위의무 또는 재처분의무)를 가하는 기속력이 발생된다.

243) 「행정심판법」 제49조 제2항의 법문은 취소심판에서의 변경명령재결 및 무효등 확인재결에 대한 기속력(재처분의무)를 표현한 것이다.

개정 이전의 「행정심판법」은 거부처분에 대한 의무이행인용재결에 기속력(재처분의무 규정)이 있는 것과 달리 거부처분취소재결의 경우에는 재처분의무에 대한 명문 규정이 없어 해석상 다툼이 있었다. 즉, 거부처분에 대하여 의무이행심판청구가 아닌 거부처분취소심판을 청구하여 인용재결(취소재결)을 하면 재처분의무가 생기는지 여부가 문제되었다. 판례는 "당사자의 신청을 거부하는 처분을 취소재결이 있으면 행정청은 그 재결의 취지에 따라 이전의 신청에 대한 처분을 하여야 한다"고 판시해 거부처분취소심판에서도 재처분의무를 인정하였다(대법원 1988.12.13. 선고 88누7880 판결). 현재 「행정심판법」은 이 점을 입법적으로 해결하여 거부처분취소재결의 경우에도 재처분의무를 명문화했다.

ⓛ 거부처분이 **절차상** 위법 또는 부당을 이유로 취소재결이 된 경우

피청구인은 적법한 형식과 절차를 갖추어 다시 신청한 사건에 대해 가·부간의 처분을 하여야 한다. 피청구인은 실체적 요건을 심사하여 신청대로 처분을 할 수도 있고, 다시 거부처분을 할 수 있고, 이러한 처분도 재처분에 해당한다.[244)]

ⓒ 거부처분이 **실체적** 위법 또는 부당을 이유로 취소재결이 된 경우

피청구인은 그 신청을 인용하는 처분을 해야 한다. 다만, 재처분의 위법 여부는 재처분 당시를 기준으로 하므로, 재결 이후 법령이나 사실관계가 변경된 때에는 이를 이유로 다시 거부처분을 하는 것은 재처분의무를 이행한 것에 해당한다. 이러한 처분도 재처분에 해당한다.[245)]

ⓔ 거부처분 당시 존재했으나 처분사유로 하지 않았던 **다른 사유**를 근거로 다시 거부처분을 한 경우

판례는 처분사유의 추가·변경이 불가능했던 사유에 한하여 다시 거부처분을 할 수 있다고 하고 있다. 처분사유의 추가·변경이 불가능했던 사유란 원래의 처분사유와 기본적 사실관계가 **다른 사유**를 말한다.[246)]

ⓜ 피청구인이 취소재결에도 불구하고 재처분을 하지 않는 경우

위법한 부작위가 성립되는 것이므로 부작위를 이유로 의무이행심판의 처분명령재결로 해결하고 그래도 이행하지 않을 때에는 직접처분이나 간접강제를 신청할 수 있다.

244) 대법원 2005.1.14. 선고 2003두13045 판결

245) 대법원 1997.2.4.자 96두70 결정

246) 이원, 주해행정심판법, 443면

(ii) 처분명령재결에 따른 재처분의무

㉠ 「행정심판법」상 규정

당사자의 신청을 거부하거나 부작위로 방치한 처분의 이행을 명하는 재결이 있으면 행정청은 지체 없이 이전의 신청에 대하여 재결의 취지에 따라 처분을 하여야 한다(법 제49조 제3항).[247] 이는 이행재결의 경우 기속력의 효과를 규정한 것으로서, 재결의 취지에 따라 행정청에게 적극적으로 행동하여야 할 작위의무 또는 재처분의무가 있음을 밝히고 있다. 이러한 재처분의무 규정에 따라서 청구인의 신청이 위법 또는 부당하게 거부되거나 방치된 경우 의무이행심판을 제기하여 궁극적으로 당해 처분의 발급을 받을 수 있다.

㉡ 기속행위와 재량행위의 경우

의무이행심판청구의 대상인 행정청의 행위가 기속행위의 경우에는 신청된 대로 재처분을 하여야 한다. 반면 재량행위의 경우에는 신청에 대한 하자 없는 재처분을, 영으로서의 재량수축의 경우에는 기속행위와 동일한 처분, 즉 신청한 대로의 재처분을 하여야 한다.

(iii) 절차상 위법·부당을 이유로 하는 취소재결에 따른 재처분의무

「행정심판법」은 신청에 따른 처분이[248] 절차의 위법 또는 부당을 이유로 재결로써 취소된 경우에도 재결의 취지에 따라 다시 이전의 신청에 대한 처분을 하여야 한다는 재처분의무를 규정하고 있다(법 제49조 제4항).

신청에 따른 처분이 절차의 위법 또는 부당을 이유로 재결로써 취소된 경우에는 행정청은 지체 없이 이전의 신청에 대하여 재결의 취지에 따라 다시 처분을 하여야 한다. 행정청은 신청사항에 대하여 실체적 요건을 심사하여 신청된 대로 처분을 할 수도 있고 실체적 요건의 미비를 이유로 다시 거부처분을 할 수도 있다. 이때 기속행위의 경우에는 사실상 동일한 처분이 이루어지게 될 것이다.

신청에 따른 처분이 제3자효 행정행위인 경우 제3자가 취소심판을 제기하여 절차상의 위법을 이유로 취소되면 적법한 절차에 따라 재처분을 하여야 하는데 신청인에게 또 다시 동일한 수익처분이 내려질 가능성이 있기 때문에, 신청인(처분의 상대방)에게는 재처분의 이익이 있다. 여기서 절차의 위법은 좁은 의미의 절차뿐만 아니라 권한·형식·절차상의 위법을 포함하여 널리 실체법상의 위법에 대응하는 넓은 의미이다.

247) 이때 행정청의 행위가 기속행위의 경우에는 신청된 대로 재처분을 하여야 한다. 반면 재량행위의 경우에는 신청에 대한 하자 없는 재처분을, 영으로서의 재량수축의 경우에는 기속행위와 동일한 처분, 즉 신청한 대로의 재처분을 하여야 한다. 「행정심판법」 제49조 제3항의 법문은 의무이행심판에서의 처분명령재결에 따른 기속력(재처분의무)를 표현한 것이다.

248) 여기서 신청에 따른 처분이란 신청에 대한 인용처분을 말하는 것이고, 신청에 따른 인용처분이 제3자의 심판청구에 의해 절차상의 위법 또는 부당을 이유로 취소되는 경우의 재처분의무를 규정한 것이다. 다만, 절차상 위법 또는 부당을 이유로 취소되는 경우에도 실체법상으로는 처분이 적법한 경우 원래의 신청이 다시 인용될 여지가 있으므로 신청인(원처분의 상대방)은 재처분을 받아볼 법률상의 이익이 있는 것이다. 따라서 위 규정은 신청인(원처분의 상대방)의 권리보호규정이라고 할 수 있다.

(ⅳ) 변경명령재결에 따른 재처분의무

취소심판에서 취소재결이나 변경재결이 있는 경우에는 재처분의무가 문제되지 않지만, 변경명령재결의 경우에는 행정청은 「행정심판법」 제49조 제1항에 따라서 당해 처분을 변경해야 할 의무를 진다고 해야 할 것이다.

③ **결과제거의무(원상회복의무)**

행정심판에서 처분의 취소 또는 무효등확인재결이 있게 되면, 결과적으로 당해 처분에 의해 초래된 상태(후속처분 또는 사실상의 조치)는 위법한 것이 되므로 처분청은 이를 제거하여 원상으로 회복해야 할 의무를 진다.[249] 처분청이 이러한 결과제거의무를 이행하지 아니할 때에는 공법상 결과제거청구권을 행사하여야 할 것이다. 예컨대, 건물철거명령을 취소하면, 행정청은 이를 전제로 한 계고처분을 취소하여야 한다.

(6) 기속력 위반의 효과(기속력에 위반한 처분의 효력)

재결의 기속력을 위반한 처분은 중대하고 명백한 흠이 있는 행위로 무효이다. 기속력에 반한 처분을 한 경우에 공무원의 고의 또는 과실을 인정할 수 있으므로 국가배상책임이 인정된다는 견해도 있다.[250]

판례

확정판결의 당사자인 처분행정청이 그 행정소송의 사실심 변론종결 이전의 사유를 내세워 다시 확정판결과 저촉되는 행정처분을 하는 것은 허용되지 않는 것으로서 이러한 행정처분은 그 하자가 중대하고도 명백한 것이어서 당연무효라 할 것이다(대법원 1990.12.11. 선고 90누3560 판결).

(7) 기속력의 부수적 효과

① **처분의 취소 · 변경의 공고**

법령의 규정에 따라 공고하거나 고시한 처분이 재결로써 취소되거나 변경되면 처분을 한 행정청은 지체 없이 그 처분이 취소 또는 변경되었다는 것을 공고하거나 고시하여야 한다(법 제49조 제5항).

② **처분의 취소 · 변경의 통지**

법령의 규정에 따라 처분의 상대방 외의 이해관계인에게 통지된 처분이 재결로써 취소되거나 변경되면 처분을 한 행정청은 지체 없이 그 이해관계인에게 그 처분이 취소 또는 변경되었다는 것을 통지하여야 한다(법 제49조 제6항).

---

249) 결과제거의무가 기속력의 내용에 포함되는지 견해 대립이 있으나, 긍정설이 타당하다. 「행정소송법」 개정안은 이를 명문화한 바 있다.

250) 박균성, 행정법강의, 678면

나. 형성력

(1) 의의

재결의 형성력이란 재결이 있으면 당해 처분청의 별도의 처분이 없더라도 재결의 내용에 따라 종래의 법률관계의 변동(발생 · 변경 · 소멸)을 가져오게 되는 효력을 말한다. 이러한 재결의 형성력은 당사자뿐만 아니라 제3자에게도 미치므로 대세적 효력을 가진다.

(2) 형성력이 인정되는 재결

재결의 형성력은 인용재결 중 형성재결에만 인정된다. 취소 · 변경재결 중 행정심판위원회가 재결로써 스스로 처분을 취소하거나 변경하는 취소재결 및 변경재결과 의무이행재결 중 행정심판위원회가 처분을 스스로 하는 처분재결에만 인정되는 효력이다. 기각재결이나 각하재결은 원처분을 그대로 유지하는 것이므로 형성력이 인정되지 않는다.[251]

(3) 형성력의 효과

① 취소재결이 있는 경우에는 재결로 취소된 원처분은 처분 당시로 소급하여 효력을 상실한다.[252]

② 변경재결이 있는 경우에는 원처분은 효력을 상실하고, 변경재결로 인하여 생긴 변경된 새로운 처분은 새로이 변경된 내용에 따라 제3자의 권익을 침해하지 않는 한 소급하여 효력을 발생한다.
불특정 다수를 대상으로 하는 일반처분에 대해 취소재결이 있은 경우 청구인에 대해 해당 일반처분의 효력이 소멸되고 누구도 그런 효과를 부인할 수 없다.

③ 의무이행심판에서 처분재결이 있는 경우에는 해당 재결은 장래에 향하여 즉시 효력을 발생한다. 형성력이 생기는 취소재결이 있은 후 처분청이 청구인에게 원처분의 취소통지를 하였다 하더라도 이는 취소재결에 따라 원처분이 취소되었음을 알려주는 **사실의 통지** 또는 **관념의 통지**에 해당한다. 따라서 이 경우 처분청의 통지행위는 행정심판의 대상이 되는 처분이 아니다.[253]

④ 재결의 형성력은 당사자에게만 미치는 것이 아니라 제3자에 대하여도 미치는데 이를 형성력의 제3자효 또는 대세효라고 한다.[254]

---

251) 이행재결은 직접 행정법관계에 변경을 가져오는 것은 아니므로 형성력이 발생하지 않으며 단지 피청구인에게 재결에 따라 처분을 할 법적 의무(작위의무 또는 재처분의무)를 가하는 기속력을 발생시키게 된다. 한편 무효등확인심판의 경우에도 인용재결이 있더라도 소극적으로 처분의 효력이 당초부터 발생하지 않았음을 확인하는 데 그치므로 기존의 법률관계의 변동은 없어 형성력은 발생하지 않는다.

252) 취소재결이 확정된 후 처분청이 다시 원처분을 취소한 경우에도 그러한 행위는 항고소송의 대상이 아니다.

253) 대법원 1998.4.24. 선고 97누17131 판결

254) 민사소송은 사인 간의 분쟁해결을 목적으로 하는 것이므로 그 판결의 효력은 해당 소송의 당사자 및 승계인에게만 미친다. 그러나 행정심판이나 행정소송은 개인의 권익보호는 물론 행정의 적법 타당성 확보를 목적으로 하는 공익적 성격을 가지므로 형성력에 따르는 법률관계를 통일적으로 확보할 필요가 있다. 이것이 형성력에 제3자효를 인정하는 이유이다. 「행정소송법」은 "처분등을 취소하는 확정판결은 제3자에 대하여도 효력이 있다."라고 규정하여 취소판결의 제3자에 대한 형성력을 명시하고 있다(행소법 제29조 제1항).

다. 공정력

공정력이란 일단 행정행위가 행하여지면 비록 그 행정행위에 하자가 있다 하더라도 그 하자가 중대하고 명백하여 당연 무효가 되지 않는 한 권한 있는 기관에 의하여 취소되기 전까지는 유효한 것으로 통용되는 효력을 말한다.[255]

라. 불가쟁력(=형식적 확정력)

행정심판위원회의 재결에 대해서는 다시 행정심판을 청구할 수 없다(법 제51조, 제43조의2 제4항). 재결에 고유의 위법이 있는 경우에 한해 행정소송이 가능하나 이 경우에도 제소기간이 경과하면 재결은 형식적으로 확정되고 당연무효가 아닌한 누구도 그 효력을 다툴 수 없다. 이를 불가쟁력 또는 형식적 확정력이라 한다.

마. 불가변력

재결을 한 이상 비록 재결이 위법하다 하더라도 행정심판위원회 자신도 이에 구속되어 행정소송절차에 따라 취소·변경이 되는 경우를 제외하고는 스스로 재결을 취소·변경할 수 없다. 이와 같이 재결이 재결기관(행정심판위원회) 스스로를 구속하는 효력을 불가변력이라 한다.

8. 재결에 대한 불복

가. 행정심판 재청구의 금지(=재심판 청구금지)

심판청구에 대한 재결이 있으면 그 **재결** 및 **같은 처분**[256] 또는 **부작위**에 대하여 다시 행정심판을 청구할 수 없다(법 제51조). 행정심판 재청구 금지는 무용한 절차적 반복에 따른 행정청 및 국민의 부담을 없애자는 의미에서 같은 처분 등에 대하여 심판청구를 금지하는 것이다.

나. 재결에 대한 행정소송

(1) 「행정소송법」의 원처분주의

「행정소송법」은 원처분주의를 취하여 행정심판의 재결에 대하여 불복이 있는 경우에도 원칙적으로 행정심판의 대상이 된 원처분을 다투도록 하여 원처분중심주의를 채택하고 있다(행소법 제19조 본문). 다만, 예외적으로 재결 자체에 고유한 위법이 있음을 이유로 하는 경우에는 원처분의 위법[257]은 주장할 수 없고 재결을 대상으로 재결취소소송을 제기할 수 있게 하고 있다(행소법 제19조 단서).

---

255) 「행정기본법」은 공정력을 명문화해 행정법관계의 법적 안정성을 도모하였다.
「행정기본법」 제15조 【처분의 효력】 처분은 권한이 있는 기관이 취소 또는 철회하거나 기간의 경과 등으로 소멸되기 전까지는 유효한 것으로 통용된다. 다만, 무효인 처분은 처음부터 그 효력이 발생하지 아니한다.

256) 「행정심판법」 제51조의 '같은 처분'이란 행정청의 처분에 대하여 이미 행정심판을 청구한 적이 있는 그 해당 처분을 의미한다. 따라서 같은 사안에 대하여 행정심판 절차가 끝난 후 다시 신청을 하여 거부처분을 받은 경우에는 그 거부처분은 새로운 처분이므로 그 처분에 대하여는 다시 행정심판을 청구할 수 있다.

257) 원처분의 위법은 원처분취소소송에서만 주장할 수 있다.

즉, 재결에 불복하여 취소소송을 제기하려면 원칙적으로 재결이 아니라 원처분을 대상으로 하여야 한다. 기각재결, 일부취소재결, 변경재결의 경우도 원처분을 대상으로 한다. 따라서 영업취소처분이 재결로 영업정지처분으로 변경되었다 하더라도 그에 불복하는 때에는 원처분인 영업취소처분을 대상으로 소송을 제기해야 한다.

(2) 원처분주의의 예외(재결취소소송)

현행법상 재결이 항고소송의 대상이 되는 경우는 두 가지가 있다. ① 재결이 그 자체에 고유한 위법이 있어 「행정소송법」 제19조 단서의 규정에 따라 항고소송의 대상이 되는 경우와 ② 개별 법률에서 예외적으로 재결주의를 취하고 있는 경우이다.

1) 재결 자체의 고유한 위법을 이유로 한 재결취소소송

재결 자체의 고유한 위법이 있을 때에는 재결 그 자체에 대한 취소소송 및 무효확인소송을 제기할 수 있다. 재결 자체의 고유한 위법이란 해당 처분에 대한 재결의 주체·절차·형식·내용상에 위법이 있는 경우를 의미한다. ① 재결주체에 대한 위법은 권한 없는 기관에 의한 재결이고, ② 재결절차에 대한 위법은 「행정심판법」 등 개별 법률에서 정하고 있는 절차를 준수하지 않은 경우이고, ③ 재결형식에 대한 위법은 재결서가 문서에 의하지 않거나 재결서에 재결이유가 미기재, 관인날인이 누락 등 경우이고, ④ 재결내용에 대한 위법은 원처분과 기본적 사실관계를 달리하는 사유로 원처분을 유지하는 기각재결을 한 경우[258]에는 원처분의 하자와 관계없이 위법한 재결이므로 재결내용에 고유한 하자가 있는 경우로 보며, 원처분 자체에는 취소사유가 없음에도 불구하고 집단민원 등 법적근거가 될 수 없는 사유로 원처분을 취소하는 재결을 한 경우도 재결내용에 고유한 하자가 있는 것으로 본다.[259]

2) 개별 법률상 재결주의 규정에 따른 취소소송

「행정소송법」은 원처분주의를 취하고 있으나 개별 법률에서 예외적으로 재결주의 규정을 두고 있는 경우에는 재결이 취소소송의 대상이 된다. 예컨대, ① 「노동조합 및 노동관계조정법」상의 중앙노동위원회의 재심판정에 대한 취소소송의 대상은 원처분에 해당하는 관할 노동위원회의 구제명령 또는 기각결정이 아니라 재결에 해당하는 중앙노동위원회의 재심판정이며,[260] ② 「감사원법」상의 감사원의 재심의판정에 대한 취소소송의 대상은 원처분에

---

258) 이 경우에는 재결의 기속력에 반하지 않아 적법하므로 인용하여야 함에도 불구하고 기각한 경우이므로 위법한 재결이 된다.

259) 그 외 판례는 인용재결에 따라 청구인이 아닌 제3자의 권리가 침해된 경우에 제3자에게 그 인용재결에 대하여 취소를 구하는 재결취소소송의 제기를 인정하고 있다[예 ① 복효적 행정행위에서 처분의 상대방에게 수익적 처분(허가)을 하였으나 이해관계 있는 제3자(인근주민)가 환경권침해 이유로 행정심판을 청구해 이를 인용하여 원허가처분을 취소하게 되면 **원처분의 상대방**은 그 인용재결에 대하여 자신의 권리가 침해되었음을 이유로 그 인용재결의 취소를 구하는 재결취소소송을 제기할 수 있다. ② 건축허가신청 후 거부처분에 대해 허가신청인이 행정심판을 청구해 인용재결을 받은 경우 그 인용재결로 새로이 일조권 등 권리를 침해당한 **제3자**(인근주민)는 그 인용재결에 대해 재결취소소송을 제기할 수 있다]. 이 경우 처분의 상대방 또는 제3자가 제기하는 재결취소소송의 성격에 대해 판례는 인용재결의 취소를 구하는 것은 원처분에는 없는 재결에 고유한 하자를 주장하는 것이므로 「행정소송법」 제19조 단서에 따라 취소소송의 대상이 된다고 보고 있다(대법원 1997.12.23. 선고 96누10911 판결).

260) **「노동조합 및 노동관계조정법」 제85조 【구제명령의 확정】** ② 제1항의 규정에 의한 중앙노동위원회의 재심판정에 대하여 관계 당사자는 그 재심판정서의 송달을 받은 날부터 15일 이내에 「행정소송법」이 정하는 바에 의하여 소를 제기할 수 있다.

해당하는 감사원의 변상판정이 아닌 감사원의 재심의판정이며,[261] ③ 특허출원에 대한 심사관의 거절사항에 대해서는 특허심판원에 심판청구를 하여 그 심결에 대해 소송을 제기하여야 한다.[262]

9. 이행재결의 기속력(실효성) 확보수단(=재처분의무 위반에 따른 조치)

재결의 기속력은 행정청을 구속하고 행정청으로 하여금 재처분의 의무를 지우는 실체법상의 효과를 발생시키는 효력을 지니고 있으나 행정청이 재처분의 의무를 이행하지 않는다면 청구인의 권익구제는 어렵게 된다. 따라서 재결의 집행력을 확보함으로써 재결의 기속력 내지 실효성을 도모하는 수단이 필요하게 되었다. 직접처분제도와 간접강제제도는 이러한 배경하에 도입되었다.

가. 직접처분

제50조【위원회의 직접 처분】 ① 위원회는 피청구인이 제49조 제3항에도 불구하고 처분을 하지 아니하는 경우에는 당사자가 신청하면 기간을 정하여 서면으로 시정을 명하고 그 기간에 이행하지 아니하면 직접 처분을 할 수 있다. 다만, 그 처분의 성질이나 그 밖의 불가피한 사유로 위원회가 직접 처분을 할 수 없는 경우에는 그러하지 아니하다.
② 위원회는 제1항 본문에 따라 직접 처분을 하였을 때에는 그 사실을 해당 행정청에 통보하여야 하며, 그 통보를 받은 행정청은 위원회가 한 처분을 자기가 한 처분으로 보아 관계 법령에 따라 관리·감독 등 필요한 조치를 하여야 한다.

시행령 제33조【재결 불이행에 대한 위원회의 직접 처분 등】 위원회가 법 제50조 제1항 본문에 따라 직접 처분을 할 경우에는 재결의 취지에 따라야 하며, 같은 항 단서에 따라 직접 처분할 수 없는 경우에는 지체 없이 당사자에게 그 사실 및 사유를 알려야 한다.

시행규칙 제4조【위원회 처분서의 기재사항】 위원회가 법 제50조 제1항 본문에 따라 직접 처분을 하는 경우 그 처분서에는 법 제50조 제1항 본문에 따라 처분을 한다는 취지와 해당 처분에 관하여 관계 법령에서 정하고 있는 허가증 등 처분증명서에 적혀 있는 사항이 포함되어야 한다.

(1) 개념

직접처분이란 행정청이 재결의 취지에 따라 이전의 신청에 대한 처분을 이행하지 아니하는 때에 행정심판위원회가 당해 처분을 직접 행하는 것을 말한다. 즉, 직접처분은 행정청이 재결의 취지에 따라 이전의 신청에 대한 처분을 하지 아니하는 때에 당사자의 직접처분 신청에 의하여 **일정기간**을 정한 시정명령 후 그 기간 내 시정명령을 이행하지 아니하는 경우에 행정심판위원회가 당해 처분을 직접 행하는 제도이다.

261) **「감사원법」 제40조【재심의의 효력】** ① 청구에 따라 재심의한 사건에 대하여는 또다시 재심의를 청구할 수 없다. 다만, 감사원이 직권으로 재심의한 것에 대하여는 재심의를 청구할 수 있다.
② 감사원의 재심의 판결에 대하여는 감사원을 당사자로 하여 행정소송을 제기할 수 있다. 다만, 그 효력을 정지하는 가처분결정은 할 수 없다.

262) 「특허법」 제186조·제189조, 「실용신안법」 제33조, 「디자인보호법」 제166조, 「상표법」 제162조

(2) 성질 및 취지

직접처분은 처분명령재결의 기속력(실효성)을 확보하기 위한 행정심판 작용이면서 동시에 행정처분으로서의 성질을 갖는다. 직접처분은 의무이행심판에서 처분명령재결의 실효성을 확보하기 위하여 인정된 의무이행재결의 이행강제제도이다.

(3) 직접처분의 요건

① **의무이행심판의 처분명령재결이 있을 것**

행정심판위원회의 직접처분은 당사자의 신청을 거부하거나 부작위로 방치한 처분의 이행을 명하는 인용재결(처분명령재결)에 대하여 이를 이행하지 않는 경우에 한다(법 제50조 제1항).[263]

② **행정청이 어떠한 처분을 하지 아니할 것**

행정청이 의무이행심판 인용재결 취지에 따라 이전의 신청에 대한 처분을 하여야 함에도(법 제49조 제3항) 불구하고 재결을 이행하지 아니하여야 한다. 직접처분을 하기 위해서는 처분의 이행을 명하는 재결(이행재결)이 있었음에도 당해 행정청이 아무런 처분을 하지 아니하였어야 하므로, 당해 행정청이 어떠한 처분을 하였다면 그 처분이 재결의 내용에 따르지 아니하였다고 하더라도 재결청이 직접 처분을 할 수는 없다(대법원 2002.7.23. 선고 2000두9151 판결).

③ **당사자가 행정심판위원회에 직접처분을 신청할 것**

당사자가 행정청의 재결 불이행을 입증하는 자료를 첨부하여 직접처분을 해줄 것을 행정심판위원회에 신청하여야 한다.

④ **행정심판위원회가 행정청에 대하여 시정명령을 할 것**

청구인의 직접처분 신청을 받은 행정심판위원회는 지체 없이 행정청에 대하여 재결불이행 여부를 확인하고, 재결 불이행 사실이 확인되면 일정기간을 정해 피청구인인 행정청에 서면으로 시정을 명하여야 한다.

⑤ **행정청이 그 기간 내에 시정명령을 이행하지 아니하였을 것**

행정청이 행정심판위원회가 정한 기간 내에 시정명령에 따르지 않겠다는 의사를 표시하거나 해당 기간이 지난 후까지 시정명령을 이행하지 않아야 한다.

(4) 직접처분의 범위

행정심판위원회가 직접처분을 할 수 있는 범위는 인용재결의 기속력이 미치는 범위 내로서 재결의 주문 및 그 전제가 되는 요건사실의 내용에 한정된다. 한편, 재결의 취지에 따르지 않고 동일한 사유로 다시 거부처분(재처분) 등을 한 경우 그러한 거부처분은 무효다. 이 경우에도 행정심판위원회는 시정명령 및 직접처분을 할 수 있다.

263) 직접처분 규정은 취소심판이나 무효등확인심판에는 적용되지 않는다.

(5) 직접처분의 형식 및 절차

① 형식

행정심판위원회가 직접처분을 하는 경우 그 처분서에는 직접처분을 한다는 취지와 해당 처분에 관하여 관계 법령에서 정하고 있는 허가증 등 처분증명서에 적혀 있는 사항이 포함되어야 한다(시행규칙 제4조).

② 직접처분의 사후관리

행정심판위원회가 직접처분을 하였을 때에는 그 사실을 해당 행정청에 통보하여야 하며, 그 통보를 받은 행정청은 행정심판위원회가 행한 처분을 자기가 행한 처분으로 보아 관계 법령에 따라 관리·감독 등 필요한 조치를 하여야 한다(법 제50조 제2항). 행정심판위원회도 직접처분을 한 경우에는 직접처분 대장을 기록·유지하여야 한다(시행규칙 제6조 제3호).

(6) 직접처분의 한계

처분의 성질이나 그 밖의 불가피한 사유로 행정심판위원회가 직접 처분을 할 수 없는 경우에는 직접처분의 대상에서 제외한다(법 제50조 제1항 단서). 직접처분을 할 경우에는 재결의 취지에 따라야 하며, 직접 처분할 수 없는 경우에는 지체 없이 당사자에게 그 사실 및 사유를 알려야 한다(영 제33조). 단서규정에서 말하는 「처분의 성질상 직접처분을 할 수 없는 경우」로는 재량권 행사, 지방자치사무, 정보공개, 예산이 수반되는 경우 등을 들 수 있고, 「그 밖의 불가피한 사유로 직접처분이 불가능한 경우」로는 처분 당시 특수상황의 민원발생, 사업기간의 재설정 필요, 의무이행재결 이후에 사정변경(법적 또는 사실적 상황의 변경)이 생긴 경우 등을 들 수 있다. 처분의 성질상 행정심판위원회가 직접처분을 할 수 없는 대표적인 예외사유로서 정보공개청구 이행청구와 유족연금지급 이행청구를 들 수 있다. 정보공개청구의 경우 공개대상정보를 처분청이 보유하고 있어 처분청이 공개하지 않는 이상 행정심판위원회가 직접처분을 할 수가 없다.[264] 이에 대한 보완책이 간접강제신청으로 간접적으로나마 재결의 효력을 강제할 수 있다. 유족연금지급 이행청구도 처분청이 지급이행을 하지 않는 한 행정심판위원회가 직접처분을 할 수 없다.[265]

264) 실제로 정보공개청구사건의 경우 행정심판위원회에서 정보공개 인용재결을 하였음에도 불구하고 처분청이 공개를 거부함으로써 재결의 실효성을 유명무실하게 하는 사례가 발생하고 있다. 정보를 보유하고 있는 기관이 공개를 거부하는 경우에는 그 성질상 직접처분이 불가능하기 때문에 재결의 집행력을 확보하기 어렵다.

265) 불가피한 사유로 직접처분을 할 수 없는 경우가 어떤 것인지는 청구인이 직접처분 신청을 하는 경우 구체적 내용을 보고 행정심판위원회에서 판단할 수밖에 없을 것이다.

정보공개 이행재결 불이행 사례

서울중계7단지 분양대책위원회는 1999.6.1. 대한주택공사를 상대로 임대아파트의 분양원가 산출내역을 공개하라는 요구를 하였으나 영업상 비밀이라는 이유로 거부당하자, 행정심판을 제기하였다. 국무총리행정심판위원회에서는 분양원가산출내역은 영업상 비밀로 볼 수 없고 공개하더라도 대한주택공사의 정당한 이익을 현저히 해한다고 볼 수 없다는 이유로 정보공개를 하도록 인용하였다(국무총리행정심판위원회 1999.7.23.자 99-3591 의결).
대한주택공사는 건설교통부장관의 인용재결에도 이를 공개하지 않았다.

(7) 지방자치단체의 직접처분에 대한 불복 여부

처분청이 지방자치단체인 경우 행정심판위원회가 재결을 따르지 않음을 이유로 직접처분을 한 경우, 지방자치단체가 자치권보장을 의해 행정소송으로 직접처분에 대해 불복할 수 있는지가 문제된다. 이에 대해 지방자치단체는 항고소송의 원고적격이 인정되지 않는다는 점에서 불복할 수 없다는 견해(부정설), 지방자치단체의 자치사무에 한해 행정심판위원회의 위법한 직접처분을 다툴 원고적격을 인정하는 견해(긍정설)가 있다.[266]

나. 간접강제

제50조의2【위원회의 간접강제】 ① 위원회는 피청구인이 제49조 제2항(제49조 제4항에서 준용하는 경우를 포함한다) 또는 제3항에 따른 처분을 하지 아니하면 청구인의 신청에 의하여 결정으로 상당한 기간을 정하고 피청구인이 그 기간 내에 이행하지 아니하는 경우에는 그 지연기간에 따라 일정한 배상을 하도록 명하거나 즉시 배상을 할 것을 명할 수 있다.
② 위원회는 사정의 변경이 있는 경우에는 당사자의 신청에 의하여 제1항에 따른 결정의 내용을 변경할 수 있다.
③ 위원회는 제1항 또는 제2항에 따른 결정을 하기 전에 신청 상대방의 의견을 들어야 한다.
④ 청구인은 제1항 또는 제2항에 따른 결정에 불복하는 경우 그 결정에 대하여 행정소송을 제기할 수 있다.
⑤ 제1항 또는 제2항에 따른 결정의 효력은 피청구인인 행정청이 소속된 국가·지방자치단체 또는 공공단체에 미치며, 결정서 정본은 제4항에 따른 소송제기와 관계없이 「민사집행법」에 따른 강제집행에 관하여는 집행권원과 같은 효력을 가진다. 이 경우 집행문은 위원장의 명에 따라 위원회가 소속된 행정청 소속 공무원이 부여한다.

---

266) 긍정설은 지방자치단체의 자치권을 보장할 필요가 있고, 지방자치단체의 자치권도 주관적 공권으로 보는 것이 타당하고, 직접처분은 처분의 성질을 가진다는 점을 논거로 들고 있다. 부정설은 직접처분은 그 명칭이 처분으로 되어 있지만 이는 인용재결의 집행력 확보수단이라는 점에서 자치사무라는 이유로 이를 쟁송의 대상으로 삼는 것은 재결의 기속력에 반한다는 점을 논거로 들고 있는데 지방자치단체에 직접처분에 대한 불복을 허용하면 「행정심판법」상의 직접처분제도의 존재의의가 제한될 수 있다는 점에서 타당한 견해라 생각한다. 긍정설의 견해는 지방자치단체의 자치사무에 대해 처분청의 1차적 판단을 존중하여야 하는 경우에는 「행정심판법」 제50조 제1항 단서 조항에 의거하여 처분의 성질상 직접처분을 할 수 없는 경우로 보아 직접처분의 대상이 되지 않는 것으로 해석할 수 있을 것이다. 그러나, 이러한 해석은 자치사무에 대한 합목적성에 대한 통제가 불가능해짐에 따라 부당의 경우에는 자치사무를 통제할 수 없게 되어 직접처분제도와 지방자치권의 충동가능성의 문제를 여전히 남기게 된다는 점이 문제된다.

⑥ 간접강제 결정에 기초한 강제집행에 관하여 이 법에 특별한 규정이 없는 사항에 대하여는 「민사집행법」의 규정을 준용한다. 다만, 「민사집행법」 제33조(집행문부여의 소), 제34조(집행문부여 등에 관한 이의신청), 제44조(청구에 관한 이의의 소) 및 제45조(집행문부여에 대한 이의의 소)에서 관할 법원은 피청구인의 소재지를 관할하는 행정법원으로 한다.

시행령 제33조의2【간접강제의 신청 및 결정】 ① 청구인이 법 제50조의2 제1항에 따라 간접강제를 신청하거나 당사자가 같은 조 제2항에 따라 간접강제 결정내용의 변경을 신청할 때에는 신청의 취지와 이유를 적은 서면을 위원회에 제출하여야 한다. 이 경우 신청 상대방(이하 "피신청인"이라 한다)의 수만큼 부본을 함께 제출하여야 한다.
② 위원회는 제1항에 따라 간접강제 신청 또는 간접강제 결정내용의 변경신청에 관한 서면을 받으면 그 부본을 피신청인에게 송달하여야 한다.
③ 제2항의 경우 위원회는 피신청인에게 7일 이상 15일 이내의 기간을 정하여 간접강제 신청 또는 간접강제 결정내용의 변경신청에 대한 의견을 제출하도록 하여야 한다.
④ 위원회는 제1항의 간접강제 신청 또는 간접강제 결정내용의 변경신청에 관하여 심리·결정하면 지체 없이 당사자에게 결정서 정본을 송달하여야 한다.

(1) 개념

간접강제는 행정심판의 인용재결에 따른 행정청의 재처분의무에도 불구하고 행정청이 이에 따른 처분을 하지 아니하면 행정심판위원회가 당사자(청구인)의 간접강제 신청에 의하여 결정으로 **상당한 기간**을 정하고, 피청구인(행정청)이 그 기간 내에 이행하지 아니하는 경우에 그 지연기간에 따라 일정한 배상을 하도록 명하거나 즉시 배상을 할 것을 명할 수 있는 제도를 말한다.[267]

(2) 성질 및 취지

행정심판위원회가 당사자의 신청을 거부하거나 방치한 부작위에 대해 거부처분 취소재결 또는 처분(이행)명령재결을 하면 피청구인은 재결의 취지에 따라 지체 없이 이전의 신청에 대하여 재처분하거나 이행명령에 따라 처분을 해야 하나, 피청구인이 이를 하지 않는 경우에는 처분의 이행을 강제하기 위한 수단이 필요하다. 간접강제는 인용재결의 실효성을 확보하기 위한 행정심판작용이며 동시에 직접처분의 한계를 보완한다.[268]

267) 간접강제는 재결의 실효성을 위한 수단으로 의무이행을 확보하기 위해 「행정심판법」을 개정하면서 도입된 것으로 피청구인인 행정청의 비대체적 작위의무의 이행을 간접적으로 강제하기 위한 것이다. 간접강제의 주된 도입취지가 정보공개 거부처분에서와 같이 성질상 직접처분을 행할 수 없는 경우에 실효성 있는 강제수단이 필요하다는 점에 있으므로 간접강제는 그 성질상 직접처분이 행해질 수 없는 비대체적 작위의무의 경우에 이용될 것이다.

268) 참고로, 「행정소송법」에서는 거부처분에 대하여 의무이행소송을 인정하고 있지 않고 취소소송의 대상으로 하고 있어 취소판결이 확정되더라도 판결의 효력으로 집행력이 바로 발생하지는 않는다. 그러나 취소판결이 확정된 경우 「행정소송법」이 재처분의무를 인정(제30조 제2항)하여 행정청에게 적극적 의무를 부여하고 있어 행정청의 의무의 이행이 문제되게 된다. 행정청이 적극적 처분의무를 인정하지 않는 경우에 판결의 실효성을 확보하기 위한 수단으로서 강제집행이 문제되는데 민사소송의 경우처럼 간접강제제도를 인정하고 있다(제34조).

「행정심판법」에는 피청구인의 의무이행을 확보하는 수단으로 직접처분과 간접강제를 두고 있는데 양자에 관계에 관한 보충성 등의 명문규정이 없는 관계로 행정심판위원회는 양 집행수단 중 처분의 성질을 고려하여 임의적으로 선택할 수 있다. 다만, 직접처분은 그 처분의 성질이나 그 밖의 불가피한 사유로 행정심판위원회가 직접처분을 할 수 없는 경우에는 직접처분이 불가하다는 단서 조항으로 직접처분만으로는 재결의 실효성을 확보하는 데 한계가 있다.

(3) 간접강제의 요건

피청구인이 인용재결에 따른 (재)처분의무를 이행하지 않고 있는 경우에 청구인이 행정심판위원회에 간접강제 신청을 할 수 있고, 피청구인이 **상당한** 기간 내에 이행하지 않는 경우에는 행정심판위원회는 결정으로 지연기간에 따라 일정한 배상을 하도록 명하거나 즉시 배상을 할 것을 명할 수 있다(법 제50조의2 제1항).

① 거부처분에 대한 취소재결, 무효등확인심판 인용재결, 의무이행심판 인용재결 등이 있을 것

거부처분에 대한 취소재결, 무효등확인심판에 대한 인용재결, 당사자의 신청에 따른 처분(신청을 인용한 처분)에 대한 절차의 위법 또는 부당을 이유로 한 취소재결, 거부처분이나 부작위에 대해 처분의 이행을 명하는 재결(처분명령재결)이 있어야 한다(법 제50조 제1항). 피청구인이 처분을 취소하거나 변경하도록 하는 내용의 조정, 거부처분이나 부작위에 대한 처분의 이행의무를 부여한 조정이 성립된 경우도 위의 경우에 준해 간접강제의 대상이 된다(법 제43조의2 제4항).

② 행정청이 (재)처분의무를 불이행할 것[269]

피청구인인 행정청이 재결의 취지에 따라 이전의 신청에 대한 (재)처분을 하지 않고 있어야 한다. 이 경우 처분은 반드시 신청을 인용한 처분만을 의미하는 것이 아니고, 재결의 취지에 따른 처분을 의미한다. 조정의 경우에는 조정의 성립에도 불구하고 피청구인이 그에 따른 처분의무를 이행하지 않고 있어야 한다.

(4) 간접강제의 절차

① 청구인의 간접강제 신청

간접강제는 청구인의 간접강제의 신청이 있어야 한다(법 제50조의2 제1항). 청구인은 신청의 취지와 이유를 적은 서면을 행정심판위원회에 제출하되, 신청 상대방인 피신청인의 수만큼 부본을 함께 제출하여야 한다(영 제33조의2 제1항).

행정심판위원회는 간접강제 신청을 받으면 그 부본을 피신청인에게 송달하여야 하고, 이 경우 피신청인에게 7일 이상 15일 이내의 기간을 정하여 간접강제 신청에 대한 의견을 제출하도록 하여 결정을 하기 전에 신청 상대방(피신청인)의 의견을 들어야 한다(법 제50조의2 제3항, 영 제33조의2 제3항).

269) 판례에 의하면 재처분의무의 불이행은 아무런 재처분을 하지 않는 경우뿐만 아니라 재처분을 하였더라도 기속력에 반하는 거부처분에 해당하여 당연무효인 경우도 포함된다. 기속력에 반하는 처분은 하자가 중대·명백하여 당연무효라고 보아야 한다. 판례도 무효로 보고 있다.

② 간접강제의 심리 및 결정

행정심판위원회는 간접강제 신청이 있으면 거부처분 취소재결 등의 존재, 상당한 기간의 경과, 재처분의 부존재를 심리해야 한다. 재처분의 존재에 대해서는 피청구인이 입증해야 한다. 결정서 주문에는 처분의무가 있음을 명시하되, 의무이행심판의 인용재결인 경우는 처분의무가 특정되므로 해당 처분의 이행을 명하고, 거부처분에 대한 취소재결이나 무효·부존재확인재결의 불이행인 경우에는 재결의 취지에 따른 새로운 처분을 할 의무를 명시해야 한다. 행정심판위원회는 간접강제 신청에 대한 심리·결정을 하면 지체 없이 당사자에게 결정서 정본을 송달하여야 한다(영 제33조의2 제4항).

행정심판위원회는 간접강제 신청에 대한 심리결과 신청이 부적합할 경우에는 각하하고 피청구인이 재결의 취지에 따라 재처분의무를 이행한 경우에는 신청의 이유 없음을 이유로 기각한다.

판례

원심은, 그 판시의 같은 이유로 피신청인이 이 사건 결정 정본을 받은 날부터 30일 이내에 신청인들에 대하여 서울행정법원 2015구합5696 건축허가신청불가처분 취소청구 사건의 확정판결의 취지에 따른 처분을 하지 아니한 때에는 피신청인은 신청인들에게 각 위 기간이 경과한 다음 날부터 처분시까지 1일 50,000원의 비율로 계산한 돈을 지급하라는 제1심 결정은 정당하다고 판단하였다. 원심의 위와 같은 판단은 앞서 본 법리에 따른 것이어서 정당하고, 거기에 재항고이유 주장과 같이 관련 법리를 오해한 잘못이 없다(대법원 2019.4.4.자 2018무672 결정).

재결례

[재결례 1]

피신청인이 신청인에 대하여, 이 사건 결정서의 정본을 송달받은 날부터 30일 이내에 중앙행정심판위원회의 '2019-9883 정보공개 거부처분 취소청구' 사건의 재결 취지에 따른 처분을 하지 않을 때에는 피신청인은 신청인에게 위 기간의 만료일 다음 날부터 그 이행 완료일까지 1일 금 10만 원의 비율로 계산한 돈을 지급하라(중앙행정심판위원회 2021.4.23.자 2021-6 결정).

[재결례 2]

「행정심판법」 제49조 제2항, 제4항 및 제50조의2 제1항에 따르면, 재결에 의하여 취소되거나 무효 또는 부존재로 확인되는 처분이 당사자의 신청을 거부하는 것을 내용으로 하는 경우에는 그 처분을 한 행정청은 재결의 취지에 따라 이전의 신청에 대한 처분을 하여야 하고, 피청구인이 재결의 취지에 따라 이전의 신청에 대한 처분을 하지 아니하면 청구인은 간접강제를 신청할 수 있다고 규정하고 있는 바, 이 사건 인용재결 관련 이 사건 처분은 당사자의 신청을 거부하는 것을 내용으로 하는 것이 아니고 법령에 따른 의무위반을 이유로 하는 제재처분이므로, 이 사건 간접강제 신청은 간접강제 신청요건을 갖추지 못한 부적법한 신청이다(중앙행정심판위원회 2019.4.23.자 2019-6 결정).

[재결례 3]

피신청인으로부터 제출받은 2021.1.14.자 자료에 따르면, 피신청인은 2021.1.12. 이 사건 재결 취지에 따라 신청인에게 재처분을 이행한 것으로 보이므로, 신청인의 이 사건 신청을 받아들이지 않기로 하여 주문과 같이 결정한다(중앙행정심판위원회 2012.2.9.자 2021-1 결정).

③ **간접강제 결정의 변경**

행정심판위원회는 간접강제의 결정 후 사정의 변경이 있는 경우에는 당사자의 신청에 따라 간접강제 결정의 내용을 변경할 수 있다. 당사자가 간접강제 결정내용의 변경을 신청할 때에는 신청의 취지와 이유를 적은 서면을 행정심판위원회에 제출하되, 피신청인의 수만큼 부본을 함께 제출하여야 한다(영 제33조의2 제1항).

행정심판위원회는 간접강제 결정내용의 변경신청을 받으면 그 부본을 피신청인에게 송달하여야 하고(영 제33조의2 제2항), 이 경우 피신청인에게 7일 이상 15일 이내의 기간을 정하여 간접강제 신청에 대한 의견을 제출하도록 하여 결정을 하기 전에 신청 상대방(피신청인)의 의견을 들어야 한다(법 제50조의2 제3항, 영 제33조의2 제3항).

④ **간접강제 결정 또는 변경결정에 대한 불복**

청구인은 간접강제 결정 또는 결정의 변경에 대해 불복하는 경우에는 그 결정에 대해 행정소송을 제기할 수 있다(법 제50조의2 제4항).

(5) 간접강제의 효과

① **간접강제 결정**

간접강제의 결정은 지연배상명령 또는 즉시배상명령으로 한다.

② **간접강제 결정 또는 변경결정의 효력**

행정심판위원회의 간접강제 결정 또는 변경결정의 효력은 피청구인인 행정청이 소속된 국가 · 지방자치단체 또는 공공단체에 미치며, 결정서 정본은 간접강제결정 또는 변경결정에 대한 소송제기와 관계없이 「민사집행법」에 따른 강제집행에 관하여는 집행권원과 같은 효력을 가진다(법 제50조의2 제5항).

③ **집행문 부여**

간접강제 결정 후 피청구인이 그 결정에서 정한 상당한 기간 내에 재처분을 하지 않으면, 청구인은 그 결정 자체를 집행권원으로 하여 집행문을 부여받아 집행할 수 있다. 집행문은 행정심판위원장의 명에 따라 행정심판위원회가 소속된 행정청 소속 공무원이 부여한다(법 제50조의2 제5항 2문).

④ **강제집행 절차**

행정심판위원회의 간접강제결정에 기초한 강제집행에 관하여는 「행정심판법」의 규정이 없는 사항에 대하여는 「민사집행법」의 규정을 준용한다. 다만, 「민사집행법」 제33조(집행문부여의 소), 제34조(집행문부여 등에 관한 이의신청), 제44조(청구에 관한 이의의 소) 및 제45조(집행문부여에 대한 이의의 소)에서 관할 법원은 피청구인의 소재지를 관할하는 행정법원으로 하도록 하고 있다(법 제50조의2 제6항).

(6) 배상금의 성격

간접강제결정에 근거한 배상금은 재결의 취지에 따른 재처분의 지연에 대한 제제나 손해배상이 아니라 재처분의 이행을 담보하기 위한 심리적 강제수단이다. 따라서 행정소송에서와 마찬가지로 행정청이 간접강제결정에서 정한 의무이행 기한이 경과한 후에라도 재결의 취지에 따른 재처분을 하면 배상금을 추심함으로써 심리적 강제를 꾀한다는 당초의 목적이 소멸하여 처분 상대방이 더 이상 배상금을 추심하는 것은 허용되지 않는다(대법원 2010.12.23. 선고 2009다377725 판결).

10. 조정

> **제43조의2 【조정】** ① 위원회는 당사자의 권리 및 권한의 범위에서 당사자의 동의를 받아 심판청구의 신속하고 공정한 해결을 위하여 조정을 할 수 있다. 다만, 그 조정이 공공복리에 적합하지 아니하거나 해당 처분의 성질에 반하는 경우에는 그러하지 아니하다.
> ② 위원회는 제1항의 조정을 함에 있어서 심판청구된 사건의 법적·사실적 상태와 당사자 및 이해관계자의 이익 등 모든 사정을 참작하고, 조정의 이유와 취지를 설명하여야 한다.
> ③ 조정은 당사자가 합의한 사항을 조정서에 기재한 후 당사자가 서명 또는 날인하고 위원회가 이를 확인함으로써 성립한다.
> ④ 제3항에 따른 조정에 대하여는 제48조부터 제50조까지, 제50조의2, 제51조의 규정을 준용한다.

가. 개념

행정심판위원회는 당사자의 권리 및 권한의 범위에서 당사자의 동의를 받아 심판청구의 신속하고 공정한 해결을 위하여 조정을 할 수 있다. 다만, 그 조정이 공공복리에 적합하지 아니하거나 해당 처분의 성질에 반하는 경우에는 그러하지 아니하다(법 제43조의2 제1항). 원래 조정이란 조정 기관이 분쟁 당사자들에게 타협안을 제시하여 받아들이도록 하는 제도로서 간이한 절차에 따라 당사자 간의 상호 양보를 통해 신속하게 분쟁을 해결하는 것으로 이를 행정심판절차에도 도입한 것이다.

나. 조정의 성립요건

① 당사자의 권리 및 권한의 범위 내에서 당자자의 동의를 받아야 한다. 계쟁처분이 기속행위인 경우에는 조정을 통한 처분의 취소 또는 변경이 불가능하다. 재량행위의 경우에는 재량의 범위 내에서 조정가능하나 제3자의 권익에 영향을 미치거나 대상 처분에 관계 행정청의 동의·승인·협의 등이 요구될 때에는 그에 대한 동의 등이 필요하다.

② 공공복리에 적합하지 아니하거나 해당 처분의 성질에 반하지 아니하여야 한다. 기속처분은 법령이 정한 처분요건을 충족하는 사실만 있으면 법령이 정한 처분을 해야 하므로 처분의 성질상 조정에 적합하지 않다.

다. 절차

(1) 개시

행정심판위원회는 조정을 하려는 경우에는 위원장이 결정으로써 조정을 개시한다. 이 경우 조정개시 결정을 당사자와 참가인에게 서면 또는 심판청구서에 적힌 전화, 휴대전화를 이용한 문자전송, 팩시밀리 또는 전자우편 등 간편한 통지 방법(간이통지방법)으로 알려야 한다(영 제30조의2 제1항).

(2) 진행

조정개시 결정 권한은 위원장에게 위임되어 있다. 위원장은 조정을 하려는 경우 심판청구된 사건의 법적·사실적 상태와 당사자 및 이해관계자의 이익 등 모든 사정을 참작하고, 조정의 이유와 취지를 설명하여야 하며(법 제43조의2 제2항), 이 경우 조정을 위한 회의를 개최할 수 있다(영 제30조의2 제2항).

(3) 조정의 성립

① 조정은 당사자가 합의한 사항을 조정서에 기재한 후 당사자가 서명 또는 날인하고 행정심판위원회가 이를 확인함으로써 성립한다(법 제43조의2 제3항).

② 위원장은 조정의 원활한 운영을 위하여 필요한 경우 위원 중 특정 위원을 지정하여 조정안을 작성하여 위원회에 보고하게 할 수 있다(영 제30조의2 제3항).

(4) 송달

① 조정은 청구인에게 조정서가 송달되었을 때에 그 효력이 생긴다(법 제43조의2 제4항, 제48조 제2항). 행정심판위원회는 지체 없이 당사자에게 조정서의 정본을 송달하여야 한다. 이 경우 중앙행정심판위원회는 조정 결과를 소관 중앙행정기관의 장에게도 알려야 한다(법 제43조의2 제4항, 제48조 제1항).

② 행정심판위원회는 참가인에게 조정서의 등본을 지체 없이 송달하여야 한다. 또한 처분의 상대방이 아닌 제3자가 심판청구를 한 경우에도 조정서의 등본을 지체 없이 피청구인을 거쳐 처분의 상대방에게 송달하여야 한다(법 제43조의2 제4항, 제48조 제3항·4항).

(5) 조정의 불성립

조정이 성립하지 아니한 경우에는 행정심판위원회는 조정절차를 종료하고 행정심판 절차의 진행을 위해 심리기일을 직권으로 지정한다(영 제30조의2 제4항).

라. 조정의 효과

(1) 「행정심판법」 규정

조정이 성립될 경우 「행정심판법」 제48조(재결의 송달과 효력발생), 제49조(재결의 기속력 등), 제50조(위원회의 직접처분), 제50조의2(위원회의 간접강제), 제51조(행정심판 재청구의 금지)를 준용한다(법 제43조의2 제4항).

(2) 기속력 등

재결의 경우와 동일한 기속력 등이 발생한다. 따라서 위원회는 피청구인이 처분을 하지 아니하는 경우에는 당사자가 신청하면 일정한 기간을 정하여 서면으로 시정을 명하고 그 기간에 이행하지 아니하면 직접 처분을 할 수 있으며, 청구인의 신청에 의하여 결정으로 **상당한** 기간을 정하고 피청구인이 그 기간 내에 이행하지 아니하는 경우에는 그 지연기간에 따라 일정한 배상을 하도록 명하거나 즉시 배상을 할 것을 명할 수 있다.

(3) 행정심판 재청구의 금지

심판청구에 대한 조정이 있으면 그 조정 및 같은 처분 또는 부작위에 대하여 다시 행정심판을 청구할 수 없다.

제4절 행정심판의 고지제도

제58조 【행정심판의 고지】 ① 행정청이 처분을 할 때에는 처분의 상대방에게 다음 각 호의 사항을 알려야 한다.
1. 해당 처분에 대하여 행정심판을 청구할 수 있는지
2. 행정심판을 청구하는 경우의 심판청구 절차 및 심판청구 기간

② 행정청은 이해관계인이 요구하면 다음 각 호의 사항을 지체 없이 알려 주어야 한다. 이 경우 서면으로 알려 줄 것을 요구받으면 서면으로 알려 주어야 한다.
1. 해당 처분이 행정심판의 대상이 되는 처분인지
2. 행정심판의 대상이 되는 경우 소관 위원회 및 심판청구 기간

1. 개설

(1) 개념

고지제도란 행정청이 처분을 할 때 처분의 상대방 또는 이해관계인에게 당해 처분에 대한 행정심판 청구의 가능성 여부 및 그를 위한 필요사항을 미리 알려주도록 행정청에 의무를 부과하는 제도를 말한다.

(2) 법적성질

고지는 비권력적 사실행위이고 행정행위가 아니므로 고지 그 자체로서는 아무런 법적 효과를 발생시키지 않는다. 따라서 고지의무 불이행은 행정쟁송의 대상이 되지 않는다.[270]

(3) 필요성

① 행정심판청구의 기회보장

행정청의 처분에 대한 행정심판청구 가능 여부 및 심판청구・절차 등을 알려줌으로써 국민에 대한 행정구제의 기회를 보다 실질적으로 보장하기 위한 것이다.

② 행정의 적법・타당성 확보

행정청은 고지를 할 때 행정심판청구의 가능성을 고려하게 되므로 신중한 처분을 하게 되고 이를 통해 처분의 적법・타당성을 확보할 수 있다.

2. 고지의 종류

가. 직권에 의한 고지

(1) 의의

직권에 의한 고지란 법령에 의하여 행정청이 당사자의 신청을 전제로 하지 않고 행정심판의 청구가능성 등에 대해 당사자에게 고지해야 하는 것을 말한다.

(2) 고지의 대상

① 행정청이 행하는 모든 처분(서면에 의한 처분, 정보통신망에 의한 처분, 구두에 의한 처분 등)은 그 형식에 관계없이 모두 고지의 대상이 된다. 「행정심판법」에 따라 심판청구의 대상이 되는 처분뿐만 아니라 특별법(개별 법률)에 따라 심판청구의 대상이 되는 처분의 경우도 포함된다.

② 부담적(침해적・침익적) 처분은 고지의 대상이 되나 수익적 처분인 경우에는 상대방이 불복가능성이 없으므로 고지의 대상이 되지 않는다. 다만, 수익적 처분일지라도 신청한 것과 다른 내용의 처분 또는 신청한 내용에 불이익한 부관이 붙어있는 경우라면 고지의 대상이 된다.

---

270) 김남진・김연태, 행정법, 802면 ; 홍정선, 행정법원론(상), 977면

③ 권력적·계속적 사실행위는 행정심판의 대상이 되므로 고지의 대상으로 보는 것이 통설이나 고시·공고에 의한 처분은 고지의 대상이 아니다.

(3) 고지의 의무자 및 상대방

직권고지의 의무자는 처분을 하는 행정청이며, 직권고지의 상대방은 처분의 직접상대방이다. 이해관계 있는 제3자에게는 고지를 해야 할 의무는 없다. 다만, 처분의 제3자효를 가지는 복효적 행정해위로 제3자에 대해서도 효력을 미치는 처분이 대상이 되는 경우에는 제3자에 대해서도 고지해야 할 필요성이 있다.

(4) 고지의 내용

고지해야 할 내용은 ① 행정심판을 제기할 수 있는지의 여부, ② 행정심판을 청구하는 경우의 심판청구절차, 심판청구기간 및 필요한 절차적 사항이다.

(5) 고지의 시기와 방법

「행정심판법」상 고지의 시기와 방법에 대해서는 명시적 규정이 없다. 따라서 고지의 시기는 처분과 동시에 해야 하고, 고지의 방법은 서면 또는 구두, 그 밖에 어떤 방법으로도 상대방이 알 수 있도록 하면 된다.

나. 신청에 의한 고지

(1) 의의

신청에 의한 고지란 이해관계인의 요청에 따른 고지를 말한다.

(2) 신청권자

고지를 신청할 수 있는 자는 당해 처분의 이해관계인이다. 통상적으로 복효적 행정행위에 있어 처분으로 자기의 법률상 이익이 침해되는 제3자가 이에 해당한다.

(3) 고지의 대상 및 고지의무자

고지의 대상은 신청권자의 법률상 이익을 침해한 모든 처분이다. 고지의무자는 고지신청을 받은 처분행정청이다.

(4) 고지의 내용

당해 처분이 행정심판의 대상이 되는 처분인지의 여부, 행정심판의 대상이 되는 경우에는 소관행정심판위원회, 심판청구기간 등 행정심판청구에 필요한 사항 중에서 신청인이 고지해 줄 것을 요청한 사항이다. 행정심판을 제기할 수 없는 처분인 경우에는 그 뜻을 알려주어야 한다.

(5) 고지의 시기와 방법

고지의 시기는 이해관계인으로부터 요청을 받으면 지체 없이 고지하여야 하며, 고지의 방법은 서면 또는 구두로 하면 된다. 다만, 이해관계인이 서면에 의한 고지를 요구한 때에는 반드시 서면으로 고지하여야 한다(법 제58조 제2항 후단).

3. 고지의무위반의 효과(=불고지 및 오고지의 효과)

가. 의의

「행정심판법」은 행정청이 고지의무가 있음에도 고지를 하지 않았거나(불고지), 잘못 고지(오고지)한 경우에 행정청에 일정한 제재를 하는 규정을 두고 있다. 다만, 이러한 제재규정은 고지 자체의 법적 효과로부터 발생한 것이 아니라 고지의 실효성 확보를 위한 「행정심판법」상의 특별규정에서 발생하는 절차상의 제재적 효력이다.

나. 불고지의 효과

(1) 제출기관의 불고지

행정청이 심판청구서 제출기관에 관한 사항을 고지하지 않아 청구인이 심판청구서를 다른 행정기관에 제출한 경우에는 당해 행정기관은 그 심판청구서를 정당한 권한이 있는 행정청에 송부하고 지체 없이 그 사실을 청구인에게 알려야 한다(법 제23조 제2항 · 제3항). 이 경우 심판청구기간을 계산할 때에는 심판청구서를 최초의 다른 행정기관에 제출한 때에 행정심판이 청구된 것으로 본다(법 제23조 제4항). 이는 심판청구 기간도과에 따른 권익구제의 어려움을 방지하고 청구인을 보호하기 위한 것이다.

(2) 청구기간의 불고지

① 불고지의 청구기간

행정청이 심판청구기간을 고지하지 아니한 때의 심판청구기간은 처분이 있었던 날로부터 180일이 된다(법 제27조 제6항). 이 경우 청구인이 실제로 처분이 있었음을 알았는지 여부와 심판청구기간에 관하여 알았는지 여부는 묻지 아니하고 처분이 있었던 날로부터 180일이 적용된다. 이는 고지의 실효성을 확보하기 위해 행정청의 고지의무를 강제하기 위한 규정이다.

② 개별법상 짧은 심판청구기간의 불고지

판례는 개별 법률에서 정한 심판청구기간이 「행정심판법」이 정한 심판청구기간보다 짧은 경우라도 행정청이 그 개별 법률상의 심판청구기간을 알려주지 아니하였다면 「행정심판법」이 정한 심판청구기간(처분이 있었던 날로부터 180일) 내에 심판청구가 가능하다고 본다.

다. 오고지의 효과

(1) 제출기관의 오고지

행정청이 심판청구서 제출기관에 관한 사항을 잘못 고지하여 청구인이 심판청구서를 정당한 행정기관이 아닌 다른 행정기관에 제출한 때의 구제수단은 위의 불고지의 경우와 같다. 즉 심판청구서를 제출받은 기관은 그 심판청구서를 지체 없이 정당한 권한이 있는 행정청에 송부하고 지체 없이 그 사실을 청구인에게 알려야 한다. 이 경우 심판청구기간을 계산할 때에는 심판청구서를 최초의 다른 행정기관에 제출한 때에 행정심판이 청구된 것으로 본다(법 제23조 제2항 · 제3항 · 제4항).

(2) 청구기간의 오고지

① 처분이 있음을 알게 된 날로부터 90일보다 긴 기간으로 알린 경우

행정청이 심판청구 기간을 처분이 있음을 알게 된 날로부터 90일보다 긴 기간으로 잘못 알린 경우에는 그 잘못 알린 기간에 심판청구가 있으면 그 행정심판은 처분이 있음을 알게 된 날로부터 90일 내에 청구된 것으로 본다(법 제27조 제5항).

② 처분이 있음을 알게 된 날로부터 90일보다 짧은 기간으로 알린 경우

명문의 규정이 없으나 원래의 법정기간 내(처분이 있음을 알게 된 날로부터 90일)에 제기하면 족하다는 것이 일반적 견해이다.

(3) 행정심판을 거쳐야 함에도 잘못 고지한 경우

개별 법률에 따라 행정심판의 재결을 거쳐 행정소송을 제기하여야 하는 처분에 대하여 처분을 행한 행정청이 행정심판을 거칠 필요가 없다고 잘못 알린 때에는 행정심판을 제기함이 없이 바로 행정소송을 제기할 수 있다(행정소송법 제18조 제3항 제4호).

라. 불고지 · 오고지와 해당 처분의 효력

불고지 · 오고지 경우에도 그로 인하여 해당 처분 자체의 효력에 하자가 생기는 것은 아니므로 당해 처분 자체에는 직접 영향을 미치지 않는다.[271] 판례는 「행정심판법」상의 고지의무는 행정심판청구에 적용되는 것이고 행정소송의 제기에는 적용되는 것이 아니므로 심판청구 기간에 대한 불고지 · 오고지의 효과가 행정소송의 법정 제소기간에 영향을 주지 않는다고 판시한 바 있다.

271) 대법원 2018.2.8. 선고 2017두66633 판결

판례

[판례 1]

「행정절차법」 제26조는 "행정청이 처분을 할 때에는 당사자에게 그 처분에 관하여 행정심판 및 행정소송을 제기할 수 있는지 여부, 그 밖에 불복을 할 수 있는지 여부, 청구절차 및 청구기간 그 밖에 필요한 사항을 알려야 한다."라고 규정하고 있다. 이러한 고지절차에 관한 규정은 행정처분의 상대방이 그 처분에 대한 행정심판의 절차를 밟는 데 편의를 제공하려는 것이어서 처분청이 위 규정에 따른 고지의무를 이행하지 아니하였다고 하더라도 경우에 따라 행정심판의 제기기간이 연장될 수 있음에 그칠 뿐, 그 때문에 심판의 대상이 되는 행정처분이 위법하다고 할 수는 없다(대법원 2018.2.8. 선고 2017두66633 판결).

[판례 2]

행정심판과 행정소송은 그 성질, 불복사유, 제기기간, 판단기관 등에서 본질적인 차이점이 있고, 임의적 전치주의는 당사자가 행정심판과 행정소송의 유·불리를 스스로 판단하여 행정심판을 거칠지 여부를 선택할 수 있도록 한 취지에 불과하므로 어느 쟁송 형태를 취한 이상 그 쟁송에는 그에 관련된 법률 규정만이 적용될 것이지 두 쟁송 형태에 관련된 규정을 통틀어 당사자에게 유리한 규정만이 적용된다고 할 수는 없으며, 행정처분시나 그 이후 행정청으로부터 행정심판 제기기간에 관하여 법정 심판청구기간보다 긴 기간으로 잘못 통지받은 경우에 보호할 신뢰 이익은 그 통지받은 기간 내에 행정심판을 제기한 경우에 한하는 것이지 행정소송을 제기한 경우에까지 확대된다고 할 수 없으므로, 당사자가 행정처분시나 그 이후 행정청으로부터 행정심판 제기기간에 관하여 법정 심판청구기간보다 긴 기간으로 잘못 통지받아 「행정소송법」상 법정 제소기간을 도과하였다고 하더라도, 그것이 당사자가 책임질 수 없는 사유로 인한 것이라고 할 수는 없다(대법원 2001.5.8. 선고 2000두6916 판결).

제5절 전자정보처리조직을 통한 행정심판 절차의 수행

1. 온라인행정심판시스템의 도입

온라인행정심판시스템은 행정심판의 청구, 답변서의 제출, 증거자료·재결서의 송달 등의 행정심판과 관련된 일련의 절차를 온라인을 통하여 처리하는 업무처리 시스템을 말한다. 「행정심판법」은 온라인행정심판제도를 명문화하면서 중앙행정심판위원회에서 지정·운영하는 전자정보처리조직의 명칭을 온라인행정심판시스템이라 규정하였다(영 제34조 제1호).

2. 전자정보처리조직을 통한 심판청구

가. 심판청구서의 제출

「행정심판법」에 따른 행정심판 절차를 밟는 자는 심판청구서와 그 밖의 서류를 전자문서화하고 이를 정보통신망을 이용하여 위원회에서 지정·운영하는 전자정보처리조직을 통하여 제출할 수 있다(법 제52조 제1항).

전자정보처리조직을 이용하려는 청구인은 행정심판위원회가 지정하는 방식으로 사용자의 이름·생년월일·주소·전화번호·아이디(전자정보처리조직의 사용자를 식별하기 위한 식별부호를 말한다)·전자우편주소를 기재하여 사용자등록을 하여야 한다(영 제35조 제1항). 피청구인도 행정심판위원회가 필요하다고 인정하는 경우 전자정보처리조직을 이용한 행정심판 절차의 수행을 위하여 행정심판위원회가 지정하는 방식으로 피청구인의 명칭·주소·아이디·전자정보처리조직을 사용할 담당부서 및 담당자를 전자정보처리조직에 기재하여 등록하여야 한다(영 제35조 제2항).

나. 심판청구서 제출의 효과

행정심판위원회에서 운영하는 전자정보처리조직을 통해 제출된 전자문서는 「행정심판법」에 따라 제출된 것으로 보며, 전자문서의 부본의 제출의무는 면제된다(법 제52조 제2항).

다. 심판청구서의 접수

전자정보처리조직을 통해 제출된 전자문서는 그 문서를 제출한 사람이 정보통신망을 통하여 전자정보처리조직에서 제공하는 접수번호를 확인하였을 때에 전자정보처리조직에 기록된 내용으로 접수된 것으로 본다. 따라서 심판청구 기간을 계산할 때에는 접수가 되었을 때 행정심판이 청구된 것으로 본다(법 제52조 제3항·제4항).

라. 다른 행정기관에 제출된 전자문서의 처리

청구인 또는 참가인이 피청구인 또는 행정심판위원회를 잘못 지정하여 전자문서를 제출한 경우 해당 행정기관은 전자정보처리조직을 통하여 이를 정당한 권한이 있는 피청구인에게 보내야 한다. 그러나 전자정보처리조직을 통하여 정당한 권한이 있는 피청구인에게 보낼 수 없는 경우에는 해당 행정기관은 이를 서면으로 출력하여 보내야 한다. 이 경우 청구인 또는 참가인에게 그 사실을 알려야 한다(영 제36조 제1항·제2항).

마. 세부규정의 위임

전자정보처리조직의 지정내용, 전자정보처리조직을 이용한 심판청구서 등의 접수와 처리 등에 관하여 필요한 사항은 국회규칙, 대법원규칙, 헌법재판소규칙, 중앙선거관리위원회규칙 또는 대통령령으로 정하도록 하고 있다(법 제52조 제5항).

3. 전자서명 등

가. 행정심판위원회의 전자서명 등의 요구

행정심판위원회는 전자정보처리조직을 통하여 행정심판 절차를 밟으려는 자에게 본인임을 확인할 수 있는 전자서명을 요구할 수 있다(법 제53조 제1항).

이에 따라 전자정보처리조직을 통하여 행정심판 절차를 밟으려는 자는 「전자서명법」 제2조 제2호에 따른 전자서명(서명자의 실지명의를 확인할 수 있는 것으로 한정한다)이나 다른 법령에 따라 본인임을 확인하기 위하여 인정되는 전자적 수단에 의한 서명을 하여야 한다(영 제37조 제1항). 또한, 전자정보처리조직을 통하여 행정심판 절차를 밟으려는 대표자·관리인·선정대표자 또는 대리인은 대표자 등의 자격을 증명하는 서면을 전자적인 이미지형태로 변환하여 전자정보처리조직을 통하여 제출할 수 있다. 이 경우 행정심판위원회가 필요하다고 인정하여 그 원본의 제출을 요청하면 이에 따라야 한다(영 제37조 제2항).

나. 전자서명 등의 효과

전자정보처리조직을 통해 전자서명 등을 한 자는 「행정심판법」에 따른 서명 또는 날인을 한 것으로 본다(법 제53조 제2항).

다. 세부규정의 위임

전자서명 등에 필요한 사항은 국회규칙, 대법원규칙, 헌법재판소규칙, 중앙선거관리위원회규칙 또는 대통령령으로 정한다(법 제53조 제3항).

4. 전자정보처리조직을 이용한 송달 등

가. 전자정보처리조직을 이용한 송달의 요건

피청구인 또는 행정심판위원회는 전자정보조직을 통해 행정심판을 청구하거나 심판참가를 한 자에게 전자정보처리조직과 그와 연계된 정보통신망을 이용하여 재결서나 「행정심판법」에 따른 각종 서류를 송달할 수 있다. 다만, 청구인이나 참가인이 전자정보처리조직과 그와 연계된 정보통신망을 이용한 송달에 동의하지 않는 경우에는 전자정보처리조직을 통하여 그 뜻을 밝혀야 한다(법 제54조 제1항, 영 제38조 제2항).

서면으로 심판청구 또는 심판참가를 한 자도 전자정보처리조직의 이용을 신청한 경우에는 전자정보처리조직을 통한 심판청구절차에 따른 규정이 준용되어 각종 서류 등을 송달받을 수 있다(법 제54조 제5항). 또한 행정심판위원회, 피청구인, 그 밖의 관계 행정기관 간의 서류의 송달 등에 관하여도 전자정보처리조직을 통한 심판청구절차에 따른 규정을 준용한다(법 제54조 제6항).

나. 전자정보처리조직을 이용한 송달의 절차

행정심판위원회는 송달하여야 하는 재결서 등 서류를 전자정보처리조직에 입력하여 등재한 다음 그 등재 사실을 국회규칙, 대법원규칙, 헌법재판소규칙, 중앙선거관리위원회규칙 또는 대통령령으로 정하는 방법에 따라 전자우편 등으로 알려야 한다(법 제52조 제2항). 위와 같이 재결서 등 서류의 등재 사실을 알릴 때에는 청구인 또는 참가인이 전자정보처리조직에 기재한 전자우편주소나 휴대전화번호를 이용하는 등 간편한 통지방법으로 할 수 있다(영 제39조).

다. 전자정보처리조직을 이용한 송달의 효과

행정심판위원회의 전자정보처리조직을 이용한 서류 송달은 서면으로 한 것과 같은 효력을 가진다(법 제54조 제3항).

행정심판위원회가 송달하여야 할 재결서 등 서류를 전자정보처리조직에 입력하여 등재하더라도 청구인이 등재된 전자문서를 확인한 때에 전자정보처리조직에 기록된 내용으로 도달한 것으로 본다(법 제54조 제4항 본문). 다만, 재결서 등재사실을 전자우편 등으로 통지한 날부터 2주 이내, 재결서 외의 서류는 7일 이내에 확인하지 아니하였을 때에는 등재사실을 통지한 날부터 2주가 지난 날에, 재결서 외의 서류는 7일이 지난 날에 도달한 것으로 본다(법 제54조 제4항 단서).

전자정보처리조직과 그와 연계된 정보통신망을 통하여 서류를 송달받은 청구인 또는 참가인은 송달된 문서를 출력할 수 있다. 이 경우 출력한 문서 중 정본 전자파일에 의하여 출력된 재결서 또는 결정서를 정본으로 본다(영 제38조 제1항).

라. 세부규정의 위임

피청구인 또는 행정심판위원회의 전자정보처리조직을 이용한 송달의 방법이나 그 밖에 필요한 사항은 국회규칙, 대법원규칙, 헌법재판소규칙, 중앙선거관리위원회규칙 또는 대통령령으로 정한다(법 제54조 제7항).

Chapter 04

특별행정심판과 이의신청

제1절 개관

제4조 【특별행정심판 등】 ① 사안(事案)의 전문성과 특수성을 살리기 위하여 특히 필요한 경우 외에는 이 법에 따른 행정심판을 갈음하는 특별한 행정불복절차(이하 "특별행정심판"이라 한다)나 이 법에 따른 행정심판 절차에 대한 특례를 다른 법률로 정할 수 없다.
② 다른 법률에서 특별행정심판이나 이 법에 따른 행정심판 절차에 대한 특례를 정한 경우에도 그 법률에서 규정하지 아니한 사항에 관하여는 이 법에서 정하는 바에 따른다.
③ 관계 행정기관의 장이 특별행정심판 또는 이 법에 따른 행정심판 절차에 대한 특례를 신설하거나 변경하는 법령을 제정·개정할 때에는 미리 중앙행정심판위원회와 협의하여야 한다.

1. 특별행정심판의 개념

가. 개념

특별행정심판이란 특정분야의 행정심판에 대하여 사안의 전문성과 특수성을 살리기 위해 특히 필요한 경우에 한해 「행정심판법」에 따른 일반행정심판을 갈음하여 개별 법률에서 따로 정한 특례절차에 따라 하는 행정심판을 말한다(법 제4조 제1항). 특별행정심판도 행정심판에 해당하여 당연히 준사법절차로서의 행정심판으로서의 지위를 가진다는 점에서는 동일하지만 「행정심판법」의 적용이 제한되는 점에서 구별된다.

「행정심판법」 제4조 제2항에서는 "다른 법률에서 특별행정심판이나 이 법에 따른 행정심판 절차에 대한 특례를 정한 경우에도 그 법률에서 규정하지 아니한 사항에 관하여는 「행정심판법」에서 정하는 바에 따른다"라고 하여 개별 법률에서 행정심판에 관하여 특례를 정하고 있지 아니한 사항과 절차는 「행정심판법」을 적용하도록 하고 있다. 이는 「행정심판법」이 행정심판에 관한 일반법으로서의 성격을 가지고 있기 때문이다.

판례

「행정소송법」 제20조 제1항에 따르면, 취소소송은 처분 등이 있음을 안 날부터 90일 이내에 제기하여야 하는데, 행정심판청구를 할 수 있는 경우에 행정심판청구가 있은 때의 기간은 재결서의 정본을 송달받은 날부터 기산한다. 이처럼 취소소송의 제소기간을 제한함으로써 처분 등을 둘러싼 법률관계의 안정과 신속한 확정을 도모하려는 입법 취지에 비추어 볼 때, 여기서 말하는 '행정심판'은 「행정심판법」에 따른 일반행정심판과 이에 대한 특례로서 다른 법률에서 사안의 전문성과 특수성을 살리기 위하여 **특히 필요하여** 일반행정심판을 갈음하는 특별한 행정불복절차를 정한 경우의 특별행정심판(행정심판법 제4조)을 뜻한다(대법원 2014.4.24. 선고 2013두10809 판결).

나. 행정심판 절차에 대한 특례의 의미

「행정심판법」 제4조 제1항부터 제3항에서는 사안(事案)의 전문성과 특수성을 살리기 위하여 특히 필요한 경우에는 '특별행정심판' 외에 '이 법에 따른 행정심판 절차에 대한 특례'를 정할 수 있다고 규정하면서 '특별행정심판'과 '이 법에 따른 행정심판 절차에 대한 특례'를 구분하고 있다.

'이 법에 따른 행정심판 절차에 대한 특례'란 「행정심판법」의 적용을 받는 일반행정심판 절차를 전제로 하면서 개별 법률에서 그 절차나 내용상 「행정심판법」에 대하여 필요한 특례규정을 둔 경우라고 할 것이다.

다. 특별행정심판 및 특례절차 신설 등을 위한 협의 의무화

「행정심판법」 제4조 제3항에서는 "관계 행정기관의 장이 특별행정심판 또는 이 법에 따른 행정심판 절차에 대한 특례를 신설하거나 변경하는 법령을 제정·개정할 때에는 미리 중앙행정심판위원회와 협의하여야 한다."라고 규정하고 있다.

이 규정은 개별법령에 행정심판에 대한 특별한 절차를 규정하는 사례가 늘어나는 사정을 감안하여 특별행정심판 등 특례규정의 신설을 억제하기 위한 제도적 장치이다.

라. 특별행정심판과 일반행정심판의 구별 필요성[272)]

개별 법률에서 처분에 대한 불복절차를 따로 규정하고 있는 경우에는 그 법률에서 정하고 있는 불복절차에 따라야 한다. 이 경우 개별 법률에서 정하고 있는 절차가 「행정심판법」에 따른 일반행정심판을 갈음하는 심판, 즉 특별행정심판에 해당하는 것인지를 판단하는 것이 필요하다. 개별 법률에서 정하고 있는 불복절차가 특별행정심판에 해당하면 그 법률에 따른 불복절차가 「행정심판법」의 규정보다 우선 적용되며, 「행정심판법」에 따른 심판을 청구할 수 없다. 이 경우 그 법률에 따른 불복절차를 거치지 아니하고 바로 「행정심판법」에 따른 행정심판을 청구하는 때에는 부적법한 심판청구로서 각하대상이 된다(법 제3조 제1항). 또한, 그 법률에 따른 불복절차를 거친 후에는 다시 「행정심판법」 에 따른 행정심판을 청구할 수 없다. 「행정심판법」에

272) 국민권익위원회·중앙행정심판위원회, 행정심판의 이론과 실무, 688면

따른 행정심판을 다시 청구하는 경우에는 행정심판 재청구로 보아 각하재결을 하게 된다(법 제51조).

개별 법률에서 「행정심판법」에 대한 특례를 정하고 있는 경우를 보면, 조세심판 · 특허심판 · 토지수용심판 · 소청심사 등과 같이 「행정심판법」에 따른 심판절차를 갈음하는 특별행정심판 절차를 규정한 입법례가 있는가 하면, 개별 법률에서 「행정심판법」에 대한 특례를 규정하고 있기는 하나 그 처분의 특성상 필요한 심판청구 기간에 대한 특례 등 몇 가지 특례만 정하고 나머지는 「행정심판법」에 따르도록 하는 등의 비교적 단순한 절차적 특례를 정하고 있는 입법례도 많이 있다.

2. 특별행정심판절차의 종류

특별행정심판의 종류를 분야별 등으로 분류하면 다음과 같다.

특별행정심판절차의 종류

전문적 분야

(1) 조세심판(「국세기본법」, 「관세법」, 「지방세기본법」)
세무서장(관세청장)의 과세처분에 대한 심사청구 및 심판청구(국세청장 및 조세심판원)

(2) 특허심판(「심판사무취급규정」)
특허처분에 대한 특허심판 및 재심(특허심판원)

(3) 토지수용심판(「공익사업을 위한 토지 등의 취득 및 보상에 관한 법률」)
토지수용재결에 대한 이의신청(중앙토지수용위원회)

(4) 공정거래위원회 심결(「독점규제 및 공정거래에 관한 법률」)
공정거래 관련 처분에 대한 이의신청(공정거래위원회)

(5) 광업조정위원회 심결(「광업법」, 「광업조정위원회규정」)
광업에 대한 이의신청(광업조정위원회)

(6) 해양안전심판(「해양사고의 조사 및 심판에 관한 법률」)
지방해양안전심판원의 재결에 대한 제2심 청구(중앙해양안전심판원)

엄정한 심사가 필요한 분야

(1) 감사원 심사(「감사원심사규칙」)
감사원에 대한 심사청구(감사원)

(2) 소청심사(「국가공무원법」, 「지방공무원법」, 「교원의 지위향상 및 교육활동 보호를 위한 특별법」)
① 국가 · 지방공무원의 징계처분에 대한 소청심사(소청심사위원회)
② 「교육공무원법」상의 교원징계에 대한 소청심사(교원소청심사위원회)

대량 · 반복적인 분야

(1) 노동관련심판(「노동위원회법」)
부당해고에 관한 구제명령에 대한 재심(중앙노동위원회)

(2) 보험급여심판(「국민건강보험법」, 「고용보험법」, 「산업재해보상보험법」)
① 국민건강보험금 급여결정에 대한 심판(건강보험분쟁조정위원회)
② 산재보험급여결정에 대한 재심사(산업재해보상보험재심사위원회)
③ 고용보험급여결정에 대한 재심사(고용보험심사위원회)

제2절 개별 법률상 특별행정심판

특별행정심판기관을 설치하는 등 「행정심판법」에 따른 행정심판 절차에 준하는 특별행정심판절차를 정하고 있는 경우로서 조세심판(조세심판원), 특허심판(특허심판원), 소청(소청심사위원회, 교원소청심사위원회), 토지수용심판(토지수용위원회), 노동관련심판(노동위원회), 보험급여심판(건강보험분쟁조정위원회, 산업재해보상보험재심사위원회, 고용보험심사위원회), 해양안전심판(해양안전심판원) 등을 들 수 있다.[273] 이들 불복절차는 「행정심판법」에 따른 행정심판을 갈음하는 특별행정심판이므로 이에 따른 불복절차를 거친 때에는 「행정심판법」에 따른 행정심판을 제기할 수 없다.

1. 조세심판

조세는 관한 행정심판도 원칙적으로 행정심판에 관한 일반법인 「행정심판법」이 적용되어야 할 것이나, 조세사건의 전문성 특수성을 고려하여 국세・관세・지방세의 부과・징수에 대한 불복절차에 대하여는 「행정심판법」의 적용을 배제하고 각각 「국세기본법」, 「관세법」, 「지방세기본법」에 따르도록 규정하고 있다.[274]

가. 국세 및 관세심판

(1) 개념

국세의 부과・징수에 대한 불복절차는 이의신청, 심사청구 또는 심판청구의 단계로 진행된다. 이의신청은 처분청인 세무서장 또는 지방국세청장에게 하며 임의절차이다. 심사청구는 국세청장에게 하며, 심판청구는 조세심판원장에게 한다. 「관세법」상 규정되어 있는 관세처분에 대한 불복절차는 「국세기본법」과 동일하다. 다만, <u>이의신청</u> 및 <u>심사청구</u>에 대한 재결청이 각각 세관장 및 관세청장(관세심사위원회)인 점이 다를 뿐이다.

---

273) 국민권익위원회, 특별한 행정불복 절차 및 행정심판 절차 특례 설치요건 등에 관한 연구(최계영 외), 41면

274) 「국세기본법」・「관세법」・「지방세기본법」은 <u>모두 행정심판전치주의를 취하고 있고</u>, 조세의 부과・징수에 관하여 불복이 있는 자는 감사원에 심사청구를 할 수도 있다(감사원법 제43조, 국세기본법 제55조, 지방세기본법 제89조). 따라서 조세의 부과・징수에 관하여 불복이 있는 자는 원칙적으로 「국세기본법」・「관세법」・「지방세기본법」에서 정한 불복절차에 따라 심판을 받은 후 행정소송을 제기하여야 하나, 예외적으로 「감사원법」에 따른 심사청구를 거친 후에 바로 행정소송을 제기할 수도 있다.

(2) 국세 및 관세 불복절차

「국세기본법」 및 「관세법」에 따르면 국세처분, 관세처분에 대한 행정소송은 「행정소송법」의 규정에 불구하고 심사청구 또는 심판청구와 그에 대한 결정을 거치지 아니하면 제기할 수 없다(관세법 제119조~제132조). 다만, 심사청구 또는 심판청구에 대한 재조사 결정에 따른 처분청의 처분에 불복하여 행정소송을 제기하는 경우 심사청구 또는 심판청구를 거치지 아니할 수 있다(국세기본법 제56조 제2항).[275]

① 국세(관세)처분에 대해 불복하기 위해서는 먼저 당해 처분을 하였거나 하였어야 할 세무서장(세관장)을 거쳐[276] 국세청장(관세청장)에게 **심사청구**를 하거나, 또는 조세심판원장에게 **심판청구**를 하여 결정을 받은 후, 결정서 정본 송달일로부터 90일 이내에 처분청 관할 행정법원에 소송을 제기함이 원칙이다(국세기본법 제55조 · 제56조, 관세법 제120조 제3항 · 제122조 제1항).

② 동일한 처분에 대하여 심사청구와 심판청구를 중복하여 제기할 수 없다(국세기본법 제55조 제9항, 관세법 제119조 제8항). 다만, 납세자는 심사청구나 심판청구에 앞서 당해 처분을 하였거나 하였어야 할 세무서장(세관장)이나 그 세무서장을 거쳐 지방국세청장에게 **임의적**으로 불복절차인 이의신청 절차를 거칠 수는 있다(국세기본법 제55조 제3항 · 제66조, 관세법 제119조 제1항 단서 · 제132조).[277]

③ 그 밖에 「감사원법」 제3장에 규정된 감사원의 심사청구를 거쳐 **선택적**으로 바로 행정소송을 제기할 수도 있다. 즉, 국세(관세)처분에 불복하고자 하는 자는 처분이 있음을 안 날(처분의 통지를 받은 때는 그 받은 날)부터 90일 이내에 또는 처분이 있는 날부터 180일 이내에 감사원에게 심사청구를 할 수 있다(감사원법 제43조 · 제44조).

나. 지방세심판

(1) 개념

「지방세기본법」에 규정된 불복절차는 국세나 관세와 달리 이의신청, 심판청구의 단계로 진행된다(지방세기본법 제89조~제100조).

---

275) 종전에는 심사청구와 심판청구 2단계의 절차를 모두 거쳐야 행정소송을 제할 수 있었으나 「국세기본법」을 개정하여 2000.1.1.부터는 심사청구와 심판청구 중 어느 하나만 택일하여 청구할 수 있고 그중 어느 하나의 청구만 거치면 바로 행정소송을 제기할 수 있도록 하였다.

276) 세무서장(세관장)을 거치지 아니하고 곧바로 국세청장에게 심사청구를 하여도 된다(대판 1985.5.28. 83누435).

277) 이의신청을 받은 세무관서의 장 또는 지방국세청장은 이의신청을 받은 날부터 30일(지방세의 경우 90일) 이내에 결정한다. 이처럼 국세(관세 포함)의 전치절차는 **필요적으로 1단계**(심사청구 또는 심판청구), **임의적으로 2단계**(이의신청과 심사청구 또는 이의신청과 심판청구)이다.

(2) 지방세 불복절차

① 이의신청은 시장·군수·구청장(시·군·구세의 경우), 시·도지사(특별시세·광역시세·도세의 경우) 및 특별자치시장·특별자치도지사(특별자치시세·특별자치도세의 경우)에게 하는 것이고, 이의신청을 거친 후에 심판청구를 할 때에는 이의신청에 대한 결정 통지를 받은 날부터 90일 이내에 조세심판원장에게 심판청구를 해야 한다. 이의신청에 대한 결정은 처분청을 기속하며, 해당 처분청은 결정의 취지에 따라 즉시 필요한 처분을 하여야 한다.[278)]

② 「감사원법」상의 심사청구절차를 거쳐 행정소송을 제기할 수 있음은 국세의 경우와 같다(지방세기본법 89조 참조).

2. 특허심판

가. 개념

특허심판제도는 특별행정심판에 해당하지만 고도의 전문성이 요구되는 특허업무의 특성상 쟁송절차가 다른 행정심판 절차와 다르다. 특허소송은 다른 소송과는 달리 고등법원에 해당하는 특허법원과 대법원의 2심제를 취하고 있다. 이에 따라 특허심판은 다른 행정심판과는 달리 소송의 1심으로서 기능을 하고 있다.

나. 특허 등 거절결정에 대한 불복절차

(1) 특허심판 및 특허소송에 관하여는 「특허법」에서 상세한 절차를 규정하고 있다(특허법 제132조의2~제191조의2). 「실용신안법」·「디자인법」·「상표법」에서도 각각 심판 및 소송절차를 규정하고 있는데 절차에 있어서 「특허법」의 조항을 준용하고 있는 경우가 많다(실용신안법 제33조).

(2) 특허·실용신안등록·디자인등록·상표등록에 관하여 거절결정의 불복심판·특허무효심판 등을 청구하고자 하는 자는 특허심판원장에게 심판청구를 하여야 한다.[279)] 특허심판원장은 각 심판사건에 대하여 3인 또는 5인의 합의체를 구성할 심판관을 지정하고, 심판은 합의체의 과반수로 결정하며, 심판은 심결로써 종결한다(특허법 제146조·제162조). 심판의 심결에 대해서는 재심의 사유를 안 날부터 30일 이내에 재심청구를 할 수 있다(특허법 제180조).

(3) 특허취소결정 또는 심결에 대한 소 및 특허취소신청서, 심판청구서나 재심청구서의 각하결정에 대한 소는 특허법원의 전속관할이다.[280)]

278) 종전의 「지방세법」은 지방세처분 등의 행정소송은 심사청구와 그에 대한 결정을 거치지 않으면 이를 제기할 수 없도록 행정심판전치주의를 채택하고 있었으나, 2001년 동법을 개정하여 행정심판임의주의를 취하고 있다가 2019년 12월 31일 「지방세기본법」을 개정(시행일: 2021.1.1.)하여 행정심판전치주의를 다시 도입하였다(지방세기본법 제98조 제3항).

279) 특허심판원은 특허·실용신안에 관한 취소신청, 특허·실용신안·디자인·상표에 관한 심판과 재심 및 이에 관한 조사·연구 사무를 관장하게 하기 위하여 특허청장 소속하에 설치된 심판기구이다(특허법 제132조의16).

280) 심결 등에 불복하는 경우에는 심결 또는 결정의 등본을 송달 받은 날부터 30일 이내에 특허법원에 소를 제기할 수 있다(특허법 제186조). 법원은 소가 제기된 경우에 그 청구가 이유 있다고 인정한 때에는 판결로써 그 심결 또는 결정을 취소해야 한다. 심판관은 심결 또는 결정의 취소판결이 확정된 때에는 다시 심리를 하여 심결 또는 결정을 해야 한다. 판결에 있어서 취소의 기본이 된 이유는 그 사건에 대하여 특허심판원을 기속한다(특허법 제189조). 특허법원의 판결에 대하여는 대법원에 상고할 수 있다(특허법 제186조 제8항).

3. 소청심사

「국가공무원법」 제9조 【소청심사위원회의 설치】 ① 행정기관 소속 공무원의 징계처분, 그 밖에 그 의사에 반하는 불리한 처분이나 부작위에 대한 소청을 심사·결정하게 하기 위하여 인사혁신처에 소청심사위원회를 둔다.
② 국회, 법원, 헌법재판소 및 선거관리위원회 소속 공무원의 소청에 관한 사항을 심사·결정하게 하기 위하여 국회사무처, 법원행정처, 헌법재판소사무처 및 중앙선거관리위원회사무처에 각각 해당 소청심사위원회를 둔다.

「지방공무원법」 제13조 【소청심사위원회의 설치】 ① 지방자치단체의 장 소속 공무원의 징계, 그 밖에 그 의사에 반하는 불리한 처분이나 부작위(不作爲)에 대한 소청을 심사·결정하기 위하여 시·도에 임용권자(시·도의회의 의장 및 임용권을 위임받은 자는 제외한다)별로 지방소청심사위원회 및 교육소청심사위원회(이하 "심사위원회"라 한다)를 둔다.
② 지방의회의 의장 소속 공무원의 징계, 그 밖에 그 의사에 반하는 불리한 처분이나 부작위에 대한 소청은 제1항에 따른 지방소청심사위원회에서 심사·결정한다.

「교육공무원법」 제53조 【「국가공무원법」과의 관계】 ① 「국가공무원법」 제16조 제1항을 교육공무원(공립대학에 근무하는 교육공무원은 제외한다. 이하 이 조에서 같다)인 교원에게 적용할 때 같은 항의 "소청심사위원회"는 "교원소청심사위원회"로 본다.

「교원의지위향상및교육활동보호를위한특별법」 제7조 【교원소청심사위원회의 설치】 ① 각급학교 교원의 징계처분과 그 밖에 그 의사에 반하는 불리한 처분(「교육공무원법」 제11조의4 제4항 및 「사립학교법」 제53조의2 제6항에 따른 교원에 대한 재임용 거부처분을 포함한다. 이하 같다)에 대한 소청심사(訴請審査)를 하기 위하여 교육부에 교원소청심사위원회(이하 "심사위원회"라 한다)를 둔다.

가. 의의

소청이란 공무원 또는 각급 학교 교원에 대한 징계처분 그밖에 의사에 반하는 불리한 처분이나 부작위에 불복하는 경우 소청심사위원회에 심사를 구하는 특별행정심판을 말한다. 공무원 또는 교육공무원에 대한 징계처분 등에 대한 행정소송은 행정심판전치주의를 채택하여 소청절차를 거치지 아니하면 제기할 수 없다(「국가공무원법」 제16조, 「지방공무원법」 제20조의2, 「교육공무원법」 제53조 「교원의 지위 향상 및 교육활동 보호를 위한 특별법」 제10조).[281]

281) 그 밖에 「군인사법」 및 「군무원인사법」에서도 군의 장교·준사관·하사관과 군무원의 위법·부당한 전역·제적 등의 처분에 대한 군인소청제도를 규정하고 있다. 위법·부당한 전역·제적 등의 처분에 불복하여 행정소송을 제기하고자 하는 경우에는 반드시 군인사소청위원회나 항고심사위원회의 심사·결정을 거치도록 하여 행정심판전치주의를 채택하고 있다(군인사법 제50조~제51조의2, 군무원인사법 제34조~제35조의2).

나. 소청심사위원회

(1) 법적 지위

소청심사위원회는 「국가공무원법」 제9조에 의해 행정심판의 특례로 마련된 소청을 심사하며 소청결정을 행하는 특별행정심판기관에 해당한다.[282] 따라서 소청심사위원회의 소청결정은 행정심판의 재결에 해당된다. 행정청이란 행정주체의 의사를 내부적으로 결정하여 이를 외부적으로 표시할 권한이 있는 기관을 의미하는 바[283], 소청심사위원회는 ① 공무원의 신분과 관련된 징계처분 등에 대하여 국가공무원의 경우 국가, 지방공무원의 경우 지방자치단체의 의사를 내부적으로 결정하여 ② 이를 소청결정을 통해 외부적으로 표시할 권한이 있는 행정기관으로서 독립적인 합의제 행정청의 지위를 가진다.

(2) 기능

소청심사위원회는 소청에 대한 심사 · 결정권을 갖는다. 소청심사위원회는 합의제 행정청으로 상설기관이다.

(3) 종류

① 국가공무원의 소청심사위원회는 인사혁신처에 둔다(국가공무원법 제9조 제1항).

② 국회, 법원, 헌법재판소 및 선거관리위원회 소속 공무원의 소청심사위원회는 국회사무처, 법원행정처, 헌법재판소사무처 및 중앙선거관리위원회사무처에 각각 둔다(국가공무원법 제9조 제2항).

③ 지방공무원의 지방소청심사위원회 및 교육소청심사위원회는 시 · 도에 임용권자(시 · 도 의회의 의장 및 임용권을 위임받은 자는 제외)별로 둔다(지방공무원법 제13조 제1항).

④ 교원의 교원소청심사위원회는 교육부에 둔다(교원의 지위 향상 및 교육활동 보호를 위한 특별법 제7조 제1항).

다. 소청심사 절차[284]

(1) 처분사유 설명서의 교부

공무원에 대하여 징계처분 등을 할 때나 강임 · 휴직 · 직위해제 또는 면직처분을 할 때에는 그 처분권자 또는 처분제청권자는 처분사유를 적은 설명서를 교부하여야 한다. 다만, 본인의 원(願)에 따른 강임 · 휴직 또는 면직처분은 그러하지 아니하다(국가공무원법 제75조, 지방공무원법 제67조 제1항).

---

282) 공무원의 인사와 관련한 처분을 대상으로 하는 행정심판에 있어서 인사에 관한 전문적 판단을 하도록 하여 공무원의 신분을 보다 강하게 보장함과 동시에 공무원관계의 질서를 확립하기 위한 목적에서 설치되었다.

283) 「행정소송법」 제2조 제2항

284) 시 · 도에 설치된 지방소청심사위원회 및 교육소청심사위원회에 대한 소청절차나 소청의 심사결정에 관한 내용은 국가공무원의 것과 동일하다(지방공무원법 제13조 · 제67조).

(2) 소청심사 청구와 후임자 보충발령의 제한

① 소청심사 청구

징계처분이나 강임·휴직·직위해제 또는 면직처분 사유설명서를 받은 공무원이 그 처분에 불복할 때에는 그 설명서를 받은 날부터 30일 이내에, 그 밖의 본인의 의사에 반하는 불이익처분을 받았을 때에는 그 처분이 있은 것을 안 날부터 30일 이내에 소청심사위원회에 심사청구서를 제출해야 한다(국가공무원법 제76조 제1항, 지방공무원법 제67조 제3항, 교원의 지위 향상 및 교육활동 보호를 위한 특별법 제9조 제1항).

② 후임자 보충발령의 제한

본인의 의사에 반하여 파면 또는 해임이나 면직처분을 하였을 때에는 그 처분을 한 날부터 40일 이내에는 후임자를 보충발령하지 못한다. 다만, 인력 관리상 후임자를 보충하여야 할 불가피한 사유가 있는 경우(임시결정을 한 경우는 제외)에 국가공무원인 경우는 국회사무총장, 법원행정처장, 헌법재판소사무처장, 중앙선거관리위원회사무총장 또는 인사혁신처장과 협의를 거쳐서, 지방공무원과 교원인 경우는 해당 인사위원회의 의결을 거쳐 후임자를 보충발령을 할 수 있다(국가공무원법 제76조 제2항, 지방공무원법 제67조 제4항, 교원의 지위 향상 및 교육활동 보호를 위한 특별법 제9조 제2항).

(3) 심사

소청심사위원회는 소청을 접수하면 지체 없이 심사하여야 하며, 소청심사위원회는 소청사건의 심사에 필요한 경우에 검정·감정 기타 사실조사 또는 증인의 소환질문을 하거나 관계서류의 제출을 명할 수 있고, 징계요구기관이나 관계기관의 소속공무원을 증인으로 소환 등을 할 수 있다(국가공무원법 제12조 제1항·제2항·제3항). 소청인에게는 진술권이 부여되고, 진술의 기회를 부여하지 아니한 결정은 무효가 된다(국가공무원법 제13조 제1항·제2항). 소청에 대한 심사·결정에서도 일정한 경우 위원의 제척·기피·회피제도가 인정되고 있다(국가공무원법 제14조 제3항·제4항·제5항).

라. 결정

(1) 임시결정

1) 보충발령유예

소청심사위원회는 소청심사청구가 파면 또는 해임이나 면직처분으로 인한 경우에는 그 청구를 접수한 날부터 5일 이내에 해당 사건의 최종결정이 있을 때까지 후임자의 보충발령을 유예하게 하는 임시결정을 할 수 있다(국가공무원법 제76조 제3항).

2) 최종결정 기간 및 보충발령제한

소청심사위원회가 임시결정을 한 경우에는 임시결정을 한 날로부터 20일 이내에 최종 결정을 하여야 하며 각 임용권자는 그 최종 결정이 있을 때까지 후임자를 보충발령하지 못한다(국가공무원법 제76조 제4항).

(2) 종국결정

① 소청 사건의 결정은 재적 위원 3분의 2 이상의 출석과 출석 위원 과반수의 합의에 따르되, 의견이 나뉘어 출석 위원 과반수의 합의에 이르지 못하였을 때에는 과반수에 이를 때까지 소청인에게 가장 불리한 의견에 차례로 유리한 의견을 더하여 그중 가장 유리한 의견을 합의된 의견으로 본다(국가공무원법 제14조 제1항).

② 소청심사위원회의 결정은 그 이유를 구체적으로 밝힌 결정서로 하여야 한다(국가공무원법 제14조 제9항).

③ 소청심사위원회는 후임자의 보충발령을 유예하는 임시결정을 한 경우 외에는 소청심사청구를 접수한 날부터 60일 이내에 이에 대한 결정을 하여야 한다. 다만, 불가피하다고 인정되면 소청심사위원회의 의결로 30일을 연장할 수 있다(국가공무원법 제76조 제5항).

④ 「행정심판법」 제43조는 행정심판에서 재결의 종류를 규정하고 있고 이에 대응하여 「국가공무원법」도 소청결정의 종류를 규정하고 있다. 소청심사위원회는 심사청구가 법률에 적합하지 않으면 그 청구를 각하하고, 심사청구가 이유 없으면 기각하고, 심사청구가 이유 있으면 인용하는 결정을 한다.[285)]

⑤ 인용결정은 다시 소청심사청구의 내용에 따라서 ⅰ) 취소결정, 변경결정, 취소명령결정, 변경명령결정, ⅱ) 유효, 무효, 존재, 부존재 확인결정, ⅲ) 청구에 따른 처분결정 및 처분명령결정으로 구분된다. 이 중에서 처분변경명령결정은 처분의 변경을 구하는 심사청구가 이유 있다고 인정되는 경우 소청심사위원회가 처분행정청에게 처분을 변경할 것을 명하는 것으로서 이행재결의 성격을 가진다.[286)]

(3) 결정의 효력

소청심사위원회 결정은 처분행정청을 기속한다(국가공무원법 제15조). 이 소청결정의 기속력은 행정심판의 기속력과 동일하다. 다만, 소청심사위원회의 취소명령 또는 변경명령 결정은 그에 따른 징계나 그 밖의 처분이 있을 때까지 종전에 행한 징계처분 또는 징계부과금 부과처분에 영향을 미치지 아니한다(국가공무원법 제14조 제7항).

---

285) 「국가공무원법」 제14조 제6항

286) 「국가공무원법」 제14조 제6항 제3호

(4) 감사원의 재심요구

감사원으로부터 파면 요구를 받아 집행한 파면에 대한 소청(訴請) 제기로 소청심사위원회 등에서 심사 결정을 한 경우에는 해당 소청심사위원회의 위원장 등은 그 결정 결과를 그 결정이 있은 날부터 15일 이내에 감사원에 통보하여야 한다(감사원법 제32조 제5항).[287]

마. 행정소송과의 관계

(1) 소청전치주의

공무원이 그에 대한 불리한 처분을 다투는 경우에는 행정심판전치주의(소청전치주의)가 적용된다. 즉, 소청심사위원회(교육공무원인 경우 교원소청심사위원회)의 심사・결정을 거치지 아니하면 행정소송을 제기할 수 없다(국가공무원법 제16조 제1항).

(2) 항고소송의 대상

소청심사위원회의 결정에 불복하여 행정소송을 제기하는 경우 행정소송은 원징계처분과 소청결정 중 어느 것을 대상으로 하여야 하는가에 대하여, 특별한 규정이 없으므로 「행정소송법」 제19조에 따라 원처분(불이익처분)을 대상으로 하여야 하고 다만, 소청심사위원회의 결정에 고유한 위법이 있는 경우에는 위원회의 결정을 대상으로 하여야 한다.

(3) 교육공무원의 경우

① 교육공무원의 경우 교원소청심사위원회의 소청결정을 거쳐 행정소송을 제기한다. 행정소송(항고소송)의 대상은 일반공무원의 경우와 동일하다.

② 사립학교교원의 경우 교원소청심사위원회의 소청결정에 불복하는 경우 교원소청심사위원회를 피고로 동위원회의 결정(원처분)을 대상으로 항고소송을 제기할 수 있으며 이외에도 학교법인을 피고로 징계를 다투는 민사소송을 제기할 수 있다. 학교법인 또는 사립학교 경영자는 그 결정서를 송달받은 날부터 90일 이내에 「행정소송법」으로 정하는 바에 따라 소송을 제기할 수 있다.

287) 감사원은 제5항의 통보를 받은 날부터 1개월 이내에 그 소청심사위원회 등이 설치된 기관의 장을 거쳐 소청심사위원회 등에 그 재심을 요구할 수 있다(감사원법 제32조 제6항). 이 경우 제2항부터 제6항까지의 규정에 따른 기간에는 그 징계 의결이나 소청 결정은 집행이 정지된다(감사원법 제32조 제7항).

4. 토지수용심판

「공익사업을위한토지등의취득및보상에관한법률」 제22조【사업인정의 고시】 ① 국토교통부장관은 제20조에 따른 사업인정을 하였을 때에는 지체 없이 그 뜻을 사업시행자, 토지소유자 및 관계인, 관계 시·도지사에게 통지하고 사업시행자의 성명이나 명칭, 사업의 종류, 사업지역 및 수용하거나 사용할 토지의 세목을 관보에 고시하여야 한다.
② 제1항에 따라 사업인정의 사실을 통지받은 시·도지사(특별자치도지사는 제외한다)는 관계 시장·군수 및 구청장에게 이를 통지하여야 한다.
③ 사업인정은 제1항에 따라 고시한 날부터 그 효력이 발생한다.

제23조【사업인정의 실효】 ① 사업시행자가 제22조 제1항에 따른 사업인정의 고시(이하 "사업인정고시"라 한다)가 된 날부터 1년 이내에 제28조 제1항에 따른 재결신청을 하지 아니한 경우에는 사업인정고시가 된 날부터 1년이 되는 날의 다음 날에 사업인정은 그 효력을 상실한다.

제28조【재결의 신청】 ① 제26조에 따른 협의가 성립되지 아니하거나 협의를 할 수 없을 때(제26조 제2항 단서에 따른 협의 요구가 없을 때를 포함한다)에는 사업시행자는 사업인정고시가 된 날부터 1년 이내에 대통령령으로 정하는 바에 따라 관할 토지수용위원회에 재결을 신청할 수 있다.

제30조【재결 신청의 청구】 ① 사업인정고시가 된 후 협의가 성립되지 아니하였을 때에는 토지소유자와 관계인은 대통령령으로 정하는 바에 따라 서면으로 사업시행자에게 재결을 신청할 것을 청구할 수 있다.

제32조【심리】 ① 토지수용위원회는 제31조 제1항에 따른 열람기간이 지났을 때에는 지체 없이 해당 신청에 대한 조사 및 심리를 하여야 한다.

제33조【화해의 권고】 ① 토지수용위원회는 그 재결이 있기 전에는 그 위원 3명으로 구성되는 소위원회로 하여금 사업시행자, 토지소유자 및 관계인에게 화해를 권고하게 할 수 있다. 이 경우 소위원회는 위원장이 지명하거나 위원회에서 선임한 위원으로 구성하며, 그 밖에 그 구성에 필요한 사항은 대통령령으로 정한다.

제34조【재결】 ① 토지수용위원회의 재결은 서면으로 한다.
② 제1항에 따른 재결서에는 주문 및 그 이유와 재결일을 적고, 위원장 및 회의에 참석한 위원이 기명날인한 후 그 정본(正本)을 사업시행자, 토지소유자 및 관계인에게 송달하여야 한다.

제35조【재결기간】 토지수용위원회는 제32조에 따른 심리를 시작한 날부터 14일 이내에 재결을 하여야 한다. 다만, 특별한 사유가 있을 때에는 14일의 범위에서 한 차례만 연장할 수 있다.

제40조【보상금의 지급 또는 공탁】 ① 사업시행자는 제38조 또는 제39조에 따른 사용의 경우를 제외하고는 수용 또는 사용의 개시일(토지수용위원회가 재결로써 결정한 수용 또는 사용을 시작하는 날을 말한다. 이하 같다)까지 관할 토지수용위원회가 재결한 보상금을 지급하여야 한다.
② 사업시행자는 다음 각 호의 어느 하나에 해당할 때에는 수용 또는 사용의 개시일까지 수용하거나 사용하려는 토지등의 소재지의 공탁소에 보상금을 공탁(供託)할 수 있다.
1. 보상금을 받을 자가 그 수령을 거부하거나 보상금을 수령할 수 없을 때
2. 사업시행자의 과실 없이 보상금을 받을 자를 알 수 없을 때
3. 관할 토지수용위원회가 재결한 보상금에 대하여 사업시행자가 불복할 때
4. 압류나 가압류에 의하여 보상금의 지급이 금지되었을 때
③ 사업인정고시가 된 후 권리의 변동이 있을 때에는 그 권리를 승계한 자가 제1항에 따른 보상금 또는 제2항에 따른 공탁금을 받는다.

④ 사업시행자는 제2항 제3호의 경우 보상금을 받을 자에게 자기가 산정한 보상금을 지급하고 그 금액과 토지수용위원회가 재결한 보상금과의 차액(差額)을 공탁하여야 한다. 이 경우 보상금을 받을 자는 그 불복의 절차가 종결될 때까지 공탁된 보상금을 수령할 수 없다.

제42조【재결의 실효】 ① 사업시행자가 수용 또는 사용의 개시일까지 관할 토지수용위원회가 재결한 보상금을 지급하거나 공탁하지 아니하였을 때에는 해당 토지수용위원회의 재결은 효력을 상실한다.

제45조【권리의 취득 · 소멸 및 제한】 ① 사업시행자는 수용의 개시일에 토지나 물건의 소유권을 취득하며, 그 토지나 물건에 관한 다른 권리는 이와 동시에 소멸한다.

② 사업시행자는 사용의 개시일에 토지나 물건의 사용권을 취득하며, 그 토지나 물건에 관한 다른 권리는 사용 기간 중에는 행사하지 못한다.

제49조【설치】 토지등의 수용과 사용에 관한 재결을 하기 위하여 국토교통부에 중앙토지수용위원회를 두고, 특별시 · 광역시 · 도 · 특별자치도(이하 "시 · 도"라 한다)에 지방토지수용위원회를 둔다.

제50조【재결사항】 ① 토지수용위원회의 재결사항은 다음 각 호와 같다.

1. 수용하거나 사용할 토지의 구역 및 사용방법
2. 손실보상
3. 수용 또는 사용의 개시일과 기간
4. 그 밖에 이 법 및 다른 법률에서 규정한 사항

② 토지수용위원회는 사업시행자, 토지소유자 또는 관계인이 신청한 범위에서 재결하여야 한다. 다만, 제1항 제2호의 손실보상의 경우에는 증액재결(增額裁決)을 할 수 있다.

제51조【관할】 ① 제49조에 따른 중앙토지수용위원회(이하 "중앙토지수용위원회"라 한다)는 다음 각 호의 사업의 재결에 관한 사항을 관장한다.

1. 국가 또는 시 · 도가 사업시행자인 사업
2. 수용하거나 사용할 토지가 둘 이상의 시 · 도에 걸쳐 있는 사업

② 제49조에 따른 지방토지수용위원회(이하 "지방토지수용위원회"라 한다)는 제1항 각 호 외의 사업의 재결에 관한 사항을 관장한다.

제83조【이의의 신청】 ① 중앙토지수용위원회의 제34조에 따른 재결에 이의가 있는 자는 중앙토지수용위원회에 이의를 신청할 수 있다.

② 지방토지수용위원회의 제34조에 따른 재결에 이의가 있는 자는 해당 지방토지수용위원회를 거쳐 중앙토지수용위원회에 이의를 신청할 수 있다.

③ 제1항 및 제2항에 따른 이의의 신청은 재결서의 정본을 받은 날부터 30일 이내에 하여야 한다

제84조【이의신청에 대한 재결】 ① 중앙토지수용위원회는 제83조에 따른 이의신청을 받은 경우 제34조에 따른 재결이 위법하거나 부당하다고 인정할 때에는 그 재결의 전부 또는 일부를 취소하거나 보상액을 변경할 수 있다.

② 제1항에 따라 보상금이 늘어난 경우 사업시행자는 재결의 취소 또는 변경의 재결서 정본을 받은 날부터 30일 이내에 보상금을 받을 자에게 그 늘어난 보상금을 지급하여야 한다. 다만, 제40조 제2항 제1호 · 제2호 또는 제4호에 해당할 때에는 그 금액을 공탁할 수 있다.

제85조【행정소송의 제기】 ① 사업시행자, 토지소유자 또는 관계인은 제34조에 따른 재결에 불복할 때에는 재결서를 받은 날부터 90일 이내에, 이의신청을 거쳤을 때에는 이의신청에 대한 재결서를 받은 날부터 60일 이내에 각각 행정소송을 제기할 수 있다. 이 경우 사업시행자는 행정소송을 제기하기 전에 제84조에 따라 늘어난 보상금을 공탁하여야 하며, 보상금을 받을 자는 공탁된 보상금을 소송이 종결될 때까지 수령할 수 없다.

② 제1항에 따라 제기하려는 행정소송이 보상금의 증감(增減)에 관한 소송인 경우 그 소송을 제기하는 자가 토지소유자 또는 관계인일 때에는 사업시행자를, 사업시행자일 때에는 토지소유자 또는 관계인을 각각 피고로 한다.

제86조 【이의신청에 대한 재결의 효력】 ① 제85조 제1항에 따른 기간 이내에 소송이 제기되지 아니하거나 그 밖의 사유로 이의신청에 대한 재결이 확정된 때에는 「민사소송법」상의 확정판결이 있은 것으로 보며, 재결서 정본은 집행력 있는 판결의 정본과 동일한 효력을 가진다.

가. 개요

토지수용절차에 관한 일반법으로 「공익사업을 위한 토지 등의 취득 및 보상에 관한 법률」이 있다. 토지수용의 절차는 사업인정, 토지조서 및 물건조서의 작성, 협의, 수용재결의 단계로 진행된다. 수용재결에 대하여 이의신청이 있으면 중앙토지수용위원회에서 이의재결을 하게 된다. 수용재결 또는 이의재결에 불복이 있는 자는 법원에 행정소송을 제기할 수 있다. 종전의 판례는 종전의 「토지수용법」이 원처분주의가 아닌 재결주의를 취하고 있는 것으로 보고 이의재결에 대하여만 행정소송이 가능한 것으로 판시하고 있었다. 즉, 원처분에 해당하는 수용재결에 대하여는 행정소송을 제기할 수 없고 행정심판의 재결에 해당하는 중앙토지수용위원회의 이의재결에 대해서만 행정소송을 제기할 수 있었다.[288)]

2003. 1. 1. 「공익사업을 위한 토지 등의 취득 및 보상에 관한 법률」(이하 "토지보상법"이라 한다)이 제정·시행됨에 따라 관할 토지수용위원회의 수용재결에 불복하는 자는 중앙토지수용위원회에 이의신청을 할 수도 있고 이의신청서를 거치지 않고 바로 법원에 행정소송을 제기할 수 있게 되었다.

나. 수용취득절차 개관[289)]

토지수용은 공익사업에 필요한 토지 등에 대한 협의취득이 불가능한 경우 토지 등 소유자에 대한 손실보상을 전제로 하는 강제취득이라는 침익적 행정처분인 바, 이에는 법적근거에 따른 보상절차의 준수가 강조된다. 따라서 「토지보상법」상의 손실보상절차상의 흠결이 있을 경우 해당 행정처분은 무효 또는 취소의 사유가 되므로 엄격한 수용절차진행은 반드시 지켜져야 한다.

공익사업은 택지개발예정지구지정 주민공람공고를 시작으로 택지개발예정지구고시(사업시행자 지정포함) 및 사업인정고시(개발계획승인 등) 후 아래의 보상절차도[290)]에 따라 진행된다.

288) 토지수용에 관한 취소소송은 중앙토지수용위원회의 이의재결에 불복이 있을 때에 제기할 수 있고 수용재결은 취소소송의 대상으로 삼을 수 없다(대법원 1995.12.8. 선고 95누5561 판결).

289) 장인태 · 조장형, 토지보상법 이해, 법률출판사, 2021, 185~187면

290) 아래 보상절차도는 대규모택지개발 사업 등을 전제로 하는 통상적인 절차이다.

토지수용(손실보상)절차

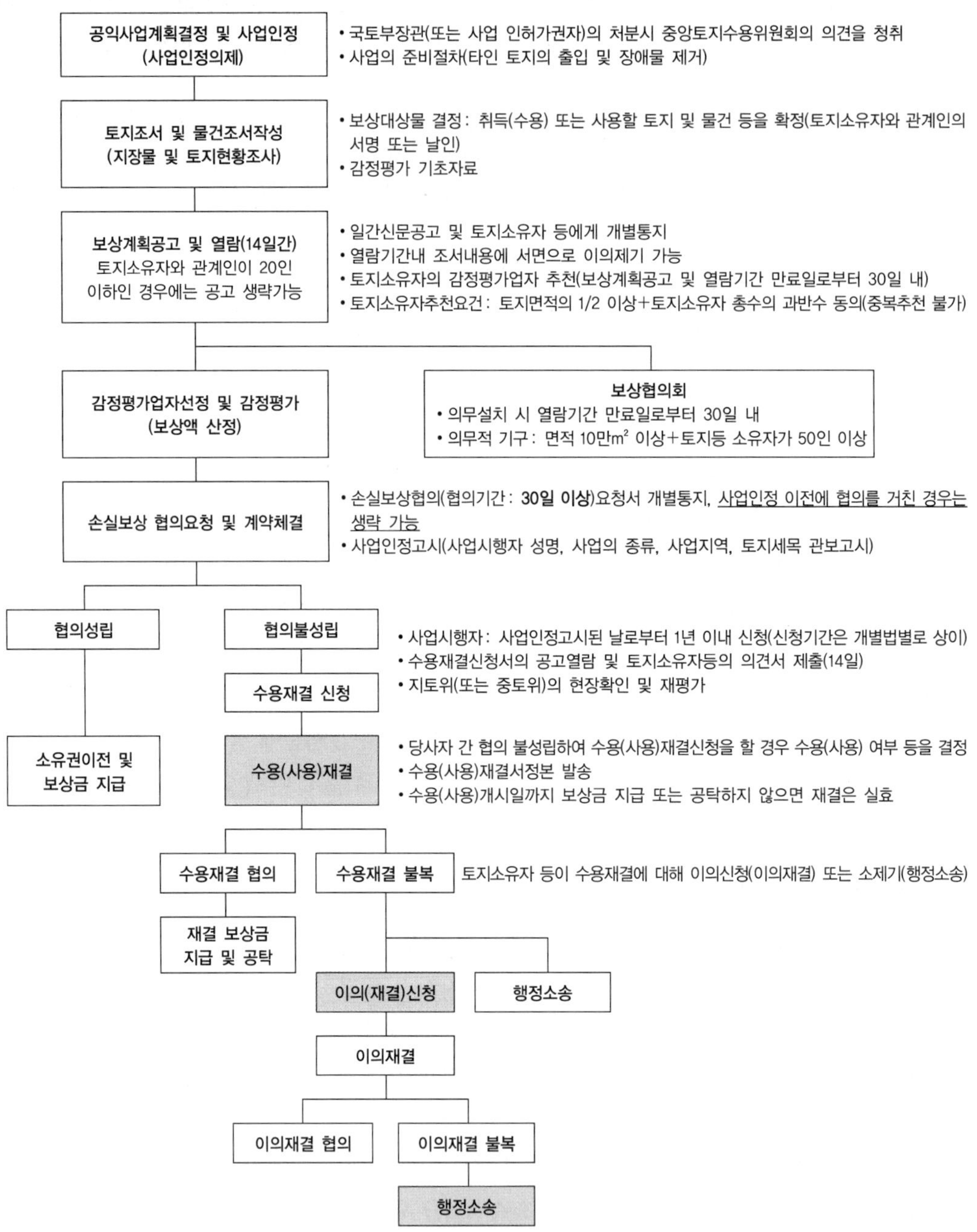

공익사업계획결정 및 사업인정
(사업인정의제)
• 국토부장관(또는 사업 인허가권자)의 처분시 중앙토지수용위원회의 의견을 청취
• 사업의 준비절차(타인 토지의 출입 및 장애물 제거)
토지조서 및 물건조서작성
(지장물 및 토지현황조사)
• 보상대상물 결정: 취득(수용) 또는 사용할 토지 및 물건 등을 확정(토지소유자와 관계인의 서명 또는 날인)
• 감정평가 기초자료
보상계획공고 및 열람(14일간)
토지소유자와 관계인이 20인 이하인 경우에는 공고 생략가능
• 일간신문공고 및 토지소유자 등에게 개별통지
• 열람기간내 조서내용에 서면으로 이의제기 가능
• 토지소유자의 감정평가업자 추천(보상계획공고 및 열람기간 만료일로부터 30일 내)
• 토지소유자추천요건: 토지면적의 1/2 이상+토지소유자 총수의 과반수 동의(중복추천 불가)
감정평가업자선정 및 감정평가
(보상액 산정)
보상협의회
• 의무설치 시 열람기간 만료일로부터 30일 내
• 의무적 기구: 면적 10만m^2 이상+토지등 소유자가 50인 이상
손실보상 협의요청 및 계약체결
• 손실보상협의(협의기간: 30일 이상)요청서 개별통지, 사업인정 이전에 협의를 거친 경우는 생략 가능
• 사업인정고시(사업시행자 성명, 사업의 종류, 사업지역, 토지세목 관보고시)
협의성립
협의불성립
• 사업시행자: 사업인정고시된 날로부터 1년 이내 신청(신청기간은 개별법별로 상이)
• 수용재결신청서의 공고열람 및 토지소유자등의 의견서 제출(14일)
• 지토위(또는 중토위)의 현장확인 및 재평가
수용재결 신청
소유권이전 및
보상금 지급
수용(사용)재결
• 당사자 간 협의 불성립하여 수용(사용)재결신청을 할 경우 수용(사용) 여부 등을 결정
• 수용(사용)재결서정본 발송
• 수용(사용)개시일까지 보상금 지급 또는 공탁하지 않으면 재결은 실효
수용재결 협의
수용재결 불복
토지소유자 등이 수용재결에 대해 이의신청(이의재결) 또는 소제기(행정소송)
재결 보상금
지급 및 공탁
이의(재결)신청
행정소송
이의재결
이의재결 협의
이의재결 불복
행정소송

※ 이의(재결)신청기간: 수용재결서 정본 송달일로부터 30일 이내

※ 행정소송 제소기간: 수용재결서 정본 송달일로부터 90일(종전 60일에서 확대) 이내 또는 이의재결서 정본 송달일로부터 60일(종전 30일에서 확대) 이내로 개정되었다(법 85조 제1항). (2018.12.31. 개정) [시행 2019.7.1.]

※ 「토지보상법」 부칙 제4조 **【행정소송의 제기에 관한 적용례】** 제85조 제1항의 개정규정은 **이 법 시행 후 최초로** 제34조 또는 제84조에 따른 **재결서 정본을 받은 자부터 적용**한다.

중앙토지수용위원회의 일반적 재결절차[291]

재결신청 접수
사건번호 부여 등
재결신청의 적법성 검토
사업인정의 유효성, 협의절차 준수, 법정서류 구비 여부 등
수용재결신청서의 열람 · 공고
시장 · 군수 · 구청장은 공고 및 열람할 수 있도록 하고, 토지소유자 등이 제출한 의견서를 위원회에 송부
사업시행자의 의견 조회 및 회신
제출된 토지소유자등의 의견에 대해 사업시행자에게 의견 조회 및 사업시행자의 의견 접수
사실관계 · 현장확인 조사
당사자 간의 다툼에 대한 사실관계 조사 및 현장조사 실시
감정평가 실시 및 감정평가서 제출
수용대상 토지 등에 대한 손실보상금결정을 위한 감정평가 실시(감정평가업자 2인 선정)
재결서(안)작성
수집 또는 제시된 자료로 재결서(안) 작성
심리 · 의결
심리 · 의결
재결서 정본 송달
재결서 정본을 사업시행자, 토지소유자 등에게 송달

다. 사업인정

(1) 법적 성격

사업인정이란 공익사업을 토지 등을 수용하거나 사용할 사업으로 결정하는 것을 말한다(법 제2조 제7호). 사업인정은 공익사업시행자에게 일정한 절차를 거칠 것을 조건으로 일정한 내용의 수용 또는 사용하는 권리를 설정하여 주는 국토교통부장관의 형성행위이다.[292] 사업인정으로 사업시행자에게 수용권이 창설되고, 토지소유자 등에게는 일정한 의무가 부과되고, 손실보상 청구권이 주어진다. 따라서 사업인정은 행정처분이며 항고소송의 대상이 된다.[293]

291) 국토교통부 중앙토지수용위원회, 토지수용업무편람, 2015, 4면

292) 법률행위적 행정행위 내의 형성적 행정행위 중에서 특허(설권행위)에 해당한다. 즉, 사업인정은 사업시행자에 대한 설권적 행정처분으로 본다(판례, 다수설).

293) 장인태 · 조장형, 토지보상법 이해, 법률출판사, 2021, 189면

(2) 사업인정의 고시

국토교통부장관은 사업인정을 하였을 때에는 지체 없이 그 뜻을 사업시행자, 토지소유자 및 관계인, 관계 시・도지사에게 통지하고 사업시행자의 성명이나 명칭, 사업의 종류, 사업지역 및 수용하거나 사용할 토지의 세목을 관보에 고시[294)]하여야 한다(법 제22조 제1항).

(3) 사업인정의 효과

사업인정의 고시가 있으면 고시한 날로부터 사업인정의 효과와 수용목적물 확정의 효과가 발생한다.

판례

사업인정이란 공익사업을 토지 등을 수용 또는 사용할 사업으로 결정하는 것으로서 공익사업의 시행자에게 그 후 일정한 절차를 거칠 것을 조건으로 일정한 내용의 수용권을 설정하여 주는 형성행위이다. 그러므로 해당 사업이 외형상 토지 등을 수용 또는 사용할 수 있는 사업에 해당하더라도 사업인정기관으로서는 그 사업이 공용수용을 할 만한 공익성이 있는지 여부와 공익성이 있는 경우에도 그 사업의 내용과 방법에 관하여 사업인정에 관련된 자들의 이익을 공익과 사익 사이에서는 물론, 공익 상호 간 및 사익 상호 간에도 정당하게 비교・교량하여야 하고, 비교・교량은 비례의 원칙에 적합하도록 하여야 한다(대법원 2019.2.28. 선고, 2017두71031 판결, 사업인정고시취소).

라. 수용재결

(1) 의의

① 합의제 행정청인 토지수용위원회가 사업시행자에게 보상금의 지급 또는 공탁을 조건으로 수용목적물의 강제취득이라는 수용의 효과를 완성시켜 주는 형성적 행정처분이다. 수용재결이 비록 재결이라는 명칭을 사용하고 있으나 구체적으로 일정한 법률효과의 발생을 목적으로 하는 점에서 그 법적 성질은 일반의 처분과 다를 바 없다.

② 수용재결은 당사자쟁송인 동시에 시심적 쟁송에 해당한다.

(2) 관할(법 제51조)

① **중앙토지수용위원회**

국가 또는 시・도가 사업시행자인 사업, 수용하거나 사용할 토지가 둘 이상의 시・도에 걸쳐 있는 사업에 관한 재결을 관장한다.

② **지방토지수용위원회**

중앙토지수용위원회가 관장하는 사업 외의 사업에 관한 재결을 관장한다.

---

294) 토지 등의 세목고시를 관보가 아닌 국토교통부 인터넷 홈페이지에 고시하는 경우 그 고시가 사업인정고시로 볼수 있는지 여부에 대해 중앙토지수용위원회는 "인터넷 고시는 토지보상법이 정하는 고시방법이 아니며, 사업인정은 수용권을 설정하는 행정행위로서 국민의 재산권을 직접 침해하는 중대한 것이므로 이를 엄격하게 적용할 필요가 있어 인터넷고시는 수용재결업무수행시 그 효력을 인정하지 않는 것으로 심의・결정"한 바 있다(2004.4.26. 중토위 사무국-8355).

(3) 절차

1) 재결의 신청

① 토지 등의 보상에 관하여 토지소유자 및 관계인과 협의가 이루어지지 않거나 이루어질 수 없는 경우에는 사업시행자는 사업인정고시가 있은 날부터 1년 이내에 관할 토지수용위원회에 재결을 신청할 수 있다(법 제28조).

② 사업인정고시가 된 후 협의가 성립되지 아니하였을 때에는 토지소유자와 관계인은 서면으로 사업시행자에게 재결을 신청할 것을 청구할 수 있다. 사업시행자는 수용재결신청청구를 받았을 때에는 그 청구를 받은 날부터 60일 이내에 대통령령으로 정하는 바에 따라 관할 토지수용위원회에 재결을 신청하여야 한다(법 제30조 제1항 · 제2항).

2) 열람 및 심리

① 토지수용위원회는 재결신청서를 접수하였을 때에는 지체 없이 이를 공고하고, 공고한 날로부터 14일 이상 관계서류의 사본을 일반인이 열람할 수 있도록 하여야 한다.

② 토지소유자 또는 관계인은 열람기간 중에 의견을 제시할 수 있다.

③ 토지수용위원회는 열람기간이 지났을 때에는 지체 없이 해당 신청에 대한 조사 및 심리를 하여야 한다.

(4) 재결

① 토지수용위원회는 심리개시일부터 14일 이내에 재결을 하여야 하며 특별한 사유가 있는 때에는 1차에 한하여 14일의 범위 안에서 이를 연장할 수 있다(법 제35조).

② 재결은 서면으로 하여야 하고, 재결서 정본을 사업시행자, 토지소유자 및 관계인에게 송달하여야 한다.

③ 재결의 내용은 수용하거나 사용할 토지의 구역 및 사용방법, 손실보상, 수용 또는 사용의 개시일과 기간 등이다(법 제50조 제1항).

④ 토지수용위원회는 사업시행자, 토지소유자 또는 관계인이 신청한 범위에서 재결하여야 한다. 다만, 손실보상에 있어서는 신청의 범위에 구애되지 않고 증액재결을 할 수 있다(법 제50조 제2항).

(5) 보상금의 지급

① 사업시행자는 수용 또는 사용의 개시일(토지수용위원회가 재결로써 결정한 수용 또는 사용을 시작하는 날을 말한다)까지 관할 토지수용위원회가 재결한 보상금을 지급하여야 한다(법 제40조 제1항).

② 사업시행자는 (ⅰ) 보상금을 받을 자가 그 수령을 거부거나 보상금을 수령할 수 없을 때, (ⅱ) 사업시행자의 과실 없이 보상금을 받을 자를 알 수 없을 때, (ⅲ) 관할 토지수용위원회가 재결한 보상금에 대하여 사업시행자가 불복할 때, (ⅳ) 압류나 가압류에 의하여 보상금의 지급이 금지되었을 때에는 수용 또는 사용의 개시일까지 수용하거나 사용하려는 토지등의 소재지의 공탁소에 보상금을 공탁(供託)할 수 있다(법 제40조 제2항).

⑹ 권리의 취득 · 소멸

토지수용위원회의 수용재결이 확정되면 토지수용 절차는 종결된다. 사업시행자는 수용의 개시일에 토지나 물건의 소유권을 취득하며, 그 토지나 물건에 관한 다른 권리는 이와 동시에 소멸한다(법 제45조 제1항). 사업시행자가 취득하는 권리의 법적 성격은 원시취득에 해당한다.

마. 수용재결에 대한 이의신청

⑴ 의의

수용재결에 대한 이의신청이란 중앙토지수용위원회 또는 지방토지수용위원회의 수용재결에 이의가 있는 자가 중앙토지수용위원회에 이의를 신청하는 것을 말한다. 이의신청은 임의절차이며, 행정심판의 성질을 가진다. 「토지보상법」상의 이의신청규정은 「행정심판법」에 대한 특별규정이다.

⑵ 이의신청 기간

① 중앙토지수용위원회의 원처분인 수용재결에 이의가 있는 자는 중앙토지수용위원회에 이의를 신청할 수 있다(법 제83조 제1항).

② 지방토지수용위원회의 원처분인 수용재결에 이의가 있는 자는 해당 지방토지수용위원회를 거쳐 중앙토지수용위원회에 이의를 신청할 수 있다(법 제83조 제2항).

③ 이의신청은 수용재결서의 정본을 받은 날부터 30일 이내에 하여야 한다(법 제83조 제3항).

⑶ 이의재결(이의신청에 대한 재결)

① 법적성격

이의재결은 형성적 행정처분의 성격을 가지는 수용재결에 대하여 불복이 있는 때 합의제 행정기관인 중앙토지수용위원회에 그 수용재결의 취소 또는 변경을 청구하는 것이므로 그 법적 성격은 행정심판의 재결에 해당한다.

② 특별행정심판

「토지보상법」상의 이의신청에 대한 규정은 특별행정심판 절차이다. 따라서 「토지보상법」에 별도로 정한 절차를 제외하고는 「행정심판법」의 규정이 적용되므로 이의신청을 거친 후 수용재결에 대하여 다시 행정심판을 청구할 수 없다.

③ **절차**

중앙토지수용위원회는 수용재결이 위법 또는 부당하다고 판단하는 때에는 이의신청에 대한 재결(이의재결)을 통하여 그 수용재결의 전부 또는 일부를 취소하거나 손실보상액을 변경할 수 있다(법 제84조 제1항). 보상금이 늘어난 경우 사업시행자는 재결의 취소 또는 변경의 재결서 정본을 받은 날부터 30일 이내에 보상금을 받을 자에게 그 늘어난 보상금을 지급하여야 한다(법 제84조 제2항 본문). 다만, (ⅰ) 보상금을 받을 자가 그 수령을 거부하거나 보상금을 수령할 수 없을 때, (ⅱ) 사업시행자의 과실 없이 보상금을 받을 자를 알 수 없을 때, (ⅲ) 압류나 가압류에 의하여 보상금의 지급이 금지되었을 때에는 그 금액을 공탁할 수 있다(법 제84조 제2항 단서).

⑷ **이의재결의 효력**

행정소송의 제기기간 이내에 소송이 제기되지 아니하거나 그 밖의 사유로 이의신청에 대한 재결이 확정된 때에는 「민사소송법」상의 확정판결이 있은 것으로 보며, 이의재결서 정본은 집행력 있는 판결의 정본과 동일한 효력을 가진다(법 제86조 제1항).

바. 행정소송의 제기

⑴ **제소기간**

사업시행자 토지소유자 또는 관계인은 관할 토지수용위원회의 수용재결에 대하여 불복이 있는 때에는 수용재결서를 받은 날부터 90일 이내에, 이의신청을 거쳤을 때에는 이의신청에 대한 이의재결서를 받은 날부터 60일 이내에 각각 행정소송을 제기할 수 있다(법 제85조 제1항).

⑵ **보상금증감소송**

① **의의**

보상금증감소송은 수용재결 중 보상금에 대해서만 이의가 있는 경우에 보상금의 증액 또는 감액을 청구하는 소송이다. 토지소유자 또는 관계인은 보상금의 증액을 청구하는 소송(보상금증액청구소송)을 제기하고, 사업시행자는 보상액의 감액을 청구하는 소송(보상금감액청구소송)을 제기하게 된다.

② **성질 – 형식적 당사자소송**

현행 「토지보상법」상 보상금증감청구소송에서는 재결청이 피고에서 제외되었기 때문에 당사자가 직접 다투는 것은 보상금에 관한 법률관계의 내용이고, 그 전제로서 재결의 효력이 심판의 대상이 되는 것이므로 보상금증감청구소송을 형식적 당사자소송으로 봄이 타당하다.

③ 보상금증감소송의 피고적격

수용재결 또는 이의재결에 대한 행정소송이 보상금의 증감에 관한 소송인 경우에는 그 소송을 제기하는 자가 토지소유자 또는 관계인인 때에는 사업시행자를 피고로 하고, 사업시행자가 소송을 제기하는 때에는 토지소유자 또는 관계인을 피고로 하여야 한다(법 제85조 제2항).

④ 대상적격 - 보상금에 관한 법률관계

보상금증감소송에서는 수용재결이 소송의 대상이 되는 것이 아니라 보상금에 관한 법률관계가 소송의 대상이 되어 수용재결은 그 전제로서 다루어지는 것이다.

⑤ 입증책임

판례는 손실보상금 증액청구의 소에 있어서 그 이의재결에서 정한 손실보상금액보다 정당한 손실보상금액이 더 많다는 점에 대한 입증책임은 원고에게 있다고 본다(대판 1997.11.28. 96누2255).

판례

[판례 1]

토지수용위원회의 수용재결에 대한 이의절차는 실질적으로 행정심판의 성질을 갖는 것이므로 토지수용법에 특별한 규정이 있는 것을 제외하고는 「행정심판법」의 규정이 적용된다고 할 것이다. 「토지수용법」 제73조 및 제74조의 각 규정을 보면 수용재결에 대한 이의신청기간을 재결서정본송달일로부터 1월로 규정한 것 외에는 「행정심판법」 제42조 제1항 및 같은 법 제18조 제6항과 다른 내용의 특례를 규정하고 있지 않으므로, 재결서정본을 송달함에 있어서 상대방에게 이의신청기간을 알리지 않았다면 「행정심판법」 제18조 제6항의 규정에 의하여 같은 조 제3항의 기간 내에 이의신청을 할 수 있다고 보아야 할 것이다(대법원 1992.6.9. 선고, 92누565 판결, 토지수용재결처분취소등).

[판례 2]

「공익사업을 위한 토지 등의 취득 및 보상에 관한 법률」(이하 '토지보상법'이라고 한다) 제72조의 문언, 연혁 및 취지 등에 비추어 보면, 위 규정이 정한 수용청구권은 「토지보상법」 제74조 제1항이 정한 잔여지 수용청구권과 같이 손실보상의 일환으로 토지소유자에게 부여되는 권리로서 그 청구에 의하여 수용효과가 생기는 **형성권**의 성질을 지니므로, 토지소유자의 토지수용청구를 받아들이지 아니한 토지수용위원회의 재결에 대하여 토지소유자가 불복하여 제기하는 소송은 「토지보상법」 제85조 제2항에 규정되어 있는 '보상금의 증감에 관한 소송'에 해당하고, 피고는 토지수용위원회가 아니라 사업시행자로 하여야 한다(대법원 2015.4.9. 선고 2014두46669 판결, 토지수용재결신청거부처분취소).

5. 「근로기준법」상 부당해고에 대한 구제신청과 재심

「근로기준법」 제23조 【해고 등의 제한】 ① 사용자는 근로자에게 정당한 이유 없이 해고, 휴직, 정직, 전직, 감봉, 그 밖의 징벌(懲罰)(이하 "부당해고등"이라 한다)을 하지 못한다.
② 사용자는 근로자가 업무상 부상 또는 질병의 요양을 위하여 휴업한 기간과 그 후 30일 동안 또는 산전(産前)·산후(産後)의 여성이 이 법에 따라 휴업한 기간과 그 후 30일 동안은 해고하지 못한다. 다만, 사용자가 제84조에 따라 일시보상을 하였을 경우 또는 사업을 계속할 수 없게 된 경우에는 그러하지 아니하다.

제28조 【부당해고등의 구제신청】 ① 사용자가 근로자에게 부당해고등을 하면 근로자는 노동위원회에 구제를 신청할 수 있다.
② 제1항에 따른 구제신청은 부당해고등이 있었던 날부터 3개월 이내에 하여야 한다.

제30조 【구제명령 등】 ① 노동위원회는 제29조에 따른 심문을 끝내고 부당해고등이 성립한다고 판정하면 사용자에게 구제명령을 하여야 하며, 부당해고등이 성립하지 아니한다고 판정하면 구제신청을 기각하는 결정을 하여야 한다.
② 제1항에 따른 판정, 구제명령 및 기각결정은 사용자와 근로자에게 각각 서면으로 통지하여야 한다.
③ 노동위원회는 제1항에 따른 구제명령(해고에 대한 구제명령만을 말한다)을 할 때에 근로자가 원직복직(原職復職)을 원하지 아니하면 원직복직을 명하는 대신 근로자가 해고기간 동안 근로를 제공하였더라면 받을 수 있었던 임금 상당액 이상의 금품을 근로자에게 지급하도록 명할 수 있다.
④ 노동위원회는 근로계약기간의 만료, 정년의 도래 등으로 근로자가 원직복직(해고 이외의 경우는 원상회복을 말한다)이 불가능한 경우에도 제1항에 따른 구제명령이나 기각결정을 하여야 한다. 이 경우 노동위원회는 부당해고등이 성립한다고 판정하면 근로자가 해고기간 동안 근로를 제공하였더라면 받을 수 있었던 임금 상당액에 해당하는 금품(해고 이외의 경우에는 원상회복에 준하는 금품을 말한다)을 사업주가 근로자에게 지급하도록 명할 수 있다.

제31조 【구제명령 등의 확정】 ① 「노동위원회법」에 따른 지방노동위원회의 구제명령이나 기각결정에 불복하는 사용자나 근로자는 구제명령서나 기각결정서를 통지받은 날부터 10일 이내에 중앙노동위원회에 재심을 신청할 수 있다.
② 제1항에 따른 중앙노동위원회의 재심판정에 대하여 사용자나 근로자는 재심판정서를 송달받은 날부터 15일 이내에 「행정소송법」의 규정에 따라 소(訴)를 제기할 수 있다.
③ 제1항과 제2항에 따른 기간 이내에 재심을 신청하지 아니하거나 행정소송을 제기하지 아니하면 그 구제명령, 기각결정 또는 재심판정은 확정된다.

「노동조합및노동관계조정법」 제69조 【중재재정등의 확정】 ① 관계 당사자는 지방노동위원회 또는 특별노동위원회의 중재재정이 위법이거나 월권에 의한 것이라고 인정하는 경우에는 그 중재재정서의 송달을 받은 날부터 10일 이내에 중앙노동위원회에 그 재심을 신청할 수 있다.
② 관계 당사자는 중앙노동위원회의 중재재정이나 제1항의 규정에 의한 재심결정이 위법이거나 월권에 의한 것이라고 인정하는 경우에는 행정소송법 제20조의 규정에 불구하고 그 중재재정서 또는 재심결정서의 송달을 받은 날부터 15일 이내에 행정소송을 제기할 수 있다.
③ 제1항 및 제2항에 규정된 기간 내에 재심을 신청하지 아니하거나 행정소송을 제기하지 아니한 때에는 그 중재재정 또는 재심결정은 확정된다.
④ 제3항의 규정에 의하여 중재재정이나 재심결정이 확정된 때에는 관계 당사자는 이에 따라야 한다.

「노동위원회법」 제3조 【노동위원회의 관장】 ① 중앙노동위원회는 다음 각 호의 사건을 관장한다.
1. 지방노동위원회 및 특별노동위원회의 처분에 대한 재심사건
2. 둘 이상의 지방노동위원회의 관할구역에 걸친 노동쟁의의 조정(調整)사건
3. 다른 법률에서 그 권한에 속하는 것으로 규정된 사건
② 지방노동위원회는 해당 관할구역에서 발생하는 사건을 관장하되, 둘 이상의 관할구역에 걸친 사건(제1항 제2호의 조정사건은 제외한다)은 주된 사업장의 소재지를 관할하는 지방노동위원회에서 관장한다.
③ 특별노동위원회는 관계 법률에서 정하는 바에 따라 그 설치목적으로 규정된 특정사항에 관한 사건을 관장한다.
④ 중앙노동위원회 위원장은 제1항 제2호에도 불구하고 효율적인 노동쟁의의 조정을 위하여 필요하다고 인정하는 경우에는 지방노동위원회를 지정하여 해당 사건을 처리하게 할 수 있다.
⑤ 중앙노동위원회 위원장은 제2항에 따른 주된 사업장을 정하기 어렵거나 주된 사업장의 소재지를 관할하는 지방노동위원회에서 처리하기 곤란한 사정이 있는 경우에는 직권으로 또는 관계 당사자나 지방노동위원회 위원장의 신청에 따라 지방노동위원회를 지정하여 해당 사건을 처리하게 할 수 있다.

제26조 【중앙노동위원회의 재심권】 ① 중앙노동위원회는 당사자의 신청이 있는 경우 지방노동위원회 또는 특별노동위원회의 처분을 재심하여 이를 인정·취소 또는 변경할 수 있다.
② 제1항에 따른 신청은 관계 법령에 특별한 규정이 있는 경우를 제외하고는 지방노동위원회 또는 특별노동위원회가 한 처분을 송달받은 날부터 10일 이내에 하여야 한다.
③ 제2항의 기간은 불변기간으로 한다.

제27조 【중앙노동위원회의 처분에 대한 소송】 ① 중앙노동위원회의 처분에 대한 소송은 중앙노동위원회 위원장을 피고(被告)로 하여 처분의 송달을 받은 날부터 15일 이내에 제기하여야 한다.
② 이 법에 따른 소송의 제기로 처분의 효력은 정지하지 아니한다.
③ 제1항의 기간은 불변기간으로 한다.

가. 개설

노동관련 특별행정심판으로는 부당노동행위, 노동쟁의, 부당해고에 대한 구제절차가 있다. 부당노동행위 및 노동쟁의에 대한 심판절차는 「노동조합 및 노동관계조정법」에서, 부당해고에 대한 심판절차는 「근로기준법」에서 규정하고 있다.

이 중에서 부당노동행위는 사용자가 근로자의 노동조합 가입을 이유로 해고하거나 단체교섭을 거부하는 행위[295]를 말하고, 노동쟁의에 대해서는 「노동조합 및 노동관계조정법」에서 노동위원회가 중재결정을 할 수 있도록 하고 중재결정에 불복하는 때에는 중앙노동위원회에 재심신청을 할 수 있도록 특별절차를 마련하고 있다.[296]

295) 사용자의 부당노동행위로 인하여 권리를 침해당한 근로자 또는 노동조합은 부당노동행위가 있는 날부터 3월 이내에 노동위원회에 구제신청을 할 수 있다. 구제명령 또는 기각결정에 대한 쟁송은 당사자 쟁송인 동시에 시심적 쟁송에 해당한다. 중앙노동의원회의 재심판정에 불복이 있는 자는 재심판정서의 송달을 받은 날부터 15일 이내에 재심판정을 대상으로 행정소송을 제기할 수 있다. 「노동조합 및 노동관계조정법」은 행정소송에 있어 원처분주의를 취하지 않고 재결주의를 취하고 있다.

296) 중앙노동위원회는 재심신청의 이유가 있으면 중재재정의 내용을 변경할 수 있고, 이유가 없으면 기각한다. 「노동조합 및 노동관계조정법」은 행정소송에 있어 재결주의(행정심판 재결만이 소송의 대상이 된다)를 취하고 있으므로 행정소송의 대상은 원처분에 해당하는 중재재정이 아닌 중앙노동위원회가 행한 재심판정이다.

나. 부당해고

부당해고란 사용자가 근로자에게 정당한 이유 없이 해고, 휴직, 정직, 전직, 감봉, 그 밖의 징벌 등을 하는 것을 말한다(근로기준법 제23조 제1항). 「근로기준법」은 근로관계를 종료시키는 해고에 대해 해고사유, 해고시기, 해고절차에 제한규정을 두어 사용자의 일방적 의사에 따른 해고를 제한하고 있다.

다. 해고의 제한

(1) 해고사유의 제한

사용자는 근로자에게 정당한 이유 없이 해고 등을 하지 못하며, 경영상 이유에 의하여 근로자를 해고하려면 긴박한 경영상의 필요가 있어야 한다(근로기준법 제23조 제1항 · 제24조 제1항).

(2) 해고시기의 제한

사용자는 근로자가 업무상 부상 또는 질병의 요양을 위하여 휴업한 기간과 그 후 30일 동안은 해고하지 못하며, 출산 전 · 후의 여성이 휴업한 기간과 그 후 30일 동안은 해고하지 못한다. 다만, 사용자가 일시보상을 하였을 경우 또는 사업을 계속할 수 없게 된 경우에는 그러하지 아니하다(근로기준법 제23조 제2항).

(3) 해고절차의 제한

① **해고예고**

사용자는 근로자를 해고(경영상 이유에 의한 해고 포함)하려면 적어도 30일 전에 예고를 해야 하고, 30일 전에 예고를 하지 않았을 때에는 30일분 이상의 통상임금을 지급해야 한다(근로기준법 제26조 본문). 다만, 근로자가 계속 근로한 기간이 3개월 미만인 경우, 천재 · 사변, 그 밖의 부득이한 사유로 사업을 계속하는 것이 불가능한 경우, 근로자가 고의로 사업에 막대한 지장을 초래하거나 재산상 손해를 끼친 경우로서 「근로기준법 시행규칙」 제4조에서 정하는 사유에 해당하는 경우에는 그러하지 아니하다(근로기준법 제26조 단서).

② **해고사유 등의 서면통지**

사용자는 근로자를 해고하려면 해고사유와 해고시기를 서면으로 통지해야 효력이 있다(근로기준법 제27조 제1항 · 제2항). 사용자가 해고예고를 해고사유와 해고시기를 명시하여 서면으로 한 경우에는 위의 통지를 한 것으로 본다(근로기준법 제27조 제3항).

라. 부당해고에 대한 구제신청 등

(1) 부당해고 등의 구제신청[297)]

사용자가 근로자에게 부당해고 등을 하면 근로자는 주된 사업장 소재지 관할 지방노동위원회[298)]에 구제를 신청할 수 있다(근로기준법 제28조 제1항, 노동위원회법 제3조 제2항). 구제신청은 부당해고 등이 있었던 날부터 3개월 이내에 하여야 한다(근로기준법 제28조 제2항).

(2) 조사 등

지방노동위원회는 구제신청[299)]을 받으면 필요한 조사[300)]를 하고, 관계 당사자를 심문[301)]하여야 한다(근로기준법 제29조 제1항). 그 외 관계 당사자를 심문할 때 증인을 출석시켜 질문을 할 수 있고 관계당사자에게 증거 제출와 증인에 대한 반대심문을 할 수 있는 충분한 기회를 주어야 한다(근로기준법 제29조 제2항 · 제3항).

마. 구제명령 등

(1) 지방노동위원회는 심문을 끝내고 부당해고 등이 성립한다고 판정하면 사용자에게 구제명령을 하여야 하며, 부당해고 등이 성립하지 아니한다고 판정하면 구제신청을 기각하는 결정을 하여야 한다(근로기준법 제30조 제1항).

(2) 지방노동위원회의 판정(구제명령 및 기각결정)[302)]은 사용자와 근로자에게 각각 서면으로 통지하여야 한다(근로기준법 제30조 제2항).

(3) 지방노동위원회는 구제명령(해고에 대한 구제명령만을 말한다)을 할 때에 근로자가 원직복직을 원하지 아니하면 원직복직을 명하는 대신 근로자가 해고기간 동안 근로를 제공하였더라면 받을 수 있었던 임금 상당액 이상의 금품을 근로자에게 지급하도록 명할 수 있다(근로기준법 제30조 제3항).

297) 부당해고에 대한 구제신청과 민사상 해고무효확인소송은 근거규정을 달리하는 별개의 제도이므로 한쪽을 선택하거나 동시 또는 순차적으로 진행할 수 있고, 행정소송에서 패소확정되어도 해고무효확인소송제기도 가능하다.

298) 지방노동위원회로는 서울지방노동위원회, 부산지방노동위원회, 경기지방노동위원회, 충남지방노동위원회, 전남지방노동위원회, 경북지방노동위원회, 경남지방노동위원회, 인천지방노동위원회, 강원지방노동위원회, 충북지방노동위원회, 전북지방노동위원회, 제주지방노동위원회, 울산지방노동위원회가 있다.

299) 통상적인 구제신청서는 부당해고 확인, 복직명령 및 해고기간에 대한 임금지급신청 등의 내용을 포함하고 있다.

300) 조사는 노동위원회에서 지정된 심사관이 본심사 전에 당사자 또는 증인의 출석을 요구하여 진술을 듣고 사실조사 후 화해를 권고한다. 관계 당사자가 화해안을 수락한 때에는 화해조서를 작성하는데, 화해조서는 「민사소송법」에 따른 재판상화해의 효력이 있다.

301) 심문은 노동위원회의 심판위원회(구성 : 심판담당 공익위원 3명, 사용자위원 1명, 근로자위원 1명)가 한다.

302) 지방노동위원회의 판정(구제명령, 기각결정)은 심문 후 공익위원들의 판정회의로 한다.

바. 구제명령 등에 대한 재심

(1) 구제명령 등의 확정

① 「노동위원회법」에 따른 지방노동위원회의 구제명령이나 기각결정에 불복하는 사용자나 근로자는 구제명령서나 기각결정서를 통지받은 날부터 10일 이내에 중앙노동위원회에 재심을 신청할 수 있다(근로기준법 제31조 제1항). 중앙노동위원회는 당사자의 신청[303]이 있는 경우 지방노동위원회 또는 특별노동위원회의 처분을 재심하여 이를 인정·취소 또는 변경할 수 있다(노동위원회법 제26조 제1항). 부당해고에 관한 구제명령에 대한 중앙노동위원회의 재심권(재심판정)이 **특별행정심판**에 해당된다.

② 중앙노동위원회의 재심판정에 대하여 사용자나 근로자는 재심판정서를 송달받은 날부터 15일 이내에 「행정소송법」의 규정에 따라 소(訴)를 제기할 수 있다(근로기준법 제31조 제3항).

③ 지방노동위원회의 구제명령서나 기각결정서를 통지받은 날부터 10일 이내에 중앙노동위원회에 재심을 신청하지 아니하거나 중앙노동위원회의 재심판정서를 송달받은 날부터 15일 이내에 행정소송[304]을 제기하지 아니하면 그 구제명령, 기각결정 또는 재심판정은 확정된다(근로기준법 제31조 제3항).

(2) 구제명령 등의 효력

지방노동위원회의 구제명령, 기각결정 또는 재심판정은 중앙노동위원회에 대한 재심 신청이나 행정소송 제기에 의하여 그 효력이 정지되지 아니한다(근로기준법 제32조).

사. 이행강제금

(1) 지방노동위원회는 구제명령(구제명령을 내용으로 하는 재심판정을 포함한다)을 받은 후 이행기한까지 구제명령을 이행하지 아니한 사용자에게 3천만 원 이하의 이행강제금을 부과한다(근로기준법 제33조 제1항).

(2) 지방노동위원회는 이행강제금을 부과하기 30일 전까지 이행강제금을 부과·징수한다는 뜻을 사용자에게 미리 문서로써 알려 주어야 한다(근로기준법 제33조 제2항).

(3) 이행강제금을 부과할 때에는 이행강제금의 액수, 부과 사유, 납부기한, 수납기관, 이의제기방법 및 이의제기기관 등을 명시한 문서로써 하여야 한다(근로기준법 제33조 제3항).

---

303) 당사자의 신청은 관계 법령에 특별한 규정이 있는 경우를 제외하고는 지방노동위원회 또는 특별노동위원회가 한 처분을 송달받은 날부터 10일 이내에 하여야 한다(노동위원회법 제26조 제2항).

304) 관할법원은 대법원 소재지인 서울행정법원이고 피고는 중앙노동위원회 위원장이 된다. 한편, 행정소송제기 외 별도로 민사소송 등 제기도 가능하다(예 해고무효확인의 소를 통한 해고무효확인과 더불어 부당해고로 인해 근로를 제공하지 못하여 임금을 지급받지 못하고 있는 경우 복직할 때까지 월 급료 상당의 임금도 함께 청구, 본안소송 외에 지위보전의 가처분 또는 임금 지급의 가처분신청 가능, 부당해고기간 동안 임금지급청구권의 소멸시효는 행정소송과 관련한 '재판상 청구'로써 중단됨).

6. 「국민건강보험법」상의 처분에 대한 이의신청 및 심판청구

「국민건강보험법」 제87조【이의신청】 ① 가입자 및 피부양자의 자격, 보험료등, 보험급여, 보험급여 비용에 관한 공단의 처분에 이의가 있는 자는 공단에 이의신청을 할 수 있다.
② 요양급여비용 및 요양급여의 적정성 평가 등에 관한 심사평가원의 처분에 이의가 있는 공단, 요양기관 또는 그 밖의 자는 심사평가원에 이의신청을 할 수 있다.

제88조【심판청구】 ① 이의신청에 대한 결정에 불복하는 자는 제89조에 따른 건강보험분쟁조정위원회에 심판청구를 할 수 있다. 이 경우 심판청구의 제기기간 및 제기방법에 관하여는 제87조 제3항을 준용한다.
② 제1항에 따라 심판청구를 하려는 자는 대통령령으로 정하는 심판청구서를 제87조 제1항 또는 제2항에 따른 처분을 한 공단 또는 심사평가원에 제출하거나 제89조에 따른 건강보험분쟁조정위원회에 제출하여야 한다.

국민건강보험에 관한 행정심판 절차는 「국민건강보험법」 제87조부터 제90조까지 규정되어 있다. 「국민건강보험법」에 의하면 국민건강보험공단 또는 건강보험심사평가원의 처분에 이의가 있는 자는 동 공단이나 평가원에 이의신청을 할 수도 있고 바로 행정소송을 제기할 수도 있다. 이의신청에 대한 결정에 불복하는 자는 건강보험분쟁조정위원회에 심판청구를 할 수 있다.

국민건강보험공단 또는 건강보험심사평가원의 처분에 이의가 있는 자와 이의신청 또는 심판청구에 대한 결정에 불복이 있는 자는 「행정소송법」이 정하는 바에 따라 행정소송을 제기할 수 있다.

가. 이의신청

(1) 이의신청의 대상

① 가입자 및 피부양자의 자격, 보험료등, 보험급여, 보험급여 비용에 관한 국민보험공단의 처분에 이의가 있는 자는 국민건강보험공단에 이의신청을 할 수 있다(법 제87조 제1항).

② 요양급여비용 및 요양급여의 적정성 평가 등에 관한 건강보험심사평가원의 처분에 이의가 있는 국민건강보험공단(이하 "공단"이라 함), 요양기관 또는 그 밖의 자는 건강보험심사평가원(이하 "심사평가원"이라 함)에 이의신청을 할 수 있다(법 제87조 제2항).

(2) 이의신청기간

① 이의신청은 처분이 있음을 안 날부터 90일 이내에 문서(전자문서를 포함)로 하여야 하며 처분이 있은 날부터 180일을 지나면 제기하지 못한다. 다만, 정당한 사유로 그 기간에 이의신청을 할 수 없었음을 소명한 경우에는 그러하지 아니하다(법 제87조 제3항).

② 요양기관이 심사평가원의 확인에 대하여 이의신청을 하려면 통보받은 날부터 30일 이내에 하여야 한다(법 제87조 제4항).

③ 이의신청을 효율적으로 처리하기 위하여 공단 및 심사평가원에 각각 이의신청위원회를 설치한다(영 제53조).

(3) 이의신청위원회의 구성(영 제54조)

① 이의신청위원회는 각각 위원장 1명을 포함한 25명의 위원으로 구성한다.

② 공단에 설치하는 이의신청위원회의 위원장은 공단의 이사장이 지명하는 공단의 상임이사가 되고, 위원은 공단의 이사장이 임명하거나 위촉한다.[305)]

③ 심사평가원에 설치하는 이의신청위원회의 위원장은 심사평가원의 원장이 지명하는 심사평가원의 상임이사가 되고, 위원은 심사평가원의 원장이 임명하거나 위촉한다.[306)]

④ 위촉된 위원의 임기는 3년으로 한다.

(4) 이의신청위원회의 회의(영 제55조)

① 이의신청위원회의 위원장은 이의신청위원회 회의를 소집하고, 그 의장이 된다.

② 이의신청위원회의 회의는 위원장과 위원장이 회의마다 지명하는 6명의 위원으로 구성하며, 구성원 과반수의 출석으로 개의하고, 출석위원 과반수의 찬성으로 의결한다.

(5) 이의신청에 대한 결정(영 제57조 · 제58조)

① 공단과 심사평가원은 이의신청에 대한 결정을 하였을 때에는 지체 없이 신청인에게 결정서의 정본을 보내고, 이해관계인에게는 그 사본을 보내야 한다.

② 공단과 심사평가원은 이의신청을 받은 날부터 60일 이내에 결정을 하여야 하나, 부득이한 사정이 있는 경우에는 30일의 범위에서 그 기간을 연장할 수 있다.

③ 공단과 심사평가원은 제1항 단서에 따라 결정기간을 연장하려면 결정기간이 끝나기 7일 전까지 이의신청을 한 자에게 그 사실을 알려야 한다.

나. 심판청구

(1) 심판청구 기간

이의신청에 대한 결정에 불복하는 자는 건강보험분쟁조정위원회(이하 "분쟁조정위원회"라 함)에 심판청구를 할 수 있다. 이 경우 심판청구는 결정이 있음을 안 날부터 90일 이내에 문서(전자문서를 포함)로 하여야 하며 결정이 있은 날부터 180일을 지나면 제기하지 못한다. 다만, 정당한 사유로 그 기간에 심판청구를 할 수 없었음을 소명한 경우에는 그러하지 아니하다(법 제88조 제1항).

305) 공단의 임직원 1명, 사용자단체 및 근로자단체가 각각 4명씩 추천하는 8명, 시민단체, 소비자단체, 농어업인단체 및 자영업자단체가 각각 2명씩 추천하는 8명, 변호사, 사회보험 및 의료에 관한 학식과 경험이 풍부한 사람 7명

306) 심사평가원의 임직원 1명, 가입자를 대표하는 단체(시민단체를 포함한다)가 추천하는 사람 5명, 변호사, 사회보험에 관한 학식과 경험이 풍부한 사람 4명, 의약 관련 단체가 추천하는 사람 14명

(2) 심판청구 절차

① 심판청구를 하려는 자는 심판청구서를 공단 또는 심사평가원 또는 분쟁조정위원회에 제출하여야 한다. 이 경우 정당한 권한이 없는 자에게 심판청구서가 제출되었을 때에는 심판청구서를 받은 자는 그 심판청구서를 정당한 권한이 있는 자에게 보내야 한다(법 제88조 제2항, 영 제59조 제1항).

② 공단과 심사평가원은 심판청구서를 받으면 그 심판청구서를 받은 날부터 10일 이내에 그 심판청구서에 처분을 한 자의 답변서 및 이의신청 결정서 사본을 첨부하여 분쟁조정위원회에 제출하여야 한다(영 제59조 제2항).

③ 분쟁조정위원회는 심판청구서를 받으면 지체 없이 그 사본 또는 부본(副本)을 공단 또는 심사평가원 및 이해관계인에게 보내고, 공단 또는 심사평가원은 그 사본 또는 부본을 받은 날부터 10일 이내에 처분을 한 자의 답변서 및 이의신청 결정서 사본을 분쟁조정위원회에 제출하여야 한다(영 제59조 제3항).

④ 심판청구서를 정당한 권한이 있는 자에게 보냈을 때에는 지체 없이 그 사실을 청구인에게 알려야 한다(영 제59조 제4항).

⑤ 심판청구 제기기간을 계산할 때에는 공단, 심사평가원, 분쟁조정위원회 또는 정당한 권한이 없는 자에게 심판청구서가 제출된 때에 심판청구가 제기된 것으로 본다(영 제59조 제5항).

(3) 분쟁조정위원회의 구성

① 심판청구를 심리 · 의결하기 위하여 보건복지부에 분쟁조정위원회를 둔다(법 제89조 제1항).

② 분쟁조정위원회는 위원장을 포함하여 60명 이내의 위원으로 구성하고, 위원장을 제외한 위원 중 1명은 당연직위원으로 한다. 이 경우 공무원이 아닌 위원이 전체 위원의 과반수가 되도록 하여야 한다(법 제89조 제2항).

③ 분쟁조정위원회의 위원장은 보건복지부장관의 제청으로 대통령이 임명하고, 위원은 보건복지부장관이 임명하거나 위촉한다(영 제62조 제1항).

④ 분쟁조정위원회 위원의 임기는 3년으로 한다. 다만, 위원 중 공무원인 위원의 임기는 그 직위에 재임하는 기간으로 한다(영 제64조).

(4) 분쟁조정위원회의 회의

① 분쟁조정위원회의 위원장은 분쟁조정위원회를 대표하고, 분쟁조정위원회의 사무를 총괄한다(영 제63조 제1항).

② 분쟁조정위원회의 위원장은 분쟁조정위원회의 회의를 소집하고, 그 의장이 된다(영 제65조).

③ 분쟁조정위원회의 회의는 위원장, 당연직위원 및 위원장이 매 회의마다 지정하는 7명의 위원을 포함하여 총 9명으로 구성하되, 공무원이 아닌 위원이 과반수가 되도록 하여야 한다(법 제89조 제3항).

④ 분쟁조정위원회는 구성원 과반수의 출석과 출석위원 과반수의 찬성으로 의결한다(법 제89조 제4항).

(5) 심판청구에 대한 결정

① 분쟁조정위원회의 위원장은 심판청구에 대하여 결정을 하였을 때에는 결정서[307]에 서명 또는 기명날인하여 지체 없이 청구인에게는 결정서의 정본을 보내고, 처분을 한 자 및 이해관계인에게는 그 사본을 보내야 한다(영 제60조).

② 분쟁조정위원회는 심판청구서가 제출된 날부터 60일 이내에 결정을 하여야 한다. 다만, 부득이한 사정이 있는 경우에는 30일의 범위에서 그 기간을 연장할 수 있다. 결정기간을 연장하려면 결정기간이 끝나기 7일 전까지 청구인에게 그 사실을 알려야 한다(영 제61조 제1항 · 제2항).

다. 행정소송

공단 또는 심사평가원의 처분에 이의가 있는 자와 이의신청 또는 심판청구에 대한 결정에 불복하는 자는 「행정소송법」에서 정하는 바에 따라 행정소송을 제기할 수 있다(법 제90조).

7. 「산업재해보상보험법」상의 보험급여 결정 등에 대한 심사청구 및 재심사청구

「산업재해보상보험법」 제103조 【심사청구의 제기】 ① 다음 각 호의 어느 하나에 해당하는 공단의 결정등(이하 "보험급여 결정등"이라 한다)에 불복하는 자는 공단에 심사청구를 할 수 있다.
1. 제3장, 제3장의2 및 제3장의3에 따른 보험급여에 관한 결정
2. 제45조 및 제91조의6 제4항에 따른 진료비에 관한 결정
3. 제46조에 따른 약제비에 관한 결정
4. 제47조 제2항에 따른 진료계획 변경 조치등
5. 제76조에 따른 보험급여의 일시지급에 관한 결정
5의2. 제77조에 따른 합병증 등 예방관리에 관한 조치
6. 제84조에 따른 부당이득의 징수에 관한 결정
7. 제89조에 따른 수급권의 대위에 관한 결정

② 제1항에 따른 심사 청구는 그 보험급여 결정등을 한 공단의 소속 기관을 거쳐 공단에 제기하여야 한다.
③ 제1항에 따른 심사 청구는 보험급여 결정등이 있음을 안 날부터 90일 이내에 하여야 한다.
④ 제2항에 따라 심사 청구서를 받은 공단의 소속 기관은 5일 이내에 의견서를 첨부하여 공단에 보내야 한다.
⑤ 보험급여 결정등에 대하여는 「행정심판법」에 따른 행정심판을 제기할 수 없다.

307) 결정서 기재사항 : ① 청구인의 성명 · 주민등록번호 및 주소, ② 처분을 한 자, ③ 결정의 주문(主文), ④ 심판청구의 취지, ⑤ 결정 이유, ⑥ 결정 연월일

제104조【산업재해보상보험심사위원회】 ① 제103조에 따른 심사청구를 심의하기 위하여 공단에 관계 전문가 등으로 구성되는 산업재해보상보험심사위원회(이하 "심사위원회"라 한다)를 둔다.

제105조【심사청구에 대한 심리 · 결정】 ① 공단은 제103조 제4항에 따라 심사청구서를 받은 날부터 60일 이내에 심사위원회의 심의를 거쳐 심사청구에 대한 결정을 하여야 한다. 다만, 부득이한 사유로 그 기간 이내에 결정을 할 수 없으면 한 차례만 20일을 넘지 아니하는 범위에서 그 기간을 연장할 수 있다.

제106조【재심사청구의 제기】 ① 제105조 제1항에 따른 심사청구에 대한 결정에 불복하는 자는 제107조에 따른 산업재해보상보험재심사위원회에 재심사청구를 할 수 있다. 다만, 판정위원회의 심의를 거친 보험급여에 관한 결정에 불복하는 자는 제103조에 따른 심사청구를 하지 아니하고 재심사청구를 할 수 있다.

제107조【산업재해보상보험재심사위원회】 ① 제106조에 따른 재심사청구를 심리 · 재결하기 위하여 고용노동부에 산업재해보상보험재심사위원회(이하 "재심사위원회"라 한다)를 둔다.

제109조【재심사청구에 대한 심리와 재결】 ① 재심사청구에 대한 심리 · 재결에 관하여는 제105조 제1항 및 같은 조 제3항부터 제5항까지를 준용한다. 이 경우 "공단"은 "재심사위원회"로, "심사위원회의 심의를 거쳐 심사청구"는 "재심사청구"로, "결정"은 "재결"로, "소속 직원"은 "재심사위원회의 위원"으로 본다.

② 재심사위원회의 재결은 공단을 기속(羈束)한다.

제110조【심사청구인 및 재심사 청구인의 지위 승계】 심사청구인 또는 재심사청구인이 사망한 경우 그 청구인이 보험급여의 수급권자이면 제62조 제1항 또는 제81조에 따른 유족이, 그 밖의 자이면 상속인 또는 심사청구나 재심사청구의 대상인 보험급여에 관련된 권리 · 이익을 승계한 자가 각각 청구인의 지위를 승계한다.

제111조【다른 법률과의 관계】 ① 제103조 및 제106조에 따른 심사청구 및 재심사청구의 제기는 시효의 중단에 관하여 「민법」 제168조에 따른 재판상의 청구로 본다.

② 제106조에 따른 **재심사청구**에 대한 재결은 「행정소송법」 제18조를 적용할 때 행정심판에 대한 재결로 본다.

③ 제103조 및 제106조에 따른 심사청구 및 재심사청구에 관하여 이 법에서 정하고 있지 아니한 사항에 대하여는 「행정심판법」에 따른다.

산업재해보상보험의 보험급여에 관한 불복절차는 「산업재해보상보험법」 제103조부터 제111조까지 규정하고 있다. 「산업재해보상보험법」상의 보험급여 결정에 관한 불복절차는 심사청구와 재심사청구의 2단계로 이루어져 있다. 「산업재해보상보험법」은 심사청구 및 재심사청구에 관하여 같은 법에서 정하고 있지 아니한 사항에 대하여는 「행정심판법」에 따르도록 하고 있으며(법 제111조 제3항), 재심사청구에 대한 재결은 「행정소송법」 제18조를 적용할 경우 행정심판에 대한 재결로 보도록 규정하고 있다(법 제111조 제2항).

가. 심사청구

(1) 심사청구의 내용과 대상기관

다음 각 호의 어느 하나에 해당하는 근로복지공단의 결정 등(이하 "보험급여 결정등"이라 한다)에 불복하는 자는 근로복지공단(이하 "공단"이라 한다)에 심사청구를 할 수 있다(법 제103조 제1항). ① 보험급여에 관한 결정, ② 진료비에 관한 결정, ③ 약제비에 관한 결정, ④ 진료계획 변경 조치등, ⑤ 보험급여의 일시지급에 관한 결정, ⑥ 합병증 등 예방관리에 관한 조치, ⑦ 부당이득의 징수에 관한 결정, ⑧ 수급권의 대위에 관한 결정

(2) 심사청구절차

① 공단의 보험급여 결정등에 불복하는 자는 보험급여 결정등이 있음을 안 날부터 90일 이내에 공단에 심사청구를 하여야 한다(법 제103조 제3항).

② 공단에 대한 심사청구는 그 보험급여 결정등을 한 공단의 소속기관을 거쳐 공단에 제기하여야 하며, 심사청구서를 받은 공단의 소속 기관은 5일 이내에 의견서를 첨부하여 공단에 보내야 한다(법 제103조 제2항·제4항).

③ 보험급여 결정등에 대하여는 「행정심판법」에 따른 행정심판을 제기할 수 없다(법 제103조 제5항).

④ 심사청구를 심의하기 위하여 공단에 관계 전문가 등으로 구성되는 산업재해보상보험심사위원회(이하 "심사위원회"라 한다)를 둔다(법 제104조 제1항).

(3) 심사위원회의 구성

① 심사위원회는 위원장 1명을 포함하여 150명 이내의 위원으로 구성하되, 위원 중 2명은 상임으로 한다(영 제99조 제1항).

② 심사위원회의 위원장은 상임위원 중에서 공단 이사장이 임명하고, 심사위원회의 위원은 공단 이사장이 위촉하거나 임명한다(영 제99조 제2항·제3항).

③ 심사위원회 위원의 임기는 3년으로 하되, 연임할 수 있다. 다만, 임기가 끝난 위원은 그 후임자가 위촉되거나 임명될 때까지 그 직무를 수행할 수 있다(영 제99조 제5항).

(4) 심사청구에 대한 결정

① 공단은 심사청구서를 받은 날부터 60일 이내에 심사위원회의 심의를 거쳐 심사청구에 대한 결정을 하여야 한다. 다만, 부득이한 사유로 그 기간 이내에 결정을 할 수 없으면 한 차례만 20일을 넘지 아니하는 범위에서 그 기간을 연장할 수 있다(법 제105조 제1항).

② 공단은 심사청구기간이 지난 후에 제기된 심사청구에 대해서도 일정한 경우(업무상질병 판정위원회 심의로 업무상질병 인정 여부가 결정, 진폐, 이황화탄소 중독 등)에는 심사위원회의 심의를 거치지 아니할 수 있다(법 제105조 제2항, 영 제102조 제1항).

③ 공단은 결정기간을 연장할 때에는 최초의 결정기간이 끝나기 7일 전까지 심사청구인 및 보험급여 결정등을 한 공단의 소속 기관에 알려야 한다(법 제105조 제3항).

④ 공단은 청구인의 신청 또는 직권으로 심사청구의 심리를 위해 필요하면 (ⅰ) 청구인 또는 관계인의 출석 · 질문 · 의견진술 · 증거제출, (ⅱ) 전문가 감정, (ⅲ) 소속직원의 사업장 등 출입 및 사업주 · 근로자, 그 밖의 관계인에게 질문 · 문서나 그 밖의 물건검사, (ⅳ) 심사청구와 관계가 있는 근로자에게 공단이 지정하는 의사등의 진단 등의 행위를 할 수 있다(법 제105조 제4항). 이 경우 질문이나 검사를 하는 공단의 소속 직원은 그 권한을 표시하는 증표를 지니고 이를 관계인에게 내보여야 한다(법 제105조 제5항).

나. 재심사청구

(1) 재심사청구 대상

심사청구에 대한 결정에 불복하는 자는 산업재해보상보험재심사위원회에 재심사청구를 할 수 있다. 다만, 업무상질병판정위원회의 심의를 거친 보험급여에 관한 결정에 불복하는 자는 심사청구를 하지 아니하고 재심사청구를 할 수 있다(법 제106조 제1항).

(2) 재심사청구 기간

재심사청구는 심사청구에 대한 결정이 있음을 안 날부터 90일 이내에 제기하여야 한다. 다만, 심사청구를 거치지 아니하고 재심사청구를 하는 경우에는 보험급여에 관한 결정이 있음을 안 날부터 90일 이내에 제기하여야 한다(법 제106조 제3항).

(3) 재심사청구 절차

① 재심사청구는 그 보험급여 결정등을 한 공단의 소속기관을 거쳐 산업재해보상보험재심사위원회에 제기하여야 한다(법 제106조 제2항).

② 재심사청구서를 받은 공단의 소속 기관은 5일 이내에 의견서를 첨부하여 산업재해보상보험재심사위원회에 보내야 한다(법 제106조 제4항).

(4) 산업재해보상보험재심사위원회의 구성

① 재심사청구를 심리 · 재결하기 위하여 고용노동부에 산업재해보상보험재심사위원회(이하 “재심사위원회”라 한다)를 둔다(법 제107조 제1항).

② 재심사위원회는 위원장 1명을 포함한 90명 이내의 위원으로 구성하되, 위원 중 2명은 상임위원으로, 1명은 당연직위원으로 한다(법 제107조 제2항).

③ 재심사위원회의 위원장 및 위원은 고용노동부장관의 제청으로 대통령이 임명한다. 다만, 당연직위원은 고용노동부장관이 소속 3급의 일반직 공무원 또는 고위공무원단에 속하는 일반직 공무원 중에서 지명하는 사람으로 한다(법 제107조 제3항).

④ 재심사위원회 위원(당연직위원은 제외한다)의 임기는 3년으로 하되 연임할 수 있고, 위원장이나 위원의 임기가 끝난 경우 그 후임자가 임명될 때까지 그 직무를 수행한다(법 제107조 제7항).

(5) 재심사청구에 대한 심리 · 재결

① 재심사위원회는 재심사청구서를 접수하면 그 청구에 대한 심리기일 및 장소를 정하여 심리기일 5일 전까지 당사자 및 공단에 각각 문서로 알려야 한다(영 제108조 제1항).

② 재심사위원회의 심리는 공개하여야 한다. 다만, 재심사 청구인의 신청이 있으면 공개하지 아니할 수 있다(영 제109조 제1항).

③ 재심사위원회는 재심사청구서를 받은 날부터 60일 이내에 재심사위원회의 심의를 거쳐 재심사청구에 대한 재결을 하여야 한다. 다만, 부득이한 사유로 그 기간 이내에 재결을 할 수 없으면 한 차례만 20일을 넘지 아니하는 범위에서 그 기간을 연장할 수 있다(법 제109조 제1항, 법 제105조 제1항).

④ 재심사위원회의 재결은 공단을 기속(羈束)한다(법 제109조 제4항).

다. 심사청구인 및 재심사청구인의 지위 승계

심사청구인 또는 재심사청구인이 사망한 경우 그 청구인이 보험급여의 수급권자이면 유족이, 그 밖의 자이면 상속인 또는 심사청구나 재심사청구의 대상인 보험급여에 관련된 권리 · 이익을 승계한 자가 각각 청구인의 지위를 승계한다(법 제110조).

라. 다른 법률과의 관계

① 재심사의 청구에 대한 재결은 「행정소송법」 제18조를 적용할때 행정심판에 대한 재결로 본다(법 제111조 제2항).

② 심사 및 재심사의 청구에 관하여 이 법(산업재해보상보험법)에서 정하고 있지 아니한 사항에 대하여는 「행정심판법」에 따른다(법 제111조 제3항).

판례

대법원 2012.9.13. 선고 2012두3859 판결 [장해급여부지급결정처분취소]

[판시사항]

[1] 산업재해보상보험법상 심사청구에 관한 절차의 성격(=근로복지공단 내부의 시정절차) 및 그 절차에서 근로복지공단이 당초 처분의 근거로 삼은 사유와 기본적 사실관계의 동일성이 인정되지 않는 사유를 처분사유로 **추가 · 변경**할 수 있는지 여부(적극)

[2] 근로복지공단이 '우측 감각신경성 난청'으로 장해보상청구를 한 근로자 甲에 대하여 소멸시효 완성을 이유로 장해보상급여부지급결정을 하였다가, 甲이 불복하여 심사청구를 하자 甲의 상병이 업무상 재해인 소음성 난청으로 보기 어렵다는 처분사유를 추가하여 심사청구를 기각한 사안에서, 甲의 상병과 업무 사이의 상당인과관계 부존재를 처분사유 중 하나로 본 원심판단을 정당하다고 한 사례

[판결요지]

[1] 산업재해보상보험법 규정의 내용, 형식 및 취지 등에 비추어 보면, 산업재해보상보험법상 심사청구에 관한 절차는 보험급여 등에 관한 처분을 한 근로복지공단으로 하여금 스스로의 심사를 통하여 당해 처분의 적법성과 합목적성을 확보하도록 하는 근로복지공단 내부의 시정절차에 해당한다고 보아야 한다. 따라서 처분청이 스스로 당해 처분의 적법성과 합목적성을 확보하고자 행하는 자신의 내부 시정절차에서는 당초 처분의 근거로 삼은 사유와 기본적 사실관계의 동일성이 인정되지 않는 사유라고 하더라도 이를 처분의 적법성과 합목적성을 뒷받침하는 처분사유로 추가·변경할 수 있다고 보는 것이 타당하다.

[2] 근로복지공단이 '우측 감각신경성 난청'으로 장해보상청구를 한 근로자 甲에 대하여 소멸시효 완성을 이유로 장해보상급여부지급결정을 하였다가, 甲이 불복하여 심사청구를 하자 甲의 상병이 업무상 재해인 소음성 난청으로 보기 어렵다는 **처분사유를 추가하여 심사청구를 기각한 사안**에서, 근로복지공단이 산업재해보상보험법상 심사청구에 대한 자신의 심리·결정 절차에서 추가한 사유인 '甲의 상병과 업무 사이의 상당인과관계 부존재'는 당초 처분의 근거로 삼은 사유인 '소멸시효 완성'과 기본적 사실관계의 동일성이 인정되는지와 상관없이 처분의 적법성의 근거가 되는 것으로서 취소소송에서 처음부터 판단대상이 되는 처분사유에 해당한다는 이유로, 甲의 상병과 업무 사이의 상당인과관계 부존재를 처분사유 중 하나로 본 원심판단을 정당하다고 한 사례

8. 「고용보험법」상의 처분 등에 대한 심사청구 및 재심사청구

「고용보험법」 제87조【심사와 재심사】 ① 제17조에 따른 피보험자격의 취득·상실에 대한 확인, 제4장의 규정에 따른 실업급여 및 제5장에 따른 육아휴직 급여와 출산전후휴가 급여등에 관한 처분[이하 "원처분(原處分)등"이라 한다]에 이의가 있는 자는 제89조에 따른 심사관에게 심사를 청구할 수 있고, 그 결정에 이의가 있는 자는 제99조에 따른 심사위원회에 재심사를 청구할 수 있다.

② 제1항에 따른 심사의 청구는 같은 항의 확인 또는 처분이 있음을 안 날부터 90일 이내에, 재심사의 청구는 심사청구에 대한 결정이 있음을 안 날부터 90일 이내에 각각 제기하여야 한다.

제89조【고용보험심사관】 ① 제87조에 따른 심사를 행하게 하기 위하여 고용보험심사관(이하 "심사관"이라 한다)을 둔다.

② 심사관은 제87조 제1항에 따라 심사청구를 받으면 30일 이내에 그 심사청구에 대한 결정을 하여야 한다. 다만, 부득이한 사정으로 그 기간에 결정할 수 없을 때에는 한 차례만 10일을 넘지 아니하는 범위에서 그 기간을 연장할 수 있다.

제90조【심사의 청구 등】 ① 제87조 제1항에 따른 심사를 청구하는 경우 제17조에 따른 피보험자격의 취득·상실 확인에 대한 심사의 청구는 「산업재해보상보험법」 제10조에 따른 근로복지공단(이하 "근로복지공단"이라 한다)을, 제4장에 따른 실업급여 및 제5장에 따른 육아휴직 급여와 출산전후휴가 급여등에 관한 처분에 대한 심사의 청구는 직업안정기관의 장을 거쳐 심사관에게 하여야 한다.

제99조【고용보험심사위원회】 ① 제87조에 따른 재심사를 하게 하기 위하여 고용노동부에 고용보험심사위원회(이하 "심사위원회"라 한다)를 둔다.

⑦ 심사위원회는 제87조 제1항에 따라 재심사의 청구를 받으면 50일 이내에 재결(裁決)을 하여야 한다. 이 경우 재결기간의 연장에 관하여는 제89조 제2항을 준용한다.

제101조【심리】 ① 심사위원회는 재심사의 청구를 받으면 그 청구에 대한 심리기일 및 장소를 정하여 심리기일 3일 전까지 당사자 및 그 사건을 심사한 심사관에게 알려야 한다.

제104조【다른 법률과의 관계】 ① 재심사의 청구에 대한 재결은 「행정소송법」 제18조를 적용할 경우 행정심판에 대한 재결로 본다.
② 심사 및 재심사의 청구에 관하여 이 법에서 정하고 있지 아니한 사항은 「행정심판법」의 규정에 따른다.

고용보험처분에 대한 불복절차도 심사청구와 재심사청구의 2단계로 이루어져 있다. 「고용보험법」은 심사청구 및 재심사청구에 관하여 같은 법에 규정된 사항 이외의 사항은 「행정심판법」에 따르도록 하고 있으며(법 제104조 제2항), 재심사 청구에 대한 재결은 「행정소송법」 제18조를 적용할 경우 행정심판에 대한 재결로 보도록 규정하고 있다(법 제104조 제1항).

가. 심사청구

(1) 심사청구의 내용 · 대상기관 · 청구기간

① 고용노동부장관의 피보험자격의 취득 · 상실에 대한 확인, 직업안정기관의 장의 실업급여 및 육아휴직 급여와 출산전 · 후 휴가급여 등에 관한 처분(이하 "원처분등"이라 한다)에 이의가 있는 자는 고용보험심사관에게 심사를 청구할 수 있다(법 제87조 제1항 전단).

② 심사의 청구는 확인 또는 처분이 있음을 안 날부터 90일 이내에 제기하여야 한다(법 제87조 제2항 후단).

③ 심사청구는 시효중단에 관하여 재판상의 청구로 본다(법 제87조 제3항).

(2) 고용보험심사관

① 심사청구에 따른 심사를 행하기 위하여 고용노동부에 고용보험심사관(이하 "심사관"이라 한다)을 둔다(법 제89조 제1항, 영 제122조 제1항).

② 당사자는 심사관에게 심리 · 결정의 공정을 기대하기 어려운 사정이 있으면 그 심사관에 대한 기피신청을 고용노동부장관에게 할 수 있다(법 제89조 제4항).

(3) 심사청구절차

① 심사를 청구하는 경우 피보험자격의 취득 · 상실 확인에 대한 심사의 청구는 「산업재해보상보험법」에 따른 근로복지공단을, 실업급여 및 육아휴직 급여와 출산전 · 후 휴가급여등에 관한 처분에 대한 심사의 청구는 직업안정기관의 장을 거쳐 심사관에게 하여야 한다(법 제90조 제1항).

② 직업안정기관 또는 근로복지공단은 심사청구서를 받은 날부터 5일 이내에 의견서를 첨부하여 심사청구서를 심사관에게 보내야 한다(법 제90조 제2항).

(4) 청구의 방식 및 보정 등

① 심사의 청구는 문서로 하여야 한다(법 제91조). 심사청구서에는 (ⅰ) 청구인의 이름과 주소, (ⅱ) 피청구인인 처분청의 명칭, (ⅲ) 심사청구 대상인 처분의 내용, (ⅳ) 처분이 있었던 것을 안 날, (ⅴ) 피청구인인 처분청에 따른 심사청구에 관한 통지의 유무와 통지의 내용, (ⅵ) 심사청구의 취지와 이유, (ⅶ) 심사청구 연월일 등의 사항을 적어야 한다(영 제125조 제1항).

② 심사청구 기간이 지났거나 법령으로 정한 방식을 위반하여 보정하지 못할 것인 경우에 심사관은 그 심사의 청구를 결정으로 각하하여야 한다(법 제92조 제1항).

③ 심사의 청구가 법령으로 정한 방식을 어긴 것이라도 보정할 수 있는 것인 경우에 심사관은 상당한 기간을 정하여 심사청구인에게 심사의 청구를 보정하도록 명할 수 있다. 다만, 보정할 사항이 경미한 경우에는 심사관이 직권으로 보정할 수 있다(법 제92조 제2항).

④ 심사관은 심사청구인이 보정명령기간에 그 보정을 하지 아니하면 결정으로써 그 심사청구를 각하하여야 한다(법 제92조 제3항).

(5) 원처분등의 집행 정지

① <u>심사의 청구는 원처분등의 집행을 정지시키지 아니한다</u>. 다만, 심사관은 원처분등의 집행에 의하여 발생하는 중대한 위해를 피하기 위하여 긴급한 필요가 있다고 인정하면 직권으로 그 집행을 정지시킬 수 있다(법 제93조 제1항).

② 심사관은 집행을 정지시키려고 할 때에는 그 이유를 적은 문서로 그 사실을 직업안정기관의 장 또는 근로복지공단에 알려야 한다(법 제93조 제2항).

③ 직업안정기관의 장 또는 근로복지공단은 심사관의 통지를 받으면 지체 없이 그 집행을 정지하여야 한다(법 제93조 제3항).

④ 심사관은 집행을 정지시킨 경우에는 지체 없이 심사청구인에게 그 사실을 문서로 알려야 한다(법 제93조 제4항).

(6) 심사청구에 대한 결정

① 심사관은 심사청구인의 신청 또는 직권으로 심사청구에 대한 심리를 위하여 필요하다고 인정하면 (ⅰ) 심사청구인 또는 관계인의 출석・질문・의견진술・증거제출, (ⅱ) 전문가 감정, (ⅲ) 소속직원의 사업장 등 출입 및 사업주・근로자, 그 밖의 관계인에게 질문・문서나 그 밖의 물건검사 등의 행위를 할 수 있다(법 제94조 제1항). 이 경우 질문이나 검사를 하는 경우에는 그 권한을 나타내는 증표를 지니고 이를 관계인에게 내보여야 한다(법 제94조 제2항).

② 심사관은 심사의 청구에 대한 심리(審理)를 마쳤을 때에는 원처분등의 전부 또는 일부를 취소하거나 심사청구의 전부 또는 일부를 기각한다(법 제96조).

③ 심사관은 결정을 하면 심사청구인 및 원처분등을 한 직업안정기관의 장 또는 근로복지공단에 각각 결정서의 정본(正本)을 보내야 한다(법 제97조 제2항).

④ 심사관은 심사청구를 받으면 30일 이내에 그 심사청구에 대한 결정을 하여야 한다. 다만, 부득이한 사정으로 그 기간에 결정할 수 없을 때에는 한 차례만 10일을 넘지 아니하는 범위에서 그 기간을 연장할 수 있다(법 제89조 제2항).

⑤ 심사청구인이 사망한 경우 그 심사청구인이 실업급여의 수급권자이면 유족이, 그 외의 자인 때에는 상속인 또는 심사청구의 대상인 원처분등에 관계되는 권리 또는 이익을 승계한 자가 각각 심사청구인의 지위를 승계한다(법 제89조 제5항).

(7) 결정의 효력

① 결정은 심사청구인 및 직업안정기관의 장 또는 근로복지공단에 결정서의 정본을 보낸 날부터 효력이 발생한다(법 제98조 제1항).

② 결정은 원처분등을 행한 직업안정기관의 장 또는 근로복지공단을 기속(羈束)한다(법 제98조 제2항).

나. 재심사청구

(1) 재심사청구의 내용 · 대상기관 · 청구기간

① 심사청구에 대한 결정에 이의가 있는 자는 고용보험심사위원회에 재심사를 청구할 수 있다(법 제87조 제1항 후단).

② 재심사의 청구는 심사청구에 대한 결정이 있음을 안 날부터 90일 이내에 제기하여야 한다(법 제87조 제2항 후단).

③ 재심사의 청구는 시효중단에 관하여 재판상의 청구로 본다(법 제87조 제3항).

(2) 재심사의 상대방

재심사의 청구는 원처분등을 행한 직업안정기관의 장 또는 근로복지공단을 상대방으로 한다(법 제100조).

(3) 심사위원회의 구성

① 재심사를 하게 하기 위하여 고용노동부에 고용보험심사위원회(이하 "심사위원회"라 한다)를 둔다(법 제99조 제1항).

② 심사위원회에는 위원장과 부위원장 각 1명을 둔다. 심사위원회 위원장은 상임위원 중에서 고용노동부장관의 제청으로 대통령이 임명하고, 부위원장은 위원 중에서 호선한다(영 제133조 제1항 · 제2항).

③ 심사위원회는 근로자를 대표하는 사람(근로자대표위원) 및 사용자를 대표하는 사람(사용자대표위원) 각 1명 이상을 포함한 15명 이내의 위원으로 구성하고, 그중 2인은 상임위원으로 한다(법 제99조 제2항 · 제3항).

④ 심사위원회의 위원 중 근로자를 대표하는 위원은 총연합단체인 노동조합에서, 사용자를 대표하는 위원은 전국적 규모의 사용자단체에서 추천한 사람 중에서 고용노동부장관의 제청으로 각각 대통령이 위촉한다(영 제130조 제1항).

⑤ 심사위원회의 위원 중 근로자를 대표하는 위원, 사용자를 대표하는 위원과 당연직 위원 외의 위원은 고용노동부장관의 제청으로 대통령이 위촉한다. 다만, 상임위원은 고용노동부장관의 제청으로 대통령이 임명한다(영 제130조 제2항).

⑥ 심사위원회 위원의 임기는 3년으로 하되, 연임할 수 있다(영 제131조).

(4) 심사위원회의 회의

① 위원장은 심사위원회를 대표하며, 심사위원회의 사무를 총괄하며, 부위원장은 위원장을 보좌하고 위원장이 부득이한 사유로 직무를 수행할 수 없을 때에는 그 직무를 대행한다(영 제134조 제1항 · 제2항).

② 심사위원회 회의는 위원장 또는 부위원장, 당연직 위원과 위원장이 회의를 할 때마다 지정하는 노 · 사 대표 각 1명의 위원을 포함하여 9명 이내로 구성 · 운영한다(영 제135조 제1항).

③ 심사위원회의 위원장은 회의를 소집하려면 회의 개최 5일 전까지 회의 일시, 장소와 안건을 각 위원에게 서면으로 알려야 한다. 다만, 긴급을 요하는 경우에는 그러하지 아니하다(영 제135조 제2항).

④ 심사위원회의 회의는 구성된 구성원 과반수의 출석으로 개의하고, 출석위원 과반수의 찬성으로 의결한다(영 제135조 제3항).

(5) 재심사청구에 대한 심리 · 재결

① 심사위원회는 재심사청구를 받으면 그 청구에 대한 심리기일 및 장소를 정하여 심리기일 3일 전까지 당사자 및 그 사건을 심사한 심사관에게 알려야 한다(법 제101조 제1항).

② 당사자는 심사위원회에 문서나 구두로 그 의견을 진술할 수 있다(법 제101조 제2항).

③ 심사위원회의 재심사청구에 대한 심리는 공개한다. 다만, 당사자의 양쪽 또는 어느 한 쪽이 신청한 경우에는 공개하지 아니할 수 있다(법 제101조 제3항).

④ 심사위원회는 재심사의 청구를 받으면 50일 이내에 **재결**을 하여야 한다. 다만, 부득이한 사정으로 재결기간에 재결할 수 없을 때에는 한 차례만 10일을 넘지 아니하는 범위에서 그 기간을 연장할 수 있다(법 제99조 제7항, 법 제89조 제2항).

다. 고지

직업안정기관의 장 또는 근로복지공단이 원처분등을 하거나 심사관이 결정서의 정본을 송부하는 경우에는 그 상대방 또는 심사청구인에게 원처분등 또는 결정에 관하여 심사 · 재심사를 청구할 수 있는지의 여부, 청구하는 경우의 경유절차 및 청구기간을 알려야 한다(법 제103조).

라. 다른 법률과의 관계

① 재심사의 청구에 대한 재결은 「행정소송법」 제18조를 적용할 경우 행정심판에 대한 재결로 본다(법 제104조 제1항).

② 심사 및 재심사의 청구에 관하여 이 법(고용보험법)에서 정하고 있지 아니한 사항은 「행정심판법」의 규정에 따른다(법 제104조 제2항).

9. 「국민연금법」상의 처분 등에 대한 심사청구 및 재심사청구

「국민연금법」 제108조 【심사청구】 ① 가입자의 자격, 기준소득월액, 연금보험료, 그 밖의 이 법에 따른 징수금과 급여에 관한 공단 또는 건강보험공단의 처분에 이의가 있는 자는 그 처분을 한 공단 또는 건강보험공단에 심사청구를 할 수 있다.

② 제1항에 따른 심사청구는 그 처분이 있음을 안 날부터 90일 이내에 문서(「전자정부법」 제2조 제7호에 따른 전자문서를 포함한다)로 하여야 하며, 처분이 있은 날부터 180일을 경과하면 이를 제기하지 못한다. 다만, 정당한 사유로 그 기간에 심사청구를 할 수 없었음을 증명하면 그 기간이 지난 후에도 심사 청구를 할 수 있다.

제109조 【국민연금심사위원회 및 징수심사위원회】 ① 제108조에 따른 심사청구 사항을 심사하기 위하여 공단에 국민연금심사위원회(이하 "심사위원회"라 한다)를 두고, 건강보험공단에 징수심사위원회를 둔다.

제110조 【재심사청구】 ① 제108조에 따른 심사청구에 대한 결정에 불복하는 자는 그 결정통지를 받은 날부터 90일 이내에 대통령령으로 정하는 사항을 적은 재심사청구서에 따라 국민연금재심사위원회에 재심사를 청구할 수 있다.

제111조 【국민연금재심사위원회】 ① 제110조에 따른 재심사청구 사항을 심사하기 위하여 보건복지부에 국민연금재심사위원회(이하 "재심사위원회"라 한다)를 둔다.

② 재심사위원회는 위원장 1명을 포함한 20명 이내의 위원으로 구성한다. 이 경우 공무원이 아닌 위원이 전체 위원의 과반수가 되도록 하여야 한다.

제112조 【행정심판과의 관계】 ① 재심사위원회의 재심사와 재결에 관한 절차에 관하여는 「행정심판법」을 준용한다.

② 제110조에 따른 재심사청구 사항에 대한 재심사위원회의 재심사는 「행정소송법」 제18조를 적용할 때 「행정심판법」에 따른 행정심판으로 본다.

심사청구에 대한 결정에 불복하여 재심사청구를 하는 사항을 심사하기 위하여 보건복지부에 국민연금재심사위원회를 두고 있다(법 제111조). 국민연급에 관한 처분에 대한 불복절차도 심사청구와 재심사청구의 2단계로 이루어져 있다. 「국민연금법」은 국민연금재심사위원회의 재심사 및 재결에 관한 절차에 관하여는 「행정심판법」을 준용한다고 명시하고 있으며(법 제112조 제1항), 국민연급재심사위원회의 재심사는 「행정소송법」 제18조를 적용할 때 「행정심판법」에 따른 행정심판으로 보도록 규정하고 있다(법 제112조 제2항).

가. 심사청구

(1) 심사청구의 내용 · 대상기관 · 청구기간

① 가입자의 자격, 기준소득월액, 연금보험료, 그 밖의 「국민연금법」에 따른 징수금과 급여에 관한 국민연금공단 또는 국민건강보험공단의 처분에 이의가 있는 자는 그 처분을 한 국민연금공단(이하 "공단"이라 한다) 또는 국민건강보험공단에 심사청구를 할 수 있다(법 제108조 제1항).

② 심사청구는 그 처분이 있음을 안 날부터 90일 이내에 문서(전자문서 포함)로 하여야 하며, 처분이 있은 날부터 180일을 경과하면 이를 제기하지 못한다. 다만, 정당한 사유로 그 기간에 심사청구를 할 수 없었음을 증명하면 그 기간이 지난 후에도 심사 청구를 할 수 있다(법 제108조 제2항).

③ 심사청구서에는 (ⅰ) 청구인의 성명, 주소 및 주민등록번호(외국인인 경우에는 외국인등록번호를 말한다), (ⅱ) 처분을 받은 자의 성명, 주소 및 주민등록번호, 심사청구의 대상이 되는 처분의 내용, (ⅲ) 처분이 있은 것을 안 날, (ⅳ) 심사청구의 취지 및 이유, (ⅴ) 심사청구의 연월일, (ⅵ) 청구인이 처분을 받은 자가 아닌 경우 처분을 받은 자와의 관계, (ⅶ) 첨부 서류의 표시 등의 사항을 적어야 하며 청구인이 기명날인(전자서명을 포함한다)하여야 한다(법 제108조 제3항, 영 제88조 제1항).

(2) 국민연금심사위원회

① 심사청구 사항을 심사하기 위하여 국민연금공단에 국민연금심사위원회(이하 "심사위원회"라 한다)를 둔다(법 제109조 제1항 전문).

② 심사위원회는 위원장 1명을 포함한 26명 이내의 위원으로 구성되며, 위원은 국민연금공단 이사장이 임명하거나 위촉한다(영 제89조 제1항 · 제2항). 심사위원회 위원의 임기는 2년으로 하며, 2차례만 연임할 수 있다. 다만, 국민연금공단의 임직원인 위원의 임기는 그 직위의 재임기간으로 한다(영 제91조).

③ 심사위원회의 위원장은 공단의 상임이사 중 공단 이사장이 임명하는 자로 한다(영 제90조).

④ 심사위원회의 회의는 위원장과 위원장이 회의마다 지정하는 7명의 위원으로 구성한다(영 제92조 제1항). 심사위원회의 회의는 구성원 과반수의 출석으로 시작하고 출석 위원 과반수의 찬성으로 의결한다(영 제92조 제3항).

(3) 징수심사위원회

① 심사청구 사항을 심사하기 위하여 국민건강보험공단에 징수심사위원회를 둔다(법 제109조 제1항 후문).

② 징수심사위원회는 위원장 1명을 포함한 25명의 위원으로 구성되며, 징수심사위원회의 위원장은 건강보험공단의 상임이사 중에서 건강보험공단의 이사장이 임명하고, 위원은 건강보험공단의 이사장이 임명 또는 위촉한다(영 제102조의2 제1항 · 제2항). 위촉된 위원의 임기는 3년으로 한다(영 제102조의2 제3항).

③ 징수심사위원회의 회의는 위원장과 위원장이 매 회의마다 지명하는 6명의 위원으로 구성한다(국민건강보험공단 권리구제 업무운영규칙 제9조 제2항).

④ 징수심사위원회의 회의는 회의구성위원 과반수의 출석으로 개의하고, 출석위원 과반수의 찬성으로 의결한다(국민건강보험공단 권리구제 업무운영규칙 제10조 제1항).

(4) 보정

① 심사위원회는 심사청구가 적법하지 아니하나 보충하여 바로잡을 수 있다고 인정되면 적절한 기간을 정하여 그 보정을 요구하여야 한다. 다만, 보충하여 바로잡을 사항이 경미한 경우에는 직권으로 바로잡을 수 있다(영 제95조 제1항).

② 보정은 서면으로 하여야 하며, 보충하여 바로잡으면 처음부터 적법한 심사청구가 있는 것으로 본다(영 제95조 제2항).

(5) 심사청구에 대한 결정

① 국민연금공단은 심사청구가 부적법한 경우는 각하결정하고, 심사청구가 이유 없다고 인정되는 경우에는 기각결정하고, 심사청구가 이유 있다고 인정한 경우에는 처분을 취소하거나 변경하는 결정을 한다(영 제99조 제1항 · 제2항 · 제3항).

② 국민연금공단은 결정을 하면 지체 없이 청구인에게 결정서의 정본을 보내야 한다(영 제99조 제4항).

③ 국민연금공단은 심사청구를 받은 날부터 60일 이내에 결정을 하여야 한다. 다만, 부득이한 사정이 있는 경우에는 위원장이 직권으로 30일을 연장할 수 있다(영 제100조 제1항). 결정기간을 연장하면 결정기간이 끝나기 7일 전까지 청구인에게 이를 알려야 한다(영 제100조 제2항).

④ 보정기간은 심사청구에 대한 결정기간에 산입하지 아니한다(영 제100조 제3항).

나. 재심사청구

(1) 재심사청구 대상 및 청구기간

심사청구에 대한 결정에 불복하는 자는 그 결정통지를 받은 날부터 90일 이내에 국민연금재심사위원회(이하 "재심사위원회"라 한다)에 재심사를 청구할 수 있다(법 제110조 제1항).

(2) 재심사청구 절차

① 재심사청구를 하려는 자는 재심사청구서를 그 심사청구에 대한 결정을 한 국민연금공단 또는 국민건강보험공단이나 보건복지부장관에게 제출하여야 한다(시행규칙 제49조 제1항).

② 국민연금공단공단 또는 국민건강보험공단은 재심사청구서를 제출받으면 재심사청구서를 받은 날부터 10일 이내에 그 재심사청구서를 보건복지부장관에게 보내야 한다(시행규칙 제49조 제2항).

(3) 재심사위원회의 구성 등

① 국민연금재심사위원회(이하 "재심사위원회"라 한다)는 위원장 1명을 포함한 20명 이내의 위원으로 구성한다(영 제104조 제1항). 위원은 보건복지부장관이 임명하거나 위촉하는 자로 한다(영 제104조 제1항).

② 재심사위원회의 위원장은 보건복지부 연금정책국장으로 한다. 위원장에게 사고가 있으면 위원장이 지명하는 위원이 그 직무를 대행한다(영 제105조 제1항 · 제2항).

(4) 재심사위원회의 회의

① 재심사위원회의 회의는 위원장과 위원장이 회의마다 지정하는 6명의 위원으로 구성한다(영 제106조 제1항).

② 재심사위원회의 위원장은 회의를 소집하고 의장이 된다(영 제106조 제2항).

③ 재심사위원회의 회의는 재적 위원 과반수의 출석으로 시작하고 출석 위원 과반수의 찬성으로 의결한다(영 제106조 제3항).

다. 행정심판과의 관계

① 재심사위원회의 재심사와 재결에 관한 절차에 관하여는 「행정심판법」을 준용한다(법 제112조 제1항).

② 재심사청구 사항에 대한 재심사위원회의 재심사는 「행정소송법」 제18조를 적용할 때 「행정심판법」에 따른 행정심판으로 본다(법 제112조 제2항).

10. 공무원연금 · 군인연금 · 사립학교교직원연금

공무원연금 · 군인연금 · 사립학교교직원연금에 관한 처분에 대한 불복절차는 심사청구의 **1단계**로 되어 있다(공무원연금법 제87조, 군인연금법 제51조, 사립학교교직원연금법 제53조).

가. 공무원연금

공무원연금에 관한 급여결정, 기여금의 징수 등에 관하여 이의가 있는 자는 「공무원재해보상법」 제52조에 따른 공무원재해보상연금위원회에 그 심사를 청구할 수 있다. 공무원재해보상연금위원회는 국무총리 소속으로 한다.

「공무원연금법」은 급여에 관한 결정, 기여금의 징수, 그 밖에 이 법에 따른 급여에 관하여는 「행정심판법」에 따른 행정심판을 청구할 수 없다고 규정하여 「공무원연금법」에 따른 심사청구가 행정심판에 갈음하는 특별행정심판 절차임을 명시하고 있다(공무원연금법 제87조 제3항).

판례

「구 공무원연금법」(2018.3.20. 법률 제15523호로 전부 개정되기 전의 것, 이하 같다) 제80조에 의하면, 급여에 관한 결정 등에 관하여 이의가 있는 자는 급여에 관한 결정 등이 있었던 날부터 180일, 그 사실을 안 날부터 90일 이내에 '공무원연금급여 재심위원회'에 심사를 청구할 수 있을 뿐이고(제1항, 제2항), 「행정심판법」에 따른 행정심판을 청구할 수는 없다(제4항). 이와 같은 공무원연금급여 재심위원회에 대한 심사청구 제도의 입법 취지와 심사청구기간, 「행정심판법」에 따른 일반행정심판의 적용 배제, 「구 공무원연금법」 제80조 제3항의 위임에 따라 「구 공무원연금법」 시행령(2018.9.18. 대통령령 제29181호로 전부 개정되기 전의 것) 제84조 내지 제95조의2에서 정한 공무원연금급여 재심위원회의 조직, 운영, 심사절차에 관한 사항 등을 종합하면, 「구 공무원연금법」상 공무원연금급여 재심위원회에 대한 심사청구 제도는 사안의 전문성과 특수성을 살리기 위하여 특히 필요하여 「행정심판법」에 따른 일반행정심판을 갈음하는 특별한 행정불복절차(행정심판법 제4조 제1항), 즉 특별행정심판에 해당한다(대법원 2019.8.9. 선고 2019두38656 판결).

나. 군인연금

「군인연금법」에 따른 급여에 관하여 이의가 있는 자는 「군인재해보상법」에 따른 군인재해보상연금재심위원회에 그 심사를 청구할 수 있다(국인연금법 제51조 제1항). 급여에 관한 결정, 기여금의 징수, 그 밖에 「군인연금법」에 따른 급여에 관하여는 「공무원연금법」과 마찬가지로 「행정심판법」에 따른 행정심판을 청구할 수 없도록 규정하여 「군인연금법」에 따른 심사청구가 행정심판에 갈음하는 특별행정심판 절차임을 명시하고 있다(군인연금법 제51조 제3항).

다. 사립학교교직원연금

사립학교교직원연금의 급여에 관한 결정 및 개인부담금의 징수 등에 관하여 이의가 있는 자는 사립학교교직원 연금급여재심위원회에 그 심사를 청구할 수 있다. 「사립학교교직원 연금법」은 심사청구에 대한 결정에 불복이 있는 경우 행정심판을 청구할 수 있는지에 관하여 아무런 규정을 두고 있지 않다. 사립학교교직원연금에 대한 불복의 성격이 공무원연금이나 군인연금에 대한 불복의 성격과 다를 것이 없으므로 「사립학교교직원 연금법」에 명문의 규정이 없더라도 「공무원연금법」이나 「군인연금법」과의 균형을 기하기 위하여 심사청구를 한 후 다시 행정심판 청구를 할 수 없다고 보는 것이 타당할 것이다. 다만, 중앙행정심판위원회는 사립학교교직원 연금급여재심위원회의 결정이 「행정심판법」상 '처분'에 해당하지 않는다고 보아 각하로 결정하고 있다.

재결례

관계법령에 따르면 사립학교교원은 학교법인 또는 사립학교경영자에 의하여 임명되고, 공단은 사립학교교원과 학교법인 등의 사이에 상호부조적 역할을 수행하는 법인으로서 사립학교교원과 공단 사이에 부담금을 납부하고 퇴직금을 지급받는 관계를 공법상의 권력관계라고 볼 수 없는 점, 공단에 관하여 「사립학교교직원 연금법」에서 정한 것 외에는 「민법」 중 재단법인에 관한 규정을 준용한다고 되어 있고, 공단이 법률에 따라 사립학교교직원 연금제도의 운영에 관한 사항을 관장하는 주무관청의 위탁을 받은 사실도 없는 점 등에 비추어 볼 때, 공단은 사립학교교원의 급여 결정과 관련하여 「행정심판법」 제2조 제4호에서 정한 '행정청'에 해당한다고 볼 수 없으므로(서울고등법원 1997.11.6. 선고 97두9248판결 참조) 사립학교교원에 대한 공단의 급여 결정이 '처분'에 해당한다고 보기 어려우며, 공단의 급여 결정에 이의가 있는 사람으로 하여금 공단 내에 설치된 사립학교교직원연금급여재심위원회에 심사청구를 할 수 있도록 함으로써 공단 스스로 자신의 잘못된 행위를 바로 잡을 수 있는 기회를 부여하고 있는데, 이러한 이유만으로 청구인의 심사청구에 대한 사립학교교직원연금급여재심위원회 결정의 이 사건 통보가 행정청이 행하는 공권력 행사로서 '처분'에 해당한다고 볼 수는 없으므로, 이 사건 심판청구는 행정심판의 대상이 아닌 사항을 대상으로 하여 제기된 부적법한 청구라고 할 것이다(중앙행정심판위원회 2020.3.31.자 2019-13505 재결).

제3절 이의신청과 행정심판

1. 이의신청의 개념

이의신청은 위법·부당한 처분 등으로 권익을 침해당한 자가 원칙적으로 처분청에 대하여 그 재심사를 구하는 불복절차로서 예외적으로 처분청이 아닌 상급행정청이나 관계 장관 등에게도 그 재심사를 구할 수 있는 제도이다. 실정법상 이의신청절차는 심사청구·재심청구·재심사청구등 다양한 명칭으로 불리고 있는데 여기서는 통칭하여 이의신청으로 부르기로 한다. 이의신청과 행정심판의 차이점은 이의신청은 처분청에 신청하여 그 처분청이 심판을 하는 반면에 행정심판은 처분청의 처분 또는 부작위에 대하여 행정심판위원회에서 심리·재결을 한다는 점이다. 행정심판은 개별 법률에 규정이 없어도 일반법인 「행정심판법」에 따라 청구할 수 있는 반면에 이의신청은 개별법률에 근거가 있는 경우에 한해 신청할 수 있다.

2. 이의신청과 행정심판과의 관계

이의신청과 행정심판은 국민의 권익구제수단이라는 점에서는 그 목적이 같지만 이의신청은 행정심판과는 그 대상기관, 허용범위 등의 면에서 차이점이 있다. 행정심판은 행정심판위원회에 청구되며 일반법인 「행정심판법」에 따라 허용된다. 반면에 이의신청은 원칙적으로 개별법률에 따라 처분청 등에 직접 신청해야 된다.

개별 법률에서 정하고 있는 이의신청절차에 준사법절차가 적용되는 경우, 즉 ① 판단기관의 독립성 공정성, ② 대심적 심리구조, ③ 당사자의 절차적 권리보장 등이 보장되어 있는 경우 그 불복절차는 특별행정심판에 해당한다.

그러나 이의신청절차에 준사법절차가 적용되지 않는 경우 그 불복절차는 특별행정심판에 해당되지 않는다. 이 경우에는 개별 법률에서 정한 이의신청을 거친 후에도 「행정심판법」에 따른 행정심판을 다시 청구할 수 있다.

다만, 2021. 3. 23. 제정된 「행정기본법」 제36조가 시행되는 2023. 3. 24. 이후에는 행정청의 모든 처분에 대하여 **개별 법률에 근거가 없더라도** 모두 이의신청을 할 수 있고, 이의신청결과에 불복하는 때는 행정심판을 청구할 수 있게 되었다.

행정기본법
[시행 2021.9.24.] [법률 제17979호, 2021.3.23., 제정]

「행정기본법」 제36조 【처분에 대한 이의신청】 ① 행정청의 처분(「행정심판법」 제3조에 따라 같은 법에 따른 행정심판의 대상이 되는 처분을 말한다. 이하 이 조에서 같다)에 이의가 있는 당사자는 처분을 받은 날부터 30일 이내에 해당 행정청에 이의신청을 할 수 있다.
② 행정청은 제1항에 따른 이의신청을 받으면 그 신청을 받은 날부터 14일 이내에 그 이의신청에 대한 결과를 신청인에게 통지하여야 한다. 다만, 부득이한 사유로 14일 이내에 통지할 수 없는 경우에는 그 기간을 만료일 다음 날부터 기산하여 10일의 범위에서 한 차례 연장할 수 있으며, 연장 사유를 신청인에게 통지하여야 한다.
③ 제1항에 따라 이의신청을 한 경우에도 그 이의신청과 관계없이 「행정심판법」에 따른 행정심판 또는 「행정소송법」에 따른 행정소송을 제기할 수 있다.
④ 이의신청에 대한 결과를 통지받은 후 행정심판 또는 행정소송을 제기하려는 자는 그 결과를 통지받은 날(제2항에 따른 통지기간 내에 결과를 통지받지 못한 경우에는 같은 항에 따른 통지기간이 만료되는 날의 다음 날을 말한다)부터 90일 이내에 행정심판 또는 행정소송을 제기할 수 있다.
⑤ 다른 법률에서 이의신청과 이에 준하는 절차에 대하여 정하고 있는 경우에도 그 법률에서 규정하지 아니한 사항에 관하여는 이 조에서 정하는 바에 따른다.
⑥ 제1항부터 제5항까지에서 규정한 사항 외에 이의신청의 방법 및 절차 등에 관한 사항은 대통령령으로 정한다.
⑦ 다음 각 호의 어느 하나에 해당하는 사항에 관하여는 이 조를 적용하지 아니한다.
1. 공무원 인사 관계 법령에 따른 징계 등 처분에 관한 사항
2. 「국가인권위원회법」 제30조에 따른 진정에 대한 국가인권위원회의 결정
3. 「노동위원회법」 제2조의2에 따라 노동위원회의 의결을 거쳐 행하는 사항
4. 형사, 행형 및 보안처분 관계 법령에 따라 행하는 사항
5. 외국인의 출입국 · 난민인정 · 귀화 · 국적회복에 관한 사항
6. 과태료 부과 및 징수에 관한 사항
[시행일 : 2023. 3. 24.] 제36조

부칙 〈법률 제17979호, 2021.3.23.〉
제1조 【시행일】 이 법은 공포한 날부터 시행한다. 다만, 제22조, 제29조, 제38조부터 제40조까지는 공포 후 6개월이 경과한 날부터 시행하고, 제23조부터 제26조까지, 제30조부터 제34조까지, 제36조 및 제37조는 공포 후 **2년이 경과한** 날부터 시행한다.

3. 이의신청절차가 특별행정심판에 해당하는지 여부

이의신청과 특별행정심판과의 관계에서 중요한 것은 개별 법률에서 따른 이의신청절차가 특별행정심판에 해당하는지 여부를 판단하는 것이다. 개별 법률에 규정된 이의신청절차가 특별행정심판에 해당한다면 이의신청절차를 거친 후에는 「행정심판법」에 따른 행정심판을 청구할 수 없다.

개별 법률상 이의신청이 준사법절차를 갖추지 못하여 특별행정심판에 해당하지 않는다면 이의신청절차를 거친 후에 다시 「행정심판법」에 따른 행정심판을 청구할 수 있다. 개별 법률에 규정된 이의신청절차가 준사법절차로서 「행정심판법」의 규정이 적용되는 절차인지 여부의 판단은 개별 법률의 규정에 따라야 할 것이다.

가. 특별행정심판인지 여부의 판단기준

일반적으로 개별 법률에서는 이의신청을 할 수 있는 근거규정만 두고 있는 경우가 대부분이다. 이런 경우 이의신청 결정에 불복하는 때에는 개별 법률에 특별한 규정이 없는 한 「행정심판법」에 따른 행정심판을 청구할 수 있다. 이런 경우의 이의신청절차는 특별행정심판에 해당하지 않기 때문이다.

「행정기본법」 제36조에서 규정하고 있는 이의신청도 그 결과에 불복하는 때에는 행정심판이나 행정소송을 제기할 수 있도록 규정함으로써 특별행정심판이 아님을 명시하고 있다. 개별 법률에 규정된 이의신청절차가 특별행정심판인지가 문제되는 경우는 이의신청 결정에 불복하는 때에 「행정심판법」에 의한 행정심판을 받을 수 있도록 하지 않고, 그 개별 법률에서 심사청구 또는 심판청구 등의 명칭으로 불복절차를 밟도록 규정하고 있는 경우이다.

나. 행정심판을 갈음하는 이의신청절차

개별 법률에서 이의신청절차에 의결기관을 설치하여 준사법절차 중 판단기관의 독립성과 공정성을 갖추었다면 그 이의신청절차는 특별행정심판으로 볼 수 있다.

(1) 「광업법」에 따른 광업조정위원회

「광업법」 제92조에서 광업조정위원회를 산업통상자원부장관 소속으로 두도록 하되, 산업통상자원부장관이 이의신청을 의결하기 위해 광업조정위원회의 의결을 거쳐 결정하도록 하고, 산업통상자원부장관은 위원회 의결이 부당하다고 인정하면 1차에 한하여 재의를 요구할 수 있도록 규정하고 있다. 이와 더불어 「광업법」 제95조에서 이의신청에 관하여 제90조부터 제94조까지에서 규정한 것 외에는 「행정심판법」을 준용한다고 되어 있어, 「광업법」의 이의신청절차는 특별행정심판으로 볼 수 있다.

(2) 「국민건강보험법」에 따른 건강보험분쟁조정위원회

가입자 및 피부양자의 자격, 보험료등, 보험급여, 보험급여 비용에 관한 국민건강보험공단의 처분에 이의가 있는 자는 공단에 이의신청을 할 수 있다(국민건강보험법 제87조 제1항). 이의신청에 대한 결정에 불복하는 자는 보건복지부에 설치된 건강보험분쟁조정위원회에 심판청구를 할 수 있다(국민건강보험법 제88조 제1항). 「국민건강보험법」에 따른 건강보험분쟁조정위원회에 하는 심판청구는 특별행정심판이다.

(3) 「산업재해보상보험법」에 따른 산업재해보상보험재심사위원회

「산업재해보상보험법」에 따라 설치된 산업재해보상보험재심사위원회에서 행하는 재심사청구는 재결기관의 독립성·공정성이 보장되어 있고 절차도 준사법절차에 해당하므로 특별행정심판에 해당한다.

종전에는 산재보험료의 심사 및 재심사 기능을 산업재해보상보험심사위원회에서 수행했으나 현재는 심사청구는 산업재해보상보험**심사**위원회에서 행하고 있고, 재심사청구는 산업재해보상보험**재심사**위원회에서 행하도록 하고 있다. **재심사청구**에 대한 판단은 행정심판의 재결에 해당하므로 산업재해보상보험재심사위원회가 특별행정심판기관에 해당한다(산업재해보상보험법 제104조, 제107조).

헌재 결정례

「산업재해보상보험법」이 규정하고 있는 심사청구·재심사청구의 절차와 여기에 보완적으로 적용되는 행정심판법의 심리절차까지 고려하여 살펴보면, 심사청구·재심사청구의 절차는 전체적으로 대심주의 구조에 가깝도록 배려되어 있다고 할 수 있고, 증거조사신청권 등 당사자의 절차적 권리가 상당히 보장되어 있으며, 재결의 절차와 방식, 재결의 효력 등의 면에서도 사법절차를 준용하고 있다. 재결기관의 독립성·공정성에 관하여 보건대, 재심사청구의 재결기관인 산업재해보상보험심사위원회는 그 구성과 운영에 있어서 심의·재결의 독립성과 공정성을 객관적으로 신뢰할 수 있을 만하고, 심사청구의 경우에도 근로복지공단이 그 재결기관으로 되어 있다는 점만으로 심의·재결의 독립성과 공정성이 본질적으로 배제되어 있다고 하기 어려우며 심사청구에 관한 결정에 불복이 있는 자는 재심사청구의 기회가 보장되어 있다. 그렇다면 전체적으로 볼 때 위 법에서 규정한 심사청구·재심사청구제도는 헌법 제107조 제3항에 위반된다고 할 수 없다(헌재 2000.6.1. 98헌바8).

(4) 「고용보험법」에 따른 고용보험심사위원회

「고용보험법」에 따른 고용보험심사위원회는 특별행정심판기관으로 볼 수 있다. 고용노동부에 설치된 고용보험심사위원회는 피보험자격의 취득 상실에 대한 확인, 실업급여 및 육아휴직 급여와 출산 전후 휴가급여 등에 관한 처분에 대한 이의신청에 대해 심사관의 결정에 이의가 있는 경우 재심사를 담당하는 기관이다(고용보험법 제87조, 제99조). 「고용보험법」에는 고용보험심사위원회의 구성, 위원 결격사유, 심리절차, 재결 기간 등을 규정하고 있고, 재심사청구에 대한 재결은 행정심판의 재결로 보도록 하고 있다. 따라서 「고용보험법」상의 고용보험심사위원회는 특별행정심판기관에 해당한다.

(5) 「공무원 재해보상법」에 따른 공무원재해보상연금위원회

「구 공무원연금법」에 따른 공무원연금급여재심위원회에 하는 심사청구는 특별행정심판으로 볼 수 있었다. 현재 「공무원연금법」에 따른 심사청구는 「공무원 재해보상법」에 따라 설치된 공무원재해보상연금위원회에서 담당하고 있다(공무원연금법 제87조).

다. 행정심판을 갈음하지 못하는 이의신청

개별 법률상의 이의신청절차가 특별행정심판에 해당한다고 볼 수 없는 경우에는 행정심판을 갈음하는 불복절차로 볼 수 없기 때문에 이의신청절차를 거친 후 행정심판을 청구할 수 있다. 개별 법률에서 특별한 규정이 없는 한 이의신청을 거치지 않고도 바로 행정심판을 청구할 수도 있다. 대부분의 개별 법률상 이의신청절차가 이에 해당한다.

종전에는 이의신청은 개별 법률에 근거가 있는 경우에만 허용되었다. 그러나 「행정기본법」 제36조에서는 개별 법률에 근거가 없더라도 모든 처분에 대하여 30일 이내에 해당 행정청데 이의신청을 할 수 있고, 이의신청을 거친 후 결정서를 받은 날부터 90일 이내에 행정심판을 청구할 수 있도록 규정하고 있어 「행정기본법」 제36조에 해당하는 모든 이의신청에 대하여 그 결정에 불복하는 때에는 「행정심판법」에 따른 행정심판을 청구할 수 있게 되었다(행정기본법 제36조 제1항·제4항).

판례

대법원 2016.7.27. 선고 2015두45953 판결 [국가유공자(보훈보상대상자)비해당처분취소]

[판시사항]

[1] 「국가유공자 등 예우 및 지원에 관한 법률」 제74조의18 제1항이 정한 이의신청을 받아들이지 아니하는 결정이 항고소송의 대상이 되는지 여부(소극)

[2] 「국가유공자 등 예우 및 지원에 관한 법률」 제74조의18 제1항이 정한 이의신청을 받아들이지 아니하는 결과를 통보받은 자가 통보받은 날부터 90일 이내에 행정심판 또는 취소소송을 제기할 수 있는지 여부(적극)

[판결요지]

[1] 「국가유공자 등 예우 및 지원에 관한 법률」(이하 '국가유공자법'이라 한다) 제4조 제1항 제6호, 제6조 제3항, 제4항, 제74조의18의 문언·취지 등에 비추어 알 수 있는 다음과 같은 사정, 즉 「국가유공자법」 제74조의18 제1항이 정한 이의신청은, 국가유공자 요건에 해당하지 아니하는 등의 사유로 국가유공자 등록신청을 거부한 처분청인 국가보훈처장이 신청 대상자의 신청 사항을 다시 심사하여 잘못이 있는 경우 **스스로 시정**하도록 한 절차인 점, 이의신청을 받아들이는 것을 내용으로 하는 결정은 당초 국가유공자 등록신청을 받아들이는 새로운 처분으로 볼 수 있으나, 이와 달리 이의신청을 받아들이지 아니하는 내용의 결정은 종전의 결정 내용을 그대로 유지하는 것에 불과한 점, 보훈심사위원회의 심의·의결을 거치는 것도 최초의 국가유공자 등록신청에 대한 결정에서나 이의신청에 대한 결정에서 마찬가지로 거치도록 규정된 절차인 점, 이의신청은 원결정에 대한 행정심판이나 행정소송의 제기에도 영향을 주지 아니하는 점 등을 종합하면, 「국가유공자법」 제74조의18 제1항이 정한 이의신청을 받아들이지 아니하는 결정은 이의신청인의 권리·의무에 새로운 변동을 가져오는 공권력의 행사나 이에 준하는 행정작용이라고 할 수 없으므로 원결정과 별개로 항고소송의 대상이 되지는 않는다.

[2] 국가유공자 비해당결정 등 원결정에 대한 이의신청이 받아들여지지 아니한 경우에도 이의신청인으로서는 원결정을 대상으로 항고소송을 제기하여야 하고, 「국가유공자 등 예우 및 지원에 관한 법률」 제74조의18 제4항이 이의신청을 하여 그 결과를 통보받은 날부터 90일 이내에 「행정심판법」에 따른 행정심판의 청구를 허용하고 있고, 「행정소송법」 제18조 제1항 본문이 "취소소송은 법령의 규정에 의하여 당해 처분에 대한 행정심판을 제기할 수 있는 경우에도 이를 거치지 아니하고 제기할 수 있다."라고 규정하고 있는 점 등을 종합하면, 이의신청을 받아들이지 아니하는 결과를 통보받은 자는 통보받은 날부터 90일 이내에 「행정심판법」에 따른 행정심판 또는 「행정소송법」에 따른 취소소송을 제기할 수 있다.

4. 이의신청 결정의 처분성

여기서 말하는 이의신청은 특별행정심판에 해당하지 않는 이의신청을 말한다.

가. 이의신청 기각결정

이의신청에 대하여 원처분을 그대로 유지하는 결정(기각결정)은 원칙적으로 처분청 등이 원처분을 그대로 유지하겠다는 의사를 표시한 것으로서 국민의 권리·의무에 새로운 변동을 초래하는 것이 아니므로 처분이 아닌 단순한 사실행위에 해당한다. 따라서 이의신청 기각결정은 아무런 법적 효력을 갖지 않으며 행정심판이나 항고소송의 대상이 되지 않는다.[308] 이 경우에는 원처분을 대상으로 행정심판이나 항고소송을 제기해야 한다. 이의신청 기각결정에 대한 행정심판청구는 부적법한 심판청구로 각하대상이 된다.

판례

대법원 2012.11.15. 선고 2010두8676 판결 [주택건설사업승인불허가처분취소등]

[판시사항]

[1] 민원사항에 대한 행정기관의 장의 거부처분에 불복하여 「민원사무처리에 관한 법률」 제18조 제1항에 따라 이의신청을 한 경우, 이의신청에 대한 결과를 통지받은 날부터 취소소송의 제소기간이 기산되는지 여부(소극) 및 위 이의신청 절차가 「헌법」 제27조에서 정한 재판청구권을 침해하는지 여부(소극)

[2] 「민원사무처리에 관한 법률」 제18조 제1항에서 정한 '거부처분에 대한 이의신청'을 받아들이지 않는 취지의 기각 결정 또는 그 취지의 통지가 항고소송의 대상이 되는지 여부(소극)

[판결요지]

[1] 「행정소송법」 제18조 내지 제20조, 「행정심판법」 제3조 제1항, 제4조 제1항, 「민원사무처리에 관한 법률」(이하 '민원사무처리법'이라 한다) 제18조, 같은 법 시행령 제29조 등의 규정들과 그 취지를 종합하여 보면, 「민원사무처리법」에서 정한 민원 이의신청의 대상인 거부처분에 대하여는 민원 이의신청과 상관없이 행정심판 또는 행정소송을 제기할 수 있으며, 또한 민원 이의신청은 민원사무처리에 관하여 인정된 기본사항의 하나로 처분청으로 하여금 다시 거부처분에 대하여 심사하도록 한 절차로서 「행정심판법」에서 정한 행정심판과는 성질을 달리하고 또한 사안의 전문성과 특수성을 살리기 위하여 특별한 필요에 따라 둔 **행정심판에 대한 특별 또는 특례 절차라 할 수도 없어** 「행정소송법」에서 정한 행정심판을 거친 경우의 제소기간의 특례가 적용된다고 할 수도 없으므로, 민원 이의신청에 대한 결과를 통지받은 날부터 취소소송의 제소기간이 기산된다고 할 수 없다. 그리고 이와 같이 민원 이의신청 절차와는 별도로 그

308) 박균성, 행정법론(상), 1076면

대상이 된 거부처분에 대하여 행정심판 또는 행정소송을 제기할 수 있도록 보장하고 있는 이상, 민원 이의신청 절차에 의하여 국민의 권익 보호가 소홀하게 된다거나 「헌법」 제27조에서 정한 재판청구권이 침해된다고 볼 수도 없다.

[2] 「민원사무처리에 관한 법률」(이하 '민원사무처리법'이라 한다) 제18조 제1항에서 정한 거부처분에 대한 이의신청(이하 '민원 이의신청'이라 한다)은 행정청의 위법 또는 부당한 처분이나 부작위로 침해된 국민의 권리 또는 이익을 구제함을 목적으로 하여 행정청과 별도의 행정심판기관에 대하여 불복할 수 있도록 한 절차인 행정심판과는 달리, 「민원사무처리법」에 의하여 민원사무처리를 거부한 처분청이 민원인의 신청 사항을 다시 심사하여 잘못이 있는 경우 **스스로 시정**하도록 한 절차이다. 이에 따라, 민원 이의신청을 받아들이는 경우에는 이의신청 대상인 거부처분을 취소하지 않고 바로 최초의 신청을 받아들이는 새로운 처분을 하여야 하지만, 이의신청을 받아들이지 않는 경우에는 다시 거부처분을 하지 않고 그 결과를 통지함에 그칠 뿐이다. 따라서 이의신청을 받아들이지 않는 취지의 기각 결정 내지는 그 취지의 통지는, 종전의 거부처분을 유지함을 전제로 한 것에 불과하고 또한 거부처분에 대한 행정심판이나 행정소송의 제기에도 영향을 주지 못하므로, 결국 민원 이의신청인의 권리·의무에 새로운 변동을 가져오는 공권력의 행사나 이에 준하는 행정작용이라고 할 수 없어, 독자적인 항고소송의 대상이 된다고 볼 수 없다고 봄이 타당하다.

나. 이의신청 기각결정이 독립된 처분의 성격을 갖는 경우

이의신청 기각결정이 별도의 의사결정 과정과 절차를 거쳐 이루어진 독립된 처분의 성격을 갖는 경우에는 행정심판이나 항고소송의 대상이 된다.[309] 원처분에 대한 단순한 이의신청이 아니라 이의신청을 통해 추가적인 사항을 판단해야 할 경우에는 예외적으로 이의신청 기각결정을 처분으로 보아야 할 필요성이 있다.

예를 들면 ① 처분청이 산정한 결과(등급, 요율, 공시지가 등)를 통보(고시, 공시 등)한 것에 대하여 청구인이 개별·구제적인 사정의 반영을 요구하는 이의신청을 한 경우, ② 처분청이 일정 기준을 적용한 결과를 일괄통보하면서 처분서에 개별·구체적 사정은 이의신청을 통하여 추가로 심사함을 통보한 경우(처분사유를 이의신청 결정 통보 단계에서야 인지한 경우), ③ 청구인이 개별·구체적인 사정을 근거로 처분청에 청구(응급의료비 대지급금, 의료급여비용 및 위로금 등)하고 처분청이 결정(지급액 등)한 것에 대하여 이의신청한 것을 기각(일부기각 포함)한 경우, ④ 이의신청 심리과정에서 처분의 감경이 이루어진 경우, ⑤ 원처분의 처분청과 이의신청 기각결정의 처분청이 다른 경우에는 국민의 권익구제를 위하여 원처분에 대한 이의신청 기각결정을 별개의 처분으로 보아 본안판단을 하는 것이 타당할 것이다.

대법원은 택지개발사업에 관한 이주대책 대상자 선정 신청에 대하여 기준일 이후 주택을 취득했다는 이유로 원고를 이주대책 대상에서 제외하는 결정(1차 결정)을 통보했는데 그 통보를 하면서 행정심판 또는 행정소송을 제기할 수 있다고 안내를 했고, 원고가 사실확인서, 마을주민확인서 등의 증빙자료를 추가로 첨부하여 제출하였다. 이에 대해 사업시행자는 이의신청을 받아들이지 않고 여전히 원고를 이주대책 대상에서 제외한다는 결정(2차 결정)을 통보하면서

309) 박균성, 행정법론(상), 1076면

2차 결정에 대해서도 행정심판이나 행정소송을 제기할 수 있다고 한 사건에서, 2차 결정은 1차 결정과는 별도로 새로운 신청에 대한 결정으로 행정쟁송의 대상이 되는 처분으로 보아야 한다고 하였다(대법원 2021.1.14. 선고 2020두50324판결).

판례

[판례 1] 대법원 2021.1.14. 선고 2020두50324 판결 [이주대책대상자제외처분취소]

[판시사항]

[1] 행정청의 행위가 항고소송의 대상이 될 수 있는지 결정하는 방법 및 행정청의 행위가 '처분'에 해당하는지 불분명한 경우, 이를 판단하는 방법

[2] 수익적 행정처분을 구하는 신청에 대한 거부처분이 있은 후 당사자가 새로운 신청을 하는 취지로 다시 신청을 하였으나 행정청이 이를 다시 거절한 경우, 새로운 거부처분인지 여부(적극)

[판결요지]

[1] 항고소송의 대상인 '처분'이란 "행정청이 행하는 구체적 사실에 관한 법집행으로서의 공권력의 행사 또는 그 거부와 그 밖에 이에 준하는 행정작용"(행정소송법 제2조 제1항 제1호)을 말한다. 행정청의 행위가 항고소송의 대상이 될 수 있는지는 추상적 · 일반적으로 결정할 수 없고, 구체적인 경우에 관련 법령의 내용과 취지, 그 행위의 주체 · 내용 · 형식 · 절차, 그 행위와 상대방 등 이해관계인이 입는 불이익 사이의 실질적 견련성, 법치행정의 원리와 그 행위에 관련된 행정청이나 이해관계인의 태도 등을 고려하여 개별적으로 결정하여야 한다. 행정청의 행위가 '처분'에 해당하는지 불분명한 경우에는 그에 대한 불복방법 선택에 중대한 이해관계를 가지는 상대방의 인식가능성과 예측가능성을 중요하게 고려하여 규범적으로 판단하여야 한다(대법원 2018.10.25. 선고 2016두33537 판결 등 참조).

[2] 수익적 행정처분을 구하는 신청에 대한 거부처분은 당사자의 신청에 대하여 관할 행정청이 이를 거절하는 의사를 대외적으로 명백히 표시함으로써 성립된다. 거부처분이 있은 후 당사자가 다시 신청을 한 경우에는 신청의 제목 여하에 불구하고 그 내용이 새로운 신청을 하는 취지라면 관할 행정청이 이를 다시 거절하는 것은 새로운 거부처분이라고 보아야 한다(대법원 2019.4.3. 선고 2017두52764 판결 등 참조). 관계 법령이나 행정청이 사전에 공표한 처분기준에 신청기간을 제한하는 특별한 규정이 없는 이상 재신청을 불허할 법적 근거가 없으며, 설령 신청기간을 제한하는 특별한 규정이 있더라도 재신청이 신청기간을 도과하였는지는 본안에서 재신청에 대한 거부처분이 적법한가를 판단하는 단계에서 고려할 요소이지, 소송요건 심사단계에서 고려할 요소가 아니다.

[3] 「행정절차법」 제26조는 행정청이 처분을 할 때에는 당사자에게 그 처분에 관하여 행정심판 및 행정소송을 제기할 수 있는지 여부, 그 밖에 불복을 할 수 있는지 여부, 청구절차 및 청구기간, 그 밖에 필요한 사항을 알려야 한다고 규정하고 있다. 이 사건에서 피고 공사가 원고에게 2차 결정을 통보하면서 '2차 결정에 대하여 이의가 있는 경우 2차 결정 통보일부터 90일 이내에 행정심판이나 취소소송을 제기할 수 있다'는 취지의 불복방법 안내를 하였던 점을 보면, 피고 공사 스스로도 2차 결정이 「행정절차법」과 「행정소송법」이 적용되는 처분에 해당한다고 인식하고 있었음을 알 수 있고, 그 상대방인 원고로서도 2차 결정이 행정쟁송의 대상인 처분이라고 인식하였을 수밖에 없다고 보인다. 이와 같이 불복방법을 안내한 피고 공사가 이 사건 소가 제기되자 '처분성'이 인정되지 않는다고 본안전 항변을 하는 것은 **신의성실원칙**(행정절차법 제4조)에도 어긋난다(대법원 2020.4.9. 선고 2019두61137 판결 참조).

[판례 2] 대법원 2016.7.14. 선고 2015두58645 판결 [생활대책용지공급대상자부적격처분취소]

[판시사항]

한국토지주택공사가 택지개발사업의 시행자로서 일정 기준을 충족하는 손실보상대상자들에 대하여 생활대책을 수립·시행하였는데, 직권으로 甲 등이 생활대책대상자에 해당하지 않는다는 결정을 하고, 甲 등의 이의신청에 대하여 재심사 결과로도 생활대책 대상자로 선정되지 않았다는 통보를 한 사안에서, 재심사 결과 통보가 독립한 행정처분으로서 항고소송의 대상이 된다고 한 사례

[판결요지]

한국토지주택공사가 택지개발사업의 시행자로서 택지개발예정지구 공람공고일 이전부터 영업 등을 행한 자 등 일정 기준을 충족하는 손실보상대상자들에 대하여 생활대책을 수립·시행하였는데, 직권으로 甲 등이 생활대책대상자에 해당하지 않는다는 결정(이하 '부적격통보'라고 한다)을 하고, 甲 등의 이의신청에 대하여 재심사 결과로도 생활대책대상자로 선정되지 않았다는 통보(이하 '재심사통보'라고 한다)를 한 사안에서, 부적격통보가 심사대상자에 대하여 한국토지주택공사가 생활대책대상자 선정 신청을 받지 아니한 상태에서 자체적으로 가지고 있던 자료를 기초로 일정 기준을 적용한 결과를 일괄 통보한 것이고, 각 당사자의 개별·구체적 사정은 이의신청을 통하여 추가로 심사하여 고려하겠다는 취지를 포함하고 있다면, 甲 등은 이의신청을 통하여 비로소 생활대책대상자 선정에 관한 의견서 제출 등의 기회를 부여받게 되었고 한국토지주택공사도 그에 따른 재심사과정에서 당사자들이 제출한 자료 등을 함께 고려하여 생활대책대상자 선정기준의 충족 여부를 심사하여 재심사통보를 한 것이라고 볼 수 있는 점 등을 종합하면, 비록 **재심사통보**가 부적격통보와 결론이 같더라도, 단순히 한국토지주택공사의 업무처리의 적정 및 甲 등의 편의를 위한 조치에 불과한 것이 아니라 별도의 의사결정 과정과 절차를 거쳐 이루어진 **독립한 행정처분**으로서 항고소송의 대상이 되므로, 이와 달리 본 원심판단에 법리오해의 잘못이 있다고 한 사례

재결례

피청구인이 확정·통지한 소득분위(구간)에 대하여는 피청구인이 마련한 소득분위 산정지침을 통해 인정한 이의신청 외에는 달리 불복절차도 없다고 보이는 점 등을 고려하면, 피청구인의 소득분위(구간) 확정·통지는 청구인의 구체적인 권리·의무에 직접 영향을 미치는 공권력의 행사로서 준법률행위적 행정행위(확인행위)로서 행정심판의 대상이 되는 처분에 해당하고, 이 사건 결정의 취소를 구하는 부분도 결국 피청구인의 소득분위(구간) 확정·통지의 취소를 구하는 것으로 보아야 할 것이므로, 이 사건 심판청구는 적법하다고 할 것이다(중앙행정심판위원회 2017.11.21.자 2017-10576 재결).

다. 이의신청 인용결정

이의신청을 이유가 있다고 받아들여서 원처분을 취소하거나 변경하는 인용결정을 한 경우에는 그 결정은 처분청의 새로운 처분으로서 이의신청 대상이 된 기존의 처분을 대체한다고 보아야 한다.[310] 이의신청 대상이 된 처분을 취소하는 결정은 직권취소이고, 기존의 처분을 변경하는 결정은 종전의 처분을 대체하는 새로운 처분이다. 같은 내용의 처분을 하거나 일부취소처분이라도 처분사유가 변경되면 독립된 변경처분으로 보아야 할 것이다.[311] 이 경우 이해관계 있는 제3자는 종전의 처분을 대체하는 새로운 처분에 대하여 불복하는 경우 심판청구를 할 수 있다.

---

310) 박균성, 행정법론(상), 1076면

311) 박균성, 행정법론(상), 1080면

5. 이의신청과 심판청구 기간

개별 법률에서 이의신청절차를 두면서 그 이의신청 결정일부터 일정기간(90일 등) 안에 행정심판을 청구할 수 있도록 규정을 두고 있는 경우 심판청구 기간은 이의신청에 대한 결정을 수령한 날부터 기산한다. 항고소송은 행정심판 재결서를 받은 날부터 90일 안에 제기할 수 있다. 결과적으로 행정심판 청구기간과 행정소송 제기기간이 그만큼 연장되어 국민의 권익구제의 기회를 더 보장하게 된다.

그러나 개별 법률에서 이의신청절차를 두면서 그 이의신청에 대한 결정일부터 일정기간 안에 행정심판을 청구할 수 있다는 규정을 명시적으로 두지 않은 경우에는 판례는 원칙적으로 원처분을 받은 날부터 심판청구 기간이 진행된다고 한다.

판례에 따르면 이의신청절차 중에도 심판청구 기간이 진행되기 때문에 이의신청을 한 후 그 결과가 나오면 심판청구를 하기 위해 기다리는 국민들은 그 사이에 심판청구 기간이 도과하여 심판청구를 하지 못해 불이익을 받는 문제가 발생한다. 또한, 판례는 예외적으로 개별공시지가에 관한 이의신청에 있어서는 이의신청 결정일부터 일정기간 내에 심판청구를 할 수 있는 규정을 법률에 두고 있지 않음에도 이의신청 결과를 통지받은 후 행정심판을 청구할 수 있고, 행정심판 재결을 받은 후 행정소송을 제기할 수 있다고 하고 있다.

2021년 제정된 「행정기본법」은 개별 법률에 근거가 없더라도 모든 처분에 대해 30일 이내에 해당 행정청에 이의신청을 할 수 있도록 하고, 이의신청에 대한 결과를 통지받은 후 행정심판을 청구하려는 자는 그 결과를 통지받은 날부터 90일 내에 「행정심판법」에 따른 행정심판을 청구할 수 있다고 규정(행정기본법 제36조 제1항 · 제4항)함으로써 이런 문제를 입법적으로 해결하고 있다. 이로 인해 이의신청을 한 경우에는 「행정심판법」의 심판청구 기간의 기산점이 수정되는 결과를 가져오게 되었다.[312)]

312) 김중권, 행정법, 655면

판례

대법원 2010.1.28. 선고 2008두19987 판결 [개별공시지가결정처분취소]

[판시사항]
개별공시지가에 대하여 이의가 있는 자가 행정심판을 거쳐 행정소송을 제기하는 경우 제소기간의 기산점
[판결요지]
「부동산 가격공시 및 감정평가에 관한 법률」 제12조, 「행정소송법」 제20조 제1항, 「행정심판법」 제3조 제1항의 규정 내용 및 취지와 아울러 「부동산 가격공시 및 감정평가에 관한 법률」에 행정심판의 제기를 배제하는 명시적인 규정이 없고 「부동산 가격공시 및 감정평가에 관한 법률」에 따른 이의신청과 행정심판은 그 절차 및 담당 기관에 차이가 있는 점을 종합하면, 「부동산 가격공시 및 감정평가에 관한 법률」이 이의신청에 관하여 규정하고 있다고 하여 이를 「행정심판법」 제3조 제1항에서 행정심판의 제기를 배제하는 '다른 법률에 특별한 규정이 있는 경우'에 해당한다고 볼 수 없으므로, 개별공시지가에 대하여 이의가 있는 자는 곧바로 행정소송을 제기하거나 「부동산 가격공시 및 감정평가에 관한 법률」에 따른 이의신청과 「행정심판법」에 따른 행정심판청구 중 어느 하나만을 거쳐 행정소송을 제기할 수 있을 뿐 아니라, 이의신청을 하여 그 결과 통지를 받은 후 다시 행정심판을 거쳐 행정소송을 제기할 수도 있다고 보아야 하고, 이 경우 행정소송의 제소기간은 그 행정심판 재결서 정본을 송달받은 날부터 기산한다.

MEMO

행정사
조장형 행정사실무법

PART

02

비송사건절차법

Chapter
01 총칙

제1절 서설

1. 비송사건의 의의

제1조 【적용범위】 이 편(編)의 규정은 법원의 관할에 속하는 비송사건(非訟事件, 이하 "사건"이라 한다) 중 이 법 또는 그 밖의 다른 법령에 특별한 규정이 있는 경우를 제외한 모든 사건에 적용한다.

가. 비송사건의 개념

비송사건이란 법원의 관할에 속하는 민사사건 중 소송절차로 처리하지 않고 사권관계의 형성·변경·소멸에 법원이 후견적 입장에서 관여하는 사건을 말한다. 원래 사인 간의 법률관계는 사적자치의 원칙이 지배하며 국가기관이 관여하지 아니하는 것이 원칙이나 공익상 이를 방임하는 것이 적당하지 않을 때에는 법원이 후견적인 입장에서 예외적으로 관여하게 되는데, 이것이 비송사건이라는 것이다.

나. 비송사건의 종류

(1) 협의의 비송사건

「비송사건절차법」에 규정되어 있는 사건과 개별법에서 「비송사건절차법」에 의해 처리되어야 할 것을 규정하고 있는 사건을 협의의 비송사건이라고 한다. 보통의 비송사건이라 함은 협의의 비송사건을 말한다.

(2) 광의의 비송사건

「비송사건절차법」에서 정하고 있는 사건 외에 「가사소송법」상의 가사비송사건, 「채무자 회생 및 파산에 관한 법률」상의 회생사건, 파산사건, 경매사건, 「부동산등기법」상의 가등기가처분사건[1], 형식적 형성소송이라고 하는 상속재산분할청구사건, 공유물분할청구사건, 부의 결정의 소, 토지경계 확정의 소 등을 비송사건으로 보고 있다. 그 밖에 민사조정, 가사조정, 등기공무원의 처분에 대한 이의, 가족관계 등록기록의 결정사건 등이 있다.

1) 대결 1990.3.24. 90마155, 「부동산등기법」 제90조 제3항은 가등기가처분명령에 대한 즉시항고에 관하여 「비송사건절차법」을 준용한다고 규정하고 있다.

다만, 과태료사건은 「비송사건절차법」에 규정되어 있기는 하지만 사권관계의 형성·변경·소멸에 관한 것이 아니라는 점에서 엄밀하게는 비송사건이라고 할 수 없으나 편의상 「비송사건절차법」에 규정되어 있다.[2)]

다. 비송사건과 민사소송사건의 구별기준 및 차이점

(1) 구별기준

비송사건이란 법원의 관할에 속하는 민사사건 중 소송절차로 처리하지 않고 법원이 후견적으로 개입하는 사건이다. 민사소송사건은 민사사건을 대상으로 당사자 간의 법적분쟁을 법원이 강제적으로 해결하는 사건이다. 비송사건은 민사소송사건에 비해 법규적용 또는 강제적인 요소를 결여한 재판절차라는 점에서 구별된다.

(2) 차이점

① 민사소송사건

민사소송은 「민법」·「상법」 등 사법(私法)에 의하여 규율되는 대등한 주체 사이의 신분상 또는 경제상 생활관계에 관한 사건에 관한 소송으로 다음과 같은 특징이 있다. 즉, (ⅰ) 대립하는 이해당사자를 전제로 하는 소의 제기를 통한 분쟁절차. (ⅱ) **공**개주의·**처**분권주의·**변**론주의원칙과 **필**요적 변론, 엄격한 증명의 절차방식, (ⅲ) 재판의 형식은 판결로 하고, 판결에는 기**판**력, 기**속**력 인정, (ⅳ) 불복방법은 항소와 상고라는 상소를 취하며, (ⅴ) 소송대리와 관련하여 변호사만이 소송대리를 할 수 있다.

② 비송사건

비송사건은 법원이 후견적으로 개입하여 분쟁을 신속히 해결한다는 점에서 민사소송절차와는 다른 다음의 특징이 있다. 즉, (ⅰ) 이해당사자의 대립구조가 아닌 편면적 구조로 분쟁의 쟁송성이 없는 경우의 존재 가능, (ⅱ) 비공개주의·처분권주의 배제(직권주의)·변론주의 배제(직권탐지주의)의 원칙과 임의적 변론, 자유증명의 방식, (ⅲ) 재판의 형식은 결정에 의하고 기판력 결여, 기속력이 제한되어 사정변경에 의한 취소나 변경이 가능하며, (ⅳ) 불복방법은 항고와 재항고이고, (ⅴ) 변호사가 아니더라도 비송사건을 대리할 수 있고, (ⅵ) 법원이 합목적적 재량을 통해 간이한 절차로 신속하게 탄력적인 결정을 할 수 있다.

2) 법원실무제요 비송, 법원행정처, 2014, 3면

2. 비송사건절차의 특징

가. 직권주의(처분권주의의 배제)

민사소송은 절차의 개시, 절차의 진행(심판의 대상과 범위), 그리고 절차의 종결에 대하여 당사자에게 주도권을 주어 그 의사에 일임하는 처분권주의 원칙에 의하고 있음에 비하여, 비송사건절차에서는 직권주의가 지배한다.[3]

(1) 절차의 개시

소송절차는 민사소송은 당사자의 소의 제기에 의해 개시되므로 당사자의 청구가 없으면 재판이 진행되지 않음에 비해, 비송사건절차는 공익적 입장에서 당사자의 신청이 없어도 법원의 직권으로 개시되는 경우가 많다.

(2) 심판의 범위와 한계

비송사건절차에서 심판의 대상과 범위는 당사자의 신청에 구속되지 않으며, 법원은 당사자가 신청하지 아니한 경우라도 심판하여야 한다. 비송사건절차에서는 원칙적으로 청구의 포기・인낙・화해가 허용되지 않는다.[4]

(3) 절차의 종료

비송사건절차에서는 원칙적으로 신청의 포기, 인락 또는 화해에 의한 절차의 종결이 허용되지 아니한다. 또한 과태료사건이나 당사자의 의무에 속하는 사건 등 법원의 직권에 의해 개시된 사건에 대하여는 신청의 취하가 인정되지 아니한다.[5]

나. 직권탐지주의(변론주의의 배제)

민사소송에서는 사실과 증거의 수집・제출의 책임을 당사자에게 일임하고, 원칙적으로 당사자가 수집・제출한 소송자료만을 재판의 기초로 삼는 변론주의를 취하고 있으나, 「비송사건절차법」 제11조는 "법원은 직권으로 사실의 탐지와 필요하다고 인정하는 증거의 조사를 하여야 한다"라고 규정하여 직권탐지주의를 원칙으로 하고 있다.

---

3) 흔히 처분권주의를 변론주의와 혼동하는 경우가 있지만, 처분권주의는 당사자의 '소송물'에 대한 처분자유를 뜻하는 것임에 비하여, 변론주의는 당사자의 '소송자료'에 대한 수집책임을 뜻하는 것이므로 양자는 구별되는 개념이다. 처분권주의와 변론주의를 포괄하여 "당사자주의"라는 개념도 쓰이며, 이 개념이 직권주의에 대응되는 것이다.

4) 소송절차는 원고의 의사에 맡겨져 있기 때문에 원고는 이를 특정하여야 하며, 법원은 당사자가 특정하여 판결 신청한 사항에 대하여 신청의 범위 내에서만 판단하여야 한다(민사소송법 제203조).

5) 소송절차는 개시된 절차를 종국판결에 의하지 않고 종결시킬 것인가 여부도 당사자의 의사에 일임되어 있다. 따라서 당사자는 어느 때나 소의 취하나 청구의 포기나 인락, 화해에 의하여 절차를 종결시킬 수 있다.

다. 비공개주의

민사소송에서는 당사자가 소송에 대하여 법원에서 변론하여야 하나, 비송사건절차에서는 재판은 결정으로써 하며, 심문은 공개하지 아니하고 단지 법원은 심문을 공개함이 적정하다고 인정하는 자에게 방청을 허가할 수 있을 뿐이다.[6]

비송사건의 심문은 보통 심문실이나 조정실 등 비공개된 장소에서 행하여지는 것이 실무이다. 다만, 민사비송사건 중 재판상의 대위에 관한 사건은 비송사건이지만 비공개의 원칙의 예외로 심리를 공개하도록 규정되어 있다.[7] 한편, 비송사건 기록의 열람・복사에 관해서는 「비송사건절차법」에 아무런 규정이 없으나, 비공개의 원칙상 기록의 열람・복사는 법원의 재량에 맡겨져 있다고 해석된다.

라. 재판의 기판력의 결여[8]

(1) 기판력의 의미

소송사건의 경우 판결이 확정되면 확정된 판결에 대해 기판력이 인정된다. 기판력이라 함은 확정된 종국판결의 내용이 당사자와 후소 법원을 구속하는 힘을 말한다. 즉, 확정된 종국판결과 동일한 사항이 문제되는 경우 당사자는 그에 반하여 동일한 사항을 되풀이하여 다툴 수 없고(불가쟁), 후소법원도 저촉되는 판단을 해서는 안 된다는 것(불가반)을 말한다.

(2) 기판력의 배제

비송사건에 대한 재판은 국가가 후견인적 입장에서 실체적 진실주의에 입각하여 사건을 처리하는 절차이므로 기판력을 부정하는 것이 통설이다. 따라서 법원은 당사자가 같은 내용의 신청을 다시 하는 것을 허용하며, 후소 법원도 본래의 결정과 다른 결정을 할 수 있다.

마. 기속력의 제한

(1) 기속력의 의미

기속력이란 법원이 사건에 대하여 심리・판결한 경우에 그 판결에 어떠한 위법이나 부당함이 있다 하더라도 판결법원 스스로가 이를 자유로이 취소・변경할 수 없다는 것을 의미한다. 재판을 한 법원 자신의 구속력이다. 이러한 기속력은 형식적 확정을 기다릴 필요가 없이 선고와 동시에 그 효력이 발생한다.

---

6) 「비송법」 제17조 제1항, 「비송법」 제13조 : 따라서 법령에 특별한 규정이 없는 한 적정하다고 인정하는 자로 제한하지 아니하고 일반인에게 공개하는 것은 법원의 재량으로도 허가할 수 없다고 해석된다.

7) 「비송법」 제52조

8) 비송사건의 재판에도 민사소송에서와 같은 기판력을 인정할 수 있는 것인지에 대하여 학설은 여러 가지로 나뉘어 있지만 부정하는 것이 통설이다.

(2) 기속력의 배제

「비송사건절차법」 제19조 제1항에서 "법원은 재판을 한 후에 그 재판이 위법 또는 부당하다고 인정한 때에는 이를 취소 또는 변경할 수 있다"라고 규정하여 비송사건절차에서는 원칙적으로 기속력이 배제됨을 명문화하고 있다. 다만, 신청에 의하여서만 재판을 하여야 하는 경우에 신청을 각하한 재판에 대하여 신청에 의하지 않고는 이를 취소·변경할 수 없으며(법 제19조 제2항), 즉시항고로써 불복을 할 수 있는 재판에 대해서는 이를 취소·변경할 수 없도록 하여(법 제19조 제3항) 예외적으로 기속력을 인정하고 있다.[9]

바. 간이주의

(1) 개념

간이주의란 비송사건절차의 가장 현저한 특색으로, 절차를 가능한 한 간이·신속히 행하고 시간·노력 및 비용의 절약을 도모하기 위한 주의이다.

(2) 제도적 구현형태

① 심문의 비공개

비송사건에서의 변론 여부는 법원재량에 맡겨져 있으며, 심문 역시 비공개를 원칙으로 한다. 다만 법원은 상당하다고 인정하는 자에게 방청을 허가할 수 있다(법 제13조).

② 조서작성의 간이화

법원사무관 등은 증인 또는 감정인의 심문에 관하여는 반드시 조서를 작성하고, 그 밖의 심문에 관하여는 필요하다고 인정하는 경우에 한하여 조서를 작성하도록 규정하여(법 제14조) 절차의 간이화를 도모하고 있다.[10] 다만 조서생략의 판단의 주체는 법원이다.

③ 판결서의 작성

재판은 법률에 특별한 규정이 없는 한 이유를 붙이지 아니한 결정으로써 한다(법 제17조 제1항). 재판의 원본에는 판사가 서명·날인하여야 한다. 그러나 신청서 또는 조서에 재판에 관한 사항을 기재하고 판사가 이에 서명·날인함으로써 원본에 갈음할 수 있다. 위의 서명날인은 기명날인으로 갈음할 수 있다(법 제17조 제2항·제4항).

④ 재판의 고지방법

민사재판의 고지는 송달의 방법에 의하나 비송사건에서의 재판의 고지는 법원이 적당하다고 인정하는 방법으로 한다. 그러나 공시송달을 하는 경우에는 「민사소송법」의 규정에 의하여야 한다(법 제18조 제2항).

---

9) 법원실무제요 비송, 법원행정처, 2014, 10면

10) 따라서 심문기일을 열더라도 가능하면 1회에 종결하는 것이 요구되고, 실무상 증인심문을 하는 경우도 있기 때문에 심문기일을 속행하는 경우도 있다.

3. 「비송사건절차법」의 지위

가. 연혁

「비송사건절차법」은 1962. 1. 20. 법률 제999호로 조선민사령에 의한 의용 「법인 비송사건수속법」을 대체하는 법률로서 제정된 이래 9차의 개정을 거쳐(다른 법률의 개정에 따른 개정은 제외) 현재에 이르고 있다.[11)]

나. 비송사건 절차에 관한 일반법

「비송사건절차법」은 협의의 비송사건을 직접 규율하고 있을 뿐만 아니라, 그 총칙편은 법원의 관할에 속하는 비송사건 중 「비송사건절차법」 또는 그 밖의 다른 법령에 특별한 규정이 있는 경우를 제외한 모든 사건에 적용된다(법 제1조). 따라서 「비송사건절차법」은 광의의 비송사건 절차에 관한 일반법으로서의 지위를 지니게 되어 「비송사건절차법」이 직접 규율하고 있지 아니한 비송사건에 관하여 명문의 규정이 없더라도 「비송사건절차법」의 총칙규정이 적용된다. 다만, 「비송사건절차법」 제15조(검사의 의견진술 및 심문참여)처럼 당해 사건의 성질에 반하는 경우 그 규정은 적용되지 아니한다고 보아야 한다.[12)]

11) 주요 개정내용으로 2007.7.27. 법률 제8569호(7차 개정)는 등기전산화 사업이 완료됨에 따라 법인등기사무를 전산정보처리조직에 의하여 처리하도록 하는 등 관련 규정을 정비하고, 전산정보처리조직에 의한 전자문서에 의하여 법인 등기를 신청할 수 있는 근거를 마련하며, 주식회사의 분할 또는 분할합병을 무효로 하는 판결이 확정된 경우에 법원의 등기촉탁에 관한 규정을 신설하는 한편, 상업등기사무의 적정성과 효율성을 높이기 위하여 상업등기 관련 규정을 「비송사건절차법」에서 분리하여 별도의 법률로 제정함에 따라 상업등기에 관한 규정을 삭제하는 내용으로 일부 개정되었다.
한편, 2013.5.28. 법률 제11827호(8차 개정)는 「신탁법」이 전부 개정됨에 따라 그 재판에 관하여 신청권자, 불복방법 등 구체적인 재판절차규정을 신설· 정비하는 한편, 어려운 용어를 쉬운 용어로 바꾸고 길고 복잡한 문장을 간결하게 하는 등 법 문장을 이해하기 쉽게 정비하기 위하여 일부 개정되었다.
마지막으로 2016.1.19. 법률 제13765호(9차 개정)는 생활저변에 서명이 보편화되는 추세에 따라 행정기관에 제출되는 서류의 본인확인 표식으로 기명날인 외에 서명도 허용하기 위해 일부 개정되었다.

12) 개별 법령에 특별한 규정을 두는 경우에는 「비송사건절차법」을 '적용'하는 것이 아니라 '준용'한다고 하는 경우가 많다. 가사비송 절차에 관하여는 「가사소송법」에 특별한 규정이 있는 경우를 제외하고는 「비송사건절차법」 제15조(검사의 의견 진술 및 심문 참여에 관한 규정임)를 제외한 나머지 총칙규정이 준용되며(가사소송법 제34조) 「민사조정법」에 의한 조정에 관하여도 「민사조정법」에 특별한 규정이 있는 경우를 제외하고는 그 성질에 반하지 아니하는 범위에서 「비송사건절차법」 제15조를 제외한 나머지 총칙규정이 준용된다(민사조정법 제39조). 한편, 「가족관계의 등록 등에 관한 법률」상 시·읍·면의 장의 처분에 대한 불복신청이 있는 경우 그 비용에 관하여는 「비송사건절차법」의 규정이 준용되고(가족관계등록법 제113조), 불복신청에 대한 가정법원의 결정에 대하여는 법령을 위반한 재판이라는 이유로 「비송사건절차법」에 따라 항고할 수 있으며(가족관계등록법 제112조), 「공탁법상의 이의신청에 대한 재판에 대하여도 「비송사건절차법」에 따라 항고할 수 있다(공탁법 제14조).

제2절 비송사건의 재판기관과 관할

1. 재판기관

가. 협의의 법원

좁은 의미의 법원은 본안 소송사건을 심리하는 수소법원과 강제집행을 수행하는 집행법원으로 나뉜다. 재판기관은 직업법관으로 구성되고, 민사사건에서는 형사사건의 국민재판제도 또는 독일식 참심원제도, 영미식 배심원 제도를 인정하지 않는다. 재판기관으로는 1인의 법관으로 구성되는 단독제와 수인의 법관으로 구성되는 합의제가 있다.

나. 합의부

합의부의 경우 그 부에 속하는 판사 1인을 재판장으로 하고 합의체의 대표기관으로서 합의부를 주재한다. 재판장은 재판절차를 지휘하고, 합의를 주재하는 권한이 있지만 합의에 있어서는 다른 배석판사와 동일한 발언권을 가지는 데 불과하다.

다. 그 밖의 사법기관

(1) 법원사무관 등

법원 서기관, 법원사무관, 법원주사, 법원주사보 등의 직에 있는 사람을 법원사무관 등이라고 한다(민소법 제40조 제2항). 법원사무관 등은 비송사건절차의 조서작성, 기록보존, 공증, 송달사무 등 재판권 행사의 부수적 사무를 담당하는 단독제 기관이다. 이들은 단독판사 또는 합의부의 지휘, 명령을 받는다. 그러나 법원의 보조기관은 아니고 재판의 부수적 업무에 대해 고유의 권한을 가진 기관이다.

(2) 집행관

집행관은 지방법원과 그 지원에 두며, 강제집행 등의 실력행사와 소송서류의 송달 등을 담당하는 단독제 기관이다(법원조직법 제55조). 집행관은 10년 이상 법원주사보, 등기주사보, 검찰주사보 또는 마약수사주사보 이상의 직급으로 근무하였던 사람 중에서 지방법원장이 임명한다(집행관법 제3조).

2. 관할

가. 관할의 의의

관할이라 함은 재판권을 행사하는 여러 법원 사이의 재판권의 분담관계를 정해놓은 것을 말한다. 통상의 민사 재판권은 고등법원 6개(서울, 부산, 대구, 광주, 대전, 수원)와 서울중앙지법을 비롯해 지방법원 18개가 설치되었는데 이들 법원 사이의 민사재판권을 어떻게 행사시킬 것인가를 정할 필요성에서 관할제도가 생겨났다.

나. 관할의 종류

(1) 관할의 결정근거를 표준으로 한 분류

① **법정관할**

법률의 규정에 의해서 정해지는 관할이며, 여기에는 직분관할 · 사물관할 · 토지관할이 있다.

② **재정관할**

관할이 어디인지 불분명한 경우에 관계법원의 직근 상급법원의 결정에 의하여 정해지는 관할을 말한다.

③ **합의관할, 변론관할**

당사자의 거동에 의한 관할이란 당사자의 합의나 피고의 응소에 의해 발행하는데 여기에는 전자는 합의관할, 후자는 변론관할이라고 한다.

(2) 소송법상 효과의 차이에 의한 분류

① **전속관할**

전속관할이라 함은 법정관할 가운데 재판의 적정 · 공평 등 고도의 공익적 견지에서 정해진 것으로 오로지 특정법원만이 배타적으로 관할권을 갖게 된다. 전속관할은 법원의 직권조사사항이며, 당사자 간의 합의나 피고의 본안변론에 의하여 법정관할을 다른 법원으로 변경할 수 없다.

② **임의관할**

임의관할은 주로 당사자의 편의와 공평을 위한 사익적 견지에서 정해진 것으로, 당사자 간의 합의나 피고의 본안변론에 의하여 다른 법원에 관할을 발생시킬 수 있는 것을 말한다. 관할위반이 있다 하여도 항소심에서는 관할위반을 주장할 수 없고, 상소심에서도 이를 이유로 원심판결을 취소할 수 없다.

다. 심급관할

(1) 의의

심급관할이란 비송사건에 대하여 어느 법원이 제1심으로 심판할 것인가 또는 이미 이루어진 다른 법원의 재판의 당부에 대하여 어느 법원이 심판할 것인가 하는 법원 간의 심판의 순서, 상소관계에 있어서의 관할을 말한다.

(2) 제1심 법원

비송사건에 있어서 제1심 법원은 지방법원과 동지원이 된다.

(3) 제2심 법원

지방법원 단독판사의 제1심 결정 · 명령에 대한 항고사건의 제2심 관할법원은 지방법원 본원 합의부이고, 지방법원 합의부의 제1심 결정 · 명령에 대한 항고사건의 제2심 관할법원은 고등법원이 된다.

(4) 제3심 법원

항고법원의 결정이나 명령에 대한 재항고사건은 대법원이 관할한다.

라. 사물관할

(1) 의의

사물관할이란 제1심 법원에서 사건을 단독판사가 처리하게 할 것인가 또는 합의부에서 처리하게 할 것인가의 관할 분배로, 지방법원 단독판사와 지방법원 합의부에서 사건의 경중 또는 성질을 기준으로 재판권의 분담관계를 정해 놓은 것을 말한다.

(2) 비송사건의 경우

「민사소송법」에서는 원칙적으로 소송물 가액(=소가)을 기준으로 합의부와 단독판사의 관할을 정한다. 그러나 비송사건에서는 사건의 성질에 따라 사물관할이 정해지며 「비송사건절차법」은 각종의 사건마다 일일이 개별적으로 규정하고 있다. 회사관련 중대사건, 금전사건 등과 같이 합의부가 관할한다는 특별한 규정이 없는 한 **단독판사가 관할**한다.

마. 토지관할

> **제2조 【관할법원】** ① 법원의 토지 관할이 주소에 의하여 정하여질 경우 대한민국에 주소가 없을 때 또는 대한민국 내의 주소를 알지 못할 때에는 거소지(居所地)의 지방법원이 사건을 관할한다.
> ② 거소가 없을 때 또는 거소를 알지 못할 때에는 마지막 주소지의 지방법원이 사건을 관할한다.
> ③ 마지막 주소가 없을 때 또는 그 주소를 알지 못할 때에는 재산이 있는 곳 또는 대법원이 있는 곳을 관할하는 지방법원이 사건을 관할한다.

(1) 의의

토지관할이란 소재지를 달리하는 동종의 법원 간의 사건의 분담 관계를 정해 놓은 것으로, 전국에 설치되어 있는 같은 심급의 법원 상호 간의 지역에 따른 사건의 관할 문제를 말한다.

(2) 원칙

「비송사건절차법」은 비송사건의 토지관할에 관한 일반적 규정을 두지 않고, 각각의 사건마다 당사자와 법원의 편의를 고려하여 개별적으로 토지관할을 규정하고 있다. 토지관할의 결정표준은 사람의 주소지(법 제32조, 제39조, 제46조 등), 주된 사무소 소재지(법 제33조), 물건소재지(법 제57조). 채무이행지(법 제53조), 소송계속지(법 제72조 제2항) 등 매우 다양하다.

(3) 토지관할의 특칙[13)]

토지관할이 주소에 의하여 정하여질 경우에 그 주소가 없거나 주소를 알지 못할 때에, 관하여는 「비송사건절차법」 제2조에 특칙을 두고 있다.

① 대한민국에 주소가 없을 때 또는 대한민국 내의 주소를 알지 못할 때에는 거소지의 지방법원이 사건을 관할한다(법 제2조 제1항).

② 거소가 없을 때 또는 거소를 알지 못할 때에는 마지막 주소지의 지방법원이 관할한다(법 제2조 제2항).

③ 마지막 주소가 없을 때 또는 그 주소를 알지 못할 때에는 재산이 있는 곳 또는 대법원이 있는 곳을 관할하는 지방법원이 관할한다(법 제2조 제3항).

바. 우선관할 및 이송

> **제3조 【우선관할 및 이송】** 관할법원이 여러 개인 경우에는 최초로 사건을 신청받은 법원이 그 사건을 관할한다. 이 경우 해당 법원은 신청에 의하여 또는 직권으로 적당하다고 인정하는 다른 관할법원에 그 사건을 이송할 수 있다.

(1) 우선관할

관할법원이 여러 개인 경우에는 **최**초로 사건을 **신**청받은 법원이 그 사건을 관할하게 되는데, 이렇게 정해지는 관할을 우선관할이라고 한다(법 제3조 본문).[14)]

(2) 이송

① **의의**

우선관할에 의하여 정해진 법원이 사건을 심리하는 것이 부적당한 경우 그 법원은 신청에 의하거나 직권으로 적당하다고 인정하는 다른 법원에 이송할 수 있는데, 이를 사건의 이송이라고 한다(법 제3조 후문). 신청에 의한 이송은 신청이송이고 직권에 의한 이송은 재량이송이다.

② **이송(재판)의 효력**

이송의 효력에 대해 「비송사건절차법」에 별도의 규정을 두고 있지 아니하나 일반적으로 「민사소송법」의 제38조, 제40조의 규정이 유추적용된다고 해석한다.

(i) 이송의 구속력

사건을 이송받은 법원은 이송결정에 따라야 하고, 사건을 이송받은 법원은 사건을 다시 다른 법원에 이송하지 못한다(민소법 제38조).

---

13) 외국회사에 관한 사건에 우리 법원의 국제 재판관할이 인정되는 경우에는 국내에 본점 소재지가 없기 때문에 「비송사건절차법」 제2조 제3항을 유추하여 재산이 있는 곳을 관할하는 지방법원 또는 대법원이 있는 곳을 관할하는 지방법원인 서울중앙지방법원에 관할을 인정하여야 할 것이다.

14) 비송사건에서도 동일 사건에 대하여 관할이 경합하는 수가 있을 수 있다. 예를 들면, 관할법원이 재산이 있는 곳에 의하여 정하여지는 경우에, 재산이 여러 곳에 분산되어 있어서 여러 법원이 동시에 관할권을 갖게 되는 경우이다.

(ii) 소송계속의 이전

이송결정이 확정되면 사건은 처음부터 이송받은 법원에 계속된 것으로 본다(민소법 제40조 제1항).

(iii) 소송기록의 송부

이송결정이 확정되면 이에 따르는 사실상의 조치로서 그 결정의 정본을 소송기록에 붙여 이송받을 법원 등에게 보내야 한다(민소법 제40조 제2항).

③ **이송결정의 불복**

이송의 재판에 대해서는 「비송사건절차법」 제20조에 의하여 불복할 수 있으므로 이송의 재판으로 인하여 권리를 침해받은 자는 항고할 수 있다(법 제20조 제1항).

④ **관할위반의 이송 준용 여부**

「비송사건절차법」에는 관할위반에 따른 이송에 관한 명문의 규정은 없으나, 소송경제의 측면에서 「민사소송법」 제34조 제1항의 규정이 준용된다는 것이 일반적 견해이므로 이송을 인정하는 것으로 보는 것이 타당하다.

따라서 비송사건으로 신청하여야 할 것을 민사소송으로 구하는 경우 또는 그 반대의 경우 이는 관할위반의 문제가 아니라 소송의 적법요건 또는 비송사건의 절차개시요건에 관한 문제로 보아 당사자의 의사가 비송사건으로 신청하는 것으로 밝혀지면 비송사건으로 처리하여 관할이 있으면 비송사건으로 절차를 진행하고 관할이 없으면 해당 관할법원에 이송할 수 있을 것이다.

다만 판례는 "비송사건으로 신청하여야 할 것을 민사소송으로 구하였다면 이는 부적합한 소로서 각하하는 것이 원칙이며 민사소송으로 소를 제기하여야 할 것을 비송사건으로 신청하였다면 역시 부적합한 신청으로 각하하여야 할 것이다."[15]라고 하여 이송을 부정하고 있다.

사. 관할법원의 지정

제4조【관할법원의 지정】 ① 관할법원의 지정은 여러 개의 법원의 토지 관할에 관하여 의문이 있을 때에 한다.
② 관할법원의 지정은 관계 법원에 공통되는 바로 위 상급법원이 신청에 의하여 결정(決定)함으로써 한다. 이 결정에 대하여는 불복신청을 할 수 없다

(1) 토지관할에 관한 의문이 있는 경우 지정

관할법원의 지정은 여러 개의 법원의 토지관할에 관하여 의문이 있을 때에 한다(법 제4조 제1항).

15) 대판 1963.12.12. 63다499. ; 대결 1976.2.11. 75마533

(2) 공통 상급법원의 신청에 의하여 결정

관할법원의 **지**정은 관계법원에 공통되는 바로 위 **상**급법원이 **신**청에 의하여 **결**정함으로써 한다. 이 결정에 대하여는 불복신청을 할 수 없다(법 제4조 제2항). 그러나 관할법원의 지정 신청을 각하한 경우에는 항고할 수 있다(법 제20조 제2항).

(3) 바로 위 상급법원

소송법상 의미의 법원 체계에 따른 바로 위 상급법원을 가리키는 것으로 조직법상 의미의 법원 체계에 따르는 것은 아니다. 예를 들어 수원지방법원 여주지원과 평택지원의 각 단독판사 사이의 토지관할에 의문이 있을 경우 바로 위 상급법원은 수원지방법원 합의부가 되며, 같은 경우에 합의 사건이라면 서울고등법원이 바로 위 상급법원이 된다.

3. 법원 직원의 제척 · 기피 · 회피

제5조【법원 직원의 제척 · 기피】 사건에 관하여는 법원 직원의 제척(除斥) 또는 기피(忌避)에 관한 「민사소송법」의 규정을 준용한다.

가. 의의

재판의 독립성과 중립성을 담보하기 위한 제도이다. 「비송사건절차법」은 비송사건에도 법원 직원의 제척과 기피에 관한 「민사소송법」의 규정을 준용하도록 규정하고 있다(법 제5조). 여기서 법원 직원이라 함은 법관 및 법원사무관등을 모두 포함하는 것이다.

나. 제척

구체적인 사건에 대하여 법률에서 정한 **특수한 관계**에 있는 때 법률상 **당연히** 그 사건에 대한 직무집행을 할 수 없게 되는 경우를 제척이라 한다(민소법 제41조). 제척이유가 있는 경우 법률상 당연히 그 사건에 대해 직무집행을 할 수 없다. 당사자가 알든 모르든, 주장하든 하지 않든 불문하고 직무를 행할 수 없다. 제척이유가 있는 직원이 관여한 행위는 절차의 하자로서 **무효**이다.

다. 기피

법원직원에 대하여 제척원인 이외의 재판의 공정을 **의심할 만한 사유**가 있을 때 당사자의 신청에 의하여 재판을 통하여 그 사건에 대한 직무집행을 할 수 없게 되는 경우를 기피라 한다(민소법 제48조). 기피재판은 제척과 달리 형성적이며, 이는 제척제도를 보충하여 재판의 공정을 보다 철저히 하기 위한 제도이다.

라. 회피

법관이 제척이나 기피사유가 있는 경우 **스스로** 심리·의결에서 물러나는 제도를 말한다. 법관은 제척이나 기피 사유가 있는 경우에는 감독권이 있는 법원의 허가를 받아 회피할 수 있다(민소법 제49조). 다만, 회피는 제척, 기피와 달리 별도의 재판을 요구하지 않으며 감독권 있는 법원의 허가를 요한다. 회피도 제척이나 기피이유가 있을 것을 요구한다. 회피의 경우에는 회피의 허가는 재판이 아니기 때문에, 허가를 받은 뒤에 그대로 그 사건에 관여해도 효력에는 영향이 없다.

「비송사건절차법」은 「민사소송법」 중 회피에 관한 규정을 준용하고 있지 아니하나, 제척·기피에 관한 규정을 준용하고 있는 이상 제척사유 또는 기피사유가 있을 때 스스로 회피할 수 있는 회피제도는 당연히 준용된다고 보는 것이 타당하다.

4. 법률상의 공조

제10조 【「민사소송법」의 준용】 사건에 관하여는 기일(期日), 기간, 소명(疎明) 방법, 인증(人證)과 감정(鑑定)에 관한 「민사소송법」의 규정을 준용한다.

제12조 【촉탁할 수 있는 사항】 사실 탐지, 소환, 고지(告知), 재판의 집행에 관한 행위는 촉탁할 수 있다.

가. 의의

법원은 각각 업무범위와 관련해서 일정한 관할구역이 있고, 각 법원은 관할구역 내에서만 직무를 집행하는 것이 원칙이다. 그러나 그 직무수행에 있어서는 일정한 행위의 경우 불가피하게 다른 법원의 도움을 받아야 할 경우가 발생한다. 이 경우 법원이 서로 보조하는 것을 법률상의 공조라 한다.

나. 촉탁이 허용되는 경우

법률상 공조는 촉탁에 의한다. 공조를 촉탁할 수 있는 행위는 사실탐지, 소환, 고지와 재판의 집행에 관한 행위가 여기에 해당한다(법 제12조). 그리고 증인, 감정인의 조사의 경우에도 「민사소송법」이 준용되어 이 경우에도 다른 법원에 촉탁할 수 있다(법 제10조).

제3절 당사자

1. 비송사건의 당사자 개념

가. 문제점

(1) 당사자 개념의 불명확

민사소송에서는 자기의 이름으로 판결을 요구하는 원고와 그 상대방인 피고가 대립구조로 소송의 주체가 되는데 이때 원·피고를 당사자라고 부른다. 이에 반하여 비송사건은 ① 사권관계의 형성절차이기 때문에 특정인 사이의 분쟁이라고 말할 수 없는 경우가 많아 당사자 대립구조를 취하지 않는다는 점, ② 자기 이름으로 절차에 관여하는 사람이 있더라도 이들이 반드시 절차의 주체가 되지 못하여 재판의 효력이 미치는 범위도 용이하게 알 수 없는 경우가 많다는 점, ③ 직권으로 개시되는 절차에서는 자기의 이름으로 재판을 요구하는 사람이 없다는 점에서 비송사건에서의 당사자의 의미는 민사소송처럼 그 개념이 명확하지 않다는 문제점이 있다.

(2) 당사자 개념의 정립 및 용어의 불통일

비송사건에서 당사자의 개념을 부정하는 견해도 있으나, 비송사건에서도 신청에 의하여 절차가 개시되는 경우 그 신청인이나 재판의 효력을 직접 받는 사람이 소송에서의 당사자에 해당한다고 볼 수 있을 뿐만 아니라, 법관 등의 제척은 당사자를 기준으로 하여 결정되는 것이고(법 제5조), 인증(人證)과 감정에 관한 「민사소송법」의 준용규정(법 제10조)은 당사자 개념을 전제로 규정이므로 비송사건에서도 당사자 개념을 정립할 필요가 있다.[16]

다만, 「비송사건절차법」상 당사자를 지칭하는 용어가 관계인(법 제6조, 제44조의24), 신청인(법 제9조, 제20조, 제24조, 제47조, 제51조 등), 당사자(법 제51조, 제248조, 제250조), 재판으로 인하여 권리를 침해당한 자(법 제20조), 채무자(법 제45조, 제47조, 제49조 제2항), 발기인, 이사(법 제82조) 등의 명칭이 그대로 사용되고 있어 용어가 통일되어 있지 않다는 점에 유의할 필요가 있다.

나. 비송사건에서의 당사자

소송사건에서 당사자는 절차의 면에서 소송의 개시를 청구하고, 재판의 명의인이 되어 그 효력이 직접 미친다는 것이다. 그러나 비송사건에서는 절차에 주체적으로 관여하는 지위에 있는 사람도 있고 재판의 명의인이 되어 그 효력을 직접 받는 사람도 있다. 전자를 형식적 당사자라고 하고, 후자인 재판의 효력을 직접 받는 실질적 당사자라고 하는데 양자의 지위가 반드시 일치하는 것은 아니다. 비송사건에서의 당사자라 함은 형식적 당사자와 실질적 당사자를 모두 포함하는 것으로 보는 것이 일반적이다.

16) 법원실무제요 비송, 법원행정처, 2014, 20면

따라서 비송사건에서의 당사자란 당해 비송사건을 신청하거나 종국재판에 의해 직접 그 권리와 의무에 영향을 받는 자를 말한다. 여기에는 사건의 신청인, 재판을 받을 수 있는 자이거나 항고인이 될 수 있는 자가 여기에 해당한다고 할 수 있다.[17]

다. 구별개념

(1) 이해관계인

이해관계인이란 비송사건에서 법원의 종국재판에 의해 직·간접적으로 그 권리의무에 영향을 받는 자를 말한다. 이해관계인이 반드시 당사자가 되는 것은 아니며 사건의 신청인이 된 이해관계인만이 당사자가 된다.

(2) 검사

검사는 비송사건의 당사자가 아니라 공익의 대표자로서 비송사건에 참여하는 경우가 있다. 즉, 검사는 당사자가 아니므로 비송사건의 종국재판에 의해 권리의무에 아무런 영향을 받지 않는다.

2. 비송사건의 당사자능력 · 비송행위능력

가. 당사자능력

(1) 의의

당사자능력이란 비송사건의 당사자가 되기 위한 갖추어야 할 능력을 말한다. 당사자 능력이란 「민법」상의 권리능력에 대응하는 개념이다. 「비송사건절차법」에는 「민사소송법」 제51조[18]와 같이 당사자 능력과 소송능력에 관한 규정을 두고 있지 않으나 「민사소송법」 제51조는 절차법을 지배하는 원칙규정이므로 비송사건에도 당연히 준용되어야 한다. 따라서 비송사건에서도 자연인과 법인은 당연히 당사자 능력이 인정된다.[19]

(2) 권리능력 없는 사단·재단

「민사소송법」 제52조는 "법인이 아닌 사단이나 재단은 대표자 또는 관리인이 있는 경우에는 그 사단이나 재단의 이름으로 당사자가 될 수 있다"라고 규정하여 소송사건에서 당사자 능력을 인정하고 있으나, 「비송사건절차법」에는 이와 같은 규정이 없다. 「민사소송법」 제52조의 비송사건 준용 여부에 대해 반대의 견해도 있으나 다수설은 권리능력 없는 사단·재단도 현실적으로 비송사건의 당사자가 될 필요성이 있다는 이유로 이를 긍정하고 있다.

---

17) 법원실무제요 비송, 법원행정처, 2014, 21면 : 누구를 절차에 관여시켜야 하는가라는 측면에서의 형식적 당사자는 사건의 신청인, 상대방(보통은 '사건본인'이라 부른다), 항고인이고, 이들은 실제로 당해 비송사건절차에 주체적으로 관여하는 자이다(결정문에는 일반적으로 신청인과 사건본인을 표시한다).

18) **「민사소송법」 제51조 【당사자능력, 소송능력 등에 대한 원칙】** 당사자능력, 소송능력, 소송무능력자의 법정대리와 소송행위에 필요한 권한의 수여는 이 법에 특별한 규정이 없으면 「민법」, 그 밖의 법률에 따른다.

19) 법원실무제요 비송, 법원행정처, 2014, 21면

(3) 당사자 능력이 없는 자의 비송행위의 효력

당사자 능력이 없는 자가 행한 신청이나 항고 등은 법률상 당연히 무효이다.

나. 비송행위능력

(1) 의의

비송행위능력이란 민사소송에서의 소송능력에 대응하는 개념으로 당사자로서 스스로 유효하게 비송행위를 하거나 또는 그 상대방이 될 수 있는 비송절차능력을 말한다.

「비송사건절차법」에 비송행위 능력에 관한 규정이 없어 민법상 행위능력을 준용하자는 견해와 「민사소송법」상의 소송행위능력을 준용하자는 견해가 있으나 절차법의 특성상 민사소송의 규정을 준용된다고 보는 견해가 일반적이며 타당하다.

(2) 비송행위 무능력자

「민법」상 제한능력자인 미성년자 또는 피성년후견인, 피한정후견인은 원칙적으로 비송능력이 없으므로 이들의 비송행위는 법률상 당연히 무효이다.

3. 비송사건의 대리와 선정당사자

제6조【대리인】 ① 사건의 관계인은 소송능력자로 하여금 소송행위를 대리(代理)하게 할 수 있다. 다만, 본인이 출석하도록 명령을 받은 경우에는 그러하지 아니하다.
② 법원은 변호사가 아닌 자로서 대리를 영업으로 하는 자의 대리를 금하고 퇴정(退廷)을 명할 수 있다. 이 명령에 대하여는 불복신청을 할 수 없다.

제7조【대리권의 증명】 ① 제6조에 따른 대리인에 관하여는 「민사소송법」 제89조를 준용한다.
② 대리인의 권한을 증명하는 사문서(私文書)에 관계 공무원 또는 공증인의 인증(認證)을 받아야 한다는 명령에 대하여는 불복신청을 할 수 없다.

가. 비송행위의 대리인

(1) 대리인의 자격

비송대리인은 당사자를 대리하여 비송행위를 하는 자를 말한다. 비송대리인의 자격에 관하여는 변호사로 자격을 제한하는 「민사소송법」과 달리 「비송사건절차법」에는 별도의 규정이 없으므로 비송사건의 관계인은 소송능력자[20]에게 비송행위를 대리시킬 수 있다(법 제6조 제1항 본문). 비송대리인의 자격을 까다롭게 제한하지 않는 취지는 비송사건은 절차가 간단하며 직권주의가 지배하는 까닭에 대리인의 역할이 민사소송에 비해 크지 않기 때문이다. 이러한 내용은 항고심에도 그대로 적용된다.

20) 법문은 소송능력자라는 용어를 쓰고 있지만, 엄밀히 말하면 비송절차능력자로 표현함이 옳다(법원실무제요 비송, 법원행정처, 2014, 22면).

(2) 대리권의 범위

대리권의 범위는 위임계약에 의해 정해진다. 다만 그 취지가 분명하지 않은 경우에는 대리인은 해당 사건의 모든 행위를 할 수 있으나 신청의 취하, 항고의 제기 및 그 취하에 대해서는 특별수권이 필요하다. 또한 수인의 대리인이 존재하는 경우 각자 대리한다고 보는 것이 타당하다.

(3) 대리권의 증명

① 원칙

비송대리인의 수권방식은 자유이나 대리인으로 비송행위를 하고자 하는 자는 그 대리권의 존재와 범위를 서면(예 위임장)으로 증명해야 한다.

② 증명방식

서면이 사문서일 때에는 법원은 공증인 또는 공증사무를 행하는 자의 인증을 받을 것을 그 비송대리인에게 명할 수 있다. 다만, 당사자가 말로 비송대리인을 선임하고 법원사무관 등이 조서에 그 진술을 적어놓은 경우에는 서면으로 대리권을 증명하면 이에 공증을 받을 필요가 없다(법 제7조 제1항).

③ 불복

사문서에 관계공무원 또는 공증인의 인증을 받을 뜻의 명령에 대하여는 **불복의 신청을 할 수 없다**(법 제7조 제2항).

④ 대리권의 보정 · 추인

「민사소송법」 제97조, 제59조, 제60조를 준용하여 법원이 비송대리인에 대하여 수권의 흠결이 있는 경우에 이를 보정하도록 명하거나, 대리권이 없는 자의 비송행위를 추인할 수 있는지 여부에 대해 가능하다고 보는 견해가 있고 타당하다. 만일 보정이 지연됨으로써 손해가 생길 염려가 있는 경우에는 법원은 일시적으로 비송행위를 하게 할 수 있다.[21]

나. 비송대리가 허용되지 않는 경우

(1) 법원이 당사자 본인의 출석을 명한 때

비송사건에서 대리인이 허용된다 하더라도 당사자의 진술은 재판자료로서 중요부분을 자치하는 관계로 법원은 직접 본인의 진술을 들어야 할 필요가 있는 때에는 당사자 본인을 출석하도록 명령할 수 있다. 이때에는 대리가 허용되지 아니하고 본인이 직접 출석하여 진술하여야 한다(법 제6조 제1항 단서).

21) 법원실무제요 비송, 법원행정처, 2014, 25면

(2) 법원이 변호사가 아닌 자로서 대리를 영업으로 하는 자로 인정하여 대리를 금하고 퇴정을 명한 때

변호사가 아닌 자가 대리를 영업으로 하는 것은 허용될 수 없으며 법원이 이를 발견한 경우 대리를 금하고 퇴정을 명할 수 있고 이때에는 당연히 대리가 허용되지 아니한다(법 제6조 제2항 전문). 법원의 퇴정명령에 대하여는 **불복신청을 할 수 없다**(법 제6조 제2항).

다. 대리행위의 효력

(1) 대리권이 있는 경우

비송대리인이 그 대리권의 범위 내에서 행한 비송행위는 직접 본인에게 효력이 생긴다. 즉 비송대리인이 권한 내에서 신청 또는 항고를 하거나 즉시항고기간을 도과하였을 경우에는 그 효과가 본인에게 귀속된다.

(2) 대리권이 없는 경우

비송대리인으로서 비송행위를 한 자가 무권대리인인 경우에는 그 비송행위는 무효가 되므로 해당 신청행위가 무권대리인에 의한 신청인 경우에는 법원은 부적법 각하한다. 다만 법원이 부적법사유를 간과하고 재판을 하였을 경우 그 재판이 당연무효가 되지 않고 그 재판으로 인하여 권리를 침해당한 자는 항고할 수 있을 뿐이다(법 제20조 제1항).

(3) 당사자의 사망과 비송대리권의 소멸 여부

비송사건은 신청 후 직권으로 운영되어 민사소송과 달리 절차의 중단이라는 관념이 없는 점, 절차의 목적이 일신전속권이 아닌 한 상속인에게 절차를 직권으로 승계시키는 점을 고려하면 당사자가 사망하더라도 비송대리권은 소멸하지 않는다.

라. 비송사건에서의 선정당사자

(1) 선정당사자의 의의

① 의의

선정당사자라 함은 공동의 이해관계가 있는 여러 사람이 공동소송인이 되어 소송을 하여야 할 경우에 그 가운데서 모두를 **위해 소송을 수행할 당사자**로 선출된 자를 말한다.

② 성질

선정당사자와 선정자의 관계는 대리관계가 아니다. 선정자의 소송수행권을 선정당사자에게 신탁시킨 신탁관계로서 임의적 소송담당의 일종이다. 선정당사자제도의 이용은 당사자의 자유이며, 법원이 강제할 수 없다.

(2) 비송사건에도 선정당사자제도가 준용되는지 여부

「비송사건절차법」은 소송능력자이기만 하면 변호사가 아니더라도 다른 아무 제한 없이 대리인이 되는 것을 허용하고 있으므로 선정당사자에 관한 「민사소송법」의 규정을 준용할 별다른 실익이 없다. 대법원도 토지구획정리조합의 조합원의 1/2 이상이 선정한 선정당사자가 「민법」 제70조 제2항, 제3항과 위 토지구획정리조합의 정관규정에 따라 조합원임시총회 소집허가신청을 한 경우 조합원들이 선정당사자를 선정한 행위는 효력이 없어 위 신청은 선정당사자가 단독으로 한 것에 불과하므로 임시총회 소집허가신청의 정수에 미달하여 부적법하다고 판시하면서 비송사건에서 선정당사자를 부정하고 있다(대결 1990.12.7. 90마674, 90마카11).[22]

4. 다수당사자 · 참가

가. 다수당사자(당사자가 수인인 경우)

비송사건절차에서도 법은 여러 사람이 당사자가 되는 것을 예정하고 있는 경우가 있다. 이때 법원은 각각의 사건에 대해 절차의 진행과 재판을 어떻게 해야 할 것인가가 문제된다.

(1) 수인의 이해관계인이 각각 독립해서 신청할 수 있는 경우

「상법」 제176조는 회사의 해산명령신청권의 하나로서 이해관계인을 들고 있다. 이때 여러 사람의 이해관계인은 각각 독립하여 해산 명령을 신청할 수 있다. 각 신청권자로부터 신청이 있는 경우에는 신청의 전후가 있더라도 신청의 전부에 대해서 공동소송의 경우에 준하여 절차를 진행하면 되고 후행 신청사건의 절차를 중지할 것은 아니다. 또한 각 신청은 독립된 것이므로 그중 어느 하나의 신청이 취하되거나 각하되어도 다른 사건에 영향을 미치지 않는다 [예 「상법」 제176조의 해산명령(이해관계인, 검사, 직권)].

(2) 수인의 신청인이 공동으로 하여서만 신청요건을 충족하는 경우

「상법」 366조가 발행주식총수의 100분의 3 이상에 해당하는 주식을 가진 주주를 임시총회소집허가사건의 신청권자로 규정한 것과 같이 법률상 반드시 여러 사람의 공동신청을 필요로 하는 것은 아니지만, 여러 사람의 신청인이 공동으로 하여서만 신청요건을 충족할 수 있는 경우가 있다. 이 경우는 신청요건은 비송사건 재판시까지 충족해야 하며, 1인의 취하에 의하여 신청요건인 주식 수가 부족하게 되면, 그 신청은 부적법하게 된다. 또한 공동 당사자는 절차상 상호 모순되는 행위를 할 수 없으나, 민사소송의 고유필요적 공동소송관계에 있는 것은 아니므로 자유롭게 개별적으로 취하할 수 있다(예 「상법」 제366조, 소수주주의 주주총회소집사건에서 발행주식총수의 3/100 이상에 해당하는 주주).

---

22) 그러나 선정자가 다수인 경우에 선정당사자에 관한 「민사소송법」의 규정이 준용되지 않는다는 이유만으로 신청을 각하해 버린다면, 비송사건의 간이주의의 취지에 반하는 면이 있으므로, 당사자선정서상 선정자들이 선정당사자에게 당해 비송사건의 수행에 관한 일체의 권한을 위임한다는 취지가 명백히 표현되어 있는 경우에는, 선정자들이 선정당사자를 대리인으로 선임한 것으로 보아 일시적으로 비송행위를 하도록 하고 추후 보정을 명하는 것도 고려할 필요가 있다(법원실무제요 「비송」, 법원행정처, 2014, 26면).

(3) 반드시 공동신청을 필요로 하는 경우(공동신청사건)

유한회사와 주식회사의 합병 인가사건의 경우에는 쌍방 회사의 이사와 감사 전원이 공동으로 신청하여야 하는데(상법 제600조 제1항, 법 제104조) 이 경우 법률이 요구하는 신청인의 일부가 결여되었다면 그 보정이 없는 한 신청은 부적법하여 각하된다[예 납입금보관자 등의 변경허가신청사건(발기인 또는 이사의 공동신청), 유한회사의 합병인가신청사건(합병을 할 쌍방회사의 이사와 감사의 전원의 공동신청)].

(4) 수 개의 신청사건을 병행해서 심리와 재판해야 하는 경우

법률의 규정상 공동의 신청사건은 아니나 수 개의 신청이 있으면 마치 유사필요적 공동소송사건처럼 심리와 재판을 병행할 것이 요구되는 사건이 있다(법 제86조의2, 제88조). 그러나 이들 수 개의 신청이 고유필요적 공동소송관계에 있는 것이 아니므로 각 신청인은 자유롭게 신청을 취하할 수 있다(예 「상법」 제335조의5의 주식매수가액 산정사건, 「상법」 제432조의 신주발행무효가 확정된 경우 환급금 결정사건).

나. 당사자의 참가

(1) 보조참가 허용 여부

「비송사건절차법」은 보조참가에 관한 「민사소송법」 제71조를 준용하고 있지 않아 비송사건절차에서 보조참가 허용 여부가 문제된다. 비송사건에서 보조참가를 허용해도 불합리할 것은 없으므로 통상 실무(사건본인을 위해 보조참가)에서는 보조참가를 허용하고 있다. 대법원도 비송사건에서 보조참가를 허용하고 있다(대결 2010.11.22. 2010그191 참조).

(2) 이해관계인의 참가

「가사소송법」은 가사비송의 심판청구에 관하여 이해관계가 있는 자는 재판장의 허가를 받아 절차에 참여할 수 있다. 또한 재판장은 상당하다고 인정하는 경우 이해관계인을 절차에 참여하게 할 수 있다(가사소송법 제37조 제1항 · 제2항). 그러나 「비송사건절차법」에는 이러한 명문규정이 없어 가사비송과 같은 형태의 참가는 인정할 수 없다.

제4절 비송사건의 절차

1. 절차의 개시

(1) 비송사건절차 개시의 모습

비송사건절차는 당사자의 신청으로 개시되는 신청사건, 검사의 청구로 개시되는 검사청구사건, 법원의 직권으로도 개시되는 직권사건이 있다.

(2) 비송사건 절차의 개시유형

① 당사자 신청사건

비송사건의 대부분은 당사자의 신청에 의해서 개시되는 신청사건이다. 신청사건은 당사자의 신청에 의해서만 절차가 개시되는 사건으로 절차의 대상도 신청에 의하여 정하여지고 신청의 취하에 의하여 절차가 종료된다.

② 검사의 청구사건

(i) 의의

검사는 공익의 대표자로서 관여하는 것이지 이해관계인으로서 관여하는 것이 아니다. 따라서 검사청구사건의 경우 청구권자로 검사만 규정하고 있는 경우는 없고 이해관계인의 청구나 법원의 직권을 절차개시요건으로 **함께 규정**하고 있다.

검사청구사건은 공익에 미치는 영향이 크기 때문에 검사가 공익의 대표자로서 관여하는 것으로서 검사는 이러한 종류의 비송사건절차를 개시하여야 할 경우를 알게 되면 법원에 당해 비송사건의 재판을 청구하여야 한다.

(ii) 종류

「민법」 제44조에 의한 **재**단법인의 정관 보충사건, 「민법」 제63조, 제64조에 의한 **임**시이사 · 특별대리인의 선임사건은 이해관계인 또는 검사의 청구가 있는 경우에 절차가 개시되는 사건이고, 「민법」 제83조, 제84조에 의한 **청**산인의 선임 · 해임사건이나 「상법」 제176조에 의한 회사의 **해**산명령사건은 직권 또는 검사나 이해관계인의 청구에 의하여 절차가 개시되는 사건이다. 한편 「상법」 제619조에 의한 외국회사의 **영**업소 폐쇄명령사건도 검사나 이해관계인의 청구로 절차가 개시되나 법원이 직권으로 할 수 없다는 점에서 국내회사의 해산명령과 차이가 있다.

(iii) 통지의무

법원, 그 밖의 관청, 검사와 공무원은 그 직무상 검사의 청구에 의하여 재판을 하여야 할 경우가 발생한 것을 알았을 때에는 이를 관할법원에 대응한 검찰청 검사에게 통지하여야 한다(법 제16조).[23)]

③ **(법원의) 직권사건**

과태료 사건과 같이 당사자의 신청이 없더라도 법원이 일정한 처분을 하거나 또는 절차를 개시할 수 있는 사건을 직권사건이라고 한다.

법원은 직권사건의 사유를 알게 된 때에는 즉시 그 절차를 개시하여야 한다. 법원이 직권사건의 사유를 알게 되는 것은 다른 감독관청의 통고 또는 통지에 의하는 경우가 대부분이나 이러한 통고나 통지는 법원의 직권발동을 촉구하는 데 지나지 않는 것이므로 그 통고 또는 통지의 취하나 철회가 있더라도 법원이 절차를 개시, 진행하는 데 지장을 가져오는 것은 아니다(대결 1998.12.23. 98마2866).[24)]

2. 신청의 방식

제8조 【신청 및 진술의 방법】 신청 및 진술에 관하여는 「민사소송법」 제161조를 준용한다.

(1) 의의

비송사건의 신청은 「민사소송법」 제161조를 준용한다(법 제8조). 따라서 신청의 방식은 서면으로 하든 말로 하든 모두 적법하다. 그러나 특별한 규정이 있는 경우에는 말로 하는 신청은 허용되지 아니하고 반드시 서면으로 하여야 하는 경우도 있다.[25)]

23) 이는 검사에게 통지하여 법원에 비송사건의 재판을 청구하도록 하는 규정인 만큼 이미 관할법원이 비송사건절차를 개시한 경우에는 새삼스럽게 검사에게 통지할 필요는 없으며 또는 사건이 법원의 직권으로도 개시할 수 있는 경우 관할법원이 재판을 하여야 할 경우가 발생한 것을 안 때에는 스스로 절차를 개시할 수 있으므로 이를 검사에게 통지할 필요는 없다(법원실무제요 비송, 법원행정처, 2014, 31면).

24) 직권사건의 경우 일단 절차를 개시하였다가 일정한 처분을 하지 아니하기로 하였더라도 이론상으로는 아무런 조치를 취할 필요가 없으나 절차가 개시된 사건을 마무리 짓는 의미에서 "사건본인을 과태료에 처하지 아니한다." 혹은 "……을 명하지 아니한다."는 등의 소극적 재판을 하는 것이 보통이다(법원실무제요 비송, 법원행정처, 2014, 30면).

25) **반드시 서면으로만 신청해야 하는 사건**
① 주식회사 변**태**설립에 있어서의 검사인선임신청사건, ② 주식회사 **신**주발행시의 검사인선임신청사건, ③ 주식회사의 **업**무와 재산상태의 검사를 위한 검사인선임신청사건, ④ 유한회사의 업무와 재산상태의 검사를 위한 검사인선임신청사건, ⑤ 주식회사의 **소**수주주의 주주총회소집허가신청사건, ⑥ 주식의 **액**면미달발행인가신청사건, ⑦ 주식의 **매**수가액 산정, 결정신청사건, ⑧ 법인의 **임**시총회소집허가사건, ⑨ **수**익자**집**회 **소**집허가신청사건, ⑩ 주식회사의 소수사채권자에 의한 **사**채권자**집**회의 **소**집허가신청사건

(2) 당사자 신청사건

① 서면신청에 의할 경우

(i) 신청의 적법요건

서면신청을 하는 경우 신청서에 기재사항[26]을 적고 신청인 또는 대리인이 기명날인하거나 서명하여야 한다. 증거서류가 있는 경우 그 원본 또는 등본을 신청서에 첨부하여야 한다(법 제9조). 「비송사건절차법」에 따라 재판을 구하는 신청을 위한 신청서에는 1,000원의 인지를 붙여야 한다(인지법 제9조 제5항 제2호).

(ii) 흠결의 보정

신청방식에 흠결이 있는 경우 그 신청은 부적법 각하됨이 원칙이다. 다만 그 흠결이 당사자 능력을 결여한 경우처럼 보정이 불가능한 경우를 제외하고는 법원은 상당기간을 정하여 보정을 명한 후 신청인이 그 보정을 하지 않을 때 비로소 그 신청을 부적법 각하한다. 다만 관할위반의 경우에는 관할법원으로 이송해야 한다.

② 말로 신청하는 경우

법원사무관 등의 면전에서 말로 신청한 경우, 법원사무관 등은 이 경우에 신청서에 기재하여야 할 사항을 신청 취지에 따라 조서를 작성하고 이에 기명날인하여야 한다(민소법 제161조 3항). 이 경우에는 신청서 기재 사항을 조서에 기재하여야 하고 증거서류의 첨부, 인지의 부착도 필요하다. 그러나 성질상 신청인, 대리인의 서명날인은 필요하지 아니하다.

③ 신청의 접수 등

신청의 접수와 배당, 전산입력 및 기록의 편성은 대체로 민사소송사건과 동일하다. 비송사건은 사건부호로 비송합의사건의 경우 "비합", 비송단독사건의 경우 "비단"을 사용하고 있다.

(3) 검사의 청구사건

청구방식에 관하여는 특별한 규정은 없으나 책임소재를 명확히 하고 사건취급을 신중하게 하기 위해 구술에 의한 청구는 허용되지 않고 반드시 서면에 의해야 한다. 그리고 검사에 의한 청구에도 인지를 붙여야 하는지에 대하여 명문의 규정은 없으나 「인지 부착 및 공탁 제공에 관한 특례법」의 정신을 따라 인지를 붙이지 아니하여도 된다고 해석함이 상당할 것이다.[27]

---

26) **「비송법」 제9조 【신청서의 기재사항, 증거서류의 첨부】** ① 신청서에는 다음 각 호의 사항을 적고 신청인이나 그 대리인이 기명날인하거나 서명하여야 한다.
1. 신청인의 성명과 주소
2. 대리인에 의하여 신청할 때에는 그 성명과 주소
3. 신청의 취지와 그 원인인 사실
4. 신청의 연월일
5. 법원의 표시
② 증거서류가 있을 때에는 그 원본 또는 등본을 신청서에 첨부하여야 한다.

27) 법원실무제요 비송, 법원행정처, 2014, 33면

(4) 법원의 직권사건

법원이 직권으로 비송사건 절차를 개시하는 사건에서는 엄격한 의미의 사건의 접수라는 개념은 없다. 그러나 대부분 관계 행정청 등의 통지나 통고서 그 밖에 이에 준하는 자료의 제출에 의하여 법원이 사건의 존재를 알게 되고 절차를 개시하는 것이 보통이다.[28]

법원의 직권에 의해 개시되는 사건으로는 ① 회사 등 법인에 관한 **청**산인의 선임 또는 해임사건(민법 제83조, 제84조, 상법 제252조)(이해관계인 검사, 법원직권), ② 회사의 **해**산명령사건(상법 제176조 제1항)(이해관계인, 검사, 법원직권), ③ **과**태료사건(법 제247조)(법원직권) 등이 있다.

3. 기일 · 기간 및 송달

가. 직권주의에 의한 진행

비송사건절차는 개시뿐 아니라 진행에 대하여도 직권주의가 적용된다. 따라서 기일의 지정, 변경(법 제10조), 사실탐지 및 증거조사(법 제11조), 송달(법 제18조) 등은 법원이 직권으로 수행한다.

> **제10조 【「민사소송법」의 준용】** 사건에 관하여는 기일(期日), 기간, 소명(疎明) 방법, 인증(人證)과 감정(鑑定)에 관한 「민사소송법」의 규정을 준용한다.

나. 기일

(1) 의의

기일이란 비송사건절차에 관하여 법원, 당사자, 그 밖의 관계인이 일정한 장소에 모여 비송행위를 하는 시간을 말한다. 비송사건의 기일에는 심문기일과 증거조사기일이 있다. 비송사건의 기일에 대하여는 「비송사건절차법」의 명문규정은 없고 「민사소송법」을 준용하므로(법 제10조), 기일의 지정, 통지, 개시에 대하여는 「민사소송법」의 규정은 그대로 비송사건의 기일에도 적용된다.

(2) 기일의 지정

기일의 지정은 직권으로 또는 당사자의 신청에 따라 재판장이 한다(민소법 제165조 제1항). 수명법관이나 수탁판사의 신문기일이나 심문기일은 그 수명법관이나 수탁판사가 지정하고, 필요한 경우에 한하여 공휴일로도 기일을 정할 수 있다(민소법 제165조 제1항 단서, 제166조).

(3) 기일의 변경 · 연기 · 속행

비송사건의 기일에 관하여 직권주의가 적용되는 결과 기일의 변경 · 연기 · 속행은 모두 법원이 직권으로 행한다. 따라서 당사자의 합의에 의한 기일의 변경은 허용되지 아니한다.

---

28) 이 경우에는 신청사건에서의 신청서에 준하여 그러한 서류 위에 표지를 붙인 다음 사건번호를 부여하여 접수하는 것이 실무이다(법원실무제요 비송, 법원행정처, 2014, 34면).

(4) 기일의 통지 · 시작

기일은 기일통지서의 송달에 의하여 통지하되, 그 사건으로 출석한 사람에게는 기일을 직접 고지하면 족하다(민소법 제167조 제1항). 소송관계인이 일정한 기일에 출석하겠다고 적은 서면을 제출한 때에는 기일통지서를 송달한 것과 같은 효력이 있다(민소법 제168조). 또한 기일통지에 관한 행위는 다른 법원에 촉탁할 수 있다(법 제12조).

기일의 시작은 민사소송과 마찬가지로 사건과 당사자의 이름을 부름으로써 시작된다(민소법 제169조).

(5) 기일의 불출석

원칙적으로는 기일에 출석하지 않는 당사자에게 법률상의 제재 등 그 밖의 불이익을 줄 수 없다. 다만, 비송사건절차에서는 1회 기일에 심문이 종결되는 경우가 많기 때문에 법관의 면전에서 자신의 주장을 하지 못하는 사실상 불이익이 있을 수 있다.

(6) 검사에 대한 심문기일의 통지

> **제15조【검사의 의견 진술 및 심문 참여】** ① 검사는 사건에 관하여 의견을 진술하고 심문에 참여할 수 있다.
> ② 사건 및 그에 관한 심문의 기일은 검사에게 통지하여야 한다.

① 법원의 통지

법원은 심문기일을 검사에게 통지하여 검사가 심문에 참여할 수 있도록 하여야 한다. 이는 공익의 대표자인 검사에게 비송사건에 관하여 의견을 진술하고 심문에 참여할 수 있도록 기회를 주기 위한 것이다. 그러나, 실무상으로는 위 조항을 훈시규정으로 이해하고 있으며 그 통지 없이 재판을 하여도 위법은 아니라는 것이 일반적 견해이다.

② 검사의 참여

검사의 의견진술 및 심문참여의 권한 행사는 검사의 재량이며, 공익상 필요하다고 인정하는 경우에만 그 권한을 행사하게 될 것이다. 실제상 검사가 재판에 참여하는 경우는 드물다. 한편, 공익상의 요구가 높지 않은 비송사건, 예컨대 재판상 **대**위에 관한 사건 및 **보**존 · 공탁 · 감정에 관한 사건과 상사비송사건 중 **사**채에 관한 사건은 명시적으로 검사의 참여가 배제된다(법 제52조, 제58조, 제116조).

다. 기간

(1) 의의

「비송사건절차법」에 기간에 관한 별도의 규정은 없고 비송사건의 기간에 관하여는 「민사소송법」의 규정이 준용된다(법 제10조).

(2) 기간에 대한 「민사소송법」의 규정

① 기간의 계산

기간의 계산은 「민법」에 따른다(민소법 제170조), 기간의 말일이 토요일 또는 공휴일에 해당한 때에는 기간은 그 익일로 만료된다(민법 제161조).

② 기간의 시작

기간을 정하는 재판에 시작되는 때를 정하지 아니한 경우에 그 기간은 재판의 효력이 생긴 때부터 진행한다(민소법 제171조).

③ 소송행위의 추후보완

당사자가 책임질 수 없는 사유로 말미암아 불변기간을 지킬 수 없었던 경우에는 그 사유가 없어진 날부터 2주 이내에 게을리한 소송행위를 보완할 수 있다. 다만, 그 사유가 없어질 당시 외국에 있던 당사자에 대하여는 이 기간을 30일로 한다(민소법 제173조).

라. 송달

(1) 의의

송달이란 소송절차상 필요한 서류를 법정의 방식에 의하여 소송관계인에게 교부하거나 교부를 받을 기회를 주는 법원의 통지행위를 말한다.

(2) 원칙(고지방식의 자유)

민사소송에서는 기일의 통지는 원칙적으로 기일통지서 또는 출석요구서의 송달에 의하도록 하고 있고, 판결서도 당사자에게 송달하도록 하여 원칙적으로 송달을 고지방법으로 택하고 있다. 그러나 「비송사건절차법」에서는 재판의 고지는 법원이 적당하다고 인정하는 방법으로 한다고 규정하고 있으나(법 제18조), 송달의 방법에 의한 고지를 특별히 규정하고 있지 않다. 따라서 재판이나 기타 사항에 대해 자유로운 방법으로 고지할 수 있다.

판례

항고장의 송달 여부 (대법원 1997.11.27.자 97스4 결정) [실종선고]

[판결요지]

항고는 원칙적으로 두 당사자의 대립을 예상하지 않는 편면적인 불복절차로서 항고인과 이해가 상반되는 자가 있는 경우라도 판결절차에 있어서와 같이 엄격한 의미의 대립을 인정할 수 있는 것이 아니므로, 항고장에 반드시 상대방의 표시가 있어야 하는 것도 아니고, 항고장을 상대방에게 송달하여야 하는 것도 아니다.

(3) 예외

비송사건절차에서는 고지방식 자유의 원칙이 적용되나 다음과 같은 예외가 있다.

① 기일의 소환

기일에 관한 「민사소송법」 제167조 규정이 비송사건절차에도 준용되므로, 기일의 통지는 당해사건으로 출석한 자가 아닌 경우에 기일의 통지는 송달에 의하여야 한다.

② **공시송달의 경우**

고지받을 자의 주소나 거소의 불명 등으로 인하여 통상의 방법으로써 고지할 수 없을 때에는 공시송달의 방법에 의할 수 있다. 공시송달을 하는 경우에는 「민사소송법」의 규정에 의하여야 한다(법 제18조 제2항 단서).

(4) 송달의 방법

비송사건절차에서 송달의 방법으로 고지를 하는 경우, 「비송사건절차법」에는 송달에 관한 규정이 없으므로 송달기관, 방식, 촉탁, 효력 등은 모두 「민사소송법」의 규정에 의한다. 「민사소송법」 제167조 제2항, 「민사소송규칙」 제45조는 전화・팩시밀리・보통우편 또는 전자우편 그 밖에 상당하다고 인정되는 방법으로 간이하게 기일을 통지할 수 있다고 규정하고 있는데, 기일의 간이통지에 관한 위 규정은 비송사건절차에도 당연히 준용된다.

(5) 기일의 불출석

민사소송절차에서는 기일에 출석하지 아니한 당사자 등에 대하여 법률상의 제재, 그 밖에 기일을 게을리함에 따른 불이익을 줄 수 없는데(민소법 제167조 제2항), 비송사건절차에서는 불출석한 1회 기일에 심문이 종결되는 경우도 많다.

4. 절차의 진행

가. 직권주의

비송사건절차는 절차의 진행에 대하여도 직권주의가 지배한다. <u>당사자의 신청사건</u>이든 <u>법원의 직권사건</u>이든 일단 절차가 개시된 후에는 법원이 직권으로 절차를 진행한다. 따라서 기일의 지정・변경(법 제10조, 민소법 제165조), 송달(법 제18조), 사실의 탐지 및 증거조사(법 제11조) 등은 원칙적으로 직권으로 행하여지며 당사자의 신청에 구애받지 아니한다.

나. 절차의 중단・중지

(1) 의의

절차의 중단이란 당사자나 소송 행위자에게 소송수행을 할 수 없는 사유가 발생하였을 경우 새로운 소송 수행자가 나타나 소송에 관여할 수 있을 때까지 법률상 당연히 절차의 진행이 정지되는 것을 말한다.[29] 절차의 중지란 법원이나 당사자에게 소송을 진행할 수 없는 장애가 생겼거나 진행이 부적당한 경우 법률의 규정이나 법원의 결정으로 절차가 정지되는 경우를 말한다. 예컨대 제척・기피신청이 있는 경우가 그것이다.

29) 당사자의 사망, 법인의 합병, 당사자의 소송능력상실, 선정당사자 전원의 자격상실 등

(2) 민사소송의 경우

민사소송의 경우 당사자 일방이 당사자적격을 잃거나 사망하는 경우 소송은 중단되고 새로운 당사자가 그 동안의 절차를 수계하는 절차를 밟는다.

(3) 비송사건의 경우

비송사건에서는 신청에 의하여 절차가 개시되는 경우라도 이후 절차의 진행은 법원이 직권으로 운영되고, 목적한 사권의 형성 등의 필요성이 없어지지 않는 한 당사자의 사망, 능력의 상실, 파산, 법정대리인의 사망 또는 대리권의 소멸 등 사유가 발생하더라도 민사소송과 달리 중단・중지에 대한 관념이 없다. 따라서 「민사소송법」상의 중단사유가 발생하더라도 비송사건절차는 계속 진행된다.

다. 절차의 승계(=비송사건에서 당사자의 사망과 승계)

(1) 문제점

비송사건에서는 절차의 진행은 법원이 직권으로 운영하기 때문에 민사소송과 달리 중단에 대한 관념이 없다. 그러나 절차의 진행 중 당사자가 사망한 경우 개별사건에 따라서는 절차 자체가 목적을 잃고 종료하는 등 당사자의 사망이 비송사건절차에 어떤 영향을 미치는지 경우를 나누어 살펴볼 필요가 있다.

(2) 비송사건의 절차가 당사자의 신청으로 개시된 경우(=당사자 신청사건)

① 절차가 종료되는 경우

신청인의 사망으로 그 비송사건절차의 목적 자체가 소멸되면 비송절차는 당연히 종료된다. 예컨대 회사의 해산명령사건과 관련하여 법원이 회사재산의 보전처분으로서 관리인을 선임하였지만 그 관리인이 도중에 사임허가신청을 하고 절차가 진행 중 사망한 경우에 법원은 사임허가결정을 할 필요가 없으므로 절차는 종료된다.

② 절차가 승계되는 경우

신청인, 항고인, 또는 상대방이 절차진행 중에 사망했으나 그 비송사건절차를 통해 신청인 또는 항고인이 형성하려고 했던 법률관계가 상속의 대상인 경우에는 절차가 종료하지 않고 상속인에 의해 절차가 승계된다. 예컨대 재판상대위허가사건 절차의 진행 중에 신청인인 채권자가 사망한 경우에는 그 채권자의 상속인이 절차를 승계한다. 한편 대위허가결정에 대해 채무자가 항고 한 후 항고심 계속 중에 사망한 경우에도 역시 그 채무자의 상속인이 절차를 승계한다.

(3) 비송사건의 절차가 법원의 직권으로 개시된 경우(=법원직권사건)

법원의 직권으로 절차가 개시된 사건에 있어서도 당사자의 사망이 절차의 종료에 영향을 미치는지의 여부도 그 사건에서 문제된 권리와 의무가 당사자의 상속인에게 상속되는지를 기준으로 종료·승계 여부를 판단하면 된다.

5. 비송사건의 심리

제11조 【직권에 의한 탐지 및 증거조사】 법원은 직권으로 사실의 탐지와 필요하다고 인정하는 증거의 조사를 하여야 한다.

제12조 【촉탁할 수 있는 사항】 사실 탐지, 소환, 고지(告知), 재판의 집행에 관한 행위는 촉탁할 수 있다.

제13조 【심문의 비공개】 심문(審問)은 공개하지 아니한다. 다만, 법원은 심문을 공개함이 적정하다고 인정하는 자에게는 방청을 허가할 수 있다.

제14조 【조서의 작성】 법원서기관, 법원사무관, 법원주사 또는 법원주사보(이하 "법원사무관등"이라 한다)는 증인 또는 감정인(鑑定人)의 심문에 관하여는 조서(調書)를 작성하고, 그 밖의 심문에 관하여는 필요하다고 인정하는 경우에만 조서를 작성한다.

가. 의의

심리란 재판에 필요한 **사실관계 및 법률관계를 명확히** 하기 위하여 법원이 사건을 조사하는 행위를 말한다. 변론에 의한 소송의 심리는 소에 대하여 판결을 하기 위하여 그 기초가 될 소송자료를 수집하는 것으로 민사소송절차의 가장 핵심절차에 해당한다. 현행법은 구술에 의한 변론 즉 구술심리를 원칙으로 하고 있다(민소법 제134조).

비송사건의 항고법원의 심리절차는 「비송사건절차법」상 특별한 규정이 없는 한 「민사소송법」의 항고심의 절차에 관한 규정을 준용하므로 비송사건에 관한 특별한 규정이 있는 경우에는 그에 의하고, 특별한 규정이 없는 경우에는 민사소송의 항고심절차에 따라 진행된다.

나. 심리방법

(1) 임의적 변론

변론이란 기일에 수소법원의 공개법정에서 당사자 양쪽이 말로 판결의 기초가 될 소송자료 즉 사실과 증거를 제출하는 방법으로 소송을 심리하는 절차이다. 소송법상 '판결' 절차는 심리를 위해 반드시 변론을 열어야 하지만, 비송사건의 재판은 판결이 아닌 결정으로써 하므로 그 심리에는 변론을 반드시 열어야 하는 것은 아니다. 임의적 변론절차에서는 변론이 열려도 반드시 기일에 출석하여 말로 진술하여야 하는 것은 아니며, 서면으로 제출해도 된다. 따라서 기일의 해태 문제나 진술간주·자백간주·소취하간주 등의 적용이 없다.

(2) 심문에 의한 심리[30]

① 임의적 심문

비송사건의 재판은 결정으로 하며, 그 심리에는 변론을 요하지 않고 일반적으로 심문[31]의 방법으로 한다(법 제17조). 심문이란 법원이 당사자, 이해관계인 그 밖의 참고인들에게 서면 또는 말로 진술할 기회를 부여하는 것을 말하는데 비송사건절차에서 심문은 필요적인 것은 아니고 임의적이다.[32]

당사자 그 밖의 관계인을 법정에서 말로 심문하고자 하는 경우에는 심문기일을 지정하여 통지하여야 한다.

② 예외

비송사건 중에는 재판 전에 관계인의 의견 또는 진술을 듣도록 규정하고 있는 것이 있다.[33] 그러한 경우에는 반드시 그 의견이나 진술을 들어야 하나, 서면 또는 구두진술 기회부여 여부는 법원의 재량이므로 반드시 심문기일 등에서 말로 진술을 청취할 필요는 없고 서면의 진술만 허용하여도 무방하다.[34]

진술을 할 사람이 신청서 또는 기일통지서 등을 송달받고도 아무런 답변을 하지 아니하고, 심문기일에 출석하지도 아니하는 때에는 진술의 이익을 포기한 것으로 보아 그 진술을 듣지 아니하고 재판하여도 된다.

(3) 비공개주의

비송사건의 심문은 공개하지 아니하며, 다만 법원은 심문을 공개함이 적정하다고 인정하는 자에게 방청을 허가할 수 있을 뿐이다(법 제13조). 이는 비송사건의 비쟁송성, 간이성, 신속성의 요청에 의한 것이다. 다만, 비송사건 중 재판상의 대위에 관한 사건에는 비공개의 원칙이 적용되지 아니하는데(법 제52조) 이는 재판상 대위에 관한 사건이 다른 비송사건과는 달리 쟁송의 성격을 띠고 있기 때문이다.

---

30) 법원실무제요 비송, 법원행정처, 2014, 39면 참조

31) 심문은 증거조사할 때 증인 등에게 물어보는 신문과 다르다. 심문이란 당사자 일방만 불러 심리해도 된다는 점에서 변론과 구별된다. 심문은 법관이 법복을 입지 않고 공개법정이 아닌 심문실에서도 할 수 있다.

32) 당사자 기타 관계인을 구술로 법정에서 심문하고자 하는 경우에는 그 심문기일을 지정하여 소환하여야 한다.

33) 조사사항의 **변**경에 관한 재판(비송법 제75조 제2항), 주식회사의 **업**무와 재산상태 검사를 위한 검사인선임(비송법 제79조), **직**무대행자 선임의 재판(비송법 제84조 제1항), 소**송**상 대표자선임의 재판(비송법 제84조의2), 주식의 **액**면미달발행 인가(비송법 제86조), 주식**매**수가액의 산정 · 결정신청 등(비송법 제86조의2 제1항), **신**주발행 무효 또는 증자무효에 따른 환급금 증감신청(비송법 제88조), 해산을 명하는 재판(비송법 제90조 제2항), **사**채모집의 수탁회사에 관한 재판(비송법 제110조 제1항)

34) 다만, 실무상 이해관계가 대립하는 실질적 당사자가 존재하는 경우에는 법원은 심문기일에 당사자에게 말로 진술할 기회를 부여하고, 당사자는 민사소송에 준하는 주장 · 입증을 행하는 예가 많다. 대법원도 "「비송사건절차법」이 재판 전에 관계인의 의견 또는 진술을 듣도록 규정하고 있는 사건이라도, 이해관계를 달리하는 관계인에게 각 이해관계별로 빠짐없이 진술의 기회를 주어야 하는 것은 아니다" 라고 결정한 바 있다(대결 2001.12.6. 2001그113).

비송사건은 비공개로 진행되기 때문에 증인 또는 감정인의 심문도 비공개로 이루어진다. 심문은 원칙적으로 법원 내에서 행하지만 증인 등이 질병이나 그 밖의 사정으로 출석하는 것이 불가능할 때에는 법원 밖에서 할 수 있다(법 제10조, 민소법 제297조 제1항). 그러나 법원 외에서 행할 때에도 역시 비공개로 행하여야 한다.

(4) 조서작성의 간이화

법원사무관 등은 증인 또는 감정인의 심문에 관하여는 필요적으로 조서를 작성하여야 하나, 그 밖의 심문에 관하여는 임의적인 것으로서 필요하다고 인정하는 경우에 한하여 조서를 작성한다(법 제14조).[35]

다. 사실인정에 관한 원칙

(1) 절대적 진실 발견주의

「비송사건절차법」은 사실인정에 관하여 **절대적 진실발견주의**를 채택하여 직권탐지, 직권에 의한 증거조사의 원칙을 취하고 있다. 따라서 법원은 직권으로 사실의 탐지와 필요하다고 인정하는 증거의 조사를 하여야 한다고 규정하고 있다(법 제11조).[36] 따라서 법원은 자유로운 방법으로 사실조사를 하며, 객관적·실체적 진실발견에 노력하여야 한다.

(2) 당사자의 처분권 배제

비송사건절차에 있어서 사실인정은 오로지 법원의 직권으로 행해지고 민사소송절차에 있어 인정되는 당사자의 처분권주의는 인정되지 않는다. 따라서 청구의 포기·인락 개념이 부정되고, 당사자의 자백(민소법 제288조)에 법원이 구속되지 아니하며 자백간주(민소법 제148조) 등도 인정되지 아니한다.[37]

(3) 직권탐지주의

소송에서는 소송자료의 수집과 제출책임이 당사자에게 있지만(=변론주의), 비송사건의 심리에 있어 사실발견을 위한 자료 수집의 책임과 권능은 법원에 있다. 따라서 자료 수집의 방법과 범위는 법원이 자유롭게 정할 수 있으며, 법원이 사실인정에 충분하다고 판단하는 경우에는 당사자가 신청한 유일한 증거라도 배척할 수 있다. 또한 증거조사시 당사자에게 참여의 기회를 부여하지 아니하더라도 무방하다.

---

35) 실무상으로는 거의 예외 없이 심문기일조서를 작성하고 있다. 다만, 심문기일에서 당사자본인을 신문하였다고 하더라도 당사자본인신문조서를 별도로 작성할 필요는 없다.

36) 민사소송의 경우 법원은 변론에서 드러난 소송자료에 기하여 형식적으로 사실을 확정한 후 판단을 내리게 된다. 이를 **형식적 진실발견주의**라고 한다.

37) 또한 당사자신문과 관련하여 당사자가 정당한 사유 없이 출석하지 아니하거나 선서 또는 진술을 거부한 때에도 법원이 신문사항에 관한 상대방의 주장을 진실한 것으로 인정하는 제도(민소법 제349조)도 허용되지 아니하며 그러한 사정은 법원이 사실인정을 할 때 참작할 수 있을 뿐이다.

라. 사실인정의 방법

(1) 비송사건의 특징

「비송사건절차법」은 제11조에서 법원은 직권으로 사실의 탐지와 필요하다고 인정하는 증거의 조사를 할 수 있다고 규정함으로써 사실인정의 방법으로 **사실의 탐지**와 **증거조사** 2가지 방법을 규정하고 있다. 증거조사는 일정한 방식에 따른 것으로 강제력이 인정되나, 사실의 탐지는 증거조사 이외의 사실인정 방법으로 특정한 방식도 없고 강제력도 인정되지 않는다.

(2) 증거조사

① **의의**

「민사소송법」은 증거조사로 **증**인, **검**증, **감**정, **서**증과 **당**사자본인심문 등 5가지 방법을 규정하고 있으나, 「비송사건절차법」은 이 중에서 **인**증(증인심문)과 **감**정에 관해서만 「민사소송법」 규정을 준용하는 것으로 규정하고 있다(법 제10조).

② **인정범위**

이와 관련하여 비송사건의 증거조사 방법으로 인증(**증**인심문)과 **감**정만 인정되고 나머지 서증, 검증, 당사자본인신문은 모두 사실탐지에 속한다는 견해와 서증, 검증, 당사자본인신문도 모두 증거조사에 속한다고 보고 그 밖의 사실인정방법이 사실의 탐지에 속한다는 견해가 대립되고 있다. 「비송사건절차법」 제10조 명문규정에 따라 전자의 견해가 타당하다.[38] 증인과 감정인을 심문하는 때에는 비공개로 진행되며, 필요적으로 조서를 작성하여야 한다(법 제14조 전단).

다만, 「질서위반행위규제법」 제28조는 「비송사건절차법」 제10조의 규정을 준용하면서 인증과 감정을 제외하고, 제33조에서 "증거조사에 관하여는 「민사소송법」에 따른다."라고 규정하고 있다.

(3) 사실의 탐지 및 증거조사의 촉탁[39]

① **사실의 탐지**

사실의 탐지는 법원이 자료를 수집하고 사실을 인정하는 방법 중 **증거조사를 제외한 것**을 말한다. 당사자의 변론은 법원의 직권탐지를 보완하는 데 그치며, 당사자가 주장하지 않은 사실도 법원은 직권으로 수집하여 판결의 기초로 삼아야 한다. 그러나, 이러한 수집의무는 무제한적인 것이 아니라 기록에 나타난 사실에 한한다는 것이 판례의 태도이다.[40]

---

38) 「비송사건절차법」 제10조에서 인증과 감정에 관한 「민사소송법」 규정만을 준용하고 있는 점에 비추어 보면 비송사건의 증거조사 방법에는 증인신문과 감정만이 포함되고 나머지는 모두 사실의 탐지에 속하는 것이라고 봄이 상당하다. 따라서 문서제출명령이나 당사자본인신문에서의 선서 등에 관한 「민사소송법」의 규정은 비송사건의 심리에는 준용되지 아니한다.

39) 법원실무제요 비송, 법원행정처, 2014, 41면 참조

40) 대판 1982.7.27. 선고 86누294 판결

판례

당사자가 주장하지 않은 사실에 대한 법원의 직권조사 범위
(대법원 1982.7.27. 선고 86누294 판결) [양도소득세등부과처분취소]

[판결요지]

「행정소송법」 제9조에 의하면 법원은 필요한 경우에는 당사자가 주장하지 않은 사실에 관해서도 판단할 수 있는 권한이 있다고 할 것이나 그렇다고 하여 아무런 제한없이 당사자가 주장하지도 않은 사실을 판단할 수 있는 것은 아니며 당사자가 명백히 주장하지 않은 사실은 기록에 나타난 사실에 관해서만 직권으로 조사하고 그를 기초로 하여 판단할 수 있을 뿐이다.

② 사실의 탐지 방식

사실의 탐지방식에는 특별한 제한이 없고 법원이 자료의 수집에 적합한 형태로 하면 된다. 개인이나 단체에 대한 서면 조회 또는 전화 조회, 당사자나 관계인의 심문 등 어떠한 방법이라도 상관이 없다.

판례

「비송사건절차법」상 항고법원의 조사 범위가 항고이유에 의하여 제한되는지 여부(소극) - 「비송사건절차법」의 사실탐지와 증거조사 (대법원 2007.3.29. 자. 2006마724 결정) [여객자동차운수사업법위반이의]

[판결요지]

「비송사건절차법」 제11조의 규정에 의하면 법원은 직권으로 사실의 탐지와 필요하다고 인정하는 증거의 조사를 하여야 한다고 규정되어 있으므로, 원심으로서는 항고이유로 주장된 바 없더라도 마땅히 진실 여부를 직권으로 조사하여 이 사건 항고의 당부를 가릴 수 있는 것이다(대법원 1982.10.12.자 82마523 결정 참조). 그러므로 관할관청이 이 사건 과태료를 부과하는 과정에서 든 사유 중에 "운수종사자가 기준 운송수입금액에 미달하는 금액을 납부한 경우 재항고인이 그 미달액을 임금에서 공제한 사실"이 포함되어 있지 않았더라도, 이 사유가 법원의 심리과정에서 드러난 경우 원심은 이를 과태료처분의 사유에 포함할 수 있는 것이다. 따라서 이 점에 관한 재항고 논지는 이유 없다.

③ 사실의 탐지와 증거조사의 촉탁

비송사건에서의 증거조사인 **증**인신문 및 **감**정에 관하여는 「민사소송법」의 규정이 준용되는 결과, 수명법관 또는 수탁판사로 하여금 증거조사를 하게 할 수 있으며(민소법 제313조, 제333조), 사실의 탐지도 촉탁할 수 있다(법 제12조). **인**증(증인신문)과 **감**정을 촉탁받은 판사는 수소법원과 당사자에 통지하고 다른 지방법원 판사에게 다시 촉탁하는 것이 가능함에 반하여(민소법 제297조 제2항), 사실의 탐지에 관하여는 그러한 규정이 없기 때문에 재촉탁은 불가능하다고 해석된다.

(4) 입증책임

비송사건절차는 직권탐지주의에 의하므로 민사소송에서와 같은 증거제출책임이라는 의미에서의 주관적 입증책임은 없다. 법원은 당사자의 신청 여부에 불구하고 증거조사를 하고, 당사자 스스로 증거를 제출하지 않는다고 하여 당연히 불이익을 받는 것은 아니다.

그러나 어떤 사실의 진위가 불명일 때에 당해 사실이 존재하지 않는 것으로 취급되어 그 사실을 요건으로 하는 재판을 받는 것이 불가능하게 되는 결과 불이익을 받을 수 있다는 의미에서의 객관적 입증책임은 비송사건에서도 존재하는 것이다. 당사자의 협력 없이는 법원이 직권으로 사실조사를 하더라도 반드시 적절한 증거를 찾을 수 있다고 할 수 없기 때문에, 당사자는 이러한 패소의 위험을 피하기 위하여 제출 가능한 증거를 전부 제출하여야 한다.

(5) 사실인정을 위한 심증의 정도

① 증명

비송사건에서의 사실인정은 원칙적으로 증명이 필요하나 특별히 소명만을 요구하는 경우도 있다.[41] 증명이란 법관이 요증사실의 존재에 대하여 **고도의 개연성** 즉 확신을 얻은 상태 또는 법관에게 확신을 주기 위해 증거를 제출하는 당사자의 노력을 말한다. 재판상 증명은 과학적 증명이 아니라 진실에 대한 고도의 개연성을 말한다.

② 소명

(i) 의의

소명이란 증명에 비하여 **저도의 개연성** 즉 법관이 일응 확실할 것이라고 추측을 얻은 상태 또는 그와 같은 상태에 이르도록 증거를 제출하는 당사자의 노력을 말한다. 소명은 납입금 보관자 등의 변경 허가신청(법 제82조)의 경우와 같이 법률에 특별한 규정이 있는 경우에 한한다.

(ii) 소명방법

소명방법에 관해서는 「민사소송법」 제299조[42]가 준용된다(법 제10조). 소명은 증거방법을 즉시조사(재정증인, 소지하고 있는 문서)할 수 있는 것에 한정한다. 즉시조사가 가능한 것이면 소명방법으로 제출된 서증이 원본이 아닌 사본이라도 증거능력을 부인할 수 없다.

(iii) 소명의 부족

당사자의 소명이 부족한 경우 법원이 신청을 배척하면 되고 법원이 직권으로 사실을 탐지할 필요는 없다.

---

41) **「비송법」 제82조 【납입금의 보관자 등의 변경 허가신청】** 「상법」 제306조(「상법」 제425조 제1항 및 제516조의9 제4항에서 준용하는 경우를 포함한다)에 따른 허가의 신청은 그 사유를 소명하고 발기인 또는 이사가 공동으로 하여야 한다.

42) **「민사소송법」 제299조 【소명의 방법】** ① 소명은 즉시 조사할 수 있는 증거에 의하여야 한다.
② 법원은 당사자 또는 법정대리인으로 하여금 보증금을 공탁하게 하거나, 그 주장이 진실하다는 것을 선서하게 하여 소명에 갈음할 수 있다.
③ 제2항의 선서에는 제320조, 제321조 제1항 · 제3항 · 제4항 및 제322조의 규정을 준용한다.

6. 절차의 종료

가. 비송사건절차의 종료원인

비송사건절차는 법원의 종국재판에 의하여 종료되는 것 외에도 당사자의 신청취하, 당사자 사망의 경우에도 그 절차가 종료된다.

나. 종국재판에 의한 종료

(1) 의의

비송사건절차는 법원의 종국재판에 의하여 종료되며, 일반적인 종료형태이다.

(2) 절차의 종료 시점

① 즉시항고가 허용되는 사건의 경우

즉시항고는 즉시항고기간의 도과[43]나 항고의 포기, 혹은 대법원의 결정 등에 의해 그 재판의 확정과 동시에 절차가 종료된다.

② 보통항고가 허용되는 사건의 경우

그 재판의 고지와 동시에 종료된다. 만약 그와 같이 보지 않으면 당사자의 항고가 없는 한 그 사건은 영원히 종료되지 않고 법원에 계속된다고 하는 부당한 결과가 되기 때문이다. 고지 후 집행행위를 필요로 하는 사건의 경우 그 집행은 다시 별개의 비송사건으로 취급되며, 보통항고[44]가 허용되는 사건에 있어서 항고의 신청은 즉시항고와 달리 새로운 사건의 계속이라 할 것이다.

(3) 재판의 고지방식(=절차의 종료방식)

「비송사건절차법」은 재판의 고지는 법원이 적당하다고 인정하는 방법으로 하며, 법원사무관 등은 고지의 방법, 장소와 연월일을 재판의 원본에 부기하고 이에 날인하여야 한다(법 제18조).

다. 당사자의 행위에 의한 종료

(1) 신청취하에 의한 종료

① 신청취하의 인정 여부

소의 취하란 원고가 제기한 소의 전부 또는 일부를 철회하는 법원에 대한 단독적 소송행위를 말한다. 민사소송에서는 처분권주의가 인정되어 모든 경우의 소의 취하가 인정된다. 그러나 비송사건절차에서는 처분권주의가 배제되고 직권주의가 지배하는 결과 신청의 취하가 언제나 인정되는 것은 아니다.

---

43) 즉시항고는 불복신청기간에 제한이 없는 보통항고와 달리 재판의 신속한 확정을 위해 불복신청기간을 재판이 고지된 날부터 1주일 불변기간(가사소송사건, 2주일)으로 제한하고 있으며, 원칙적으로 확정차단효가 있다.

44) 보통항고의 경우 즉시항고와 달리 확정차단효가 없다.

② **인정범위**

(ⅰ) 당사자의 신청에 의해서**만** 절차가 개시되는 신청사건의 경우에는 재판이 있을 때까지는 자유로이 취하할 수 있다.

(ⅱ) 비송사건 중에서 법원의 직권만으로 절차가 개시되는 사건은 취하의 관념을 인정할 수 없다.

(ⅲ) 당사자의 신청 또는 법원의 직권으로 개시되는 사건의 경우에 당사자가 신청을 하여 절차가 개시된 경우라 하더라도 재판의 공익성에 비추어 신청의 취하가 인정되지 않는다.

(ⅳ) 당사자가 별다른 사정변경이 없음에도 취하와 재신청을 반복하는 경우에는 비송사건절차의 후견적 성격에 비추어 재신청의 심리에 참작할 여지가 있다.

③ **신청취하의 시기와 방식**

당사자의 신청에 의해서만 절차가 개시되는 신청사건의 경우에는 재판(결정)이 있을 때까지는 자유로이 취하할 수 있다. 즉, 결정의 고지 전까지는 1심 계속 중이든 항고심 계속 중이든 언제든지 가능하다. 방식에 대해서는 특별한 규정이 없으므로 일반원칙에 따라 서면 또는 말로 할 수 있다(법 제8조).

④ **신청취하의 효력**

신청이 취하되면 사건은 처음부터 법원에 계속되지 않았던 것으로 되며, 이미 행하여진 비송행위는 모두 그 효력을 상실하고 법원은 절차를 진행할 필요가 없게 되어 절차는 종료된다. 절차 비용은 신청인이 부담하여야 한다.

(2) 신청포기에 의한 종료

당사자의 신청에 의하여 절차가 개시되는 경우에도 민사소송과는 달리 비송사건은 이해가 대립되는 상대방이 있는 것이 아니고 권리확인의 쟁송이 아니기 때문에 신청의 포기가 인정되지 않는다. 다만 재판에 대한 불복신청권이 있는 경우에 항고인이 법원에 대하여 항고권의 포기는 인정된다. 그러나 이것은 신청 자체의 포기와 구별해야 한다.

(3) 당사자의 사망에 의한 종료

신청사건의 신청인 또는 항고인이 사망한 경우 그 당사자가 당해 재판에서 추구하는 권리가 상속의 대상이라면 상속인이 그 절차를 승계하게 된다. 그러나 그 권리가 상속의 대상이 아니라면 절차는 당사자의 사망으로 종료된다.

7. 비송사건의 절차비용

가. 의의

비송사건절차의 비용이라 함은 당해 비송사건의 개시부터 종료시까지 쓰여진 모든 비용으로 **재판 전의 절차비용**과 **재판의 고지비용**으로 나눌 수 있다.

재판 전의 절차비용은 절차개시부터 재판의 고지 등 절차수행을 위해 소요된 일체의 비용으로 당사자가 법원에 납부하거나 법원에서 직접 지출하는 수수료와 송달료, 증거조사비용 등과 함께 당사자가 법원 이외의 제3자에게 직접 지출하는 대서료, 제출대행료, 기일출석을 위한 여비, 숙박료 등을 포함한다.

재판의 고지비용은 재판을 고지하는 데 필요한 비용으로 우편송달의 경우 우편료 등이 여기에 해당한다.

나. 절차비용의 종류

(1) 수수료

수수료란 국가 또는 공공단체가 특정인을 위하여 행하는 역무 등에 대한 반대급부 내지 보상으로서 그 특정인으로부터 징수하는 수익자 부담의 성질을 갖는 요금이다(예 비송사건절차의 경우에 신청서, 항고장 등에 붙이는 인지액[45]).

(2) 수수료 이외의 절차비용

① **법원에 납부하여야 할 비용**

(i) 법원은 비용을 필요로 하는 비송행위의 경우 당사자에게 그 비용을 예납하게 할 수 있다.[46]

(ii) 법원이 직권으로 비용이 필요한 비송행위를 하는 경우 그 비용은 국고에서 체당한다(법 제30조).[47]

> **제30조【국고에 의한 비용의 체당】** 직권으로 하는 탐지, 사실조사, 소환, 고지, 그 밖에 필요한 처분의 비용은 국고에서 체당(替當)하여야 한다.

---

45) 「비송사건절차법」에 따라 재판을 구하는 신청에는 1,000원의 인지를 붙여야 하고(인지법 제9조 제5항 제2호), 항고장에는 그 배액인 2,000원의 인지를 붙여야 한다(인지법 제11조 제1항). 비송사건의 신청에 이러한 인지를 붙이지 아니한 경우 그 신청은 부적법한 것이 된다. 다만, 법원은 신청인에게 보정을 명할 수 있고, 신청인이 그 명령에 따라 인지를 붙이거나 인지액에 해당하는 금액을 현금이나 신용카드 · 직불카드 등으로 납부한 경우에는 그러하지 아니하다(인지법 제13조). (법원실무제요 비송, 법원행정처, 2014, 46면 참조)

46) 성질상 「민사소송법」 제116조가 준용된다고 보고 있다. 법원보관금취급규칙이나 송달료규칙도 법원이 비송사건에 관하여 절차비용을 미리 내게 할 수 있다고 규정하고 있으며, 비용 예납의 절차와 방법, 예납금의 보관과 환급 등은 민사소송의 경우와 같다.

47) 다만, 실무에서는 당사자에게 비용을 예납하게 하는 경우가 많다.

② **당사자 비용**

(i) 당사자가 법원을 거치지 아니하고 절차수행을 위하여 직접 제3자에게 지출하는 비용으로 재판 외의 비용이라 불리운다(예 절차에 필요한 서기료 또는 도면작성료, 당사자 또는 대리인의 기일출석비용 등).

(ii) 변호사비용은 「비송사건절차법」에 규정이 없고, 「민사소송법」 제109조가 비송사건에 준용되는 것도 아니므로 변호사 보수는 비송절차비용으로 산입되지 않는다.

다. 절차비용의 부담자

> **제24조【비용의 부담】** 재판 전의 절차와 재판의 고지 비용은 부담할 자를 특별히 정한 경우를 제외하고는 사건의 신청인이 부담한다. 다만, 검사가 신청한 경우에는 국고에서 부담한다.
>
> **제26조【관계인에 대한 비용 부담 명령】** 법원은 특별한 사유가 있을 때에는 이 법에 따라 비용을 부담할 자가 아닌 관계인에게 비용의 전부 또는 일부의 부담을 명할 수 있다.

(1) 원칙

① **당사자 신청 또는 검사의 청구사건(당사자의 신청 또는 검사의 청구에 의하여 절차가 개시된 경우)**

비송사건의 재판 전의 절차와 재판의 고지비용은 그 부담할 자를 법률에 특별히 정한 경우를 제외하고는 **신청인의 부담**으로 하고, 검사가 청구한 경우에는 국고의 부담으로 한다(법 제24조).

② **법원의 직권사건(법원이 직권으로 개시한 사건인 경우)**

이 경우에는 특별한 명문규정이 없으므로 국고의 부담으로 한다.

(2) 예외

① **관계인에게 비용을 부담시키는 경우**

법원은 특별한 사유가 있을 때에는 「비송사건절차법」에 의하여 비용을 부담할 자가 아닌 관계인에게 비용의 전부 또는 일부의 부담을 명할 수 있다(법 제26조).[48]

② **법률에 특별한 규정이 있는 경우**

법률의 규정에 의하여 비용부담자가 정해져 있는 경우로서 해당 법률 규정은 아래 [**별표**]와 같다.

48) 예 직권으로 청산인의 선임 또는 해임재판을 하였을 경우의 비용은 앞서 본 원칙에 따르면 국고의 부담이 되겠지만, 당해 법인이 부담하는 것이 상당하다고 볼 특별한 사정이 있을 때에는 당해 법인에게 비용의 전부 또는 일부를 부담시킬 수 있다. 또한 항고인은 신청인이기 때문에 위 원칙에 따르면 당연히 비용의 부담자이지만, 항고가 이유 있는 경우 그 절차비용을 항고인에게 부담시키는 것은 가혹하기 때문에 사정에 따라서는 그 일부 또는 전부를 국고 또는 그 밖의 사람에게 부담시킬 수 있으며, 당사자가 불출석하거나 그 밖의 책임질 사유로 비용이 부당하게 증가한 경우에는 그 증가한 비용은 그 사람에게 부담시키는 것이 상당하다(법원실무제요 비송, 법원행정처, 2014, 49면 참조).

[별표]

1. 재판상**대**위사건에서 항고절차비용과 항고인이 부담하게 된 전심의 비용 – 패소자(신청인 또는 항고인) 부담(법 제51조)
2. 공탁소의 지정 및 공탁물**보**관인 선임허가사건 – 채권자 부담(법 제53조 제3항)
3. 변제목적물의 **경**매허가사건 – 채권자 부담(법 제55조)
4. **질**물에 의한 변제충당의 허가사건 – 질권설정자 부담(법 제56조)
5. **환**매권대위행사 시의 감정인 선임사건 – 매수인 부담(법 제57조)
6. 회사**해**산명령사건에서의 관리인 선임 및 재산보전처분 – 회사 부담(법 제96조)
7. **외**국회사 영업소의 폐쇄명령사건에서의 관리인 선임 및 재산보전처분 – 회사 부담(법 제101조 제2항)
8. 회사**청**산의 경우 감정인 선임 – 회사 부담(법 제124조)
9. **과**태료사건 – 과태료를 선고받은 자 또는 국고 부담(법 제248조 제4항 · 제5항)

(3) 공동부담

비용을 부담할 자가 수인인 경우 그 부담액은 균등 부담하되, 법원은 사정에 따라 그 부담액을 연대하여 부담하게 하거나 다른 방법으로 부담하게 할 수 있다(법 제27조, 민소법 제102조 준용).

라. 비용액의 재판

제25조【비용에 관한 재판】 법원은 제24조에 따른 비용에 관하여 재판을 할 필요가 있다고 인정할 때에는 그 금액을 확정하여 사건의 재판과 함께 하여야 한다.

(1) 의의

비송사건의 경우 신청인이 절차비용을 스스로 예납하거나 지급하는 것이 보통이므로 절차가 종료한 후에 별도로 비용에 대한 재판이 필요하지 않다. 그러나 비용부담자 이외의 관계인에게 비용을 예납하게 하거나 국고체당의 경우처럼 절차비용의 예납자(지출자)와 절차비용의 부담자가 서로 다른 경우에는 비용의 상환을 위하여 비용에 대한 재판이 필요하다. 「비송사건절차법」 제25조상의 "비용에 관하여 재판을 할 필요가 있다고 인정할 때"가 바로 절차비용의 예납자와 절차비용의 부담자가 서로 다른 경우를 의미한다고 할 것이다.

(2) 민사소송과의 차이

민사소송에서는 재판에서 비용부담자만을 정하고 비용액의 결정은 후일 별도의 비용액의 확정결정절차에 의하는 것이 보통이나, 비송사건에서는 간이 · 신속함을 특징으로 한다는 점에서 그 금액을 확정하여 본 사건에 대한 재판과 함께 **동시**에 비용에 대한 재판을 한다.[49]

49) 통상의 비송사건의 경우에는 기록 자체에 의하여 절차비용의 금액 산정이 가능하나 사안이 복잡하여 별도로 절차비용의 금액을 심리할 필요가 있다고 인정되는 때에는 본안의 재판 전에 미리 절차비용의 금액을 심리하여야 한다. 다만, 실무상 비송사건절차 비용재판도 민사소송의 경우처럼 비용의 부담자만 정하고 후에 비용액의 확정결정에 의하는 방식으로 운영하는 예가 있다(법원실무제요 비송, 법원행정처, 2014, 50면).

(3) 비용액의 확정

비용액의 확정이란 절차비용 자체의 금액을 확정한다는 의미가 아니라 절차비용 예납자(지출자)와 절차비용의 부담자가 다른 경우 절차비용부담자가 그 예납자(지출자)에게 상환할 절차비용의 금액을 의미한다.

> **주문형식**
>
> 주문 : 절차비용은 채권자의 부담으로 하고 채권자가 신청인에게 상환할 비용액을 금 ○○○원으로 확정한다.[50]

마. 비용의 재판에 대한 불복신청

> **제28조 【비용의 재판에 대한 불복신청】** 비용의 재판에 대하여는 그 부담의 명령을 받은 자만 불복신청을 할 수 있다. 이 경우 독립하여 불복신청을 할 수 없다.

(1) 신청권자

불복신청을 할 수 있는 자는 절차비용의 부담명령을 받은 자로 한정된다(법 제28조 본문). 따라서 절차비용을 상환받을 자가 비용의 금액을 다투기 위하여 불복신청을 할 수는 없다. 여기에서 불복이라 함은 비용부담을 명하는 것 자체에 대한 것과 비용액에 대한 불복의 경우를 모두 포함한다.

(2) 불복방법

불복신청의 방법은 항고이다. 다만, 비용의 재판에 대해서는 독립하여 불복신청을 할 수는 없고(법 제28조 단서) 본안사건에 대해 항고할 때 동시에 하여야 한다. 따라서 본안재판에 대한 불복이 금지되는 경우[51]에는 비용의 재판에 대하여도 불복신청을 할 수 없다. 또한 본안사건에 대한 항고와 동시에 비용에 대해서 불복한 경우라도 본안에 대한 항고이유가 없는 경우에는 항고법원은 원심재판 중 비용에 관한 부분만을 별도로 분리하여 취소 또는 변경할 수 없다.

---

50) 법원실무제요 비송, 법원행정처, 2014, 50면 참조

51) **법 제59조 【불복신청의 금지】** 이 장의 규정에 따라 지정 또는 선임을 하거나 허가를 한 재판에 대하여는 불복신청을 할 수 없다.

바. 비용채권자의 강제집행

제21조 【항고의 효력】 항고는 특별한 규정이 있는 경우를 제외하고는 집행정지의 효력이 없다.

제29조 【비용 채권자의 강제집행】 ① 비용의 채권자는 비용의 재판에 의하여 강제집행을 할 수 있다.
② 제1항에 따른 강제집행의 경우에는 「민사집행법」의 규정을 준용한다. 다만, 집행을 하기 전에 재판서의 송달은 하지 아니한다.
③ 비용의 재판에 대한 항고가 있을 때에는 「민사소송법」 제448조 및 제500조를 준용한다.

(1) 집행부정지

비용재판에 대한 항고에는 집행정지의 효력이 없다(법 제21조). 그러나 항고법원 또는 원심법원은 「민사소송법」 제448조 및 제500조의 규정을 준용하여 사정에 따라 항고에 대한 결정이 있을 때까지 집행정지 등의 잠정처분을 할 수 있다(법 제29조 제3항).

(2) 비용의 채권자

비용의 채권자는 비용의 재판에 의하여 강제집행을 할 수 있다(법 제29조 제1항). 여기서 비용의 채권자란 절차비용의 재판에서 비용을 상환 받을 자로 정해진 자를 말한다. 비용의 재판에 의하여 강제집행을 할 수 있다는 것은 비용의 재판이 집행권원이 된다는 것을 의미한다.

(3) 국고에 의한 비용의 체당

직권으로 하는 탐지・사실조사・소환・고지 기타 필요한 처분의 비용은 **국고가 이를 체당**하여야 한다(법 제30조). 따라서 비용의 전부 또는 일부를 신청인들에게 부담시켰을 때에는 국가는 이들에게 **상환**하여야 한다.

(4) 재판서 송달 여부

강제집행절차는 「민사집행법」 규정이 준용된다. 그러나 집행개시의 요건으로 집행을 하기 전에 재판서 송달은 필요 없다(법 제29조 제2항 단서). 또한, 강제집행을 위해 집행개시와 동시에 집행권원인 재판서를 송달할 필요도 없고, 집행기관이 집행장소에서 채무자에게 집행권원을 제시하는 것으로 족하다.[52]

사. 국고에 의한 비용의 체당

직권으로 하는 탐지・사실조사・소환・고지 기타 필요한 처분의 비용은 국고에서 체당하여야 한다(법 제30조). 따라서 비용의 전부 또는 일부를 신청인들에게 부담시켰을 때에는 국가는 이들에게 상환하여야 한다.

52) 법원실무제요 비송, 법원행정처, 2014, 52면 참조

제5절 비송사건의 재판

1. 총설

가. 재판의 의의

비송사건의 재판이란 청구된 사건에 대하여 심리의 결과를 기준으로 내리는 공권적 판단을 말한다.[53)]

나. 재판의 종류

(1) 종국재판과 절차지휘 재판

① **종국재판**

법원이 신청 또는 항고에 의해 계속된 비송사건의 심급을 종결하기 위하여 하는 재판을 말한다. 종국재판은 다시 **본안 전 재판**과 **본안의 재판**으로 구별된다.

② **절차지휘의 재판**

직접 사건의 종결을 목적으로 하지 않는 법원의 처분을 말한다[예 기일지정의 재판, 사문서인 대리위임장에 인증을 받을 것을 명하는 재판(법 제7조 제2항), 신청서 보정명령이 그것이다.].

(2) 본안 전 재판과 본안의 재판

① **본안 전 재판**

본안전 재판이란 신청요건을 결여하였거나 또는 보정을 명하였는데 이에 응하지 아니한 경우와 같이 절차상의 요건을 구비하지 못해서 신청을 부적법 각하하는 경우의 재판을 말한다(예 당사자능력이 없는 단체가 신청인이 되어 제기한 비송사건).

② **본안의 재판**

본안의 재판이란 절차상의 적법요건을 갖춘 사건에 대하여 법원이 사건의 내용을 심리하여 그 결과에 따라 신청의 이유가 있는 적극적 재판을 하거나 신청의 이유가 없는 소극적 재판을 하는 경우의 재판을 말한다.

53) 다만, 통상적인 소송상의 재판에서 재판의 의미는 사건에 관하여 법령을 적용하여 행하는 재판기관의 판단 또는 의사표시로서 이에 의하여 소송법상 일정한 효과가 발생하는 법원의 소송행위를 말한다.

2. 비송사건 재판의 방식

제17조【재판의 방식】 ① 재판은 결정으로써 한다.
② 재판의 원본에는 판사가 서명날인하여야 한다. 다만, 신청서 또는 조서에 재판에 관한 사항을 적고 판사가 이에 서명날인함으로써 원본을 갈음할 수 있다.
③ 재판의 정본(正本)과 등본에는 법원사무관등이 기명날인하고, 정본에는 법원인(法院印)을 찍어야 한다.
④ 제2항에 따른 서명날인은 기명날인으로 갈음할 수 있다.

가. 재판의 형식

비송사건의 재판은 결정으로써 하므로(법 제17조 제1항) 비송사건의 재판형식은 결정[54]에 의한다. 이 결정의 의의에 대하여 명문규정은 없으나 「민사소송법」에 규정하고 있는 결정과 같은 성질의 것이라고 해석하는 것이 일반적 견해이다.

나. 주문(主文)의 내용

재판서에 재판의 취지를 명기하여야 한다. 당사자의 신청에 의하는 재판의 경우에 주문의 내용이 본래 신청취지와 다소 차이가 있더라도 나머지 신청 기각을 표시해야 하는 것은 아니나, 신청취지와의 차이를 명백하게 한다는 뜻에서 나머지 신청 기각의 주문을 명시하는 경우도 있다.

다. 결정이유의 기재 생략

① 원칙

「민사소송법」상 판결에는 그 기재사항이 엄격히 규정되어 있으나(민소법 제208조), 비송사건의 결정에 대하여는 그러한 규정이 없다. 비송사건절차의 간이신속주의에 기인하는 것이다. 결정이유의 기재에 관하여 비송사건은 법률에 특별한 규정이 없는 한 반드시 이유를 기재할 필요는 없다(통설).

② 예외

비송사건의 재판 중에는 아래 **[별표]**와 같이 이유를 붙인 결정으로써 해야 할 경우가 있다. 그러나 판례는 법률상 이유를 붙이는 것이 요구되는 경우에도 "신청이 이유 있다"라고만 기재하여도 상관없다고 한다(대결 1964.8.29. 64그43).

54) 판결과 결정은 법원의 재판이고, 명령은 재판장, 수명법관, 수탁판사 등 법관의 재판이다. 판결은 중요사항, 특히 소송에 대한 종국적, 중간적 재판을 할 때, 결정·명령은 소송절차의 부수·파생된 사항·강제집행사항·비송사건을 재판할 때 쓰인다.

[별표]

- **항**고법원의 재판(법 제22조)
- 「민법」 제70조 제3항에 따른 법인의 **임**시총회 소집 허가신청에 대한 재판(법 제34조 제2항, 제81조 제1항)
- 「신탁법」 제3조 제3항의 부정한 목적으로 신탁선언에 의하여 설정된 신탁의 종료 재판(법 제40조 제2항)
- 「신탁법」 제16조 제3항에 따른 **수**탁자 **해**임의 재판(법 42조 제2항)
- 「신탁법」 제17조 제1항에 따른 신탁관리인 선임의 재판(법 43조 제2항)
- 신탁재산의 첨부로 인한 귀속 결정 재판(법 제44조의7 제3항)
- 「신탁법」 제34조 제2항 제3호에 따른 이익에 반하는 행위의 허가 재판(법 제44조의8 제3항)
- 「신탁법」 제72조 제4항에 따른 **수**익자**집**회 **소**집허가의 재판(법 제44조의12 제3항, 제81조 제1항)
- 「신탁법」 제88조 제3항에 따른 신탁변경의 재판(법 제44조의14 제3항)
- 「신탁법」 제89조 제4항, 제91조 제3항, 제95조 제3항에 따른 수익권 매수가액의 결정 재판(법 제44조의15 제3항)
- 「신탁법」 제100조에 따른 사정변경에 의한 신탁종료의 재판(법 제44조의16 제2항)
- 「상법」 제300조에 따른 변**태**설립사항의 변경에 관한 재판(법 제75조 제1항)
- 「상법」 제277조 2항에 따른 검사 허가의 신청에 대한 재판(법 제80조 제1항, 제81조 제1항)
- 「상법」 제386조 제2항 등에 따른 **직**무대행자 선임에 관한 재판(법 제84조 제2항, 제81조 제1항, 법 제101조에 의하여 유한회사에 준용되는 경우 포함)
- 「상법」 제394조 제2항에 따른 소**송**상 대표자 선임에 관한 재판(법 제84조의2 제1항, 제81조 제1항)
- 「상법」 제366조 제2항에 따른 **소**수주주의 주주총회 소집의 허가 재판(법 제80조 제1항, 제81조 제1항, 법 제101조에 의하여 유한회사에 준용되는 경우 포함)
- 「상법」 제417조에 따른 주식의 **액**면 미달 발행 인가 재판(법 제86조 제2항)
- 「상법」 제335조의5 및 그 준용규정에 따른 주식매도가액 결정과 같은 법 제374조의2 제4항 및 그 준용규정에 따른 주식**매**수가액 결정에 관한 재판(법 제86조의2 제3항, 제86조 제2항)
- **신**주발행무효에 의한 환급금 증감 신청사건(법 제89조 제2항, 제75조 제1항)
- 「상법」 제176조 제1항에 따른 회사의 **해**산을 명하는 재판(법 제90조 제1항, 제75조 제1항)
- 합병회사의 채무부담부분 결정의 재판(법 제100조, 제75조 제1항)
- 외국회사 영업소 패쇄를 명하는 재판(법 제101조 제2항, 제90조 제1항, 제75조 제1항)
- 지분압류채권자의 보전청구에 대한 재판(법 제102조 제2항, 제75조 제1항)
- 유한회사와 주식회사의 합병 인가 재판(법 제104조, 제106조, 제81조 제1항)
- 유한회사의 조직 변경 인가 재판(법 제105조, 제106조, 제81조 제1항)
- 사채관리회사의 사임 인가, 해임 및 사무승계자 선임 재판(법 제110조 제1항)
- **사**채권자**집**회 **소**집 허가 재판(법 제112조, 제81조 제1항)
- **사**채권자**집**회 **결**의 인가 재판(법 제113조 제2항, 제110조 제1항)
- 사채모집 위탁의 보수 등 부담 허가 재판(법 제114조 제2항, 제113조 제2항, 제110조 제1항)
- 사채권자 이의기간 연장의 신청에 대한 재판(법 제115조, 제110조 제1항)
- 「상법」 제536조 제2항 또는 그 준용규정에 따른 청산인의 변제 허가 재판(법 제126조, 제81조 제1항)
- **과**태료 재판(법 제248조 제1항)

3. 재판서의 작성

가. 재판의 원본

재판의 원본에는 판사가 서명 · 날인하여야 한다. 이 경우에 서명 · 날인은 기명날인으로 갈음할 수 있으며, 신청서 또는 조서에 재판에 관한 사항을 기재하고 판사가 이에 서명 · 날인함으로써 원본에 갈음할 수 있다(법 제17조 제2항 · 제4항).[55]

나. 재판의 정본 및 등본[56]

① 재판의 정본과 등본에는 법원사무관 등이 기명날인하고, 정본에는 다시 법원인을 찍어야 한다(법 제17조 제3항).[57]

② 「비송사건절차법」에는 정본과 등본[58]의 용도에 관한 규정이 없다. 그러나 재판의 집행을 요하는 경우에는 정본을 사용하고, 그 밖의 경우에는 등본을 교부함으로써 족하다고 보는 것이 일반적 해석이다.

4. 재판의 고지

제18조【재판의 고지】 ① 재판은 이를 받은 자에게 고지함으로써 효력이 생긴다.
② 재판의 고지는 법원이 적당하다고 인정하는 방법으로 한다. 다만, 공시송달(公示送達)을 하는 경우에는 「민사소송법」의 규정에 따라야 한다.
③ 법원사무관등은 재판의 원본에 고지의 방법, 장소, 연월일을 부기(附記)하고 도장을 찍어야 한다.

가. 의의

재판은 고지를 하여야 한다. 고지라 함은 고지를 받는 자로 하여금 그 내용을 알 수 있는 상태에 두는 것을 말한다. 고지받는 자가 현실적으로 그 내용을 알았을 것을 요하는 것은 아니다. 객관적으로 알 수 있는 상태에 있을 것을 요하므로, 우편의 경우 발송하는 것만으로는 부족하고 고지받는 자에게 배달될 것을 요한다.

55) 실무상으로는 거의 별도의 결정서 원본을 작성하여 판사가 기명날인하고 있다.

56) 법원실무제요 비송, 법원행정처, 2014, 57면 참조

57) 이와 같이 정본에 법원인을 찍어야 한다는 것이 민사소송 재판서와의 차이점이다.

58) 정본이라 함은 원본의 전부를 복사하고 특별히 정본임을 인증한 서면으로 원본과 동일한 효력을 가지는 문서를 말한다. 등본이라 함은 원본의 전부를 복사한 것으로 등본으로 인증한 것을 말한다. 등본은 정본과 달리 원본의 존재와 내용을 증명하는 효력만 있다.

나. 고지방법

고지의 방법에 대해서 별다른 제한이 없으므로 법원은 적당하다고 인정하는 방법에 의하여 재판을 고지하면 족하다(법 제18조 제2항 본문). 고지에 관한 행위는 촉탁할 수 있다(법 제12조). 구체적 고지방법으로 「민사소송법」에 따른 송달방법[59]을 취하거나, 사자(使者) 또는 우편으로 결정서 등본을 교부하는 방법, 출석한 당사자에게 재판의 내용을 알려주거나 결정서 등본을 직접 교부하는 방법(민소법 제177조 제1항)이 있으나 실무상 대부분 송달방법에 의한다.[60] 다만, 공시송달을 하는 경우에는 「민사소송법」 규정에 의한다(법 제18조 제2항 단서).

다. 고지의 상대방

고지의 상대방은 재판을 받는 자이며(법 제18조 제1항), 이는 재판의 결과로 법률관계에 직접 영향을 받는 자를 의미하므로 신청인과는 별개이다. 재판에 의하여 간접적 영향을 받는 자는 여기에 포함되지 않는다.[61]

라. 고지방법 등의 원본에의 부기

법원사무관 등은 고지의 방법, 장소와 연월일을 재판의 원본에 부기하고 이에 날인하여야 한다(법 제18조 제3항).

5. 재판의 효력

가. 재판의 효력발생시기

(1) 원칙

비송사건의 재판은 이를 받은 자에게 고지함으로써 효력이 생긴다(법 제18조 제1항). 따라서 즉시항고가 허용되는 재판도 그 확정을 기다릴 필요가 없이 재판의 고지와 동시에 그 효력이 발생한다.

(2) 재판을 받은 자가 수인인 경우[62]

① 재판내용이 재판을 받은 각 사람에 대하여 개별적으로 취급될 수 있는 경우

예를 들어 수인의 검사인을 선임하는 재판의 경우에는 고지받은 사람에 대해서만 그 범위 내에서 효력이 발생하고 고지받지 않은 자에게는 아무런 효력이 생기지 않는다.

---

59) 송달의 종류는 교부송달, 우편송달, 송달함송달, 공시송달이 있으며, 상대방의 인식할 가능성만 있으면 족하다. 예를 들면, 교부송달 중 가족 등에게 전달하는 경우, 거부하는 경우 그 장소에 놓아두는 경우(유치송달) 등도 송달이 된 것으로 본다.

60) 법원실무제요 비송, 법원행정처, 2014, 58면 참조

61) 예 어느 이해관계인의 청구에 의하여 회사의 중요한 서류 보존인 선임의 재판이 이루어진 경우(상법 제541조 제2항, 법 제127조)라든가 이해관계인이나 검사의 청구에 의하여 청산인 선임의 재판이 이루어진 경우(상법 제252조, 제269조, 제542조 제1항, 제613조 제1항, 법 제119조)에 재판을 받은 자는 선임된 서류 보존인 또는 청산인이 된다. 다만 실무상 신청인에게도 고지한다.

62) 법원실무제요 비송, 법원행정처, 2014, 59면 참조

② **재판의 내용이 전원에 대해서 합일적으로 효력이 생기는 경우**

예를 들어 청산인이 여러 명인데 「상법」 제536조 제2항에 의한 변제허가 재판을 하여야 하는 경우에는 최초의 1인에게 고지하는 것으로 전원에 대하여 효력이 발생한다.

나. 재판의 형성력

(1) 의의

형성력이란 형성의 소에서 확정판결의 내용에 따라 법률관계의 발생 · 변경 · 소멸의 효과를 발생시키는 효력을 말한다. 이는 형성의 소를 인용한 형성판결에만 인정되고 이행판결이나 확인판결에는 인정되지 않는다.

(2) 비송사건의 경우

비송사건의 재판은 재판의 고지와 동시에 그 효력이 발생한다. 따라서 재판의 목적이 된 사권관계는 그 재판의 취지에 따라 변동하며, 그 효과는 재판을 받은 자는 물론이고 제3자에게도 미친다. 따라서 제3자도 다툴 수 없으며 당해 법원이나 상급법원이 이를 취소하거나 변경할 수 있을 뿐이다.

다. 재판의 형식적 확정력

(1) 의의

민사소송절차에서 당사자의 불복으로 상소법원에 의하여 취소할 수 없게 된 상태를 형식적으로 확정되었다고 하고, 이와 같이 당사자가 더 이상 재판에 대하여 다툴 수 없게 되는 효력(=당사자에 의한 취소불가능성)을 형식적 확정력이라 한다. 이러한 판결의 형식적 확정력은 추후보완이나 재심에 의하여 배제될 수 있다.

(2) 비송사건의 형식적 확정력

① **원칙**

비송사건에서의 재판은 법원이 일단 재판을 한 후라도 그 재판이 위법 또는 부당하다고 인정할 때에는 이를 취소 · 변경할 수 있으므로(법 제19조 제1항) 원칙적으로 형식적 확정력은 없다.

② **예외**

즉시항고에 의해 불복신청이 허용되는 재판에 대판에 대하여 불복신청이 없거나 즉시항고 기간(1주일)의 도과 또는 항고권의 포기 등이 있을 때에는 법원은 그 재판을 취소 · 변경할 수 없고, 또한 통상항고가 허용되는 재판에 대하여 항고에 대한 최종심의 실체적 재판이 있을 때에도 법원은 그 재판을 취소 · 변경할 수 없어 형식적 확정력이 생기게 된다.[63]

---

63) 법원실무제요 비송, 법원행정처, 2014, 60면

라. 기판력(=실질적 확정력)

(1) 의의

기판력이라 함은 확정된 종국판결의 내용이 당사자와 법원을 구속하는 힘을 말한다. 확정된 재판의 판단 내용이 소송 당사자 및 같은 사항을 다루는 다른 법원을 구속하여, 그 판단 내용에 어긋나는 주장이나 판단을 할 수 없게 하는 소송법상의 효력을 의미한다. 즉 뒤에 동일사항이 문제되면 당사자는 그에 반하여 되풀이하여 다툴 수 없고(불가쟁), 법원도 저촉되는 판단을 해서는 안 된다는 것(불가반)을 말한다. 이러한 확정된 종국판결에 부여된 구속력을 기판력 또는 실질적 확정력이라고 한다. 여기서 법원은 동일한 사건이 문제되는 경우 후소법원을 말한다.

(2) 비송사건의 경우

비송사건절차에 있어서의 재판은 원칙적으로 기판력이 없다(다수설). 따라서 법원은 당사자가 같은 내용의 신청을 다시 하는 것을 허용하며, 후소법원도 본래의 결정과 다른 결정을 할 수 있다.

마. 재판의 집행력

(1) 의의

재판의 집행력이란 판결주문에서 채무자에게 명해진 이행의무을 국가의 집행기관을 통해 강제적으로 실현할 수 있는 효력을 말한다.

(2) 비송사건의 경우

비송사건의 재판은 사권관계의 형성을 목적으로 하는 것이므로 그 집행을 필요로 하지 않는 것이 보통이므로 재판의 집행력이 문제되지 않는다. 그러나 절차비용을 명하는 재판(법 제25조)이나 과태료의 재판(법 제247조)과 같이 관계인에 대하여 급부를 명하는 경우에는 집행력을 가진다. 「비송사건절차법」은 위 재판의 집행에 관한 명문의 규정을 두고 있다(법 제29조, 제249조).

바. 기속력

(1) 의의

판결이 일단 선고되어 성립하게 되면, 판결을 한 법원도 이에 구속되어 판결을 철회·변경할 수 없는데 이를 기속력 혹은 자기구속력(=법원자신에 대한 자기구속력)이라고 한다. 이러한 기속력은 형식적 확정을 기다릴 필요가 없이 선고와 동시에 그 효력이 발생한다.

(2) 기속력의 배제

① 결정・명령에 대한 항고시 원심법원이 재도의 고안[64]에 의하여 취소・변경을 하는 경우
② 판결의 경정의 경우, 소송지휘에 관한 결정의 경우
③ 비송사건절차의 재판의 경우

6. 재판의 취소 · 변경

제19조 【재판의 취소 · 변경】 ① 법원은 재판을 한 후에 그 재판이 위법 또는 부당하다고 인정할 때에는 이를 취소하거나 변경할 수 있다.
② 신청에 의하여만 재판을 하여야 하는 경우에 신청을 각하(却下)한 재판은 신청에 의하지 아니하고는 취소하거나 변경할 수 없다.
③ 즉시항고(卽時抗告)로써 불복할 수 있는 재판은 취소하거나 변경할 수 없다.

가. 의의

재판의 취소・변경이란 비송사건에 관하여 재판을 한 후에 그 재판이 위법 또는 부당하다고 인정할 때에나 객관적 사정이 변경되어 합당했던 재판이 부당하게 되는 경우에 법원이 그 재판을 취소하거나 변경하는 것을 말한다. 비송사건재판의 취소・변경에는 ① 항고절차에 의한 **항**고심 법원의 취소・변경(법 제20조), ② **법** 제19조 제1항에 의한 재판의 취소・변경, ③ **사정** 변경에 의한 재판의 취소・변경이 있다.

나. 「비송사건절차법」 제19조 제1항에 의한 재판의 취소 · 변경

(1) 재판의 취소 · 변경자유의 원칙

① 의의

민사소송에 있어 법원은 종국판결과 중간판결에 기속되어 그것이 부당하다고 하더라도 확정의 전후를 불문하고 스스로는 취소나 변경이 불가능하다. 그러나 민사소송과 달리 비송사건절차에서는 법원은 **재판을 한 후라도** 그 재판이 위법・부당한 경우 이를 취소・변경할 수 있다(법 제19조 제1항).

64) 「민사소송법」에는 항고가 제기되면 원심법원은 반성의 의미에서 스스로 항고의 당부를 심사할 수 있으며, 만일 항고에 정당한 이유가 있다고 인정할 때에는 그 재판을 경정하여야 한다는 규정이 있다(민소법 제446조). 이를 다시 한번 고려한다는 의미에서 재도의 고안이라 하는데 이는 항고가 적법한 것임을 전제로 한다.

② **제도의 취지**

「비송사건절차법」이 비송사건 재판의 취소·변경을 인정하는 것은 「비송사건절차법」의 합목적적 성격에서 비롯된 것이다. 재판이 행해지더라도 객관적 사정의 변화로 재판이 부당하게 되거나, 간이주의로 인하여 재판을 신속하게 진행하다 보니 심리미진 때문에 위법·부당한 재판이 행하여진 경우 그 부당한 재판을 그대로 방치한다는 것은 객관적 사정에 의한 사권관계의 형성이라는 비송사건의 목적이나 제도의 취지에 반하게 된다.

즉, 재판의 취소·변경을 인정함으로써 법원은 재판을 간이·신속하게 진행할 수 있고 사정변경에 유연하게 대처할 수 있다.

(2) 재판의 취소·변경의 주체

취소·변경할 수 있는 법원은 원재판을 한 제1심법원에 한하고, 항고법원은 취소·변경할 권한이 없다.

(3) 취소·변경의 사유

① **취소·변경의 개념**

취소란 재판의 효력을 소멸시키는 것이고, 변경이란 재판의 내용의 일부나 전부를 취소한 후 새로운 내용을 부가하여 원재판에 갈음하는 것을 말한다.

② **취소·변경의 사유**

재판이 위법 또는 부당하다고 인정한 때에 취소·변경을 할 수 있다. 부당이라 함은 재판의 내용이 타당성이 없는 것을 말한다. 여기서 부당이란 재판이 처음부터 부당한 경우와 재판의 고지 후에 사정변경에 의해 사후에 재판이 부당하게 된 경우를 모두 포함한다.[65)]

(4) 신청을 요하는지 여부

취소·변경에는 신청을 요하지 않고 법원의 직권에 의한다. 다만 당사자는 법원에 대하여 직권발동을 촉구하는 의미의 신청서를 제출할 수 있다.

(5) 취소·변경의 시기

취소·변경할 수 있는 시기에는 별다른 제한이 없고 항고법원의 재판이 있을 때까지 가능하다. 따라서 불복신청이 없는 경우는 물론, 항고가 있더라도 항고법원의 재판이 없는 동안에는 그 재판을 취소·변경할 수 있다.

---

65) 그러나 사정변경에 의한 재판의 취소·변경을 별개의 사유로 보는 입장에서는 재판의 고지 후 사정변경이 있어 사후에 재판이 부당하게 되는 경우는 여기에 포함되지 않는다(법원실무제요 비송, 법원행정처, 2014, 62면).

(6) 재판의 취소 · 변경과 원심 · 항고법원의 관계

① **제1심법원(=원심)이 재판을 취소한 경우의 항고법원의 재판**

제1심법원이 그 재판을 취소하였다면 항고는 그 심판의 대상이 소멸하여 종료하게 된다.

② **제1심법원(=원심)이 원재판을 변경한 경우의 항고법원의 재판**

(i) 일부취소한 경우

제1심법원이 원재판의 일부취소에 해당하는 경우라면 그 나머지 부분은 항고심에 계속되어 항고심의 심판의 대상이 된다.

(ii) 원재판을 취소하고 그에 갈음하여 새로운 내용의 재판을 한 경우

제1심 법원이 원재판을 취소하고 새로운 내용의 재판을 한 경우 항고심의 심판대상이 소멸하여 항고심절차는 종료한다. 항고심의 심판대상이 소멸하였음에도 항고법원이 이를 모르고 재판을 하였을 경우 그 항고법원의 재판은 대상을 결하여 무효가 된다.

③ **항고법원이 실체재판을 한 경우의 제1심법원(=원심)의 취소 · 변경**

항고법원의 재판이 없는 동안에는 재판의 취소 · 변경이 가능하다. 따라서 항고법원이 실체재판을 하였다면 제1심법원은 취소 · 변경할 수 없다. 다만, 항고법원의 재판내용이 항고기각의 재판이라면 제1심법원은 취소 · 변경할 수 있다는 견해가 있으나 항고기각의 재판도 원심법원의 결정을 지지하는 항고법원의 판단이므로 제1심법원은 이를 취소 · 변경할 수 없다고 보는 것이 타당하다.[66)]

(7) 취소 · 변경의 효과

재판이 취소 · 변경된 경우 재판의 소급효 여부에 대해 견해의 대립이 있다.

① **소급효를 부정하는 견해**

위법 · 부당한 재판이라도 이미 재판의 효력이 발생하고 그에 따라 실체상의 변동이 발생하였다는 점을 고려하여야 한다는 견해이다. 일단 효력이 생긴 임시이사 선임결정(법 제33조 제1항)이 사후에 취소되더라도 특별한 사정이 없는 한 소급효는 인정되지 아니한다. 판례도 "법원의 선임 결정에 의하여 선임된 이사들이 그 결정이 취소되기 전에 개최한 총회에서의 결의는 그 후에 법원의 선임결정이 취소되었다고 하여 당연 무효가 된다고 볼 수 없고, 그 총회의 결의가 당연무효가 아닌 이상 특별한 사정이 없으면 그 총회에서 선임된 이사들이 개최한 총회의 결의 역시 유효하다"라고 판시하여 소급효를 부정하고 있다(서울지법 1999.4.1. 선고 98가합73829 판결).

② **소급효를 긍정하는 견해**

절대적으로 긍정하는 견해는 드물고 각 사건마다 제3자와의 관계 및 사안의 본질을 고려하여 개별적으로 결정하자는 견해이다.

---

66) 법원실무제요 비송, 법원행정처, 2014, 63면

판례

서울지법 1999.4.1. 선고, 98가합73829 판결 [임시총회결의무효확인]

[1] 비송사건의 결정이 취소된 경우, 소급효의 인정 여부(한정 소극)

[2] 법원에 의하여 선임된 임시이사들이 선임결정취소 전에 개최한 총회결의의 효력(유효)

[판결요지]

[1] 임시이사 선임신청 사건은 비송사건으로서 일단 효력이 생긴 비송사건의 결정이 사후에 취소되더라도 권리관계의 형성을 목적으로 하는 비송사건 본래의 성질에 비추어 특별한 사정이 없는 한 소급효는 인정되지 아니한다.

[2] 법원의 선임결정에 의하여 선임된 임시이사들이 그 선임결정이 취소되기 전에 개최한 총회에서의 결의는 그 후에 법원의 선임결정이 취소되었다고 하여 당연 무효가 된다고 볼 수 없고, 그 총회의 결의가 당연 무효가 아닌 이상 특별한 사정이 없으면 그 총회에서 선임된 이사들이 개최한 총회의 결의 역시 유효하다.

다. 취소 · 변경 자유의 원칙에 대한 제한

(1) 신청에 의해서만 재판을 하는 경우에 신청을 각하한 재판

신청에 의해서만 재판을 하여야 할 경우라 함은 비송절차의 시작이 당사자 또는 이해관계인의 신청에 의한 경우뿐 아니라 검사의 청구가 없으면 재판을 할 수 없는 경우를 말하며, 신청을 각하한 재판이라 함은 널리 신청을 각하 또는 기각 등으로 배척된 모든 재판을 의미한다. 즉, 신청에 의하여만 재판을 하여야 하는 경우에 신청을 각하한 재판은 신청인의 신청에 의하지 아니하고는 원재판을 취소하거나 변경할 수 없다(법 제19조 제2항).[67]

(2) 즉시항고로 불복할 수 있는 재판

취소 · 변경을 허용하지 않은 이유는 만약 즉시 항고로써 불복을 신청할 수 있는 사건에서 취소 · 변경을 허용한다면 이는 즉시항고로써만 불복하게 하여 사건을 신속히 확정시키려는 제도의 취지에 반하기 때문이다. 즉, 즉시항고로써 불복할 수 있는 재판은 취소하거나 변경할 수 없다(법 제19조 제3항).

라. 사정변경에 의한 재판의 취소 · 변경

(1) 의의

사정변경에 의한 재판의 취소 · 변경이란 비송사건의 재판이 원래는 적법 · 타당한 것이었다 하더라도 후에 사정변경이 있어 원래의 재판을 유지하는 것이 부당하게 되는 경우에 법원이 이를 취소하거나 변경하는 것을 말한다.

67) 이러한 재판에 대하여는 그 성질상 신청인 이외에 달리 그로 인하여 권리를 침해당한 자는 없다고 할 것이기 때문이다.

(2) 성질

사정변경에 의한 재판의 취소·변경을 인정하는 이유는 재판이 있은 후 사정변경이 있어 그 재판의 효력을 유지하는 것이 부당한 것이 되었을 것을 요건으로 한다는 점에서 재판에 원시적으로 위법·부당한 흠이 있는 것을 요건으로 하는 「비송사건절차법」 제19조의 규정에 의한 취소·변경과는 그 성질을 달리한다.

(3) 근거

「비송사건절차법」에는 사정변경에 의한 재판의 취소·변경에 대한 일반규정은 없다. 다만 개개의 사건의 경우 이를 전제로 한 규정을 두고 있다. 명문규정의 예는 아래 **[별표]**와 같다.

[별표]

- 수탁자의 「신탁법」 제14조 제2항에 따른 사임허가의 재판(법 제41조 제2항)
- 신탁재산관리인의 「신탁법」 제19조 제2항에 따른 사임허가의 재판(법 제44조의3 제3항)
- 신탁관리인의 「신탁법」 제70조 제2항에 따른 사임허가의 재판(법 제44조의11 제3항)
- 회사의 청산인의 선임 또는 해임의 재판(법 제119조)

(4) 인정 여부

① 학설

사정변경에 의한 재판의 취소·변경에 대한 명문의 규정은 없으나 이를 「비송사건절차법」 제19조 제1항의 취소·변경에 포함시킬지 아니면 별개의 것으로 보아 인정할지에 대해 견해의 대립이 있다.

② 판례

대법원은 임시이사 선임사건에서 "「민법」 제63조에 의한 임시이사의 선임은 「비송사건절차법」의 규제를 받는 것인 바, 법원은 임시이사 선임결정을 한 후에 사정변경이 생겨 그 선임결정이 부당하다고 인정될 때에는 이를 취소 또는 변경할 수 있다"고 판시하여 긍정하고 있다(대법원 1992.7.3. 91마730, 결정).

판례

「민법」 제63조에 의한 임시이사의 해임결정을 법원이 할 수 있는지의 여부
(대법원 1968.6.28., 자, 68마597, 결정) [임시이사개임신청기각결정에대한재항고]

[판결요지]

「민법」 제63조에 의한 임시이사 선임결정에 대한 항고는 본법 제20조 제1항의 규정에 비추어 보통항고라 할 것이므로 그 취소 또는 변경에 있어서 본조 제3항의 제한은 없는 것이어서 법원은 임시이사 선임결정을 한 후에 그 선임결정이 부당하다고 인정될 때에는 이를 취소 또는 변경할 수 있다.

법원이 「민법」 제63조에 의한 임시이사 선임결정을 한 후 이를 취소 또는 변경할 수 있는지 여부(적극) (대법원 1992.7.3., 자, 91마730, 결정) [임시이사개임신청]

[판결요지]

「민법」 제63조에 의한 임시이사의 선임은 「비송사건절차법」의 규제를 받는 것인 바, 법원은 임시이사 선임결정을 한 후에 사정변경이 생겨 그 선임결정이 부당하다고 인정될 때에는 이를 취소 또는 변경할 수 있다.

(5) 요건

비송사건의 재판이 원래는 적법·정당한 것임을 전제로 재판이 있은 후에 사정변경에 의하여 원래 재판을 유지하는 것이 부당하게 된 경우이어야 한다. 「비송사건절차법」 제19조의 재판의 취소·변경이 원시적으로 재판에 위법·부당한 흠이 있는 것을 요건으로 한다는 점에서 사정변경에 의한 재판의 취소·변경과 차이가 있다.

(6) 적용대상

법원이 일정한 법률관계를 형성한 후 그것이 사정변경으로 인하여 적절하지 않게 된 경우로 그 성질상 계속적 법률관계에 한하여 적용된다.

제6절 비송사건의 항고

제20조【항고】 ① 재판으로 인하여 권리를 침해당한 자는 그 재판에 대하여 항고할 수 있다.
② 신청에 의하여만 재판을 하여야 하는 경우에 신청을 각하한 재판에 대하여는 신청인만 항고할 수 있다.

1. 항고의 의의

비송사건의 항고란 상급법원에 하급법원의 원재판(결정)의 취소·변경을 구하는 불복신청을 말한다. 비송사건의 재판에 대한 불복은 항고 이외의 방법은 인정되지 않는다. 민사소송에서 항고는 종국판결 전 절차에 대한 처분의 불복절차이지만, 비송사건은 그 절차가 간단하여 민사소송과 같은 불복신청은 거의 없고 대부분 종국재판에 대한 항고이다.

2. 항고의 종류

가. 보통항고(=통상항고)

① 항고제기의 기간에 제한이 없는 항고로서 별도의 법률규정이 없어도 신청의 이익이 있는 한 어느 때나 제기할 수 있다.

② 원재판은 재판의 고지와 동시에 효력이 발생하며, 보통항고는 새로운 신청으로 본다.

③ 비송사건에서의 항고는 **보통항고가 원칙**이다.

④ 항고법원의 재판은 이유를 붙인 결정으로써 하여야 한다(법 제22조).

나. 즉시항고

① 기간의 정함이 있는 항고로 법률에 즉시항고할 수 있다는 명문규정이 있어야만 제기할 수 있다.

② 즉시항고 기간은 재판의 고지일로부터 1주일이며, 그 기간은 불변기간이다(법 제23조, 민소법 제444조).

③ 즉시항고를 하게 되면 확정이 차단되며, 즉시항고로써 불복을 할 수 있는 재판은 이를 취소하거나 변경할 수 없다.

④ 항고법원의 재판은 이유를 붙인 결정으로써 하여야 한다(법 제22조).

다. 재항고

① 재항고는 항고법원·고등법원 또는 항소법원의 결정 및 명령에 대하여는 재판에 영향을 미친 「헌법」·법률·명령 또는 규칙의 위반을 이유로 드는 때에만 대법원에 재항고할 수 있다.

② 원래 불복을 신청할 수 없는 결정에 대하여도 재판에 영향을 미친 「헌법」·법률·명령 또는 규칙의 위반이 있는 경우에는 특별히 대법원에 항고할 수 있도록 한 것이다. 재항고에는 상고의 규정이 준용된다(법 제23조, 민소법 제443조 제2항).

라. 특별항고

① **개념**

불복할 수 없는 결정이나 명령에 대하여 재판에 영향을 미친 「헌법」 위반이 있거나, 재판의 전제가 된 명령·규칙·처분의 「헌법」 또는 법률의 위반 여부에 대한 판단이 부당하다는 것을 이유로 하는 때에만 대법원에 항고할 수 있는데 이를 특별항고라 한다.

② **허용성**

「민사소송법」 제449조에 의한 특별항고는 비송사건절차에서도 당연히 허용된다. 그 요건과 절차는 민사소송절차가 준용된다. 이 항고는 재판이 고지된 날로부터 1주일 이내에 하여야 하며, 그 기간은 불변기간이다(민소법 제449조).

3. 항고절차의 개시

가. 항고권자

(1) 원칙

항고권자는 원칙적으로 재판으로 권리를 침해당한 자이다(법 제20조 제1항). 여기서 '권리를 침해당한 자'의 의미는 재판에 의하여 직접적·객관적으로 자기의 권리가 침해되었다고 인정되는 자를 뜻한다(예 「비송사건절차법」 제77조의 규정에 따른 검사인의 보수를 정하는 재판에서 그 보수가 고액인 경우, 직접적인 불이익을 받는 것은 회사 자신이기 때문에 회사는 항고할 수 있지만, 회사의 채권자 또는 주주는 단지 간접적으로 불이익을 받는 데 지나지 않기 때문에 항고권이 없다.[68]).

(2) 신청사건의 경우

「비송사건절차법」에서는 "신청에 의하여만 재판을 하여야 하는 경우에 신청을 각하한 재판에 대하여는 신청인만 항고할 수 있다"고 규정하고 있다(법 제20조 제2항).

즉, 신청에 의하여서만 재판을 하여야 할 경우에 신청을 각하한 재판에 대하여는 신청인만이 항고할 수 있다. 여기서 '신청을 각하한 재판'이란 신청요건을 결하여 각하한 경우뿐만 아니라, 신청의 이유 없음을 이유로 기각된 재판을 포함한다. 이러한 재판에 대하여는 그 성질상 신청인 이외에 달리 그로 인하여 권리를 침해당한 자는 없다고 할 것이기 때문에 당연한 규정이다.

(3) 항고권자의 확장과 제한

「비송사건절차법」에는 개별적으로 항고권자를 제한 또는 확장하거나 불복신청을 허용하지 아니하는 규정을 두고 있다.

예를 들어 「비송사건절차법」 제75조 제3항에서는 「상법」 제300조에 따른 변태설립사항의 변경에 관한 재판에 대해 발기인과 이사에게 항고권을 확장하여 인정하고 있고, 반대로 불복신청을 할 수 없다고 규정하고 있는 경우도 있다(예 법 제81조 제2항, 법 제84조 제2항, 법 제84조의2, 법 제95조 제1항, 법 제110조 제2항, 법 제112조, 법 제119조 등).

불복신청은 허용하지 않는 경우

① 합자회사 유한책임사원의 회계장부열람 및 재산상태검사 허가신청을 인용한 재판(법 제81조 제2항)
② **소**수주주에 의한 주식회사 주주총회 소집허가를 인용한 재판(법 제81조 제2항)
③ **직**무대행자 선임신청을 인용한 재판(법 제84조 제2항)
④ 소**송**상 대표자 선임신청을 인용한 재판(법 제84조의2)
⑤ 회사의 해산명령사건에서 관리인에게 재산상태를 보고하고 관리계산을 명하는 재판(법 제95조 제1항)
⑥ 사채모집수탁회사의 사임허가·해임·승계자 선임청구를 인용한 재판(법 제110조 제2항)
⑦ **사**채권자**집**회 **소**집허가신청을 인용한 재판(법 제112조)
⑧ **청**산인의 선임·해임을 인용한 재판(법 제119조)

68) 다만, 재판으로 인하여 권리를 침해당한 자가 아닌 사람이 제기한 항고라고 할지라도 「비송사건절차법」 제19조 제3항에 해당하지 아니하는 한 반드시 항고를 각하할 필요는 없고, 「비송사건절차법」 제19조 제1항에 의하여 직권으로 원재판을 취소 또는 변경할 수도 있을 것이다(법원실무제요 비송, 법원행정처, 2014, 67면).

나. 항고의 제기

제23조 【항고의 절차】 이 법에 따른 항고에 관하여는 특별한 규정이 있는 경우를 제외하고는 항고에 관한 「민사소송법」의 규정을 준용한다.

(1) 항고제기의 방식

① 제출법원

항고는 항고장을 원심법원에 제출함으로써 한다(법 제23조, 민소법 제445조). 항고는 서면 또는 말로 할 수 있다.

② 항고장 기재사항

항고장 기재사항에 대하여는 「비송사건절차법」에 특별히 규정한 바 없으나, 적어도 ① 당사자와 법정대리인, ② 항고로써 불복하는 결정의 표시와 그 결정에 대한 항고의 취지를 기재하여야 하며(법 제23조, 민소법 제443조 제1항, 민소법 제397조 제2항 참조), 항고장에는 원래의 신청서에 붙인 인지액의 2배에 해당하는 2,000원의 인지를 붙여야 한다(인지법 제11조 제1항).

(2) 항고기간

1) 보통항고

항고기간의 정함이 없다. 불복의 실익(재판의 취소·변경을 구할 이익)이 있으면 언제든지 제기할 수 있다.

2) 즉시항고

① 항고기간

즉시항고는 재판이 고지된 날로부터 1주일 이내에 하여야 한다. 이 기간은 불변기간으로 한다(민소법 제444조).

② 기간의 계산

기간의 계산은 「민법」의 규정에 따라 초일을 산입하지 아니한다. 그러나 「비송사건절차법」에는 특정한 사람에 대한 재판고지일을 기산일로 하는 경우가 있으므로 주의하여야 한다. 예를 들어 재판상 **대**위사건(법 제50조 제3항의 채무자)과 직무대행자 **상**무외 행위허가 신청사건(법 제85조 제2항의 직무대행자)과 같이 특별한 규정이 있는 경우에는 **초일을 산입**한다.

③ 항고기간의 만료

즉시항고는 항고기간의 만료로 재판은 확정되고 더 이상 불복신청을 할 수 없다. 다만 예외적으로 다음의 두 방법으로만 다시 다툴 수 있을 뿐이다.

(ⅰ) 재심신청

원재판에 「민사소송법」 제451조 제1항에 열거한 재심사유가 있는 때에는 원심법원에 재심의 소에 준하여 준재심신청을 할 수 있다(민소법 제461조).

(ii) 추후보완

즉시항고기간은 불변기간이다. 따라서 법원의 신축이 허용되지 않으나(민소법 제172조 제1항) 당사자의 책임으로 돌릴 수 없는 사유로 인한 경우 추후보완이 인정된다. 즉 항고권자의 책임질 수 없는 사유로 인하여 즉시항고의 기간을 준수하지 못하였을 경우에는 그 사유가 종료한 날로부터 2주일 이내에 유효한 즉시항고를 할 수 있다. 다만, 그 사유가 없어질 당시 외국에 있던 당사자에 대하여는 이 기간을 30일로 한다(민소법 제173조).

다. 항고제기의 효과

제21조【항고의 효력】 항고는 특별한 규정이 있는 경우를 제외하고는 집행정지의 효력이 없다.

(1) 확정차단의 효력

① 보통항고의 경우

보통항고로써 불복할 수 있는 재판은 항고기간의 제한이 없으므로 재판이 확정되지 않는다. 따라서 항고를 하더라도 재판의 확정차단이라는 문제도 생기지 않는다. 이 경우 사건은 원심재판에 의하여 당연히 종료된 것이며, 항고사건은 새로운 사건이 된다.

② 즉시항고의 경우

즉시항고를 허용하는 재판에 있어서는 즉시항고의 제기에 의하여 원심재판의 확정을 차단하는 효력이 발생한다.

(2) 이심(移審)의 효력

원심법원에 항고의 제기가 있으면 원심재판의 대상인 사건은 항고심에 이심된다. 원심법원에 항고가 제기되면 원심법원은 항고가 이유 있는지를 심사하여 이유가 있으면 스스로 재판을 경정하여야 하는 재도(再度)의 고안(考案)이 허용된다(민소법 제446조).

(3) 집행정지의 효력

① 원칙

비송사건에서의 항고는 특별한 규정이 있는 경우를 제외하고는 원칙적으로 집행정지의 효력은 없다. 비송사건의 경우 재판의 효력은 고지와 동시에 효력이 발생하므로 이미 재판의 고지가 있는 이상 항고를 하더라도 원심재판의 형성력 · 집행력에는 아무런 영향을 미치지 못한다. 「비송사건절차법」 제21조는 "항고는 특별한 규정이 있는 경우를 제외하고는 집행정지의 효력이 없다"고 규정하여 이를 명문화하고 있다.

② **예외**

법률이 특히 항고에 집행정지의 효력을 부여하고 있는 경우[69]에는 항고의 제기로 인하여 그 재판의 형성력과 집행력은 정지된다. 따라서 항고법원의 재판의 확정시까지 원심재판에 기한 집행은 할 수 없고, 또 원심재판의 권리관계는 형성되지 않는다.

(4) 집행정지명령

항고에 의한 집행정지에 대하여 위와 같은 특별규정이 없지만 재판의 효력을 정지시킬 필요성이 있는 경우가 있을 것이다. 이때에는 항고법원 또는 원심법원은 항고에 대한 결정이 있을 때까지 원심재판의 집행을 정지하거나 그 밖에 필요한 처분을 명할 수 있다(법 제23조, 민소법 제448조).

4. 항고의 심리절차(=항고의 진행절차)

비송사건의 항고법원의 심리절차는 「비송사건절차법」의 준용규정으로 「민사소송법」의 항고심의 절차에 따라 진행된다(법 제23조, 민소법 제439조).

가. 원심법원의 처리

(1) 항고장 심사

항고장이 원심법원에 제출되면 원심재판장은 ① 당사자의 표시가 있을 것 ② 법정대리인이 있는 경우에는 그 표시가 있을 것 ③ 원재판 및 이에 대하여 항고한다는 취지의 표시가 있을 것 ④ 소요 인지가 첩용되었을 것 등 항고장의 적법요건을 심사하여야 한다(법 제23조, 민소법 443조, 제399조). 항고장에는 상대방과 항고법원, 항고의 이유는 기재하지 아니하여도 된다.

(2) 신청이 부적법한 경우

항고장에 기재사항이 누락, 인지미첩부인 경우 항고인에게 상당한 기간을 정하여 흠결의 보정을 명하고 이를 보완하지 않거나 항고기간의 도과 등 부적법함이 명백한 경우에는 명령으로 항고를 각하한다. 이 명령에 대하여는 즉시항고를 할 수 있다(법 제23조, 민소법 443조 제1항, 제399조).

---

69) [법률이 즉시항고에 집행정지의 효력을 부여하고 있는 경우]
① 직무대행자의 **상무**외의 행위허가신청에 대한 인용결정에 대한 즉시항고(법 제85조 제3항)
② **신**주발행 무효로 인하여 신주주가 받을 환급금증감신청에 대한 재판에 대한 즉시항고(법 제89조, 제85조 제3항)
③ 회사의 **해**산명령결정에 대한 즉시항고(법 제91조)
④ 유한회사와 외국회사 **영**업소 폐쇄 명령에 대한 즉시항고(법 제101조, 제85조 제3항)
⑤ 사채권자집회 **결**의인가청구에 대한 재판에 대한 즉시항고(법 제113조 제2항, 제85조 제3항)
⑥ **과**태료재판에 대한 즉시항고(법 제248조 제3항)

⑶ 신청이 적법한 경우

① 항고의 이유가 없는 경우

항고가 이유 없다고 인정할 때에는 의견서를 첨부하여 사건기록을 항고법원에 송부한다.

② 원재판의 경정[= 재도(再度)의 고안(考案)]

(ⅰ) 의의

「민사소송법」에는 항고가 제기되면 원심법원은 반성의 의미에서 스스로 항고의 당부를 심사할 수 있으며, 만일 항고에 정당한 이유가 있다고 인정할 때에는 그 재판을 경정하여야 한다는 규정이 있다(민소법 제446조). 이를 다시 한번 고려한다는 의미에서 재도의 고안이라 하는데 이는 항고가 적법한 것임을 전제로 한다.

(ⅱ) 비송사건절차에서 인정 여부

비송사건에서 재도의 고안을 인정할지 여부에 대해 「비송사건절차법」 제19조 제3항을 근거로 부정하는 견해도 있다. 그러나 「비송사건절차법」 제23조가 민사소송의 항고에 관한 규정을 「비송사건절차법」의 규정에 의한 항고에 준용하고 있으므로 인정하는 것이 타당하다.[70)]

(ⅲ) 효과

항고가 이유 있다고 하여 원재판을 경정하는 경우 항고절차는 목적이 달성되어 그로써 종료된다. 그러나 경정된 결정에 대해 반대의 이익을 가지는 자가 다시 항고하는 경우 경정이 없는 상태로 환원되어 항고절차가 진행된다.

⑷ 집행정지등의 잠정적 처분

항고는 원칙적으로 집행정지의 효력이 없으나, 원심법원은 재판의 효력을 정지시킬 필요가 있을 때에는 항고에 대한 결정이 있을 때까지 원심재판의 집행을 정지하거나 그 밖에 필요한 처분을 명할 수 있다(법 제23조, 민소법 제448조).

⑸ 사건의 송부

항고장이 각하되지 아니한 때에 원심법원의 법원사무관등은 항고장이 제출된 날로부터 2주 이내에 항고기록에 항고장을 붙여 항고법원으로 보내야 한다. 원심법원이 항고기록을 항고법원에 보낼 때 의견서를 첨부할 필요는 없다(법 제23조, 민소법 제400조).

70) 법원실무제요 비송, 법원행정처, 2014, 70면

나. 항고법원의 접수 · 심리 · 재판

(1) 항고사건의 접수

항고사건이 항고법원에 접수되면 민사항고사건과 같이 사건번호 "라"를 부여한다.[71] 한편, 대법원은 "항고는 원칙적으로 두 당사자의 대립을 예상하지 않는 편면적인 불복절차로서 항고인과 이해가 상반되는 자가 있는 경우라도 판결절차에 있어서와 같이 엄격한 의미의 대립을 인정할 수 있는 것이 아니므로, 항고장에 반드시 상대방의 표시가 있어야 하는 것도 아니고, 항고장을 상대방에게 송달하여야 하는 것도 아니다"라고 판시하여 비송사건의 후견적 성격을 인정하였다(대법원 1966. 8. 12.자 65마473 결정, 대법원 1997. 11. 27.자 97스4 결정 참조).

(2) 항고심의 심리

항고심의 심리는 민사소송의 제1심의 절차가 준용된다(법 제23조, 민소법 제443조, 408조). 따라서 심문은 비공개가 원칙이며, 당사자는 새로운 사실과 증거를 제출할 수 있다. 항고법원의 조사범위는 직권주의가 적용되므로 항고이유에 의하여 제한되지 않는다.[72]

판례

「비송사건절차법」상 항고법원의 조사 범위가 항고이유에 의하여 제한되는지 여부(소극)
(대법원 2007.3.29. 자 2006마724 결정) [여객자동차운수사업법위반이의]

[판결요지]

「비송사건절차법」 제11조의 규정에 의하면 법원은 직권으로 사실의 탐지와 필요하다고 인정하는 증거의 조사를 하여야 한다고 규정되어 있으므로, 원심으로서는 항고이유로 주장된 바 없더라도 마땅히 진실 여부를 직권으로 조사하여 이 사건 항고의 당부를 가릴 수 있는 것이다(대법원 1982.10.12.자 82마523 결정 참조). 그러므로 관할관청이 이 사건 과태료를 부과하는 과정에서 든 사유 중에 "운수종사자가 기준 운송수입금액에 미달하는 금액을 납부한 경우 재항고인이 그 미달액을 임금에서 공제한 사실"이 포함되어 있지 않았더라도, 이 사유가 법원의 심리과정에서 드러난 경우 원심은 이를 과태료처분의 사유에 포함할 수 있는 것이다. 따라서 이 점에 관한 재항고논지는 이유 없다.

(3) 항고법원의 재판

제22조 【항고법원의 재판】 항고법원의 재판에는 이유를 붙여야 한다.

① 필요적 이유 기재

항고법원의 재판의 형식은 제1심의 경우와 마찬가지로 결정의 형식으로 하되 재판에는 반드시 이유를 붙여야 한다(법 제17조 제1항, 제22조).

---

71) 비송단독(비단), 비송합의(비합), 민사항고(라), 민사재항고(마), 민사특별항고(그), 과태료(과) 등 – 참조: 사건별 부호문자의 부여에 관한 예규(재판예규)

72) 대결 1982.10.12.82마523. 동 판례에서는 비송사건절차에 의한 항고사건에서는 항고이유의 주장 유무에 관계없이 기록에 나타난 자료의 진실 여부를 직권으로 조사하여야 한다고 하고 있다.

② **항고심 법원의 재판**

민사소송에서의 항고와 마찬가지로 항고법원의 심리결과 항고가 부적법한 경우 항고를 각하하고, 항고의 이유가 없거나 원결정의 이유가 정당하지 아니한 경우에도 다른 이유로 그 결정이 정당하다고 인정할 때에는 항고를 기각하게 된다(법 제23조, 민소법 제443조, 제414조).

③ **원결정의 취소 · 변경 · 환송 및 이송**

원결정이 부당하여 정당하지 아니하다고 인정될 때에는 항고법원은 원결정을 취소하여야 하며(민소법 제416조), 취소한 후에 항고법원이 스스로 새로운 재판을 할 경우도 있고(이를 원재판의 변경이라고 한다)[73], 또 사건을 원심법원에 환송하는 경우가 있는 것도 민사소송과 마찬가지이다(법 제23조, 민소법 제443조, 제416조, 제417조, 제418조). 원재판을 관할위반을 이유로 취소한 때에는 사건을 관할법원에 이송하여야 한다(법 제23조, 민소법 제419조).

판례

항고법원이 제1심결정을 취소하는 경우 직접 신청에 대한 결정을 할 수 있는지 여부(적극)
(대법원 2008.4.14.자, 2008마277 결정) [방송설비이전허가결정에대한이의]

[판결요지]

항고법원이 제1심결정을 취소하는 때에는 특별한 규정이 없는 한 사건을 제1심법원으로 환송하지 아니하고 직접 신청에 대한 결정을 할 수 있고, 이 경우 그 사건이 항고법원에 계속중인 때에는 항고법원은 당해 항고사건에 견련되는 사건의 관할법원도 될 수 있다.

④ **불이익변경금지원칙 배제**

직권주의가 적용되는 비송사건에서는 「민사소송법」상 항고심의 불이익변경금지의 원칙이 준용되지 않는다. 그러나 과태료재판의 경우에는 과태료처분을 받은 자의 이익을 위해 불이익변경금지의 원칙이 적용된다고 본다.

5. 항고절차의 종료

「민사소송법」의 항고에 관한 규정은 특별한 규정이 있는 것을 제외하고는 비송사건절차법상의 항고에 준용되므로(법 제23조) 비송사건절차에서도 항고의 취하와 항고권의 포기는 가능하다. 즉, 항고절차는 재판에 의하여 종료되는 외에 항고의 취하 또는 항고권의 포기 등의 사유로 종료된다.

(1) 항고의 취하

항고할 수 있는 권리는 당사자에게 주어진 권리이므로 항고법원의 재판이 있기까지는 언제든지 항고를 취하할 수 있다. 항고가 취하되면 항고는 처음부터 제기되지 않았던 것으로 되고 절차는 즉시 종료된다. 항고의 취하는 서면으로 하는 것이 원칙이나 심문기일에서 말로도 할 수 있다(민소법 제443조, 제393조, 제266조 제3항).

73) 대법원 2008.4.14. 2008마277 결정

(2) 항고의 포기

항고권의 포기란 항고제기 전에 미리 항고하지 않겠다는 뜻을 법원에 대하여 표시하는 것을 말한다. 항고권은 당사자에게 주어진 권리이므로 그 포기도 인정된다. 항고권의 포기가 있으면 항고권은 소멸하므로 절차는 즉시 종료된다. 항고권의 포기는 민사소송과 마찬가지로 서면으로 하여야 한다.

제7절 존재심

「민사소송법」 제461조는 "즉시항고로 불복할 수 있는 결정이 확정된 경우에 제451조 제1항에 기재한 사유가 존재하는 경우에는 확정판결에 대해서 제451조 내지 제460조의 규정에 의하여 재심을 제기할 수 있다"고 규정하고 있다. 비송사건의 즉시항고의 경우에도 민사소송의 재심 규정 준용 여부에 대해 다수설은 긍정하고 있다.

제8절 재판의 집행

(1) 원칙

비송사건의 재판은 사권관계의 형성을 목적으로 하므로 원칙적으로 집행을 필요로 하지 아니한다.

(2) 예외

금전의 지급을 명하는 비용의 재판(법 제25조) 및 **과**태료 재판(법 제247조)의 경우에는 그 재판의 목적을 실현하기 위하여 집행절차가 필요하다.

(3) 집행절차

① 집행절차에 관하여는 「민사집행법」의 규정이 준용되며, 집행을 하기 전에 재판서의 송달은 하지 아니한다(법 제29조 제2항, 제249조 제2항). 과태료의 재판은 검사의 명령으로써 이를 집행하며, 이 경우 그 명령은 집행력 있는 집행권원과 같은 효력이 있다(법 제249조 제1항).

② 비용의 재판에는 집행문[74] 부여를 요하나, 과태료의 재판에는 집행문을 요하지 아니한다.

③ 재판의 집행에 관한 행위는 필요한 경우 촉탁할 수 있다(법 제12조).

---

74) 집행권원(채무명의)의 집행력의 현존 또는 집행력의 내용을 공증하기 위하여 법원사무관 등(민사집행법 제28조)이 집행권원(채무명의)의 정본 말미에 부기하는 공증문서를 말한다.

Chapter
02 민사비송사건

제1절 법인에 관한 사건

「비송사건절차법」 제2편 제1장의 법인은 「민법」 제32조의 규정에 의하여 설립된 비영리법인을 말한다. 그런데 다른 법령에 의해 설립된 특수법인의 경우에도 그 법령에 「민법」 중 사단법인에 관한 규정을 적용 내지 준용하는 조항을 두는 경우가 있다. 「비송사건절차법」의 규정을 준용받는 조항으로는 「건축사법」 제36조, 「기술사법」 제14조 제7항, 「약사법」 제11조 제4항 등이 있는 바, 이런 특수법인 사건은 「비송사건절차법」에 따라 처리하여야 한다.[75]

법인에 관한 사건에는 재단법인의 정관보충사건, 법인의 임시이사 또는 특별대리인의 선임사건, 임시총회 소집에 관한 사건, 법인의 해산 및 청산 감독사건, 검사인의 선임사건, 청산인의 선임 또는 해임사건, 감정인의 선임, 감정인 비용에 관한 사건 등이 있다.

1. 재단법인의 정관보충사건

제32조 【재단법인의 정관 보충 사건의 관할】 ① 「민법」 제44조에 따른 사건은 법인설립자 사망 시의 주소지의 지방법원이 관할한다.
② 법인설립자의 주소가 국내에 없을 때에는 그 사망 시의 거소지 또는 법인설립지의 지방법원이 관할한다.

「민법」 제44조 【재단법인의 정관의 보충】 재단법인의 설립자가 그 명칭, 사무소소재지 또는 이사임면의 방법을 정하지 아니하고 사망한 때에는 이해관계인 또는 검사의 청구에 의하여 법원이 이를 정한다.

가. 의의

재단법인의 정관은 그 필요적 기재사항인 목적, 명칭, 사무소의 소재지, 자산에 관한 규정과 이사의 임면에 관한 규정을 기재하여야 하며 그 기재사항을 빠뜨린 때에는 설립행위는 성립하지 않게 된다(민법 제43조, 제40조 제1호 내지 5호). 그러나 「민법」은 이에 대하여 예외를 인정하여 재단법인의 설립자가 정관의 필요적 기재사항 중 목적과 자산에 관한 규정을 정하고, 나머지 사항의 전부 또는 일부를 정하지 않고 사망한 경우에는 이해관계인 또는 검사의 청구에 의하여 법원이 이를 보충하는 길을 열어 놓았다. 이것이 「민법」 제44조, 「비송사건절차법」 제32조에서 말하는 재단법인의 정관보충사건이다.

---

75) 한편, 비영리법인이라도 그 법인에 관한 사건이 법원의 관할에 속하지 않는 사건이 있음을 주의하여야 한다. 예컨대 사회복지법인의 임시이사 선임은 시도지사가(사회복지사업법 제22조의3 제1항), 학교법인의 임시이사 선임은 시 · 도교육감 또는 교육부장관(사립학교법 제25조 제1항)이 선임한다.

나. 관할법원

법인설립자가 사망할 때의 주소지 지방법원이 관할한다(법 제32조 제1항). 법인설립자의 주소가 국내에 없는 경우에는 그 사망한 때의 거소지 또는 법인설립지의 지방법원이 관할한다(법 제32조 제2항).

다. 신청절차

(1) 신청인

신청할 수 있는 자는 이해관계인 또는 검사이다(민법 제44조). 이해관계인이라 함은 재단법인의 성립 또는 불성립으로 인하여 자기의 권리의무에 영향을 받게 될 자를 말한다. 일반적으로 상속인, 상속재산관리인(민법 제1053조), 유언집행자(민법 제1093조)가 신청하는 경우가 많을 것이나, 당해 법인의 이사로 선임된 자, 이사로 선임될 자도 포함된다.

(2) 신청방식

① 신청은 「비송사건절차법」의 일반원칙에 따라 서면 또는 구술로 할 수 있다(법 제8조, 민소법 제161조).

② 신청서에 보충을 요하는 정관기재사항의 조항을 구체적으로 기재한다.[76]

③ 소명자료로 보통 설립자인 사망자가 작성한 정관과 사망사실에 관한 가족관계증명서 등을 제출한다.

라. 심리 및 재판

심리는 「비송사건절차법」 일반절차에 따라 진행하며, 재판은 결정으로 하고 법원이 적당하다고 인정하는 방법으로 고지하면 효력이 생긴다(법 제17조 제1항, 제18조).

마. 불복절차

특별한 규정이 없으므로 보통항고에 의한다.

2. 법인의 임시이사 선임사건

> **제33조 【임시이사 또는 특별대리인의 선임, 법인의 해산 · 청산의 감독의 관할】** ① 임시이사 또는 특별대리인의 선임(選任)은 법인의 주된 사무소 소재지의 지방법원 합의부가 관할한다.
>
> **「민법」 제63조 【임시이사의 선임】** 이사가 없거나 결원이 있는 경우에 이로 인하여 손해가 생길 염려 있는 때에는 법원은 이해관계인이나 검사의 청구에 의하여 임시이사를 선임하여야 한다.

---

76) 즉, 신청의 취지에 "사건본인의 명칭을 '○○장학회', 사무소의 소재지를 '○○시 ○○구 ○○로 100'으로 정한다는 재판을 구합니다." 또는 "이사의 임면에 관한 규정을 '① 이사는 3인으로 한다. ② 이사의 임기는 3년으로 하되 연임할 수 있다. ③ 이사의 자격은 교육사무에 관한 학식과 경험이 풍부한 자라야 한다.'라고 정한다는 재판을 구합니다."라는 식이다. 다만, 법원이 신청취지에 기속되지는 않으므로 "이사임면 규정에 관하여 적당한 재판을 구합니다."라고만 기재하여도 부적법한 것은 아니다.

가. 개요

(1) 의의

이사는 사단법인이나 재단법인을 가릴 것 없이 상설적 필요기관이다(민법 제57조). 그 수에 관해서는 제한이 없으며 정관에서 임의로 정할 수 있으나, 이사가 없거나 결원이 있는 경우에 이로 인하여 손해가 생길 염려가 있는 때에는 법원은 이해관계인이나 검사의 청구에 의하여 임시이사를 선임하여야 한다(민법 제63조).

(2) 권리능력 없는 법인에 유추적용

「민법」 제63조는 법인의 조직과 활동에 관한 것으로서 법인격을 전제로 하는 조항이 아니고, 법인 아닌 사단·재단의 경우에도 이사가 없거나 결원이 생길 수 있으며, 통상의 절차에 따른 새로운 이사의 선임이 극히 곤란하고 종전 이사의 긴급처리권도 인정되지 아니하는 경우에는 사단이나 재단 또는 타인에게 손해가 생길 염려가 있을 수 있으므로, 「민법」 제63조는 법인 아닌 사단·재단(권리능력 없는 법인)에도 유추 적용할 수 있다.[77] 실무상으로도 종교단체의 임시종정이나 재개발조합의 임시조합장을 선임한 예가 적지 않다.[78]

나. 선임요건

(1) 이사가 없거나 결원이 있을 것

「민법」 제63조에서 임시이사 선임의 요건으로 정하고 있는 '이사가 없거나 결원이 있는 경우'라 함은 이사가 임기의 만료, 사임, 사망, 파산 등의 사유로 이사가 전혀 없거나 정관에서 정한 인원수에 부족이 있는 경우를 말한다. 다만, 이사의 임기가 만료되더라도 퇴임한 이사는 새로운 이사가 선임될 때까지 그 임무를 수행함이 부적당하다고 인정될 만한 특단의 사정이 없는 한 계속하여 이사로서의 권리·의무를 갖는다.[79]

(2) 이로 인하여 손해가 생길 염려가 있는 경우

통상의 이사선임절차에 따라 이사가 선임되기를 기다릴 때에 법인이나 제3자에게 손해가 생길 우려가 있는 것을 의미한다.[80] 이때 손해는 구체적 손해가 발생해야 하는 것은 아니고, 법인의 업무수행상 지장을 초래할 염려가 있다는 의미 정도라고 해석하는 것이 일반적이다.[81]

---

77) 대결 2009.11.19. 2008마699 전원합의체 결정

78) 법원실무제요 비송, 법원행정처, 2014, 78면

79) 대법원 2005.3.25. 2004다65336 판결

80) 대법원 2009.11.19. 2008마699 전원합의체 결정

81) 다만, 종교단체의 임시이사의 선임은 「헌법」상 종교의 자율성이 인정되므로 임시이사의 선임요건과 필요성에 대해 신중을 기하여야 한다는 것이 판례이다(대법원 2009.11.19. 2008마699 전원합의체 결정).

다. 직무대행자 선임 가처분과 특별대리인과의 구별

(1) 직무대행자 선임 가처분

직무대행자라 함은 이사가 직무집행정지를 당함으로써 사실상 직무를 행할 수 없는 경우에 이해관계인의 신청에 의해 법원이 「민사소송법」상의 가처분 형식으로 이사직무를 대행하도록 선임된 자를 말한다.

그러나 임시이사의 경우 원칙적으로 **정식이사와 직무권한이 동일**하나, 직무대행자의 경우에는 법인을 종전과 같이 그대로 유지하면서 관리하는 한도 내의 **통상업무**에 속하는 사무만을 행할 수 있고, 이를 넘어서는 행위를 하려면 법원의 허가를 얻어야 한다(민법 제60조의2 제1항)는 점에서 구별된다.[82)]

(2) 특별대리인과의 구별

임시이사는 법인과 이사의 이익이 상반되는 경우 「민법」 제64조에 따라 선임하는 특별대리인 및 소송절차에서 상대방의 법인의 대표자 등이 대표권을 행사할 수 없는 경우에 소송행위를 할 수 있도록 하기 위하여 「민사소송법」 제62조에 따라 선임하는 소송대리인과도 구별된다.

라. 관할법원

임시이사 선임은 법인의 주된 사무소의 소재지 지방법원 합의부 관할사건이다(제33조 1항).

마. 신청절차

(1) 신청인

이해관계인 또는 검사이다(민법 제63조). 이해관계인이란 임시이사가 선임되는 것에 관하여 법률상의 이해관계가 있는 자를 말한다. 즉 사건본인[83)], 법인의 다른 이사·사원·채권자 등을 포함하며, 그 법인의 정당한 최후의 이사였다가 퇴임한 자이거나 그 이사선임 신청 당시 그 법인의 등기부상의 이사로서 그 법인의 업무처리를 담당해온 자도 이에 해당된다.[84)]

(2) 신청방법

일반원칙에 따라 서면 또는 구술로 신청한다. 신청을 함에 있어서는 임시이사 또는 후보자의 주소·성명을 특정하고 임시이사로서의 적임인 이유를 설명하여 신청하는 것이 보통이다. 그러나 법원이 이에 기속하는 것은 아니다.

---

82) 대법원 2006.1.26. 2003다36225 판결

83) 재판기록과 결정문에는 임시이사 선임의 대상이 되는 법인을 '사건본인'으로 표기한다.

84) 대법원 1976.12.10. 76마394 결정; 대법원 2007.5.10. 2006다85747 판결

바. 심리 및 재판

(1) 심리

상사비송사건(법 제84조)과 달리 법원은 이사와 감사의 의견을 들을 필요가 없다.

(2) 재판

임시이사의 선임재판은 결정으로 하고 법원이 적당하다고 인정하는 방법으로 고지하면 효력이 생긴다(법 제17조 제1항, 제18조). 그렇다고 하여 피선임자가 이에 구속되어야 하는 것은 아니며, 위 결정에 따라 피선임자의 취임승락이 필요하다고 해석된다.[85]

사. 임시이사의 임기 및 권한

(1) 임시이사의 임기

임시이사는 정식이사가 취임할 때까지 일시적인 기관이다. 정식의 이사가 선임된 경우에는 그 권한은 당연히 소멸한다. 다만 법원은 임시이사 선임결정을 한 후에 사정변경이 생겨 그 선임결정이 부당하다고 인정할 때에는 「비송사건절차법」 제19조 제1항에 따라 언제든지 취소 또는 변경할 수 있다.[86]

또한 판례는 "행정청이 의료법인의 이사에 대한 이사취임승인을 취소하였다가 직권으로 그 취소처분을 취소한 경우, 그 취소처분 사이에 임시이사를 법원이 선임한 경우 그 임시이사는 법원의 해임결정이 없더라도 당연히 그 지위가 소멸된다"고 판시[87]하고 있다.

(2) 임시이사의 권한

임시이사의 권한은 정식의 이사와 동일하다. 정식이사를 선임할 권한이 있는 임시이사가 이사로서의 권한에 의하여 적법한 절차에 따라 변경한 정관은 유효하다.[88]

(3) 임시이사의 사임

임시이사는 언제라도 사임할 수 있고, 법원의 승인이 필요하지 않다.[89] 이사는 언제든지 법인을 대표하는 자에 의하여 고지하고 사임할 수 있으나, 이는 임의규정에 불과하므로 당사자의 특약이나 정관에 사임절차를 달리 정할 수 있고 임시이사의 경우에도 정식이사에 적용되는 사임절차에 따라야 한다.[90]

---

85) 법원은 임시이사로 선임하려는 자에 대하여 재판 전 승낙 의사의 유무를 확인할 필요가 있다.

86) 대법원 1992.7.3. 91마730 결정

87) 대법원 1997.1.21. 96누3401 판결

88) 대법원 1963.12.12. 63다 449 판결

89) 다만, 실무상으로는 사임하려는 임시이사는 법원에 사임서를 제출하는 것이 보통이다.

90) 대법원 1997.9.11. 97마1474 판결

아. 불복절차

(1) 불복방법

「비송사건절차법」에 의한 통상항고로써만 불복이 가능하며, 일반 민사소송절차에서 이를 무효로 할 수는 없다.[91] 임시이사 선임결정의 집행을 정지하려면 「비송사건절차법」 제23조와 「민사소송법」 제448조에 의하여 항고법원 또는 원심법원으로 하여금 그 재판의 집행을 정지하거나 기타 필요한 처분을 하도록 신청해야 하며 「민사소송법」상의 가처분절차로 그 집행을 정지시킬 수는 없다.[92]

(2) 항고권자

「비송사건절차법」 제20조 제1항에 따라 결정에 의하여 권리를 침해받은 자가 항고할 수 있다. 재단의 이사로 선임되어 그 선임등기가 완료되었는데 아무런 권원이 없는 사람들에 의하여 그 해임등기가 경료되고 법원이 임시이사 선임결정을 한 경우에는 등기부상에 이사해임등기가 경료되었다 하더라도 권한 없는 자의 불법에 의하여 해임등기가 경료되었다는 소명이 있다면 「비송사건절차법」 제20조의 '권리를 침해당한 자'로서 임시이사 선임결정에 대하여 항고를 할 수 있다.[93]

(3) 항고법원의 임시이사 선임결정

항고법원은 임시이사 선임신청을 기각한 제1심결정이 부당하여 새로 임시이사의 선임이 필요하다고 인정하면, 필요한 심리를 거쳐 임시이사의 선임을 결정할 수 있다.

자. 등기

「민법」상의 임시이사의 선임에 대해서는 등기를 하여야 한다는 규정이 없어 등기사항이 아니다. 실무상으로도 등기하지 않는다.

3. 특별대리인 선임사건

제33조 【임시이사 또는 특별대리인의 선임, 법인의 해산 · 청산의 감독의 관할】 ① 임시이사 또는 특별대리인의 선임(選任)은 법인의 주된 사무소 소재지의 지방법원 합의부가 관할한다.

「민법」 제64조 【특별대리인의 선임】 법인과 이사의 이익이 상반하는 사항에 관하여는 이사는 대표권이 없다. 이 경우에는 전조의 규정에 의하여 특별대리인을 선임하여야 한다.

91) 대법원 1976.10.26. 76다1771 판결

92) 대법원 1963.12.12. 63다321 판결

93) 대법원 1964.8.17. 64마452 결정

가. 의의

법인과 이사의 이익이 상반하는 사항에 관하여는 이사는 대표권이 없다. 이 경우에는 이해관계인 또는 검사의 청구에 의하여 보충기관으로서 특별대리인을 선임하여야 한다(민법 제64조).

나. 선임의 요건

(1) 법인과 이사의 이해가 상반되는 사항

「민법」 제64조는 이사 개인과 법인과의 이해가 충돌하는 경우에는, 이사의 성실·적정한 행동을 기대하기 어렵고, 이사 개인의 이익을 위하여 법인에게 불리한 행위의 발생을 방지하기 위하여 마련한 규정이므로 그러한 위험이 있는 모든 사항이 이해상반사항에 해당한다. 재판상 행위나 재판 외의 행위뿐만 아니라 이사가 직접 거래의 상대방이 아닌 제3자인 경우에도 포함된다.

(2) 그 이사 외에는 대표권을 가지는 이사가 없을 때

법인과 이익이 상반된 입장에 있는 이사 외에도 따로 대표권을 가지는 이사가 있는 경우에는 그 이사가 그 사항에 대하여 회사를 대표하면 되기 때문에 특별대리인을 선임할 필요가 없다.

다. 특별대리인의 지위·권한

특별대리인도 임시이사와 마찬가지로 법인의 기관이다. 그러나 임시이사는 법인의 사무에 관하여 포괄적인 권한을 가지는 데 반하여, 특별대리인은 그 선임의 사유가 된 사항에 대해서만 권한을 가질 뿐이다. 따라서 법원은 특별대리인을 선임한 경우 특별대리인이 대리할 사항에 대하여 명시하여야 한다.

라. 관할법원

법인의 주된 사무소 소재지의 지방법원 합의부의 관할

마. 신청절차

(1) 신청인

신청인은 이해관계인 또는 검사이다(민법 제64조, 제63조).

(2) 신청방법

법률에 특별한 규정이 없으므로 「비송사건절차법」이 정한 일반원칙에 따라 서면 또는 말로 한다(법 제8조).

바. 심리 및 재판

임시이사 선임의 재판에서와 동일하다. 재판기록과 결정문에 특별대리인 선임의 대상이 되는 법인을 '사건본인'으로 기재한다.

사. 불복절차

특별한 규정이 없으므로 통상항고에 의한다.

아. 특별대리인의 보수

특별대리인의 보수에 대하여는 법률상 규정이 없으나, 「비송사건절차법」 제77조의 규정을 유추하여 법원이 상당하다고 인정할 경우에는 보수를 지급하게 할 수 있다.

4. 법인의 임시총회소집 허가사건

제34조 【임시총회 소집 사건에 관한 관할】 ① 「민법」 제70조 제3항에 따른 사건은 법인의 주된 사무소 소재지의 지방법원 합의부가 관할한다.
② 「민법」 제70조 제3항에 따른 임시총회 소집의 허가신청과 그 사건의 재판에 관하여는 제80조[94] 및 제81조[95]를 각각 준용한다.

「민법」 제70조 【임시총회】 ① 사단법인의 이사는 필요하다고 인정한 때에는 임시총회를 소집할 수 있다.
② 총사원의 5분의 1 이상으로부터 회의의 목적사항을 제시하여 청구한 때에는 이사는 임시총회를 소집하여야 한다. 이 정수는 정관으로 증감할 수 있다.
③ 전항의 청구있는 후 2주간 내에 이사가 총회소집의 절차를 밟지 아니한 때에는 청구한 사원은 법원의 허가를 얻어 이를 소집할 수 있다.

가. 개요

(1) 의의

사단법인의 임시총회는 ① 이사가 필요하다고 인정한 때, ② 감사가 필요하다고 인정한 때, ③ 총 사원의 5분의 1 이상[96]으로부터 회의의 목적사항을 제시하여 청구한 때에 소집하여야 한다.

총사원의 5분의 1 이상의 사원의 청구가 있음에도 불구하고 이사가 2주간 내에 임시총회를 소집하지 아니하는 때에는, 그 청구를 한 사원은 법원의 허가를 얻어서 스스로 소집할 수 있다 (민법 제70조 제3항).

---

94) **제80조 【업무 · 재산상태의 검사 및 총회소집 허가의 신청】** ① 「상법」 제277조 제2항에 따른 검사의 허가를 신청하는 경우에는 검사를 필요로 하는 사유를 소명하고, 같은 법 제366조 제2항에 따른 총회 소집의 허가를 신청하는 경우에는 이사가 그 소집을 게을리한 사실을 소명하여야 한다.
② 제1항에 따른 신청은 서면으로 하여야 한다.

95) **제81조 【업무 · 재산상태의 검사 등의 신청에 대한 재판】** ① 제80조에 따른 신청에 대하여는 법원은 이유를 붙인 결정으로써 재판을 하여야 한다.
② 신청을 인용한 재판에 대하여는 불복신청을 할 수 없다.

96) 이 정수는 정관으로 증감할 수 있다(민법 제70조 제2항).

(2) 비법인 사단에 유추적용

종중이나 재건축조합과 같은 비법인 사단의 경우에도 위 규정이 유추적용된다.[97] 다만 종중의 경우 종중원들이 종중 재산의 관리 또는 처분 등을 위하여 종중의 규약에 따른 적법한 소집권자 또는 일반 관례에 따른 종중총회의 소집권자인 종중의 연고항존자에게 필요한 종중의 임시총회 소집을 요구하였음에도 그 소집권자가 정당한 이유 없이 이에 응하지 아니하는 경우에는 차석 또는 발기인(위 총회의 소집을 요구한 발의자들)이 소집권자를 대신하여 그 총회를 소집할 수 있는 것이고, 반드시 「민법」 제70조를 준용하여 감사가 총회를 소집하거나 종원이 법원의 허가를 얻어 총회를 소집하여야 하는 것은 아니다.[98]

나. 관할법원

법인의 주된 사무소 소재지 지방법원 합의부가 관할한다(법 제34조).

다. 신청절차

(1) 신청인

① 인원

임시총회소집을 요구했던 총사원의 5분의 1 이상의 사원들이다. 이 5분의 1 이상이라는 숫자는 정관으로 증감할 수 있다(민법 제70조 제2항 · 제3항).

② 자격

총회소집을 요구하였던 사원만이 신청인 자격이 있으므로 총회소집을 요구한 적이 없는 사원들에 의한 임시총회소집허가 신청은 기각된다.[99] 감사는 법인의 재산 및 업무를 감사하고 그 결과를 보고하기 위하여 필요한 때에는 총회를 소집할 권한이 있으나(민법 제67조), 이 경우에는 스스로 감사의 권한에 의하여 총회를 소집하면 되므로 법원에 임시총회소집 허가신청을 할 이익이 없어 감사의 신청은 각하된다.

③ 신청요건

이 사건은 법률상 반드시 수인의 공동신청을 필요로 하는 것은 아니지만, 수인의 신청인이 공동하여서만 신청요건을 구비하는 경우로서 재판 시까지 그 요건이 존재하여야 한다. 만약 1인의 취하로 신청요건인 인원수에 부족이 발생되면 그 신청은 부적법하게 되어 각하된다.[100] 다만, 공동신청인이 민사소송의 고유필요적 공동소송관계에 있는 것은 아니므로 자유롭게 개별적으로 취하할 수 있다.

---

97) 대법원 1993.10.12. 92다50799 판결; 대법원 1999.6.25.98마478 결정

98) 대법원 2011.2.10. 2010다83199, 83205 판결

99) 이사의 유고로 사원들이 임시총회 소집요구를 할 수 없었던 때에는 이사 직무대행자에게 소집요구를 할 수 있고, 그 직무대행자마저 유고여서 이사의 직무를 행할 자가 없으면 법원으로부터 임시이사 선임결정을 받아 그 임시이사가 임시총회를 소집할 수 있다(법원실무제요 비송, 법원행정처, 2014, 87면).

100) 「민사소송법」상 적극적 당사자추가는 허용되지 않으므로 신청인을 추가할 수는 없고 보정할 방법도 없어 신청은 각하되는 것이다(법원실무제요 비송, 법원행정처, 2014, 87면).

④ **선정당사자 인정 여부**

임시총회소집 허가신청을 위하여 다수의 사원들이 선정당사자를 선정하였다고 하여도 선정당사자에 관한 「민사소송법」 제49조의 규정은 비송사건에는 준용되거나 유추 적용되지 아니하므로 선정당사자가 한 신청은 그가 단독으로 한 것에 불과하여 정수 미달로서 부적법하다.[101]

(2) 신청방법

① 회의의 목적사항을 기재한 서면으로 신청하되 신청인은 이사가 그 소집을 게을리한 사실을 소명하여야 한다(법 제80조 제1항).

② 소명방법은 「민사소송법」이 준용되는 바(법 제10조, 민소법 제299조), 소명자료서는 임시총회의 소집을 청구하는 내용증명, 총회소집통지서를 받은 일이 없다는 사원의 진술서를 첨부한다. 그러한 소명이 없는 경우 신청은 기각된다.[102]

라. 심리 및 재판

① 신청에 대한 재판은 이유를 붙인 결정으로 한다(법 제34조 제2항, 제81조 제1항).

② 법원은 후견인적 입장에서 임시총회 소집의 필요성, 소집을 허가했을 때와 허가하지 않을 때 법인에 미치는 영향을 고려하여 허가 여부를 결정하여야 한다. 그리고 허가신청을 인용하는 재판을 하는 경우에는 그 임시총회 회의의 목적사항을 명백히 하여야 한다.

주문형식

주문: 신청인들이 이사 ○○○, 감사 ○○○의 퇴임에 따른 후임이사 및 감사의 선임을 목적으로 하는 ○○법인 사건본인의 사원총회 소집을 허가한다.

임시총회소집허가 신청의 대상인 법인이 '사건본인'이 되고, 신청서, 심문기일소환장 등 서류는 '사건본인'인 법인에게 송달하여야 한다. 총회를 소집하지 아니한 이사는 사건의 당사자가 아니다.

③ 실무상 사건본인인 법인이 신청인들의 사원 지위 자체를 다투는 경우가 있다. 사원 지위 여부에 관한 법률적인 판단이 필요한 경우에는 사원지위 확인의 소 등을 통하여 사원의 지위를 확정한 다음 임시총회소집 허가신청을 하도록 함이 보통이다.

④ 임시총회 소집허가 결정을 한 후라도 그 결정이 이루어지기 이전에 법인이 어떤 경위로 총회의 목적사항을 의결한 사정이 밝혀지면, 그 결정은 부당하게 되어 법원은 「비송사건절차법」 제19조 제1항에 따라 결정을 취소할 수 있다.[103]

---

101) 대법원 1990.12.7. 90마674, 90마카11 결정

102) 한편 실무상, 임시총회소집 허가신청서에 기재한 회의의 목적사항과 실제로 사원들이 사건본인 법인에게 임시총회소집을 청구할 때 밝힌 회의의 목적사항이 다른 경우에는 신청인들로 하여금 즉시 사건본인 법인에 대하여 안건을 제대로 기재한 임시총회소집청구서를 다시 발송하여 보정하도록 명하고 있다.

103) 대법원 1993.10.12. 92다50799 판결

마. 불복절차

① 신청을 각하·기각한 결정에 대해서는 항고로써 불복가능하다.

② 신청을 인용한 결정에 대해서는 불복할 수 없다(법 제34조 제2항, 제81조 제2항).

5. 법인의 해산과 청산의 감독

제33조【임시이사 또는 특별대리인의 선임, 법인의 해산·청산의 감독의 관할】 ① 임시이사 또는 특별대리인의 선임(選任)은 법인의 주된 사무소 소재지의 지방법원 합의부가 관할한다.
② 법인의 해산 및 청산에 대한 감독은 그 주된 사무소 소재지의 지방법원이 관할한다.

제35조【법인에 대한 검사인의 선임】 법원은 특별히 선임한 자로 하여금 법인의 감독에 필요한 검사(檢査)를 하게 할 수 있다.

「민법」 제95조【해산, 청산의 검사, 감독】 법인의 해산 및 청산은 법원이 검사, 감독한다.

가. 의의

법인의 해산과 청산은 법원이 검사, 감독한다(민법 제95조). 법인의 사무는 주무관청이 검사, 감독하지만(민법 제37조, 공익법인의 설립·운영에 관한 법률 제14조), 해산과 청산에 있어서는 이해관계인의 이익의 공평한 보호가 이루어져야 할 필요성이 강하기 때문에, 주무관청보다 법원의 감독에 속하게 한 것이다.

나. 관할법원

법인의 주된 사무소 소재지의 지방법원이 관할한다(법 제33조 제2항).

다. 절차

법인의 해산과 청산의 검사·감독은 법원이 직권으로 한다.

라. 검사·감독의 방법

(1) 직권주의

법원이 직권으로 필요하다고 인정하는 방법에 의해 검사 및 감독을 행한다. 이사·감사 등에게 보고서를 제출하게 하거나 검사인을 선임하여 감독에 필요한 검사를 하게 할 수 있다(법 제35조).[104)]

(2) 시정조치

검사결과 부정이나 결함이 있는 경우 법원은 직권으로 청산인을 선임하거나 해임할 수 있다(민법 제83조, 제84조).

104) 법인의 이사, 감사 또는 청산인이 위와 같은 검사, 감독을 방해한 때에는 500만원 이하의 과태료에 처한다(민법 제97조 제3호).

6. 법인의 청산인 선임 및 해임사건

제35조 【법인에 대한 검사인의 선임】 법원은 특별히 선임한 자로 하여금 법인의 감독에 필요한 검사(檢査)를 하게 할 수 있다.

제36조 【청산인】 법인의 청산인(淸算人)에 관하여는 제117조 제1항, 제119조 및 제121조를 준용한다.

제37조 【청산인 또는 검사인의 보수】 법원이 법인의 청산인 또는 제35조에 따라 검사할 자를 선임한 경우에는 제77조 및 제78조를 준용한다.

「민법」 제82조 【청산인】 법인이 해산한 때에는 파산의 경우를 제하고는 이사가 청산인이 된다. 그러나 정관 또는 총회의 결의로 달리 정한 바가 있으면 그에 의한다.

제83조 【법원에 의한 청산인의 선임】 전조의 규정에 의하여 청산인이 될 자가 없거나 청산인의 결원으로 인하여 손해가 생길 염려가 있는 때에는 법원은 직권 또는 이해관계인이나 검사의 청구에 의하여 청산인을 선임할 수 있다.

제84조 【법원에 의한 청산인의 해임】 중요한 사유가 있는 때에는 법원은 직권 또는 이해관계인이나 검사의 청구에 의하여 청산인을 해임할 수 있다.

가. 의의

(1) 청산인의 선임

법인이 해산한 경우 파산의 경우를 제외하고 청산인이 필요하다. 정관과 총회의 결의로 달리 정한바 없다면 이사가 청산인이 된다(민법 제82조). 그러나 청산인이 될 자가 없거나 또는 청산인의 결원으로 손해가 생길 염려가 있는 경우 법원은 직권 또는 이해관계인, 검사의 청구에 의하여 청산인을 선임할 수 있다(민법 제83조).

(2) 청산인의 해임

① 법원은 중요한 사유[105]가 있는 때에는 직권 또는 이해관계인이나 검사의 청구에 의하여 청산인을 해임할 수 있다(민법 제84조).

② 해임대상인 청산인에는 법원이 선임한 청산인 외에 「민법」 제82조의 소정의 방법에 의하여 그 자격을 취득한 청산인도 포함된다. 한편 청산인은 사원총회의 결의로도 해임가능하나 법원이 선임한 경우는 법원만이 해임할 수 있다는 견해가 많다.

(3) 청산인의 결격사유

미성년자, 피성년후견인, 자격이 정지되거나 상실된 자, 법원에서 해임된 청산인, 파산선고를 받은 자 등은 청산인으로 선임될 수 없다(법 제36조, 제121조).

105) 중요한 사유라 함은 청산인의 무능, 태만, 질병, 비행 기타 청산인의 업무를 수행하기에 부적당한 일체의 사유를 말하며, 법원은 여러 가지 사정을 종합적으로 고려하여 이러한 사유가 있는지 판단한다(법원실무제요 비송, 법원행정처, 2014, 92면 참조).

나. 관할법원

법인의 주된 사무소 소재지 지방법원이 관할한다(법 제36조, 제117조 제1항).

다. 신청절차

(1) 신청인

신청권자는 이해관계인 또는 검사이지만 법원이 직권으로 청산인을 선임·해임할 수도 있다(민법 제83조, 제84조).

(2) 신청방법

법률에 특별한 규정이 없으므로 「비송사건절차법」이 정한 일반원칙에 따라 서면 또는 말로 한다(법 제8조).

라. 심리 및 재판

「비송사건절차법」 일반절차에 따라 진행한다.

마. 불복절차

청산인의 선임 또는 해임의 재판에 대하여는 불복의 신청을 할 수 없다(법 제36조, 제119조). 그러나 신청을 각하한 재판에 대해서는 「비송사건절차법」 제20조 제2항에 따라 항고할 수 있다.[106]

바. 기타 사항

(1) 보수지급

① 법원은 청산인을 선임하거나(민법 제83조), 법인의 감독에 필요한 검사인을 선임(법 제35조)한 경우에는, 법인으로 하여금 그 청산인 또는 검사인에게 보수를 지급하게 할 수 있다(법 제37조, 제77조). 청산인·검사인 보수결정에 대해서는 즉시항고할 수 있다(법 제37조, 제78조).

② 보수의 액은 법원이 재량으로 결정하나, 검사인의 보수에 대하여는 이사 및 감사의 진술을 들어야 한다(법 제37조, 제77조).[107]

---

106) 위와 같이 법원의 청산인 선임의 재판에 대해서는 불복할 수 없도록 되어 있으므로 그러한 불복이 허용됨을 전제로 하여 청산인 해임청구권을 피보전권리로 한 청산인직무집행정지 및 직무대행자선임 가처분신청은 부적법하다(대법원 1982.9.14. 81마33 결정).

107) 청산인의 보수액을 정할 때, 보수가 지급될 청산인 이외에 다른 청산인이 있는 경우 그의 진술을 들어야 하는 것은 당연하지만(법 제37조, 제77조), 보수가 지급되어야 할 청산인 이외에 다른 청산인이 없는 경우에 대하여는 진술청취의 절차를 요하지 않는다는 견해와 청산인 본인의 진술이라도 들어야 할 것이라는 견해가 나뉘어 있다. 청산인의 진술 청취가 보수를 부담하게 될 법인 쪽의 의견이나 사정을 재판에 반영시키기 위한 것이므로, 보수가 지급되어야 할 청산인의 진술은 들을 필요가 없다고 할 것이다(법원실무제요 비송, 법원행정처, 2014, 94면 참조).

(2) 등기 여부

① 선임등기

청산인은 파산의 경우를 제하고는 그 취임 후 3주간 내에 해산의 사유 및 연월일, 청산인의 성명 및 주소와 청산인의 대표권을 제한한 때에는 그 제한을 주된 사무소 및 분사무소 소재지에서 등기하여야 한다(민법 제85조 제1항).

② 해임등기

법원이 해임한 청산인에 관한 등기는 제1심 수소법원의 촉탁에 의한다(법 제107조 제1호).

7. 청산절차에서 감정인 선임, 비용 등에 관한 사건

제38조 【감정인의 선임 비용 등】「민법」 제91조 제2항에 따른 감정인을 선임하는 경우에는 제124조 및 제125조를 준용한다.

「민법」 제91조 【채권변제의 특례】 ① 청산 중의 법인은 변제기에 이르지 아니한 채권에 대하여도 변제할 수 있다.
② 전항의 경우에는 조건있는 채권, 존속기간의 불확정한 채권 기타 가액의 불확정한 채권에 관하여는 법원이 선임한 감정인의 평가에 의하여 변제하여야 한다.

가. 의의

청산 중의 법인은 변제기에 이르지 아니한 채권에 대하여도 변제할 수 있다. 이 경우에는 조건있는 채권, 존속기간의 불확정한 채권 기타 가액의 불확정한 채권에 관하여는 법원이 선임한 감정인의 평가에 의하여 변제하여야 한다(민법 제91조).

나. 관할법원

법인의 주된 사무소 소재지의 지방법원이 관할한다(법 제33조 제2항).

다. 신청절차

(1) 신청인

법률에 특별한 규정은 없으나, 청산 중의 채무변제는 청산의 사무에 속하므로 청산인이 신청할 수 있다. 또한 법원이 직권으로 할 수도 있다.

(2) 신청방법

법률에 특별한 규정이 없으므로 「비송사건절차법」이 정한 일반원칙에 따라 서면 또는 말로 한다(법 제8조).

라. 심리 및 재판

이 사건의 심리에는 검사가 관여하지 아니한다(법 제38조, 제125조, 제58조). 즉, 「비송사건절차법」 제15조(검사의 의견 진술 및 심문 참여)의 규정적용이 배제된다.

마. 불복절차

이 사건에 관한 재판에 대하여는 불복의 신청을 할 수 없다(법 제38조, 제125조, 제59조).

바. 감정인 선임비용

① 「비송사건절차법」 제38조 규정에 따라 제124조와 제125조의 규정은 「민법」 제91조 제2항의 규정에 따른 감정인을 선임하는 경우에 이를 준용한다. 즉, 감정인의 선임절차의 비용은 법인이 부담하며, 감정인의 소환과 심문의 비용도 같다(법 제38조, 제124조, 제125조).

② 심문절차의 비용 중에는 감정인에게 지급하여야 할 감정료, 여비, 일당이 포함되며, 감정료는 법원이 정한다. 감정료는 감정료 예규에 따라 정한다.

제2절 신탁에 관한 사건

1. 부정한 목적으로 설정된 신탁종료사건(=자기신탁 종료 명령사건)

제40조 【부정한 목적으로 신탁선언에 의하여 설정된 신탁의 종료 재판】 ① 「신탁법」 제3조 제3항에 따른 청구에 의한 재판을 하는 경우 법원은 수탁자의 의견을 들어야 한다.
② 제1항에 따른 청구에 대한 재판은 이유를 붙인 결정으로써 하여야 한다.
③ 제1항에 따른 청구에 대한 재판은 수탁자와 수익자에게 고지하여야 한다.
④ 제1항에 따른 청구를 인용(認容)하는 재판에 대하여는 수탁자 또는 수익자가 즉시항고를 할 수 있다. 이 경우 즉시항고는 집행정지의 효력이 있다.
⑤ 제1항에 따른 청구를 기각(棄却)하는 재판에 대하여는 그 청구를 한 자가 즉시항고를 할 수 있다.

「신탁법」 제3조 【신탁의 설정】 ① 신탁은 다음 각 호의 어느 하나에 해당하는 방법으로 설정할 수 있다. 다만, 수익자가 없는 특정의 목적을 위한 신탁(이하 "목적신탁"이라 한다)은 「공익신탁법」에 따른 공익신탁을 제외하고는 제3호의 방법으로 설정할 수 없다.
1. 위탁자와 수탁자 간의 계약
2. 위탁자의 유언
3. 신탁의 목적, 신탁재산, 수익자(「공익신탁법」에 따른 공익신탁의 경우에는 제67조 제1항의 신탁관리인을 말한다) 등을 특정하고 자신을 수탁자로 정한 위탁자의 선언

② 제1항 제3호에 따른 신탁의 설정은 「공익신탁법」에 따른 공익신탁을 제외하고는 공정증서(公正證書)를 작성하는 방법으로 하여야 하며, 신탁을 해지할 수 있는 권한을 유보(留保)할 수 없다.

> ③ 위탁자가 집행의 면탈이나 그 밖의 부정한 목적으로 제1항 제3호에 따라 신탁을 설정한 경우 이해관계인은 법원에 신탁의 종료를 청구할 수 있다.
> ④ 위탁자는 신탁행위로 수탁자나 수익자에게 신탁재산을 지정할 수 있는 권한을 부여하는 방법으로 신탁재산을 특정할 수 있다.
> ⑤ 수탁자는 신탁행위로 달리 정한 바가 없으면 신탁 목적의 달성을 위하여 필요한 경우에는 수익자의 동의를 받아 타인에게 신탁재산에 대하여 신탁을 설정할 수 있다.

가. 의의

현행 「신탁법」은 제3조 제1항 제3호에서 "신탁의 목적, 신탁재산, 수익자 등을 특정하고 자신을 수탁자로 정한 위탁자의 선언"의 방법으로도 신탁 가능하다고 규정하고 있다.
이러한 자기신탁은 집행면탈 등의 수단으로 남용될 우려가 있기 때문에 「신탁법」 제3조 제3항에서는 "위탁자가 집행의 면탈이나 그 밖의 부정한 목적으로 신탁을 설정한 경우 이해관계인이 법원에 신탁의 종료를 청구할 수 있다"고 규정하고 있다(신탁법 제3조 제3항). 이것이 '자기신탁 종료 명령사건'이다.

나. 관할법원

수탁자의 보통재판적이 있는 곳의 지방법원이 관할한다(법 제39조 제1항). 자기신탁의 경우 위탁자와 수탁자가 동일인이므로 결국 위탁자의 보통재판적이 있는 곳의 지방법원이 관할법원이 된다. 위와 같은 관할법원이 없는 경우에는 신탁재산이 있는 곳의 지방법원이 관할법원이 된다(법 제39조 제5항).

다. 신청절차

(1) 신청인

신착의 종료를 청구할 수 있는 자는 이해관계인이다(신탁법 제3조 제3항).[108]

(2) 신청방법

법률에 특별한 규정이 없으므로 「비송사건절차법」이 정한 일반원칙에 따라 서면 또는 말로 한다(법 제8조, 제9조).

라. 심리 및 재판

(1) 심리

「신탁법」 제3조 제3항에 따른 청구에 의한 재판을 하는 경우 법원은 반드시 수탁자의 의견을 들어야 한다. 의견진술은 서면 또는 구두 모두 가능하며 법원은 수탁자의 의견에 구속되지 않는다.

---

108) 위탁자의 채권자만이 청구인이 될 수 있는 '사해신탁 취소'(신탁법 제8조 제1항)의 경우와 다름에 주의

(2) 재판

① 재판은 이유를 붙인 결정으로써 하여야 한다(법 제40조 제2항).

② 재판은 수탁자와 수익자에게 고지하여야 한다(법 제40조 제3항).

> **주문형식**
>
> 주문: 위탁자 ○○○(생년월일, 주소)가 자신을 수탁자로 선언하여 설정한 20○○.○.○.자 신탁을 종료한다.

마. 불복절차

① 청구를 인용하는 재판에 대하여는 수탁자 또는 수익자가 즉시항고를 할 수 있으며 이 경우 즉시항고는 집행정지의 효력이 있다(법 제40조 제4항).

② 청구를 기각하는 재판에 대하여는 그 청구를 한 자가 즉시항고를 할 수 있다(법 제40조 제5항).

2. 수탁자의 사임 및 해임 사건

가. 수탁자의 사임허가사건

> **제41조 【수탁자 사임허가의 재판】** ① 수탁자가 「신탁법」 제14조 제2항에 따른 사임허가의 재판을 신청하는 경우에는 그 사유를 소명하여야 한다.
> ② 제1항에 따른 신청에 대한 재판에 대하여는 불복신청을 할 수 없다.
>
> **「신탁법」 제14조 【수탁자의 사임에 의한 임무 종료】** ① 수탁자는 신탁행위로 달리 정한 바가 없으면 수익자와 위탁자의 승낙 없이 사임할 수 없다.
> ② 제1항에도 불구하고 수탁자는 정당한 이유가 있는 경우 법원의 허가를 받아 사임할 수 있다.
> ③ 사임한 수탁자는 즉시 수익자에게 그 사실을 통지하여야 한다.

(1) 의의

수탁자는 신탁행위로 달리 정한 바가 없으면 수익자와 위탁자의 승낙 없이 사임할 수 없다. 그러나 수탁자는 정당한 이유가 있는 경우 법원의 허가를 받아 사임할 수 있다(신탁법 제14조 제1항 · 제2항).

(2) 관할법원

① **수탁자의 보통재판적**

신탁사건은 특별한 규정이 있는 경우를 제외하고는 수탁자의 주소지의 지방법원이 관할한다(법 제39조 제1항).

② **수인의 수탁자가 있는 경우**

수탁자 또는 전수탁자가 여럿인 경우에는 그중 1인의 주소지 지방법원이 신탁사건을 관할한다(법 제39조 제3항).

③ **신탁재산소재지**

관할법원이 없는 경우에는 신탁재산이 있는 곳(채권의 경우에는 재판상의 청구를 할 수 있는 곳을 그 재산이 있는 곳으로 본다)의 지방법원이 신탁사건을 관할한다(법 제39조 제5항).

(3) 신청절차

① **신청인**

수탁자 사임허가사건의 신청인은 수탁자에 한한다.

② **신청방법**

법률에 특별한 규정이 없으므로 「비송사건절차법」이 정한 일반원칙에 따라 서면 또는 말로 한다(법 제8조).

(4) 심리 및 재판

수탁자가 사임허가의 재판을 신청하는 경우에는 그 사유를 소명하여야 한다(법 제41조 제1항). 수익자와의 신뢰관계에 영향을 미치는 사유나 건강상의 이유가 이에 해당된다.

(5) 불복절차

신청에 대한 재판에 대하여는 불복의 신청을 할 수 없다(법 제41조 제2항).

나. 수탁자의 해임청구사건

제42조【수탁자 해임의 재판】 ① 「신탁법」 제16조 제3항에 따른 수탁자 해임 청구에 대한 재판을 하는 경우 법원은 수탁자를 심문하여야 한다.

② 제1항에 따른 재판은 이유를 붙인 결정으로써 하여야 한다.

③ 제1항에 따른 재판은 위탁자, 수탁자 및 수익자에게 고지하여야 한다.

④ 제1항에 따른 재판에 대하여는 위탁자, 수탁자 또는 수익자가 즉시항고를 할 수 있다.

「신탁법」 제16조【수탁자의 해임에 의한 임무 종료】 ① 위탁자와 수익자는 합의하여 또는 위탁자가 없으면 수익자 단독으로 언제든지 수탁자를 해임할 수 있다. 다만, 신탁행위로 달리 정한 경우에는 그에 따른다.

② 정당한 이유 없이 수탁자에게 불리한 시기에 제1항에 따라 수탁자를 해임한 자는 그 손해를 배상하여야 한다.

③ 수탁자가 그 임무에 위반된 행위를 하거나 그 밖에 중요한 사유가 있는 경우 위탁자나 수익자는 법원에 수탁자의 해임을 청구할 수 있다.

④ 제3항의 청구에 의하여 해임된 수탁자는 즉시 수익자에게 그 사실을 통지하여야 한다.

⑤ 해임된 수탁자는 신수탁자나 신탁재산관리인이 신탁사무를 처리할 수 있을 때까지 신탁재산을 보관하고 신탁사무 인계에 필요한 행위를 하여야 한다. 다만, 임무 위반으로 해임된 수탁자는 그러하지 아니하다.

(1) 의의

수탁자가 그 임무에 위반된 행위를 하거나 그 밖에 중요한 사유가 있는 경우 위탁자나 수익자는 법원에 수탁자의 해임을 청구할 수 있다(신탁법 제16조 제3항).

(2) 관할법원

① **수탁자의 보통재판적**

신탁사건은 특별한 규정이 있는 경우를 제외하고는 수탁자의 주소지의 지방법원이 관할한다(법 제39조 제1항).

② **수인의 수탁자가 있는 경우**

수탁자 또는 전수탁자가 여럿인 경우에는 그중 1인의 주소지 지방법원이 신탁사건을 관할한다(법 제39조 제3항).

③ **신탁재산소재지**

관할법원이 없는 경우에는 신탁재산이 있는 곳(채권의 경우에는 재판상의 청구를 할 수 있는 곳을 그 재산이 있는 곳으로 본다)의 지방법원이 신탁사건을 관할한다(법 제39조 제5항).

(3) 신청절차

① **신청인**

수탁자 해임청구사건의 신청인은 위탁자 또는 수익자이다.

② **신청방법**

법률에 특별한 규정이 없으므로 「비송사건절차법」이 정한 일반원칙에 따라 서면 또는 말로 한다(법 제8조).

(4) 심리 및 재판

① 수탁자 해임청구사건의 경우 법원은 수탁자를 심문하여야 한다(법 제42조 제1항). 심문은 수탁자에게 의견진술의 기회를 주는 것을 의미하므로 서면에 의해서도 가능하다.
② 재판은 이유를 붙인 결정으로써 하여야 한다(법 제42조 제2항).
③ 재판은 위탁자, 수탁자 및 수익자에게 고지하여야 한다(법 제42조 제3항).

(5) 불복절차

재판에 대하여는 위탁자, 수탁자 또는 수익자가 즉시항고를 할 수 있다(법 제42조 제4항). 즉시항고에는 집행정지의 효력이 없다(법 제21조).

3. 신탁재산관리인 선임등 사건

제43조【신탁재산관리인 선임의 재판】 ① 수탁자와 수익자 간의 이해가 상반되어 수탁자가 신탁사무를 수행하는 것이 적절하지 아니하다는 이유로 「신탁법」 제17조 제1항에 따라 신탁재산관리인을 선임하는 재판을 하는 경우 법원은 수익자와 수탁자의 의견을 들어야 한다.

② 제1항에 따른 재판은 이유를 붙인 결정으로써 하여야 한다.

③ 제1항에 따른 재판은 수익자와 수탁자에게 고지하여야 한다.

④ 제1항에 따른 재판에 대하여는 수익자 또는 수탁자가 즉시항고를 할 수 있다.

제44조【신탁재산관리인 선임의 재판】 ① 다음 각 호의 어느 하나에 해당하는 재판을 하는 경우 법원은 이해관계인의 의견을 들을 수 있다.

1. 「신탁법」 제17조 제1항에 따른 신탁재산관리인 선임의 재판(수탁자의 임무가 종료되었음을 이유로 하는 재판만 해당한다)
2. 「신탁법」 제18조 제1항에 따른 필수적 신탁재산관리인 선임의 재판
3. 「신탁법」 제19조 제4항에 따른 새로운 신탁재산관리인 선임의 재판

② 제1항에 따른 재판에 대하여는 불복신청을 할 수 없다.

「신탁법」 제17조【신탁재산관리인 선임 등의 처분】 ① 수탁자의 임무가 종료되거나 수탁자와 수익자 간의 이해가 상반되어 수탁자가 신탁사무를 수행하는 것이 적절하지 아니한 경우 법원은 이해관계인의 청구에 의하여 신탁재산관리인의 선임이나 그 밖의 필요한 처분을 명할 수 있다. 다른 수탁자가 있는 경우에도 또한 같다.

② 제1항에 따라 신탁재산관리인을 선임하는 경우 법원은 신탁재산관리인이 법원의 허가를 받아야 하는 사항을 정할 수 있다.

③ 제1항에 따라 선임된 신탁재산관리인은 즉시 수익자에게 그 사실을 통지하여야 한다.

④ 신탁재산관리인은 선임된 목적범위 내에서 수탁자와 동일한 권리ㆍ의무가 있다. 다만, 제2항에 따라 법원의 허가를 받아야 하는 사항에 대하여는 그러하지 아니하다.

⑤ 제1항에 따라 신탁재산관리인이 선임된 경우 신탁재산에 관한 소송에서는 신탁재산관리인이 당사자가 된다.

⑥ 법원은 제1항에 따라 선임한 신탁재산관리인에게 필요한 경우 신탁재산에서 적당한 보수를 줄 수 있다.

제18조【필수적 신탁재산관리인의 선임】 ① 법원은 다음 각 호의 어느 하나에 해당하는 경우로서 신수탁자가 선임되지 아니하거나 다른 수탁자가 존재하지 아니할 때에는 신탁재산을 보관하고 신탁사무 인계에 필요한 행위를 하여야 할 신탁재산관리인을 선임한다.

1. 수탁자가 사망하여 「민법」 제1053조 제1항에 따라 상속재산관리인이 선임되는 경우
2. 수탁자가 파산선고를 받은 경우
3. 수탁자가 법원의 허가를 받아 사임하거나 임무 위반으로 법원에 의하여 해임된 경우

② 법원은 제1항 각 호의 어느 하나에 해당하여 수탁자에 대하여 상속재산관리인의 선임결정, 파산선고, 수탁자의 사임허가결정 또는 해임결정을 하는 경우 그 결정과 동시에 신탁재산관리인을 선임하여야 한다.

③ 선임된 신탁재산관리인의 통지의무, 당사자 적격 및 보수에 관하여는 제17조 제3항, 제5항 및 제6항을 준용한다.

제19조【신탁재산관리인의 임무 종료】 ① 신수탁자가 선임되거나 더 이상 수탁자와 수익자 간의 이해가 상반되지 아니하는 경우 신탁재산관리인의 임무는 종료된다.
② 신탁재산관리인은 법원의 허가를 받아 사임할 수 있다.
③ 법원은 이해관계인의 청구에 의하여 신탁재산관리인을 해임할 수 있다.
④ 법원은 제2항 또는 제3항의 결정을 함과 동시에 새로운 신탁재산관리인을 선임하여야 한다.

가. 의의

(1) 임의적 신탁재산관리인 선임

수탁자의 임무가 종료되거나 수탁자와 수익자 간의 이해가 상반되어 수탁자가 신탁사무를 수행하는 것이 적절하지 아니한 경우 법원은 이해관계인의 청구에 의하여 신탁재산관리인의 선임이나 그 밖의 필요한 처분을 명할 수 있다. 이는 다른 수탁자가 있는 경우에도 또한 같다(신탁법 제17조 제1항).

(2) 필수적 신탁재산관리인 선임

법원은 수탁자가 사망하여 「민법」 제1053조 제1항에 따라 상속재산관리인이 선임된 경우, 수탁자가 파산선고를 받은 경우, 수탁자가 법원의 허가를 받아 사임하거나 임무 위반으로 법원에 의하여 해임된 경우(신탁법 제18조 제1항 제1호 · 제2호 · 제3호) 중 어느 하나로 신수탁자가 선임되지 아니하거나 다른 수탁자가 존재하지 아니할 때에는 **필수적으로** 신탁재산관리인을 선임하여야 한다(신탁법 제18조 제1항).

(3) 신탁재산관리인의 지위

신탁재산관리인은 임시의 수탁자로서, 임의적 신탁재산관리인은 법원이 선임재판에서 법원의 허가를 받아야 하는 것으로 정한 것을 제외하면 선임된 범위 내에서 수탁자와 동일한 권리 · 의무가 있고(신탁법 제17조 제4항), 필수적 신탁재산관리인은 신탁재산을 보관하고 신탁사무인계에 필요한 행위를 할 수 있다(신탁법 제18조 제1항). 신수탁자가 선임되거나, 더 이상 수탁자와 수익자의 이해가 상반되지 않는 경우 신탁재산관리인의 임무는 종료된다(신탁법 제19조 제1항).

나. 관할법원

(1) 원칙

① 수탁자의 보통재판적

(i) 신탁사건은 특별한 규정이 있는 경우를 제외하고는 수탁자의 주소지의 지방법원이 관할한다(법 제39조 제1항).

(ii) 수탁자의 임무가 종료된 후 신수탁자의 임무가 시작되기 전에는 전수탁자의 주소지 지방법원이 관할한다(법 제39조 제2항).

② **수인의 수탁자가 있는 경우**

수탁자 또는 전수탁자가 여럿인 경우에는 그중 1인의 주소지 지방법원이 신탁사건을 관할한다(법 제39조 제3항).

③ **신탁재산소재지**

관할법원이 없는 경우에는 신탁재산이 있는 곳(채권의 경우에는 재판상의 청구를 할 수 있는 곳을 그 재산이 있는 곳으로 본다)의 지방법원이 신탁사건을 관할한다(법 제39조 제5항).

(2) 특칙

① 「신탁법」 제18조 제1항 제1호의 수탁자의 사망에 따른 필수적 신탁재산관리인의 선임에 관한 사건에는 「가사소송법」 제2조 제1항 제2호 가목 37 및 제44조에 따라 해당 상속재산관리인의 선임사건을 관할하는 법원이 관할법원이 된다(법 제39조 제6항 제1호).

② 「신탁법」 제18조 제1항 제2호의 수탁자의 파산선고를 받은 경우에 따른 필수적 신탁재산관리인의 선임에 관한 사건에는 「채무자 회생 및 파산에 관한 법률」 제3조에 따라 해당 파산선고를 관할하는 법원이 관할법원이 된다(법 제39조 제6항 제2호).

다. 신청절차

(1) 신청인

① 임의적 신탁재산관리인의 선임: 이해관계인(신탁법 제17조 제1항)

② 필수적 신탁재산관리인의 선임: 법원직권

(2) 신청방법

법률에 특별한 규정이 없으므로 「비송사건절차법」이 정한 일반원칙에 따라 서면 또는 말로 한다(법 제8조, 제9조).

라. 심리 및 재판

(1) 심리

① **임의적 신탁재산관리인 선임**

수탁자와 수익자 간의 이해가 상반되어 수탁자가 신탁사무를 수행하는 것이 적절하지 아니하다는 이유로 「신탁법」 제17조 제1항에 따라 임의적 신탁재산관리인을 선임하는 재판을 하는 경우 법원은 수익자와 수탁자의 의견을 들어야 한다(법 제43조 제1항). 이러한 의견진술은 서면으로도 가능하며, 법원이 의견에 구속되는 것은 아니다.

② **필수적 신탁재산관리인 선임**

수탁자 임무종료를 이유로 하는 임의적 신탁재산관리인 선임재판 및 필수적 신탁재산관리인 선임재판을 하는 경우에는 법원은 이해관계인의 의견을 들을 수 있다(법 제44조 제1항 제1, 2호).

(2) 재판

① 재판은 이유를 붙인 결정으로써 하여야 한다(법 제43조 제2항).

② 재판은 수익자와 수탁자에게 고지하여야 한다(법 제43조 제3항).

마. 불복절차

(1) 임의적 신탁재산관리인 선임

재판은 수탁자 및 수익자에게 고지하여야 한다(법 제43조 제3항). 위 재판에 대하여 수익자 또는 수탁자는 즉시항고 할 수 있으나(법 제43조 제4항). 집행정지의 효력은 없다(법 제21조).

(2) 필수적 신탁재산관리인 선임

이에 대하여는 불복의 신청을 할 수 없다(법 제44조 제2항).

바. 사임 · 해임 및 신관리인 선임

(1) 사임 및 해임

신탁재산관리인은 법원의 허가를 받아 사임할 수 있고(신탁법 제19조 제2항), 법원은 이해관계인의 청구에 의하여 신탁재산관리인을 해임할 수 있다(신탁법 제19조 제3항). 법원은 신탁재산관리인의 사임허가 또는 해임을 결정을 함과 **동시**에 새로운 신탁재산관리인을 선임하여야 한다(신탁법 제19조 제4항).

수탁자의 사임허가 재판의 경우와 마찬가지로 신탁재산관리인이 사임허가의 재판을 신청하는 경우에는 그 사유를 소명하여야 하고 그 재판에 대해서는 불복할 수 없다(법 제44조의3 제1항 · 제3항).

(2) 종전 신탁재산관리인을 해임하는 재판 및 새로운 신탁재산관리인을 선임하는 재판의 경우 법원은 이해관계인의 의견을 들을 수 있고, 그 재판에 대하여는 불복신청을 할 수 없다(법 제44조 제1항 제3호, 제2항, 제44조의3 제2항 · 제3항).

사. 신탁원부 등에의 기재 및 등록 촉탁

법원이 신탁재산관리인을 선임 또는 개임(사임 · 해임 결정 및 신관리인 선임결정)한 경우에, 신탁재산 중 신탁의 등기 또는 등록이 행하여진 것이 있는 경우에는 법원은 지체 없이 신탁원부(또는 신탁등록부)에의 기재 및 등록을 등기소 또는 등록관청에 촉탁하여야 한다(신탁법 제20조 제1항).

아. 보수

법원은 신탁재산관리인에게 필요한 경우 신탁재산에서 적당한 보수를 줄 수 있다(신탁법 제17조 제6항, 제18조 제3항).

위와 같은 보수를 정하는 재판의 경우 법원은 수익자 또는 다른 수탁자(수탁자가 여럿인 경우)의 의견을 들어야 하고, 그 재판은 이들에게 고지하여야 한다(법 제44조의2 제1항 · 제2항).

위 수익자 또는 다른 수탁자는 위 재판에 대하여 즉시항고를 할 수 있으나(법 제44조의2 제3항), 집행정지의 효력은 없다(법 제21조).

4. 신수탁자 선임사건

제44조의4【신수탁자 선임의 재판】 ①「신탁법」 제21조 제2항에 따라 신수탁자의 선임을 청구하는 경우에는 그 사유를 소명하여야 한다.
② 제1항에 따른 청구에 대한 재판을 하는 경우 법원은 이해관계인의 의견을 들을 수 있다.
③ 제1항에 따른 청구에 대한 재판은 위탁자, 수익자 및 수탁자가 여럿인 경우의 다른 수탁자에게 고지하여야 한다.
④ 제1항에 따른 청구에 대한 재판에 대하여는 위탁자, 수익자 또는 수탁자가 여럿인 경우의 다른 수탁자가 즉시항고를 할 수 있다.

「신탁법」 제21조【신수탁자의 선임】 ① 수탁자의 임무가 종료된 경우 위탁자와 수익자는 합의하여 또는 위탁자가 없으면 수익자 단독으로 신수탁자를 선임할 수 있다. 다만, 신탁행위로 달리 정한 경우에는 그에 따른다.
② 위탁자와 수익자 간에 신수탁자 선임에 대한 합의가 이루어지지 아니한 경우 이해관계인은 법원에 신수탁자의 선임을 청구할 수 있다.
③ 유언에 의하여 수탁자로 지정된 자가 신탁을 인수하지 아니하거나 인수할 수 없는 경우에는 제1항 및 제2항을 준용한다.
④ 법원은 제2항(제3항에 따라 준용되는 경우를 포함한다)에 따라 선임한 수탁자에게 필요한 경우 신탁재산에서 적당한 보수를 줄 수 있다.

가. 서론

(1) 의의

① 수탁자의 임무가 종료된 경우(수탁자의 사망 · 파산 · 사임 · 해임) 또는 유언에 의하여 수탁자로 지정된 자가 신탁을 인수하지 아니하거나 인수할 수 없는 경우에는 위탁자와 수익자는 합의하여 또는 위탁자가 없으면 수익자 단독으로 신수탁자를 선임할 수 있다. 다만, 신탁행위로 달리 정한 경우에는 그에 따른다(신탁법 제21조 제1항 · 제3항).

② 신수탁자의 선임에 관하여 위탁자와 수익자 간에 신수탁자 선임에 대한 합의가 이루어지지 아니한 경우 이해관계인은 법원에 신수탁자의 선임을 청구할 수 있다(신탁법 제21조 제2항 · 제3항).

(2) 전수탁자의 승계

신수탁자는 전수탁자가 신탁행위로 인하여 수익자에게 부담하는 채무를 승계하고, 신탁사무의 처리에 관하여 발생한 채권은 신탁재산의 한도에서 신수탁자에게도 행사할 수 있다(신탁법 제53조 제1항 · 제2항).

나. 관할법원

(1) 수탁자의 임무종료에 따른 신수탁자 선임

수탁자의 임무종료에 의한 경우에는 전수탁자의 주소지의 지방법원(수탁자 또는 전수탁자가 수인일 때에는 그중 1인의 주소지 지방법원)이 신탁사건을 관할한다(법 제39조 제2항 · 제3항).

(2) 유언신탁시 신탁자 선임

「신탁법」 제21조 제3항에 따른 사건은 유언자의 사망 시 주소지의 지방법원이 관할한다(법 제39조 제4항).

다. 신청절차

(1) 신청인

이해관계인이 신청한다.

(2) 신청방법

법률에 특별한 규정이 없으므로 「비송사건절차법」이 정한 일반원칙에 따라 서면 또는 말로 한다(법 제8조, 제9조).

라. 심리 및 재판

① 신수탁자의 선임을 청구하는 경우에는 그 사유 즉, 위탁자와 수탁자 사이에 합의가 이루어지지 않았다는 사정을 소명하여야 하고, 재판을 하는 법원은 이해관계인의 의견을 들을 수 있다(법 제44조의4 제1항 · 제2항, 제44의5 제1항).

② 수탁자의 임무가 종료에 따른 신수탁자 선임재판은 위탁자, 수익자 및 다른 수탁자(수탁자가 여럿인 경우)에게 고지하여야 한다(법 제44조의4 제3항).

마. 불복절차

① 수탁자의 임무가 종료에 따른 신수탁자 선임재판에 대하여는 위탁자, 수익자 또는 수탁자가 여럿인 경우의 다른 수탁자가 즉시항고를 할 수 있다(법 제44조의4 제4항). 집행정지의 효력은 없다(법 제21조).

② 유언신탁의 신수탁자 선임재판에 대하여는 즉시항고를 할 수 없다(법 제44조의5 제2항).

바. 보수

법원은 선임된 신수탁자에게 필요한 경우 신탁재산에서 적당한 보수를 줄 수 있다(신탁법 제21조 제4항).

5. 신탁재산의 첨부로 인한 귀속 결정사건

제44조의7 【신탁재산의 첨부로 인한 귀속의 결정】 ① 「신탁법」 제28조 단서에 따라 가공(加工)으로 인하여 생긴 물건을 원재료 소유자에게 귀속시키는 재판은 위탁자, 수탁자(신탁재산관리인이 선임된 경우에는 신탁재산관리인을 말한다. 이하 이 조에서 같다) 또는 수익자가 신청할 수 있다. 이 경우 수탁자가 여럿일 때에는 수탁자 각자가 신청할 수 있다.

② 제1항에 따른 신청에 대한 재판의 경우 법원은 위탁자, 수탁자 및 수익자의 의견을 들어야 한다.

③ 제1항에 따른 신청에 대한 재판은 이유를 붙인 결정으로써 하여야 한다.

④ 제1항에 따른 신청에 대한 재판은 위탁자, 수익자 및 수탁자에게 고지하여야 한다. 수탁자가 여럿일 때에는 수탁자 각자에게 고지하여야 한다.

⑤ 제1항에 따른 신청에 대한 재판에 대하여는 위탁자, 수익자 또는 수탁자(수탁자가 가공한 경우에는 다른 수탁자에 한한다)가 즉시항고를 할 수 있다. 이 경우 수탁자가 여럿일 때에는 수탁자 각자가 즉시항고를 할 수 있다.

「신탁법」 제28조 【신탁재산의 첨부】 신탁재산과 고유재산 또는 서로 다른 신탁재산에 속한 물건 간의 부합(附合), 혼화(混和) 또는 가공(加工)에 관하여는 각각 다른 소유자에게 속하는 것으로 보아 「민법」 제256조부터 제261조까지의 규정을 준용한다. 다만, 가공자가 악의인 경우에는 가공으로 인한 가액의 증가가 원재료의 가액보다 많을 때에도 법원은 가공으로 인하여 생긴 물건을 원재료 소유자에게 귀속시킬 수 있다.

가. 서론

(1) 의의

「신탁법」 제28조는 "신탁재산과 고유재산 또는 서로 다른 신탁재산에 속한 물건 간의 부합, 혼화 또는 가공에 관하여는 각각 다른 소유자에게 속하는 것으로 보아 「민법」 제256조부터 제261조까지의 규정을 준용한다. 다만, 가공자가 악의인 경우에는 가공으로 인한 가액의 증가가 원재료의 가액보다 많을 때에도 법원은 가공으로 인하여 생긴 물건을 원재료 소유자에게 귀속시킬 수 있다"고 규정하고 있다.

(2) 민법과의 차이

「민법」의 첨부(부합, 혼화, 가공)규정을 준용하면서도 「민법」과 달리 악의의 가공자에게 소유권을 인정하지 않을 수 있도록 한 것은, 수탁자의 충실의무를 고려한 것이다.[109] 또한 이 경우 비송의 방법으로 법원이 개입하도록 한 것은, 신탁재산과 고유재산 사이 또는 여러 신탁재산 사이에 가공이 생긴 경우 신탁재산 및 고유재산 모두가 수탁자로 소유자가 동일하기 때문에 소송의 절차를 통하여 소유권을 증명하거나 부당이득의 반환을 청구하는 것이 쉽지 않다는 것을 고려한 것이다.[110]

나. 관할법원

(1) 수탁자의 보통재판적

① 신탁사건은 특별한 규정이 있는 경우를 제외하고는 수탁자의 주소지의 지방법원이 관할한다(법 제39조 제1항).

② 수탁자의 임무가 종료된 후 신수탁자의 임무가 시작되기 전에는 전수탁자의 주소지 지방법원이 관할한다(법 제39조 제2항).

(2) 수인의 수탁자가 있는 경우

수탁자 또는 전수탁자가 여럿인 경우에는 그중 1인의 주소지 지방법원이 신탁사건을 관할한다(법 제39조 제3항).

(3) 신탁재산소재지

관할법원이 없는 경우에는 신탁재산이 있는 곳(채권의 경우에는 재판상의 청구를 할 수 있는 곳을 그 재산이 있는 곳으로 본다)의 지방법원이 신탁사건을 관할한다(법 제39조 제5항).

다. 신청절차

(1) 신청인

위탁자, 수탁자, 수익자이다. 수탁자가 여럿인 경우 수탁자 각자가 신청인이 될 수 있다(법 제44조의7 제1항).

(2) 신청방법

법률에 특별한 규정이 없으므로 「비송사건절차법」이 정한 일반원칙에 따라 서면 또는 말로 한다(법 제8조, 제9조).

109) 「민법」은 가공으로 인한 가액의 증가가 원재료의 가액보다 현저히 다액인 때에는 가공자의 소유로 보고 있다(민법 제259조 제1항 단서).

110) 법원실무제요 비송, 법원행정처, 2014, 106면

라. 심리 및 재판

(1) 심리방법

법원은 위탁자, 수탁자(또는 신탁재산관리인) 및 수익자의 의견을 들어야 한다(법 제44조의7 제2항).

(2) 재판

재판은 이유를 붙인 결정으로써 하여야 한다(법 제44조의7 제3항).

> **주문형식**
>
> 주문 : "별지 목록 기재 물건은 수탁자 ○○○의 고유재산(또는 신탁재산)으로 한다." 또는 "별지 목록 기재 물건은 위탁자 ○○○와 수탁자 ○○○ 사이의 20○○.○.○.자 신탁의 신탁재산으로 한다."

마. 불복

신청에 대한 재판은 위탁자, 수익자 및 수탁자(또는 신탁재산관리인)에게 고지하여야 한다. 수탁자가 여럿일 때에는 수탁자 각자에게 고지하여야 한다(법 제44조의7 제4항). 신청에 대한 재판에 대하여는 위탁자, 수익자 또는 수탁자(수탁자가 가공한 경우에는 다른 수탁자에 한한다)가 즉시항고를 할 수 있다. 이 경우 수탁자가 여럿일 때에는 수탁자 각자가 즉시항고를 할 수 있다(법 제44조의7 제5항).

6. 이익에 반하는 행위 행위에 대한 허가사건

> **제44조의8【이익에 반하는 행위에 대한 법원의 허가】** ① 수탁자가 「신탁법」 제34조 제2항 제3호에 따른 이익에 반하는 행위의 허가를 신청하는 경우에는 그 사유를 소명하여야 한다.
> ② 제1항에 따른 신청에 대한 재판을 하는 경우 법원은 다른 수탁자(신탁재산관리인이 선임된 경우에는 신탁재산관리인을 말한다. 이하 이 조에서 같다) 및 수익자의 의견을 들어야 한다.
> ③ 제1항에 따른 신청에 대한 재판은 이유를 붙인 결정으로써 하여야 한다.
> ④ 제1항에 따른 신청에 대한 재판은 다른 수탁자와 수익자에게 고지하여야 한다.
> ⑤ 제1항에 따른 신청에 대한 재판에 대하여는 다른 수탁자 또는 수익자가 즉시항고를 할 수 있다. 이 경우 즉시항고는 집행정지의 효력이 있다.
>
> **「신탁법」 제34조【이익에 반하는 행위의 금지】** ① 수탁자는 누구의 명의(名義)로도 다음 각 호의 행위를 하지 못한다.
> 1. 신탁재산을 고유재산으로 하거나 신탁재산에 관한 권리를 고유재산에 귀속시키는 행위
> 2. 고유재산을 신탁재산으로 하거나 고유재산에 관한 권리를 신탁재산에 귀속시키는 행위
> 3. 여러 개의 신탁을 인수한 경우 하나의 신탁재산 또는 그에 관한 권리를 다른 신탁의 신탁재산에 귀속시키는 행위
> 4. 제3자의 신탁재산에 대한 행위에서 제3자를 대리하는 행위
> 5. 그 밖에 수익자의 이익에 반하는 행위

> ② 제1항에도 불구하고 수탁자는 다음 각 호의 어느 하나에 해당하는 경우 제1항 각 호의 행위를 할 수 있다. 다만, 제3호의 경우 수탁자는 법원에 허가를 신청함과 동시에 수익자에게 그 사실을 통지하여야 한다.
> 1. 신탁행위로 허용한 경우
> 2. 수익자에게 그 행위에 관련된 사실을 고지하고 수익자의 승인을 받은 경우
> 3. 법원의 허가를 받은 경우

가. 의의

수탁자는 신탁재산을 고유재산으로 하거나 신탁재산에 관한 권리를 고유재산에 귀속시키는 행위 등과 같이 신탁자 또는 수익자의 이익에 반하는 행위를 누구의 명의(名義)로도 하지 못한다(신탁법 제34조 제1항 제1호). 그러나 법원의 허가를 얻으면 위와 같은 이익에 반하는 행위를 할 수 있다(신탁법 제34조 제2항 제3호).

나. 관할법원

'신탁재산첨부(가공)로 인한 귀속 결정사건'의 경우와 마찬가지로 수탁자의 주소지의 지방법원이 원칙적인 관할법원이 된다(법 제39조 제1항 · 제2항 · 제3항 · 제5항).

다. 신청절차

(1) 신청인

신청인은 수탁자이며, 수탁자 이외의 자는 신청권이 없다(신탁법 제34조 제2항 단서).

(2) 신청방법

① 법률에 특별한 규정이 없으므로 「비송사건절차법」이 정한 일반원칙에 따라 서면 또는 말로 한다(법 제8조, 제9조).

② 수탁자가 「신탁법」 제34조 제2항 제3호에 따른 이익에 반하는 행위의 허가를 신청하는 경우에는 그 사유를 소명하여야 한다(법 제44조의8 제1항).

라. 심리 및 재판

① 법원은 다른 수탁자(신탁재산관리인이 선임된 경우에는 신탁재산관리인) 및 수익자의 의견을 들어야 한다(법 제44조의8 제2항).

② 재판은 이유를 붙인 결정으로써 하여야 한다(법 제44조의8 제3항).

③ 신청에 대한 재판은 다른 수탁자(또는 신탁재산관리인) 및 수익자에게 고지하여야 한다(법 제44조의8 제4항).

마. 불복절차

재판에 대하여는 다른 수탁자 또는 수익자가 즉시항고를 할 수 있다. 이 경우 즉시항고는 집행정지의 효력이 있다(법 제44조의8 제5항).

7. 신탁관리인의 선임 · 사임 · 해임 사건

제44조의9【신탁관리인 선임의 재판】 ①「신탁법」 제67조 제1항 · 제2항 또는 제70조 제6항에 따른 신탁관리인 선임의 재판을 하는 경우 법원은 이해관계인의 의견을 들을 수 있다.
② 제1항에 따른 재판에 대하여는 불복신청을 할 수 없다.

「신탁법」 제67조【신탁관리인의 선임】 ① 수익자가 특정되어 있지 아니하거나 존재하지 아니하는 경우 법원은 위탁자나 그 밖의 이해관계인의 청구에 의하여 또는 직권으로 신탁관리인을 선임할 수 있다. 다만, 신탁행위로 신탁관리인을 지정한 경우에는 그에 따른다.
② 수익자가 미성년자, 한정치산자 또는 금치산자이거나 그 밖의 사유로 수탁자에 대한 감독을 적절히 할 수 없는 경우 법원은 이해관계인의 청구에 의하여 또는 직권으로 신탁관리인을 선임할 수 있다. 다만, 신탁행위로 달리 정한 경우에는 그에 따른다.
③ 수익자가 여럿인 경우 수익자는 제71조의 방법에 따른 의사결정으로 신탁관리인을 선임할 수 있다. 수익권의 내용이 다른 여러 종류의 수익권이 있고 같은 종류의 수익권을 가진 수익자(이하 "종류수익자"라 한다)가 여럿인 경우에도 또한 같다.
④ 법원은 제1항 또는 제2항에 따라 선임한 신탁관리인에게 필요한 경우 신탁재산에서 적당한 보수를 줄 수 있다.

제70조【신탁관리인의 사임 또는 해임에 의한 임무 종료】 ① 신탁관리인은 선임 시에 달리 정하지 아니하면 신탁관리인을 선임한 법원 또는 수익자의 승낙 없이 사임하지 못한다.
② 제1항에도 불구하고 신탁관리인은 정당한 이유가 있는 경우 법원의 허가를 받아 사임할 수 있다.
③ 사임한 신탁관리인의 통지의무 및 계속적 사무의 관리에 관하여는 제14조 제3항 및 제15조를 준용한다.
④ 신탁관리인을 선임한 법원 또는 수익자는 언제든지 그 신탁관리인을 해임할 수 있다. 다만, 수익자가 정당한 이유 없이 신탁관리인에게 불리한 시기에 해임한 경우 수익자는 그 손해를 배상하여야 한다.
⑤ 해임된 신탁관리인의 통지의무 및 계속적 사무의 관리에 관하여는 제16조 제4항 및 제5항을 준용한다.
⑥ 법원은 신탁관리인의 사임허가결정이나 임무 위반을 이유로 해임결정을 함과 동시에 새로운 신탁관리인을 선임하여야 한다. 이 경우 새로 선임된 신탁관리인은 즉시 수익자에게 그 사실을 통지하여야 한다.
⑦ 제1항, 제2항, 제4항 및 제6항의 경우 수익자, 신탁관리인, 그 밖의 이해관계인은 기존 신탁관리인의 사임 또는 해임, 새로운 신탁관리인의 선임 사실을 수탁자에게 통지하지 아니하면 그 사실로써 수탁자에게 대항하지 못한다.

가. 신탁관리인의 선임

(1) 의의

「신탁법」은 ① 수익자가 특정되어 있지 아니하거나 존재하지 아니하는 경우, ② 수익자가 미성년자, 피성년후견인 또는 피한정후견인이거나 그 밖의 사유로 수탁자에 대한 감독을 적절히 할 수 없는 경우에는, 그러한 수익자의 보호를 위하여 재판상 · 재판외 행위를 할 수 있는 권한을 가진 사람을 둘 필요가 있다고 규정하고 있다. 이러한 사람을 신탁관리인이라고 한다(신탁법 제67조 제1항 · 제2항). 신탁관리인은 수익자의 이익을 위하여 자기의 명의로 수익자의 권리에 관한 재판상 · 재판외의 모든 행위를 할 권한이 있고, 신탁에 관하여 수익자와 동일한 지위를 가지는 것으로 본다(신탁법 제68조 제1항 · 제2항). 「비송사건절차법」도 신탁관리인이 선임된 경우 「비송사건절차법」 제2편 제2장 신탁에 관한 사건의 각 규정을 적용할 때에는 신탁관리인을 수익자로 본다고 규정하고 있다(법 제44조의23).[111]

(2) 관할법원

'신탁재산관리인 선임등 사건' 중 임의적 신탁재산관리인의 경우와 마찬가지로 수탁자의 주소지의 지방법원이 원칙적인 관할법원이 된다(법 제39조 제1항 · 제2항 · 제3항 · 제5항).

(3) 신청절차

① **신청인**

(i) 수익자가 특정되어 있지 아니하거나 존재하지 아니하는 경우: 위탁자 또는 그 밖의 이해관계인의 청구(신탁법 제67조 제1항)

(ii) 수익자가 미성년자, 한정치산자 또는 금치산자이거나 그 밖의 사유로 수탁자에 대한 감독을 적절히 할 수 없는 경우: 이해관계인의 신청 또는 법원의 직권(신탁법 제67조 제2항)

② **신청방법**

법률에 특별한 규정이 없으므로 「비송사건절차법」이 정한 일반원칙에 따라 서면 또는 말로 한다(법 제8조, 제9조).

(4) 심리 및 재판

법원은 이해관계인의 의견을 들을 수 있다(법 제44조의9 제1항).

(5) 불복절차

재판에 대하여는 불복신청을 할 수 없다(법 제44조의9 제2항).

---

111) 신탁재산관리인이 임시의 수탁자로서의 지위에 있음에 반해, 신탁관리인은 신탁의 이익관리자로서 수익자를 대신하는 지위에 있다(법원실무제요 비송, 법원행정처, 2014, 110면).

나. 선임된 신탁관리인의 사임

법원이 선임한 신탁관리인은 법원의 허가를 받아 사임할 수 있다(신탁법 제70조 제2항). 법원은 신탁관리인 사임허가결정을 함과 동시에 새로운 신탁관리인을 선임하여야 한다(신탁법 제70조 제6항). 신탁재산관리인의 사임허가 재판의 경우처럼 신탁관리인이 사임허가의 재판을 신청하는 경우에는 그 사유를 소명하여야 한다(법 제44조의11 제1항).

다. 선임된 신탁관리인의 해임

(1) 의의

법원은 언제든지 선임한 신탁관리인을 해임하고 새로운 신탁관리인을 선임할 수 있다. 해임절차는 선임절차와 같다. 그러나 법원이 해임할 수 있는 신탁관리인은 법원이 선임한 경우에 한하고 신탁행위에 의하여 선임된 신탁관리인은 해임할 수 없다.

(2) 심리 및 재판

법원은 신탁관리인을 해임할 경우에는 이해관계인의 의견을 들을 수 있다(법 제44조의11 제2항).

(3) 불복방법

신탁관리인의 해임의 재판에 대하여는 불복의 신청을 할 수 없다(법 제44조의11 제3항).

라. 신탁원부 등에의 기재 및 등록 촉탁

법원이 신탁재산관리인을 선임 또는 개임(사임·해임 결정 및 신관리인 선임결정)한 경우에, 신탁재산 중 신탁의 등기 또는 등록이 행하여진 것이 있는 경우에는 법원은 지체 없이 신탁원부(또는 신탁등록부)에의 기재 및 등록을 등기소 또는 등록관청에 촉탁하여야 한다(신탁법 제20조 제1항).

마. 보수

법원은 신탁관리인에게 필요한 경우 신탁재산에서 적당한 보수를 줄 수 있다(신탁법 제67조 제4항). 위와 같은 보수를 정하는 재판의 경우 법원은 수탁자(신탁재산관리인이 선임된 경우에는 신탁재산관리인)의 의견을 들어야 하고, 그 재판은 수탁자(또는 신탁재산관리인)에게 고지하여야 한다(법 제44조의10 제1항·제2항).

위 수탁자(또는 신탁재산관리인)는 위 재판에 대하여 즉시항고를 할 수 있으나(법 제44조의10 제3항), 집행정지의 효력은 없다(법 제21조).

8. 수익자집회 소집허가사건

제44조의12【수익자집회 소집허가의 재판】 ①「신탁법」 제72조 제4항에 따른 수익자집회 소집의 허가를 신청하는 경우에는 수탁자가 수익자집회의 소집을 게을리한 사실을 소명하여야 한다.
② 제1항에 따른 신청은 서면으로 하여야 한다.
③「신탁법」 제72조 제4항에 따른 수익자집회 소집의 허가신청과 그 사건의 재판에 관하여는 제81조를 준용한다.

「신탁법」 제72조【수익자집회의 소집】 ① 수익자집회는 필요가 있을 때 수시로 개최할 수 있다.
② 수익자집회는 수탁자가 소집한다.
③ 수익자는 수탁자에게 수익자집회의 목적사항과 소집이유를 적은 서면 또는 전자문서로 수익자집회의 소집을 청구할 수 있다.
④ 제3항의 청구를 받은 후 수탁자가 지체 없이 수익자집회의 소집절차를 밟지 아니하는 경우 수익자집회의 소집을 청구한 수익자는 법원의 허가를 받아 수익자집회를 소집할 수 있다.
⑤ 수익자집회를 소집하는 자(이하 "소집자"라 한다)는 집회일 2주 전에 알고 있는 수익자 및 수탁자에게 서면이나 전자문서(수익자의 경우 전자문서로 통지를 받는 것에 동의한 자만 해당한다)로 회의의 일시·장소 및 목적사항을 통지하여야 한다.
⑥ 소집자는 의결권 행사에 참고할 수 있도록 수익자에게 대통령령으로 정하는 서류를 서면이나 전자문서(전자문서로 제공받는 것에 동의한 수익자의 경우만 해당한다)로 제공하여야 한다.

가. 서론

수익자가 수명인 경우에 그 수익자들의 의사결정 방법에 대해「신탁법」 제72조는 수익자집회 소집절차 등에 관하여 아래와 같은 내용을 정하고 있다.

① 수익자집회는 수탁자가 필요가 있을 때 수시로 소집하여 개최할 수 있다(신탁법 제70조 제1항·제2항).
② 수익자는 수탁자에게 수익자집회의 목적사항과 소집이유를 적은 서면 또는 전자문서로 수익자집회의 소집을 청구할 수 있다. 청구를 받은 후 수탁자가 지체 없이 수익자집회의 소집절차를 밟지 아니하는 경우 수익자집회의 소집을 청구한 수익자는 법원의 허가를 받아 수익자집회를 소집할 수 있다(신탁법 제70조 제3항·제4항).
③ 수익자집회를 소집하는 자는 집회일 2주 전에 알고 있는 수익자 및 수탁자에게 서면이나 전자문서로 회의의 일시·장소 및 목적사항을 통지하여야 한다(신탁법 제70조 제5항).

나. 관할법원

'신탁재산첨부(가공)로 인한 귀속 결정사건'의 경우와 마찬가지로 수탁자의 주소지의 지방법원이 원칙적인 관할법원이 된다(법 제39조 제1항·제2항·제3항·제5항).

다. 신청절차

(1) 신청인

신청인은 수탁자에게 수익자 집회의 소집을 청구하였던 수익자이다(신탁법 제70조 제3항 · 제4항).

(2) 신청방법

신청방법은 반드시 서면으로 하고(법 제44조의12 제2항), 그 기재사항은 일반원칙에 따른다(법 제9조). 신청인은 수탁자가 수익자집회의 소집을 게을리한 사실을 소명하여야 한다(법 제44조의12 제1항).

라. 심리 및 재판

(1) 심리방법

「비송사건절차법」 일반절차에 따라 진행한다.

(2) 재판

수익자집회의 소집허가사건에 대한 재판은 이유를 붙인 결정으로 하여야 한다(법 제44조의12 제3항, 법 제81조 제1항).

마. 불복

신청을 인용한 재판에 대해서는 불복신청을 할 수 없다(법 제44조의12 제3항, 법 제81조 제2항).

9. 신탁사채에 관한 사건

제44조의13 【신탁사채에 관한 사건】 수탁자가 「신탁법」 제87조 제1항에 따라 사채(社債)를 발행한 경우에 관하여는 다음 각 호의 구분에 따른 규정을 준용한다.
1. 사채모집을 위탁받은 회사의 사임허가 신청과 해임청구 및 그 회사의 사무승계자 선임청구에 대한 재판: 제110조
2. 사채권자집회의 소집 허가신청: 제112조
3. 사채권자집회의 결의 인가청구: 제113조
4. 사채모집을 위탁받은 회사, 대표자 또는 집행자에게 줄 보수와 그 사무처리에 필요한 비용의 신탁재산 부담 허가신청: 제114조

「신탁법」은 일정한 요건하에 수탁자가 신탁을 위하여 사채를 발행할 수 있도록 정할 수 있다고 규정하고 있는데(신탁법 제87조 제1항), 그 사채의 발행에 관해서는 「상법」상 주식회사의 사채에 관한 규정을 준용하도록 하고 있다(신탁법 제87조 제4항).
관할법원의 문제는 '신탁재산첨부(가공)로 인한 귀속 결정사건'의 경우와 마찬가지로 수탁자의 주소지의 지방법원이 원칙적인 관할법원이 된다(법 제39조 제1항 · 제2항 · 제3항 · 제5항).

10. 신탁변경의 사건

제44조의14 【신탁변경의 재판】 ① 「신탁법」 제88조 제3항에 따른 신탁변경의 재판은 서면으로 신청하여야 한다.
② 제1항에 따른 신청에 대한 재판을 하는 경우 법원은 위탁자, 수탁자 및 수익자의 의견을 들어야 한다.
③ 제1항에 따른 신청에 대한 재판은 이유를 붙인 결정으로써 하여야 한다.
④ 제1항에 따른 신청에 대한 재판은 위탁자, 수탁자 및 수익자에게 고지하여야 한다.
⑤ 제1항에 따른 신청에 대한 재판에 대하여는 위탁자, 수탁자 또는 수익자가 즉시항고를 할 수 있다. 이 경우 즉시항고는 집행정지의 효력이 있다.

「신탁법」 제88조 【신탁당사자의 합의 등에 의한 신탁변경】 ① 신탁은 위탁자, 수탁자 및 수익자의 합의로 변경할 수 있다. 다만, 신탁행위로 달리 정한 경우에는 그에 따른다.
② 제1항에 따른 신탁의 변경은 제3자의 정당한 이익을 해치지 못한다.
③ 신탁행위 당시에 예견하지 못한 특별한 사정이 발생한 경우 위탁자, 수익자 또는 수탁자는 신탁의 변경을 법원에 청구할 수 있다.
④ 목적신탁에서 수익자의 이익을 위한 신탁으로, 수익자의 이익을 위한 신탁에서 목적신탁으로 변경할 수 없다.

가. 의의

법원에 청구할 수 있는 신탁의 변경이란, 신탁 목적의 변경, 신탁내용의 변경, 관리방법의 변경, 신탁 당사자의 변경, 신탁의 합병 또는 분할 등이 있다. [112)]

(1) 합의에 의한 변경

위탁자, 수탁자 및 수익자의 합의로 신탁내용을 변경할 수 있다. 다만, 신탁행위로 달리 정한 경우에는 그에 따른다. 신탁의 변경은 제3자의 정당한 이익을 해치지 못한다(신탁법 제88조 제1항 · 제2항).

(2) 신청에 의한 변경

신탁행위 당시에 예견하지 못한 특별한 사정이 발생한 경우 위탁자, 수익자 또는 수탁자는 신탁의 변경을 법원에 청구할 수 있다(신탁법 제88조 제3항).

(3) 한계

목적신탁에서 수익자의 이익을 위한 신탁으로, 수익자의 이익을 위한 신탁에서 목적신탁으로 변경할 수 없다(신탁법 제88조 제4항).

---

112) 이 중에서 가장 흔한 것은 관리방법의 변경을 구하는 것인데, 예를 들어 신탁재산을 국내 상장회사 주식투자로 운용하기로 정해져 있는 것을 외국 상장회사 주식투자도 가능하도록 변경하는 것을 청구하는 것 등이다(법원실무제요 비송, 법원행정처, 2014, 115면).

나. 관할법원

'신탁재산첨부(가공)로 인한 귀속 결정사건'의 경우와 마찬가지로 수탁자의 주소지의 지방법원이 원칙적인 관할법원이 된다(법 제39조 제1항 · 제2항 · 제3항 · 제5항).

다. 신청절차

(1) 신청인

신청인은 위탁자, 수익자 또는 수탁자이다(신탁법 제88조 제3항).

(2) 신청방법

신탁변경의 재판은 서면으로 신청하여야 한다(법 제44조의14 제1항). 기재사항 등은 일반원칙에 따른다(법 제9조).

라. 심리 및 재판

(1) 심리

법원은 위탁자, 수탁자 및 수익자의 의견을 들어야 한다(법 제44조의14 제2항).

(2) 재판

신청에 대한 재판은 이유를 붙인 결정으로써 하여야 하며, 위탁자, 수탁자 및 수익자에게 고지하여야 한다(법 제44조의14 제3항 · 제4항).

마. 불복절차

신청에 대한 재판에 대하여는 위탁자, 수탁자 또는 수익자가 즉시항고를 할 수 있다. 이 경우 즉시항고는 집행정지의 효력이 있다(법 제44조의14 제5항).

바. 신탁원부 등에의 기재 및 등록 촉탁

법원이 신탁을 변경한 때에는 지체 없이 신탁원부에의 기재 · 등록을 등기소 또는 등록관청에 촉탁하여야 한다(부등법 제85조 제1항 제3호, 광업등록령 제77조 제2항, 어업등록령 제120조 제1항, 특허권 등의 등록령 제58조 제1항).

11. 수익권의 매수가액 결정사건

제44조의15 【수익권 매수가액의 결정】 ① 「신탁법」 제89조 제4항, 제91조 제3항 또는 제95조 제3항에 따른 매수가액 결정의 청구는 서면으로 하여야 한다.
② 제1항에 따른 청구에 대한 재판을 하는 경우 법원은 수탁자와 매수청구를 한 수익자의 의견을 들어야 한다.

③ 제1항에 따른 청구에 대한 재판은 이유를 붙인 결정으로써 하여야 한다.
④ 제1항에 따른 청구에 대한 재판은 수탁자와 매수청구를 한 수익자에게 고지하여야 한다.
⑤ 제1항에 따른 청구에 대한 재판에 대하여는 수탁자 또는 매수청구를 한 수익자가 즉시항고를 할 수 있다. 이 경우 즉시항고는 집행정지의 효력이 있다.

「신탁법」 제89조 【반대수익자의 수익권매수청구권】 ① 다음 각 호의 어느 하나에 해당하는 사항에 관한 변경에 반대하는 수익자는 신탁변경이 있은 날부터 20일 내에 수탁자에게 수익권의 매수를 서면으로 청구할 수 있다.
1. 신탁의 목적
2. 수익채권의 내용
3. 신탁행위로 수익권매수청구권을 인정한 사항
② 수탁자는 제1항의 청구를 받은 날부터 2개월 내에 매수한 수익권의 대금을 지급하여야 한다.
③ 제2항에 따른 수익권의 매수가액은 수탁자와 수익자 간의 협의로 결정한다.
④ 제1항의 청구를 받은 날부터 30일 내에 제3항에 따른 협의가 이루어지지 아니한 경우 수탁자나 수익권의 매수를 청구한 수익자는 법원에 매수가액의 결정을 청구할 수 있다.

가. 서론

(1) 의의

「신탁법」은 ① 신탁의 변경이 신탁의 목적, 수익채권의 내용 또는 신탁행위로 수익매수청구권을 인정한 사항에 관한 것인 경우(신탁법 제89조 제1항), ② 신탁을 합병하는 경우(신탁법 제91조 제3항), ③ 신탁을 분할 또는 분할 합병하는 경우(신탁법 제95조 제3항) 이에 반대하는 수익자가 수탁자에게 수익권의 매수를 청구할 수 있다고 규정하고 있다.

(2) 제도의 취지

수익매수청구 제도는 상법상 반대주주의 주식매수청구 제도를 본받은 것이다(상법 제374조의2). 주식매수청구의 경우와 마찬가지로, 수익권매수청구의 경우에도 법원은 수탁자와 수익자의 협의가 이루어지지 아니한 경우 수탁자나 매수를 청구한 수익자의 청구에 따라 매수가액을 결정할 수 있다(신탁법 제89조 제3항 · 제4항).[113]

나. 관할법원

'신탁재산첨부(가공)로 인한 귀속 결정사건'의 경우와 마찬가지로 수탁자의 주소지의 지방법원이 원칙적인 관할법원이 된다(법 제39조 제1항 · 제2항 · 제3항 · 제5항).

113) 법원실무제요 비송, 법원행정처, 2014, 116면

다. 신청절차

(1) 신청인

신청인은 수탁자 또는 수익권의 매수를 청구한 수익자이다(신탁법 제89조 제4항).

(2) 신청방법

신청은 서면으로 하여야 하고(법 제44조의15 제1항), 기재방식은 비송사건절차법의 일반원칙에 따른다(법 제9조).

라. 심리 및 재판

(1) 심리방법

법원은 수탁자와 매수청구를 한 수익자의 의견을 들어야 한다.

(2) 재판

재판은 이유를 붙인 결정으로써 하여야 한다(법 제44조의15 제3항).

마. 불복

위 재판은 수탁자와 매수청구를 한 수익자에게 고지되어야 하고, 이들은 즉시항고를 제기할 수 있다. 이 경우 즉시항고는 집행정지의 효력이 있다(법 제44조의15 제4항・제5항).

12. 사정변경에 의한 신탁종료 사건

제44조의16【사정변경에 의한 신탁종료의 재판】 ①「신탁법」 제100조에 따른 청구에 대한 재판을 하는 경우 법원은 위탁자, 수탁자 및 수익자의 의견을 들어야 한다.
② 제1항에 따른 청구에 대한 재판은 이유를 붙인 결정으로써 하여야 한다.
③ 제1항에 따른 청구에 대한 재판은 위탁자, 수탁자 및 수익자에게 고지하여야 한다.
④ 제1항에 따른 청구에 대한 재판에 대하여는 위탁자, 수탁자 또는 수익자가 즉시항고를 할 수 있다. 이 경우 즉시항고는 집행정지의 효력이 있다.

「신탁법」 제100조【법원의 명령에 의한 신탁의 종료】 신탁행위 당시에 예측하지 못한 특별한 사정으로 신탁을 종료하는 것이 수익자의 이익에 적합함이 명백한 경우에는 위탁자, 수탁자 또는 수익자는 법원에 신탁의 종료를 청구할 수 있다.

가. 서론

「신탁법」은 신탁행위 당시에 예측하지 못한 특별한 사정으로 신탁을 종료하는 것이 수익자의 이익에 적합함이 명백한 경우에는 위탁자・수탁자 또는 수익자는 법원에 신탁의 종료를 청구할 수 있다고 규정하고 있다(신탁법 제100조). 「신탁법」 제98조에서 "신탁의 목적을 달성하였거나 달성할 수 없게 된 경우" 등 신탁의 종료사유를 열거하고 있는 한편, 제99조에서 위탁자와 수익자 사이의 합의에 의한 신탁의 종료도 가능하다고 규정하고 있다.

그런데 위탁자와 수탁자 사이에 신탁종료에 대한 합의가 이루어지지 않는 경우(위탁자가 존재하지 않은 경우 포함)라도 일정한 경우에는 수익자의 이익을 위해서 신탁을 종료할 필요성이 있으므로, 위와 같이 법원이 개입하여 신탁을 종료할 수 있는 제도를 둔 것이다.[114]

나. 관할법원

'신탁재산첨부(가공)로 인한 귀속 결정사건'의 경우와 마찬가지로 수탁자의 주소지의 지방법원이 원칙적인 관할법원이 된다(법 제39조 제1항・제2항・제3항・제5항).

다. 신청절차

(1) 신청인

신청인은 위탁자, 수익자 또는 수탁자이다(신탁법 제100조).

(2) 신청방법

법률에 특별한 규정이 없으므로 「비송사건절차법」이 정한 일반원칙에 따라 서면 또는 말로 한다(법 제8조, 제9조).

라. 심리 및 재판

(1) 심리

법원은 위탁자, 수탁자 및 수익자의 의견을 들어야 한다(법 제44조의16 제1항).

(2) 재판

재판은 이유를 붙인 결정으로써 하여야 한다. 청구에 대한 재판은 위탁자, 수탁자 및 수익자에게 고지하여야 한다(법 제44조의16 제2항・제3항).

마. 불복절차

재판에 대하여는 위탁자, 수탁자 및 수익자가 즉시항고를 할 수 있다. 이 경우 즉시항고는 집행정지의 효력이 있다(법 제44조의16 제4항).

114) 법원실무제요 비송, 법원행정처, 2014, 117면

13. 신탁사무의 감독 및 검사인의 선임 등에 관한 사건

제44조의17 【검사인 선임의 재판】 ① 「신탁법」 제105조 제2항에 따른 검사인(檢査人)의 선임 청구는 서면으로 하여야 한다.
② 제1항에 따른 청구서에는 제9조 제1항 각 호의 기재사항 외에 검사 목적을 적어야 한다.
③ 제1항에 따른 청구에 대한 재판에 대하여는 불복신청을 할 수 없다.

제44조의19 【검사인의 보고】 ① 「신탁법」 제105조 제2항에 따라 선임된 검사인은 법원에 검사 결과를 서면으로 보고하여야 한다.
② 법원은 검사에 관한 설명이 필요할 때에는 「신탁법」 제105조 제2항에 따라 선임된 검사인을 심문할 수 있다.
③ 법원은 제1항에 따른 검사 결과에 따라 수탁자에게 시정을 명할 수 있다.
④ 수탁자는 제3항에 따른 명령을 받은 즉시 그 사실을 수익자에게 알려야 한다.
⑤ 제3항에 따른 명령에 대하여는 불복신청을 할 수 없다.

제44조의24 【법원의 감독】 ① 법원은 신탁사건의 감독을 위하여 필요하다고 인정할 때에는 이해관계인의 신청에 의하여 또는 직권으로 재산목록, 신탁사무에 관한 장부와 서류의 제출을 명하고, 신탁사무 처리에 관하여 수탁자와 그 밖의 관계인을 심문할 수 있다.
② 제1항에 따른 신청은 서면으로 하여야 한다.
③ 제1항에 따른 재판에 대하여는 불복신청을 할 수 없다.

「신탁법」 제105조 【법원의 감독】 ① 신탁사무는 법원이 감독한다. 다만, 신탁의 인수를 업으로 하는 경우는 그러하지 아니하다.
② 법원은 이해관계인의 청구에 의하여 또는 직권으로 신탁사무 처리의 검사, 검사인의 선임, 그 밖에 필요한 처분을 명할 수 있다.

가. 의의

신탁사무는 영업신탁과 공익신탁을 제외하고는 언제나 법원이 감독한다(신탁법 제105조 제1항). 법원은 이해관계인의 청구 또는 직권으로 신탁사무의 처리, 검사, 검사역의 선임 기타 필요한 처분을 명할 수 있다(신탁법 제105조 제2항).

나. 관할법원

'신탁재산첨부(가공)로 인한 귀속 결정사건'의 경우와 마찬가지로 수탁자의 주소지의 지방법원이 원칙적인 관할법원이 된다(법 제39조 제1항 · 제2항 · 제3항 · 제5항).

다. 신청절차

(1) 신청인

이해관계인의 신청 또는 직권으로도 절차가 개시된다(법 제44조의24 제1항).

(2) 신청방법

① 신청은 서면으로 하여야 하고(법 제44조의24 제2항), 기재방식은 「비송사건절차법」의 일반원칙에 따른다(법 제9조).

② 감독방법 중 검사인 선임을 신청하는 경우에는 그 신청서에 검사의 목적도 적어야 한다(법 제44조의17 제2항).

라. 감독방법

(1) 신탁사무에 대한 법원의 감독

① 법원은 감독방법으로서 이해관계인의 청구 또는 직권으로 신탁사무의 처리의 검사, 검사인의 선임, 기타 필요한 처분을 명하는 것을 들고 있다(신탁법 제105조 제2항).

② 검사인의 선임 청구는 서면으로 하여야 하며, 청구에 대한 재판에 대하여는 불복신청을 할 수 없다(법 제44조의17 제1항 · 제3항).

③ 신탁사무의 처리의 검사란 검사가 법원이 스스로 조사를 행하는 것으로, 그 구체적인 방법으로 법원은 신탁사건의 감독을 위하여 필요하다고 인정한 때에는 재산목록, 신탁사무에 관한 장부와 서류의 제출을 명하고, 신탁사무의 처리에 관하여 수탁자 기타의 관계인을 심문할 수 있다(법 제44조의24 제1항).

④ 법원의 명령에 대하여는 불복의 신청을 할 수 없다(법 제44조의24 제3항).

(2) 법원이 검사인을 선임한 경우

① 검사인은 법원에 검사결과를 서면으로 보고하여야 하고, 법원은 검사에 관한 설명이 필요한 때에는 검사인을 심문할 수 있다(법 제44조의19 제1항 · 제2항).

② 법원은 검사결과에 따라 수탁자에게 시정을 명할 수 있으며, 수탁자는 그러한 명령을 받은 즉시 그 사실을 수익자에게 알려야 한다(법 제44조의19 제3항 · 제4항).

③ 법원의 명령에 대하여 수탁자는 불복의 신청을 할 수 없다(법 제44조의19 제5항).

마. 재판절차

재판절차에 대해서는 특별한 규정이 없으므로 「비송사건절차법」 일반절차에 따라 진행한다(법 제17조 이하).

바. 검사인의 보수

① 법원은 「신탁법」 제105조 제2항에 따라 검사인을 선임한 경우 신탁재산에서 검사인의 보수를 지급하게 할 수 있다(법 제44조의18 제1항).

② 검사인의 보수를 정하는 재판을 하는 경우 법원은 수탁자의 의견을 들어야 한다(법 제44조의18 제2항).

③ 검사인의 보수를 정하는 재판은 수탁자에게 고지하여야 하고, 수탁자가 즉시항고를 할 수 있다(법 제44조의18 제3항 · 제4항).

14. 유한책임신탁에 관한 사건

제44조의20【유한책임신탁에 관한 신탁사건의 신청】 ① 「신탁법」 제114조 제1항에 따른 유한책임신탁에 관한 신탁사건의 신청은 서면으로 하여야 한다.
② 제1항에 따른 신청서에는 제9조 제1항 각 호의 기재사항 외에 유한책임신탁의 명칭, 수탁자의 성명이나 명칭 또는 「신탁법」 제114조 제2항 제4호에 따른 신탁사무처리지를 적어야 한다.

「신탁법」 제114조【유한책임신탁의 설정】 ① 신탁행위로 수탁자가 신탁재산에 속하는 채무에 대하여 신탁재산만으로 책임지는 신탁(이하 "유한책임신탁"이라 한다)을 설정할 수 있다. 이 경우 제126조에 따라 유한책임신탁의 등기를 하여야 그 효력이 발생한다.
② 유한책임신탁을 설정하려는 경우에는 신탁행위로 다음 각 호의 사항을 정하여야 한다.
1. 유한책임신탁의 목적
2. 유한책임신탁의 명칭
3. 위탁자 및 수탁자의 성명 또는 명칭 및 주소
4. 유한책임신탁의 신탁사무를 처리하는 주된 사무소(이하 "신탁사무처리지"라 한다)
5. 신탁재산의 관리 또는 처분 등의 방법
6. 그 밖에 필요한 사항으로서 대통령령으로 정하는 사항

가. 서론

① 현행 「신탁법」은 제11장에서 수탁자가 신탁재산으로만 책임을 지는 유한책임신탁제도를 도입하였다(신탁법 제114조 제1항).

② 이러한 유한책임신탁에 법원이 관여하는 절차는 (i) 소액채권의 채권신고기간 내에 변제에 대한 허가(신탁법 제135조 제2항), (ii) 청산절차에서 채권액의 평가를 위한 감정인 선임(신탁법 제136조 제4항)이 있다.

전자의 경우에 있어 일반 법인의 경우에는 청산 시 정해지는 채권신고기간 내에는 채무의 변제를 할 수 없으나(민법 제90조), 회사의 경우에는 법원의 허가를 얻어 채권신고기간 중에도 소액 채무 등의 경우 변제를 할 수 있도록 규정하고 있다(상법 제536조 제2항). 유한책임신탁의 청산의 경우에도 회사의 경우에 준하여, 소액의 채권, 담보가 있는 신탁채권, 그 밖에 변제로 인하여 다른 채권자를 해할 우려가 없는 채권에 대하여는 채권신고기간 내에도 법원의 허가를 얻어 변제할 수 있도록 한 것이다(신탁법 제135조 제2항).

후자의 경우에 있어 회사의 경우에는 청산절차에서 변제기에 이르지 아니한 채권에 대해서도 변제할 수 있도록 하면서도 특히 가액이 불확정한 채권은 그 가액의 평가를 법원이 선임한 감정인에 의하도록 하고 있는데(상법 제259조 제4항), 유한책임신탁의 청산의 경우에도 회사의 경우에 준하여, 청산수탁자가 변제기에 이르지 아니한 신탁채권을 변제하는 경우 조건부채권, 존속기간이 불확정한 채권, 그 밖에 가액이 불확정한 채권에 대하여는 법원이 선임한 감정인의 평가에 따라 변제하여야 하여야 한다고 한 것이다(신탁법 제136조 제1항 · 제4항).[115]

115) 법원실무제요 비송, 법원행정처, 2014, 121면

나. 관할법원

'신탁재산첨부로 인한 귀속 결정사건'의 경우와 마찬가지로 수탁자의 주소지의 지방법원이 원칙적인 관할법원이 된다(법 제39조 제1항 · 제2항 · 제3항 · 제5항). 다만, 수탁자가 아닌 청산수탁자를 기준으로 하여야 할 것이다.

다. 신청절차

(1) 신청인

유한책임신탁이 종료한 경우에는 신탁행위로 달리 정한 바가 없다면 종료 당시의 수탁자 또는 신탁재산관리인이 청산인(청산수탁자)이 되는데, 그러한 청산수탁자가 신청인이 된다(신탁법 제133조 제1항, 제135조 제2항).

(2) 신청방법

신청방법에 대해서는 특칙이 있다. 즉 신청은 서면으로 하여야 하고, 신청서에는 비송사건절차법 제9조 제1항 각 호의 기재사항 외에 유한책임신탁의 명칭, 수탁자의 명칭 또는 신탁법 제114조 제2항 제4호에 따른 사무처리자를 적어야 한다(법 제44조의20). 청산수탁자의 변제허가사건의 경우 청산수탁자는 그 사유를 소명하여야 한다(법 제44조의21).

라. 심리 및 재판

(1) 심리

「비송사건절차법」 일반원칙에 의한다.

(2) 재판

청산수탁자의 변제허가 신청을 각하하는 재판에는 반드시 이유를 붙여야 한다(신탁법 제135조 제3항). 「신탁법」은 신청을 각하한 경우만을 규정하고 있는데 신청을 기각하는 재판도 마찬가지라고 보아야 할 것이다.

마. 불복

청산수탁자의 변제를 허가하는 재판이나 감정인 선임의 재판에 대하여는 불복을 신청할 수 없다(신탁법 제135조 제4항, 법 제44조의22 제1항).
그리고 감정인 선임절차에 드는 비용, 감정인의 소환 및 심문비용은 청산수탁자가 부담한다(법 제44조의22 제2항).

제3절 재판상 대위에 관한 사건

제45조【재판상 대위의 신청】 채권자는 자기 채권의 기한 전에 채무자의 권리를 행사하지 아니하면 그 채권을 보전할 수 없거나 보전하는 데에 곤란이 생길 우려가 있을 때에는 재판상의 대위(代位)를 신청할 수 있다.

제46조【관할법원】 재판상의 대위는 채무자의 보통재판적이 있는 곳의 지방법원이 관할한다.

제47조【대위신청의 기재사항】 대위의 신청에는 제9조 제1항 각 호의 기재사항 외에 다음 각 호의 사항을 적어야 한다.
1. 채무자와 제3채무자의 성명과 주소
2. 신청인이 보전하려는 채권 및 그가 행사하려는 권리의 표시

제48조【대위신청의 허가】 법원은 대위의 신청이 이유 있다고 인정한 경우에는 담보를 제공하게 하거나 제공하게 하지 아니하고 허가할 수 있다.

제49조【재판의 고지】 ① 대위의 신청을 허가한 재판은 직권으로 채무자에게 고지하여야 한다.
② 제1항에 따른 고지를 받은 채무자는 그 권리를 처분할 수 없다.

제50조【즉시항고】 ① 대위의 신청을 각하한 재판에 대하여는 즉시항고를 할 수 있다.
② 대위의 신청을 허가한 재판에 대하여는 채무자가 즉시항고를 할 수 있다.
③ 제1항 및 제2항에 따른 항고의 기간은 채무자가 재판의 고지를 받은 날부터 기산한다.

제51조【항고 비용의 부담】 항고절차의 비용과 항고인이 부담하게 된 전심(前審)의 비용에 대하여는 신청인과 항고인을 당사자로 보고 「민사소송법」 제98조에 따라 부담할 자를 정한다.

제52조【심리의 공개 및 검사의 불참여】 이 장의 규정에 따른 절차에 관하여는 제13조 및 제15조를 적용하지 아니한다.

「민법」 제404조【채권자대위권】 ① 채권자는 자기의 채권을 보전하기 위하여 채무자의 권리를 행사할 수 있다. 그러나 일신에 전속한 권리는 그러하지 아니하다.
② 채권자는 그 채권의 기한이 도래하기 전에는 법원의 허가없이 전항의 권리를 행사하지 못한다. 그러나 보전행위는 그러하지 아니하다.

가. 개요[116)]

① 채권자대위권은 채권자가 자기의 채권을 보전하기 위하여 채무자의 권리를 행사하는 것을 말한다. 「민법」은 채권의 기한이 도래하기 전에 채권자대위권을 행사하기 위해서는 보존행위를 제외하고는 법원의 허가에 의하도록 하고 있다(민법 제404조 제1항 · 제2항).

② 이에 「비송사건절차법」에서는 "채권자는 자기의 채권의 기한 전에 채무자의 권리를 행사하지 아니하면 그 채권을 보전할 수 없거나 보전하는 데에 곤란이 생길 우려가 있을 때에는 재판상의 대위를 신청할 수 있다"고 하면서 그 구체적 절차를 규정하고 있다(법 제45조 이하).

116) 법원실무제요 비송, 법원행정처, 2014, 123면 참조

③ 여기서 '재판상의 대위'라 함은 '재판상 대위의 허가'를 의미하고, 재판상의 대위에 있어서는 대위권행사의 요건의 존부 여부는 채권자 · 채무자 간 이해가 대립되어 「비송사건절차법」은 이 사건을 비송사건으로 처리하면서도 그 절차에 쟁송성을 인정하고 있다.

나. 관할법원

채무자의 보통재판적이 있는 곳의 지방법원의 관할로 한다(법 제46조). 보통재판적이란 「민사소송법」 제2조 내지 6조에서 규정한 것을 말한다.

다. 신청절차

(1) 신청인

신청인은 채권자이다. 채권자가 자기의 채권을 **기한 전**에 채무자의 권리를 행사하지 아니하면 그 채권을 보전할 수 없거나 이를 보전함이 곤란이 생길 우려가 있을 때 신청한다(법 제45조).

(2) 신청방법

① 일반원칙

법률에 특별한 규정이 없으므로 「비송사건절차법」이 정한 일반원칙에 따라 서면 또는 말로 한다(법 제8조).

② 신청사항

신청서에 기재하거나 구술로 진술하여야 할 사항으로 비송사건절차법 제9조 제1항 각 호의 사항 외에 ① 채무자와 제3채무자의 성명 · 주소, ② 신청인이 보전하고자 하는 채권과 그가 행사하고자 하는 권리의 표시를 추가하여야 한다(법 제47조).

라. 심리 및 재판

(1) 심리의 공개와 검사의 불참여

총칙규정은 적용되지 아니한다(법 제52조). 따라서 심리는 공개하며, 검사의 참여는 금지된다.

(2) 담보제공

법원은 대위의 신청을 이유 있다고 인정한 때에는 담보를 제공하게 하거나 제공하게 하지 아니하고 허가할 수 있다(법 제48조).

(3) 재판의 고지

대위의 신청을 허가한 재판은 신청인에게 고지하여야 할 뿐만 아니라, 직권으로 이를 채무자에게도 고지하여야 하며 고지를 받은 채무자는 그 권리의 처분을 할 수 없다(법 제18조 제1항, 제49조 제1항 · 제2항). 그러나 이러한 처분금지는 제3자에 대한 공시를 수반하는 것이 아니기 때문에 채무자가 이에 위반하여 처분을 하는 경우 선의의 제3자는 권리를 취득하며, 채권자는 선의 제3자에 대해서 처분금지 효과를 주장할 수 없다.

주문형식

주문: 신청인이 (담보로 ○○○원을 공탁한 때에는) 채무자에 대하여 가지는 별지목록 제1기재 채권의 보전을 위하여 채무자가 제3채무자에 대하여 가지는 별지목록 제2기재 권리에 관한 대위를 허가한다.

마. 불복절차

(1) 즉시항고

대위의 신청을 각하한 재판에 대하여는 신청인인 채권자가, 신청을 허가한 재판에 대하여는 채무자가 즉시항고를 할 수 있다(법 제50조 제1항・제2항).

(2) 집행정지효 부정

즉시항고는 집행정지의 효력이 없어(법 제21조), 대위신청을 허가한 재판에 채무자가 즉시항고를 하더라도 채권자는 대위권을 행사할 수 있다. 다만 법원이 항고심의 재판이 있을 때까지 원심재판의 집행정지 기타 필요한 처분을 명할 수 있다(법 제23조, 민소법 제448조).

(3) 항고기간의 기산점

항고의 기간은 채무자가 재판의 고지를 받은 날부터(초일산입) 기산한다(법 제50조 제3항).

바. 항고비용의 부담

절차의 비용은 총칙(법 제24조)에 따라 원칙적으로 신청인이 부담하여야 하나, 「비송사건절차법」 제51조는 대위신청을 허가한 재판에 대해 채무자가 항고한 경우에 특칙을 두고 있다. 즉, 항고절차의 비용과 항고인이 부담하게 된 전심(前審)의 비용에 대하여는 신청인과 항고인을 당사자로 보고 「민사소송법」 제98조의 규정에 따라 패소자가 부담하도록 하였다(법 제51조). 따라서 채무자의 항고에 이유가 있으면 그 비용은 신청인(=채권자)이 부담하고, 항고에 이유가 없으면 채무자가 부담한다.

제4절 보존 · 공탁 · 보관에 관한 사건

제58조 【검사의 불참여】 이 장의 규정에 따른 절차에 관하여는 제15조를 적용하지 아니한다.

제59조 【불복신청의 금지】 이 장의 규정에 따라 지정 또는 선임을 하거나 허가를 한 재판에 대하여는 불복신청을 할 수 없다.

1. 변제목적물의 공탁소 지정 및 공탁물보관인 선임사건

제53조 【공탁소의 지정 및 공탁물보관인의 선임】 ① 「민법」 제488조 제2항에 따른 공탁소의 지정 및 공탁물보관인의 선임은 채무이행지의 지방법원이 관할한다.
② 법원은 제1항에 따른 지정 및 선임에 관한 재판을 하기 전에 채권자와 변제자를 심문하여야 한다.
③ 법원이 제1항에 따른 지정 및 선임을 한 경우에 그 절차의 비용은 채권자가 부담한다.

제54조 【공탁물보관인의 의무】 제53조에 따른 공탁물보관인의 의무에 관하여는 「민법」 제694조부터 제697조까지 및 제700조를 준용한다. 다만, 「민법」 제696조에 따른 통지는 변제자에게 하여야 한다.

제54조의2 【공탁물보관인의 사임허가 등】 ① 법원은 제53조에 따른 공탁물보관인의 사임을 허가하거나 공탁물보관인을 해임할 수 있다. 공탁물보관인의 사임을 허가하는 경우 법원은 다시 공탁물보관인을 선임하여야 한다.
② 공탁물보관인의 사임허가 절차에 관하여는 제44조의11 제1항을 준용한다.

「민법」 제487조 【변제공탁의 요건, 효과】 채권자가 변제를 받지 아니하거나 받을 수 없는 때에는 변제자는 채권자를 위하여 변제의 목적물을 공탁하여 그 채무를 면할 수 있다. 변제자가 과실없이 채권자를 알 수 없는 경우에도 같다.

제488조 【공탁의 방법】 ① 공탁은 채무이행지의 공탁소에 하여야 한다.
② 공탁소에 관하여 법률에 특별한 규정이 없으면 법원은 변제자의 청구에 의하여 공탁소를 지정하고 공탁물보관자를 선임하여야 한다.
③ 공탁자는 지체 없이 채권자에게 공탁통지를 하여야 한다.

가. 개요

(1) 변제공탁

채권자가 변제를 받지 아니하거나 받을 수 없는 때, 변제자가 과실 없이 채권자를 알 수 없는 경우에는 변제자는 채권자를 위하여 변제의 목적물을 공탁하여 그 채무를 면할 수 있다(민법 제487조). 이러한 공탁은 채무이행지의 공탁소에 하여야 한다(민법 제488조 제1항).

「법원조직법」상 공탁사무는 법원이 관장한다(법원조직법 제2조 제3항). 지방법원, 지방법원 지원, 시·군법원의 공탁관이 공탁소로서 공탁사무를 처리한다(공탁법 제2조 제1항).[117]

(2) 공탁소의 지정과 공탁물보관인 선임

위와 같은 법정의 공탁소가 없거나, 공탁소가 있더라도 보관능력이 있는 공탁물보관인이 없는 경우 법원은 변제자의 청구에 의하여 공탁소를 지정하거나 공탁물보관자를 선임하여야 하는데(민법 제488조 제2항), 이것이 변제목적물의 공탁소 지정과 공탁물보관인의 선임사건이다(법 제53조 제1항).

나. 관할법원

공탁소의 지정과 공탁물보관인의 선임사건은 채무이행지의 지방법원이 관할한다(법 제53조 제1항).

다. 신청절차

신청인은 변제자이고(민법 제488조 제2항), 신청방식은 법률에 특별한 규정이 없으므로「비송사건절차법」이 정한 일반원칙에 따라 서면 또는 말로 한다(법 제8조, 제9조).

라. 심리 및 재판

① 법원은 공탁소 지정과 공탁인 선임에 관한 재판을 하기 전에 채권자와 변제자를 심문하여야 한다(법 제53조 제2항).

② 다만, 채권자가 소재불명 등으로 소환할 수 없는 경우에는 심문을 요하지 않으며, 소환을 받고 이에 응하지 않는 경우에는 법원은 그러한 심문 없이 재판할 수 있다. 또한, 심문을 한 경우라도 그 심문조서는 필요하다고 인정되는 경우에 한하여 작성되며(법 제14조), 이 사건은 검사의 참여도 배제된다(법 제58조).

마. 불복절차

공탁소를 지정 및 공탁물보관인을 선임재판에 대해서는 불복의 신청을 할 수 없으나(법 제59조), 신청을 각하(기각포함)한 재판에 대해서는 일반원칙에 따라 항고할 수 있다(법 제20조).

바. 비용부담

공탁소의 지정 및 공탁물보관인의 선임재판으로 인한 절차비용은 채권자가 부담한다(법 제53조 제3항).

---

117) 그런데 실무상 공탁소가 보관시설을 갖추고 공탁물을 직접 보관·관리하는 것이 부적절하므로,「공탁법」은 대법원장으로 하여금 위와 같은 공탁을 위하여 공탁하는 금전, 유가증권 또는 기타의 물품을 보관하는 은행 또는 창고업자를 지정하고, 지정된 은행이나 창고업자는 그가 경영하는 영업부류에 속하는 것으로서 보관할 수 있는 수량에 한하여 이를 보관할 의무를 부담하도록 하였다(공탁법 제3조 제1, 3항). 이러한 공탁물보관인(은행, 창고업자)은 공탁관의 지시·명령에 따라 공탁물을 보관만 하는 단순한 물리적 보관자로서 공탁관의 이행보조자에 불과하다(법원실무제요 비송, 법원행정처, 2014, 127면).

사. 공탁물보관인의 지위

(1) 공탁물보관인의 권리 · 의무

공탁물보관인은 「민법」상 수치인의 의무를 부담한다. 다만, 「민법」 제696조에 따른 통지는 변제자에게 하여야 한다(법 제54조).

(2) 공탁물보관인의 사임 · 해임

법원은 공탁물보관인의 사임을 허가하거나 공탁물보관인을 해임할 수 있다. 공탁물보관인을 사임을 허가하는 경우에는 법원은 다시 공탁물보관인을 선임하여야 한다. 공탁물보관인의 사임허가절차에 관해서는 신탁관리인의 사임허가를 준용한다(법 제54조의2).

2. 변제목적물의 경매허가사건(=경매대가의 공탁허가)

제55조【경매 대가의 공탁】「민법」 제490조에 따른 법원의 허가에 관하여는 제53조를 준용한다.

「민법」 제490조【자조매각금의 공탁】 변제의 목적물이 공탁에 적당하지 아니하거나 멸실 또는 훼손될 염려가 있거나 공탁에 과다한 비용을 요하는 경우에는 변제자는 법원의 허가를 얻어 그 물건을 경매하거나 시가로 방매하여 대금을 공탁할 수 있다.

가. 의의

변제의 목적물이 공탁에 적당하지 아니하거나 멸실 또는 훼손될 염려가 있거나 공탁에 과다한 비용을 요하는 경우에는 변제자는 법원의 허가를 얻어 그 물건을 경매하거나 시가로 방매(放賣)하여 대금을 공탁할 수 있다(민법 제490조).[118]

나. 관할법원

채무이행지의 지방법원이 관할한다(법 제55조, 법 제53조 제1항).

다. 신청절차

신청인은 변제자이고, 신청방식은 법률에 특별한 규정이 없으므로 「비송사건절차법」이 정한 일반원칙에 따라 서면 또는 말로 한다(법 제8조, 제9조).

라. 재판절차 등

재판절차, 불복 및 비용부담은 변제목적물의 공탁소 지정 및 공탁물보관인 선임사건의 경우와 동일하다(법 제55조, 제53조 제2항, 제58조, 제59조).

---

118) 방매라 함은 변제자가 스스로 시가로 임의매각하는 것을 말한다. 이는 변제의 목적물이 부패하기 쉽거나, 거래소 가격 또는 시장가격이 있는 물건, 경매비용에 비하여 가격이 근소한 물건 등에 적합한 방법이다(법원실무제요 비송, 법원행정처, 2014, 130면).

3. 질물(質物)에 의한 변제충당의 허가사건

제56조【질물에 의한 변제충당의 허가】 ①「민법」 제338조 제2항에 따라 질물(質物)로 직접 변제에 충당할 것을 청구하는 경우에는 제53조 제1항 및 제2항을 준용한다.
② 법원이 제1항에 따른 청구를 허가한 경우에는 그 절차의 비용은 질권설정자가 부담한다.

「민법」 제338조【경매, 간이변제충당】 ① 질권자는 채권의 변제를 받기 위하여 질물을 경매할 수 있다.
② 정당한 이유있는 때에는 질권자는 감정자의 평가에 의하여 질물로 직접 변제에 충당할 것을 법원에 청구할 수 있다. 이 경우에는 질권자는 미리 채무자 및 질권설정자에게 통지하여야 한다.

가. 의의

질권자는 채무의 변제를 받기 위하여 질물을 경매함이 원칙이지만(민법 제338조 제1항), 질물의 가격이 근소하여 경매비용에도 미치지 못하는 등의 정당한 이유가 있는 때에는 감정인의 평가에 의하여 질물로 직접 변제에 충당할 것을 법원에 청구할 수가 있다(민법 제338조 제2항 전문).

나. 관할법원

「민법」 제338조 제2항에 따라 질물로 직접 변제에 충당할 것을 청구하는 경우에는 제53조 제1항을 준용한다(법 제56조 제1항). 따라서 채무이행지의 지방법원을 관할법원으로 한다.

다. 신청절차

신청인은 질권자이고, 다만 질권자는 미리 채무자 및 질권설정자에게 통지하여야 한다(민법 제338조 제2항). 신청방식은 법률에 특별한 규정이 없으므로 「비송사건절차법」이 정한 일반원칙에 따라 서면 또는 말로 한다(법 제8조, 제9조).

라. 심리 및 재판

(1) 심리

① 법원은 재판을 하기 전에 채권자(질권자)와 변제자(채무자 또는 질권설정자)를 심문하여야 한다(법 제56조 제1항, 제53조 제2항).
판례도 "질물로 즉시변제에 충당할 것을 신청하는 경우에는 법원은 그 허부결정을 하기 전에, 필요적으로 채무자 또는 질권설정자에 대한 심문절차를 거쳐야 한다"고 판시한 바 있다.[119]

119) 대법원 1998.10.14.자 98그58 결정

판례

질권자가 「민법」 제338조 제2항의 규정에 의하여 질물로 즉시변제에 충당할 것을 신청하는 경우, 법원이 그 허부결정을 하기 전에 필요적으로 채무자 또는 질권설정자에 대한 심문절차를 거쳐야 하는지 여부(적극) (대법원 1998.10.14.자 98그58 결정) [질권변제충당허가]

[판결요지]

「비송사건절차법」 제53조 제1항과 제2항의 규정은 같은 법 제56조 제1항에 의하여 「민법」 제338조 제2항의 규정에 의하여 질물로 즉시변제에 충당할 것을 신청하는 경우에 준용되므로, 질권자가 「민법」 제338조 제2항의 규정에 의하여 질물로 즉시변제에 충당할 것을 신청하는 경우에는 법원은 그 허부결정을 하기 전에, 채무자 또는 질권설정자에 대한 심문이 사실상 불가능하다는 등의 특별한 사정이 없는 한, 필요적으로 채무자 또는 질권설정자에 대한 심문절차를 거쳐야 한다.

② 검사는 사건에 관하여 의견을 진술하거나 심문에 참여할 수 없다(제58조, 제15조).

(2) 재판

질물의 사용목적이 다른 법령에 의하여 미리 정하여져 있어 당초의 사용목적 외의 용도에 사용하고자 할 때에는 행정관청의 승인 등을 요하는 경우가 있다(대외무역법 제17조 제1항). 이 경우 질물에 의한 변제충당을 허가하는 재판을 할 때에는 그 승인유무도 심리하여야 한다(대결 1978.3.17. 77그30).[120]

(3) 감정인 선임

질물에 대한 변제충당은 감정인의 평가에 의하여 하는 것이므로(민법 제338조 제2항), 사건의 재판을 함에 있어서는 감정인을 선임하여야 하고, 그 감정은 「민사소송법」의 감정에 관한 규정이 준용된다(법 제10조).[121]

마. 불복절차

질권자의 질물변제충당을 허가한 재판에 대해서는 불복의 신청을 할 수 없으나(법 제59조), 신청을 각하(기각포함)한 재판에 대해서는 일반원칙에 따라 항고할 수 있다(법 제20조).

바. 비용부담

법원이 청구를 허가한 재판의 절차비용은 질권설정자가 부담한다(법 제56조).

120) 법원실무제요 비송, 법원행정처, 2014, 132면

121) 감정인 선임시기에 대하여, 허가재판을 하기 전에 미리 감정인평가를 요한다는 설과 허가재판과 동시에 감정인을 선임하여야 한다는 설이 있으나, 질물의 가액도 정당사유 판단의 자료가 된다는 점에서 전자의 견해가 타당하다(법원실무제요 비송, 법원행정처, 2014, 132면 참조).

4. 환매권 대위행사시의 감정인 선임사건

제57조 【환매권 대위 행사 시의 감정인 선임】 ① 「민법」 제593조에 따른 감정인의 선임 · 소환 및 심문은 물건 소재지의 지방법원이 관할한다.
② 법원이 제1항에 따른 선임을 한 경우에는 그 절차의 비용은 매수인이 부담한다.

「민법」 제590조 【환매의 의의】 ① 매도인이 매매계약과 동시에 환매할 권리를 보류한 때에는 그 영수한 대금 및 매수인이 부담한 매매비용을 반환하고 그 목적물을 환매할 수 있다.

제593조 【환매권의 대위행사와 매수인의 권리】 매도인의 채권자가 매도인을 대위하여 환매하고자 하는 때에는 매수인은 법원이 선정한 감정인의 평가액에서 매도인이 반환할 금액을 공제한 잔액으로 매도인의 채무를 변제하고 잉여액이 있으면 이를 매도인에게 지급하여 환매권을 소멸시킬 수 있다.

가. 의의

(1) 환매의 의의

환매란 매도인이 매매계약과 동시에 환매할 권리를 보류한 경우에 그 환매권을 일정한 기간 내에 행사함으로써 매매의 목적물을 다시 매수하는 것을 말한다. 환매권도 하나의 재산권이므로 환매권자의 채권자는 「민법」 제404조에 의하여 이를 대위행사할 수 있다.

(2) 환매권의 대위행사와 매수인의 권리

매도인의 채권자가 매도인을 대위하여 환매하고자 하는 때에는 매수인은 법원이 선정한 감정인의 평가액에서 매도인이 (매수인에게) 반환할 (환매)금액을 공제한 잔액으로 매도인의 채무를 변제하고 잉여액이 있으면 이를 매도인에게 지급하여 환매권을 소멸시킬 수 있다(민법 제593조).

나. 관할법원

물건 소재지의 지방법원이 관할한다(법 제57조 제1항).

다. 신청절차

매수인이 신청인이고, 신청방식은 법률에 특별한 규정이 없으므로 「비송사건절차법」이 정한 일반원칙에 따라 서면 또는 말로 한다(법 제8조, 제9조).

라. 심리 및 재판

검사는 사건에 관하여 의견을 진술하거나, 심문에 참여할 수 없다(법 제58조).

마. 불복절차 및 감정절차

감정인을 선임한 재판에 대해서는 불복신청을 할 수 없다(법 제59조). 감정절차는 「민사소송법」 제333조 이하의 규정에 따라 행한다.

바. 비용부담

감정인을 선임한 경우 그 선임비용과 감정을 위한 소환 및 심문비용은 매수인이 부담한다(법 제57조 제2항).

Chapter

03 민법법인의 등기

제1절 총론

1. 서설

제66조 【「상업등기법」의 준용】 ① 법인과 대한민국에 사무소를 둔 외국법인의 등기에 관하여는 「상업등기법」 제3조, 제5조부터 제10조까지, 제11조 제2항·제3항, 제12조부터 제22조까지, 제24조, 제25조, 제26조 제1호부터 제12호까지 및 제14호·제17호, 제28조, 제75조부터 제80조까지, 제82조부터 제86조까지, 제87조 제1항, 제88조, 제89조 및 제91조를 준용한다. 다만, 임시이사의 등기신청에 관하여는 「상업등기법」 제25조 제1항 및 제2항을 준용하지 아니한다.
② 법인의 등기에 관하여는 「상업등기법」 제54조부터 제60조까지 및 제81조를 준용한다.
③ 대한민국에 사무소를 둔 외국법인의 등기에 관하여는 「상업등기법」 제23조 제3항을 준용한다.

제67조 【법인등기 규정의 특수법인등기에의 적용 등】 ① 이 법 중 법인의 등기에 관한 규정은 「민법」 및 「상법」 외의 법령에 따라 설립된 법인의 등기에 대하여도 적용한다. 다만, 그 법령에 특별한 규정이 있거나 성질상 허용되지 아니하는 경우에는 그러하지 아니하다.
② 제1항에 규정된 법인의 업무에 관하여 재판상 또는 재판 외의 모든 행위를 할 수 있는 대리인에 관하여는 「상업등기법」 제16조 및 제17조 중 지배인에 관한 규정과 같은 법의 회사의 지배인등기에 관한 규정을 준용한다.

가. 민법법인등기 개관

(1) 의의

법인등기란 「민법」, 「상법」, 「각종의 특별법」, 「비송사건절차법」, 「상업등기법」 등 법령의 규정에 의하여 등기관이 법인에 관한 일정한 사항을 등기부에 기록하는 것 또는 그 기록 자체를 말한다. 법인등기는 각각의 설립의 근거가 되는 법령에 따라 민법법인등기, 상법법인등기, 특수법인등기로 나누어진다.

(2) 구별개념

① **민법법인등기**

민법법인등기란 「민법」에 의하여 설립된 비영리 사단법인과 재단법인에 관한 일정한 사항을 등기부에 기록하는 것 또는 그 기록 자체를 말한다.

② **상법법인등기**

상업법인등기란 「상법」 제3편 회사편 제169조 이하에 근거하여 설립한 법인으로서 합명회사, 합자회사, 주식회사, 유한회사, 유한책임회사 등 5가지 법인에 관한 등기를 말한다. 다만, 실무상 상업등기는 상법 및 기타 법령에 따라 상인 또는 합자조합에 관한 일정한 사항을 등기관이 등기부에 기록하는 것 또는 그 기록 자체를 말한다(상업등기법 제2조 제1호). 상업등기는 영리법인을 대상으로 하고 법인등기는 비영리법인을 대상으로 한다는 차이가 있다.

③ **특수법인등기**

법인 중에서 국가 정책상 필요나 공공의 이익을 달성하기 위해 「민법」 또는 「상법」 외의 특별법에 따라 설립되는 법인이 특수법인이다. 따라서 특수법인등기란 「사립학교법, 「사회복지사업법」, 「농업협동조합법」, 「의료법」 등 특별법에 의하여 설립된 법인에 관한 등기를 말한다.

④ **부동산등기**

법인등기는 목적과 명칭, 사무소, 이사 등 일정한 사실을 등기의 대상으로 한다는 점에서 하는 부동산에 관한 물권과 그 물권의 변동을 등기의 대상으로 하는 부동산등기와 다르다.

나. 민법법인등기의 분류

(1) 등기부의 종류에 의한 분류

등기사항을 기록하는 등기부의 종류에 따라 민법법인등기는 ① 사단법인등기, ② 재단법인등기, ③ 대한민국에 사무소를 둔 비영리외국법인의 분사무소의 등기로 구분할 수 있다.

(2) 등기의 목적에 의한 분류

① **기입등기**

새로운 등기권원에 의하여 등기기록을 새로이 개설하거나, 이미 개설되어 있는 등기기록에 등기사항을 새로이 기입하는 등기이다. 그 예로 법인설립등기(민법 제33조, 제49조), 분사무소설치등기(민법 제50조), 새로이 선임된 이사의 취임등기(민법 제52조), 법인의 해산등기(민법 제85조), 청산인선임등기(민법 제85조) 등이 이에 속한다.

② **변경등기**

광의의 변경등기는 어떤 등기가 행해진 후에 그 등기된 사항에 대하여 후발적 변경사유가 있는 경우 그 등기의 일부를 변경하는 등기(협의의 변경등기)와 등기 당시에 착오에 빠진 것이 있어 이미 경료된 등기가 실체관계에 부합하지 아니한 경우에 이를 시정하는 등기(경정등기)를 포함하는 개념이다. 통상 변경등기라 함은 협의의 변경등기만을 말한다(민법 제52조).

③ **말소등기**

말소등기란 기존 등기된 사항을 말소할 목적으로 하는 등기를 말한다. 말소등기의 대상에는 일단 적법하게 성립한 실체관계가 후에 소멸된 경우(예 임기만료 또는 사임으로 인한 법인 이사의 퇴임등기)와 처음부터 실체관계에 부합하지 아니하는 부적법한 경우(예 비송법 제66조, 상업등기법 제77조부터 제81조까지의 규정에 따른 말소등기)가 있다.

④ **회복등기**

회복등기에는 등기부의 전부 또는 일부가 멸실된 경우에 그 등기를 회복하기 위한 멸실회복등기(민법법인 및 특수법인 등기규칙 제6조, 상업등기규칙 제17조 참조)와 등기사항의 변경 또는 말소로 인하여 말소된 등기사항을 회복하기 위한 말소회복등기(민법법인 및 특수법인 등기규칙 제6조, 상업등기규칙 제170조 제1항 등 참조)가 있다.

(3) 설립근거법령에 의한 분류

① **「민법」상 법인등기**

「민법」에 의하여 설립되는 사단법인과 재단법인에 관한 등기로 (i) 목적의 비영리성, (ii) 설립행위(정관작성, 재단법인의 경우 정관작성과 재산출연), (iii) 주무관청의 허가, (iv) 설립등기라는 4가지 요건이 필요한 등기이다.

② **「공익법인 설립운영에 관한 법률」상 법인등기**

「공익법인 설립운영에 관한 법률」에 근거하여 설립허가를 받은 사단법인과 재단법인에 관한 등기이다. 공익법인은 특수법인이 아닌 재단법인과 사단법인의 법인등록번호가 부여되므로 그 법인에 대한 등기는 민법법인등기로 분류된다.

③ **대한민국에 사무소를 둔 비영리외국법인 분사무소의 등기**

외국법에 따라 외국에 주사무소를 두고 성립한 비영리법인이 대한민국에 분사무소를 설치함에 따라 대한민국 법령(법 제66조 제3항, 상업등기법 제23조 제3항)에 따라 분사무소등기를 하는 경우이다.[122)]

다. 등기사항

(1) 등기사항의 의의

등기사항이란 「민법」 등 법령에 의하여 법인등기부에 등기하도록 정하여진 사항을 말한다. 「민법」이나 설립근거 법령 등에서는 법인등기부에 등기하도록 정해진 사항만을 등기하도록 한정하고 있는데 이를 등기사항 법정주의라 한다.

---

122) 법인은 대한민국의 상법 · 특별법에 의해 설립된 법인이 아니며 비영리법인이라는 점에 비추어 볼 때, 그 분사무소등기는 상법법인등기나 특수법인등기로 분류될 수 없고 민법법인등기로 분류될 수 있다.

(2) 등기사항의 구분

① 절대적 등기사항과 상대적 등기사항

절대적 등기사항이란 법령상 반드시 등기하여야 할 사항(예 목적, 명칭, 사무소, 설립허가의 연월일, 자산의 총액, 이사의 성명·주소)으로 강제되는 것으로 이를 게을리한 경우에는 과태료의 제재를 받는다.[123] 상대적 등기사항은 등기사항으로 할 것이지 아닌지 여부를 등기 신청 당사자가 결정할 사항(예 존립시기나 해산이유, 출자의 방법 및 대표권의 제한)으로 하는 것이다(민법 제49조 제2항 참조). 상대적 등기사항이라도 일단 등기가 된 후에는 그 변경이나 소멸에 따른 등기는 반드시 하여야 한다(민법 제52조).

② 설정적 등기사항과 면책적 등기사항

설정적 등기사항이란 등기에 의하여 법률관계가 창설되는 것(예 법인의 설립등기)임에 반해 면책적 등기사항은 등기에 의해 당사자의 책임이 면책되는 경우(예 법인의 해산등기, 이사의 해임등기)이다.

③ 주사무소의 등기사항과 분사무소의 등기사항

「민법」은 분사무소가 있는 경우 주사무소에서 등기한 사항은 분사무소에서도 등기하도록 하고 있다(민법 제49조, 제50조). 그러나 「법인의 등기사항에 관한 특례법」은 주사무소에서 등기한 사항이라 하더라도 분사무소에서의 등기사항으로 위 특례법 및 대법원규칙(법인 등의 등기사항에 관한 특례규칙)에서 정한 사항만 등기하도록 하고 있다(법인특례법 제3조).

라. 법인등기의 효력

(1) 창설적 효력

「민법」 제33조에 따라 설립등기를 하면 법인은 비로소 성립되는 것이므로, 이런 의미에서 민법은 설립등기에 창설적 효력을 부여하고 있다. 한편 설립등기에 의해 법인이 비로소 성립된다는 의미에서 설립등기는 법인의 성립요건이라고 할 수 있으나, 설립등기가 유일한 법인성립요건은 아니다. 설립 이전에 사단·재단의 실체를 형성하는 실체행위와 주무관청의 허가가 있어야 비로소 설립등기에 의해 법인이 성립되는 것이므로 설립등기는 실체행위 및 주무관청의 허가와 더불어 법인의 성립요건이 되는 것이다.[124]

---

123) 「민법」상 지배인, 법인의 감사, 임시이사, 특별대리인은 등기사항이 아니라는 점이 상업등기와 다르다.

124) 민법법인등기실무, 법원행정처, 2018, 24면 참조

(2) 대항력

설립등기 이외의 등기는 등기 이전에도 해당 사항은 이미 그 내용대로 법률적 효력을 발생하므로 모두 대항요건에 해당한다. 다만, 그 효력을 제3자에게 주장하기 위하여 등기가 필요할 뿐이다. 즉, 설립등기 이외의 등기는 법률적 효력이 발생한 것을 대외적으로 주장하기 위한 등기로, 그러한 등기가 있으면 일정한 법률효과를 제3자[125]에게 주장할 수 있게 되는데 이를 대항력이라 한다. 따라서 설립등기 외의 등기사항은 그 등기 후가 아니면 제3자에게 대항하지 못한다.

판례

[판례 1]

법인의 정관에 법인 대표권의 제한에 관한 규정이 있으나 그와 같은 취지가 등기되어 있지 않다면 법인은 그와 같은 정관의 규정에 대하여 선의 여부와 관계없이 제3자에게 대항 할 수 없다(대법원 1992.2.14. 선고 91다24564 판결).

[판례 2]

「민법」 제54조 제1항, 제85조 제1항의 규정에 따르면 법인이 해산한 경우에 청산인은 파산의 경우를 제외하고 해산 등기를 하여야 하고 해산 등기를 하기 전에는 제3자에게 해산사실을 대항할 수 없다(대법원 1984.9.25. 84다카493).

[판례 3]

「민법」 제54조 제1항에 의하면 설립등기 이외의 법인등기는 대항요건으로 규정되어 있으므로 이사 변경의 법인등기가 경료되었다고 하여 등기된 대로의 실체적 효력을 갖는 것은 아니다(대법원 2000.1.28. 선고 98다26187 판결).

2. 등기의 기관과 설비

제60조 【관할등기소】 ① 법인등기에 관하여는 법인의 사무소 소재지를 관할하는 지방법원, 그 지원 또는 등기소를 관할등기소로 한다.
② 대한민국에 사무소를 둔 외국법인의 등기에 관하여는 제1항을 준용한다.

제66조 【「상업등기법」의 준용】 ① 법인과 대한민국에 사무소를 둔 외국법인의 등기에 관하여는 「상업등기법」 제3조, 제5조부터 제10조까지, 제11조 제2항·제3항, 제12조부터 제22조까지, 제24조, 제25조, 제26조 제1호부터 제12호까지 및 제14호·제17호, 제28조, 제75조부터 제80조까지, 제82조부터 제86조까지, 제87조 제1항, 제88조, 제89조 및 제91조를 준용한다. 다만, 임시이사의 등기신청에 관하여는 「상업등기법」 제25조 제1항 및 제2항을 준용하지 아니한다.

125) 법인 이외의 모든 자를 말하며 법인의 기관뿐만 아니라 기관을 구성하는 개인(예 사단법인의 사원)도 포함된다.

가. 등기소

(1) 의의

등기소란 등기사무를 담당하는 국가기관을 말한다.

(2) 관할등기소

법인등기에 관하여는 법인의 사무소 소재지를 관할하는 지방법원, 그 지원 또는 등기소를 관할등기소로 한다(법 제60조).

(3) 등기사무의 위임

대법원장은 어느 등기소의 관할에 속하는 사무를 다른 등기소에 위임할 수 있다(법 제66조 제1항, 상등법 제5조).

(4) 등기사무의 정지

대법원장은 등기소에서 그 사무를 정지하여야 하는 사유가 발생하면 기간을 정하여 등기사무의 정지를 명령할 수 있다(법 제66조 제1항, 상등법 제7조).

나. 등기관

(1) 등기사무의 처리(법 제66조 제1항, 상등법 제8조)

① 등기사무는 등기소에 근무하는 법원서기관·등기사무관·등기주사 또는 등기주사보 중에서 지방법원장(등기소의 사무를 지원장이 관장하는 경우에는 지원장을 말한다. 이하 같다)이 지정하는 사람(이하 "등기관"이라 한다)이 처리한다.

② 등기관은 등기사무를 전산정보처리조직을 이용하여 등기부에 등기사항을 기록하는 방식으로 처리하여야 한다.

③ 등기관은 접수번호의 순서에 따라 등기사무를 처리하여야 한다.

④ 등기관이 등기사무를 처리하였을 때에는 등기사무를 처리한 등기관이 누구인지 알 수 있는 조치를 하여야 한다.

(2) 등기관의 업무처리의 제한(법 제66조 제1항, 상등법 제9조)

① 등기관은 자신, 배우자 또는 4촌 이내의 친족(이하 "배우자등"이라 한다)이 등기를 신청하였을 때에는 성년자로서 등기관의 배우자등이 아닌 사람 2명 이상의 참여가 없으면 등기를 할 수 없다. 배우자등의 관계가 끝난 후에도 같다.

② 등기관은 제1항의 경우에 조서를 작성하여 그 등기에 참여한 사람과 같이 기명날인 또는 서명을 하여야 한다.

다. 등기부 및 부속서류의 보존(법 제66조 제1항, 상등법 제11조 제2항 · 제3항)

① 등기부는 영구히 보존하여야 하며, 등기신청서나 그 밖의 부속서류는 대법원규칙으로 정하는 기간 동안 보존하여야 한다.

② 등기부(부속서류를 포함한다)는 대법원규칙으로 정하는 장소에 보관 · 관리하여야 하며, 전쟁 · 천재지변이나 그 밖에 이에 준하는 사태를 피하기 위한 경우 외에는 그 장소 밖으로 옮기지 못한다. 다만, 등기신청서나 그 밖의 부속서류에 대하여 법원의 명령 또는 촉탁이 있거나 법관이 발부한 영장에 의하여 압수되는 경우에는 그러하지 아니하다.

라. 등기사항의 열람과 증명(법 제66조 제1항, 상등법 제9조, 제15조)

① 누구든지 수수료를 내고 대법원규칙으로 정하는 바에 따라 등기기록에 기록되어 있는 사항의 전부 또는 일부의 열람과 이를 증명하는 등기사항증명서의 발급을 신청할 수 있다. 다만, 등기기록의 부속서류에 대해서는 이해관계 있는 부분만 열람을 신청할 수 있다.

② 제1항에 따른 등기기록의 열람 및 등기사항증명서의 발급 신청은 관할 등기소가 아닌 다른 등기소에서도 할 수 있다.

3. 등기의 신청절차

제66조 【「상업등기법」의 준용】 ① 법인과 대한민국에 사무소를 둔 외국법인의 등기에 관하여는 「상업등기법」 제3조, 제5조부터 제10조까지, 제11조 제2항 · 제3항, 제12조부터 제22조까지, 제24조, 제25조, 제26조 제1호부터 제12호까지 및 제14호 · 제17호, 제28조, 제75조부터 제80조까지, 제82조부터 제86조까지, 제87조 제1항, 제88조, 제89조 및 제91조를 준용한다. 다만, 임시이사의 등기신청에 관하여는 「상업등기법」 제25조 제1항 및 제2항을 준용하지 아니한다.

「상업등기법」 제22조 【신청주의】 ① 등기는 당사자의 신청 또는 관공서의 촉탁에 따라 한다. 다만, 법률에 다른 규정이 있는 경우에는 그러하지 아니하다.
② 촉탁에 따른 등기절차에 관하여는 법률에 다른 규정이 없는 경우에는 신청에 따른 등기에 관한 규정을 준용한다.
③ 등기를 하려는 자는 대법원규칙으로 정하는 바에 따라 수수료를 내야 한다.

제24조 【등기신청의 방법】 ① 등기는 다음 각 호의 어느 하나에 해당하는 방법으로 신청한다.
1. 신청인 또는 그 대리인이 등기소에 출석하여 신청정보 및 첨부정보를 적은 서면을 제출하는 방법. 다만, 대리인이 변호사[법무법인, 법무법인(유한) 및 법무조합을 포함한다]나 법무사[법무사법인 및 법무사법인(유한)을 포함한다]인 경우에는 대법원규칙으로 정하는 사무원을 등기소에 출석하게 하여 그 서면을 제출할 수 있다.
2. 대법원규칙으로 정하는 바에 따라 전산정보처리조직을 이용하여 신청정보 및 첨부정보를 등기소에 보내는 방법(법원행정처장이 지정하는 등기유형으로 한정한다)

② 제1항에도 불구하고 다음 각 호의 등기에 관하여는 우편을 이용하여 신청정보 및 첨부정보를 적은 서면을 등기소에 제출하는 방법으로 등기를 신청할 수 있다.
1. 촉탁에 따른 등기

2. 회사의 본점과 지점 소재지에서 공통으로 등기할 사항(이하 “본 · 지점 공통 등기사항”이라 한다)에 대한 지점 소재지에서의 등기
③ 신청인이 제공하여야 하는 신청정보 및 첨부정보는 대법원규칙으로 정한다.
④ 신청정보를 적은 서면(전자문서를 포함한다. 이하 “등기신청서”라 한다)에는 신청인 또는 그 대리인이 기명날인(대법원규칙으로 정하는 전자서명을 포함한다. 이하 같다)하여야 한다. 다만, 대법원규칙으로 정하는 경우에는 서명으로 이를 갈음할 수 있다.

(1) 당사자에 의한 등기신청

민법법인설립의 등기는 법인을 대표할 사람이 신청한다(법 제63조 제1항, 민법 제59조 제1항). 그 외의 민법법인의 등기도 법률에 다른 규정이 없는 한 그 법인의 대표자가 신청한다(민법 제59조 제1항, 민법법인 및 특수법인 등기규칙 제6조 제1항, 상등법 제23조 제1항). 등기신청은 당사 본인뿐만 아니라 대리인에 의해서도 할 수 있다(법 제66조 제1항, 상등법 제24조 제1항, 제25조 제2항).

(2) 촉탁에 의한 등기신청

관공서의 촉탁에 따른 등기도 넓은 의미에서 신청에 따른 등기와 같으므로 법률에 다른 규정이 없는 경우에는 신청에 따른 등기에 관한 규정이 준용된다(법 제66조 제1항, 상등법 제22조 제2항).

(3) 등기신청 행위

신청서의 적성(기재정보, 기재문자, 기명날인 또는 서명, 간인, 상호 및 외국인의 성명 등에 로마자병기), 일괄신청, 동시신청 등은 상업등기에 관한 규정이 준용된다(법 제66조 제1항, 상등법 제24조 제1항).

4. 등기의 실행

등기의 실행절차는 상업등기의 규정이 준용되므로 상업등기의 그것과 대체로 같다. 그러나 상업등기의 각하사유 중 상업등기법 제26조 제13호, 동조 제15호, 제16호는 준용되지 아니한다(법 제66조 제1항, 상등법 제66조).

5. 이의신청

(1) 의의

등기관의 부당한 결정 또는 처분에 이의가 있는 자는 관할 지방법원에 이의신청을 할 수 있다(법 제66조 제1항, 상등법 제82조).

(2) 이의신청의 요건

① 등기신청의 각하결정에 대한 이의신청인 경우

등기공무원의 각하결정이 부당하다는 사유면 족하고 그 외의 특별한 제한은 없다(예규 제884호).

② 등기신청을 수리하여 완료된 등기에 대한 이의신청의 경우

직권말소함으로써 원상으로 회복할 수 있는 경우가 아니면 이의신청할 수 없다.

③ 새로운 사실에 의한 이의신청금지

누구든지 새로운 사실이나 새로운 증거방법을 근거로 이의신청을 할 수 없다(법 제66조 제1항, 상등법 제84조).

(3) 이의신청의 절차

① 이의신청의 방법

「상업등기법」 제82조에 따른 이의신청은 대법원규칙으로 정하는 바에 따라 등기소에 이의신청서를 제출하는 방법으로 한다(법 제66조 제1항, 상등법 제83조).

② 이의신청의 효력

이의신청에는 집행정지의 효력이 없다(법 제66조 제1항, 상등법 제84조).

(4) 이의신청에 대한 조치

① 등기관의 조치(법 제66조 제1항, 상등법 제85조)

> ① 등기관은 이의신청이 이유 있다고 인정하면 그에 해당하는 처분을 하여야 한다.
> ② 등기관은 이의신청이 이유 없다고 인정하면 이의신청일부터 3일 이내에 의견을 붙여 이의신청서를 관할 지방법원에 보내야 한다.
> ③ 등기를 마친 후에 이의신청이 있는 경우 등기관은 3일 이내에 의견을 붙여 이의신청서를 관할 지방법원에 보내고 등기를 한 자에게 이의신청 사실을 통지하여야 한다. 다만, 이미 마친 등기에 대하여 제77조 각 호의 어느 하나에 해당하는 사유로 이의신청을 한 경우, 등기관은 그 이의신청이 이유 있다고 인정하면 제78조부터 제80조까지의 규정에 따른 절차를 거쳐 그 등기를 직권으로 말소한다.

② 법원의 조치

(i) 처분 전의 부기등기명령

관할 지방법원은 「상업등기법」 제85조 제3항의 이의신청에 대하여 결정하기 전에 등기관에게 이의신청이 있다는 뜻의 부기등기를 명령할 수 있다(법 제66조 제1항, 상등법 제88조).

(ii) 이의에 대한 결정과 항고(법 제66조 제1항, 상등법 제87조)

㉠ 관할 지방법원은 이의신청에 대하여 이유를 붙여 결정을 하여야 한다. 이 경우 이의신청이 이유 있다고 인정하면 등기관에게 그에 해당하는 처분을 명령하고, 그 뜻을 이의신청인과 등기를 한 자에게 통지하여야 한다.

㉡ 제1항의 결정에 대해서는 「비송사건절차법」에 따라 항고할 수 있다.

6. 등기사항의 공고

제65조의2【등기사항의 공고】 등기한 사항의 공고는 신문에 한 차례 이상하여야 한다.

제65조의3【등기사항을 공고할 신문의 선정】 ① 지방법원장은 매년 12월에 다음 해에 등기사항의 공고를 게재할 신문을 관할구역의 신문 중에서 선정하고, 일간신문에 이를 공고하여야 한다.
② 공고를 게재할 신문이 휴간되거나 폐간되었을 때에는 다시 다른 신문을 선정하여 제1항과 같은 방법으로 공고하여야 한다.

제65조의4【신문 공고를 갈음하는 게시】 지방법원장은 그 관할구역에 공고를 게재할 적당한 신문이 없다고 인정할 때에는 신문에 게재하는 공고를 갈음하여 등기소와 그 관할구역의 시·군·구의 게시판에 공고할 수 있다.

가. 등기사항의 공고

등기한 사항의 공고는 신문에 1회 이상 행하여야 한다(법 제65조의2).

나. 등기사항를 공고할 신문의 선정(법 제66조의3)

① 지방법원장은 매년 12월에 다음해에 있어서 등기사항의 공고를 게재하게 할 신문을 관할구역안의 신문 중에서 선정하고, 일간신문에 이를 공고하여야 한다.
② 공고를 게재하게 할 신문이 휴간 또는 폐간된 때에는 다시 다른 신문을 선정하여 공고하여야 한다.

다. 신문공고에 갈음하는 게시

지방법원장은 그 관할구역 안에 공고를 위한 적당한 신문이 없다고 인정할 때에는 신문상의 공고에 갈음하여 등기소와 그 관할구역 안의 시·군·구의 게시판에 공고할 수 있다(법 제66조의4).

제2절 각론

1. 사단 및 재단법인의 설립등기

> **제63조 【설립등기의 신청】** ① 법인설립의 등기는 법인을 대표할 사람이 신청한다.
> ② 제1항에 따른 등기의 신청서에는 다음 각 호의 서류를 첨부하여야 한다.
> 1. 법인의 정관
> 2. 이사의 자격을 증명하는 서면
> 3. 주무관청의 허가서 또는 그 인증이 있는 등본
> 4. 재산목록

가. 설립절차

사단 및 재단법인은 ① 목적의 비영리성, ② 설립행위(정관작성, 재단법인의 경우 정관작성과 출연행위), ③ 주무관청의 허가, ④ 설립등기라는 4가지 요건을 갖추어야 성립할 수 있다(민법 제32조, 제33조, 제40조, 제43조, 제49조 등 참조).

나. 설립행위

(1) 목적의 비영리성

① 「민법」상의 비영리법인은 학술·종교·자선·기예·사교 기타 영리 아닌 사업을 목적으로 하여야 한다(민법 제32조).[126]

② 비영리법인에서의 '영리 아닌 사업'이란 사업을 통해 발생된 이익을 구성원에게 분배하지 않는다는 점이다. 만약 구성원에게 법인활동을 통한 수익이 분배되면 영리목적의 법인이 되어 상사법인에 관한 규정이 준용된다(민법 제39조).

③ 비영리를 목적으로 하는 법인으로 법인설립허가를 받은 단체가 추후 실제 활동을 함에 있어 영리를 추구하는 법인으로 밝혀진다면 주무관청은 설립허가를 취소할 수 있다(민법 제38조 참조).

(2) 설립행위(정관의 작성과 재산의 출연)

① **사단법인의 설립행위**(민법 제40조)

(ⅰ) 의의

2인 이상의 설립자가 일정한 사항을 기재한 정관을 작성하여 기명날인하는 것을 말한다.

---

126) 비영리법인이라고 해서 반드시 불특정 다수인을 위한 공익을 목적으로 활동할 필요는 없고 향우회, 동창회 등과 같은 사교를 목적으로 하는 비영리의 법인의 설립도 가능하다.

(ii) 정관의 필요적 기재사항

목적, 명칭, 사무소의 소재지, 자산에 관한 규정, 이사의 임면에 관한 규정, 사원자격의 득실에 관한 규정, 존립시기나 해산사유를 정하는 때에는 그 시기 또는 사유

② **재단법인의 설립행위**(민법 제43조)

(i) 의의

재단법인의 설립자가 일정한 재산을 출연하고 일정한 사항이 기재된 정관을 작성하여 기명날인하는 것을 말한다.

(ii) 재산의 출연

생전처분으로 재단법인을 설립하는 때에는 출연재산은 법인이 성립된 때로부터 법인의 재산이 되고, 유언으로 설립하는 때에는 유언의 효력이 발생한 때로부터 법인에 귀속한 것으로 본다(민법 제47조, 제48조).

(iii) 정관의 필요적 기재사항

목적, 명칭, 사무소의 소재지, 자산에 관한 규정, 이사의 임면에 관한 규정

(3) 주무관청의 허가(민법 제32조)

① 「민법」상의 법인설립에는 허가주의를 취하고 있기 때문에 반드시 주무관청의 허가를 얻어야 한다.

② 주무관청이란 법인의 목적으로 하는 사업을 주관하는 행정관청을 말한다.

③ 법인의 목적으로 하는 사업이 수개의 주무관청에 속하는 경우에는 각각 주무관청별로 허가를 받아야 하는지 여부에 대해 「민법」에 명문규정은 없고 명확한 판례도 없어 견해의 대립이 있다. 형식적 심사권밖에 없는 등기관으로서는 허가의 적법여부를 심사할 수 없으므로 설립등기 신청시 허가서의 기재대로 설립등기를 처리하면 족하다.[127]

(4) 설립등기

법인은 법인설립의 허가가 있는 때부터 3주간 내에 그 주된 사무소의 소재지에서 설립등기를 함으로써 성립한다(민법 제33조, 제49조).

다. 등기절차

(1) 신청인

법인설립의 등기는 법인을 대표할 사람이 신청한다(법 제63조 제1항, 민법 제59조 제1항). 이사가 2인 이상인 경우 이사는 단독대표가 원칙이므로 각자 등기신청을 할 수 있지만, 대표권 제한 규정이 있는 경우에는 대표권 있는 이사만 신청한다.

127) 민법법인등기실무, 법원행정처, 2018, 238면

(2) 등기기간

민법법인은 주무관청의 법인설립의 허가서가 도착한 날로부터 3주간 내에[128] 주된 사무소 소재지에서 설립등기를 하여야 한다(민법 제49조 제1항, 제53조). 분사무소를 설치한 때에는 주사무소 소재지에서 3주간 내에 분사무소를 설치할 것을 등기하고 그 분사무소 소재지에서도 등기기간 내에 「민법」 제49조 제2항의 등기사항(설립등기사항)을 등기하여야 한다(민법 제50조). 비영리법인의 경우 주된 사무소란 분사무소가 아닌 사무소를 말하고, 주사무소 소재지는 비영리법인의 주소에 해당한다. 위 등기기간 내에 등기의무가 있는 이사가 등기를 해태한 때는 500만원 이하의 과태료에 처한다(민법 제97조).

(3) 등기사항

「민법」 제49조 【법인의 등기사항】 ① 법인설립의 허가가 있는 때에는 3주간 내에 주된 사무소 소재지에서 설립등기를 하여야 한다.
② 전항의 등기사항은 다음과 같다.
1. 목적
2. 명칭
3. 사무소
4. 설립허가의 연월일
5. 존립시기나 해산이유를 정한 때에는 그 시기 또는 사유
6. 자산의 총액
7. 출자의 방법을 정한 때에는 그 방법
8. 이사의 성명, 주소
9. 이사의 대표권을 제한한 때에는 그 제한

등기사항이란 「민법」 등 법령에 의하여 등기부에 등기하도록 정하여진 사항을 말한다. 공시할 필요가 있다고 해서 등기할 수 있는 것은 아니고 법령에 의하여 등기할 수 있는 사항으로 규정된 것만을 등기할 수 있다(민법 제49조).

설립등기사항 중 설립허가의 연월일을 제외하고는 모두 정관의 기재사항과 관련이 있다. 즉, 민법법인의 등기기록은 등기사항을 통해 정관에 기초한 대외적 공시를 하게 된다.

(4) 첨부정보

법인설립의 등기는 법인을 대표할 사람이 ① 법인의 정관, ② 이사의 자격을 증명하는 서면, ③ 주무관청의 설립허가서 또는 그 인증이 있는 등본, ④ 재산목록을 첨부하여 신청한다(법 제63조, 민법 제59조 제1항). 이외에도 「민법법인 및 특수법인 등기규칙」 제6조와 「상업등기규칙」 제52조에 의한 일반 첨부정보(위임장, 주소·주민등록번호 증명서면, 번역문 등)도 제공하여야 한다(법 제66조, 상등법 제24조 제3항).

---

128) 초일불산입 원칙에 의해 도착일은 산입하지 아니하고 그 다음날부터 기간이 계산된다(민법 제157조 본문). 다만, 당일 오전 0시에 허가서가 도착한 경우에는 그 날을 산입한다(민법 제157조 단서).

(5) 기타

민법법인을 대표하는 이사의 인감신고서를 제출하고, 등록면허세 · 교육세와 등기신청수수료 등을 납부하여야 한다.

2. 민법법인의 주사무소 이전의 등기

제64조【변경의 등기】 ① 법인 사무소의 신설 · 이전, 그 밖의 등기사항의 변경등기 신청서에는 사무소의 신설 · 이전 또는 등기사항의 변경을 증명하는 서면을 첨부하되, 주무관청의 허가가 필요한 사항은 그 허가서 또는 그 인증이 있는 등본을 첨부하여야 한다.
② 임시이사가 제1항에 따른 등기를 신청하는 경우에는 신청서에 그 자격을 증명하는 서면을 첨부하여야 한다.

「민법」 제51조【사무소이전의 등기】 ① 법인이 그 사무소를 이전하는 때에는 구소재지에서는 3주간 내에 이전등기를 하고 신소재지에서는 동기간 내에 제49조 제2항에 게기한 사항을 등기하여야 한다.
② 동일한 등기소의 관할구역 내에서 사무소를 이전한 때에는 그 이전한 것을 등기하면 된다.

제52조【변경등기】 제49조 제2항의 사항 중에 변경이 있는 때에는 3주간 내에 변경등기를 하여야 한다.

가. 의의

법인이 그 사무소를 다른 등기소의 관할구역으로 이전하는 때에는 구소재지에서는 이전한 날로부터 3주간 내에 이전등기를 하고 신소재지에서는 3주간 내에 설립등기사항을 등기하여야 한다(민법 제51조 제1항). 다만, 주사무소를 이미 분사무소가 설치되어 있는 다른 등기소의 관할구역으로 이전하거나 또는 분사무소를 이미 주사무소 · 분사무소가 설치되어 있는 다른 등기소의 관할구역으로 이전하는 경우에는 신소재지에 이미 「민법」 제49조 제2항의 설립등기사항의 등기가 실행되어 있어, 「민법」 제49조 제2항의 설립등기사항의 등기를 할 필요가 없다.

나. 등기절차

(1) 신청인

사무소의 이전으로 인한 변경등기는 법인을 대표할 사람이 신청한다(법 제64조 참조, 민법 제59조 제1항, 민특규칙 제6조 제1항, 상등법 제23조 제1항). 이사가 2인 이상인 경우 이사는 단독대표가 원칙이므로 각자 등기신청을 할 수 있지만, 대표권 제한 규정이 있는 경우에는 대표권 있는 이사만 신청한다.

(2) 등기기간

법인이 그 사무소를 이전하는 때에는 구사무소 소재지와 신사무소 소재지에서 각각 3주간 내에 사무소 이전에 따른 변경등기를 하여야 한다(민법 제51조). 등기기간은 사무소의 이전으로 주무관청의 허가가 필요한 경우에는 주무관청의 허가서가 도착한 다음날 0시로부터, 주무관청의 허가가 필요하지 아니한 경우는 현실적으로 사무소가 이전한 다음날 0시로부터 기산한다. 「민법」 제51조의 등기를 하지 않으면 사무소의 이전으로써 제3자에게 대항하지 못한다(민법 제54조 제1항). 법인의 이사가 본조의 등기를 해태한 때에는 과태료의 제재를 받게 된다(민법 제97조 제1호).

다. 주사무소의 등기이전

(1) 다른 등기소 관할구역으로 주사무소를 이전하는 경우

① 등기사항

주사무소가 다른 등기소의 관할구역으로 이전하는 경우에는, 구소재지에서는 3주간 내에 이전등기를 하고, 신소재지에서는 3주간 내에 설립등기사항을 등기하여야 한다(민법 제51조 제1항).

② 신청정보

구주사무소 및 신주사무소 소재지를 관할하는 등기소에 하는 관할 외 주사무소이전등기 신청은 2개의 신청이지만 하나의 신청서로 작성하여 구주사무소 소재지 관할 등기소에 제출하여야 한다(법 제66조 제2항, 상등법 제55조, 민특규칙 제6조 제2항, 상등규칙 제99조 제1항).

③ 첨부정보

법인 사무소이전변경등기 신청서에 (i) 정관, (ii) 사무소의 이전을 증명하는 서면으로 사원총회의사록 또는 이사회의사록(이사의 결정서), (iii) 정관변경에 관한 주무관청의 허가서 또는 그 인증이 있는 등본(법 제64조), (iv) 등록면허세·지방교육세와 등기신청수수료가 첨부되어야 한다.

(2) 주사무소와 동일 등기소 관할구역 내에서 이전하는 경우

① 등기사항

주사무소가 기존의 주사무소 소재지를 관할하는 등기소의 관할구역으로 이전되는 경우에는 그 이전한 것을 등기하면 된다(민법 제51조 제2항).

② 첨부정보

법인 사무소이전변경등기 신청서에 (i) 정관, (ii) 사무소의 이전을 증명하는 서면으로 사원총회의사록 또는 이사회의사록(이사의 결정서), (iii) 정관에 주사무소의 소재지가 소재지번·동·호수까지 기재되어 있는 경우에 정관변경에 관한 주무관청의 허가서 또는 그 인증이 있는 등본(법 제64조), (iv) 등록면허세·지방교육세와 등기신청수수료가 첨부되어야 한다.

(3) 주사무소 및 분사무소 각각의 변경등기

「민법」 제51조의 사무소는 주사무소뿐만 아니라 분사무소도 포함한다. 주사무소가 이전되면 모든 분사무소로서는 등기사항의 변경이 있는 것이므로 각각의 분사무소에서 변경등기를 하여야 한다(민법 제52조).

3. 분사무소의 설치 · 이전 · 폐지의 등기

제64조【변경의 등기】 ① 법인 사무소의 신설 · 이전, 그 밖의 등기사항의 변경등기 신청서에는 사무소의 신설 · 이전 또는 등기사항의 변경을 증명하는 서면을 첨부하되, 주무관청의 허가가 필요한 사항은 그 허가서 또는 그 인증이 있는 등본을 첨부하여야 한다.
② 임시이사가 제1항에 따른 등기를 신청하는 경우에는 신청서에 그 자격을 증명하는 서면을 첨부하여야 한다.

「민법」 제50조【분사무소설치의 등기】 ① 법인이 분사무소를 설치한 때에는 주사무소 소재지에서는 3주간 내에 분사무소를 설치한 것을 등기하고 그 분사무소 소재지에서는 동기간 내에 전조 제2항의 사항을 등기하고 다른 분사무소 소재지에서는 동기간 내에 그 분사무소를 설치한 것을 등기하여야 한다.
② 주사무소 또는 분사무소의 소재지를 관할하는 등기소의 관할구역 내에 분사무소를 설치한 때에는 전항의 기간 내에 그 사무소를 설치한 것을 등기하면 된다.

가. 분사무소의 의의

① 「민법」 제50조에 의하면 사무소가 여럿 있는 경우, 하나는 주된 사무소가 되고 나머지는 분사무소가 된다. 「민법」상 사단법인이 분사무소를 설치하려면 정관에 분사무소의 소재지가 기재되어 있어야 하는데, 분사무소의 소재지로서는 최소 행정구역이 기재되어 있으면 되고, 소재 지번까지 기재되어 있을 필요는 없다. 다만 등기시에는 도로명주소 또는 지번까지 기재하여야 한다(등기선례 2-106).

② 법인이 분사무소를 설치한 때에는 주사무소 소재지에서는 3주간 내에 분사무소를 설치한 것을 등기하고 그 분사무소 소재지에서는 동기간 내에 「민법」 제49조 제2항의 사항(설립등기사항)을 등기하여야 하며(민법 제50조 제1항), 주사무소 또는 기존의 분사무소의 소재지를 관할하는 등기소의 관할구역 내에 분사무소를 설치한 때에는 3주간 내에 그 분사무소가 설치된 것을 등기하면 되고 그 밖의 설립등기사항을 등기할 필요는 없다(민법 제50조 제2항).

나. 분사무소의 설치 · 이전 · 폐지

(1) 권한

사단법인의 사무는 정관으로 이사 또는 기타 임원에게 위임한 사항 외에는 총회의 결의에 의하여야 하므로(민법 제68조), 분사무소의 설치 · 이전 · 폐지 등에 관해 정관에 특별한 규정이 없다면 사원총회의 결의에 의하여야 한다.

재단법인은 사원총회가 없으므로 분사무소의 설치 · 이전 · 폐지 등에 관해 정관에 특별한 규정이 없으면 이사회결의나 이사과반수의 결정으로 하여야 할 것이다(민법 제58조).

(2) 분사무소에 관한 정관의 기재

분사무소는 정관의 절대적 기재사항이다(민법 제40조, 제43조). 정관에 분사무소의 소재지가 독립된 최소행정구역으로 기재되어 있고 그 소재지 내에 분사무소를 설치하거나 동일한 소재지 내에서 분사무소를 이전하는 경우에는 정관변경을 초래하지 않으나, 최소행정구역 밖에 분사무소를 설치하거나 이전하는 경우에는 정관변경을 초래하므로 정관변경절차를 거쳐 주무관청의 허가를 얻어야 한다.[129)]

다. 등기절차

(1) 신청인

분사무소의 설치 · 이전 · 폐지의 등기는 법인을 대표할 사람이 신청한다(법 제64조 참조, 민법 제59조 제1항, 민특규칙 제6조 제1항, 상등법 제23조 제1항). 이사가 2인 이상인 경우 이사는 단독대표가 원칙이므로 각자 등기신청을 할 수 있지만, 대표권 제한 규정이 있는 경우에는 대표권 있는 이사만 신청한다.

(2) 등기기간

분사무소를 설치한 때에는 주사무소 소재지에서 3주간 내에 분사무소를 설치한 것을 등기하고 그 분사무소 소재지에서도 동기간 내에 「법인의 등기사항에 관한 특례법」 제3조와 「법인등의 등기사항에 관한 특례규칙」 제3조의 사항을 등기하여야 한다(민법 제50조). 따라서 법인설립과 동시에 분사무소를 설치한 경우 설립등기를 한 후 3주간 내에 주사무소 소재지와 분사무소 소재지에서 분사무소의 설치등기를 각각 하여야 한다. 다만, 분사무소에서의 분사무소설치등기는 주사무소 관할등기소에서 설립등기와 동시에 일괄하여 신청할 수 있다(법 제66조 제2항, 상등법 제58조). 분사무소를 이전 · 폐지한 때에도 3주간 내에 등기를 하여야 한다(민법 제51조, 제52조).

---

129) 그러나 정관에 분사무소의 소재지로 독립된 최소행정구역 외에 그 도로명주소나 소재 · 지번 · 동 · 호수까지 기재되어 있는 경우에는 독립된 최소행정구역 내에서 주사무소를 이전하는 경우에도 정관의 변경이 필요하다.

(3) 등기사항

분사무소의 설치 · 이전 · 폐지와 관련된 등기사항은 ① 분사무소의 등기사항, ② 분사무소의 설치등기사항, ③ 분사무소의 이전등기사항, ④ 분사무소의 폐지등기사항 등으로 나누어져 있다.

(4) 첨부정보

분사무소의 설치 · 이전 · 폐지의 등기는 주사무소 또는 분사무소 소재지에서 각각 등기신청을 하는 관계로 각 경우에 따라 첨부정보가 상이하다. 한편, 등록면허세 · 지방교육세와 등기신청수수료도 주사무소의 소재지에서 하는 분사무소의 설치이전폐지의 등기와 분사무소 소재지에서 하는 분사무소설치의 등기시에 각각 별도로 첨부되어야 한다.

4. 명칭 · 목적 · 존립기간 등의 변경등기

가. 개요

① 명칭, 목적, 정관에 기재된 자산의 총액, 출자의 방법, 존립기간 또는 해산사유에 관한 내용은 정관의 기재사항이므로(민법 40조), 이를 변경하기 위해서는 정관변경절차를 거쳐야 한다.

② 정관변경의 절차나 방법은 정관에 기재할 수 있는 사항이다(민법 제42조 제1항, 제45조), 이에 따라 등기실무에서 보이는 민법법인의 정관에는 정관변경에 관한 사항을 사원총회나 이사회의 권한으로 규정하고 의결정족수 등도 기재하고 있으므로 일반적으로 민법법인은 사원총회나 이사회에서 정관기재사항에 대한 변경의 결의와 주무관청의 허가를 얻어 정관을 변경한다(민법 제42조 제2항).[130]

나. 명칭의 변경

① 「민법」의 명칭은 정관의 절대적 기재사항이므로(민법 제40조 제2호, 제43조) 법인의 성립 후에 그 명칭을 변경할 경우에는 정관변경절차를 거쳐 주무관청의 허가를 받아야 한다(민법 제42조, 제45조).

② 재단법인의 정관은 원칙적으로 그 변경방법을 정관에 정한 때에 한하여 변경할 수 있지만, 재단법인의 목적달성 또는 그 재산의 보전을 위하여 적당한 때에는 그 변경방법을 정관에 정하지 않은 경우에도 명칭을 변경할 수 있다.

---

130) 사원총회나 이사회의 정관변경결의가 있고 주무관청의 인가가 있으면 그때 유효하게 정관변경이 이루어지는 것이고 서면인 정관이 고쳐지거나 변경 내용이 등기사항인 때의 등기 여부는 정관변경의 효력발생에는 아무 영향이 없다(대법원 2007. 6. 28. 선고 2006다62362 판결 참조).

다. 목적의 변경

① 민법법인의 목적도 정관의 절대적 기재사항이므로(민법 제40조 제1호, 제43조) 법인의 성립 후에 그 명칭을 변경할 경우에는 정관변경절차를 거쳐 주무관청의 허가를 받아야 한다(민법 제42조, 제45조).

② 민법법인은 법률의 규정에 의거해 정관으로 정한 목적의 범위 내에서 권리와 의무의 주체가 되므로(민법 제34조), 목적의 변경은 법인의 권리능력과 법인의 목적사업을 주관하는 행정관청 자체의 변동을 초래할 수도 있다.

라. 존립시기 또는 해산사유의 설정 · 변경 · 폐지

사단법인은 정관으로 존립시기 또는 해산사유를 정할 수 있는데, 법인성립 후에 정관으로 존립시기 또는 해산사유를 새롭게 정하거나 이에 관한 정관의 규정을 변경 또는 폐지하기 위해서는 정관변경절차를 거쳐야 한다(민법 제40조, 제42조).

마. 등기절차

(1) 신청인

법인의 명칭, 목적, 자산의 총액, 출자의 방법, 존립기간 또는 해산사유를 변경한 경우에는 법인을 대표할 사람이 그 변경이 있는 때로부터 구사무소 소재지와 신사무소 소재지에서 각각 3주간 내에 변경등기를 하여야 한다(법 제64조 참조, 민법 제59조 제1항, 민특규칙 제6조 제1항, 상등법 제23조 제1항). 이사가 2인 이상인 경우 이사는 단독대표가 원칙이므로 각자 등기신청을 할 수 있지만, 대표권 제한 규정이 있는 경우에는 대표권 있는 이사만 신청한다.

(2) 등기기간

등기기간은 사무소의 이전으로 주무관청의 허가가 필요한 경우에는 주무관청의 허가서가 도착한 다음날 0시로부터, 주무관청의 허가가 필요하지 아니한 경우는 현실적으로 사무소가 이전한 다음날 0시로부터 기산한다(민법 제157조 참조).

법인의 주사무소와 분사무소 소재지를 관할하는 등기소가 다른 경우에는 명칭 등의 변경등기를 할 때, 분사무소 소재지에서 하는 등기의 신청을 주사무소에 대한 등기신청과 동시에 주사무소 소재지 관할 등기소에 할 수 있다(법 제66조 제2항, 상등법 제58조).

(3) 첨부정보

「비송사건절차법」 제66조, 「상업등기법」 제24조 제3항 및 「민법법인 및 특수법인 등기규칙」 제6조에 준용되는 「상업등기규칙」 제52조의 일반적인 첨부정보 외에 해당 변경등기신청서에 해당되는 변경을 증명하는 서면 등을 첨부하여야 하고 해당 등록면허세 및 등기신청수수료를 납부하여야 한다.

5. 법인의 임원변경과 등기

> **제62조 【이사 · 청산인의 등기】** 법인의 이사 또는 청산인의 등기를 할 때에는 그 주민등록번호도 등기하여야 한다.
>
> **제64조 【변경의 등기】** ① 법인 사무소의 신설·이전, 그 밖의 등기사항의 변경등기 신청서에는 사무소의 신설·이전 또는 등기사항의 변경을 증명하는 서면을 첨부하되, 주무관청의 허가가 필요한 사항은 그 허가서 또는 그 인증이 있는 등본을 첨부하여야 한다.
> ② 임시이사가 제1항에 따른 등기를 신청하는 경우에는 신청서에 그 자격을 증명하는 서면을 첨부하여야 한다.

가. 의의

민법법인은 반드시 이사를 두어야 하므로(민법 제57조), 이사는 필요적 상설기관이다. 「민법」 제57조는 강행규정이므로 이사를 두지 않을 수 있다는 정관규정은 무효이다. 이사가 일시적으로 없는 경우에는 임시이사를 선임하거나(민법 제63조), 직무대행자를 선임할 수 있다(민법 제52조의2). 설립등기 이후 새로운 이사를 선임하거나 기존 이사가 중임 또는 퇴임한 경우 이사변경등기를 신청하여야 한다.

나. 등기절차

(1) 신청인

① 법인을 대표할 자

민법법인의 임원변경등기도 당사자인 법인의 신청에 의하여 이루어지는 것이 원칙이다(법 제66조 제1항, 상등법 제22조). 법인등기는 법령에 다른 규정이 있는 경우를 제외하고는 그 대표자가 신청한다(민법 제59조 제1항, 민특규칙 제6조 제1항, 상등법 제23조 제1항, 법 제64조 참조). 법인을 대표할 자란 실체법상 법인의 대표권이 있는 이사를 의미하나, 단지 법인을 대표하는 자가 이사 등의 변경등기를 신청하는 경우 그 신청서에는 등기소에 제출한 인감을 날인하여야 한다(비송법 제66조 제1항, 상등법 제25조 제1항·제2항). 다만, 이사 등의 주소변경등기를 신청하는 때에는 대표자나 대리인은 신청서에 기명날인을 갈음하여 서명할 수 있다(민특규칙 제6조 제1항, 상등규칙 제61조 제1항 제2호).

이사가 없는 경우에는 임시이사가 임원변경등기를 신청할 수 있다. 이 경우 그 신청서에 그 자격을 증명하는 서면을 첨부하여야 한다(비송법 제64조 제2항).

민법법인등기의 신청은 이를 대리하는 대리인에 의해서도 이루어질 수 있다(비송법 제66조 제1항, 상등법 제24조). 대리인에는 원칙적으로 제한이 없다. 다만, 등기를 대리하는 것을 업으로 하는 자는 법이 정하는 자만이 이를 할 수 있다.

② **등기관의 직권등기**

대표권 있는 이사 등의 주소 중 행정구역 또는 그 명칭의 변경이 있는 때에는 법인의 대표자가 그 변경사실을 증명하는 서면을 첨부정보로 제공하여 변경등기를 신청할 수도 있지만(선례 1-128, 1-136), 행정구역 또는 그 명칭은 당연히 변경된 것으로 간주되므로 신청하지 않더라도 등기관이 직권으로 변경사항을 등기할 수 있다(민특규칙 제6조 제1항, 상등규칙 제57조).

(2) 등기기간

① 이사 등이 취임하거나 퇴임한 때, 대표권제한규정을 설정・변경・폐지한 때, 이사 등이 성명・주민등록번호・주소가 변경된 때에는 법인을 대표할 사람이 그 변경이 있는 때로부터 주사무소와 분사무소에서 각각 3주간 내에 변경등기를 하여야 한다(법 제63조, 제64조, 제66조 참조, 민법 제52조, 제59조 제1항). 다만 법인을 대표하지 않는 임원에 관하여는 분사무소 소재지에서 등기하지 않는다(법인특례법 제3조 제6호 참조).

② 이사가 임기만료 또는 사임으로 퇴임하였으나 긴급처리권을 행사하는 경우 그 이사에 대한 퇴임등기의 등기기간은 후임이사의 취임일부터 계산하여야 하나[131], 후임이사의 취임 전에 임시이사가 선임된 경우에는 임시이사가 선임된 날로부터 등기기간을 계산하여야 한다.

판례

임기의 만료나 사임에 의하여 퇴임한 이사가 그 퇴임으로 법률 또는 정관에 정한 이사의 원수를 채우지 못하게 되어 후임이사의 취임시까지 이사로서의 권리의무를 유지하게 되는 경우, 이사의 퇴임으로 인한 변경등기기간의 기산일(=후임이사의 취임일) 및 후임이사의 취임 전에 위 변경등기만을 따로 신청하는 것이 허용되는지 여부(소극) (대법원 2005.3.8., 자, 2004마800, 전원합의체 결정) [상법위반(이의신청)]

[판결요지]

대표이사를 포함한 이사가 임기의 만료나 사임에 의하여 퇴임함으로 말미암아 법률 또는 정관에 정한 대표이사나 이사의 원수(최저인원수 또는 특정한 인원수)를 채우지 못하게 되는 결과가 일어나는 경우에, 그 퇴임한 이사는 새로 선임된 이사(후임이사)가 취임할 때까지 이사로서의 권리의무가 있는 것인 바(상법 제386조 제1항, 제389조 제3항), 이러한 경우에는 이사의 퇴임등기를 하여야 하는 2주 또는 3주의 기간은 일반의 경우처럼 퇴임한 이사의 퇴임일부터 기산하는 것이 아니라 후임이사의 취임일부터 기산한다고 보아야 하며, 후임이사가 취임하기 전에는 퇴임한 이사의 퇴임등기만을 따로 신청할 수 없다고 봄이 상당하다.

131) 대법원 2005.3.8. 자 2004마800 전원합의체 결정, 예규 1574호 재2조 제2항

(3) 등록면허세 · 등기수수료 등의 납부

이사의 취임 · 퇴임, 성명 · 주민등록번호 · 주소 등의 변경등기 신청시 등록면허세 40,200원과 등록면허세액의 100분의 20에 해당하는 지방교육세 8,040원을 납부하여야 한다(지방세법 제28조 제1항 제6호 바목, 제151조 제1항 제2호). 다만, 수 개의 임원변경사항을 하나의 신청서로 일괄하여 변경등기를 신청하는 경우(예 2인 이상의 임원의 취임 · 퇴임 · 주소변경 등)에는 1건의 등록면허세와 지방교육세만 납부한다(예규 제1038호 제8. 참조). 그리고 6,000원의 등기신청수수료(전자신청의 경우는 2,000원, 전자표준양식에 의한 신청의 경우에는 4,000원)을 납부한다(수수료규칙 제5조의3 제2항 본문, 제5조의5 제4항). 다만, 등록면허세와 같이 수 개의 임원변경사항에 대하여 일괄하여 변경등기신청을 하는 경우에는 1건의 등기신청수수만 납부한다(예규 제1629로 제3. 다. (1) 참조).

6. 법인의 해산에 관한 등기

제65조【해산의 등기】 법인의 해산등기 신청서에는 해산의 사유를 증명하는 서면을 첨부하고, 이사가 청산인으로 된 경우를 제외하고는 청산인의 자격을 증명하는 서면을 첨부하여야 한다.

「민법」 제85조【해산등기】 ① 청산인은 파산의 경우를 제하고는 그 취임 후 3주간 내에 해산의 사유 및 연월일, 청산인의 성명 및 주소와 청산인의 대표권을 제한한 때에는 그 제한을 주된 사무소 및 분사무소 소재지에서 등기하여야 한다.
② 제52조의 규정은 전항의 등기에 준용한다.

가. 의의

① 법인의 해산이란 법인이 더 이상 그 목적활동을 계속할 수 없거나 계속하지 않는 것을 말한다. 자연인이 사망하는 경우에는 바로 권리능력을 상실하지만, 사망한 자연인이 바로 권리능력을 상실하더라도 재산관계는 상속에 의하여 상속인에게 이전되므로 특별히 문제가 발생하지 않는다. 그런데 법인이 소멸하는 경우에는 상속과 같은 포괄적인 승계가 존재하지 않는다. 따라서 법인은 재산관계를 포함한 종래의 법률관계를 종결시키는 단계적인 절차가 필요한데, 그 첫번째 절차가 해산이고, 해산에 의해 법인은 고유의 활동이 정지된다.

② 해산 후에 청산 종결시까지 존속하는 법인을 청산법인이라고 하며 이는 해산 전의 본래의 법인과 동일성을 가지며 청산의 종결로 법인은 소멸한다. 법인이 해산하면 종전 법인의 이사는 당연히 종임되고 청산인에 취임하여 청산절차를 밟는다.

나. 해산사유[132)]

(1) 사단법인 · 재단법인에 공통된 해산사유(민법 제77조 제1항)

① **존립기간의 만료, 기타 정관에 정한 해산사유의 발생**

사단법인의 경우 법인의 존립시기나 해산사유를 정하는 때에는 그 시기 또는 사유를 정관에 기재하여야 한다(민법 제40조 제7호). 재단법인에는 「민법」 제40조 제7호가 준용되지 않지만(민법 제43조), 재단법인의 존립시기나 해산사유는 정관의 임의적 기재사항에 해당하므로 민법법인의 공통된 해산사유가 된다.

② **법인의 목적달성 또는 달성불능**

민법법인은 법인의 목적이 달성되거나 그 목적의 달성이 불능인 경우에도 해산한다(민법 제77조 제1항). 다만, 재단법인의 경우 법인의 목적을 달성할 수 없는 때에는 설립자나 이사는 주무관청의 허가를 얻어 설립의 취지를 참작하여 그 목적 기타 정관의 규정을 변경할 수 있다(민법 제46조).

③ **파산**

법인이 채무를 완제하지 못하게 된 때에는 이사는 지체 없이 파산신청을 하여야 하며(민법 제79조) 이사가 파산의 신청을 게을리하면 과태료의 처분을 받게 된다(민법 제97조 제6호). 파산결정에 대한 즉시항고에는 집행정지의 효력이 없으므로(채무자회생법 제316조 제1항 · 제3항), 법원이 파산을 선고한 때로부터 법인은 즉시 해산된다(채무자회생법 제311조). 하지만 이 경우 「민법」에 의한 청산절차가 진행되는 것이 아니라, 「채무자 회생 및 파산에 관한 법률」에 의한 파산절차가 진행된다.

④ **법인의 설립허가의 취소**

주무관청은 법인이 목적 이외의 사업을 하거나 설립허가의 조건에 위반하거나 기타 공익을 해하는 행위를 한때 설립허가를 취소할 수 있는데(민법 제38조), 설립허가가 취소되면 해산등기 여부와 상관없이 민법법인은 당연히 해산된다(민법 제77조 제1항). 민법법인이 정관에 기재된 목적 이외의 사업을 하는 경우도 설립허가취소사유에 해당(예 형식적으로는 정관에 기재된 수익사업을 하였지만, 벌어들인 수익을 법인 구성원에게 분배)하게 된다. 단, 법인설립허가 취소의 경우는 소급효가 없다.[133)] 또한, 민법법인이 조건부로 설립허가를 받았음에도 불구하고 그 조건을 충족하지 못하였다면 주무관청은 그 설립허가를 취소할 수 있다.

(2) 사단법인 특유의 해산사유(민법 제77조 제2항)

「민법」상 사단법인은 사원이 없게 되거나 총회의 결의로도 해산된다.

---

132) 「공익법인의 설립 · 운영에 관한 법률」에서는 공익법인의 해산절차에 관하 규정을 두고 있지 아니하므로 공익법인의 해산절차에 관해서는 일반법인 「민법」의 규정이 적용된다.

133) 대법원 1968.5.28. 선고 67누55 판결, 광주고등법원 2003.10.24. 선고 2002나4787 판결 참조

① **사원의 부존재**

「민법」상 사단법인에만 있는 특유한 해산사유로 사원의 부존재가 있다. 사망 등 기타 사원자격상실의 사유로 인해 사원이 1명도 없게 된 경우에는 해산사유에 해당한다.

② **사원총회의 해산결의**

또 다른 사단법인의 특유한 해산사유로 사원총회에 의한 해산결의가 있다. 사단법인은 정족수에 관해 정관에 다른 규정이 없는 한 총사원 4분의 3 이상의 동의가 없으면 해산을 결의하지 못한다(민법 제78조 참조).

다. 해산등기 절차

(1) 신청인

① **청산인**

대표권 있는 청산인은 파산의 경우를 제하고는 그 취임 후 3주간 내에 해산등기와 청산인 선임등기를 신청하여야 한다(민법 제85조 제1항, 제96조, 제59조 제1항, 민특규칙 제6조 제1항, 상등법 제23조 제1항, 제65조 참조).

② **법원의 촉탁**

파산으로 해산된 경우에는 파산선고를 한 법원의 촉탁에 의한 파산의 등기가 이루어지기 때문에, 해산의 등기와 청산인에 관한 등기를 할 필요가 없다. 법인인 채무자에 대하여 파산선고가 결정된 경우에는 법원사무관 등은 직권으로 지체 없이 촉탁서에 결정서의 등본 또는 초본 등 관련 서류를 첨부하여 채무자의 각 사무소(외국에 주된 사무소가 있는 때에는 대한민국에 있는 사무소를 말한다)의 소재지의 등기소에 파산의 등기를 촉탁하여야 한다(채무자회생법 제23조 제1항 제1호).

(2) 첨부정보

법인의 해산등기 신청서에 해산의 사유를 증명하는 서면을 첨부하고, 이사가 청산인으로 된 경우를 제외하고는 청산인의 자격을 증명하는 서면을 첨부하여야 한다(법 제65조). 또한, 등록면허세・지방교육세와 등기신청수수료도 납부되어야 한다.

① **해산의 사유를 증명하는 서면**

(ⅰ) 존립기간은 이를 정관에 기재하여야만 해산사유가 되므로, 존립기간 만료로 인한 해산등기신청의 경우에는 정관, (ⅱ) 기타정관이 정하는 사유로 인해 해산등기신청의 경우에는 정관과 그 해산사유가가 발생하였음을 증명하는 정보, (ⅲ) 목적달성 또는 목적달성 불능의 경우에는 이를 확인하는 사원총회의사록 또는 이사회의사록, (ⅳ) 설립허가취소의 경우에는 주무관청의 설립허가취소처분을 증면하는 서면, (ⅴ) 사단법인이 해산결의를 한 경우에는 사원총회의사록, (ⅵ) 사단법인의 사원이 부존재한 경우에는 마지막 사원의 사망 등 사원자격의 상실을 증명하는 서면을 첨부정보로 제공하여야 한다.

② 청산인의 자격을 증명하는 서면
③ 취임승낙을 증명하는 서면
④ 대표권 제한 규정을 설정한 정관이나 사단법인 사원총회의사록과 대표권 있는 청산인의 자격을 증명하는 청산인회의 의사록
⑤ 대리권의 권한을 증명하는 서면 등 일반적인 첨부서면

(3) 등기사항

법인이 해산한 때에는 해산등기와 청산인선임등기를 하여야 한다. 청산인은 파산의 경우를 제외하고는 그 취임 후 3주간 내에 해산의 사유 및 연월일, 청산인의 성명 및 주소와 청산인의 대표권을 제한한 때에는 그 제한을 주된 사무소 및 분사무소 소재지에서 등기신청하여야 한다(민법 제85조 제1항). 이와 같이 해산의 등기신청과 청산인의 취임등기의 신청은 동시에 하여야 한다(법 제66조 제2항, 상등법 제60조 제2항). 그리고 이를 주무관청에 신고하여야 한다(민법 제85조, 제86조).

등기기록의 '기타사항란'에 해산의 사유 및 연월일을 등기한다.

라. 해산의 효과 등

(1) 해산의 효과

설립등기 이외의 등기는 제3자에 대한 대항요건에 불과하므로, 해산의 사유가 발생하면 민법법인의 해산등기 여부와 관계없이 해산의 효과가 발생한다. 즉 해산의 사유가 발생하면 법인 고유의 활동은 정지되고 청산절차에 들어가게 된다. 이때부터는 해산등기의 여부에 관계없이 청산법인으로서 청산의 목적범위 내에서만 권리가 있고 의무를 부담한다.

(2) 해산신고

청산인은 파산의 경우를 제하고는 그 취임 후 3주간 내에 해산의 사유 및 연월일, 청산인의 성명 및 주소와 청산인의 대표권을 제한한 때에는 그 제한을 주된 사무소 및 분사무소 소재지에서 등기하여야 하고, 그 등기한 사항을 주무관청에 신고하여야 한다(민법 제86조 제1항). 다만 청산 중에 취임한 청산인은 그 성명 및 주소를 신고하면 된다(민법 제86조 제2항). 설립허가의 취소에 의한 해산처럼 해산사유를 주무관청이 명백히 인식하고 있는 경우에도 청산인은 주무관청에 해산신고를 하여야 한다. 주무관청에 대하여 사실 아닌 신고를 하거나 사실을 은폐한 때에는 과태료의 처벌을 받게 된다(민법 제97조 제4호).

(3) 해산 · 청산의 검사와 감독

법인의 해산 및 청산은 법원이 검사 · 감독하며(민법 제95조), 그 감독은 그 주된 사무소 소재지의 지방법원이 관할한다(법 제33조 제2항). 청산인이 법원의 검사 · 감독을 방해한 때에는 과태료의 처분을 받게 된다(민법 제97조 제3호).

7. 법인의 청산에 관한 등기

가. 의의

법인의 청산이란 해산한 법인이 잔무를 처리하고 재산을 정리하여 완전히 소멸할 때까지의 절차를 말한다. 민법법인이 해산되면 법인 고유의 활동은 정지되고, 청산사무가 종결되어 법인이 소멸될 때까지 청산의 목적범위 내에서만 권리를 가지고 의무를 부담하는 청산법인으로 존재한다(민법 제81조 참조). 청산법인은 해산전의 법인과 동일성을 가지며, 청산의 목적과 관련된 행위만 할 수 있으므로 해산 전 법인이 수행하던 적극적인 사업을 수행할 수는 없다. 청산법인은 해산 전의 법인과 동일성이 유지되고, 이사를 제외한 감사 · 사원총회 등의 기관은 청산법인의 기관으로서 계속 유지된다.

청산인은 청산의 목적범위 내에서 청산사무를 수행하기 위하여 필요한 모든 행위를 할 수 있는 청산법인의 사무집행기관이자 대표기관이다(민법 제87조 제2항).

청산인은 청산법인의 집행기관으로서 청산법인의 능력의 범위 내에서 대외적으로 청산법인을 대표하고, 대내적으로 청산사무를 집행한다.

나. 청산인의 취임 · 퇴임

청산인은 청산의 목적범위 내에서 청산사무를 수행하기 위하여 필요한 모든 행위을 할 수 있는 청산법인의 사무집행기관이자 대표기관이다(민법 제87조 제2항). 청산인은 청산법인의 집행기관으로서 청산법인의 능력의 범위 내에서 대외적으로 청산법인을 대표하고, 대내적으로 청산사무를 집행한다.

(1) 청산인의 결정

① 법정청산인

정관 또는 총회의 결의로 청산인을 따로 정하지 않은 경우에는 해산 당시의 이사가 당연히 청산인이 되는데, 이때의 청산인을 법정청산인이라 한다.[134]

「민법」은 「상법」과 달리(상법 제542조 제2항, 제407조) 직무집행정지 및 대행자 선임에 관한 규정을 청산인에 직접 준용하진 않지만(민법 제96조, 제52조의2), 민법 제96조에 의해 「민법」 제60조의2가 준용되므로 법인이 해산하는 경우 법원의 가처분 결정에 의해 선임된 이사의 직무대행자도 청산인의 직무대행자가 될 수 있다(민법 제691조). 판례도 이와 같다.[135] 다만, 청산인의 직무대행자에 대한 등기촉탁규정이 없으므로 법인을 대표하는 자의 신청에 의한 등기가 실행되어야 할 것이다.

134) 해산 당신의 이사는 정관에 다른 규정이 있거나 총회에서 따로 청산인을 선임하지 아니한 경우에 당연히 법정청산인이 되고 해산 당시 또는 그 후에 임기가 만료되더라도 새로 청산인이 선임되어 취임할 때까지는 청산인으로서 긴급처리권을 가진다고 보아야 할 것이다(대법원 1991.11.22. 선고 91다22131 판결 참조).

135) 대법원 1991.12.24. 선고 91다4355 판결 참조

② **정관 또는 총회의 결의에 의한 청산인**

정관의 규정에 의하여 해산 전에 미리 청산인을 특정한 경우에는 그자만이 법인의 해산과 동시에 청산인이 되고, 총회의 결의에 의해 청산인을 선임한 경우에는 그 결의에 의해 선임된 자가 청산이 된다. 즉, 정관이나 총회의 결의가 있는 경우에는 그에 따른다.

③ **법원의 선임에 의한 청산인**

정관 또는 총회의 결의에 의한 청산인 및 법정청산인이 될 자가 없거나 청산인의 결원으로 인하여 손해가 생길 염려가 때에는 법원은 직권 또는 이해관계인이나 검사의 청구에 의하여 청산인을 선임할 수 있으며(민법 제83조), 법원의 청산인 선임에 대해서는 불복신청을 할 수 없다(법 제36조, 제119조). 나아가 법원이 청산인을 선임한 경우 사원총회에서는 해임할 수 없다고 보아야 할 것이다(민법 제84조, 상법 제539조 제1항 참조).

(2) 청산인의 퇴임

대부분 법인의 이사에 관한 규정이 준용된다. 그밖에 청산인은 중요한 사유가 있는 경우에는 직권 또는 이해관계인이나 검사의 청구에 의한 법원의 해임재판으로 인해 해임된다(민법 제84조). 청산인은 정관 또는 총회의 결의로 정한 임기가 만료되거나, 정관 또는 총회의 결의로 정한 퇴임사유가 발생한 때에는 그 임기만료 또는 퇴임사유의 발생으로 퇴임한다. 그리고 청산인과 법인은 위임관계에 있으므로, 청산인은 법인과의 위임계약을 해지하는 차원에서 언제든지 사임할 수 있고(민법 제689조 제1항), 법인도 청산인과의 위임계약을 해지하는 차원에서 정관이 정한 바에 따라 청산인을 해임할 수 있다(민법 제82조, 제40조 제5호 참조).

청산인과 법인은 위임관계에 있으므로 청산인이 사망하거나 당사자 한쪽이 파산한 경우, 청산인이 성년후견개시의 심판을 받은 경우에는 위임이 종료되어 퇴임하게 된다(민법 제690조). 또 「비송사건절차법」 제36조에 의해 준용되는 같은 법 제121조에 의하면 ① 미성년자, ② 피성년후견인 또는 피한정후견인, ③ 자격이 정지되거나 상실된 자(형법 제43조 제1항 제4호, 제44조 등), ④ 법원에서 해임된 청산인(민법 제84조 등), ⑤ 파산선고를 받은 자는 청산인으로 선임될 수 없으므로(법 36조, 제121조), 청산인 지위에 취임한 후 피한정후견인이 되거나, 자격이 정지되거나 상실된 때에도 당연히 퇴임하는 것으로 해석된다.[136]

다. 등기절차

(1) 신청인

최초 청산인의 등기는 청산 중인 법인을 대표하는 청산인이 신청한다(민법 제85조 제1항, 제96조, 제59조 제1항, 민특규칙 제6조 제1항, 상등법 제23조 제1항 참조). 정관 또는 총회의 결의로 청산인을 달리 정한 바가 없으면, 해산 당시의 이사가 청산인이 된다(민법 제82조). 청산인이 될 자가 없거나 청산인의 결원으로 인하여 손해가 생길 염려가 있는 때에는 법원은 직권 또는 이해관계인이나 검사의 청구에 의하여 청산인을 선임할 수 있다(민법 제83조).

136) 민법법인등기실무, 법원행정처, 2018, 378면

(2) 등기기간

대표권 있는 청산인은 취임 후 3주간 내에 청산인의 성명 및 주소와 청산인의 대표권을 제한한 때에는 그 제한을 주된 사무소 및 분사무소 소재지에서 등기하여야 한다(민법 제85조 제1항). 또한 대표청산인은 이를 주무관청에 신고하여야 한다(민법 제86조).

(3) 첨부정보

① 법정청산인의 등기

이사가 법정청산인으로 된 경우에는 청산인의 자격을 증명하는 서면을 첨부정보로 제공할 필요가 없다(법 제65조).

② 정관으로 정한 청산인의 등기

이사가 청산인으로 된 경우를 제외하고는 청산인의 자격을 증명하는 서면을 첨부정보로 제공하여야 하므로, 청산인이 자격을 증명하는 서면으로 정관과 그 취임승락서를 제공하여야 한다(법 제65조, 민특규칙 제6조 제2항, 상등규칙 제154조 제2항, 제104조).

③ 총회에서 선임한 청산인의 등기

청산인의 자격을 증명하는 서면으로 총회의사록과 그 취임승낙서를 첨부정보로 제공하여야 한다(법 제65조, 민특규칙 제6조 제2항, 상등규칙 제154조 제2항, 제104조).

④ 법원에서 선임한 청산인의 등기

청산인의 자격을 증명하는 서면으로 법원의 청산인선임결정서 등본 등 재판이 있었음을 증명하는 서면을 첨부정보로 제공하여야 한다(예규 제1536호 제2조 제2항).

⑤ 청산인 또는 대표권 있는 청산인의 퇴임

변경등기신청서에 그 퇴임을 증명하는 서면으로 (ⅰ) 사임의 경우에는 사임서, (ⅱ) 총회 또는 청산인회에서 해임된 경우에는 총회의사록 또는 청산인회의사록, (ⅲ) 법원의 결정에 의해 해임된 경우에는 법원의 해임결정서 등본 등, (ⅳ) 청산인의 결격사유에 해당되어 퇴임하는 경우는 법원의 결정서 또는 판결서의 등본 등 결격사유에 해당하는 사유가 발생하였음을 증명하는 서면, (ⅴ) 정관에 정한 임기의 만료 등 정관 소정의 사유의 발생에 의한 퇴임의 경우는 정관 및 정관 소정의 사유가 발생하였음을 증명하는 서면, (ⅵ) 청산인의 사망으로 퇴임하는 경우에는 사망진단서 또는 가족관계등록사항별증명서 중 기본증명서를 첨부하여야 한다.

⑥ 대표권 제한 규정의 설정 · 변경 · 폐지의 등기

대표권 있는 청산인에 대한 대표권 제한의 설정 · 변경 · 폐지를 증명하는 정관, 의사록, 주무관청의 허가서 등을 첨부정보로 제공하여야 한다.

(4) 등기사항

청산인의 취임등기는 임원에 관한 사항란에 청산인의 성명, 주민등록번호, 취임의 취지, 취임연월일 및 등기연월일과 청산인의 대표권을 제한 때에는 대표권 제한 규정(수인의 청산인이 공동으로 법인을 대표하는 경우 포함), 대표권 있는 청산인의 주소를 등기하여야 한다(법 제62조, 민법 제85조, 법인특례법 제2조, 민특규칙 제6조 제1항, 상등규칙 제55조 제1항).

8. 청산종결의 등기

제65조의2【등기사항의 공고】 등기한 사항의 공고는 신문에 한 차례 이상 하여야 한다.

제65조의3【등기사항을 공고할 신문의 선정】 ① 지방법원장은 매년 12월에 다음 해에 등기사항의 공고를 게재할 신문을 관할구역의 신문 중에서 선정하고, 일간신문에 이를 공고하여야 한다.
② 공고를 게재할 신문이 휴간되거나 폐간되었을 때에는 다시 다른 신문을 선정하여 제1항과 같은 방법으로 공고하여야 한다.

제65조의4【신문 공고를 갈음하는 게시】 지방법원장은 그 관할구역에 공고를 게재할 적당한 신문이 없다고 인정할 때에는 신문에 게재하는 공고를 갈음하여 등기소와 그 관할구역의 시·군·구의 게시판에 공고할 수 있다.

「민법」 제88조【채권신고의 공고】 ① 청산인은 취임한 날로부터 2월 내에 3회 이상의 공고로 채권자에 대하여 일정한 기간 내에 그 채권을 신고할 것을 최고하여야 한다. 그 기간은 2월 이상이어야 한다.
② 전항의 공고에는 채권자가 기간 내에 신고하지 아니하면 청산으로부터 제외될 것을 표시하여야 한다.
③ 제1항의 공고는 법원의 등기사항의 공고와 동일한 방법으로 하여야 한다.

제94조【청산종결의 등기와 신고】 청산이 종결한 때에는 청산인은 3주간 내에 이를 등기하고 주무관청에 신고하여야 한다.

가. 청산

(1) 의의

해산의 사유가 발행하면 해산등기의 경료 여부에 관계없이 해산의 효과가 발생하므로, 그 해산의 효력에 의해 청산절차가 개시된다. 파산으로 해산하는 경우에는 「채무자 회생 및 파산에 관한 법률」에 의한 파산절차에 의해 청산절차가 진행되지만, 파산 외의 해산사유에 의한 청산절차의 경우에는 「민법」에 따라 진행한다. 민법상의 청산절차에 관한 규정은 모두 제3자의 이해관계를 중대한 영향을 미치기 때문에 이른바 강행규정이다.[137]

청산이 종결한 때에는 청산인은 3주간 내에 이를 등기하고 주무관청에 신고하여야 한다(민법 제94조). 청산이란 해산한 청산법인이 현존사무를 종료하고, 채권의 추심과 채무의 변제, 잔여재산의 인도를 통해 법인이 소멸할 때까지 잔여재산을 정리하는 절차를 말한다(민법 제87조 참조). 비영리법인은 구성원에게 이익을 분배할 수 없으므로, 민법법인은 상사법인과 달리 잔여재산을 그 구성원에게 분배할 수 없다.

137) 대법원 1995.2.10. 선고 94다13473 판결 참조

(2) 청산종결의 등기와 법인의 소멸

「민법」 제54조 제1항이 설립등기 이외의 등기사항에 대하여는 대항적 효력만을 인정하고 있으므로, 청산사무가 종결하면 청산종결등기를 경료하지 않았더라도 법인격은 소멸하나 청산종결의 등기를 하지 않으면 청산법인의 소멸을 제3자에 대하여 주장할 수가 없을 것이다. 또한, 청산종결등기가 경료된 경우에도 청산사무가 종료되었다 할 수 없는 경우에는 법인은 소멸하지 않고 청산법인으로 존속한다.[138] 즉, 법인이 소멸하는 것은 청산종결등기시가 아니라 청산사무가 사실상 종결된 때이며, 청산종결등기는 법인소멸의 대항요건이다.

나. 청산절차

(1) 청산절차에 관한 규정의 성질

「민법」 제80조, 제81조, 제87조와 같은 청산절차에 관한 규정은 모두 제3자의 이해관계에 중대한 영향을 미치기 때문에 소위 강행규정이라고 해석되므로 만일 그 청산법인이나 그 청산인이 청산법인의 목적범위 외의 행위를 한때는 무효이다.[139]

「공익법인의 설립·운영에 관한 법률」에서는 공익법인의 해산과 청산절차에 관한 규정을 따로 두고 있지 아니하므로 이에 대해서는 일반법인 「민법」의 규정이 적용된다. 다만 「공익법인의 설립·운영에 관한 법률」과 같은 법 시행령은 공익적 관점에서 해산한 공익법인의 남은 재산의 귀속 등에 관한 규정을 따로 규정하고 있다(공익법인법 제13조, 같은법 시행령 제25조).

(2) 채권신고의 공고

청산인은 취임한 날로부터 2월 내에 3회 이상의 공고로 채권자에 대하여 일정한 기간 내에 그 채권을 신고할 것을 최고하여야 하는데, 그 기간은 2월 이상이어야 한다. 이러한 공고에는 채권자가 기간 내에 신고하지 아니하면 청산으로부터 제외될 것이 표시되어야 하며, 공고의 방법은 법원의 등기사항의 공고와 동일하여야 한다(민법 제88조).

법원의 등기사항의 공고는 신문에 한 차례 이상하여야 하며(법 제65조의2), 지방법원장은 매년 12월에 다음 해에 등기사항의 공고를 게재할 신문을 관할구역의 신문 중에서 선정하고, 일간신문에 이를 공고하여야 한다. 다만, 공고를 게재할 신문이 휴간되거나 폐간되었을 때에는 다시 다른 신문을 선정하여 공고하여야 한다(법 제65조의3). 지방법원장은 그 관할구역에 공고를 게재할 적당한 신문이 없다고 인정할 때에는 신문에 게재하는 공고를 갈음하여 등기소와 그 관할구역의 시·군·구의 게시판에 공고할 수 있다(법 제65조의4).

---

138) 대법원 1980.4.8. 선고 79다2036 판결 참조

139) 대법원 1995.2.10. 선고 94다13473 판결 참조

다. 청산종결 등기절차

(1) 신청인 및 등기기간

청산이 종결한 때에는 대표권 있는 청산인은 3주간 내에 이를 등기하고 주무관청에 신고하여야 한다(민법 제94조, 96조, 민특규칙 제6조 제1항, 상등법 제23조 제1항). 청산인이 청산을 하기 위해서는 2개월 이상의 기간으로 채권을 신고할 것을 최고하여야 하므로, 적어도 청산인이 취임한 때로부터 2개월 내에는 청산절차가 완료될 수 없으므로 그 기간 내에 청산종결 등기를 신청할 수는 없다(민법 제88조, 선례 1-289 참조).

(2) 첨부정보

「민법」과 「비송사건절차법」에는 비영리법인의 청산종결등기신청시 첨부정보에 관한 규정이 없다. 그러나 청산이 종결한 때에만 청산종결의 등기가 가능하므로(민법 제94조), 청산종결을 증명하는 서면(예 청산종결을 승인한 사원총회 의사록 또는 청산인회 의사록 등)이 첨부정보로 제공되어야 한다(선례 2-121 참조).

(3) 등기사항

청산종결의 뜻과 그 연월일을 등기하여야 한다(민특규칙 제6조 제1항, 상등규칙 제55조 제1항). 청산종결의 연월일은 일반적으로 사원총회 등에서 청산종결을 승인한 날이 될 것이다.

9. 부부재산약정의 등기

제68조 【관할등기소】 부부재산 약정(約定)의 등기에 관하여는 남편이 될 사람의 주소지를 관할하는 지방법원, 그 지원 또는 등기소를 관할등기소로 한다.

제70조 【부부재산 약정에 관한 등기신청인】 부부재산 약정에 관한 등기는 약정자 양쪽이 신청한다. 다만, 부부 어느 한쪽의 사망으로 인한 부부재산 약정 소멸의 등기는 다른 한쪽이 신청한다.

제71조 【「부동산등기법」의 준용】 부부재산 약정의 등기에는 「부동산등기법」 제2조 제1호부터 제3호까지, 제6조, 제8조부터 제13조까지, 제14조 제2항부터 제4항까지, 제16조부터 제20조까지, 제22조, 제24조 제1항 제1호 및 같은 조 제2항, 제29조 제1호부터 제5호까지 및 제8호부터 제10호까지, 제31조부터 제33조까지, 제58조, 제100조부터 제109조까지, 제109조의2 제1항 · 제3항(제1항에 관련된 부분만 해당한다) 및 제113조를 준용한다.

「민법」 제829조 【부부재산의 약정과 그 변경】 ① 부부가 혼인성립 전에 그 재산에 관하여 따로 약정을 하지 아니한 때에는 그 재산관계는 본관 중 다음 각 조에 정하는 바에 의한다.
② 부부가 혼인성립 전에 그 재산에 관하여 약정한 때에는 혼인 중 이를 변경하지 못한다. 그러나 정당한 사유가 있는 때에는 법원의 허가를 얻어 변경할 수 있다.
③ 전항의 약정에 의하여 부부의 일방이 다른 일방의 재산을 관리하는 경우에 부적당한 관리로 인하여 그 재산을 위태하게 한 때에는 다른 일방은 자기가 관리할 것을 법원에 청구할 수 있고 그 재산이 부부의 공유인 때에는 그 분할을 청구할 수 있다.

④ 부부가 그 재산에 관하여 따로 약정을 한 때에는 혼인성립까지에 그 등기를 하지 아니하면 이로써 부부의 승계인 또는 제삼자에게 대항하지 못한다.
⑤ 제2항, 제3항의 규정이나 약정에 의하여 관리자를 변경하거나 공유재산을 분할하였을 때에는 그 등기를 하지 아니하면 이로써 부부의 승계인 또는 제삼자에게 대항하지 못한다.

가. 개요

(1) 의의

부부재산약정등기란 혼인당사자들이 혼인 중의 재산소유 및 관리방법 등에 대해 혼인성립 전에 미리 계약하는 것으로 혼인당사자들의 자유로운 의사를 존중하고 이를 혼인 후에도 보호하기 위한 제도이다. 이 약정은 혼인신고 전까지 등기하지 않으면 부부의 승계인 또는 제3자에게 대항할 수 없다(민법 제829조 제1항 · 제4항).

(2) 등기내용

부부재산약정등기의 내용은 특별한 형식 없이 자유롭게 정할 수 있다. 다만, 혼인신고 전에 혼인 중의 재산관계에 대해서만 약정할 수 있으므로, 혼인 전 또는 이혼시의 재산관계에 대한 약정은 등기되더라도 법적인 효력은 없다.

나. 등기절차

(1) 관할등기소

부부재산약정의 등기에 관하여는 남편이 될 사람의 주소지를 관할하는 지방법원, 그 지원 또는 등기소를 관할등기소로 한다(법 제68조).

(2) 부부재산 약정에 관한 신청인

부부재산약정에 관한 등기는 약정자 양쪽이 신청한다. 다만, 부부 어느 한쪽의 사망으로 인한 부부재산약정 소멸의 등기는 다른 한쪽이 신청한다(법 제70조).

(3) 첨부서면[140)]

신청서에는 다음 각 호의 서면을 첨부하여야 한다.

① 부부재산약정서

② 각 약정자의 인감증명서 다만, 본국에 인감증명제도가 없고 또한 「인감증명법」에 따른 인감증명을 받을 수 없는 외국인은 신청서(위임에 의한 대리인이 신청하는 경우에는 그 권한을 증명하는 서면)에 한 서명에 관하여 본인이 직접 작성하였다는 뜻의 본국 관공서의 증명이나 이에 관한 공정증서를 제출하여야 한다.

140) 대법원 등기예규 제1646호(시행 2018.5.11.) - 부부재산약정등기 사무처리 지침

③ 혼인신고를 하지 아니한 것을 증명하는 서면
④ 주소를 증명하는 서면
⑤ 주민등록번호를 증명하는 서면(다만, 주민등록번호가 없는 재외국민이나 외국인의 경우에는 생년월일을 증명하는 서면)
⑥ 대리인에 의하여 등기를 신청하는 경우에는 그 권한을 증명하는 서면

(4) 등기관의 신청서 조사

등기관은 부부재산약정등기신청서를 조사함에 있어 부부재산약정서에 기재된 약정재산이 신청인의 소유인지 여부, 약정 내용의 범위, 약정사항의 효력 유무에 대하여는 판단하지 않고 약정서에 기재한 내용과 동일하게 등기한다.

(5) 등기부의 등기기록 작성방법

① 부부재산약정등기부의 등기기록은 약정자부와 약정사항부를 구분하여 기록하되, 약정자부에는 표시번호, 접수연월일과 약정자의 성명, 주민등록번호 및 주소(단, 외국인의 경우에는 국적, 성명, 생년월일 및 주소, 주민등록번호가 없는 재외국민의 경우에는 성명, 생년월일 및 주소)를 기록하고, 약정사항부에는 사항번호, 접수연월일 및 접수번호, 등기연월일 및 등기원인과 약정내역을 기록한다.
② 약정자부에 약정자의 성명, 주민등록번호 및 주소를 기록할 때에는 남편이 될 자를 먼저 기록한다.

다. 변경등기 등

(1) 의의

부부가 혼인성립 전에 체결한 약정은 혼인 중에 이를 변경하지 못한다. 다만 정당한 사유가 있는 때에는 법원의 허가를 얻어 변경할 수 있다(민법 제829조 제2항, 부부재산약정등기규칙 제4조). 다만, 부부 중 일방이 사망한 경우에는 다른 일방이 부부재산약정등기의 소멸등기를 신청할 수 있다(부부재산약정등기규칙 제5조).

(2) 신청절차[141]

① 신청인

등기사항의 변경, 경정 또는 소멸등기 신청은 쌍방의 공동신청에 의한다. 다만, 부부 일방의 사망으로 인한 부부재산 소멸의 등기는 단독신청에 의한다.

141) 대법원 등기예규 제1646호(시행 2018.5.11.) – 부부재산약정등기 사무처리 지침

② **첨부서면**

(ⅰ) 각 약정자의 인감증명서(단, 약정을 원인으로 하는 등기에 한한다.)

(ⅱ) 「가족관계의 등록 등에 관한 법률」 제15조 제1항 제3호의 혼인관계증명서[단, 외국인의 경우에는 미혼(혼인 전에 하는 등기)·혼인(혼인 중에 하는 등기)·혼인관계소멸(혼인관계소멸 후에 하는 등기)을 증명하는 본국 관공서의 증명서 또는 공정증서]

(ⅲ) 주소를 증명하는 서면

(ⅳ) 주민등록번호를 증명하는 서면(다만, 주민등록번호가 없는 재외국민이나 외국인의 경우에는 생년월일을 증명하는 서면)

(ⅴ) 법원의 허가서 또는 재판의 등본

(ⅵ) 기타 원인을 증명할 수 있는 서면

(3) 등기기록의 작성방법

① 약정자의 표시 또는 약정의 내역에 관하여 등기한 사항의 변경 또는 경정의 등기는 종전 등기사항을 전부 말소하는 기호를 기록한 뒤 새로운 표시번호 또는 사항번호에 변경 후 사항으로 전부를 다시 기록한다.

② 부부재산약정등기의 소멸등기는 등기기록의 약정자부의 약정자의 표시를 전부 말소하는 기호를 기록한 뒤 등기기록을 폐쇄한다.

라. 등록면허세

부부재산약정등기를 신청할 때에는 「지방세법」 제28조 제1항 제14호에 에 따른 등록면허세 및 같은 법 제151조 제1항 제2호에 따른 지방교육세를 납부한 영수필확인서를 첨부하여야 한다.

Chapter 04

상사비송사건

제1절 회사와 경매에 관한 사건

1. 검사인 선임에 관한 사건

제73조【검사인 선임신청의 방식】 ① 검사인의 선임신청은 서면으로 하여야 한다.
② 제1항에 따른 신청서에는 다음 각 호의 사항을 적고 신청인이 기명날인하여야 한다.
1. 신청의 사유
2. 검사의 목적
3. 신청 연월일
4. 법원의 표시

제74조【검사인의 보고】 ① 검사인의 보고는 서면으로 하여야 한다.
② 법원은 검사에 관한 설명이 필요할 때에는 검사인을 심문할 수 있다.

제75조【변태설립사항의 변경에 관한 재판】 ① 「상법」 제300조에 따른 변태설립사항의 변경에 관한 재판은 이유를 붙인 결정으로써 하여야 한다.
② 법원은 재판을 하기 전에 발기인과 이사의 진술을 들어야 한다.
③ 발기인과 이사는 제1항에 따른 재판에 대하여 즉시항고를 할 수 있다.

제76조【검사인 선임의 재판】 「상법」 제467조 제1항에 따른 검사인의 선임에 관한 재판을 하는 경우 법원은 이사와 감사의 진술을 들어야 한다.

제77조【검사인의 보수】 법원은 「상법」 제298조, 제310조 제1항, 제422조 제1항 또는 제467조 제1항에 따라 검사인을 선임한 경우 회사로 하여금 검사인에게 보수를 지급하게 할 수 있다. 이 경우 그 보수액은 이사와 감사의 의견을 들어 법원이 정한다.

제78조【즉시항고】 제76조 및 제77조에 따른 재판에 대하여는 즉시항고를 할 수 있다.

「상법」 제290조【변태설립사항】 다음의 사항은 정관에 기재함으로써 그 효력이 있다.
1. 발기인이 받을 특별이익과 이를 받을 자의 성명
2. 현물출자를 하는 자의 성명과 그 목적인 재산의 종류, 수량, 가격과 이에 대하여 부여할 주식의 종류와 수
3. 회사성립 후에 양수할 것을 약정한 재산의 종류, 수량, 가격과 그 양도인의 성명
4. 회사가 부담할 설립비용과 발기인이 받을 보수액

가. 회사의 설립 및 신주발행에서의 검사인 선임신청[142]

(1) 의의

회사를 설립할 때에 정관에 변태설립사항(상법 제290조)을 정하는 경우가 있다. 이렇게 변태설립사항[143]을 정한 경우에는 이에 대한 조사를 위해서 법원에 검사인의 선임을 청구하여야 한다. 또한 신주발행의 경우에도 현물출자[144]를 하는 사람이 있는 때에는 이사가 현물출자를 하는 사람의 성명과 그 목적인 재산의 종류와 수량, 가액과 이에 대하여 부여할 주식의 종류와 수에 관한 사항을 조사하게 하기 위하여 검사인의 선임을 법원에 청구하여야 한다(상법 제422조 제1항, 제416조 제4호).

이는 회사설립시 변태설립사항이나 신주발행[145] 시의 현물출자에 관하여 검사인에 의한 검사를 거치도록 함으로써 그 적정성을 담보하여 회사채권자와 주주의 이익을 보호하기 위한 취지이다.

(2) 관할법원

회사의 본점 소재지 지방법원 합의부가 관할한다(법 제72조 제1항). 다만, 회사설립의 경우에는 회사가 설립되기 전이므로 정관에 기재된 회사의 본점 소재지 지방법원 합의부가 관할한다.

---

142) 1998.12.28.「상법」 개정 당시 회사설립의 경우「상법」 제290조 제1항 제1호 및 제4호에 기재된 사항에 대해서는 공증인의 조사·보고로, 제290조 제2호와 제3호의 규정에 의한 사항과 제295조에 의한 현물출자의 이행에 관하여는 감정인의 감정으로 검사인의 조사에 갈음할 수 있게 하였고(상법 제298조 제4항 단서, 제299조의2), 신주발행의 경우도「상법」 제416조 제4호의 사항에 관하여 감정인의 감정으로 검사인의 조사에 갈음할 수 있다(상법 제422조 제1항)고 개정된 이래 거의 모든 사건에서 공증인의 조사·보고나 감정인의 감정서 제출이 이루어지고 있어 현재 검사인 선임신청은 실무상 거의 찾아보기 어려운 실정이다.

143) 변태설립사항(變態設立事項)이란 회사설립과 관련된 사항들 가운데 회사의 자본적 기초를 약화시킬 우려가 있는 것을 말한다. 상법은 회사의 자본을 충실하게 하기 위해 변태설립사항의 정관 기재를 강행규정으로 하고 있으며 이를 위반한 경우 원칙적으로 무효이다. 변태설립사항에는 발기인의 특별이익, 현물출자, 재산인수, 설립비용과 발기인의 보수 등이 있다.

144) 현물출자(現物出資)는 회사설립 또는 신주발생시에 금전 이외의 재산으로 하는 출자이다. 이는 금전출자에 대한 예외로, 회사 사업을 경영하면서 특정한 재산을 필요로 하는 경우에 인정된다. 출자의 목적이 될 수 있는 재산은 대차대조표상의 자산으로 인정될 수 있는 양도 가능한 자산으로 동산, 부동산, 무체재산권은 물론 고객관계, 영업상의 비결 등 금전적 가치가 있는 것이라면 모두 가능하다. 현물출자는 실무상 개인 사업자에서 법인 사업자로 변환할 때 주로 사용되는데, 개인사업 당시 소유했던 현물 등(토지, 건물, 기계장치, 임차보증금)을 금전 대신 출자하면 조세감면(양도소득세의 이월, 등록세 면제, 개인기업의 조세감면 등의 승계, 부가치세 면제 등) 혜택을 받을 수 있다는 장점이 있다. 그러나, 현물의 가치를 평가하고 환산하는 심사 및 감정평가절차(비용 포함) 등 시간과 비용이 소요되는 단점이 있다.

145) 신주는 다양한 이유로 발행되는데 통상적으로는 회사의 자금 조달을 위해 발행된다. 이러한 경우 통상적으로 인수인이 투자금(자본금)을 납입하여 증자(자본금의 증가)가 이루어지기 때문에 이를 유상증자라고 한다. 신주발행의 유형은 신주를 누구에게 배정하는가(인수할 권리를 주는가)에 따라 ① 주주에게 배정하는 주주배정 증자, ② 불특정 다수에게 공모하는 공모 증자, ③ 특정한 제3자에게 배정하는 제3자 배정 증자로 나눌 수 있다.

(3) 신청절차

① 신청인

발기설립[146]과 신주발행의 경우는 발기인들에 의해 선임된 이사가, **모**집설립[147]의 경우에는 창립총회가 개최되기 전의 기관인 발기인[148]이 신청인이 된다. 이사나 발기인이 여러 사람인 경우에는 원칙적으로 대표권이 있는 이사나 업무집행권이 있는 발기인이 신청하여야 하나, 발기인 중 업무집행자를 따로 정하지 않는 경우에는 검사인 신청을 발기인조합의 통상사무로 보아 각 발기인이 단독으로 할 수 있다고 해석하고 있다.[149]

② 신청의 시기

(i) 발기설립의 경우

발기인이 주식인수(상법 제293조), 주금납입(상법 제295조), 임원선임(상법 제296조)을 차례로 마치고 나면 이사가 취임 후 지체 없이 회사의 설립에 관한 모든 사항이 법령 또는 정관에 위배되는지 여부를 조사하여야 하는데, 정관에 변태설립사항이 정해져 있을 때에는 이사가 직접 조사할 수는 없고 법원에 검사인 선임을 청구하여야 한다(상법 제298조).

(ii) 모집설립의 경우

발기인의 주식배정(상법 제303조)과 주금납입(상법 제305조)이 완료되면 발기인은 창립총회를 소집하여야 한다(상법 제308조). 창립총회에서는 회사의 설립에 관한 사항이 법령 또는 정관에 위배되는지 조사하게 된다.

창립총회에서 설립에 관한 사항을 심사하여야 하는데, 특히 정관으로 변태설립사항을 회사의 설립사항으로 정한 경우에는 창립총회 개최 전에 발기인이 법원에 검사인의 선임을 청구하여야 하고 선임된 조사인으로 하여금 그 조사결과를 창립총회에 보고하도록 하고 있다(상법 제310조).

③ 신청의 방식

검사인의 선임신청은 반드시 서면으로 하여야 하며, 신청서에는 신청의 사유, 검사의 목적, 신청 연월일, 법원의 표시에 관한 사항을 기재하고 신청인이 이에 기명날인하여야 한다(법 제73조 제1항 · 제2항).

---

146) 발기설립은 설립시에 주식의 전부를 발기인만이 인수하여 설립하는 방법이다.

147) 모집설립은 설립시에 주식의 일부를 발기인이 우선 인수하고 주주를 모집하여 그 나머지를 인수하게 하는 설립 방법이다. 모집설립의 경우 이사와 감사는 창립총회에서 선임한다(제312조).

148) 주식회사를 설립하는 사람을 발기인이라고 한다. 발기인은 주식회사를 설립할 때 회사의 정관을 작성하고 그 정관에 기명날인 또는 서명을 하여야 한다(상법 제288조 및 제289조 제1항). 발기인이 될 수 있는 자격조건에는 제한이 없으므로 법인이나 미성년자도 주식회사의 발기인이 될 수 있다.

149) 법원실무제요 비송, 법원행정처, 2014, 140면

(4) 심리 및 재판

① 신청의 형식적 요건, 신청인의 적격, 신청 전 절차의 이행 여부를 심리한 다음 결정의 형식으로 재판한다(법 제17조 제1항).

② 선임결정은 신청인 및 검사인에 대한 고지에 의하여 효력이 발생하고, 검사인의 취임은 법원의 선임결정 고지 후 검사인이 그 취임을 승낙한 때 효력이 발생한다. 실무상으로는 선임결정 전에 예정자의 승낙을 받아 둔다.

(5) 불복방법

위 검사인선임 재판에 대해서는 즉시항고에 관한 규정이 없으므로 「비송사건절차법」 제20조에 의한 통상항고만이 가능하다.

(6) 검사인의 지위와 보수

검사인은 회사의 임시기관으로서 사법상의 위임관계를 가진다는 견해와 일정의 공적기관으로서 회사와 사법상 위임관계를 갖지 않는다는 견해가 대립하고 있다.

법원은 검사인을 선임한 경우 회사로 하여금 검사인에게 보수를 지급하게 할 수 있다. 이 경우 그 보수액은 이사와 감사의 의견을 들어 법원이 정하는데 결정에 대하여는 즉시항고할 수 있다(법 제77조, 제78조).

(7) 검사인의 보고서 제출

「상법」 제299조【검사인의 조사, 보고】 ① 검사인은 제290조 각 호의 사항과 제295조에 따른 현물출자의 이행을 조사하여 법원에 보고하여야 한다.

② 제1항은 다음 각 호의 어느 하나에 해당할 경우에는 적용하지 아니한다.

1. 제290조 제2호 및 제3호의 재산총액이 자본금의 5분의 1을 초과하지 아니하고 대통령령으로 정한 금액을 초과하지 아니하는 경우
2. 제290조 제2호 또는 제3호의 재산이 거래소에서 시세가 있는 유가증권인 경우로서 정관에 적힌 가격이 대통령령으로 정한 방법으로 산정된 시세를 초과하지 아니하는 경우
3. 그 밖에 제1호 및 제2호에 준하는 경우로서 대통령령으로 정하는 경우

③ 검사인은 제1항의 조사보고서를 작성한 후 지체 없이 그 등본을 각 발기인에게 교부하여야 한다.

④ 검사인의 조사보고서에 사실과 다른 사항이 있는 경우에는 발기인은 이에 대한 설명서를 법원에 제출할 수 있다.

① **검사인의 조사보고**

(ⅰ) 발기설립의 경우

발기설립의 경우 발행된 주식의 전부를 발기인이 인수하므로, 발기인 이외의 사람이 설립에 관여하지 않고 납입장소에 대한 제한도 없어서 발기인 사이의 담합에 의하여 자본충실책임 등이 훼손될 우려가 있다. 따라서 「상법」 제299조 제1항은 **검사인**으로 하여금 변태설립사항과 현물출자의 이행을 조사하여 서면으로 **법원에 보고**하도록 하고 있는데(상법 제299조 제1항), 2011년 「상법」 개정으로 현물출자와 재산인수의 경우에는 일정한 경우 법원에 대한 조사보고의 필요가 없도록 하여 회사의 설립 절차를 간이하게 하였다.

(ⅱ) 모집설립의 경우

모집설립의 경우 창립총회가 개최되고 창립총회에서 회사설립에 관한 사항이 법령 또는 정관에 위배되는지 여부를 심사하게 되나, 정관으로 정한 변태설립사항의 경우 창립총회에서 직접 조사하는 것만으로는 그 적정성을 담보하기에 충분하지 아니하기 때문에 변태설립사항에 한하여 법원이 선임한 **검사인**으로 하여금 이를 조사한 후에 그 결과를 **창립총회에 보고**하도록 하고 있다(상법 제310조 제1항·제2항).

(ⅲ) 신주발행의 경우

검사인은 현물출자 목적물의 가격 및 이에 대하여 부여하는 주식의 종류와 수 등의 적정성을 조사하여야 한다. 그 평가는 사업목적에 필요한 재산인지, 회사의 규모와 관련하여 합목적적인지의 관점에서 행하여진다. 검사인의 검사는 원칙적으로 현물출자 전에 이루어져야 한다. 신주발행시에는 현물출자자가 출자를 이행하고 그 이행기일이 지나면 다음날 바로 주주로서 자격을 취득하기 때문이다(상법 제423조 제1항).

② **검사인 보고방법과 심문**

검사인의 보고는 반드시 서면으로 하여야 한다. 정확성을 기하기 위해서이다. 그리고 법원은 검사에 관하여 설명을 필요로 할 때에는 검사인을 심문할 수 있다(법 제74조 제2항).

나. 조사사항의 변경(처분)에 관한 재판

(1) 발기설립의 경우

① **의의**

주식회사의 발기설립에 관하여 법원이 검사인 또는 공증인의 조사보고서 또는 감정인의 감정결과와 발기인의 설명서를 심사한 결과 변태설립사항이 부당하다고 인정하는 때에는 이를 변경할 수 있다.

② **심리 및 재판**

(i) 심리방법

법원은 재판을 하기 전에 발기인과 이사의 진술을 들어야 한다(법 제75조 제2항). 진술청취의 방법은 심문기일을 열고 발기인과 이사를 직접 소환하여 진술을 청취하거나, 서면으로 진술하게 하는 방법을 취할 수도 있다(법 제8조, 민소법 제161조). 진술을 청취하는 이사의 수나 발기인의 수는 법원이 제한할 수 있으며, 진술청취의 기회를 제공하면 족하며 응하지 않는 경우 다시 소환할 필요가 없다.

(ii) 재판

> **「상법」 제300조【법원의 변경처분】** ① 법원은 검사인 또는 공증인의 조사보고서 또는 감정인의 감정결과와 발기인의 설명서를 심사하여 제290조의 규정에 의한 사항을 부당하다고 인정한 때에는 이를 변경하여 각 발기인에게 통고할 수 있다.
> ② 제1항의 변경에 불복하는 발기인은 그 주식의 인수를 취소할 수 있다. 이 경우에는 정관을 변경하여 설립에 관한 절차를 속행할 수 있다.
> ③ 법원의 통고가 있은 후 2주 내에 주식의 인수를 취소한 발기인이 없는 때에는 정관은 통고에 따라서 변경된 것으로 본다.

㉠ 조사사항의 변경에 관한 재판은 이유를 붙인 결정으로써 하여야 한다.

㉡ 변경재판의 내용은 현물출자자에 대해서 부여하는 주식수를 감소시키고, 회사가 부담하는 설립비용의 액을 감소시키는 등의 소극적이고 제한적인 것에 그치며, 제도의 취지에 비추어 주식수를 증가시키거나 새로운 사항을 덧붙이는 내용의 재판은 할 수 없다. 그러나, 변경항목과 한도도 반드시 검사인의 보고에 구속되는 것이 아니라 법원이 재량으로 정할 수 있다.

(iii) 불복방법

발기인과 이사는 조사사항의 변경에 관한 재판에 대하여 즉시항고를 할 수 있다(법 제75조 제3항). 법원의 변경명령에 불복하는 발기인이나 현물출자자는 그 주식의 인수를 취소할 수 있다. 이 경우 정관을 변경하여 절차를 속행하거나, 법원의 통고 후 2주 내에 주식의 인수를 취소한 발기인이나 현물출자자가 없는 경우 정관이나 현물출자에 관한 사항은 이에 따라 변경된 것으로 본다(상법 제300조 제2항 · 제3항, 제422조 제5항).

(2) 모집설립의 경우

검사인은 조사한 사항을 창립총회에 보고하고(상법 제313조 제2항), 창립총회에서 변태설립사항이 부당하다고 인정하는 때에는 창립총회가 이를 변경할 수 있다(상법 제314조 제1항).

(3) 신주발행의 경우

「상법」 제422조 제3항의 규정에 의한 조사사항의 변경재판에 관하여 아무런 언급을 하지 않고 있으나, 이는 당연히 위 조항에 따른 변경대상에 포함된다 할 것이다.[150)]

다. 주식회사의 업무와 재산상태 검사를 위한 검사인 선임

제79조【업무 · 재산상태의 검사를 위한 총회 소집】 법원은 「상법」 제467조에 따른 검사를 할 때에 주주총회의 소집이 필요하다고 인정하면 일정 기간 내에 그 소집을 할 것을 명하여야 한다.

「상법」 제467조【회사의 업무, 재산상태의 검사】 ① 회사의 업무집행에 관하여 부정행위 또는 법령이나 정관에 위반한 중대한 사실이 있음을 의심할 사유가 있는 때에는 발행주식의 총수의 100분의 3 이상에 해당하는 주식을 가진 주주는 회사의 업무와 재산상태를 조사하게 하기 위하여 법원에 검사인의 선임을 청구할 수 있다.
② 검사인은 그 조사의 결과를 법원에 보고하여야 한다.
③ 법원은 제2항의 보고에 의하여 필요하다고 인정한 때에는 대표이사에게 주주총회의 소집을 명할 수 있다. 제310조 제2항의 규정은 이 경우에 준용한다.
④ 이사와 감사는 지체 없이 제3항의 규정에 의한 검사인의 보고서의 정확 여부를 조사하여 이를 주주총회에 보고하여야 한다.

(1) 의의

주식회사의 주주나 유한회사의 사원은 회사의 사정을 조사하기 위해 회계장부열람등사청구권(상법 제466조 제1항, 제581조 제1항)을 활용할 수 있다. 그러나 이것은 회계의 범위에 국한되므로 주주의 감독권을 보다 효과적으로 수행할 수 있도록 검사인선임 청구권을 인정하고 있다. 주식회사의 경우에는 "회사의 업무집행에 관하여 부정행위 또는 법령이나 정관에 위반한 중대한 사실이 있음을 의심할 사유가 있는 때(상법 제467조 제1항)", 유한회사의 경우에는 "회사의 업무집행에 관하여 부정행위 또는 법령에 위배되는 중대한 사유가 있는 때(상법 제582조 제1항)"에는 발행주식의 총수의 100분의 3 이상에 해당하는 주식을 가진 주주(유한회사의 경우 자본금 총액의 100분의 3 이상에 해당하는 출자좌수를 가진 사원)는 회사의 업무와 재산 상태를 조사하게 하기 위하여 법원에 검사인의 선임을 청구할 수 있다.

(2) 청구의 요건

① 회사의 업무집행

대표이사나 이사의 업무집행행위는 물론이고 이사회의 의사결정 등에서 이사가 행한 행위와 지배인 기타 사용인이 한 행위도 포함된다.

150) 법원실무제요 비송, 법원행정처, 2014, 152면

② **부정행위**

회사의 이익을 해하는 악의의 행위, 즉 이사가 자기 또는 제3자의 이익을 도모하기 위하여 회사의 이익을 해하는 행위를 말한다.

③ **법령이나 정관에 위반한 중대한 사실**

「상법」에 한하지 않고 다른 법령에 위반한 경우도 포함되며 선관주의의무와 같은 일반규정의 위반도 포함된다고 해석된다. 또한 법령이나 정관의 위반에 대해서 중대성을 요건으로 하는데, 검사인의 조사에 따라 이사의 해임이나 이사에 대한 손해배상책임의 추궁 등의 조치를 취하는 정도에 이르는 것을 의미한다.

④ **의심할 사유**

주식회사의 경우 신청인은 부정행위나 법령, 정관에 위반된 중대한 사실의 존재를 입증할 필요는 없고 이를 의심할 만한 사유가 입증되면 충분하다. 이는 **유한회사의 경우** 부정해위나 법령이나 정관에 위반되는 중대한 사유의 존재를 요건으로 하는 한다는 점과 구별된다.[151]

(3) 관할법원

회사의 본점 소재지의 지방법원 합의부가 관할한다(법 제72조 제1항).

(4) 신청절차

① **신청인**

신청인은 발행주식 총수의 100분의 3 이상에 해당하는 주식을 가진 주주(유한회사의 경우 자본금 총액의 100분의 3 이상에 해당하는 출자좌수를 가진 사원)이다(상법 제476조 제1항, 상법 제582조 제1항). 상장회사의 경우 6개월 전부터 계속하여 상장회사의 발행주식 총수의 1,000분의 15 이상에 해당하는 주식을 보유한 주주이다(상법 제542조의6 제1항).

② **신청방법**

검사인의 선임신청은 반드시 서면으로 하여야 한다. 회사설립에 있어서 검사인 선임사건과 동일하다.

(5) 심리 및 재판

① 검사인의 선임에 관한 재판을 할 경우에는 법원은 이사와 감사의 진술을 들어야 한다(법 제76조, 제101조 제1항). 진술청취의 방법은 심문기일을 열고 발기인과 이사를 직접 소환하여 진술을 청취하거나, 서면으로 진술하게 하는 방법을 취할 수도 있다(법 제8조, 민소법 제161조). 재판은 결정의 형식으로 한다.

---

151) 다만, 대법원은 「상법」 제467조 제1항이 규정하고 있는 검사인 선임 청구사유인 "업무집행에 관한 부정행위 또는 법령이나 정관에 위반한 중대한 사실"에 대하여는 그 내용을 구체적으로 명확히 적시하여야 하고 단순히 결산보고서의 내용이 실지 재산상태와 일치하는지 여부에 의심이 간다는 정도의 막연한 것으로 그 사유를 삼을 수는 없다(대법원 1985.7.31. 85마214 결정, 대법원 1996.7.3. 95마1335 결정)고 판시하여 유한회사의 요건과 실질적 차이를 인정하지 않고 있다.

② 검사인으로 선임될 수 있는 사람은 검사의 목적에 비추어 검사의 대상이 되는 사항의 당사자가 제외되어야 한다. 법원은 검사의 목적에 비추어 상당하다고 인정되는 범위 내로 검사의 목적을 특정하되, 현재의 업무, 재산의 상황뿐만 아니라 과거의 재산, 업무의 상황에 대하여도 검사의 목적사항으로 할 수 있다.

③ 신청인, 선임된 검사인뿐만 아니라 이해 내지 의견의 대립이 있는 회사에 대해서도 고지하여야 한다.

(6) 불복방법

검사인의 선임재판에 대해서는 다른 검사인 선임의 경우와 달리 즉시항고할 수 있다. 이것은 회사를 설립하는 경우나 신주발행시의 검사인 선임사건에 대한 재판절차 및 불복방법과 차이가 있음을 유의해야 한다. 항고권자에 대해서 별도의 정함이 없기 때문에 총칙규정에 따라 재판으로 인하여 권리를 침해당한 자에 해당하는 회사도 즉시항고할 수 있다.

(7) 검사인의 조서결과의 보고

검사인은 그 조사의 결과를 법원에 보고하여야 한다(법 제74조 제1항, 상법 제467조 제2항, 제582조 제2항).

(8) 법원의 주주총회 소집명령

법원은 검사인의 보고에 의하여 주주총회의 소집이 필요하다고 인정할 때에는 일정한 기간 내에 그 소집을 할 것을 명하여야 한다(법 제79조). 이때에는 이사회의 결정을 요하지 아니하고 대표이사가 바로 주주총회를 소집한다. 대표이사 등이 이러한 법원의 명령에 위반하여 총회 소집을 하지 않는 경우 과태료 제재를 받는다(상법 제635조 제1항 제22호).

(9) 검사인의 보수

회사 설립시 혹은 신주발행시의 검사인 선임신청 사건과 동일하다.

라. 유한회사의 업무와 재산상태의 검사를 위한 검사인 선임

「상법」 제582조 【업무, 재산상태의 검사】 ① 회사의 업무집행에 관하여 부정행위 또는 법령이나 정관에 위반한 중대한 사유가 있는 때에는 자본금 총액의 100분의 3 이상에 해당하는 출자좌수를 가진 사원은 회사의 업무와 재산상태를 조사하게 하기 위하여 법원에 검사인의 선임을 청구할 수 있다.
② 검사인은 그 조사의 결과를 서면으로 법원에 보고하여야 한다.
③ 법원은 전항의 보고서에 의하여 필요하다고 인정한 경우에는 감사가 있는 때에는 감사에게, 감사가 없는 때에는 이사에게 사원총회의 소집을 명할 수 있다. 제310조 제2항의 규정은 이 경우에 준용한다.

(1) 의의

회사의 업무집행에 관하여 부정행위 또는 법령이나 정관에 위반한 중대한 사유가 있는 때에는 자본금총액의 100분의 3 이상에 해당하는 출자좌수를 가진 사원은 회사의 업무와 재산상태를 조사하게 하기 위하여 법원에 검사인의 선임을 청구할 수 있다.

(2) 관할법원

회사의 본점 소재지의 지방법원 합의부 관할이다.

(3) 신청절차

① **신청인**

신청인은 100분의 3 이상에 해당하는 출자좌수를 가진 사원이다.

② **신청방법**

검사인의 선임신청은 반드시 서면으로 하여야 한다. 회사설립에 있어서 검사인 선임사건과 동일하다.

(4) 심리 및 재판 등

검사인의 선임에 관한 재판을 할 경우에는 법원은 이사와 감사의 진술을 들어야 한다.

(5) 불복방법

검사인의 선임재판에 관하여는 즉시항고할 수 있다.

(6) 검사인의 보수 및 보고서 제출

주식회사 설립시 검사인 선임신청사건과 동일하다.

(7) 법원의 사원총회 소집명령

법원은 검사인의 보고서에 의하여 필요하다고 인정한 경우에는 감사가 있는 때에는 감사에게, 감사가 없는 때에는 이사에게 사원총회의 소집을 명할 수 있다.

2. 합자회사 유한책임사원의 업무와 재산상태 검사허가 신청사건

제80조【업무 · 재산상태의 검사 및 총회소집 허가의 신청】 ① 「상법」 제277조 제2항에 따른 검사의 허가를 신청하는 경우에는 검사를 필요로 하는 사유를 소명하고, 같은 법 제366조 제2항에 따른 총회소집의 허가를 신청하는 경우에는 이사가 그 소집을 게을리한 사실을 소명하여야 한다.
② 제1항에 따른 신청은 서면으로 하여야 한다.

제81조【업무 · 재산상태의 검사 등의 신청에 대한 재판】 ① 제80조에 따른 신청에 대하여는 법원은 이유를 붙인 결정으로써 재판을 하여야 한다.
② 신청을 인용한 재판에 대하여는 불복신청을 할 수 없다.

「상법」 제277조【유한책임사원의 감시권】 ① 유한책임사원은 영업년도 말에 있어서 영업시간 내에 한하여 회사의 회계장부 · 대차대조표 기타의 서류를 열람할 수 있고 회사의 업무와 재산상태를 검사할 수 있다.
② 중요한 사유가 있는 때에는 유한책임사원은 언제든지 법원의 허가를 얻어 제1항의 열람과 검사를 할 수 있다.

가. 의의

합자회사의 유한책임사원은 원칙적으로 업무집행에 관여하지 아니하나, 회사의 재산 및 업무집행의 적성성에 중대한 이해관계를 가지고 있는 관계로 그에 대한 감사권은 인정된다. 따라서 합자회사의 유한책임사원은 영업연도 말에 있어서 영업시간 내에 한하여 회사의 회계장부 · 대차대조표 기타의 서류를 열람할 수 있고 회사의 업무와 재산상태를 검사할 수 있으며, 중요한 사유가 있는 때에는 언제든지 법원의 허가를 얻어 열람과 검사를 할 수 있다(상법 제277조 제1항 · 제2항).

회계장부열람허가사건을 주식회사나 유한회사의 경우에는 소송사건으로 규정(상법 제466조, 제581조)하고 있음에 반해 합자회사의 경우는 비송사건으로 보아 소의 방법이나 열람등사청구권을 피보전권리로 하는 가처분의 방법으로 열람등사의 허가를 구하는 것은 허용되지 않는다.

나. 관할법원

회사의 본점 소재지의 지방법원의 합의부가 관할한다(법 제72조 제1항).

다. 신청절차

① 신청인

합자회사의 유한책임사원과 유한책임회사의 업무집행자가 아닌 사원, 익명조합의 익명조합원이 신청인이 되고, 상대방은 회사의 영업자가 된다.

② 신청방법

이 사건의 신청은 반드시 서면으로 하여야 하며, 신청을 함에 있어서는 그 열람과 검사를 필요로 하는 사유를 소명하여야 한다(법 제80조 제1항 · 제2항).

라. 심리 및 재판

이 사건의 재판에 대해서는 이유를 붙인 결정으로 재판하여야 한다(법 제81조 제1항). 신청을 각하하는 재판의 경우에도 마찬가지이다.

마. 불복절차

신청을 인용한 재판에 대해서는 불복의 신청을 할 수 없으므로(법 제81조 제2항), 「민사소송법」 제449조의 특별항고만이 허용될 뿐이다.

3. 일시이사의 직무대행자(=임시이사) 선임사건

제84조【직무대행자 선임의 재판】 ① 「상법」 제386조 제2항(「상법」 제415조에서 준용하는 경우를 포함한다)에 따른 직무대행자 선임에 관한 재판을 하는 경우 법원은 이사와 감사의 진술을 들어야 한다.
② 제1항의 경우에는 제77조, 제78조 및 제81조를 준용한다.

「상법」 제386조【결원의 경우】 ① 법률 또는 정관에 정한 이사의 원수를 결한 경우에는 임기의 만료 또는 사임으로 인하여 퇴임한 이사는 새로 선임된 이사가 취임할 때까지 이사의 권리의무가 있다.
② 제1항의 경우에 필요하다고 인정할 때에는 법원은 이사, 감사 기타의 이해관계인의 청구에 의하여 일시이사의 직무를 행할 자를 선임할 수 있다. 이 경우에는 본점의 소재지에서 그 등기를 하여야 한다.

가. 의의

(1) 일시이사의 직무대행자(=임시이사)

법률 또는 정관에 정한 이사의 원수를 결한 경우에는 임기의 만료 또는 사임으로 인하여 퇴임한 이사는 새로 선임된 이사가 취임할 때까지 이사의 권리의무가 있으나, 법원은 필요하다고 인정할 때에는 이사, 감사 기타의 이해관계인의 청구에 의하여 **일시이사**의 직무를 행할 자(=임시이사)를 선임할 수 있다(상법 제386조 제1항・제2항). 이 규정은 주식회사의 대표이사, 감사, 청산인, 유한회사의 이사, 감사, 청산인의 경우에 준용된다(법 제120조, 상법 제389조 제3항, 제415조, 제542조 제2항, 제567조, 제570조, 제613조 제2항).

(2) 구별개념

일시이사의 직무대행자라 함은 「상법」 제386조 제2항의 일시이사의 직무를 행할 자(=임시이사)를 말하는 것으로, 「상법」 제407조의 가처분(이사선임결의 무효・취소 또는 이사해임의 소가 제기된 경우)에 의하여 선임되는 직무대행자와 구별된다.[152]

152) 이러한 '일시이사의 직무를 행할 자'에 대하여 민법상 법인에서의 '임시이사'(민법 제63조, 비송법 제33조 참조)에 대응하여 관행상 '임시이사'라는 명칭을 사용하고 있고, 그 선임사건에서 실무상 '임시이사 선임'이라는 사건명을 부여하고 있다.

⑶ 일시이사의 직무대행자(=임시이사)의 선임이 필요한 경우

「상법」 제386조 제2항 규정상의 '필요하다고 인정할 때'라 함은 이사의 사망이나 해임으로 결원이 생기거나, 이사가 중병으로 사임하거나 장기간 부재중인 경우 등과 같이 퇴임이사로 하여금 이사로서의 권리의무를 가지게 하는 것이 불가능하거나 부적당한 경우를 의미한다.

나. 관할법원

회사의 본점 소재지의 지방법원 합의부가 관할한다(법 제72조 제1항).

다. 신청절차

⑴ 신청인

법원은 이사, 감사 기타의 이해관계인의 청구에 의하여 일시이사의 직무를 행할 자를 선임할 수 있다. 여기의 이해관계인은 주주 이외에 회사의 사용인, 채권자 등이 포함된다(대결 1998.9.3. 97마1429). 이사에는 퇴임이사 및 회사의 등기부상 이사로서 회사업무처리를 담당해 온 사람도 포함된다.

⑵ 신청방법

「비송사건절차법」이 정한 일반원칙에 의한다(법 제8조, 제9조).

라. 심리 및 재판

⑴ 심리방법

일시이사의 직무대행자(=임시이사)의 선임에 관한 재판을 하는 경우에는 법원은 이사와 감사의 진술을 들어야 한다(법 제84조 제1항). 그러나 이사와 감사의 진술을 할 기회를 부여한 이상 법원은 그 진술 중의 의견에 기속되지 않고, 그 의견과 다른 인선을 결정할 수도 있다. 판례는 "이해관계를 달리하는 이사나 감사가 있는 경우 각 이해관계별로 빠짐없이 진술의 기회를 주지 않았다고 하여 그 사정이 재판의 결과에 영향을 준 위법이 있다고 말할 수는 없다"라고 판시하고 있다.[153]

⑵ 재판

① 법원은 이유를 붙인 결정으로써 재판을 하여야 한다(법 제84조).

② 임시이사의 자격에는 아무런 제한이 없으므로 회사와 무슨 이해관계가 있는 자만이 임시이사 등으로 선임될 수 있는 자격이 있는 것이 아니다.[154]

153) 대법원 2001.12.6. 2001그113 결정

154) 대법원 1981.9.8. 80다2511 판결 참조

마. 불복방법

신청을 인용한 재판에 대하여는 불복의 신청을 할 수 없다(법 제84조 제2항, 제81조 제2항). 이는 통상항고로써 불복할 수 있는 「민법」상 법인에서의 임시이사 선임결정과는 구별된다. 판례는 임시이사로 신청인이 추천한 사람이 선임되지 아니하고 다른 사람이 선임되었다고 하여 선임신청을 불허한 결정이라고 볼 수는 없으므로 신청인이 이에 불복할 수 없다고 판시하고 있다(대법원 1985.5.28. 85그50). 다만, 법원은 임시이사 선임결정을 한 후에 그 선임결정이 부당하다고 인정될 때에는 「비송사건절차법」 제19조에 따라 이를 취소 또는 변경할 수 있다(대법원 1992.7.3. 91마730).

바. 임시이사의 권한 · 보수 · 임기

(1) 권한

선임된 임시이사의 권한은 통상의 이사와 다를 바 없고, 회사의 상무에 속한 것에 한하는 것은 아니다.[155] 직무집행정지가처분에 따른 직무대행자의 경우처럼 회사의 상무에 속하는 것에 한한다는 제한을 받지 않는다.

(2) 보수지급

법원은 임시이사를 선임한 경우에는 회사로 하여금 이에 보수를 지급하게 할 수 있고, 그 보수액을 정할 때에는 이사와 감사의 의견을 들어야 한다. 보수결정에 대한 재판에 대해서 즉시항고할 수 있다(법 제84조 제2항, 제77조, 제78조).

(3) 임기

임시이사의 임기는 정식이사가 선임될 때까지이므로 새로 선임된 이사가 취임하여 결원이 보충되면 임시이사는 당연히 그 지위를 잃는다.

사. 등기

「민법」상 법인의 임사이사 선임의 경우와는 달리 법원이 상법상 임시이사 선임의 결정을 한 때에는 제1심 수소법원은 회사의 본점과 지점 소재지의 등기소에 그 등기를 촉탁하여야 한다(법 제107조 제4호). 그러나 「상법」 규정에 의하면 본점 소재지에서만 등기하도록 되어 있다(상법 386조 제2항).

155) 대법원 1981.9.8. 80다2511 판결 참조

4. 소송상 대표자 선임사건

제84조의2【소송상 대표자 선임의 재판】 ①「상법」 제394조 제2항에 따른 소송상 대표자 선임에 관한 재판을 하는 경우 법원은 이사 또는 감사위원회의 진술을 들어야 한다.
② 제1항의 경우에는 제81조를 준용한다.

「상법」 제394조【이사와 회사 간의 소에 관한 대표】 ① 회사가 이사에 대하여 또는 이사가 회사에 대하여 소를 제기하는 경우에 감사는 그 소에 관하여 회사를 대표한다. 회사가 제403조 제1항 또는 제406조의2 제1항의 청구를 받은 경우에도 또한 같다.
② 제415조의2의 규정에 의한 감사위원회의 위원이 소의 당사자인 경우에는 감사위원회 또는 이사는 법원에 회사를 대표할 자를 선임하여 줄 것을 신청하여야 한다.

가. 의의

주식회사가 이사에 대하여 또는 이사가 회사에 대하여 소를 제기하거나, 주식회사가 발행주식 총수의 100분의 1 이상에 해당하는 주식을 가진 주주로부터 이사의 책임을 추궁할 소의 제기를 청구 받은 경우에는 감사가 그 소에 관하여 회사를 대표한다(상법 제394조 제1항).
이때 감사위원회의 위원이 소의 당사자인 경우에는 감사가 회사를 대표할 수 없으므로 감사위원회 또는 이사는 법원에 회사를 대표할 자를 선임하여 줄 것을 신청하여야 한다(상법 제394조 제1항). 감사위원회를 두는 경우 감사를 둘 수 없다(상법 제415조의2). 한편 감사위원회는 이사로 구성된다. 따라서 감사위원회 위원이 소송당사자인 경우도 이사와 회사의 다툼이라고 할 수 있으며, 이 경우 감사가 없다는 점에서 회사를 대표할 자를 선임해야 한다.

나. 관할법원

회사의 본점 소재지의 지방법원 합의부가 관할한다(법 제72조 제1항).

다. 신청절차

(1) 신청인

감사위원회의 위원이 소의 당사자인 경우에는 감사위원회 또는 이사는 법원에 회사를 대표할 자를 선임하여 줄 것을 신청하여야 한다. 신청인인 이사에는 감사위원회의 위원이 아닌 이사도 포함된다.

(2) 신청방법

「비송사건절차법」이 정한 일반원칙에 의한다(법 제8조, 제9조).

라. 심리 및 재판

(1) 심리방법

소송상 대표자의 선임에 관한 재판을 하는 경우에는 법원은 이사 또는 감사위원회의 진술을 들어야 한다(법 제84조의2 제1항).

(2) 재판

이유를 붙인 결정으로써 재판을 하여야 한다(법 제84조의2 제2항, 제81조 제1항).

마. 불복방법

신청을 인용한 재판에 대하여는 불복의 신청을 할 수 없다(법 제84조의2 제2항, 제81조 제1항).

5. 직무대행자의 상무(常務) 외 행위의 허가사건

제85조【직무대행자의 상무 외 행위의 허가신청】 ①「상법」 제408조 제1항 단서에 따른 상무(常務) 외 행위의 허가신청은 직무대행자가 하여야 한다.
② 신청을 인용한 재판에 대하여는 즉시항고를 할 수 있다. 이 경우 항고기간은 직무대행자가 재판의 고지를 받은 날부터 기산한다.
③ 제2항에 따른 항고는 집행정지의 효력이 있다.

「상법」 제408조【직무대행자의 권한】 ① 전조의 직무대행자는 가처분명령에 다른 정함이 있는 경우 외에는 회사의 상무에 속하지 아니한 행위를 하지 못한다. 그러나 법원의 허가를 얻은 경우에는 그러하지 아니하다.
② 직무대행자가 전항의 규정에 위반한 행위를 한 경우에도 회사는 선의의 제삼자에 대하여 책임을 진다.

가. 의의

(1) 직무대행자의 선임

이사선임결의의 무효나 취소 또는 이사해임의 소가 제기된 경우에는 법원은 당사자의 신청에 의하여 가처분으로써 이사의 직무집행을 정지할 수 있다. 이때 직무집행이 정지된 이사를 대신할 직무대행자를 선임할 수 있다. 급박한 사정이 있는 때에는 본안 소송의 제기 전에도 그 처분을 할 수 있다(상법 제407조).

(2) 직무대행자의 권한

직무대행자는 가처분명령에서 다른 정함이 있는 경우 외에는 회사의 상무에 속하지 아니한 행위를 하지 못하나 법원의 허가를 얻은 경우에는 그러하지 아니하다(상법 제408조 제1항). 이러한 규정은 주식회사의 청산인(상법 제542조 제2항), 유한회사의 이사(상법 제567조)와 청산인(상법 제613조 제2항)에 대해서도 준용된다. 여기서 "상무"란 회사의 영업을 함에 있어서 **통상업무범위내**의 사무로 회사경영에 중요한 영향을 주지 않는 업무를 말한다. 구체적으로 상무인지의 여부는 회사의 기구, 업무의 종류·성질, 기타 사정을 고려하여 객관적으로 판단한다.

판례가 상무 외 행위로 판단한 예로는 직무집행정지 중에 있는 대표이사를 해임하기 위하여 임시주주총회를 소집하는 행위(대판 1959.12.3. 57다669), 회사가 피고인 사건에서 청구의 인락을 하는 행위(대판 1975.5.27. 75다120), 가처분의 본안소송에서 항소를 취하하는 행위(대판 2006.10.27. 2004다63408), 회사경영에 관한 전부를 타인에게 위임하는 행위(대판 1984.2.14. 83다카875), 상대방 당사자의 대리인인 변호사의 보수지급에 관한 약정(대판 1989.9.12. 87다카2691) 등이다.

나. 관할법원

「비송사건절차법」 제72조 규정 중에는 이 사건의 관할에 대하여 정함이 없고, 상법 제408조 제1항 단서도 단지 법원의 허가를 얻은 경우라고 하고 있어 그 관할이 문제된다. 이에 대해서 본안사건의 관할법원을 가리킨다는 견해도 있으나, "직무집행정지 가처분의 본안소송이 드물게 제기되는 점, 가처분 법원은 가처분 당시부터 직무대행자의 직무범위를 정할 수 있고 개임할 수 있는 등 직무대행자를 관리, 감독할 권한이 있는 점 등을 고려할 때 가처분법원이 관할하는 것이 타당하다 할 것이다.[156]

판례도 "제1심 결정을 취소하고 주식회사 이사의 직무 집행정지 등 가처분결정과 직무대행자 선임결정을 한 항고법원은 그에 대한 가처분이의로 인해 당해 사건이 계속 중인 법원으로서 그 사건의 견련사건인 직무대행자의 상무 외 행위 허가사건의 관할법원이 될 수 있다"고 하였다(대결 2008.4.14. 2008마277).

다. 신청절차

(1) 신청인

직무대행자의 신청에 의한다(법 제85조 제1항).

(2) 신청방법

신청의 방식은 별다른 제한이 없으므로 일반원칙에 의한다(법 제8조, 제9조).

156) 법원실무제요 비송, 법원행정처, 2014, 182면

라. 심리 및 재판[157)]

(1) 심리

상무 외 행위의 허가 신청이 있으면 당해 상무 외 행위의 필요성과 회사의 경영과 업무 및 재산에 미치는 영향 등을 종합적으로 고려하여 그 허가 여부를 결정한다. 허가에 의하여 직무대행자에게 직무집행이 정지된 이사가 갖는 본래 권한 이상의 권한이 주어질 수 없으므로 당해 상무 외 행위가 법령 또는 정관 등에 정한 이사의 권한에 속하는지 확인이 필요하다.

(2) 재판

재판에 관하여 특별히 규정한 것이 없으므로 일반원칙에 따른다(법 제17조). 제도의 취지상 허가는 문제된 상무 외 행위에 대하여 개별적으로 하여야 하므로 포괄적인 허가는 할 수 없고 결정문에서 허가하는 상무외 행위를 구체적으로 특정하여야 한다.

마. 불복방법

(1) 신청을 각하한 재판에 대해서는 보통항고가 가능하다(법 제20조). 그러나 신청을 인용한 재판에 대하여는 즉시항고를 할 수 있다(법 제85조 제2항). 이 경우 항고기간은 직무대행자가 재판의 고지를 받은 날부터 기산(초일산입)하며, 즉시항고는 집행정지의 효력이 있다(법 제85조 제2항·제3항). 직무대행자가 일단 상무 외 행위를 해버리면 불복의 의미가 없을 수 있기 때문이다.

(2) 즉시항고권이 있는 사람에 대해서는 특별한 규정이 없으므로 총칙의 규정에 따라 권리를 침해받은 자이면 할 수 있다(법 제20조).

6. 주식회사 소수주주의 주주총회 소집허가사건

제80조【업무·재산상태의 검사 및 총회소집 허가의 신청】 ① 「상법」 제277조 제2항에 따른 검사의 허가를 신청하는 경우에는 검사를 필요로 하는 사유를 소명하고, 같은 법 제366조 제2항에 따른 총회소집의 허가를 신청하는 경우에는 이사가 그 소집을 게을리한 사실을 소명하여야 한다.
② 제1항에 따른 신청은 서면으로 하여야 한다.

「상법」 제366조【소수주주에 의한 소집청구】 ① 발행주식총수의 100분의 3 이상에 해당하는 주식을 가진 주주는 회의의 목적사항과 소집의 이유를 적은 서면 또는 전자문서를 이사회에 제출하여 임시총회의 소집을 청구할 수 있다.
② 제1항의 청구가 있은 후 지체 없이 총회소집의 절차를 밟지 아니한 때에는 청구한 주주는 법원의 허가를 받아 총회를 소집할 수 있다. 이 경우 주주총회의 의장은 법원이 이해관계인의 청구나 직권으로 선임할 수 있다.
③ 제1항 및 제2항의 규정에 의한 총회는 회사의 업무와 재산상태를 조사하게 하기 위하여 검사인을 선임할 수 있다.

157) 법원실무제요 비송, 법원행정처, 2014, 185~186면 발췌·수정인용

가. 의의

주식회사의 발행주식 총수의 100분의 3 이상(상장회사의 경우 6개월 전부터 계속하여 상장회사 발행주식총수의 1,000분의 15 이상)에 해당하는 주식을 가진 주주(유한회사의 경우 자본금 총액의 100분의 3 이상에 해당하는 출자좌수를 가진 사원)는 회의의 목적사항과 소집의 이유를 적은 서면(전자문서 포함)을 이사회(유한회사의 경우 이사)에 제출하여 임시총회의 소집을 청구할 수 있으며, 청구가 있은 후 지체 없이 총회소집의 절차를 밟지 아니한 때에는 청구한 소수주주 등은 법원의 허가를 받아 총회를 소집할 수 있다(상법 제366조, 제572조, 제542조의6 제1항). 총회는 회사의 업무와 재산상태를 조사하게 하기 위하여 검사인을 선임할 수 있다(상법 제366조 제3항). 총회의 소집은 본법에 다른 규정이 있는 경우 외에는 이사회가 이를 결정한다(상법 제362조). 그러나, 예외적으로 소수자의 이익보호와 회사의 건실한 운영과 다수결 원칙에 의한 대주주 등의 횡포를 견제하기 위해 법원의 명령으로 소수주주가 총회를 소집할 수 있도록 한 것이다.

나. 관할법원

회사의 본점 소재지의 지방법원 합의부가 관할한다(법 제72조 제1항).

다. 신청절차

(1) 총회소집허가의 요건

① 신청인이 소수주주의 자격을 갖추었을 것

주식회사의 경우 발행주식총수의 100분의 3 이상(상장회사의 경우 6개월 전부터 계속하여 상장회사 발행주식총수의 1,000분의 15 이상)에 해당하는 주식을 가진 주주이어야 하는데, 여기서 지주(持株)요건은 반드시 1인이 충족시킬 필요는 없고 공동으로 총회소집을 요구하는 경우에는 청구인들의 보유주식을 합산하여 위 요건을 충족하면 된다.

이러한 지주요건은 총회소집허가 결정시까지 갖추어야 하나, 의결권 없는 주식을 제외한다는 명문규정이 없는 한 반드시 의결권 있는 주식일 필요가 없다. 따라서 주식의 양도 등으로 지주요건을 갖추지 못하면 신청은 부적법하게 되고, 이후 주주를 추가하거나 새로 주식을 취득하여 보완하는 것은 허용되지 않는다.[158]

② 회의의 목적사항과 소집의 이유를 기재한 서면(전자문서 포함)을 이사회에 제출하여 총회의 소집을 청구하였을 것

이사회에 총회소집을 요구한 주주와 총회소집허가 신청을 한 신청인은 동일하여야 한다. 신청인들 중 일부가 이사회에 총회소집을 요구한 일이 없을 때에는 그들을 제외하고 나머지 주주만으로 신청요건을 충족하는지 판단하여야 한다. 한편, 주주총회는 상법 또는 정관에서 정하는 사항에 한하여 결의할 수 있으므로(상법 제361조), 주주총회에서 결의한 사항이 아닌 것은 회의의 목적사항으로 할 수 없다.

158) 법원실무제요 비송, 법원행정처, 2014, 163면

③ **소집청구 후 지체 없이 총회소집의 절차를 밟지 아니하였을 것**

소수주주의 소집청구가 있음에도 대표이사가 이사회를 소집하지 아니한 경우뿐만 아니라, 이사회에서 주주총회를 소집하지 않기로 결의가 된 경우에도 여기에 해당한다.

(2) 신청인

지주(持株)요건을 갖춘 소수주주의 총회소집청구가 있은 후 지체 없이 총회소집의 절차를 밟지 아니한 때에는 청구한 주주는 법원의 허가를 받아 총회를 소집할 수 있다.

(3) 신청방법

신청은 서면으로 하여야 한다(법 제80조 제2항).

라. 심리 및 재판

(1) 심리[159)]

① **신청인 등의 심문**

총회소집허가 신청사건에서는 실무상 대부분 심문을 한다. 신청인 본인뿐만 아니라, 회사의 대표이사 등도 함께 소환하여 심문하며, 대표이사를 소환할 때는 답변서를 통하여 자발적 총회 소집의사를 확인하고 있다.

② **주주 여부의 소명**

신청인의 주주 여부 및 보유주식 수에 관한 **소명**자료로는 주주명부를 제출받는 것이 원칙이다. 주주명부는 최근의 것이어야 하고, 분쟁으로 인하여 주주명부만으로 확정이 어려운 경우에는 주주의 지위에 관한 본안 판결서 또는 심문을 거친 임시의 지위를 정한 가처분 결정서 등을 참고하여 판단한다.

③ **회사 스스로 총회를 소집하는 경우**

회사 스스로 이사회 결의로 총회를 소집하는 경우 법원으로서는 주주의 총회소집허가신청은 필요성이 소멸되었다고 하여 신청을 기각하여야 할 것이나, 심문절차에서 사건본인 회사 측이 곧 총회를 개최하겠다는 진술만으로는 안 되고 총회소집 사실이 확인된 경우에 한해 기각결정을 하는 것이 실무례이다.

(2) 재판

① **이유를 붙인 결정**

이 사건의 재판에 대해서는 이유를 붙인 결정으로 재판하여야 한다(법 제81조 제1항). 신청을 각하하는 재판의 경우에도 마찬가지이다.

159) 법원실무제요 비송, 법원행정처, 2014, 164~165면 발췌 · 수정인용

② **신청을 기각할 사유**

신청기각 사유의 예로는 ① 신청인 적격을 갖지 않은 경우, ② 회의의 목적이 총회의 권한 사항에 속하지 아니한 경우, ③ 안건에 대해서 회사가 이미 총회소집절차를 취한 경우, ④ 권리남용에 해당하는 경우 등을 들 수 있다. 이 중 '권리남용에 해당하는 경우'라 함은 객관적으로 보아 총회소집의 실익이 없거나 총회소집을 허가할 경우 회사로서는 더욱 복잡하고 심각한 법률적 분쟁만을 야기할 것이 명백하여 총회를 소집하는 것이 오히려 유해한 결과를 초래할 가능성이 있는 경우를 의미한다.

마. 불복방법

신청을 기각한 재판에 대해서는 항고할 수 있으나 신청을 인용한 재판에 대해서는 불복의 신청을 할 수 없으므로(법 제81조 제2항), 「민사소송법」 제449조의 특별항고만이 허용될 뿐이다(대결 1991.4.30. 90마672).

한편, 법원은 소집허가의 재판을 한 후라도 그 재판이 위법 또는 부당하다고 인정할 때에는 직권으로 이를 취소 또는 변경할 수 있으나(법 제19조 제1항), 소집허가결정을 하여 그에 따라 소집된 총회에서 결의를 마친 후에는 법원도 그 결정을 최소 또는 변경할 수 없다.

바. 허가결정 후의 소집절차[160)]

① 소수주주가 총회소집에 관한 법원의 허가를 얻으면 그 소수주주의 명의로 총회를 소집한다는 점 이외에는 통상의 소집절차와 동일한 절차를 취하면 된다. 이 경우의 소수주주는 회사의 집행기관의 지위에 서는 것이므로 소집비용은 회사가 부담한다.

② 소수주주가 소집한 총회라도 그 의장은 달리 정한 것이 없으면 정관 등에서 지정한 사람이 맡는다. 그러나 총회소집허가에 의한 주주총회는 이사회가 반대한 결과 수수주주가 소집한 것임을 감안하여 「상법」 제366조 제2항은 위 총회의 의장을 법원이 이해관계인의 청구나 직권으로 선임할 수 있게 하였다. 이는 총회소집허가의 신청 단계에서 의장이 될 사람을 특정하여 청구하도록 한 취지이나, 신청서에 의장을 특정하지 않고 단순히 회의의 목적사항에 '임시의장 선임의 건'을 포함시킨 경우에는 그에 따라 소집된 총회에서 임시의장을 선임하게 될 것이다.

③ 총회소집이 허가된 안건과 동일한 안건에 관하여는 이사회와 대표이사가 총회소집을 할 수 없다. 만일 대표이사가 동일 안건에 관하여 총회를 소집하여 결의를 한다면 이는 소집권한 없는 자에 의한 소집으로서 그 결의에는 부존재 사유가 되는 흠이 있게 된다.

160) 법원실무제요 비송, 법원행정처, 2014, 168면

7. 주금납입금의 보관자 등의 변경허가사건

제82조【납입금의 보관자 등의 변경 허가신청】「상법」 제306조(「상법」 제425조 제1항 및 제516조의9 제4항에서 준용하는 경우를 포함한다)에 따른 허가의 신청은 그 사유를 소명하고 발기인 또는 이사가 공동으로 하여야 한다.

「상법」 제305조【주식에 대한 납입】 ① 회사설립시에 발행하는 주식의 총수가 인수된 때에는 발기인은 지체 없이 주식인수인에 대하여 각 주식에 대한 인수가액의 전액을 납입시켜야 한다.
② 전항의 납입은 주식청약서에 기재한 납입장소에서 하여야 한다.
③ 제295조 제2항의 규정은 제1항의 경우에 준용한다.

가. 의의

회사설립, 신주발행 또는 신주인수권부사채 발행시 주식의 인수가액의 납입은 주식청약 등으로 주금을 납입하면 주금은 보관된다. 주식회사의 설립 또는 설립 후 신주발행시 주식인수의 청약을 하고자 하는 자는 주식청약서에 의해 청약을 하고, 그 주식청약서에는 납입을 맡을 은행 기타 금융기관을 기재하여야 한다(상법 제302조).[161] 납입을 맡을 은행 기타 금융기관의 명칭과 납입장소는 주식청약서에 기재하여야 한다. 납입은 주식청약서에 기재된 납입장소에서 하여야 한다.

나. 관할법원

회사의 본점 소재지의 지방법원 합의부가 관할한다(법 제72조 제1항).

다. 신청절차

(1) 신청인

신청인은 모든 발기인 또는 이사이며, 이들이 사유를 소명하고 공동신청으로 한다(법 제8조). 따라서 개개의 발기인 또는 이사의 신청은 부적법하게 된다. 신청인은 신청의 사유를 **소명**하여야 하는데, 실제로는 단순히 주금납입의 편의를 위하여 변경허가를 신청하는 경우는 드물고, 회사에 대한 채권자들이 주금납입금반환채권에 대하여 강제집행이나 보전집행을 피하기 위하여 납입금의 보관자 등의 변경허가를 신청하는 경우가 많다.

(2) 신청방법

「비송사건절차법」이 정한 일반원칙에 의한다(법 제8조, 제9조).

---

161) 주금납입이란 주식인수인이 금전출자의 의무를 이행하는 것을 말한다. 주식을 인수한 자는 회사설립의 경우에는 발기인이 지정하는 날까지, 신주발행의 경우에는 주식청약서에 기재된 납입기일까지 그 인수가액의 전액을 납입하여야 한다. 신주발행의 경우에 납입을 한 신주인수인은 납입기일 다음날부터 주주가 되고 납입기일까지 납입을 하지 아니한 때에는 실권된다.

라. 재판과 불복절차

별다른 제한이 없으므로 총칙이 정하는 일반원칙에 의한다(법 제8조, 제9조).

8. 단주의 임의매각 허가사건

제83조【단주 매각의 허가신청】「상법」 제443조 제1항 단서(「상법」 제461조 제2항 및 제530조 제3항에서 준용하는 경우를 포함한다)에 따른 허가의 신청에 관하여는 제82조를 준용한다.

가. 의의

단주라 함은 1주에 미달하는 주식으로 이는 자본감소에 따른 주식병합, 합병으로 인한 주식병합 또는 분할, 주식배당, 준비금의 자본전입에 의한 신주발행, 회사의 분할 및 분할합병 등의 사유로 발생한다(상법 제440조, 제530조 제3항, 제329조의2, 제462조의2, 제461조 제2항, 제530조의11).[162)]
「상법」은 단주를 인정하지 않으므로 그 처리가 문제된다. 단주가 발생되면 그 단주분에 대하여 발행한 신주를 경매하여 매각대금을 종전의 주주에게 각 주수에 따라 안분하여 지급하여야 한다(상법 제443조 제1항).
그러나 경매에 의한 신주의 환가는 절차가 불편한 관계로 거래소의 시세 있는 주식은 거래소를 통하여 매각하고, 거래소의 시세 없는 주식은 법원의 허가를 받아 경매외의 방법으로 매각할 수 있다(상법 제443조 제1항 단서, 제329조2 제3항, 제462조의2 제3항, 제530조 제3항, 제530조의11 제1항).

나. 관할법원

회사의 본점 소재지의 지방법원 합의부가 관할한다(법 제72조 제1항).

다. 신청절차

(1) 신청인

그 사유를 소명하고 이사 전원의 공동신청으로 하여야 한다(법 제83조, 제82조).

(2) 신청방법

「비송사건절차법」이 정한 일반원칙에 의한다(법 제8조, 제9조).

162) 단주가 발생하는 예로 자본감소 또는 합병으로 인한 주식병합의 경우에 있어 주식할당비율을 1주당 0.5주로 결의한 경우에 101주를 가진 주주는 50주를 배당받을 수 있지만 나머지 1주는 배당비율이 0.5주밖에 안되어 주식을 배당받을 수 없게 된다. 이때 나머지 1주에 해당되는 0.5주를 단주라고 하는데 결과적으로 이를 어떻게 해결할 것인가의 문제가 발생된다. 실무상 단주는 매매단위에 미치지 못하는 수량의 주식이므로 증권시장에서는 거래되지 못하고 장외시장이나 증권회사의 창구에서 거래된다.

라. 심리 및 재판

(1) 심리방법

임의매각이 필요한 사유를 소명하여야 한다(법 제83조, 제82조).

(2) 재판

재판에 대한 특별한 규정이 없으므로 이유를 붙이지 아니한 결정으로 하여도 무방하나, 실무상 임의매각 사유, 매각가액의 적정성 등을 이유에서 설시하기도 한다.

마. 불복방법

특별한 규정이 없으므로 총칙규정에 따른다(법 제20조 제1항).

9. 주식의 액면미달발행 인가사건

제86조 【주식의 액면 미달 발행의 인가신청 등】 ①「상법」 제417조에 따른 주식의 액면 미달 발행의 인가신청은 서면으로 하여야 한다.
② 제1항에 따른 신청에 대한 재판은 이유를 붙인 결정으로써 하여야 한다.
③ 법원은 재판을 하기 전에 이사의 진술을 들어야 한다.
④ 제2항에 따른 재판에 대하여는 즉시항고를 할 수 있다.
⑤ 제4항에 따른 항고는 집행정지의 효력이 있다.

「상법」 제330조 【액면미달발행의 제한】 주식은 액면미달의 가액으로 발행하지 못한다. 그러나 제417조의 경우에는 그러하지 아니하다.

제417조 【액면미달의 발행】 ① 회사가 성립한 날로부터 2년을 경과한 후에 주식을 발행하는 경우에는 회사는 제434조의 규정에 의한 주주총회의 결의와 법원의 인가를 얻어서 주식을 액면미달의 가액으로 발행할 수 있다.
② 전항의 주주총회의 결의에서는 주식의 최저발행가액을 정하여야 한다.
③ 법원은 회사의 현황과 제반사정을 참작하여 최저발행가액을 변경하여 인가할 수 있다. 이 경우에 법원은 회사의 재산상태 기타 필요한 사항을 조사하게 하기 위하여 검사인을 선임할 수 있다.
④ 제1항의 주식은 법원의 인가를 얻은 날로부터 1월 내에 발행하여야 한다. 법원은 이 기간을 연장하여 인가할 수 있다.

「자본시장과 금융투자업에 관한 법률」 제165조의8 【액면미달발행의 특례】 ① 주권상장법인은 「상법」 제417조에도 불구하고 법원의 인가 없이 같은 법 제434조에 따른 주주총회의 결의만으로 주식을 액면미달의 가액으로 발행할 수 있다. 다만, 그 액면미달금액의 총액에 대하여 상각(償却)을 완료하지 아니한 경우에는 그러하지 아니하다.
② 제1항에 따른 주주총회의 결의에서는 주식의 최저발행가액을 정하여야 한다. 이 경우 최저발행가액은 대통령령으로 정하는 방법에 따라 산정한 가격 이상이어야 한다.
③ 주권상장법인은 주주총회에서 다르게 정하는 경우를 제외하고는 제1항에 따른 주식을 주주총회의 결의일부터 1개월 이내에 발행하여야 한다.

가. 의의

(1) 자본충실의 원칙

회사는 주식을 자본충실원칙에 따라 액면미달의 가액으로 발행하지 못한다(상법 제330조 본문). 그러나 「상법」 제417조는 제한된 범위 내에서 예외적으로 액면미달발행을 허용하고 있다.

(2) 요건

① 회사가 성립한 날로부터 2년을 경과한 후에 주식을 발행하는 경우에는 회사는 주주총회의 결의와 법원의 인가를 얻어서 주식을 액면미달의 가액으로 발행할 수 있다(상법 제417조 제1항).[163)]

② 주주총회의 결의는 출석한 주주의 의결권의 3분의 2 이상의 수와 발행주식 총수의 3분의 1 이상의 수로써 하여야 하고(상법 제434조), 주주총회의 결의에서는 주식의 최저발행가액을 정하여야 한다(상법 제417조 제1항).

③ 법원은 회사의 현황과 제반사정을 참작하여 최저발행가액을 변경하여 인가할 수 있다. 이 경우에 법원은 회사의 재산상태 기타 필요한 사항을 조사하게 하기 위하여 검사인을 선임할 수 있다(상법 제417조 제3항).

④ 주식은 법원의 인가를 얻은 날로부터 1월 내에 발행하여야 한다. 법원은 이 기간을 연장하여 인가할 수 있다(상법 제417조 제4항).

나. 관할법원

회사의 본점 소재지의 지방법원 합의부가 관할한다(법 제72조 제1항).

다. 신청절차

(1) 신청인

신청인을 명시한 규정은 없으나, 신주발행은 회사가 하는 것이므로 회사가 신청인이 되어야 한다.

(2) 신청방법

주식의 액면미달발행의 인가신청은 서면으로 하여야 한다(법 제86조 제1항).

라. 심리 및 재판

① 법원은 재판을 하기 전에 이사의 진술을 들어야 한다(법 제86조 제3항).

② 신청에 대한 재판은 이유를 붙인 결정으로써 하여야 한다(법 제86조 제2항).

---

163) 다만, 주권상장법인의 경우 예외적으로 법원의 인가 없이 주주총회의 특별결의만으로 액면미달발행이 가능한 경우도 있다(자본시장과 금융투자업에 관한 법률 제165조의8 제1항).

마. 불복방법

이 사건 인가재판에 대해서는 즉시항고를 할 수 있으며, 즉시항고에는 집행정지의 효력이 있다 (법 제86조 제4, 5항).

10. 주주와 이사회가 지정한 양도상대방 사이의 주식매수가액 산정 · 결정사건

「상법」 제335조 【주식의 양도성】 ① 주식은 타인에게 양도할 수 있다. 다만, 회사는 정관으로 정하는 바에 따라 그 발행하는 주식의 양도에 관하여 이사회의 승인을 받도록 할 수 있다.
② 제1항 단서의 규정에 위반하여 이사회의 승인을 얻지 아니한 주식의 양도는 회사에 대하여 효력이 없다.
③ 주권발행 전에 한 주식의 양도는 회사에 대하여 효력이 없다. 그러나 회사성립 후 또는 신주의 납입기일 후 6월이 경과한 때에는 그러하지 아니하다.

제335조의2 【양도승인의 청구】 ① 주식의 양도에 관하여 이사회의 승인을 얻어야 하는 경우에는 주식을 양도하고자 하는 주주는 회사에 대하여 양도의 상대방 및 양도하고자 하는 주식의 종류와 수를 기재한 서면으로 양도의 승인을 청구할 수 있다.
② 회사는 제1항의 청구가 있는 날부터 1월 이내에 주주에게 그 승인여부를 서면으로 통지하여야 한다.
③ 회사가 제2항의 기간 내에 주주에게 거부의 통지를 하지 아니한 때에는 주식의 양도에 관하여 이사회의 승인이 있는 것으로 본다.
④ 제2항의 양도승인거부의 통지를 받은 주주는 통지를 받은 날부터 20일 내에 회사에 대하여 양도의 상대방의 지정 또는 그 주식의 매수를 청구할 수 있다.

제335조의3 【양도상대방의 지정청구】 ① 주주가 양도의 상대방을 지정하여 줄 것을 청구한 경우에는 이사회는 이를 지정하고, 그 청구가 있은 날부터 2주간 내에 주주 및 지정된 상대방에게 서면으로 이를 통지하여야 한다.
② 제1항의 기간 내에 주주에게 상대방지정의 통지를 하지 아니한 때에는 주식의 양도에 관하여 이사회의 승인이 있는 것으로 본다.

제335조의4 【지정된 자의 매도청구권】 ① 제335조의3 제1항의 규정에 의하여 상대방으로 지정된 자는 지정통지를 받은 날부터 10일 이내에 지정청구를 한 주주에 대하여 서면으로 그 주식을 자기에게 매도할 것을 청구할 수 있다.
② 제335조의3 제2항의 규정은 주식의 양도상대방으로 지정된 자가 제1항의 기간 내에 매도의 청구를 하지 아니한 때에 이를 준용한다.

제335조의5 【매도가액의 결정】 ① 제335조의4의 경우에 그 주식의 매도가액은 주주와 매도청구인 간의 협의로 이를 결정한다.
② 제374조의2 제4항 및 제5항의 규정은 제335조의4 제1항의 규정에 의한 청구를 받은 날부터 30일 이내에 제1항의 규정에 의한 협의가 이루어지지 아니하는 경우에 이를 준용한다.

제335조의6 【주식의 매수청구】 제374조의2 제2항 내지 제5항의 규정은 제335조의2 제4항의 규정에 의하여 주주가 회사에 대하여 주식의 매수를 청구한 경우에 이를 준용한다.

제335조의7【주식의 양수인에 의한 승인청구】 ① 주식의 양도에 관하여 이사회의 승인을 얻어야 하는 경우에 주식을 취득한 자는 회사에 대하여 그 주식의 종류와 수를 기재한 서면으로 그 취득의 승인을 청구할 수 있다.
② 제335조의2 제2항 내지 제4항, 제335조의3 내지 제335조의6의 규정은 제1항의 경우에 이를 준용한다.

가. 의의

(1) 주식양도자유의 원칙과 제한

주식은 타인에게 자유롭게 양도할 수 있다. 다만 회사는 정관으로 발행하는 주식에 대하여 주식양도에 관하여 이사회승인을 얻도록 할 수 있다(상법 제335조 제1항). 그리고 단서의 규정에 위반하여 이사회의 승인을 얻지 아니한 주식의 양도는 회사에 대하여 효력이 없다(상법 제335조 제2항).

주식의 양도에 관하여 이사회의 승인을 얻어야 하는 경우에는 주식을 양도하고자 하는 주주는 회사에 대하여 양도의 상대방 및 양도하고자 하는 주식의 종류와 수를 기재한 서면으로 양도의 승인을 청구할 수 있다. 회사는 청구가 있는 날부터 1월 이내에 주주에게 그 승인 여부를 서면으로 통지하여야 한다(상법 제335조의2 제1, 2항).

(2) 양도상대방의 지정청구

양도승인거부의 통지를 받은 주주는 통지를 받은 날부터 20일 내에 회사에 대하여 양도의 상대방의 지정 또는 그 주식의 매수를 청구할 수 있다(상법 제335조의2 제4항). 주주가 양도의 상대방을 지정하여 줄 것을 청구한 경우에는 이사회는 이를 지정하고, 그 청구가 있은 날부터 2주간 내에 주주 및 지정된 상대방에게 서면으로 이를 통지하여야 한다(상법 제335조의3 제1항). 이에 의하여 상대방으로 지정된 자(=매도청구인)는 지정통지를 받은 날부터 10일 이내에 지정청구를 한 주주에 대하여 서면으로 그 주식을 자기에게 매도할 것을 청구할 수 있다(상법 제335조의4 제1항).

(3) 매도가액의 결정

주식의 매도가액은 주주와 매도청구인 간의 협의로 이를 결정하게 되나(상법 제335조의5 제1항 본문), 협의가 이루어지지 아니한 때에는 매도의 청구를 받은 날부터 30일 이내에 법원에 매수가액의 결정을 청구할 수 있다(상법 제335조의5 제2항, 374조의2 제4항 · 제5항).

나. 관할법원

회사의 본점 소재지의 지방법원 합의부가 관할한다(법 제72조 제1항).

다. 신청절차

(1) 신청인

신청인은 양도 상대방의 지정을 청구한 주주나 주식취득자 또는 이사회에 의하여 양도 상대방으로 지정된 매도청구인이다(상법 제355조의5 제1항, 제335조의7 제2항).

(2) 신청방법

신청은 서면으로 하여야 한다(법 제86조의2 제3항, 제86조 제1항).

라. 심리 및 재판

(1) 심리

여러 건의 신청사건이 동시에 계속 중일 때에는 심문과 재판을 병합하여야 한다(법 제86조의2 제2항). 이 사건 신청은 다수의 주주로부터 개별적으로 행해질 수도 있기 때문이다. 그리고 재판을 하기 전에 주주와 매도청구인 또는 주주와 이사의 진술을 들어야 한다(법 제86조의2 제1항). 매수가격을 결정하는 데 판단자료를 얻기 위해서이다.

(2) 재판

재판은 이유를 붙인 결정으로 하여야 한다(법 제86조의2 제3항, 제86조 제2항). 매수가액은 이사회에 의하여 양도 상대방으로 지정된 자(=매도청구인)가 주식의 매도청구를 한 시점을 기준으로 회사의 자산상태, 그 밖의 일체의 사정을 고려하여 정해야 한다.

마. 불복

이 사건 신청에 대한 재판에 대해서는 즉시항고를 할 수 있으며, 즉시항고에는 집행정지의 효력이 있다(법 제86조의2 제3항, 제86조 제4항 · 제5항).

11. 영업양도 등 반대주주의 주식매수청구로 인한 주식매수가액 결정사건

제86조의2【주식매도가액 및 주식매수가액 결정의 재판】 ① 법원은 「상법」 제335조의5 및 그 준용규정에 따른 주식매도가액의 결정 또는 같은 법 제374조의2 제4항 및 그 준용규정에 따른 주식매수가액의 결정에 관한 재판을 하기 전에 주주와 매도청구인 또는 주주와 이사의 진술을 들어야 한다.
② 여러 건의 신청사건이 동시에 계속(係屬) 중일 때에는 심문과 재판을 병합하여야 한다.
③ 제1항에 따른 재판에 관하여는 제86조 제1항 · 제2항 · 제4항 및 제5항을 준용한다.

「상법」 제374조의2【반대주주의 주식매수청구권】 ① 제374조에 따른 결의사항에 반대하는 주주(의결권이 없거나 제한되는 주주를 포함한다. 이하 이 조에서 같다)는 주주총회 전에 회사에 대하여 서면으로 그 결의에 반대하는 의사를 통지한 경우에는 그 총회의 결의일부터 20일 이내에 주식의 종류와 수를 기재한 서면으로 회사에 대하여 자기가 소유하고 있는 주식의 매수를 청구할 수 있다.

② 제1항의 청구를 받으면 해당 회사는 같은 항의 매수 청구 기간(이하 이 조에서 "매수청구기간"이라 한다)이 종료하는 날부터 2개월 이내에 그 주식을 매수하여야 한다.
③ 제2항의 규정에 의한 주식의 매수가액은 주주와 회사 간의 협의에 의하여 결정한다.
④ 매수청구기간이 종료하는 날부터 30일 이내에 제3항의 규정에 의한 협의가 이루어지지 아니한 경우에는 회사 또는 주식의 매수를 청구한 주주는 법원에 대하여 매수가액의 결정을 청구할 수 있다.
⑤ 법원이 제4항의 규정에 의하여 주식의 매수가액을 결정하는 경우에는 회사의 재산상태 그 밖의 사정을 참작하여 공정한 가액으로 이를 산정하여야 한다.

가. 개요[164)]

(1) 주식매수청구권의 의의

「상법」은 다수파 지배주주의 횡포로부터 소수주주의 이익을 보호하기 위하여 주주총회에서 합병·영업양도 등과 같이 주주의 이익에 중대한 영향을 미치는 일정한 사항이 다수결에 의하여 결의된 경우에 그 결의에 반대한 주주에게 회사를 상대로 자기의 소유 주식을 공정한 가격으로 매수할 것을 청구할 수 있는 권리를 부여하고 있다.

(2) 주식매수청구 관련 법규정

① 「상법」상 주주총회의 결의에 반대하는 주주에게 주식매수청구권이 인정되는 경우로 (i) 「상법」 제374조에 의한 영업양도 등을 위한 특별결의, (ii) 「상법」 제522조에 의한 합병계약서의 승인을 위한 특별결의(다만, 간이합병 및 소규모 합병의 경우에는 예외가 인정된다[165)]), (iii) 「상법」 제530조의2 제2항에 의한 분할합병을 위한 특별결의, (iv) 「상법」 제360조의5, 제360조의22에 의한 주식교환·주식이전의 승인을 위한 특별결의의 경우 등이 있다. 주권상장법인에 관하여는 「자본시장과 금융투자업에 관한 법률」 제165조의5에서 특례를 규정하고 있다.

② 회사가 해산 후에 영업을 양도하는 경우에는 주식매수청구권은 인정되지 않는다. 왜냐하면, 해산의 경우에도 주식매수청구권을 인정한다면 주주가 청산절차를 거치지 아니하고 회사채권자에 앞서서 우선변제를 받는 결과가 되기 때문이다. 「채무자 회생 및 파산에 관한 법률」도 회생계획의 일환으로 영업양도나 합병을 하는 경우에 주식매수청구권이 인정되지 아니한다(제261조 제2항, 제271조 제3항).

164) 법원실무제요 비송, 법원행정처, 2014, 193~198면 발췌·수정인용

165) 「상법」 제527조의2 제1항, 제527조의3 제1항 본문

③ 주식의 양도에 관하여 정관으로 이사회의 승인을 얻도록 한 경우, 주식을 양도하고자 하는 주주가 「상법」 제335조의2 제4항에 의하여 회사에 대하여 양도 상대방의 지정을 청구하는 대신 직접 그 주식의 매수를 청구한 때에도 「상법」 제335조의6은 그 매수가액의 결정에 관하여 「상법」 제374조의2 제2항부터 제5항을 준용하도록 하고 있다(양도제한이 있는 주식을 취득한 자가 회사에 대하여 그 취득의 승인을 청구한 때에도 같다(상법 제335조의7 제2항, 제335조의6).

④ 주식회사가 합병(상법 제522조 제1항) 또는 분할합병(상법 제530조의2 제2항)을 하는 경우 이에 관한 이사회결의가 있을 때에는 그 결의에 반대하는 주주는 주주총회 전이라도 「상법」 제374조의2 제1항과 동일한 요건하에 회사에 대하여 주식매수청구권을 행사할 수 있고(상법 제522조의3 제1항, 제530조의11 제2항). 주식회사의 간이합병의 경우(상법 제527조의2 제1항)에도 합병으로 인하여 소멸하는 회사가 합병계약서를 작성한 날부터 2주 내에 주주총회의 승인을 얻지 아니하고 이사회의 승인만으로 합병을 한다는 뜻을 공고하거나 주주에게 통지를 하면, 그 공고 또는 통지를 한 날부터 2주 내에 회사에 대하여 서면으로 합병에 반대하는 의사를 통지한 주주는 그 기간이 경과한 날부터 20일 이내에 주식의 매수를 청구할 수 있는데(상법 제522조의3 제2항), 이러한 경우에도 그 매수가액의 결정에 관하여 주주총회 결의 반대주주의 매수청구권에 관한 상법 제374조의2 제2항부터 제5항이 준용된다(상법 제530조 제2항).

⑤ 2011. 4. 14. 개정 「상법」은 회사의 발행주식총수의 100분의 95 이상을 자기의 계산으로 보유하고 있는 지배주주가 소수주주를 관리하기 위한 비용을 절약하고 회사의 신속한 의사결정을 통하여 효율적인 경영을 도모할 수 있도록 소수주주의 주식을 강제로 매입할 수 있는 매도청구권 제도를 마련하였는데(상법 제360조의24), 이에 대응하여 소수주주에게도 그의 출자를 회수할 수 있도록 지배주주에 대한 **주식매수청구권**을 인정하였다(상법 제360조의25). 이러한 매도청구나 매수청구가 있을 경우 매매가액은 우선 당사자의 협의로 결정하되, 청구일부터 30일 이내에 협의가 이루어지지 않은 경우에는 법원에 매매가액의 결정을 청구할 수 있다(상법 제360조의24 제7항 · 제8항, 제360조의25 제3항 · 제4항). 다만 이에 관하여 「상법」 제335조의5나 제374조의2 제4항을 준용하는 규정이 없고 「비송사건절차법」 제86조의2에도 「상법」 제360조의24와 「상법」 제360조의25의 신설이 반영되어 있지 않다. 하지만 해당 조항에 따른 매매가액 결정의 제도적 취지에 비추어 주주총회 결의 반대 주주의 **주식매수청구권**에 관한 아래의 설명이 그대로 적용된다고 봄이 타당할 것이다.

나. 주식매수(매도)청구권의 행사

(1) 청구권자

① 영업양도 등에 대한 주주총회의 특별결의(상법 제434조)에 반대하는 주주는 주주총회 전에 회사에 대하여 서면으로 그 결의에 반대하는 의사를 통지한 경우 총회의 결의일부터 20일 내에 주식의 종류와 수를 기재한 서면으로 **회사에 대하여** 자기가 소유하고 있는 **주식의 매수를 청구**할 수 있고, 회사는 위 청구를 받은 날부터 2월 이내에 그 주식을 매수하여야 한다(상법 제374조의2 제1항 · 제2항). 주주총회에 출석하여 반대의 투표까지 할 필요는 없으나 반대통지를 한 주주가 주주총회에 참석하여 찬성의 투표를 한 경우에는 반대의 의사를 철회한 것으로 보아야 하므로 매수청구권을 행사할 수 없다.[166]

② 주식매수청구권을 가지는 주주는 영업양수도의 경우 영업의 전부 또는 중요한 일부를 양도하는 회사의 주주(상법 제374조 제1항 제1호)와 회사의 영업에 중대한 영향을 미치는 다른 회사의 영업 전부 또는 일부를 양수하는 회사의 주주(같은 항 제3호)이다.[167] 주식교환의 경우에는 교환의 당사자인 회사 양편의 주주 모두가 주식매수청구권을 가지나, 주식이전의 경우에도 주식이전을 하는 회사의 주주만 이 권리를 갖는다.

③ 「상법」 제360조의24에 의하여 주식매도청구권을 행사할 수 있는 지배주주는 회사의 발행주식총수의 100분의 95 이상을 자기의 계산으로 보유하고 있는 주주이다. 회사의 상장 여부는 묻지 않고, 모회사와 자회사가 보유한 주식은 합산한다(상법 360조의24 제2항). 「상법」 제360조의25에 의하여 주식매수청구권을 행사할 수 있는 소수주주는 위 지배주주가 있는 회사의 다른 주주이다.[168]

(2) 주식매수(매도)청구권 행사의 효과

① 주식매수(매도)청구권은 그 성질이 일종의 형성권이므로 청구권자가 매수(매도)청구를 하면 (즉 매수나 매도 청구의 의사가 상대방에게 도달하면) 상대방의 승낙이 없어도 당연히 매매계약이 성립하고, 「상법」 제374조의2 제2항의 '회사가 주식매수청구를 받은 날로부터 2월'은 주식매매대금 지급의무의 이행기를 정한 것이라고 해석되며, 이러한 법리는 위 2월 이내에 주식의 매수가액이 확정되지 아니하였다고 하더라도 마찬가지이다(대판 2011.4.28. 2010다94953).

166) 사전 반대통지와 매수청구는 모두 동일한 주주에 의하여 이루어져야 한다. 반대주주가 그 소유주식 중 일부에 대해서만 매수청구권을 행사하는 것도 가능하다고 본다.

167) 회사합병의 경우에 소멸회사의 주주에게 위 청구권이 인정됨은 이론이 없으나, 존속회사의 주주에게도 큰 영향이 있으므로 이들에게도 매수청구권이 인정된다고 봄이 타당할 것이다.

168) 영업양도나 합병에 관한 이사회의 결의 후부터 주주총회 결의 시까지 사이에 주식을 취득한 사람도 매수청구권을 갖는지에 관하여 이를 부정하는 견해가 있으나, 다수의 견해는 승인주주총회시를 기준으로 주주의 자격을 갖는 사람은 주식매수청구권을 행사할 수 있다고 본다.

② 주식의 매수가액은 주주와 회사 간의 협의에 의하여 결정하되, 주식매수의 청구를 받은 날로부터 30일 이내에 당사자 간에 협의가 이루어지지 아니하는 경우에는 회사 또는 주식의 매수를 청구한 주주는 그 보유 주식 수에 상관없이 법원에 대하여 매수가액의 결정을 청구할 수 있다(상법 제374조의2 제3항·제4항). 법원이 위 규정에 의하여 주식의 매수가액을 결정하는 경우에는 회사의 재산상태 그 밖의 사정을 침작하여 공정한 가액으로 산정하여야 한다(상법 제374조의2 제5항).

③ 주권상장법인의 경우에는 협의가 이루어지지 아니하는 때의 매수가격은 이사회의 결의일 이전에 증권시장에서 거래된 당해 주식의 거래가액을 기준으로 하여 대통령령으로 정하는 방법에 따라 산정된 가격으로 하되, 당해 법인이나 매수를 청구한 주주가 그 매수가격에도 반대하는 경우에만 법원에 매수가격의 결정을 청구할 수 있다(자본시장과 금융투자업에 관한 법률 제165조의5 제3항). 「구 증권거래법」 제191조 제3항은 회사나 매수를 청구하는 주식수의 100분의 30 이상이 그 매수가격에 반대하는 경우에는 금융위원회가 그 매수가격을 조정할 수 있다고 규정하고 있었는데, 판례는 이를 필수적 전치절차로 보지 않았다(대결 2011.10.13. 2008마264).

다. 관할법원

회사 본점 소재지 지방법원 합의부 관할로 한다(제72조 제1항).

라. 신청절차

(1) 신청인

신청인은 회사 또는 다른 주주에 대하여 주식의 매수를 청구한 주주가 된다. 또한 합병 등이 무효라고 합병 무효의 소를 제기한 주주도 주식매수청구를 할 수 있으므로 신청인이 된다.

(2) 신청방법

신청은 서면으로 하여야 한다(법 제86조의2 제3항, 제86조 제1항).

마. 심리 및 재판

(1) 공정한 매수가격의 결정

① 문제점

매수가격의 결정은 소수주주 보호를 위한 것으로 매수가격이 부당하다면 다수주주가 소수주주를 부당하게 축출하는 수단이 된다. 상법은 가격결정에 대해 "회사의 재산상태 그 밖의 사정을 참작하여 공정한 가격으로 산정하여야 한다"고 규정하고 있을 뿐(상법 제374조의2 제5항), 구체적 기준을 제시하고 있지 않고 있어 법원의 재량에 맡겨져 있다.

② **매수가액 산정의 기준시점**

상법에 명문의 규정이 없어 문제되나, 원칙적으로 주주총회에서의 해당 결의가 주주로서의 이익을 해한다는 이유로 주주의 매수청구권을 인정하는 것이므로 해당결의가 이루어지지 않았다면 형성·유지되었을 공정한 가격이 산정의 대상이 되어야 한다(대결 2006.11.23. 2005마958).

(2) 심리

① 주식매도가액의 결정 또는 주식매수가액의 결정에 관한 재판을 하기 전에 주주와 매도청구인 또는 주주와 이사의 진술을 들어야 한다(법 제86조의2 제1항). 이는 주식의 매수가액의 판단자료를 얻기 위한 것이다.

② 여러 건의 신청사건이 동시에 계속 중일 때에는 심문과 재판을 병합하여야 한다(법 제86조의2 제2항). 사건의 신청이 다수인의 주주로부터 개별적으로 행해지는 경우 주식매수가액은 동일하게 결정되어야 하기 때문이다.

(3) 재판

① 재판은 이유를 붙인 결정으로써 하여야 한다(법 제86조의2 제3항, 제86조 제2항).

② 주식매수를 청구한 자가 주주가 아니거나 절차 진행 중에 회사가 영업양도, 합병 등 행위를 중지한 경우 신청은 부적법한 것이 되므로 각하하여야 한다.

③ 가액결정의 재판은 형성재판이므로 그 자체로 집행권원이 될 수 없고 해당 매매가액을 회사가 임의로 지급하지 않는 경우에 회사를 상대로 이행소송을 제기하여야 한다.

바. 불복방법

재판에 대하여는 즉시항고를 할 수 있다(법 제86조의2 제3항, 제86조 제4항). 즉시항고할 수 있는 사람은 회사 또는 주주이나, 당해 주식에 대하여 질권을 가진 사람도 가능하다. 즉시항고에는 집행정지의 효력이 있다(법 제86조의2 제3항, 제86조 제5항).

12. 신주발행무효에 의한 환급금 증감신청사건

제88조【신주의 발행 무효로 인하여 신주의 주주가 받을 금액의 증감 신청】 ①「상법」 제432조 제2항에 따른 신청은 신주발행 무효 판결이 확정된 날부터 6개월 내에 하여야 한다.
② 심문은 제1항에 따른 기간이 경과한 후에만 할 수 있다.
③ 여러 건의 신청사건이 동시에 계속 중일 때에는 심문과 재판을 병합하여야 한다.
④ 법원은 제1항에 따른 신청을 받으면 지체 없이 그 사실을 관보에 공고하여야 한다.

제89조 【제88조의 신청에 대한 재판의 효력】 ① 제88조 제1항에 따른 신청에 대한 재판은 총주주(總株主)에 대하여 효력이 있다.
② 제1항에 따른 재판에 관하여는 제75조 제1항, 제76조, 제78조 및 제85조 제3항을 준용한다.

「상법」 제432조 【무효판결과 주주에의 환급】 ① 신주발행무효의 판결이 확정된 때에는 회사는 신주의 주주에 대하여 그 납입한 금액을 반환하여야 한다.
② 전항의 금액이 전조 제1항의 판결확정시의 회사의 재산상태에 비추어 현저하게 부당한 때에는 법원은 회사 또는 전항의 주주의 청구에 의하여 그 금액의 증감을 명할 수 있다.
③ 제339조와 제340조 제1항, 제2항의 규정은 제1항의 경우에 준용한다.

가. 의의

(1) 신주발행의 무효

신주발행이란 회사가 성립 후에 주식을 발행하여 자본을 증가시키는 것을 말한다. 신주발행이 위법하거나 현저히 불공정한 경우에는 신주발행의 무효원인이 된다. 신주발행의 무효는 주주·이사 또는 감사에 한하여 신주를 발행한 날로부터 6개월 이내에 소로만 주장할 수 있다(상법 제429조).

(2) 판결의 효력

신주발행무효의 판결이 확정된 때에는 신주는 장래에 대하여 그 효력을 잃는다. 회사는 지체없이 그 뜻과 일정한 기간 내에 신주의 주권을 회사에 제출할 것을 공고하고 주주명부에 기재된 주주와 질권자에 대하여는 각별로 그 통지를 하여야 한다. 그러나 그 기간은 3월 이상으로 하여야 한다(상법 제431조 제1항·제2항).

(3) 납입금액반환

신주발행무효의 판결이 확정된 때에는 회사는 주권의 반환과 동시에 신주의 주주에 대하여 그 납입한 금액을 반환하여야 한다. 반환금액이 판결확정시의 회사의 재산 상태에 비추어 현저하게 부당한 때에는 법원은 회사 또는 주주의 청구에 의하여 그 금액의 증감을 명할 수 있다(상법 제432조 제1항·제2항·제3항).

나. 관할법원

회사의 본점 소재지의 지방법원 합의부가 관할한다(법 제72조 제1항).

다. 신청절차

(1) 신청인

회사 또는 신주의 주주(주식회사의 경우), 출자인수인(유한회사의 경우)이 신청인이 된다.

⑵ 신청기간

신주발행무효의 판결이 확정된 날부터 6월 내에 하여야 한다(법 제88조 제1항, 제101조 제1항). 이처럼 신청기간에 제한을 둔 것은 신주발행 무효 또는 증가무효에 의한 후속조치를 신속하게 매듭지어 불안정 상태를 해소하기 위해서이다.

⑶ 신청방법

신청의 방식은 별다른 제한이 없으므로 일반원칙에 의한다(법 제8조, 제9조).

라. 심리 및 재판

⑴ 심리방법

① 공고

법원은 신청이 있는 때에는 지체 없이 그 사실을 관보에 공고하여야 한다(법 제88조 제4항). 재판이 총주주(또는 출자인수인)에 대해서 효력이 미치므로 신청을 하지 않은 주주도 절차에 참여할 기회를 제공하기 위해서이다(법 제89조 제1항).

② 심문개시의 제한

신청은 개별적으로 진행되더라도 신청건수의 증감 여부는 합일적으로 확정되어야 하므로 심문은 모든 신청이 가능한 시기까지 기다려 진행하여야 한다. 즉 심문은 신주발행 무효 판결이 확정일로부터 6개월 기간이 경과한 후가 아니면 이를 할 수 없다(법 제88조 제2항).

③ 병합심리

같은 이유로 수 개의 신청사건이 동시에 계속한 때에는 심문과 재판을 병합하여야 한다(법 제88조 제3항).

④ 진술의 청취

환급금 증감신청에 관한 재판의 경우 법원은 이사와 감사의 진술을 들어야 한다(법 제89조 제2항, 제76조).

⑵ 재판

① 신청에 대한 재판은 총주주에 대하여 효력이 있다(법 제89조 제1항).

② 재판은 이유를 붙인 결정으로 하되(법 제89조 제2항, 제75조 제1항). 신청이 부적법하거나 이유 없는 때에는 신청을 각하 또는 기각한다.

마. 불복방법

① 재판에 대해서는 즉시항고할 수 있으며, 이 즉시항고는 집행정지의 효력이 있다(법 제89조 제2항, 제78조, 제85조 제3항).

② 신청인이 아닌 신주의 주주도 재판으로 인하여 권리를 침해당한 자라고 볼 수 있으므로 감액이 부당하다거나 증액이 과소하다는 이유로 즉시항고할 수 있다.

13. 회사의 해산명령사건

제90조【해산을 명하는 재판】 ①「상법」 제176조 제1항에 따른 재판에 관하여는 제75조 제1항을 준용한다.
② 법원은 재판을 하기 전에 이해관계인의 진술과 검사의 의견을 들어야 한다.

제91조【즉시항고】 회사, 이해관계인 및 검사는 제90조에 따른 재판에 대하여 즉시항고를 할 수 있다. 이 경우 항고는 집행정지의 효력이 있다.

제92조【해산명령신청의 공고와 그 방법】「상법」 제176조 제1항에 따른 해산명령의 신청이 있는 경우에는 제88조 제4항을 준용한다.

제93조【해산재판의 확정과 등기촉탁】 회사의 해산을 명한 재판이 확정되면 법원은 회사의 본점과 지점 소재지의 등기소에 그 등기를 촉탁하여야 한다.

제94조【해산명령 전의 회사재산 보전에 필요한 처분】 ①「상법」 제176조 제2항에 따라 관리인의 선임, 그 밖에 회사재산의 보전에 필요한 처분을 하는 경우에는 제44조의9, 제77조 및 제78조를 준용한다.
② 제1항에 따른 관리인에 관하여는「민법」 제681조, 제684조, 제685조 및 제688조를 준용한다.

제94조의2【관리인의 사임허가 등】 ① 법원은 제94조에 따른 관리인의 사임을 허가하거나 관리인을 해임할 수 있다. 관리인의 사임을 허가하는 경우 법원은 다시 관리인을 선임하여야 한다.
② 관리인의 사임허가 또는 해임 절차에 관하여는 제44조의11을 준용한다.

제95조【회사관리인의 회사 재산상태 보고 등】 ① 법원은 그 선임한 관리인에게 재산상태를 보고하고 관리계산(管理計算)을 할 것을 명할 수 있다. 이 재판에 대하여는 불복신청을 할 수 없다.
② 이해관계인은 제1항에 따른 보고와 계산에 관한 서류의 열람을 신청하거나 수수료를 내고 그 등본의 발급을 신청할 수 있다.
③ 검사는 제2항에 따른 서류를 열람할 수 있다.

「상법」 제176조【회사의 해산명령】 ① 법원은 다음의 사유가 있는 경우에는 이해관계인이나 검사의 청구에 의하여 또는 직권으로 회사의 해산을 명할 수 있다.
1. 회사의 설립목적이 불법한 것인 때
2. 회사가 정당한 사유 없이 설립 후 1년 내에 영업을 개시하지 아니하거나 1년 이상 영업을 휴지하는 때
3. 이사 또는 회사의 업무를 집행하는 사원이 법령 또는 정관에 위반하여 회사의 존속을 허용할 수 없는 행위를 한 때

② 전항의 청구가 있는 때에는 법원은 해산을 명하기 전일지라도 이해관계인이나 검사의 청구에 의하여 또는 직권으로 관리인의 선임 기타 회사재산의 보전에 필요한 처분을 할 수 있다.
③ 이해관계인이 제1항의 청구를 한 때에는 법원은 회사의 청구에 의하여 상당한 담보를 제공할 것을 명할 수 있다.
④ 회사가 전항의 청구를 함에는 이해관계인의 청구가 악의임을 소명하여야 한다.

가. 서론

(1) 의의

해산명령이란 회사가 공익상 회사의 존속이 허용될 수 없는 경우에 법원은 이해관계인이나 검사의 청구에 의하여 해산을 명할 수 있다(상법 제176조).[169] 해산명령제도는 회사의 법인격을 박탈하는 것으로 회사설립에 관한 준칙주의로 인한 회사설립의 남발의 폐단을 사후에 시정하기 위한 공익적인 제도이다.

(2) 해산청구과 구별

해산명령제도는 공익적인 관점에서 마련된 것이라는 점에서 회사의 사원 내지 소수주주가 그들의 이익을 위하여 회사를 상대로 소를 제기하는 회사해산청구(상법 제241조, 제269조, 제287조의42, 제520조, 제613조 제1항)와는 구별된다.

나. 관할법원

회사의 본점 소재지의 지방법원 합의부가 관할한다(법 제72조 제1항).

다. 신청절차

(1) 신청인

법원은 이해관계인·검사의 청구 또는 직권에 의하여 해산을 명할 수 있다(상법 제176조). 여기의 이해관계인이란 주주나 회사채권자와 같이 회사 존립에 직접 법률상 이해관계가 있는 자에 한한다(대결 1995.9.12. 95마686).

판례는 지입된 버스의 차주는 주주가 아닌 점에서 이해관계인이 아니며,[170] 단순히 상호변경등기를 할 수 없다는 사실만으로는 직접적인 법률상 이해관계인이라고 할 수 없다[171]고 보고 있다.

판례

[판례 1] 회사의 주주나 감사가 아닌 지입된 버스의 차주는 이해관계인에 해당되는지 여부(소극) (대법원 1976.12.15. 76마368 결정)

[판결요지]

비송사건절차법 제139조, 제154조, 제155조의 관계규정에 비추어 볼 때 이해관계인은 자기가 한 회사의 해산명령신청이 기각되었을 때에 한하여 그 재판에 대한 즉시항고를 할 수 있을 뿐 검사가 해산명령신청을 하여 해산을 명하는 재판이 있는 경우에는 즉시항고를 할 수 없는 것으로 제한하여 볼 근거와 이유는 없으나 회사의 주주나 감사가 아닌 지입된 버스의 차주는 이해관계인에 해당되지 아니하므로 이해관계인으로서 위 재판에 대하여 즉시항고를 할 수 없다.

---

169) 회사 해산명령의 요건으로 ① 회사의 설립목적이 불법한 것인 때, ② 회사가 정당한 사유 없이 설립 후 1년 내에 영업을 개시하지 아니하거나 1년 이상 영업을 휴지하는 때, ③ 이사 또는 회사의 업무를 집행하는 사원이 법령 또는 정관에 위반하여 회사의 존속을 허용할 수 없는 행위를 한 때 등이다(상법 제176조 제1항).

170) 대법원 1976.12.15. 76마368 결정

171) 대법원 1995.9.12. 95마686 결정

[판례 2] 상법 제176조 제1항에 의하여 법원에 해산명령을 청구할 수 있는 이해관계인의 의미 (대법원 1995.9.12. 자 95마686 결정) [주식회사 해산명령]

[판결요지]

가. 상법 제176조 제1항에 의하여 법원에 회사의 해산명령을 청구할 수 있는 이해관계인이란 회사 존립에 직접 법률상 이해관계가 있는 자라고 보아야 한다.

나. "전자랜드"라는 명칭의 빌딩을 소유하고 같은 명칭의 서비스표 및 상표 등록을 한 자가 그 상호를 "전자랜드주식회사"로 변경하려고 하는데, 휴면회사인 "전자랜드판매주식회사"로 인하여 상호변경 등기를 할 수 없다는 사실만으로는"가"항의 이해관계인이라 보기 어렵다.

(2) 신청방법

신청의 방식은 별다른 제한이 없으므로 일반원칙에 의한다(법 제8조, 제9조).

라. 심리 및 재판

(1) 심리

① 공고

법원은 해산명령의 신청이 있는 때에는 지체 없이 그 사실을 관보에 공고해야 한다(법 제92조, 제88조 제4항). 일반인에게 회사의 해산 가능성을 인식하도록 경고하기 위해서이다.

② 이해관계인의 심문과 검사의 의견청취

법원은 재판을 하기 전에 이해관계인의 진술과 검사의 의견을 들어야 한다(법 제90조 제2항). 이해관계인에는 회사 또는 채권자·주주 등이 포함되며 이해관계인의 수와 방법에 대해서는 별다른 제한이 없으므로 법원이 재량으로 정한다.

(2) 회사재산의 보전처분

해산명령청구가 있는 때에는 법원은 해산을 명하기 전일지라도 이해관계인이나 검사의 청구에 의하여 또는 직권으로 관리인의 선임 기타 회사재산의 보전에 필요한 처분을 할 수 있다(법 제94조).

(3) 해산명령청구자의 담보제공

이해관계인이 해산명령을 청구하는 경우에 법원은 회사의 청구에 의해 이해관계인에게 상당한 담보를 제공할 것을 명할 수 있다. 이때 회사가 담보제공 청구를 함에는 이해관계인의 청구가 악의임을 소명하여야 한다(법 제94조, 상법 제176조 제3항·제4항).

(4) 재판

법원은 이유를 붙인 결정으로 재판을 하여야 한다(법 제90조 제1항, 제75조 제1항). 법문에는"회사의 해산을 명할 수 있다"라고 하고 규정되어 있지만 회사가 별도의 해산조치를 취하지 않더라도 법원의 재판이 확정되면 회사는 당연히 해산되므로(형성적 효력), 주무관청의 인가도 필요 없다(대결 1980.3.11. 80마68).

마. 불복방법

해산을 명하는 재판에 대해 회사, 이해관계인, 검사는 즉시항고할 수 있으며, 이 즉시항고는 집행정지의 효력이 있다(법 제91조).

바. 비용부담

① 법원이 「상법」 제176조 제2항의 규정에 의하여 직권으로 재판을 개시하였거나 신청에 상응한 재판을 한 경우에는 재판 전의 절차와 재판의 고지비용은 회사가 부담한다(법 제96조 제1항). 법원이 명한 처분에 필요한 비용도 또한 같다.

② 법원이 항고인의 신청에 상응한 재판을 한 경우에는 항고절차의 비용과 항고인의 부담이 된 전심의 비용은 회사의 부담으로 한다(법 제96조 제2항).

사. 해산재판의 확정과 등기촉탁

회사의 해산을 명한 재판이 확정된 때에는 법원은 회사의 본점과 지점 소재지의 등기소에 그 등기를 촉탁하여야 한다(법 제93조).

14. 외국회사 영업소의 폐쇄명령사건

제101조【유한회사와 외국회사 영업소 폐쇄에의 준용】 ① 유한회사에 관하여는 제76조부터 제81조까지, 제83조, 제84조, 제84조의2, 제85조, 제88조, 제89조 및 제100조를 준용한다.
② 외국회사 영업소의 폐쇄를 명하는 경우에는 제90조부터 제94조까지, 제94조의2 및 제95조부터 제97조까지의 규정을 준용한다.

「상법」 제619조【영업소폐쇄명령】 ① 외국회사가 대한민국에 영업소를 설치한 경우에 다음의 사유가 있는 때에는 법원은 이해관계인 또는 검사의 청구에 의하여 그 영업소의 폐쇄를 명할 수 있다.
1. 영업소의 설치목적이 불법한 것인 때
2. 영업소의 설치등기를 한 후 정당한 사유 없이 1년 내에 영업을 개시하지 아니하거나 1년 이상 영업을 휴지한 때 또는 정당한 사유 없이 지급을 정지한 때
3. 회사의 대표자 기타 업무를 집행하는 자가 법령 또는 선량한 풍속 기타 사회질서에 위반한 행위를 한 때

② 제176조 제2항 내지 제4항의 규정은 전항의 경우에 준용한다.

가. 의의

(1) 취지

외국회사는 우리 「상법」이 아닌 외국법에 의하여 설립되기 때문에 우리 「상법」의 해산명령을 하여 법인격을 박탈할 수는 없다. 따라서 외국회사에 대해서는 회사의 해산명령(상법 제176조)에 갈음하여 영업소 패쇄명령제도를 두고 있다.

(2) **요건**

회사의 해산명령의 규정이 준용된다(법 제101조 제2항).

나. 관할법원

외국회사영업소 소재지의 지방법원이 관할한다(제72조 제3항).

다. 신청절차

(1) **신청인**

이해관계인 또는 검사의 신청에 의한다. 법원이 직권으로 할 수 없다는 점에서 국내회사의 해산명령과 차이가 있다.

(2) **신청방법**

신청의 방식은 별다른 제한이 없으므로 일반원칙에 의한다(법 제8조, 제9조).

라. 심리 및 재판

회사의 해산명령의 규정이 준용된다(법 제101조 제2항).

마. 불복방법, 비용부담, 등기촉탁

회사의 해산명령의 규정이 준용된다(법 제101조 제2항).

15. 합병무효로 인한 채무부담부분의 결정사건(=합병회사의 채무부담부분 결정사건)

제98조【설립 무효판결의 확정과 등기촉탁】 회사 설립을 무효로 하는 판결이 확정되면 제1심 수소법원은 회사의 본점과 지점 소재지의 등기소에 그 등기를 촉탁하여야 한다.

제99조【합병 등의 무효판결의 확정과 등기촉탁】 회사의 합병, 주식회사의 분할 또는 분할합병을 무효로 하는 판결이 확정된 경우에는 제98조를 준용한다.

제100조【합병회사의 채무부담부분 결정의 재판】「상법」 제239조 제3항(「상법」 제269조 및 제530조 제2항에서 준용하는 경우를 포함한다)에 따른 재판에 관하여는 제75조 제1항, 제78조 및 제85조 제3항을 준용한다.

「상법」 제239조【무효판결확정과 회사의 권리의무의 귀속】 ① 합병을 무효로 한 판결이 확정된 때에는 합병을 한 회사는 합병 후 존속한 회사 또는 합병으로 인하여 설립된 회사의 합병 후 부담한 채무에 대하여 연대하여 변제할 책임이 있다.

② 합병 후 존속한 회사 또는 합병으로 인하여 설립한 회사의 합병 후 취득한 재산은 합병을 한 회사의 공유로 한다.

③ 전2항의 경우에 각 회사의 협의로 그 부담부분 또는 지분을 정하지 못한 때에는 법원은 그 청구에 의하여 합병 당시의 각 회사의 재산상태 기타의 사정을 참작하여 이를 정한다.

가. 의의

합병을 무효로 한 판결이 확정된 때에는 합병을 한 회사는 합병 후 존속한 회사 또는 합병으로 인하여 설립된 회사의 합병 후 부담한 채무에 대하여 연대하여 변제할 책임이 있으며, 합병 후 존속한 회사 또는 합병으로 인하여 설립한 회사의 합병 후 취득한 재산은 합병을 한 회사의 공유로 한다(상법 제239조 제1항・제2항).

그리고 위 경우에 각 회사의 협의로 그 부담부분 또는 지분을 정하지 못한 때에는 법원은 그 청구에 의하여 합병 당시의 각 회사의 재산상태 기타의 사정을 참작하여 이를 정한다(상법 제239조 제3항). 또한, 주식회사의 분할 또는 분할합병의 경우에도 「상법」 제239조가 준용된다(상법 제530조의11 제1항).

나. 관할법원

합병무효의 소에 관한 제1심의 소를 받은 법원의 관할로 한다(법 제72조 제2항).

다. 신청절차

(1) 신청인

신청인은 합병당사자인 각 회사이다.

(2) 신청방법

신청의 방식은 별다른 제한이 없으므로 일반원칙에 의한다(법 제8조, 제9조).

라. 심리 및 재판

이유를 붙인 결정으로써 재판을 하여야 한다(법 제100조, 제75조 제1항).

마. 불복절차

합병무효로 인한 채무부담부분에 관한 법원의 결정에 대해서는 즉시항고를 할 수 있다(법 제100조, 제78조). 부담부분 결정에 대한 즉시항고는 집행정지효력이 있다(법 제100조, 제85조 제3항).

16. 지분압류채권자의 보전청구사건

제102조 【지분압류채권자의 보전청구】 ① 「상법」 제224조 제1항 단서(「상법」 제269조에서 준용하는 경우를 포함한다)에 따른 예고를 한 채권자는 회사의 본점 소재지의 지방법원 합의부에 지분환급청구권의 보전(保全)에 필요한 처분을 할 것을 청구할 수 있다.
② 제1항에 따른 청구에 대한 재판에 관하여는 제75조 제1항 및 제78조를 준용한다.

「상법」 제222조 【지분의 환급】 퇴사한 사원은 노무 또는 신용으로 출자의 목적으로 한 경우에도 그 지분의 환급을 받을 수 있다. 그러나 정관에 다른 규정이 있는 때에는 그러하지 아니하다.

제223조【지분의 압류】 사원의 지분의 압류는 사원이 장래이익의 배당과 지분의 환급을 청구하는 권리에 대하여도 그 효력이 있다.

제224조【지분 압류채권자에 의한 퇴사청구】 ① 사원의 지분을 압류한 채권자는 영업년도 말에 그 사원을 퇴사시킬 수 있다. 그러나 회사와 그 사원에 대하여 6월 전에 그 예고를 하여야 한다.
② 전항 단서의 예고는 사원이 변제를 하거나 상당한 담보를 제공한 때에는 그 효력을 잃는다.

가. 의의

합명회사, 합자회사, 유한책임회사의 사원의 지분을 압류한 채권자는 영업연도 말에 그 사원을 퇴사시키고 지분의 환급분에 대하여 집행을 할 수 있다. 그러나 회사와 그 사원에 대하여 6월 전에 그 예고를 하여야 하며, 사원이 변제를 하거나 상당한 담보를 제공한 때에는 위 예고는 효력을 잃게 된다(상법 제224조 제1항 · 제2항, 제269조, 제287조의29).

위 예고기간 동안 채무자인 사원과 회사가 통모하여 지분의 경제적 가치를 감소시켜 압류의 실효성을 해할 우려가 있는 관계로 「비송사건절차법」 제102조는 이러한 위험으로부터 채권자를 보호하기 위하여 「상법」 제224조 제1항 단서의 규정에 의한 예고를 한 채권자에게 회사의 본점 소재지의 지방법원 합의부에 지분환급청구권의 보전에 관하여 필요한 처분을 청구할 수 있게 한 것이다.[172)]

나. 관할법원

회사의 본점 소재지의 지방법원 합의부가 관할한다(법 제102조 제1항).

다. 신청절차 등

신청인은 지분압류와 예고를 한 채권자이고(법 제102조 제1항), 신청의 방식은 별다른 제한이 없으므로 일반원칙에 의한다(법 제8조, 제9조).

라. 심리 및 재판

지분압류채권자의 보전청구사건에 대한 재판은 이유를 붙인 결정으로 하여야 한다(제102조 제2항, 제75조 제1항, 제78조).

마. 불복방법

신청을 인용한 재판에 대해서는 즉시항고할 수 있다(법 제102조 제2항).

---

172) 회사와 사원이 통모하여 채권자를 해하는 방법을 취하는 경우에는 「상법」 제223조에 따른 압류자체의 효력 또는 사해행위취소권의 행사에 의하여 문제를 해결할 수 있으므로 본조는 그에 대한 보충적인 규정이 된다(법원실무제요 비송, 법원행정처, 2014, 218면).

17. 유한회사의 소수사원에 의한 총회소집허가사건

제101조【유한회사와 외국회사 영업소 폐쇄에의 준용】 ① 유한회사에 관하여는 제76조부터 제81조까지, 제83조, 제84조, 제84조의2, 제85조, 제88조, 제89조 및 제100조를 준용한다.
② 외국회사 영업소의 폐쇄를 명하는 경우에는 제90조부터 제94조까지, 제94조의2 및 제95조부터 제97조까지의 규정을 준용한다.

「상법」 제572조【소수사원에 의한 총회소집청구】 ① 자본금 총액의 100분의 3 이상에 해당하는 출자좌수를 가진 사원은 회의의 목적사항과 소집의 이유를 기재한 서면을 이사에게 제출하여 총회의 소집을 청구할 수 있다.
② 전항의 규정은 정관으로 다른 정함을 할 수 있다.
③ 제366조 제2항과 제3항의 규정은 제1항의 경우에 준용한다.

가. 의의

(1) 사원총회 소집권자

사원총회는 원칙적으로 이사가 소집한다. 그러나 임시총회는 감사도 소집할 수 있다.

(2) 소수사원의 소집청구

자본금 총액의 100분의 3 이상에 해당하는 출자좌수를 가진 사원은 회의의 목적사항과 소집의 이유를 기재한 서면을 이사에게 제출하여 총회의 소집을 청구할 수 있다. 청구가 있은 후 지체 없이 총회소집의 절차를 밟지 아니한 때에는 청구한 소수사원은 법원의 허가를 받아 총회를 소집할 수 있다. 이 경우 사원총회의 의장은 법원이 이해관계인의 청구나 직권으로 선임할 수 있다(상법 제572조, 제366조). 이는 회사의 의사결정방식인 다수결의 남용을 방지하고 소수사원을 보호하기 위한 제도적 장치라고 할 수 있다.

나. 관할법원

본점 소재지의 지방법원 합의부 관할로 한다(제72조 제1항).

다. 신청절차

(1) 신청인

자본금 총액의 100분의 3 이상에 해당하는 출자좌수를 가진 사원의 신청에 의한다.

(2) 신청방법

신청은 서면으로 하여야 한다(제80조).

라. 심리 및 재판

(1) 동법 제366조 제2항의 규정에 의하여 총회소집의 허가를 신청하는 경우에는 이사가 그 소집을 게을리한 사실을 각각 소명하여야 한다.

(2) 제80조의 규정에 의한 신청에 대하여는 법원은 이유를 붙인 결정으로써 재판을 하여야 한다.

마. 불복방법

신청을 인용한 재판에 대해서는 불복의 신청을 할 수 없다.

18. 유한회사의 주식회사로의 합병인가사건

제104조【유한회사와 주식회사의 합병 인가신청】「상법」 제600조 제1항에 따른 합병의 인가신청은 합병을 할 회사의 이사와 감사가 공동으로 신청하여야 한다.

제106조【유한회사의 합병 인가신청 등에 관한 재판】 제104조 및 제105조에 따른 신청이 있는 경우에는 제81조를 준용한다.

「상법」 제174조【회사의 합병】 ① 회사는 합병을 할 수 있다.
② 합병을 하는 회사의 일방 또는 쌍방이 주식회사, 유한회사 또는 유한책임회사인 경우에는 합병 후 존속하는 회사나 합병으로 설립되는 회사는 주식회사, 유한회사 또는 유한책임회사이어야 한다.
③ 해산 후의 회사는 존립 중의 회사를 존속하는 회사로 하는 경우에 한하여 합병을 할 수 있다.

제600조【유한회사와 주식회사의 합병】 ① 유한회사가 주식회사와 합병하는 경우에 합병 후 존속하는 회사 또는 합병으로 인하여 설립되는 회사가 주식회사인 때에는 법원의 인가를 얻지 아니하면 합병의 효력이 없다.
② 합병을 하는 회사의 일방이 사채의 상환을 완료하지 아니한 주식회사인 때에는 합병 후 존속하는 회사 또는 합병으로 인하여 설립되는 회사는 유한회사로 하지 못한다.

가. 의의

유한회사는 유한회사 또는 주식회사와의 합병만이 허용되고, 유한회사와 합병하는 경우에는 신설회사 또는 존속회사도 역시 유한회사가 되어야 한다. 그런데 유한회사가 주식회사와 합병하는 경우에 합병 후 존속하는 회사 또는 합병으로 인하여 설립되는 회사가 주식회사인 때에는 법원의 인가를 얻지 아니하면 합병의 효력이 없다(상법 제600조 제1항). 이처럼 법원의 인가를 받도록 하는 이유는 주식회사의 설립 내지 증자에는 「상법」상의 엄격한 규제가 마련되어 있는데 유한회사와 주식회사의 합병에 의하여 자유롭게 주식회사를 신설·존속할 수 있도록 한다면 주식회사의 설립 또는 증자에 관한 엄격한 감독 규정을 회피·잠탈하는 결과를 초래하므로 이를 방지하기 위한 것이다.[173)]

나. 관할법원

합병 후 존속하는 회사 또는 합병으로 인하여 설립되는 회사의 본점 소재지의 지방법원이 관할한다(법 제72조 제4항).

173) 법원실무제요 비송, 법원행정처, 2014, 219면

다. 신청절차

(1) 신청인

합병을 하는 쌍방 회사의 이사와 감사 전원의 공동신청에 의한다(법 제104조). 유한회사의 경우 감사를 선임할 의무가 없으므로 감사가 없는 경우에는 이사만으로 할 수밖에 없다.

(2) 신청방법

신청의 방식은 별다른 제한이 없으므로 일반원칙에 의한다(법 제8조, 제9조).

라. 심리 및 재판

이 사건의 재판에 대해서는 이유를 붙인 결정으로 재판하여야 한다(법 106조, 법 제81조 제1항).

마. 불복방법

신청을 인용한 재판에 대하여는 불복의 신청을 할 수 없다(법 제106조, 제81조 제1항).

19. 유한회사의 주식회사로의 조직변경인가사건

제105조 【유한회사의 조직 변경 인가신청】「상법」 제607조 제3항에 따른 인가신청을 하는 경우에는 제104조를 준용한다.

제106조 【유한회사의 합병 인가신청 등에 관한 재판】 제104조 및 제105조에 따른 신청이 있는 경우에는 제81조를 준용한다.

「상법」 제585조 【정관변경의 특별결의】 ① 전조의 결의는 총사원의 반수 이상이며 총사원의 의결권의 4분의 3 이상을 가지는 자의 동의로 한다.
② 전항의 규정을 적용함에 있어서는 의결권을 행사할 수 없는 사원은 이를 총사원의 수에, 그 행사할 수 없는 의결권은 이를 의결권의 수에 산입하지 아니한다.

가. 의의

일반적으로 유한회사보다 주식회사에 대한 공공의 신뢰가 높아 상법은 유한회사에서 주식회사로 조직을 변경하는 것을 허용하면서도 주식회사의 설립에 관한 엄격한 절차적 제한이 잠탈하지 않도록 위와 같은 조직변경에 법원의 인가를 받도록 하고 있다. 즉 유한회사는 총 사원의 일치에 의한 총회의 결의로(정관에서 따로 정한 경우에는 상법 제585조의 특별결의 요건에 따라) 그 조직을 변경하여 이를 주식회사로 할 수 있으나, 그러한 조직변경은 법원의 인가를 얻지 아니하면 그 효력이 없다(상법 제607조 제1항 · 제3항). 그리고 조직변경시에 발행하는 주식의 발행가액의 총액은 회사에 현존하는 순계산액을 초과하지 못한다(상법 제607조 제2항). 이러한 법원의 인가는 「상법」 제232조에 따른 채권자보호절차까지 마쳐진 다음에 이루어져야 할 것이다. 그리고 이러한 조직변경인가절차는 유한책임회사가 총사원의 동의에 의하여 주식회사로 조직이 변경되는 경우에도 그대로 준용된다(상법 제287조의44).[174]

나. 관할법원

회사의 본점 소재지의 지방법원 합의부가 관할한다(법 제72조 제1항).

다. 신청절차

(1) 신청인

조직변경을 할 회사의 이사와 감사(감사가 없는 경우는 이사만으로) 전원의 공동신청에 의한다.

(2) 신청방법

신청의 방식은 별다른 제한이 없으므로 일반원칙에 의한다(법 제8조, 제9조).

라. 심리 및 재판

이 사건의 재판에 대해서는 이유를 붙인 결정으로 재판하여야 한다(법 제106조, 법 제81조 제1항).

마. 불복방법

신청을 인용한 재판에 대하여는 불복의 신청을 할 수 없다(법 제106조, 제81조 제1항).

20. (각종)경매허가 사건

제72조【관할】 ⑤「상법」제70조 제1항 및 제808조 제1항에 관한 사건은 경매할 물건 소재지의 지방법원이 관할한다.

「상법」제70조【매수인의 목적물보관, 공탁의무】 ① 제69조의 경우에 매수인이 계약을 해제한 때에도 매도인의 비용으로 매매의 목적물을 보관 또는 공탁하여야 한다. 그러나 그 목적물이 멸실 또는 훼손될 염려가 있는 때에는 법원의 허가를 얻어 경매하여 그 대가를 보관 또는 공탁하여야 한다.
② 제1항의 규정에 의하여 매수인이 경매한 때에는 지체 없이 매도인에게 그 통지를 발송하여야 한다.
③ 제1항 및 제2항의 규정은 목적물의 인도장소가 매도인의 영업소 또는 주소와 동일한 특별시·광역시·시·군에 있는 때에는 이를 적용하지 아니한다.

제71조【동전-수량초과 등의 경우】 전조의 규정은 매도인으로부터 매수인에게 인도한 물건이 매매의 목적물과 상위하거나 수량이 초과한 경우에 그 상위 또는 초과한 부분에 대하여 준용한다.

제808조【운송인의 운송물경매권】 ① 운송인은 제807조 제1항에 따른 금액의 지급을 받기 위하여 법원의 허가를 받아 운송물을 경매하여 우선변제를 받을 권리가 있다.
② 선장이 수하인에게 운송물을 인도한 후에도 운송인은 그 운송물에 대하여 제1항의 권리를 행사할 수 있다. 다만, 인도한 날부터 30일을 경과하거나 제3자가 그 운송물에 점유를 취득한 때에는 그러하지 아니하다.

174) 법원실무제요 비송, 법원행정처, 2014, 222면

가. 의의

「상법」상 법원의 허가를 받아 경매를 하는 경우는 아래의 두 가지가 있는데 상사매매에서의 목적물의 경매와 운송인의 운송물경매의 경우이다.

(1) 상인 간 매매의 경매신청권

상인간의 매매에 있어서 목적물 하자나 수량부족의 경우에 매수인이 계약을 해제한 때에도 매도인의 비용으로 매매의 목적물을 보관 또는 공탁하여야 하나, 그 목적물이 멸실 또는 훼손될 염려가 있는 때에는 법원의 허가를 얻어 경매하여 그 대가를 보관 또는 공탁하여야 한다(상법 제70조 제1항 본문).

(2) 해상운송인의 운송물경매권

운송인(선장)은 운송 금액의 지급을 받기 위하여 법원의 허가를 받아 운송물을 경매하여 우선변제를 받을 권리가 있다(상법 제808조 제1항).

나. 관할법원

경매할 물건 소재지의 지방법원이 관할한다(법 제72조 제5항).

다. 신청절차

(1) 신청인

매매 계약 해제의 경우에는 매수인이 신청인이고, 운송품 경매의 경우에는 운송인(선주)가 신청인이 된다.

(2) 신청방법

신청의 방식은 별다른 제한이 없으므로 일반원칙에 의한다(법 제8조, 제9조).

라. 재판 및 불복절차

재판과 불복에 대하여 특별한 규정이 없으므로 「비송사건절차법」 총칙의 일반절차에 따라 진행한다.

제2절 사채(社債)에 관한 사건

1. 총설

제109조 【관할법원】 「상법」 제439조 제3항(그 준용규정을 포함한다), 제481조, 제482조, 제483조 제2항, 제491조 제3항, 제496조 및 제507조 제1항에 따른 사건은 사채를 발행한 회사의 본점 소재지의 지방법원 합의부가 관할한다.

제116조 【검사의 불참여】 이 장의 절차에 관하여는 제15조를 적용하지 아니한다.

「상법」 제469조 【사채의 발행】 ① 회사는 이사회의 결의에 의하여 사채(社債)를 발행할 수 있다.

(1) 사채란 주식회사가 일반 공중으로부터 자금을 집단적 대량적으로 조달하기 위하여 채권이라는 유가증권을 발행하여 부담하는 채무를 말하며 일명 회사채로 호칭되고 있다. 사채는 이사회의 결의로 발행된다(상법 제469조 제1항). 이사회 결정이 있으면 청약과 기채회사 또는 수탁회사의 배정에 의해 사채계약이 성립하고, 납입절차를 거쳐 진행한다. 전환사채 · 신수인수권부 사채 등과 같은 특수사채를 제외하고 일반사채의 경우에는 등기를 요하지 않는다.

사채에 관한 비송사건으로는 사채관리회사의 사임허가 · 해임 · 사무승계자 선임사건(법 제110조, 상법 제481조, 제482조, 제483조 제2항), 사채권자집회의 소집허가사건(법 제112조, 상법 제491조 제3항), 사채권자집회의 결의인가사건(법 제113조, 상법 제496조), 사채관리회사의 보수 등 부담허가사건(법 제114조, 상법 제507조 제1항), 사채권자의 이의기간 연장사건(법 제115조, 상법 제496조) 등이 있다.

(2) 사채에 관한 사건은 모두 사채를 발행한 회사의 본점 소재지의 지방법원 합의부가 관할하며(법 제109조), 직접 공익에 관계되는 것이 아니기 때문에 검사의 참여를 규정한 「비송사건절차법」 제15조는 적용되지 아니한다(법 제116조).

2. 사채관리회사

제110조 【사채모집의 수탁회사에 관한 재판】 ① 「상법」 제481조에 따른 허가신청, 같은 법 제482조에 따른 해임청구 또는 같은 법 제483조 제2항에 따른 선임청구에 대한 재판은 이해관계인의 의견을 들은 후 이유를 붙인 결정으로써 하여야 한다.
② 신청 및 청구를 인용한 재판에 대하여는 불복신청을 할 수 없다.
③ 신청 및 청구를 인용하지 아니한 재판에 대하여는 즉시항고를 할 수 있다.

「상법」 제480조의2 【사채관리회사의 지정 · 위탁】 회사는 사채를 발행하는 경우에 사채관리회사를 정하여 변제의 수령, 채권의 보전, 그 밖에 사채의 관리를 위탁할 수 있다.

가. 사채관리회사

(1) 의의

사채관리회사란 사채 발행 회사로부터 사채권자를 위해 변제의 수령, 채권의 보전, 그 밖에 사채의 관리를 담당하도록 위탁받은 회사[175)]를 말한다(상법 제480조의2).

(2) 사채관리회사의 자격

「상법」 제480조의3에서는 ① 은행, 신탁회사, 그 밖에 대통령령으로 정하는 자가 아니면 사채관리회사가 될 수 없고, ② 사채의 인수인은 그 사채의 사채관리회사가 될 수 없고, ③ 사채를 발행한 회사와 특수한 이해관계가 있는 자로서 대통령령으로 정하는 자는 사채관리회사가 될 수 없다고 규정하고 있다(상법 제480조의3 제1항・제2항・제3항).

(3) 사채관리회사의 권한

사채관리회사는 사채권자를 위하여 사채에 관한 채권을 변제받거나 채권의 실현을 보전하기 위하여 필요한 재판상 또는 재판 외의 모든 행위를 할 수 있다(상법 제484조 제1항).

나. 사채관리회사 사임

> **「상법」 제481조 【사채관리회사의 사임】** 사채관리회사는 사채를 발행한 회사와 사채권자집회의 동의를 받아 사임할 수 있다. 부득이한 사유가 있어 법원의 허가를 받은 경우에도 같다.

(1) 의의

사채관리회사는 사채를 발행한 회사와 사채권자집회의 동의를 받아 사임할 수 있다. 부득이한 사유가 있어 법원의 허가를 받은 경우에도 같다(상법 제481조).

(2) 관할법원

사채를 발행한 회사의 본점 소재지의 지방법원 합의부가 관할한다(법 제109조).

(3) 신청절차 등

신청인은 사채관리회사이고(상법 제481조), 신청의 방식은 별다른 제한이 없으므로 일반원칙에 의한다(법 제8조, 제9조).

---

175) 2011.4.14. 개정 「상법」 이전에는 수탁회사가 사채모집업무와 사채권자의 법정대리인으로서 사채권자를 위하여 사채의 상환을 받는 등의 업무를 수행했으나, 그에 따른 이해상반의 문제가 지적되어 사채를 모집하는 수탁회사와는 별도로 사채관리회사를 두어 사채권자를 위한 사채의 상환 등의 업무를 담당하도록 하였다(상법 제480조의2).

(4) 심리 및 재판

이 재판에 대해서는 이해관계인의 의견을 들은 후 이유를 붙인 결정으로써 한다(법 제110조 제1항). 여기서 '이해관계인'이라 함은 사채발행회사, 사채관리회사, 사채권자집회의 결의집행자 또는 사채권자의 대표자들 중에서 신청인으로 된 사람 이외의 사람을 말한다.

(5) 불복방법

신청을 인용한 재판에 대하여 불복의 신청을 할 수 없으나(법 제110조 제2항), 신청을 인용하지 아니한 재판에 대하여는 즉시항고할 수 있다(법 제110조 제3항).

다. 사채관리회사의 해임

> **「상법」 제482조 【사채관리회사의 해임】** 사채관리회사가 그 사무를 처리하기에 적임이 아니거나 그 밖에 정당한 사유가 있을 때에는 법원은 사채를 발행하는 회사 또는 사채권자집회의 청구에 의하여 사채관리회사를 해임할 수 있다.

(1) 의의

사채관리회사가 그 사무를 처리하기에 적임이 아니거나 그 밖에 정당한 사유가 있을 때에는 법원은 사채를 발행하는 회사 또는 사채권자집회의 청구에 의하여 사채관리회사를 해임할 수 있다(상법 제482조).

(2) 관할법원

사채를 발행한 회사의 본점 소재지의 지방법원 합의부가 관할한다(법 제109조).

(3) 신청절차 등

신청인은 사채를 발행하는 회사 또는 사채권자집회이고(상법 제482조), 신청의 방식은 별다른 제한이 없으므로 일반원칙에 의한다(법 제8조, 제9조).

(4) 재판 및 불복절차

사채관리회사의 사임허가의 경우와 동일하다.

라. 사채관리회사의 사무승계자 선임사건

> **「상법」 제483조 【사채관리회사의 사무승계자】** ① 사채관리회사의 사임 또는 해임으로 인하여 사채관리회사가 없게 된 경우에는 사채를 발행한 회사는 그 사무를 승계할 사채관리회사를 정하여 사채권자를 위하여 사채 관리를 위탁하여야 한다. 이 경우 회사는 지체 없이 사채권자집회를 소집하여 동의를 받아야 한다.
> ② 부득이한 사유가 있는 때에는 이해관계인은 사무승계자의 선임을 법원에 청구할 수 있다.

(1) 의의

① 사채관리회사의 사임 또는 해임으로 인하여 사채관리회사가 없게 된 경우에는 사채를 발행한 회사는 그 사무를 승계할 사채관리회사를 정하여 사채권자를 위하여 사채 관리를 위탁하여야 한다. 이 경우 회사는 지체 없이 사채권자집회를 소집하여 동의를 받아야 한다(상법 제483조 제1항).

② 부득이한 사유가 있는 때에는 이해관계인은 사무승계자의 선임을 법원에 청구할 수 있다(상법 제483조 제2항).

(2) 관할법원

사채를 발행한 회사의 본점 소재지의 지방법원 합의부의 관할로 한다(법 제109조).

(3) 신청절차 등

신청인은 이해관계인이고(상법 제483조 제2항), 신청의 방식은 별다른 제한이 없으므로 일반원칙에 의한다(법 제8조, 제9조).

(4) 재판 및 불복절차

사채관리회사의 사임허가의 경우와 동일하다.

마. 사채관리회사의 보수 및 비용부담허가사건

> **「상법」 제507조 【사채관리회사 등의 보수, 비용】** ① 사채관리회사, 대표자 또는 집행자에게 줄 보수와 그 사무 처리에 필요한 비용은 사채를 발행한 회사와의 계약에 약정된 경우 외에는 법원의 허가를 받아 사채를 발행한 회사로 하여금 부담하게 할 수 있다.
> ② 사채관리회사, 대표자 또는 집행자는 사채에 관한 채권을 변제받은 금액에서 사채권자보다 우선하여 제1항의 보수와 비용을 변제받을 수 있다.

(1) 의의

① 사채관리회사, 사채권자집회의 대표자(상법 제500조) 또는 결의집행자(상법 제501조)에게 줄 보수와 그 사무 처리에 필요한 비용은 사채를 발행한 회사와의 계약에 약정된 경우에는 그에 따르지만, 그러한 약정이 없는 경우에는 법원의 허가를 받아 사채를 발행한 회사로 하여금 부담하게 할 수 있다(상법 제507조 제1항).

② 사채관리회사, 대표자 또는 집행자는 사채에 관한 채권을 변제받은 금액에서 사채권자보다 우선하여 보수와 비용을 변제받을 수 있다(상법 제507조 제2항).

(2) 관할법원

사채를 발행한 회사의 본점 소재지의 지방법원 합의부의 관할로 한다(법 제109조).

(3) 신청절차 등

신청인은 사채관리회사, 대표자 또는 집행자이고(법 제114조 제1항), 신청의 방식은 별다른 제한이 없으므로 일반원칙에 의한다(법 제8조, 제9조).

(4) 심리 및 재판

이 재판에 대해서는 이해관계인의 의견을 들은 후 이유를 붙인 결정으로써 한다(법 114조 제2항, 법 제113조 제2항, 법 제110조 제1항). 여기서 '이해관계인'이라 함은 사채발행회사, 사채관리회사, 사채권자집회의 결의집행자 또는 사채권자의 대표자들 중에서 신청인으로 된 사람 이외의 사람을 말한다.

(5) 불복방법

이 재판에 대하여 즉시항고를 할 수 있으며, 이 즉시항고에는 집행정지의 효력이 있다(법 제114조 제2항, 제113조 제2항, 제78조, 제85조 제3항).

3. 사채권자집회

가. 소수사채권자에 의한 사채권자집회 소집허가사건

제112조【사채권자집회의 소집 허가신청】「상법」 제491조 제3항에 따른 허가신청에 관하여는 제80조 및 제81조를 준용한다.

「상법」 제491조【소집권자】 ① 사채권자집회는 사채를 발행한 회사 또는 사채관리회사가 소집한다.
② 사채의 종류별로 해당 종류의 사채 총액(상환받은 액은 제외한다)의 10분의 1 이상에 해당하는 사채를 가진 사채권자는 회의 목적인 사항과 소집 이유를 적은 서면 또는 전자문서를 사채를 발행한 회사 또는 사채관리회사에 제출하여 사채권자집회의 소집을 청구할 수 있다.
③ 제366조 제2항의 규정은 전항의 경우에 준용한다.
④ 무기명식의 채권을 가진 자는 그 채권을 공탁하지 아니하면 전2항의 권리를 행사하지 못한다.

제493조【사채발행회사 또는 사채관리회사 대표자의 출석 등】 ① 사채를 발행한 회사 또는 사채관리회사는 그 대표자를 사채권자집회에 출석하게 하거나 서면으로 의견을 제출할 수 있다.
② 사채권자집회의 소집은 전항의 회사에 통지하여야 한다.
③ 제363조 제1항과 제2항의 규정은 전항의 통지에 준용한다.

(1) 의의

① 사채권자집회의 소집권자는 원칙적으로 사채를 발행한 회사 또는 사채관리회사이지만, 사채의 종류별로 해당 종류의 사채 총액(상환받은 액은 제외한다)의 10분의 1 이상에 해당하는 사채를 가진 사채권자는 회의 목적인 사항과 소집 이유를 적은 서면 또는 전자문서를 사채를 발행한 회사 또는 사채관리회사에 제출하여 사채권자집회의 소집을 청구할 수 있다(상법 제491조 제1항 · 제2항).

② 그러한 청구가 있은 후 지체 없이 사채권자집회의 소집이 이루어지지 아니하는 때에는 청구한 소수사채권자는 법원의 허가를 얻어 사채권자집회를 소집할 수 있다(상법 제491조 제3항, 제366조 제2항).

③ 무기명식의 채권을 가진 자는 그 채권을 공탁하지 아니하면 권리를 행사하지 못한다(상법 제491조 제4항).

④ 신청인 소수채권자라는 점 외에는 소수주주에 의한 총회소집허가사건의 절차규정인 「비송사건절차법」 제80조와 제81조의 규정이 준용된다(법 제112조).

(2) 관할법원

사채를 발행한 회사의 본점 소재지의 지방법원 합의부의 관할로 한다(법 제109조).

(3) 신청인 및 신청방법

① **신청인**

신청인은 사채의 종류별로 해당 종류의 사채 총액(상환받은 액은 제외한다)의 10분의 1 이상에 해당하는 사채를 가진 사채권자이다.

② **신청방법**

신청은 서면으로 하여야 한다(법 제112조, 법 제80조 2항).

(4) 심리 및 재판

① **심리**

총회소집의 허가를 신청하는 경우에는 이사가 그 소집을 게을리한 사실을 각각 소명하여야 한다(법 제112조, 제80조, 제81조).

② **재판**

법원은 이유를 붙인 결정으로써 재판을 하여야 한다(법 제112조, 제80조, 제81조).

(5) 불복방법

신청을 기각한 재판에 대해서는 항고할 수 있으나, 신청을 인용한 재판에 대하여는 불복의 신청을 할 수 없다(법 제81조 2항).

나. 사채권자집회 결의 인가청구사건

제113조【사채권자집회의 결의 인가청구】 ①「상법」 제496조에 따른 결의의 인가를 청구하는 경우에는 의사록(議事錄)을 제출하여야 한다.
② 제1항에 따른 청구가 있는 경우에는 제78조, 제85조 3항 및 제110조 1항을 준용한다.

「상법」 제496조【결의의 인가의 청구】 사채권자집회의 소집자는 결의한 날로부터 1주간 내에 결의의 인가를 법원에 청구하여야 한다.

(1) 의의

① 사채권자집회는 상법에서 규정하고 있는 사항 및 사채권자의 이해관계가 있는 사항에 관하여 결의를 할 수 있다(상법 제490조).

② 사채권자집회의 소집자는 결의한 날로부터 1주간 내에 결의의 인가를 법원에 청구하여야 하며(상법 제496조), 법원의 인가를 받음으로써 그 결의의 효력이 발생한다. 다만, 그 종류의 사채권자 전원이 동의한 결의는 법원의 인가가 필요하지 아니하다(상법 제498조 제1항).

(2) 관할법원

사채를 발행한 회사의 본점 소재지의 지방법원 합의부의 관할로 한다(법 제109조).

(3) 신청인 및 신청방법 등

신청인은 사채권자집회의 소집자이고(상법 제496조), 신청의 방식은 별다른 제한이 없으므로 일반원칙에 의한다(법 제8조, 제9조).

(4) 심리 및 재판

① 사채권자집회결의의 인가를 신청하는 경우에는 의사록을 제출하여야 한다.

② 이해관계인의 의견을 들은 후 이유를 붙인 결정으로써 한다(법 제113조 제2항, 제110조 제1항).

③ 검사는 의견을 진술하거나 심문에 참여할 수 없다(법 제116조).

(5) 불복방법

이 재판에 대하여 즉시항고를 할 수 있으며, 이 즉시항고에는 집행정지의 효력이 있다(법 제113조 제2항, 제78조, 제85조 제3항).

다. 사채권자집회비용의 부담자결정사건

제114조 【사채모집 위탁의 보수 등 부담 허가신청】 ①「상법」 제507조 1항에 따른 허가신청은 사채모집을 위탁받은 회사, 대표자 또는 집행자가 하여야 한다.
② 제1항에 따른 신청이 있는 경우에는 제113조 2항을 준용한다.

「상법」 제508조 【사채권자집회의 비용】 ① 사채권자집회에 관한 비용은 사채를 발행한 회사가 부담한다.
② 제496조의 청구에 관한 비용은 회사가 부담한다. 그러나 법원은 이해관계인의 신청에 의하여 또는 직권으로 그 전부 또는 일부에 관하여 따로 부담자를 정할 수 있다.

(1) 의의

사채권자집회에 관한 비용은 사채를 발행한 회사가 부담하며(상법 제508조 제1항), 인가 청구에 관한 비용도 원칙적으로 회사가 부담하여나 하나 법원은 이해관계인의 신청에 의하여 또는 직권으로 그 전부 또는 일부에 관하여 따로 부담자를 정할 수 있다(상법 제508조 제2항).

(2) 관할법원

사채를 발행한 회사의 본점 소재지의 지방법원 합의부의 관할로 한다(법 제109조).

(3) 신청인 및 신청방법 등

신청인은 사채권자집회의 소집자이고(상법 제496조, 제508조 제2항), 신청의 방식은 별다른 제한이 없으므로 일반원칙에 의한다(법 제8조, 제9조).

(4) 심리 및 재판

① 이해관계인의 의견을 들은 후 이유를 붙인 결정으로써 한다(법 제113조 제2항, 법 제110조 제1항).
② 검사는 의견을 진술하거나 심문에 참여할 수 없다(법 제116조).

(5) 불복방법

이 재판에 대하여 즉시항고를 할 수 있으며, 이 즉시항고에는 집행정지의 효력이 있다(법 제114조 제2항, 제113조 제2항, 제78조, 제85조 제3항).

4. 사채권자의 이의신청기간 연장허가사건

제115조 【사채권자 이의기간 연장의 신청】「상법」 제439조 제3항(「상법」 제530조 제2항에서 준용하는 경우를 포함한다)에 따른 기간의 연장 허가신청이 있는 경우에는 제110조를 준용한다.

「상법」 제439조 【자본금 감소의 방법, 절차】 ① 자본금 감소의 결의에서는 그 감소의 방법을 정하여야 한다.
② 자본금 감소의 경우에는 제232조를 준용한다. 다만, 결손의 보전을 위하여 자본금을 감소하는 경우에는 그러하지 아니하다.
③ 사채권자가 이의를 제기하려면 사채권자집회의 결의가 있어야 한다. 이 경우에는 법원은 이해관계인의 청구에 의하여 사채권자를 위하여 이의 제기 기간을 연장할 수 있다.

가. 의의

주식회사가 자본감소 또는 합병을 하는 경우에 회사는 그 결의가 있은 날로부터 2주간 내에 회사채권자에 대하여 자본감소 또는 합병에 이의가 있으면 1개월 이상의 기간 내에 이를 제출할 것을 공고하고, 알고 있는 채권자에 대하여는 각 별로 이를 최고하여야 한다(상법 제439조 제2항, 제232조 제1항, 제527조의5 제1항).

그러나 이와 같은 공고나 최고에 따른 이의를 함에는 사채권자는 일반채권자와 달리 개별적 이의제기가 허용되지 않고, 그 이의에 관한 사채권자집회의 결의가 있어야 한다. 이 때문에 상법은 이해관계인의 청구로 법원이 사채권자를 위하여 이의신청기간을 연장할 수 있도록 하고 있다(상법 제439조 제3항, 제530조 제2항).

나. 관할법원

사채를 발행한 회사의 본점 소재지의 지방법원 합의부의 관할로 한다(법 제109조).

다. 신청인 및 신청방법

신청인은 사채 발행회사, 사채권자 등 이해관계인이고(상법 제439조 제3항), 신청의 방식은 별다른 제한이 없으므로 일반원칙에 의한다(법 제8조, 제9조).

라. 심리 및 재판

① 신청인은 회사에서 공고한 이의제출기간 내에 사채권자집회를 개최할 수 없는 사정 및 이의신청기간의 연장에 필요한 시간을 소명하여야 한다.

② 이해관계인의 의견을 들은 후 이유를 붙인 결정으로써 한다(법 제115조, 제110조 제1항).

③ 검사는 의견을 진술하거나 심문에 참여할 수 없다(법 제116조).

마. 불복방법

신청을 인용한 재판에 대하여는 불복의 신청을 할 수 없으나, 신청을 인용하지 아니한 재판에 대하여는 즉시항고를 할 수 있다(법 제115조, 제110조 제2항 · 제3항).

제3절 회사와 청산에 관한 사건

1. 회사의 청산

> **제118조【법원의 감독】** ① 회사의 청산은 법원의 감독을 받는다.
> ② 법원은 회사의 업무를 감독하는 관청에 의견의 진술을 요청하거나 조사를 촉탁할 수 있다.
> ③ 회사의 업무를 감독하는 관청은 법원에 그 회사의 청산에 관한 의견을 진술할 수 있다.

가. 의의

청산이란 회사가 해산 후 그 재산적 권리 · 의무를 정리한 후 법인격을 소멸시키는 것을 말한다. 회사가 합병 · 분할 · 분할합병에 의하여 해산되는 경우 그 회사는 즉시 소멸하지만, 합병 · 분할 · 분할합병 이외의 사유에 의하여 해산되는 경우에는 곧바로 소멸하는 것이 아니라 채권의 추심, 채무의 변제 등 잔여 법률관계의 처리를 종료하는 청산절차를 거쳐야만 비로소 소멸하게 된다. 이러한 청산절차에 있어서의 중요한 문제는 이해관계인, 특히 회사채권자들의 지위를 어떻게 공평하게 보호할 것인가에 있고, 이를 위하여 회사의 청산에 대하여 법원의 감독을 받도록 하고 있다(법 제118조 제1항).

나. 법원의 감독

① 회사의 청산은 법원의 감독을 받는다(법 제118조 제1항).

② 법원은 회사의 업무를 감독하는 관청에 대하여 의견의 진술을 요청하거나 조사를 촉탁할 수 있다(법 제118조 제2항).

③ 회사의 업무를 감독하는 관청은 법원에 대하여 그 회사의 청산에 관한 의견을 진술할 수 있다(법 제118조 제3항).

2. 청산인 선임사건

제117조【관할법원】 ① 합명회사와 합자회사의 청산에 관한 사건은 회사의 본점 소재지의 지방법원이 관할한다.
② 주식회사와 유한회사의 청산에 관한 사건은 회사의 본점 소재지의 지방법원 합의부가 관할한다.

제119조【청산인의 선임 · 해임 등의 재판】 청산인의 선임 또는 해임의 재판에 대하여는 불복신청을 할 수 없다.

제120조【청산인의 업무대행자】 주식회사와 유한회사의 청산인에 관하여는 제84조 및 제85조를 준용한다.

제121조【청산인의 결격사유】 다음 각 호의 어느 하나에 해당하는 자는 청산인으로 선임될 수 없다.
1. 미성년자
2. 피성년후견인
3. 자격이 정지되거나 상실된 자
4. 법원에서 해임된 청산인
5. 파산선고를 받은 자

제123조【청산인의 보수】 법원이 청산인을 선임한 경우에는 제77조 및 제78조를 준용한다.

「상법」 제531조【청산인의 결정】 ① 회사가 해산한 때에는 합병 · 분할 · 분할합병 또는 파산의 경우 외에는 이사가 청산인이 된다. 다만, 정관에 다른 정함이 있거나 주주총회에서 타인을 선임한 때에는 그러하지 아니하다.
② 전항의 규정에 의한 청산인이 없는 때에는 법원은 이해관계인의 청구에 의하여 청산인을 선임한다.

가. 의의

(1) 청산인 선임

회사가 해산한 때에는 합병 · 분할 · 분할합병 또는 파산의 경우 외에는 이사가 청산인이 된다. 다만, 정관에 다른 정함이 있거나 주주총회에서 타인을 선임한 때에는 그러하지 아니하다(상법 제531조 제1항).

(2) 법원에 의한 청산인 선임

청산인이 없는 때에는 법원은 이해관계인의 청구에 의하여 청산인을 선임한다(상법 제531조 제2항). 그러나 미성년자. 피성년후견인, 자격이 정지되거나 상실된 자, 법원에서 해임된 청산인. 파산선고를 받은 자는 청산인으로 선임될 수 없다(법 제121조).

(3) 청산인의 업무대행자

주식회사와 유한회사의 청산인에 관하여는 「비송사건절차법」 제84조(직무대행자 선임의 재판) 및 제85조(직무대행자의 상무 외 행위의 허가신청)의 규정을 준용한다(법 제120조).

나. 관할법원

① 합명회사와 합자회사의 청산에 관한 사건은 회사의 본점 소재지의 지방법원이 관할한다(법 제117조 제1항).

② 주식회사와 유한회사의 청산에 관한 사건은 회사의 본점 소재지의 지방법원 합의부가 관할한다(법 제117조 제2항).

다. 법원에서 청산인을 선임하는 경우

(1) 합명회사, 합자회사, 유한책임회사

① 설립무효의 판결 또는 설립취소의 판결이 확정된 때에는 법원은 사원이나 그 밖에의 이해관계인의 청구에 의하여 청산인을 선임할 수 있다(상법 제193조 제2항, 제269조, 제287조의6).

② 사원이 1인으로 되어 해산하거나 법원의 해산명령 또는 판결에 의하여 해산된 때에는 법원은 사원 기타의 이해관계인이나 검사의 청구에 의하여 또는 직권으로 청산인을 선임한다(상법 제252조, 제269조, 제287조의45).

(2) 주식회사, 유한회사

① 당연히 청산인이 될 이사가 없고 정관에 다른 정함도 없으며, 주주총회 또는 사원총회에서 다른 사람을 선임하지도 않은 때에는 법원은 이해관계인의 청구에 의하여 청산인을 선임한다(상법 제531조 제2항, 제613조 제1항).[176]

② 해산을 명하는 재판이 있었을 때는 법원은 이해관계인이나 검사의 청구에 의하여 또는 직권으로 청산인을 선임한다(상법 제252조, 제542조 제1항, 제613조 제1항).

③ 설립무효 · 취소의 판결이 확정된 때에는 법원은 이해관계인의 청구에 의하여 청산인을 선임한다(상법 제193조 제2항, 제328조 제2항, 제552조 제2항).

---

176) 판례에 다르면 회사에 대한 파산절차가 종결되었는데 파산채권자에게 전액 배당을 하고도 잔여재산이 남아 법인격이 소멸하지 않아 잔여재산을 처리할 청산인이 필요하게 되었을 때에도 이해관계인의 신청에 따라 법원은 청산인을 선임한다(대판 1989.11.24. 89다카2483)

라. 청구[177] 및 직권

(1) 합명회사, 합자회사, 유한책임회사

① 설립무효의 판결 또는 설립취소의 판결이 확정된 때에는 사원이나 그 밖에의 이해관계인의 청구에 의하여 법원이 청산인을 선임할 수 있다.

② 해산을 명하는 재판이 있었을 때는 이해관계인이나 검사의 청구에 의하여 또는 직권으로 법원이 청산인을 선임한다.

(2) 주식회사, 유한회사

회사가 해산되었으나 당연히 청산인이 될 이사가 없고 정관에 다른 정함도 없으며, 주주총회 또는 사원총회에서 다른 사람을 선임하지도 않은 때에는 이해관계인의 청구에 의하여 법원이 청산인을 선임한다.

마. 심리 및 재판

특별한 규정이 없으므로 총칙의 일반절차에 의한다.

바. 불복방법

청산인의 선임의 재판에 대하여는 불복의 신청을 할 수 없다(법 제119조). 그러나 신청을 기각한 재판에 대하여는 항고할 수 있다(법 제20조 제2항).

사. 청산인의 보수

법원은 청산인을 선임한 경우에 회사로 하여금 그 보수를 지급하게 할 수 있고, 그 보수액에 관하여는 이사 및 감사의 진술을 들어야 한다. 보수결정에 대하여는 즉시 항고할 수 았다(법 제123조, 제77조, 제78조).

아. 등기

청산인의 선임결정이 있으면 그 선임된 날부터 본점 소재지에서는 2주간 내, 지점 소재지에서는 3주간 내에 ① 청산인의 성명・주민등록번호 및 주소(다만, 회사를 대표할 청산인을 정한 때에는 그 외의 청산인의 주소를 제외), ② 회사를 대표할 청산인을 정한 때에는 그 성명, ③ 여러 명의 청산인이 공동으로 회사를 대표할 것을 정한 때에는 그 규정사항을 등기하여야 한다(상법 제253조 제1항, 제269조, 제542조 제1항, 제613조 제1항).

---

177). 청산인의 선임에 대해서 「비송사건절차법」상의 **신청인은 별도로 존재하지 않고** 상법상의 **청구인만이 명문으로 존재하고 있을 뿐**이다.

3. 청산인 해임사건

「상법」 **제262조 【동전】** 청산인이 그 직무를 집행함에 현저하게 부적임하거나 중대한 임무에 위반한 행위가 있는 때에는 법원은 사원 기타의 이해관계인의 청구에 의하여 청산인을 해임할 수 있다.

제269조 【준용규정】 합자회사에는 본장에 다른 규정이 없는 사항은 합명회사에 관한 규정을 준용한다.

제287조의45 【청산】 유한책임회사의 청산(淸算)에 관하여는 제245조, 제246조, 제251조부터 제257조까지 및 제259조부터 제267조까지의 규정을 준용한다.

제539조 【청산인의 해임】 ① 청산인은 법원이 선임한 경우외에는 언제든지 주주총회의 결의로 이를 해임할 수 있다.
② 청산인이 그 업무를 집행함에 현저하게 부적임하거나 중대한 임무에 위반한 행위가 있는 때에는 발행주식의 총수의 100분의 3 이상에 해당하는 주식을 가진 주주는 법원에 그 청산인의 해임을 청구할 수 있다.
③ 제186조의 규정은 제2항의 청구에 관한 소에 준용한다.

제613조 【준용규정】 ① 제228조, 제245조, 제252조 내지 제255조, 제259조, 제260조, 제264조, 제520조, 제531조 내지 제537조, 제540조와 제541조의 규정은 유한회사에 준용한다.
② 제209조, 제210조, 제366조 제2항 · 제3항, 제367조, 제373조 제2항, 제376조, 제377조, 제382조 제2항, 제386조, 제388조, 제399조 내지 제402조, 제407조, 제408조, 제411조 내지 제413조, 제414조 제3항, 제450조, 제466조 제2항, 제539조, 제562조, 제563조, 제564조 제3항, 제565조, 제566조, 제571조, 제572조 제1항과 제581조의 규정은 유한회사의 청산인에 준용한다.

가. 의의

① 합명회사, 합자회사, 유한책임회사의 청산인이 그 직무를 집행함에 현저하게 부적임하거나 중대한 임무에 위반한 행위가 있는 때에는 법원은 사원 기타의 이해관계인의 청구에 의하여 청산인을 해임할 수 있다(상법 제262조, 제269조, 제287조의45).

② 주식회사와 유한회사의 청산인이 그 직무를 집행함에 현저하게 부적임하거나 중대한 임무에 위반한 행위가 있는 때에는 발행주식의 총수의 100분의 3 이상에 해당하는 주식을 가진 주주(유한회사의 경우에는 자본총액의 100분의 3 이상의 해당하는 출자좌수를 가진 사원)는 법원에 그 청산인의 해임을 청구할 수 있다(상법 제539조 제2항, 제613조 제2항).[178]

---

178) 그러나 위 「상법」 제539조 제2항은 그 조문의 형식이나 특히 같은 조 제3항의 규정 내용 등에 비추어보면 '비송'이 아니라 '소송'을 규정하고 있는 것이 분명하다. 따라서 「상법」 제539조 제2항 · 제3항의 청산임의 해임은 상대방 회사의 본점 소재지 법원에 그 화사와 청산인들을 상대로 하는 소에 의해서만 이를 청구할 수 있을 뿐이고, 소의 방법에 의하지 아니하고 신청으로써 바로 청산인의 해임을 구하는 것은 허용되지 않는다(대결 1976.2.11. 75마533). 다만, 법원의 결정에 의하여 선임된 청산인의 경우에는 법원은 선임결정 후에도 그 결정이 위법 또는 부당하다고 인정할 때에는 이를 취소 또는 변경할 수 있으므로(비송법 제19조 제1항), 선임결정의 취소라는 의미에서 해임결정은 얼마든지 가능하다고 할 것이다. 그러나 이러한 해임의 신청은 직권발동을 촉구하는 의미에 지나지 않으므로 독립된 신청이 아니어서, 신청인의 자격 등의 문제는 발생하지 않고 신청을 받아들이지 않는 경우에 별도로 기각하는 결정을 할 필요도 없다(법원실무제요 비송, 법원행정처, 2014, 240면).

나. 관할법원

① 합명회사와 합자회사의 청산에 관한 사건은 회사의 본점 소재지의 지방법원이 관할한다(법 제117조 제1항).

② 주식회사와 유한회사의 청산에 관한 사건은 회사의 본점 소재지의 지방법원 합의부가 관할한다(법 제117조 제2항).

다. 신청절차

(1) 신청인

① 합명회사, 합자회사, 유한책임회사의 경우에는 사원 기타 이해관계인이 신청인이 된다(상법 제262조, 제269조, 제287조의45).

② 주식회사, 유한회사의 경우에는 발행주식의 총수의 100분의 3 이상에 해당하는 주식(자본총액의 100분의 3 이상의 해당하는 출자좌수)을 가진 주주 또는 사원의 청구[179]에 의한다(상법 제539조 제2항, 제613조 제2항).

(2) 신청방법

신청의 방식은 별다른 제한이 없으므로 일반원칙에 의한다(법 제8조, 제9조).

라. 심리 및 재판

특별한 규정이 없으므로 총칙의 일반절차에 의한다.

마. 불복방법

청산인의 해임의 재판에 대하여는 불복의 신청을 할 수 없다(법 제119조). 그러나 신청을 기각한 재판에 대하여는 항고할 수 있다(법 제20조 제2항).

바. 등기

청산인의 해임재판이 있는 때에는 제1심 수소법원은 회사의 본점과 지점 소재지의 등기소에 그 등기를 촉탁하여야 한다(법 제107조 제1호).

179) 「상법」 제539조 제2항의 형식과 같은 조 제3항의 규정 내용에 따른 표현이다.

4. 채권평가를 위한 감정인 선임 등 사건

제124조 【감정인의 선임 비용】 법원이 「상법」 제259조 제4항 또는 그 준용규정에 따른 감정인을 선임한 경우 그 비용은 회사가 부담한다. 감정인의 소환 및 심문 비용의 경우에도 또한 같다.

제125조 【감정인 선임의 절차 및 재판】 제124조에 따른 감정인의 선임 절차와 재판에 관하여는 제58조 및 제59조를 준용한다.

「상법」 제259조 【채무의 변제】 ① 청산인은 변제기에 이르지 아니한 회사채무에 대하여도 이를 변제할 수 있다.
② 전항의 경우에 이자 없는 채권에 관하여는 변제기에 이르기까지의 법정이자를 가산하여 그 채권액에 달할 금액을 변제하여야 한다.
③ 전항의 규정은 이자 있는 채권으로서 그 이율이 법정이율에 달하지 못하는 것에 이를 준용한다.
④ 제1항의 경우에는 조건부채권, 존속기간이 불확정한 채권 기타 가액이 불확정한 채권에 대하여는 법원이 선임한 감정인의 평가에 의하여 변제하여야 한다.

가. 의의

청산인은 변제기에 이르지 아니한 회사의 채무에 대하여도 이를 변제할 수 있으나, 조건부 채권, 존속기간이 불명확한 채권 기타 가액이 불확정한 채권에 대해여는 법원이 선임한 감정인의 평가에 따라 변제하여야 한다(상법 제259조 제1항 · 제4항, 제269조, 제542조 제1항, 제613조 제1항).

나. 관할법원

① 합명회사와 합자회사의 청산에 관한 사건은 회사의 본점 소재지의 지방법원이 관할한다(법 제117조 제1항).

② 주식회사와 유한회사의 청산에 관한 사건은 회사의 본점 소재지의 지방법원 합의부가 관할한다(법 제117조 제2항).

다. 신청절차

(1) 신청인

신청인에 대해서는 명문의 규정은 없으나, 변제를 하는 것은 청산인이기 때문에 신청권자는 청산인이 된다.

(2) 신청방법

신청의 방식은 별다른 제한이 없으므로 일반원칙에 의한다(법 제8조, 제9조).

라. 심리 및 재판

특별한 규정이 없으므로 「비송사건절차법」 총칙의 일반절차에 의한다. 다만, 이 사건의 심리에는 검사가 관여하지 아니한다(법 제125조, 제58조).

마. 불복방법

감정인을 선임한 재판에 대해서는 불복의 신청을 할 수 없다(법 제125조, 제59조).

바. 비용부담

감정인을 선임한 경우에는 그 비용은 회사의 부담으로 한다. 감정인의 소환 및 심문 비용의 경우에도 또한 같다(법 제124조).

5. 청산인의 변제허가에 관한 사건

제126조【청산인의 변제 허가신청】「상법」 제536조 제2항 또는 그 준용규정에 따른 허가의 신청에 관하여는 제81조 제1항 및 제82조를 준용한다.

「상법」 제535조【회사채권자에의 최고】 ① 청산인은 취임한 날로부터 2월 내에 회사채권자에 대하여 일정한 기간 내에 그 채권을 신고할 것과 그 기간 내에 신고하지 아니하면 청산에서 제외될 뜻을 2회 이상 공고로써 최고하여야 한다. 그러나 그 기간은 2월 이상이어야 한다.
② 청산인은 알고 있는 채권자에 대하여는 각별로 그 채권의 신고를 최고하여야 하며 그 채권자가 신고하지 아니한 경우에도 이를 청산에서 제외하지 못한다.

제536조【채권신고기간 내의 변제】 ① 청산인은 전조 제1항의 신고기간 내에는 채권자에 대하여 변제를 하지 못한다. 그러나 회사는 그 변제의 지연으로 인한 손해배상의 책임을 면하지 못한다.
② 청산인은 전항의 규정에 불구하고 소액의 채권, 담보 있는 채권 기타 변제로 인하여 다른 채권자를 해할 염려가 없는 채권에 대하여는 법원의 허가를 얻어 이를 변제할 수 있다.

가. 의의

(1) 회사채권자에의 최고

청산인은 취임한 날로부터 2월 내에 회사채권자에 대하여 일정한 기간 내에 그 채권을 신고할 것과 그 기간 내에 신고하지 아니하면 청산에서 제외될 뜻을 2회 이상 공고로써 최고하여야 한다. 그러나 그 기간은 2월 이상이어야 한다(상법 제535조 제1항).

(2) 채권신고기간 내의 변제

① 청산인은 신고기간 내에는 채권자에 대하여 변제를 하지 못한다. 그러나 회사는 그 변제의 지연으로 인한 손해배상의 책임을 면하지 못한다(상법 제536조 제1항).

② 청산인은 전항의 규정에 불구하고 소액의 채권, 담보 있는 채권 기타 변제로 인하여 다른 채권자를 해할 염려가 없는 채권에 대하여는 법원의 허가를 얻어 이를 변제할 수 있다(상법 제536조 제2항).

나. 관할법원

① 합명회사와 합자회사의 청산에 관한 사건은 회사의 본점 소재지의 지방법원이 관할한다(법 제117조 제1항).

② 주식회사와 유한회사의 청산에 관한 사건은 회사의 본점 소재지의 지방법원 합의부가 관할한다(법 제117조 제2항).

다. 신청절차

(1) 신청인

청산인 전원이 공동으로 신청하여야 한다(법 제126조, 제82조).

(2) 신청방법

신청의 방식은 별다른 제한이 없으므로 일반원칙에 의한다(법 제8조, 제9조).

라. 심리 및 재판

(1) 심리방법

청산인의 변제허가의 신청은 그 사유를 소명하여야 한다(법 제126조, 제82조).

(2) 재판

이유를 붙인 결정으로써 재판을 하여야 한다(법 제126조, 제81조 제1항).

마. 불복방법

신청을 인용한 재판에 대하여는 불복의 신청을 할 수 없다(법 제126조, 제59조).

6. 회사의 중요서류 등 보존인 선임사건

제127조 【서류 보존인 선임의 재판】 「상법」 제541조 제2항 또는 그 준용규정에 따른 서류 보존인 선임의 재판에 대하여는 불복신청을 할 수 없다.

「상법」 제541조 【서류의 보존】 ① 회사의 장부 기타 영업과 청산에 관한 중요한 서류는 본점 소재지에서 청산종결의 등기를 한 후 10년간 이를 보존하여야 한다. 다만, 전표 또는 이와 유사한 서류는 5년간 이를 보존하여야 한다.

② 전항의 보존에 관하여는 청산인 기타의 이해관계인의 청구에 의하여 법원이 보존인과 보존방법을 정한다.

가. 의의

주식회사와 유한회사의 장부 기타 영업과 청산에 관한 중요한 서류는 본점 소재지에서 청산 종결의 등기를 한 후 10년간 이를 보존하여야 하는데(상법 제541조 제1항), 그 보존에 관하여는 청산인 기타의 이해관계인의 청구에 의하여 법원이 보존인과 보존방법을 정한다(상법 제541조 제2항, 제613조 제1항).

나. 관할법원

① 합명회사와 합자회사의 청산에 관한 사건은 회사의 본점 소재지의 지방법원이 관할한다(법 제117조 제1항).

② 주식회사와 유한회사의 청산에 관한 사건은 회사의 본점 소재지의 지방법원 합의부가 관할한다(법 제117조 제2항).

다. 신청인 및 신청절차

신청인은 청산인 기타 이해관계인이다(상법 제541조 제2항, 제613조 제1항). 신청의 방식은 별다른 제한이 없으므로 일반원칙에 의한다(법 제8조, 제9조).

라. 심리 및 재판

특별한 규정이 없으므로 「비송사건절차법」 총칙의 일반절차에 의한다.

마. 불복방법

「상법」 제541조 제2항 또는 그 준용규정에 따른 서류 보존인 선임의 재판에 대하여는 불복신청을 할 수 없다(법 제127조).

Chapter 05 과태료 사건

제247조【과태료사건의 관할】 과태료사건은 다른 법령에 특별한 규정이 있는 경우를 제외하고는 과태료를 부과받을 자의 주소지의 지방법원이 관할한다.

제248조【과태료재판의 절차】 ① 과태료재판은 이유를 붙인 결정으로써 하여야 한다.

② 법원은 재판을 하기 전에 당사자의 진술을 듣고 검사의 의견을 구하여야 한다.

③ 당사자와 검사는 과태료재판에 대하여 즉시항고를 할 수 있다. 이 경우 항고는 집행정지의 효력이 있다.

④ 과태료재판 절차의 비용은 과태료를 부과하는 선고가 있는 경우에는 그 선고를 받은 자가 부담하고, 그 밖의 경우에는 국고에서 부담한다.

⑤ 항고법원이 당사자의 신청을 인정하는 재판을 한 경우에는 항고절차의 비용 및 전심에서 당사자가 부담하게 된 비용은 국고에서 부담한다.

제249조【과태료재판의 집행】 ① 과태료재판은 검사의 명령으로써 집행한다. 이 경우 그 명령은 집행력 있는 집행권원과 같은 효력이 있다.

② 과태료재판의 집행절차는 「민사집행법」의 규정에 따른다. 다만, 집행을 하기 전에 재판의 송달은 하지 아니한다.

제250조【약식재판】 ① 법원은 타당하다고 인정할 때에는 당사자의 진술을 듣지 아니하고 과태료재판을 할 수 있다.

② 당사자와 검사는 제1항에 따른 재판의 고지를 받은 날부터 1주일 내에 이의신청을 할 수 있다.

③ 제1항에 따른 재판은 이의신청에 의하여 그 효력을 잃는다.

④ 이의신청이 있는 경우 법원은 당사자의 진술을 듣고 다시 재판하여야 한다.

제1절 총설

1. 과태료의 개념

(1) 의의

국가 또는 지방자치단체의 기관, 그 밖의 법령 또는 자치법규에 따라 행정권한을 가지고 있거나 위임 또는 위탁받은 공공단체나 그 기관 또는 사인(私人)이 법령을 위반한 국민에게 과하는 과태료라는 이름으로 부과하는 모든 것을 말한다.

(2) 종류

과태료는 부과하는 목적에 따라 ① **사**법상 의무위반에 대한 제재로서 과태료 ② **소**송법상의 의무 위반자에 대한 과태료 ③ **행**정법상 의무위반에 대한 과태료로 세분할 수 있다.

(3) 과태료 사건의 비송사건화

과태료사건 자체의 본질은 본래의 비송사건과는 다르지만, 비송사건절차의 구조가 과태료 사건에 적합하다는 이유로 「비송사건절차법」 4편 보칙에 과태료사건의 관할, 재판의 절차 · 집행 등 과태료사건의 총칙적인 규정들이 삽입되면서 과태료 사건은 비송사건으로 분류되고 있다.[180]

2. 질서위반행위규제법의 제정

(1) 종전 과태료 제도의 문제점

「비송사건절차법」에 기초를 둔 과태료 제도는 성립요건, 부과절차, 재판절차 등이 통일되어 있지 않아 법적용의 통일성에 문제가 있었고, 집행실적도 저조하여 의무이행확보 수단으로서 실효성에 문제가 있다는 지적을 받았다.

(2) 「질서위반행위규제법」의 제정

과태료의 부과 · 징수절차를 일원화하고 과태료 재판과 집행절차를 개선하여 시행과정에서 나타난 문제점을 개선, 보완하여 과태료가 의무이행확보수단으로 기능을 효과적으로 수행할 수 있도록 하고자, 과태료 제도에 관한 단일법인 「질서위반행위규제법」이 제정(2007.12.21)되었다. 「질서위반행위규제법」은 과태료의 부과의 근거 법률은 아니며 질서위반행위를 한 자에 대한 과태료의 부과요건, 절차, 징수 등을 정하는 법률이다.

180) 법원실무제요 비송, 법원행정처, 2014, 248면

3. 과태료 사건 재판절차의 적용법령[181]

(1) 법원이 처음부터 과태료를 부과하는 경우

사법상 · 소송법상 의무위반행위에 대하여는 「질서위반행위규제법」 시행에도 불구하고 종전과 마찬가지로 「비송사건절차법」이 일반법으로 적용된다.

(2) 행정청의 부가처분에 대하여 이의가 제기된 경우

행정청이 행정법상 일차적으로 과태료를 부과하고 이에 대해 이의제기가 있으면 법원이 재판으로 부과하는 경우로서[182] 「질서위반행위규제법」이 원칙적으로 행정청 및 법원의 과태료 부과 · 징수를 규율하고, 「비송사건절차법」은 「질서위반행위규제법」에 위반되지 않는 범위 내에서만 보충적으로 적용된다.[183]

(3) 과태료의 부과 · 징수 · 재판 및 집행 등의 절차에 관하여 「질서위반행위규제법」에 규정이 있는 경우

「질서위반행위규제법」이 우선 적용되고 다른 법률의 규정은 배제된다. 다만, 「질서위반행위규제법」에 규정이 없는 경우에는 다른 법률의 규정이 그대로 적용될 수 있으므로 해당 질서위반행위가 「질서위반행위규제법」의 적용대상이더라도 「비송사건절차법」이 적용될 수 있다.

4. 과태료의 법률적 성질

(1) 유사제도와의 비교

① 과태료와 행정처분

행정청의 과태료 부과처분도 행정행위에 해당되고 「행정소송법」 또는 「행정절차법」상의 처분에 해당한다. 그러나 과태료 부과처분은 행정소송으로 다툴 수 없다. 행정청이 1차적으로 부과처분을 하고 당사자의 이의제기로 법원이 재판을 하는 경우에 행정청의 1차 과태료 부과처분은 당사자의 이의제기로 **당연히 효력을 잃게 되므로** 해당 행정청의 과태료 부과처분은 행정소송의 대상이 되는 행정처분으로 볼 수 없는 것이다.[184] 대법원도 과태료 처분은 행정소송의 대상이 되지 않음을 분명히 하고 있다.[185]

---

181) 「질서위반행위규제법」 시행에 따른 과태료사건이더라도 사건별로 해당 재판절차의 적용법령이 다르게 규정되어 있다.

182) 도로교통법위반, 여객자동차운수사업법위반 등 대다수의 과태료

183) 그러나 「상법」 제637조의 규정에 의한 과태료처럼 행정청이 일차적으로 부과 · 고지하지만 「비송사건절차법에 따라 과태료재판을 하도록 규정되어 있는 경우도 있으므로 일차적인 과태료 부과 주체가 누구인지에 따라 적용법령이 결정되는 것은 아니다(법원실무제요 비송, 법원행정처, 2014, 249면).

184) 「질서행위규제법」은 제20조 제2항에 행정청의 과태료 부과에 불복하는 당사자의 이의제기가 있는 경우에는 행정청의 과태료 부과처분은 그 효력을 상실한다는 명문규정을 두고 있다.

185) 대법원 1993.11.23. 누16833 판결, ; 대법원 2000.9.22. 2000두5722 판결

판례

[판례 1] 「옥외광고물등관리법」 제20조 제1항에 의한 과태료부과처분이 행정소송의 대상이 되는 행정처분인지 여부(소극) (대법원 1993.11.23. 선고 93누16832 판결) [과태료부과처분취소]

[판결요지]

「옥외광고물등관리법」 제20조 제1항, 제3항, 제4항 등의 규정에 의하면 「옥외광고물등관리법」에 의하여 부과된 과태료처분의 당부는 최종적으로 「비송사건절차법」에 의한 절차에 의하여만 판단되어야 한다고 보아야 할 것이므로 위와 같은 과태료처분은 행정소송의 대상이 되는 행정처분이라고 볼 수 없다.

[판례 2]「건축법」 제83조 소정의 이행강제금 부과처분이 행정소송의 대상이 되는 행정처분인지 여부(소극) (대법원 2000.9.22 선고 2000두5722 판결) [건축법위반으로인한과태료부과처분무효확인]

[판결요지]

「건축법」 제82조 제3항, 제4항, 제83조 제6항에 의하면, 같은 법 제83조 소정의 이행강제금 부과처분에 불복하는 자는 그 처분의 고지를 받은 날로부터 30일 이내에 당해 부과권자에게 이의를 제기할 수 있고, 이의를 받은 부과권자는 지체 없이 관할법원에 그 사실을 통보하여야 하며, 그 통보를 받은 관할법원은 「비송사건절차법」에 의한 재판을 하도록 규정되어 있는 바, 위 법규정에 의하면 「건축법」 제83조의 규정에 의하여 부과된 이행강제금 부과처분의 당부는 최종적으로 「비송사건절차법」에 의한 절차에 의하여만 판단되어야 한다고 보아야 할 것이므로 위와 같은 이행강제금 부과처분은 행정소송의 대상이 되는 행정처분이라고 볼 수 없다.

② **과태료와 형사처벌**

과태료는 법률상의 질서유지를 위한 질서벌로서 범죄에 대한 제재인 형벌과는 그 성격 및 목적을 달리한다. 따라서 「형법」 및 「형사소송법」이 아닌 「비송사건절차법」에 의하며, 죄형법정주의의 규율대상에 해당되지 않고, 과태료 부과근거 법령에 대하여 형벌법규와 같은 명확성의 원칙이 엄격하게 적용되지 않는다.

③ **과태료와 과징금**

과징금은 행정법규 위반행위에 대해 부과되는 금전적 제재라는 점에서 과태료와 공통되나, 부과목적과 부과절차 등에서 과태료와 차이가 있다. 따라서 판례는 과태료와 과징금은 동시에 부과가 가능하다고 판시하고 있다.[186)]

과징금은 일정한 행정목적을 실현하기 위하여 위반행위에 대하여 제재를 가하는 행정적인 제재금이라는 기본적 성격 외에 위반행위로 인한 부당이득 환수의 성격이 부가되어 있는 행정처분으로 행정기관은 위반행위에 대하여 과징금을 부과여부 및 부과시 그 액수는 구체적으로 얼마로 정할 것인지에 재량을 가지며, 과징금 부과처분에 대한 불복은 행정소송에 의한다.

186) 대법원 1992.4.14. 91누5280 판결

④ 과태료와 이행강제금

이행강제금은 심리적 압박을 주어 장래에 그 의무를 이행하게 하려는 행정상 강제집행의 수단이라는 점에서 과거의 의무위반행위에 대해 부과되는 행정질서벌인 과태료와는 성격을 달리한다. 따라서 불복절차 역시 일반적인 행정처분과 마찬가지로 행정소송에 의한다. 「구 건축법」(2005.11.8. 법률 제7696호로 개정되기 전의 것)은 이행강제금을 과태료와 동일하게 보아 행정처분이 아니라고 하면서 이에 대한 불복절차는 「비송사건절차법」에 의하도록 준용규정을 두고 있었고, 과거의 판례도 이행강제금 부과처분은 행정소송의 대상이 되는 행정처분으로 볼 수 없다고 판시한 바 있었으나, 현행 「건축법」에는 해당 규정이 삭제되어 이제는 「건축법」상의 이행강제금에 불복은 행정소송절차에 의하여야 한다. 즉, 현행 「건축법」상의 이행강제금에 대해서는 「비송사건절차법」은 물론 「질서위반행위규제법」이 작용될 여지가 없고 판례도 이를 분명히 하고 있다.[187]

판례

「건축법」상 이행강제금 납부의 최초 독촉이 항고소송의 대상이 되는 행정처분에 해당하는지 여부(적극) (대법원 2009.12.24. 선고, 2009두14507 판결) [이행강제금부과처분취소]

[판결요지]

「구 건축법」(2008.3.21. 법률 제8974호로 전부 개정되기 전의 것) 제69조의2 제6항, 「지방세법」 제28조, 제82조, 「국세징수법」 제23조의 각 규정에 의하면, 이행강제금 부과처분을 받은 자가 이행강제금을 기한 내에 납부하지 아니한 때에는 그 납부를 독촉할 수 있으며, 납부독촉에도 불구하고 이행강제금을 납부하지 않으면 체납절차에 의하여 이행강제금을 징수할 수 있고, 이때 이행강제금 납부의 최초 독촉은 징수처분으로서 항고소송의 대상이 되는 행정처분이 될 수 있다.

(2) 적용법령의 차이

① 「비송사건절차법」이 적용되는 경우

「비송사건절차법」이 적용되는 경우에는 원칙적으로 위반자의 고의·과실을 요하지 않고, 위반자에게 법률의 부지 또는 착오가 있더라고 처벌을 면할 수 없다. 다만, 위반자가 의무를 알지 못하는 것에 정당한 사정이 있을 때 또는 그 의무의 이행을 그 당사자에게 기대하는 것이 무리라는 사정이 있을 때 등 그 의무해태를 탓할 수 없는 정당한 사유가 있는 때에는 과태료를 부과할 수 없다.[188]

---

187) 대법원 2009.12.24. 선고 2009두14507 판결, 다만, 「농지법」 제62조 제7항은 이행강제금 부과처분에 대한 이의제기가 있는 경우 관할법원은 「비송사건절차법」에 따른 과태료 재판에 준하여 재판을 한다는 명문규정을 두고 있으므로 이 법률에 따른 이행강제금 부과처분을 받은 사람이 이의제기하면 법원은 「비송사건절차법」에 따라 재판을 한다.

188) 대법원 2006.4.28. 2003마715, : 대법원2000.5.26. 98두5972

② 「질서위반행위규제법」이 적용되는 경우

「질서위반행위규제법」은 「비송사건절차법」과는 다른 규정을 두고 있는데, 행위시법주의, 신법 우선의 원칙 등 일부 형법상의 원칙을 과태료 부과와 재판절차에 적용하고 있고, 그 외도 질서위반행위 법정주의 선언, 책임주의원칙에 따라 고의·과실을 요하고, 위법성의 착오, 상상적 경합범의 개념 등을 도입하였다.

제2절 관할

1. 일반적인 경우

과태료 사건은 다른 법령에 특별한 규정이 있는 경우를 제외하고는 과태료를 부과받을 자의 주소지의 지방법원(또는 지원)을 관할법원으로 한다(법 제247조). 단, 대한민국에 주소가 없을 때 또는 대한민국 내의 주소를 알지 못할 때에는 거소지(居所地)의 지방법원이 사건을 관할하며(법 제2조 제1항), 거소가 없을 때 또는 거소를 알지 못할 때에는 마지막 주소지의 지방법원이 관할하며(법 제2조 제2항), 외국인과 같이 대한민국 내에 마지막 주소가 없을 때 또는 그 주소를 알지 못할 때에는 재산이 있는 곳 또는 대법원이 있는 곳을 관할하는 지방법원(서울중앙지방법원)이 사건을 관할한다(법 제2조 제3항, 질서위반행위법 제28조).

2. 특별한 규정이 있는 경우

과태료 사건의 관할에 관하여 특별한 규정이 있는 경우로는 「부동산등기특별조치법」 제12조 제5항(목적부동산의 소재지를 관할하는 지방법원 또는 지원)과 「가족관계의 등록 등에 관한 법률」 제123조(과태료를 부과할 시·읍·면의 장의 사무소 소재지를 관할하는 가정법원) 등이 있다.

제3절 과태료 사건의 당사자 및 당사자능력

1. 당사자(위반자)

「비송사건절차법」은 과태료 사건의 당사자를 과태료를 부과받을 자(법 제24조) 내지 당사자(법 제248조, 제250조)라는 용어를 사용하고 있고, 개별행정 법규에서는 과태료 처분 대상자라는 용어를 사용하고 있고 「질서위반행위규제법」에서는 당사자 또는 질서위반행위자라는 용어를 사용하고 있다. 다만, 국가, 외국, 외교관은 과태료 부과 대상자가 아니다.

2. 당사자능력 및 대리

(1) 법인격 없는 단체

「질서위반행위규제법」은 과태료 부과 대상자로 '법인이 아닌 사단 또는 재판으로 대표자 또는 관리인이 있는 것'을 포함시켜 법인격 없는 단체의 경우에도 대표자가 아닌 **단체 자체**가 과태료의 부과대상자가 된다고 명시하고 있다(질서위반행위법 제2조 제3호).

(2) 미성년자등

14세 이상의 미성년자는 의사능력이 있으면 과태료 부과대상자가 되나, 심신장애의 경우에는 과태료를 부과할 수는 없다. 「질서위반행위규제법」 제10조는 "심신미약자의 질서위반행위에는 과태료를 감경한다."라고 규정하고 있는데, 이는 심신장애자에 대해서는 필요적으로 과태료를 감면하여야 한다는 취지이다(대결 2009.10.29. 2009마1501).

(3) 대리

과태료 사건의 경우에도 사건의 관계인은 소송능력자로 하여금 소송행위를 대리시킬 수 있으므로(법 제6조 제1항, 질서위반행위규제법 제28조), 비송절차능력자이기만 하면 다른 제한이 없이 과태료 재판의 대리인이 될 수 있다. 다만 본인 출석명령을 받은 경우와 법원이 변호사가 아닌 자로서 대리를 영업으로 하는 자로 인정하여 대리를 금하고 퇴정을 명한 경우에는 대리를 할 수 없다(법 제6조 제1항 단서, 제2항, 질서위반행위규제법 제28조).

제4절 과태료 사건의 개시[189)]

1. 법원이 일차적으로 부과하는 경우[190)]

(1) 재판절차의 개시

법원이 일차적으로 과태료를 부과하는 경우 과태료 재판절차는 직권으로 개시된다. 절차개시의 방식에 관하여 별도의 규정은 없으며 이론상으로는 법원이 과태료 사건의 존재를 안 경우에 곧바로 재판절차를 개시하면 된다. 그러나 법원으로서 위반사실의 발생을 알 수 없는 경우가 보통이므로 등기를 게을리한 경우 실무상으로는 등기관이 법원에 위반사실을 통지함으로써 절차가 개시된다.

(2) 절차개시 후의 통지의 취하 · 철회

과태료 재판은 법원이 과태료에 처하여야 할 사실이 있다고 판단되면 「비송사건절차법」에 의하여 직권으로 그 절차를 개시하는 것이지 관할 관청의 통고 또는 통지는 법원의 직권발동을 촉구하는 데에 지나지 아니하므로, 후에 관할 관청으로부터 이미 행한 통고 또는 통지의 취하 내지 철회가 있다고 하더라도 그 취하 · 철회는 「비송사건절차법」에 의한 법원의 과태료 재판을 개시 · 진행하는 데 장애가 될 수 없다(대결 1998.12.23. 98마2866).

2. 행정청의 부과처분에 대하여 이의가 제기된 경우

(1) 재판절차의 개시

「질서위반행위규제법」 제2조 1호에 정한 '질서위반행위'에 대하여는 행정청에게 과태료의 1차적인 부과처분권이 부여되어 있고, 그 과태료 부과처분에 대하여 당사자의 이의제기가 있으면 이러한 사실을 법원에 통보하여야 하고 이로써 과태료 재판이 개시된다. 법원은 행정청으로부터 이의제기 통보서가 접수되면 사건번호를 부여하고 재판절차를 진행한다.

(2) 이의제기

① 근거규정

행정청의 과태료 부과에 불복하는 당사자는 과태료 부과 통지를 받은 날로부터 60일 이내에 해당 행정청에 서면으로 이의제기를 할 수 있다(질서위반행위규제법 제20조 제1항).

② 이의제기의 효력

행정청의 과태료 부과처분에 대하여 적법한 이의제기가 있는 경우에는 과태료 부과처분은 그 효력을 상실한다(질서위반행위규제법 제20조 제2항).

---

189) 법원실무제요 비송, 법원행정처, 2014, 267~269면 발췌 · 수정참조

190) 예 ① 등기를 게을리한 경우와 같은 사법상 의무위반에 대한 과태료 부과, ② 증인의 불출석과 같은 소송법상 의무위반에 대한 과태료 부과

(3) 행정청의 이의제기 통보

행정청은 당사자가 이의제기를 철회하거나 당사자의 이의제기에 이유가 있어 과태료를 부과할 필요가 없는 것으로 인정되는 경우가 아닌 한, 이의제기를 받은 날로부터 14일 이내에 이에 대한 의견 및 증빙서류를 첨부하여 관할법원에 통보하여야 한다(질서위반행위규제법 제21조).

(4) 검사에 대한 이의제기 통지

법원은 행정청으로부터 이의제기 통보가 있는 경우 이를 즉시 검사에게 통지하여야 한다(질서위반행위규제법 제30조).

제5절 과태료 사건의 심리[191]

1. 약식재판절차

가. 약식재판의 의의

법원이 상당하다고 인정할 때에 당사자의 진술을 듣지 않고 과태료 재판을 하는 것을 약식재판이라고 하는데(법 제250조 제1항, 질서위반행위규제법 제44조), 일반적으로는 등기를 게을리한 경우와 같이 위반사실이 객관적으로 명백하여 당사자의 반증의 여지가 없는 때 또는 객관적으로 위반사실이 증명되고 정당한 사유의 부존재가 강하게 추정되는 때 등이 '상당하다고 인정할 때'의 대표적인 예라고 할 수 있다. 그러나 실무상으로는 절차의 효율성, 신속성 등을 고려하여 먼저 모든 과태료 사건을 약식절차에 의한 뒤 이의신청이 있는 사건만을 정식절차를 거쳐 재판하고 있다.

나. 심리방식

(1) 서면심리

약식절차에 의하는 경우 서면심리에 의한다. 당사자의 진술 내지 검사의 의견을 듣지 않고 재판하더라도 위법한 것은 아니다. 실무상으로도 약식절차에서는 검사의 의견을 구하지 않고 정식절차에서만 검사의 의견을 구하고 있다.

(2) 불이익변경금지의 원칙 적용 여부

법원이 행정청의 과태료처분에 대하여 이의제기에 의하여 하는 과태료 재판은 행정청이 부과한 과태료처분의 당부를 심판하는 행정소송절차가 아니므로 불이익변경금지의 원칙이 적용되지 않는다.[192]

---

191) 법원실무제요 비송, 법원행정처, 2014, 275~286면 발췌 · 수정참조

192) 대결 1986.12.10. 86마1009

(3) 행정청이 위반행위 근거법령을 잘못 적시한 경우 변경 가능 여부

법원이 과태료 재판을 하는 절차는 부과권자인 행정청의 과태료 부과처분에 대한 당부를 심판하는 행정소송절차가 아니므로 행정청이 그 위반행위에 대한 근거법령을 잘못 적시하였다 하더라도, 법원은 직권에 의한 사실탐지와 증거조사를 통하여 제대로 된 근거법령을 적용하여 특별한 보정명령 없이 약식절차에서 바로 과태료를 부과할 수 있다.

다. 불복절차 – 이의신청

(1) 이의신청의 방식

① 약식절차에 의한 과태료 재판에 대하여 당사자와 검사는 재판의 고지를 받은 날로부터 7일 이내에 이의신청을 할 수 있다(법 제250조 제2항, 질서위반행위규제법 제45조 제1항). 이 경우 약식절차에 의한 과태료 재판은 이의신청에 의하여 효력을 잃고, 법원은 심문을 거쳐 다시 재판하여야 한다(법 제250조 제3항 · 제4항, 질서위반행위규제법 제50조 제1항 · 제2항).[193] 이의신청 방식에는 특별한 규정은 없으나, 서면(이의신청서)으로 하여야 하며, 이의신청서에는 인지를 붙일 필요는 없다.

② 불출석 증인에 대하여 진술의 기회를 주지 않은 채 내린 과태료 결정은 증인에게 진술의 기회를 주지 않고 한 「비송사건절차법」 제250조 제1항의 약식재판이라고 보아야 하므로, 증인이 그에 대하여 불복하면서 제출한 '즉시항고장'은 그 제목에 불구하고 같은 조 제2항의 이의신청으로 보아 처리하여야 하고, 따라서 그 관할법원은 약식재판을 한 법원이 된다(대결 2001.5.2. 2001마1733).[194]

판례

대법원 2001.5.2. 2001마1733 결정 [과태료]

[판시사항]

[1] 불출석 증인에 대한 과태료 재판의 절차 및 그에 대한 불복 방법

[2] 불출석 증인에게 진술의 기회를 주지 않은 채 내린 과태료 결정에 대하여 증인이 '즉시항고장'을 제출하여 불복한 경우의 처리방법 및 그 관할법원

[결정요지]

[1] 「민사소송법」 제210조 제2항은 「비송사건절차법」 제248조 및 제250조 중 검사에 관한 규정은 「민사소송법」에 의한 과태료의 재판에는 적용하지 아니한다고 규정하고 있으므로 「비송사건절차법」 제248조와 제250조 중 검사에 관한 부분이 아닌 규정은 「민사소송법」에 의한 과태료의 재판에 적용된다고 할 것이고, 따라서 정당한 사유 없이 출석하지 아니한 증인에 대하여 과태료에 처하는 결정을 함에 있어서도 그 증인에게 과태료 재판에 관한 진술의 기회를 주어 정식재판으로 하는 방법과 증인에게 진술의 기회를 주지 않고 약식재판으로 하는 방법이 있다고 해석되고, 당사자는 정식재판에 대하여는 바로 「민사소송법」

193) 실무상 검사가 이의신청을 하는 경우는 거의 없다.

194) 약식절차에 의한 과태료의 재판에는 이의신청을 할 수 있을 뿐, 즉시항고는 허용되지 않으므로 비록 위반자가 즉시항고장을 제출하는 방법으로 불복하였더라도 그 제목에 관계없이 약식재판에 대한 이의신청으로 취급하여 정식절차에 따라 당사자의 진술을 듣고 다시 재판하여야 하며 그 제목에 따라 즉시항고로 보아 항고심으로 기록을 송부하면 아니 된다.

제282조 제2항에 의한 즉시항고를 제기할 수 있으나, 약식재판에 대하여는 「비송사건절차법」 제250조 제2항에 의한 이의신청을 하여 정식재판을 받고 그에 대하여 다시 「민사소송법」 제282조 제2항에 의한 즉시항고를 하는 방법으로 불복할 수 있다고 해석된다.

[2] 불출석 증인에 대하여 진술의 기회를 주지 않은 채 내린 과태료 결정은 증인에게 진술의 기회를 주지 않고 한 「비송사건절차법」 제250조 제1항의 약식재판이라고 보아야 하므로, 증인이 그에 대하여 불복하면서 제출한 '즉시항고장'은 **그 제목에 불구하고** 같은 조 제2항의 이의신청으로 보아 처리하여야 하고, 따라서 그 관할법원은 약식재판을 한 법원이 된다.

[원심결정]

서울지법 2001. 3. 6.자 2000나55163 결정

[주문]

사건을 서울지방법원 본원 합의부에 이송한다.

[이유]

「비송사건절차법」 제248조 제2항은 법원이 과태료 재판을 하기 전에 당사자와 검사의 진술을 듣도록 규정하고 있으나, 같은 법 제250조는 법원이 상당하다고 인정할 때에는 당사자의 진술을 듣지 아니하고 과태료의 재판을 할 수 있으며(제1항), 당사자와 검사는 제1항의 재판의 고지를 받은 날로부터 1주일 내에 이의의 신청을 할 수 있고(제2항), 이의신청에 의하여 제1항의 재판은 그 효력을 잃으며(제3항), 이의신청이 있는 때에는 법원은 당사자의 진술을 듣고 다시 재판하도록(제4항) 규정하고 있고, 한편 「민사소송법」 제282조는 증인이 정당한 사유 없이 출석하지 아니한 때에는 법원은 결정으로 50만 원 이하의 과태료에 처하고(제1항), 위 결정에 대하여는 즉시항고를 할 수 있도록(제2항) 규정하고 있으며, 「민사소송법」 제210조 제2항은 「비송사건절차법」 제248조 및 제250조 중 검사에 관한 규정은 「민사소송법」에 의한 과태료의 재판에는 적용하지 아니하도록 규정하고 있다.

따라서 「비송사건절차법」 제248조와 제250조 중 검사에 관한 부분이 아닌 규정은 「민사소송법」에 의한 과태료의 재판에 적용된다고 할 것이므로, 정당한 사유 없이 출석하지 아니한 증인에 대하여 과태료에 처하는 결정을 함에 있어서도 그 증인에게 과태료 재판에 관한 진술의 기회를 주어 정식재판으로 하는 방법과 증인에게 진술의 기회를 주지 않고 약식재판으로 하는 방법이 있다고 해석되고, 당사자는 정식재판에 대하여는 바로 「민사소송법」 제282조 제2항에 의한 즉시항고를 제기할 수 있으나, 약식재판에 대하여는 「비송사건절차법」 제250조 제2항에 의한 이의신청을 하여 정식재판을 받고 그에 대하여 다시 「민사소송법」 제282조 제2항에 의한 즉시항고를 하는 방법으로 불복할 수 있다고 해석된다.

기록에 의하면, 서울지방법원 2000나55163 임대차보증금 사건에서 그 사건 피고에 의하여 증인으로 신청된 재항고인이 2001.2.8. 같은 해 3월 2일 15:00에 열리는 제4차 변론기일에 출석하라는 소환장을 송달받고서도 위 변론기일에 출석하지 아니하자, 원심은 같은 달 6일 재항고인에 대한 진술의 기회를 주지 않은 채 재항고인에 대하여 과태료 금 500,000원에 처하는 결정을 내렸고, 재항고인은 같은 달 12일 위 결정문을 송달받고 같은 달 17일 '즉시항고장'을 제출하여 위 결정에 불복하고 있음을 알 수 있는 바, 원심의 같은 달 6일자 과태료 결정은 재항고인에게 진술의 기회를 주지 않고 한 「비송사건절차법」 제250조 제1항의 약식재판이라고 보아야 할 것이므로 재항고인이 제출한 이 사건 '즉시항고장'은 그 **제목에 불구하고** 같은 조 제2항의 이의신청으로 보아 처리하여야 할 것이다.

그렇다면 이 사건의 관할법원은 약식재판을 한 법원인 서울지방법원 본원 합의부라고 할 것이므로 「민사소송법」 제31조에 의하여 관할법원에 이송하기로 하여, 관여 법관의 일치된 의견으로 주문과 같이 결정한다.

(2) 이의신청 기간

이의신청기간은 재판의 고지를 받은 날로부터 7일이고, 위 기간이 도과하면 그 재판은 확정되어 더 이상 다툴 수 없게 된다. 따라서 이의신청기간이 도과된 후에 제기된 이의신청은 부적법하고, 그러한 이의신청은 결정으로 각하한다(대결 1982.7.22. 82마337). 다만, 당사자의 책임질 수 없는 사유로 이의신청기간이 도과된 경우에는 「민사소송법」 제173조를 준용하여 그 사유가 없어진 날로부터 2주 이내에 이의신청을 보완할 수 있다.[195]

(3) 이의신청이 제기된 경우의 처리

약식재판에 의한 과태료 결정(약식결정)에 대하여 이의신청이 제기되어 정식절차로 진행되는 사건은 기록표지 등에 과태료 결정에 대한 이의신청이라는 뜻과 약식결정일을 기재한다. 그리고 법원사무관등은 지체 없이 이의신청서 부본을 상대방 당사자에게 송달하여야 한다.

(4) 이의신청의 취하

「비송사건절차법」에는 이의신청의 취하에 대하여 명문의 규정이 없지만, 이의제기의 취하나 즉시항고의 취하에 준하여 정식절차에 의한 재판이 있기 전까지 취하할 수 있고, 이 경우 별도의 결정 없이 원래의 약식결정이 그대로 확정되는 것으로 본다.

2. 정식재판절차

가. 정식절차의 개념

법원이 과태료 재판을 하기 전에 심문기일을 열어 당사자의 진술을 듣고 검사의 의견을 구하는 절차를 거쳐 재판하는 것을 말한다(법 제248조 제2항, 질서위반행위규제법 제31조).

나. 관할

약식절차에 따라 과태료를 부과한 법원이 관할법원이다.[196]

다. 당사자의 진술청취

법원은 재판을 하기 전에 당사자의 진술을 듣는다(법 제8조, 민소법 제161조). 당사자의 진술은 서면 또는 말로 한다(법 제8조). 법원은 당사자의 진술을 청취하기 위한 심문기일을 정하고 당사자에게 그 기일을 통지하는 것이 보통이다.

---

195) 약식절차에 따른 과태료재판에 대한 당사자의 이의신청은 즉시항고와 같이 상급심에 대한 것은 아니나 재판에 불복의 뜻에서는 이와 다를 바가 없기 때문이다(대결 1981.9.30. 81마281).

196) 대결 2008.5.24. 2007마1492 참조

라. 심문기일의 지정

정식절차에 의하여 재판하는 경우 심문기일을 정기적으로 여는 경우는 별 문제가 없지만, 그렇지 않은 경우에는 당사자에게 기일을 통지할 수 있는 시간적 여유를 두고 심문기일을 지정할 수밖에 없다.

마. 검사의 의견청취

「비송사건절차법」에서는 제1편 총칙규정과 별도로, 과태료 사건에 관해서는 검사의 의견을 구하도록 하는 규정을 두고 있다(법 제248조 제2항). 이는 과태료사건이 공익과 밀접한 관련이 되기 때문이다.

바. 심문기일의 운영

(1) 심문의 공개 여부

「비송사건절차법」에 의한 과태료재판의 심문은 공개하지 아니하고, 법원은 상당하다고 인정하는 자에게 방청을 허가할 수 있을 뿐이다(법 제13조).

(2) 위반자의 불출석

「비송사건절차법」이나 「질서위반행위규제법」이 당사자(위반자)의 진술을 듣도록 하는 것은 당사자에게 진술의 기회를 주어야 한다는 것이므로 일단 심문기일을 정하여 적법하게 통지한 이상 위반자가 출석하지 않거나 서면만을 제출한 경우에는 그대로 심문을 종결하고 결정한다.

(3) 행정청의 출석

「질서위반행위규제법」상 법원은 행정청의 참여가 필요하다고 인정하는 때에는 행정청으로 하여금 심문기일에 출석하여 의견을 진술하게 할 수 있고, 행정청 또한 법원의 허가를 받아 소속 공무원으로 하여금 심문기일에 출석하여 의견을 진술하게 할 수 있다(질서위반행위규제법 제32조).

사. 사실의 인정

(1) 직권탐지주의

과태료 재판에서는 비송사건절차의 일반원칙인 절대적 진실발견주의, 직권탐지주의가 적용되고, 증명책임은 인정되지 않는다. 따라서 자백, 자백간주 등은 인정되지 아니하고, 당사자가 신청한 유일한 증거라도 배척할 수 있다.

과태료 재판에서 부과처분의 대상자가 이를 다툴 경우에는 법원은 위와 같은 사정을 종합적으로 심리하여 위반 여부를 직권으로 탐지하여야 하고, 다투는 자에게 그 주장사실에 대한 증명책임을 부담시킬 수 없으므로 위반자의 위반행위 부인에 대하여 그 주장사실의 입증이 부족하다는 이유로 배척하는 것은 직권탐지주의에 반하므로 위법하다.[197]

197) 대결 2009.9.28. 2009마817 등

(2) 사실인정의 방법

① 사실의 탐지

사실의 탐지의 방법으로는 통상 개인, 회사, 공사(公社)단체 등에 대한 서면 또는 전화에 의한 조회, 출석한 관계자 등에 대한 질문·관계서류의 조사 등이 많이 이용된다. 그러나 서면으로 조회해도 응답이 없거나 임의출석을 요구해도 응하지 않는 경우에는 이를 강제할 수 없으며, 그러한 경우에는 다른 조사방법을 택할 수밖에 없다(법 제12조, 질서위반행위규제법 제34조).

② 증거조사

「비송사건절차법」 제10조가 "인증(**증**인심문)과 **감**정에 관한 「민사소송법」의 규정은 비송사건에 이을 준용한다."고 규정하고 있어 과태료 증거조사의 방법으로는 「민사소송법」을 준용하는 **증**인심문과 **감**정만을 인정하고, 나머지 서증, 검증, 당사자본인신문은 모두 사실탐지에 속한다는 견해와 민사소송의 경우와 동일하게 서증, 감정, 당사자본인신문도 모두 비송사건에서의 증거조사방법에 포함되어, 결국 그 밖의 사실인정 방법만이 사실탐지에 속한다는 견해가 대립되고 있다. 반면에 「질서위반행위규제법」 제33조 제2항은 "증거조사에 관하여는 「민사소송법」에 따른다."라고 규정하고 있다.

아. 약식결정과 정식결정 사이의 불이익변경금지의 원칙

당사자 또는 검사의 이의신청에 의하여 약식재판은 그 효력을 잃으므로(법 제250조 제3항, 질서위반행위규제법 제50조 제1항) 정식재판에서는 약식재판의 내용에 기속되지 아니한다.
실무에서는 약식결정에 대한 이의신청의 남발을 막고, 당사자에게 불의타를 입히는 것을 방지하기 위해 약식결정문을 작성하면서 상용구로 "과태료 결정에 대하여 이의신청을 제기하여 정식절차에 의한 과태료 재판을 받는 경우 불이익변경금지의 원칙이 적용되지 않기 때문에 과태료 금액이 증액될 수 있습니다."라는 문구를 추가로 기재하고 있다.

제6절 과태료 사건의 종결

1. 처벌결정

위반사실이 증명되면(질서위반행위에 대하여는 위반자의 고의·과실 및 책임도 인정되면) 위반자를 처벌한다.

2. 불처벌결정

(1) 실체적 재판을 할 수 없는 경우

① 과태료 재판관할권이 없는 경우이다. 예를 들어 과태료 부과 대상자가 국가, 외국, 외교관인 경우에는 법원에 재판권이 없다.

② 과태료 재판절차 개시·진행 요건 흠결의 경우 및 과태료 처분을 할 수 없는 사유를 법령에 특별히 규정하고 있는 경우이다. 예를 들어 (ⅰ) 위반자 사망 등 당사자 능력이 없는 경우, (ⅱ) 하나의 위반행위에 대하여 행정청이 이중으로 과태료 부과처분을 하거나 등기관이 다시 통지한 경우, (ⅲ) 처벌 결정 또는 불처벌 결정이 확정된 뒤에 행정청이 다시 부과처분을 하거나 등기관이 다시 통지한 경우, (ⅳ) 과태료 처분을 할 수 없는 사유를 법령에 특별히 규정(도로교통법 제160조 제4항 제3호)하고 있는 경우가 이에 해당된다.

(2) 위반사실이 인정되지 않는 경우

위반사실에 대한 증빙자료가 없어 행정청에 증빙자료의 제출을 요구하였으나, 정해진 기간 내에 제출하지 않는 경우가 이에 해당된다.

(3) 고의 또는 과실이 인정되지 않는 경우

「질서위반행위규제법」상 질서위반행위의 경우에는 고의·과실을 요한다. 따라서 고의·과실이 없으면 불처벌 결정을 하여야 한다.

(4) 위반행위에 정당한 사유가 있는 경우

과태료 부과의 대상이 되는 위반행위에 대하여 정당한 사유가 있을 때에는 법률의 규정형식에 관계없이 과태료를 부과할 수 없다.

(5) 위반자의 책임이 인정되지 않는 경우

14세가 되지 아니한 자의 질서위반행위는 다른 법률에 특별한 규정이 있는 경우를 제외하고는 과태료를 부과하지 아니하고, 스스로 심신장애 상태를 만들어 질서위반행위를 한 경우가 아닌 한 책임능력 없는 자의 질서위반행위에 대해서는 과태료를 부과하지 않는다(질서위반행위규제법 제9조, 제10조).

(6) 처벌의 필요가 없는 경우

위반사실이 인정되더라도 사안이 극히 경미하여 처벌의 필요가 없다고 인정되는 경우에는 불처벌 결정을 할 수 있다.

3. 비용의 부담

(1) 과태료 재판 절차비용

과태료 재판 절차비용은 과태료를 부과하는 선고가 있는 경우에는 그 선고를 받은 자가 부담하고, 그 밖의 경우에는 국고에서 부담한다(법 제248조 제4항, 질서위반행위규제법 제41조 제1항).

(2) 항고절차비용 및 전심절차비용

항고법원이 당사자의 신청을 인정하는 과태료 재판을 한 때에는 항고절차의 비용과 전심에서 당사자의 부담이 된 비용은 국고의 부담으로 한다(법 제248조 제5항, 질서위반행위규제법 제41조 제2항).

4. 재판서의 작성

과태료 재판은 이유를 붙인 결정으로써 하여야 한다(법 제248조 제1항, 질서위반행위규제법 제36조 제1항). 일반적으로 비송사건에 있어 결정에 반드시 이유를 기재할 것을 요하는 것은 아니지만 과태료사건은 국민에게 제재를 가하는 것이므로 이유를 기재하도록 한 것이다.

5. 재판의 효력

가. 효력발생시기

과태료 재판은 고지함으로써 효력이 생긴다. 「비송사건절차법」은 재판을 받은 자에게(법 제18조 제1항), 「질서위반행위규제법」은 당사자와 검사에게(질서위반행위규제법 제37조 제1항) 고지함으로써 효력이 생긴다고 규정하고 있다. 즉시항고가 허용되는 재판이라도 확정을 기다릴 필요 없이 고지와 동시에 효력이 발생한다.

나. 재판의 취소 · 변경

비송사건의 재판은 법원이 일단 재판을 한 후라도 그 재판이 위법 또는 부당하다고 인정할 때에는 이를 취소하거나 변경할 수 있지만(법 제19조 제1항), 즉시항고로써 불복할 수 있는 재판은 취소하거나 변경할 수 없으므로(같은 조 제3항), 즉시항고로 불복할 수 있는 과태료 재판의 경우에는 일단 재판을 한 후에는 취소 또는 변경할 수 없다.

제7절 과태료 재판에 대한 불복절차

1. 즉시항고[198]

가. 즉시항고의 제기

(1) 당사자와 검사는 정식재판절차에 의한 과태료 재판에 대하여 즉시항고할 수 있고, 즉시항고에는 집행정지의 효력이 있다(법 제248조 제3항, 질서위반행위규제법 제38조 제1항). 그러나 검사가 아닌 1차 부과처분을 한 행정청은 즉시항고할 수 없고, 출석하지 아니한 증인에게 부과한 과태료 재판에 대한 즉시항고에는 집행정지의 효력이 없다(민소법 제311조 제8항, 형소법 제151조 제8항).

(2) 즉시항고기간에 대하여 명문의 규정이 없지만, 「비송사건절차법」 제23조와 「질서위반행위규제법」 제40조가 준용하고 있는 「민사소송법」 제444조 제1항에 따라 과태료 재판에 대한 즉시항고 기간은 1주일로 보아야 한다.

(3) 당사자의 책임질 수 없는 사유로 말미암아 즉시항고 기간을 지킬 수 없었던 경우에는 「민사소송법」 제173조를 준용하여 그 사유가 없어진 날로부터 2주 이내에 게을리한 즉시항고를 보완할 수 있고, 이 경우에 법원은 「민사소송법」 제500조를 준용하여 강제집행의 일시정지 등을 명할 수 있다.

나. 재판의 고지 전 항고

과태료 심문기일이 지난 후 결정이 고지되기도 전에 항고를 하는 경우가 있다. 그러나 결정은 상당한 방법에 의하여 고지함으로써 효력이 발생하므로 결정의 고지 전에 항고는 부적법하다(대결 1998.3.9. 98마12).

다. 항고법원의 심리범위

항고법원의 심리는 항고 이유에 제한되지 않으므로 항고법원은 불복의 대상이 된 1심 결정의 당부를 가리기 위하여 항고 이유의 주장 유무에 관계없이 기록에 나타난 자료의 진실 여부를 직권으로 조사하여 심리·판단하여야 한다(대결 1982.10.12. 82마523).

라. 불이익변경금지의 원칙 적용

과태료 재판(정식재판)에 대한 즉시항고(정식재판 후 불복)는 「민사소송법」 제415조 본문이 준용되므로(법 제23조, 민소법 제443조 제1항, 질서위반행위규제법 제40조) 불이익변경금지의 원칙이 적용된다.

---

198) 즉시항고장에는 2,000원의 인지를 붙여야 한다(인지법 제11조 제2항).

2. 재항고

항고법원의 결정에 대하여는 재판에 영향을 미친 헌법·법률·명령 또는 규칙의 위반을 이유로 드는 때에만 재항고할 수 있다(법 제23조, 민소법 제442조, 질서위반행위규제법 제40조). 따라서 항고법원이 정한 과태료액수가 법이 정한 범위 내에서 이루어진 이상 그것이 현저히 부당하여 재량권 남용에 해당하지 않는 한, 그 액수가 많다고 다투는 것은 적법한 재항고 이유가 될 수 없다(대결 2008.2.29. 2005마94). 재항고심의 절차에 관하여는 그 성질이 반하지 않는 한 상고에 관한 규정이 준용된다(법 제23조, 민소법 제443조 제2항, 질서위반행위규제법 제40조).

3. 과태료 재판의 확정

과태료 재판에는 기판력이 인정되지 않는다는 것이 일반적 견해이지만, 어떤 위반행위를 이유로 한 과태료 재판에서 위반자를 처벌하거나 처벌하지 아니하는 결정이 확정되었다면 그 후 동일한 위반행위를 이유로 하여 다시 과태료에 처할 수는 없다고 할 것이다.

4. 준재심

「민사소송법」 제461조는 즉시항고로 불복할 수 있는 결정이 확정된 경우에 제451조 제1항에 규정된 사유가 있는 때에는 확정판결에 대한 제451조 내지 제460조의 규정에 준하여 재심을 할 수 있다고 규정하고 있다. 과태료 재판이 확정된 경우에도 위 규정에 따른 재심을 인정하고 있다.

제8절 과태료 재판의 집행

1. 검사에 대한 확정통보

과태료 재판이 확정된 경우에는 법원사무관등은 대응 검찰청 검사에게 확정통보를 하여야 한다.

2. 검사의 집행명령

과태료의 재판은 검사의 명령으로써 하며, 이를 집행명령이라고 하는데 검사의 집행명령은 집행력 있는 집행권원과 같은 효력이 있다(법 제249조 제1항, 질서위반행위규제법 제42조 제1항, 민사집행법 제60조 제1항·제2항). 집행절차는 「민사집행법」에 따르나 집행을 하기 전에 재판의 송달은 하지 아니한다(법 제249조 제2항, 질서위반행위규제법 제42조 제2항).

3. 과태료 부과의 제척기간, 과태료의 시효

(1) 종전 판례의 태도

과태료 부과의 제척기간, 시효와 관련하여 판례는 "과태료의 제재는 범죄에 대한 형벌이 아니므로 그 성질상 처음부터 공소시효나 형의 시효에 상당하는 것은 있을 수 없고, 이에 상당한 규정도 없으므로 과태료에 처해질 위반행위를 한 자는 그 처벌을 면할 수는 없고 「국가재정법」 제96조 제1항에서 정한 국가의 금전채권에 관한 소멸시효 규정이 적용·준용되지 않는다"고 판시[199]하면서 일단 한번 과태료 부과 대상인 위반행위를 한 사람은 처벌을 면할 수 없다는 입장이었다. 따라서 과태료 부과 대상인 위반행위를 한 사람에게 5년이 경과되더라도 해당 과태료를 부과하는 것에는 아무런 문제가 없었다.

판례

과태료의 처벌에 있어 공소시효나 형의 시효 및 예산회계법 제96조 소정의 국가의 금전채권에 관한 소멸시효의 규정이 적용 내지 준용되는지 여부(소극) (대법원 2000.8.24.자 2000마1350 결정) [건축법위반]

[판결요지]

과태료의 제재는 범죄에 대한 형벌이 아니므로 그 성질상 처음부터 공소시효(형사소송법 제249조)나 형의 시효(형법 제78조)에 상당하는 것은 있을 수 없고, 이에 상당하는 규정도 없으므로 일단 한번 과태료에 처해질 위반행위를 한 자는 그 처벌을 면할 수 없는 것이며, 「예산회계법」 제96조 제1항은 "금전의 급부를 목적으로 하는 국가의 권리로서 시효에 관하여 다른 법률에 규정이 없는 것은 5년간 행사하지 아니할 때에는 시효로 인하여 소멸한다."고 규정하고 있으므로 과태료결정 후 징수의 시효, 즉 과태료 재판의 효력이 소멸하는 시효에 관하여는 국가의 금전채권으로서 「예산회계법」에 의하여 그 기간은 5년이라고 할 것이지만, 위반행위자에 대한 과태료의 처벌권을 국가의 금전채권과 동일하게 볼 수는 없으므로 「예산회계법」 제96조에서 정해진 국가의 금전채권에 관한 소멸시효의 규정이 과태료의 처벌권에 적용되거나 준용되지는 않는다.

(2) 관련 법령상의 규정

「질서위반행위규제법」 제19조는 '행정청은 질서위반행위가 종료한 날로부터 5년이 경과한 경우에는 과태료를 부과할 수 없고, 법원의 과태료 결정이 있는 경우에는 행정청은 그 결정이 확정된 날로부터 1년이 경과하기 전까지는 과태료를 정정부과하는 등 해당 결정에 따라 필요한 처분을 할 수 있다'라고 하여 과태료 부과처분에 관한 제척기간 규정을 두고 있으므로, 위 법이 적용되는 질서위반행위의 경우에는 위반행위시부터 5년이 경과하면 과태료를 부과할 수 없다. 또한 같은 법 제15조 제1항에서 "과태료는 행정청의 과태료 부과처분이나 법원의 과태료 재판이 확정된 후 5년간 징수하지 아니하거나 집행하지 아니하면 시효로 인하여 소멸한다." 라고 규정하여 과태료 부과는 소멸시효에 걸린다는 점을 분명히 밝히고 있다.

199) 대법원 2000.8.24. 2000마1350 결정

행정사법

Chapter 01

총칙

1. 목적

「행정사법」은 행정사 제도를 확립하여 행정과 관련한 국민의 편익을 도모하고 행정제도의 건전한 발전에 이바지함을 목적으로 한다(법 제1조).

2. 행정사 업무범위

제2조 【업무】 ① 행정사는 다른 사람의 위임을 받아 다음 각 호의 업무를 수행한다. 다만, 다른 법률에 따라 제한된 업무는 할 수 없다.
1. 행정기관에 제출하는 서류의 작성
2. 권리·의무나 사실증명에 관한 서류의 작성
3. 행정기관의 업무에 관련된 서류의 번역
4. 제1호부터 제3호까지의 규정에 따라 작성된 서류의 제출 대행(代行)
5. 인가·허가 및 면허 등을 받기 위하여 행정기관에 하는 신청·청구 및 신고 등의 대리(代理)
6. 행정 관계 법령 및 행정에 대한 상담 또는 자문에 대한 응답
7. 법령에 따라 위탁받은 사무의 사실 조사 및 확인

② 제1항에 따른 업무의 내용과 범위는 대통령령으로 정한다.

행정사는 다른 사람의 위임을 받아 다른 법률에서 제한된 업무가 아니면 다음과 같은 업무를 수행한다(법 제2조, 영 제2조).

가. 행정사의 업무

(1) 행정기관에 제출하는 서류의 작성

① 진정·건의·질의·청원 및 이의신청에 관한 서류
② 출생·혼인·사망 등 가족관계의 발생 및 변동 사항에 관한 신고 등의 각종 서류

(2) 권리·의무나 사실증명에 관한 서류의 작성

① 각종 계약·협약·확약 및 청구 등 거래에 관한 서류
② 그 밖에 권리관계에 관한 각종 서류 또는 일정한 사실관계가 존재함을 증명하는 각종 서류

(3) 행정기관의 업무에 관련된 서류의 번역

행정기관에 제출하는 각종 서류를 번역하는 일

⑷ **제1호부터 제3호까지의 규정에 따라 작성된 서류의 제출 대행(代行)**

다른 사람의 위임에 따라 행정사가 제1호부터 제3호까지의 규정에 따라 작성하거나 번역한 서류를 행정기관 등에 제출하는 일

⑸ **인가 · 허가 및 면허 등을 받기 위하여 행정기관에 하는 신청 · 청구 및 신고 등의 대리(代理)**

다른 사람의 위임을 받아 인가 · 허가 · 면허 및 승인의 신청 · 청구 등 행정기관에 일정한 행위를 요구하거나 신고하는 일

⑹ **행정 관계 법령 및 행정에 대한 상담 또는 자문에 대한 응답**

행정 관계 법령 및 제도 · 절차 등 행정업무에 대하여 설명하거나 자료를 제공하는 일

⑺ **법령에 따라 위탁받은 사무의 사실조사 및 확인**

법령에 따라 위탁받은 사무의 사실을 조사하거나 확인하고 그 결과를 서면으로 작성하여 위탁한 사람에게 제출하는 일

나. 행정사의 종류별 업무의 범위와 내용

⑴ **일반행정사**

행정사의 업무 중 행정기관의 업무에 관련된 서류의 번역과 해운 및 해양안전심판과 관련한 업무를 제외한 업무를 하는 행정사이다.

⑵ **해사행정사**

행정사의 업무 중 행정기관의 업무에 관련된 서류의 번역을 제외한 해운 및 해양안전심판과 관련한 업무를 하는 행정사이다.

⑶ **외국어번역행정사**

행정사의 업무 중 행정기관의 업무에 관련된 서류의 번역과 번역한 서류를 위촉자를 대행하여 행정기관에 제출하는 일을 하는 행정사이다.

다. 행정사가 아닌 사람에 대한 금지사항

⑴ 행정사가 아닌 사람은 다른 법률에 따라 허용되는 경우를 제외하고는 행정사의 업무를 업으로 하지 못한다(법 제3조 제1항).

⑵ 행정사가 아닌 사람은 행정사 또는 이와 비슷한 명칭을 사용하지 못한다(법 제3조 제1항).

⑶ 다른 법률에 따라 허용되는 경우를 제외하고 행정사가 아닌 사람이 행정사의 업무를 업으로 한 자는 3년 이하의 징역 또는 3천만원 이하의 벌금에 처한다(법 제36조 제1항).

행정사의 자격과 시험

1. 행정사의 자격취득과 결격사유

가. 행정사 자격취득

행정사 자격시험에 합격한 사람은 행정사 자격이 있다(법 제5조).

나. 결격사유

다음 어느 하나에 해당하는 사람은 행정사가 될 수 없다(법 제6조).

(1) **피**성년후견인 또는 피한정후견인

(2) **파**산선고를 받고 복권(復權)되지 아니한 사람

(3) 금고 이상의 실형을 선고받고 그 집행이 끝나거나(집행이 끝난 것으로 보는 경우를 포함한다) 집행이 면제된 날부터 3년이 지나지 아니한 사람

(4) 금고 이상의 형의 집행유예를 선고받고 그 유예기간이 끝난 날부터 2년이 지나지 아니한 사람

(5) 금고 이상의 형의 선고**유**예를 받고 그 유예기간에 있는 사람

(6) **공**무원으로서 징계처분에 따라 파면되거나 해임된 후 3년이 지나지 아니한 사람

(7) 행정사 **자**격이 취소된 후 3년이 지나지 아니한 사람

2. 행정사 자격시험

가. 자격시험의 실시

행정사 자격시험은 행정안전부장관이 실시하고, 행정사 자격시험은 제1차시험과 제2차시험으로 구분하여 실시한다. 그리고 행정안전부장관은 행정사 자격시험의 관리에 관한 업무를 「한국산업인력공단법」에 따른 한국산업인력공단에 위탁할 수 있다(법 제8조 제1항 · 제2항 · 제3항).

나. 시험의 실시 및 공고

(1) 행정사 자격시험은 매년 한 번 실시한다(영 제8조 제1항).

(2) 행정안전부장관은 다음의 사항을 시험시행일 90일 전까지 일간신문·관보 및 인터넷 홈페이지 등에 공고하여야 한다(영 제8조 제2항).

① 시험의 방법 및 일시
② 시험과목
③ 합격자 발표의 일시 및 방법
④ 응시원서의 교부 및 접수 방법과 기간
⑤ 응시수수료의 납입 및 반환에 관한 사항
⑥ 최소선발인원(최소선발인원을 정한 경우만 해당한다)
⑦ 그 밖에 시험의 시행에 필요한 사항

다. 시험의 과목 및 방법

(1) 제1차시험은 선택형 필기시험으로 실시하고, 제2차시험은 논술형 필기시험으로 실시한다. 다만, 제2차시험의 경우에는 선택형·기입형 또는 단답형을 포함할 수 있다(영 제9조 제2항).

(2) 외국어번역행정사의 제2차시험 중 영어, 일본어, 중국어, 스페인어, 프랑스어, 독일어 및 러시아어 시험은 원서접수 마감일 전 2년 이내에 실시된 외국어능력검정시험으로 대체한다(영 제9조 제3항).

(3) 행정안전부장관은 행정사의 수급 상황 등을 고려하여 심의위원회의 심의를 거쳐 행정사의 종류별로 최소선발인원을 정할 수 있다. 이 경우 외국어번역행정사에 대해서는 외국어별로 최소선발인원을 정할 수 있다(영 제8조 제3항).

라. 시험위원의 임명 또는 위촉

(1) 행정안전부장관은 다음의 사람 중에서 시험문제의 출제·선정·검토 및 채점을 담당할 사람(이하 "시험위원"이라 한다)을 시험과목별로 2명 이상 임명하거나 위촉하여야 한다(영 제10조 제1항).

① 4급 이상 공무원
② 「고등교육법」 제2조 제1호부터 제6호까지의 규정에 따른 학교에서 조교수 이상의 직에 재직하고 있는 사람
③ 판사, 변호사 등 분야별 전문가

(2) 시험위원으로 임명되거나 위촉된 사람은 행정안전부장관이 요구하는 시험문제의 출제·선정·검토 또는 채점상의 유의사항과 서약서 등의 준수사항을 성실히 지켜야 한다(영 제10조 제2항).

(3) 행정안전부장관은 시험의 신뢰도를 크게 떨어뜨리는 행위를 한 시험위원이 있을 때에는 그 명단을 해당 시험위원의 소속 기관·단체의 장에게 통보하여야 한다(영 제10조 제3항).

(4) 행정안전부장관이 그 명단을 통보한 시험위원은 통보한 날부터 5년간 시험위원으로 임명되거나 위촉될 수 없다(영 제10조 제4항).

3. 시험의 면제

가. 제1차시험 면제

다음의 어느 하나에 해당하는 사람은 제1차시험을 면제한다(법 제9조 제1항).

(1) 공무원으로 재직한 사람 중 다음의 어느 하나에 해당하는 사람

① 경력직공무원(특정직공무원 중 대통령령으로 정하는 공무원은 제외한다)으로 10년 이상 근무한 사람 중 7급(이에 상당하는 계급을 포함한다) 이상의 직에 5년 이상 근무한 사람
② 대통령령으로 정하는 특수경력직공무원으로 10년 이상 근무한 사람 중 7급 이상에 상당하는 직에 5년 이상 근무한 사람

(2) 「고등교육법」에 따른 대학에서 외국어 전공 학사학위를 받은 후 그 외국어 번역 업무에 5년 이상 종사한 경력이 있는 사람

(3) 「고등교육법」에 따른 대학원에서 외국어 전공 석사학위 또는 박사학위를 받은 후 그 외국어 번역 업무에 3년 이상 종사한 경력이 있는 사람

(4) 행정사 자격이 있는 사람으로서 다른 종류의 행정사 자격시험에 응시하는 사람

나. 제1차시험의 전 과목과 제2차시험 일부면제

다음의 어느 하나에 해당하는 사람은 제1차시험의 전 과목과 제2차시험의 과목 중 일반행정사 및 해사행정사는 행정절차론과 사무관리론, 외국어행정사는 민법(계약)과 해당 외국어를 면제한다(법 제9조 제2항, 영 별표1).

(1) 경력직공무원으로서 다음 각 목의 어느 하나에 해당하는 사람

① 15년 이상 근무한 사람 중 6급(이에 상당하는 계급을 포함한다) 이상의 직에 8년 이상 근무한 사람
② 10년 이상 근무한 사람 중 5급(이에 상당하는 계급을 포함한다) 이상의 직에 5년 이상 근무한 사람

(2) 대통령령으로 정하는 특수경력직공무원으로서 다음 각 목의 어느 하나에 해당하는 사람

① 15년 이상 근무한 사람 중 6급 이상에 상당하는 직에 8년 이상 근무한 사람

② 10년 이상 근무한 사람 중 5급 이상에 상당하는 직에 5년 이상 근무한 사람

(3) 「고등교육법」에 따른 대학에서 외국어 전공 학사학위를 받은 후 그 외국어 번역 업무에 7년 이상 종사한 경력이 있는 사람

(4) 「고등교육법」에 따른 대학원에서 외국어 전공 석사학위 또는 박사학위를 받은 후 그 외국어 번역 업무에 5년 이상 종사한 경력이 있는 사람

다. 시험면제의 적용배제

다음에 해당하는 사람에게는 시험의 면제를 적용하지 아니한다(법 제9조 제3항).

(1) 공무원으로 근무 중 탄핵된 사람 또는 징계처분에 따라 그 직에서 파면되거나 해임된 사람

(2) 공무원으로 근무 중 금전, 물품, 부동산, 향응 또는 그 밖에 대통령령으로 정하는 재산상 이익을 취득하거나 제공한 사유로 강등 또는 정직에 해당하는 징계처분을 받은 사람

(3) 공무원으로 근무 중 다음에 해당하는 것을 횡령(橫領), 배임(背任), 절도, 사기 또는 유용(流用)한 사유로 강등 또는 정직에 해당하는 징계처분을 받은 사람

① 「국가재정법」에 따른 예산 및 기금

② 「지방재정법」에 따른 예산 및 지방자치단체 「기금관리기본법」에 따른 기금

③ 「국고금 관리법」 제2조 제1호에 따른 국고금

④ 「보조금 관리에 관한 법률」 제2조 제1호에 따른 보조금

⑤ 「국유재산법」 제2조 제1호에 따른 「국유재산 및 물품관리법」 제2조 제1항에 따른 물품

⑥ 「공유재산 및 물품 관리법」 제2조 제1호 및 제2호에 따른 공유재산 및 물품

⑦ 그 밖에 ①부터 ⑥까지에 준하는 것으로서 대통령령으로 정하는 것

라. 다음 회 제1차시험 면제

제1차시험에 합격한 사람에 대하여는 다음 회의 시험에서만 제1차시험을 면제한다(법 제9조 제5항).

마. 시험부정행위자에 대한 조치

(1) 행정안전부장관은 행정사 자격시험에서 부정행위를 한 사람에 대하여는 그 시험을 정지시키거나 무효로 처리한다(법 제9조의2 제1항).

(2) 시험이 <u>정지되거나 무효로 처리된 사람은 그 처분이 있은 날부터 5년간</u> 행정사 자격시험에 응시하지 못한다(법 제9조의2 제2항).

4. 행정사자격심의위원회

가. 심의사항

행정사 자격의 취득과 관련된 다음의 사항을 심의하기 위하여 행정안전부에 행정사자격심의위원회를 둘 수 있다(법 제7조 제1항).

(1) 행정사 자격시험 과목 등 시험에 관한 사항

(2) 행정사 자격시험 선발 인원의 결정에 관한 사항

(3) 행정사 자격시험의 일부면제 대상자의 요건에 관한 사항

(4) 그 밖에 행정사 자격의 취득과 관련한 중요 사항

나. 행정사자격심의위원회의 구성 등

(1) 행정사자격심의위원회(이하 "심의위원회"라 한다)는 위원장 1명과 부위원장 1명을 포함한 11명 이내의 위원으로 구성한다. 위촉위원이 전체 위원의 과반수가 되도록 해야 한다(영 제4조 제1항).

(2) 위원장은 행정안전부에서 행정사 관련 업무를 담당하는 실장급 공무원이 되고, 부위원장은 행정안전부에서 행정사 관련 업무를 담당하는 국장급 공무원이 되며, 위원은 다음의 사람이 된다(영 제4조 제2항).

① 행정안전부 소속 3급 공무원 또는 고위공무원단에 속하는 일반직공무원 중에서 행정안전부장관이 임명하는 사람

② **다음의 사람 중에서 행정안전부장관이 성별을 고려하여 위촉하는 사람**

(i) 대한행정사회의 장이 추천하는 행정사

(ii) 「고등교육법」에 따른 학교에서 조교수 이상의 직에 재직하고 있는 사람

(iii) 행정사 제도에 관한 학식과 경험이 풍부한 사람

(3) 위촉위원의 임기는 2년으로 하며, 한 번만 연임할 수 있다(영 제4조 제3항).

(4) 심의위원회에 간사 1명을 두며, 간사는 행정안전부 소속 공무원 중에서 위원장이 임명한다(영 제4조 제4항).

다. 위원의 제척 · 기피 · 회피 등

(1) 심의위원회 위원(이하 "위원"이라 한다)이 다음에 해당하는 경우에는 심의위원회의 심의 · 의결에서 제척된다(영 제4조의2 제1항).

① 위원 또는 그 배우자나 배우자였던 사람이 해당 안건의 당사자(당사자가 법인 · 단체 등인 경우에는 그 임원 또는 직원을 포함한다)가 되거나 그 안건의 당사자와 공동권리자 또는 공동의무자인 경우

② 위원이 해당 안건의 당사자와 친족이거나 친족이었던 경우

③ 위원이 해당 안건에 대하여 증언, 진술, 자문, 조사, 연구, 용역 또는 감정을 한 경우

④ 위원이나 위원이 속한 법인 · 단체 등이 해당 안건의 당사자의 대리인이거나 대리인이었던 경우

⑤ 위원이 해당 안건의 당사자와 같은 행정사법인 또는 행정사사무소에 소속된 경우

(2) 해당 안건의 당사자는 위원에게 제척사유가 있거나 공정한 심의 · 의결을 기대하기 어려운 사정이 있는 경우에는 심의위원회에 기피신청을 할 수 있고, 심의위원회는 의결로 기피 여부를 결정한다. 이 경우 기피신청의 대상인 위원은 그 의결에 참여할 수 없다(영 제4조의2 제2항).

(3) 위원 본인이 제척사유에 해당하는 경우에는 스스로 해당 안건의 심의 · 의결에서 회피해야 한다(영 제4조의2 제3항).

라. 위원의 해임 · 해촉

행정안전부장관은 위원이 다음에 해당하는 경우에는 해당 위원을 해임 또는 해촉(解囑)할 수 있다(영 제4조의3).

(1) 장기간의 심신장애로 직무를 수행할 수 없게 된 경우

(2) 직무와 관련된 비위사실이 있는 경우

(3) 직무태만, 품위손상이나 그 밖의 사유로 위원으로 적합하지 않다고 인정되는 경우

(4) 위원의 제척사유에 해당하는 데에도 불구하고 회피하지 않은 경우

(5) 위원 스스로 직무를 수행하는 것이 곤란하다고 의사를 밝히는 경우

마. 위원장의 직무

(1) 위원장은 심의위원회를 대표하고, 심의위원회의 업무를 총괄한다(영 제5조 제1항).

(2) 위원장이 직무를 수행할 수 없을 때에는 부위원장이 그 직무를 대행하며, 위원장과 부위원장이 모두 직무를 수행할 수 없을 때에는 위원장이 미리 지명한 위원이 그 직무를 대행한다(영 제5조 제2항).

바. 심의위원회의 회의

(1) 위원장은 심의위원회의 회의를 소집하고, 그 의장이 된다(영 제6조 제1항).

(2) 심의위원회의 회의는 재적위원 과반수의 출석으로 열고, 출석위원 과반수의 찬성으로 의결한다(영 제6조 제2항).

Chapter

03 업무신고

1. 행정사의 업무신고

가. 의의

행정사 자격이 있는 사람이 행정사로서 업무를 하려면 주된 사무소의 소재지를 관할하는 특별자치시장·특별자치도지사·시장·군수 또는 자치구의 구청장(이하 "시장등"이라 한다)에게 행정사 업무신고기준을 갖추어 신고(이하 "행정사업무신고"라 한다)하여야 한다. 신고한 사항을 변경할 때도 또한 같다(법 제10조 제1항).

나. 행정사 업무신고 기준

행정사 **업**무신고 기준이란 다음의 기준을 말한다(영 제20조 제1항). 합동사무소나 분사무소를 설치하려는 경우 또는 설치한 경우에도 동일하다(규칙 제7조 제3항).

(1) 행정사의 **결**격사유에 해당하지 않을 것

(2) **실**무교육을 이수했을 것

(3) 행정사 **자**격증이 있을 것

(4) 행정사회에 **가**입했을 것

다. 첨부서류

행정사 업무 신고를 하려는 사람은 행정안전부령으로 정하는 신고서에 다음의 서류를 **첨**부하여 주된 사무소의 소재지를 관할하는 시장 등에게 제출해야 한다(영 제20조 제2항). 합동사무소나 분사무소를 설치하려는 경우 또는 설치한 경우에도 동일하다(규칙 제7조 제3항).

(1) 행정사 **자**격증 사본 1부

(2) 실무교육 **수**료증 사본 1부

(3) 행정사회 **회**원증 1부

라. 신고한 사항 변경시 첨부서류

신고한 사항을 변경하려는 행정사는 신고서에 다음의 서류를 첨부하여 시장 등에게 제출해야 한다(규칙 제7조 제2항).

(1) 행정사 **자**격증 사본 1부

(2) 행정사업무신고**확**인증

2. 업무신고의 수리거부

(1) 「행정사법」의 수리거부 사유

시장 등은 행정사 업무신고를 하려는 사람이 행정사 업무신고 기준을 갖추지 아니한 ① 행정사의 **결**격사유에 해당하거나, ② **실**무교육을 이수하지 않았거나, ③ 행정사 **자**격증이 없거나, ④ 행정사회에 **가**입하지 아니한 경우에는 그 행정사 업무신고의 수리를 거부할 수 있다. 이 경우 지체 없이 행정사 업무신고의 수리 거부 사실 및 그 사유를 당사자에게 알려야 한다(법 제11조 제1항).

(2) 수리간주

시장 등이 <u>업무신고를 받은 날부터 3개월이 지날 때까지</u> 행정사업무신고확인증을 발급하지 아니하거나 행정사 업무신고의 수리거부 통지를 하지 아니하면 3개월이 되는 날의 다음 날에 행정사 업무신고가 수리된 것으로 본다(법 제11조 제2항).

(3) 이의신청

업무신고의 <u>수리가 거부된 사람은 그 통지를 받은 날부터 3개월 이내</u>에 행정사 업무신고의 수리거부에 대한 불복의 이유를 밝혀 시장 등에게 <u>이의신청</u>을 할 수 있다(법 제11조 제3항). 시장 등은 이의신청이 이유 있다고 인정하면 신고확인증을 발급하여야 한다(법 제11조 제4항).

3. 신고확인증

(1) 신고확인증의 발급

① 시장등은 행정사 업무신고를 받은 때에는 그 내용을 확인한 후 <u>신고확인증을 행정사에게 발급</u>하여야 한다(법 제12조 제1항).

② 신고확인증을 발급받은 사람은 신고확인증을 잃어버리거나 못쓰게 된 경우에는 시장등에게 재발급을 신청할 수 있다(법 제12조 제2항).

(2) 신고확인증의 대여 등의 금지

① 행정사는 다른 사람에게 신고확인증을 대여하여서는 아니 된다(법 제13조 제1항). 이를 위반하여 신고확인증을 양도하거나 대여한 경우 행정안전부장관은 행정사 자격을 취소하여야 한다(법 제30조 제1항 제2호).

② 누구든지 다른 사람의 신고확인증을 대여받아 사용하여서는 아니 되며, 신고확인증의 대여를 알선하여서는 아니 된다(법 제13조 제2항 · 제3항).

③ 신고확인증을 다른 자에게 대여한 행정사, 행정사법인과 이를 대여받은 자 또는 대여를 알선한 자는 3년 이하의 징역 또는 3천만원 이하의 벌금에 처한다(법 제36조 제1항 제2호).

4. 행정사 사무소

가. 사무소의 설치 등

(1) 행정사는 행정사업무를 하기 위한 사무소를 하나만 설치할 수 있다(법 제14조 제1항).

(2) 행정사는 그 업무를 효율적으로 수행하고 공신력을 높이기 위하여 **2명**[1] 이상의 행정사로 구성된 합동사무소를 설치할 수 있으며, 행정사합동사무소를 구성하는 행정사의 수를 넘지 아니하는 범위에서 주사무소와 분사무소를 설치할 수 있다. 이 경우 주사무소와 분사무소에는 행정사합동사무소를 구성하는 행정사가 각각 1명 이상 상근하여야 한다(법 제14조 제2항).

(3) 행정사가 사무소를 이전한 때에는 10일 이내에 이전 후의 사무소 소재지를 관할하는 시장등에게 신고하여야 한다(법 제14조 제3항).

(4) 이전신고를 받은 시장등은 이전신고한 행정사에게 신고확인증을 발급하여야 하며, 종전의 사무소 소재지를 관할하는 시장등에게 사무소의 이전 사실을 통지하여야 한다(법 제14조 제4항).

(5) 이전신고 전에 발생한 사유로 인한 행정사에 대한 행정처분은 이전신고를 받은 시장등이 행한다(법 제14조 제5항).

나. 합동사무소 설치 등

(1) 행정사가 합동사무소 또는 분사무소를 설치하려는 경우에는 신고서를 주된 사무소 소재지의 시장등에게 제출하여야 한다. 이 경우 합동사무소를 설치하려는 경우에는 다음의 서류를 첨부해야 한다(규칙 제10조 제1항).

① 소속 행정사의 행정사 자격증 사본 각 1부
② 소속 행정사의 실무교육 수료증 사본 각 1부

1) 2022.11.15.「행정사법」 제14조 제2항 일부개정으로 종전 3명 이상에서 2명 이상으로 개정되었다. 개정이유는 행정사의 경우에도 다른 국가자격 보유자들과 동일하게 합동사무소의 설치요건을 완화한 것이다.

③ 소속 행정사의 **사**진 각 1장
④ 소속 행정사의 대한행정사회 **회**원증 사본 각 1부
⑤ 합동사무소 **운**영규약 1부

(2) 합동사무소 **운**영규약에는 다음의 사항이 포함되어야 한다(규칙 제10조 제2항).
① 합동사무소 및 분사무소의 **명**칭
② 합동사무소 및 분사무소의 **주**소
③ **조**직 및 운영에 관한 사항
④ 구성원의 **가**입과 탈퇴에 관한 사항

(3) 분사무소에는 소속 행정사를 책임자로 두어야 한다(규칙 제10조 제3항).

(4) 합동사무소의 대표 행정사는 다음의 어느 하나에 해당하는 사유가 발생하였을 때에는 30일 이내에 신고서에 신고확인증과 다음의 구분에 따른 서류를 첨부하여 주된 사무소 소재지의 시장등에게 제출해야 한다. 이 경우 제9조 제2항을 준용한다(규칙 제10조 제4항).

① **소속 행정사가 변경된 경우**
(ⅰ) 변경된 행정사의 행정사 자격증 사본 각 1부
(ⅱ) 변경된 행정사의 실무교육 수료증 사본 각 1부
(ⅲ) 변경된 소속 행정사의 사진 각 1장
(ⅳ) 변경된 소속 행정사의 행정사회 회원증 사본 각 1부

② **합동사무소 운영규약이 변경된 경우**
변경된 합동사무소 운영규약 1부

③ 합동사무소나 분사무소의 명칭이 변경된 경우

다. 사무소의 명칭 등

(1) 행정사는 그 사무소의 종류별로 사무소의 명칭 중에 행정사사무소 또는 행정사합동사무소라는 글자를 사용하고, 행정사합동사무소의 분사무소에는 그 분사무소임을 표시하여야 한다(법 제15조 제1항).

(2) 행정사가 아닌 사람은 행정사사무소 또는 이와 비슷한 명칭을 사용하지 못하며, 행정사합동사무소나 그 분사무소가 아니면 행정사합동사무소나 그 분사무소 또는 이와 비슷한 명칭을 사용하지 못한다(법 제15조 제2항).

5. 휴업 · 폐업신고

가. 폐업신고

(1) 행정사가 폐업한 경우에는 본인이, 사망한 경우에는 가족이나 동거인 또는 그 사무직원이 지체 없이 그 사실을 시장 등에게 신고하여야 한다. 폐업한 행정사가 업무를 다시 시작할 때에도 또한 같다(법 제16조 제1항).

(2) 신고에 필요한 사항은 행정안전부령으로 정한다(법 제16조 제2항).

나. 휴업신고

(1) 행정사가 3개월이 넘도록 휴업(업무신고를 하고 업무를 시작하지 아니하는 경우를 포함한다) 하거나 휴업한 행정사가 업무를 다시 시작하려면 시장등에게 신고하여야 한다(법 제17조 제1항).

(2) 시장등은 업무재개신고를 받은 날부터 15일 이내에 신고수리 여부를 신고인에게 통지하여야 한다(법 제17조 제2항).

(3) 시장등은 15일 이내에 신고수리 여부 또는 민원 처리 관련 법령에 따른 처리기간의 연장을 신고인에게 통지하지 아니하면 그 기간(민원 처리 관련 법령에 따라 처리기간이 연장 또는 재연장된 경우에는 해당 처리기간을 말한다)이 끝난 날의 다음 날에 신고를 수리한 것으로 본다(법 제17조 제3항).

(4) 휴업한 행정사가 2년이 지나도 업무를 다시 시작하지 아니하는 경우에는 폐업한 것으로 본다(법 제17조 제4항).

(5) 제1항에 따른 휴업신고 및 업무재개신고에 필요한 사항은 행정안전부령으로 정한다(법 제17조 제5항).

Chapter 04

행정사의 권리 · 의무

1. 행정사의 권리

가. 사무직원

(1) 행정사는 사무직원을 둘 수 있으며, 소속 사무직원을 지도 · 감독할 책임이 있다(법 제18조 제1항).

(2) 사무직원의 직무상 행위는 그를 고용한 행정사의 행위로 본다(법 제18조 제2항).

나. 행정사의 보수

(1) 행정사는 업무를 위임한 자로부터 보수를 받는다(법 제19조 제1항).

(2) 행정사와 그 사무직원은 업무에 관하여 보수 외에 어떠한 명목으로도 위임인으로부터 금전 또는 재산상의 이익이나 그 밖의 반대급부를 받지 못한다(법 제19조 제2항).

다. 증명서의 발급

(1) 행정사는 업무에 관련된 사실의 확인증명서를 발급할 수 있다(법 제20조 제1항).

(2) 외국어번역행정사는 그가 번역한 번역문에 대하여 번역확인증명서를 발급할 수 있다(법 제20조 제2항).

(3) 증명서 발급의 범위는 자신이 행한 업무에 관련된 사실과 자신이 번역한 번역문으로 한정한다(법 제20조 제3항, 영 제21조).

2. 행정사의 의무와 책임

가. 성실수행의무

(1) 행정사는 품위를 유지하고 신의와 성실로써 공정하게 직무를 수행하여야 한다(법 제21조 제1항).

(2) 행정사가 위임받은 업무를 수행하면서 고의 또는 과실로 위임인에게 재산상의 손해를 입힌 경우에는 그 손해를 배상할 책임이 있다(법 제21조 제2항).

나. 수임제한

(1) 공무원직에 있다가 퇴직한 행정사는 퇴직 전 1년부터 퇴직할 때까지 근무한 행정기관에 대한 인가 · 허가 및 면허 등을 받기 위하여 행정기관에 하는 신청 · 청구 및 신고 등의 대리업무를 퇴직한 날부터 1년 동안 수임할 수 없다(법 제21조의2 제1항).

(2) 수임제한은 행정사법인의 법인구성원 또는 소속행정사로 지정되는 경우를 포함한다(법 제21조의2 제2항).

(3) 「행정사법」 제21조의2 제1항에 따른 수임이 제한되는 행정기관

국회 · 법원 · 헌법재판소 · 중앙선거관리위원회의 행정사무를 처리하는 기관, 중앙행정기관(대통령 소속 기관과 국무총리 소속 기관을 포함한다)과 그 소속기관, 지방자치단체와 그 소속기관은 수임이 제한되는 기관이다(영 제21조의2 제1항).

(4) 「행정사법」 제21조의2 제1항에 따른 수임제한 대상 행정기관으로 보지 않는 경우

① 공무원직에 있다가 퇴직한 행정사가 파견, 교육훈련, 휴직, 출산휴가 또는 징계 등으로 퇴직 전 1년간 행정기관에 실제로 근무하지 아니한 행정기관은 수임제한 대상 행정기관으로 보지 않는다(영 제21조의2 제1항).

② 공무원직에 있다가 퇴직한 행정사가 둘 이상의 기관에 소속되었던 경우 실제로 근무하지 않은 행정기관은 수임제한 대상 행정기관으로 보지 않는다(영 제21조의2 제3항).

③ 공무원직에 있다가 퇴직한 행정사가 퇴직 전 1년부터 퇴직한 때까지 일시적 직무대리, 겸임발령 등으로 소속된 행정기관에서의 근무기간이 1개월 이하인 경우 그 행정기관은 수임제한 대상 행정기관으로 보지 않는다(영 제21조의2 제4항).

다. 비밀엄수

행정사 또는 행정사이었던 사람(행정사의 사무직원 또는 사무직원이었던 사람을 포함한다)은 정당한 사유 없이 직무상 알게 된 사실을 다른 사람에게 누설하여서는 아니 된다(법 제23조).

라. 업무처리부 작성 · 보관의무

(1) 업무처리부 작성 및 보관

행정사는 업무를 위임받으면 업무처리부를 작성하여 보관하여야 한다(법 제24조 제1항). 업무처리부는 「전자문서 및 전자거래 기본법」에 따른 전자문서로 작성할 수 있고, 행정사는 작성한 업무처리부를 1년간 보관하여야 한다(영 제22조 제1항 · 제2항).

(2) 업부처리부 기재사항

업무처리부에는 ① **일**련번호, ② 위임받은 **연**월일, ③ 위임받은 **업**무의 개요, ④ **보**수액, ⑤ **위**임인의 주소와 성명, ⑥ 그 밖에 위임받은 업무의 처리에 **필**요한 사항을 적어야 한다(법 제24조 제2항).

3. 행정사의 금지행위

행정사와 그 사무직원은 다음 행위를 하여서는 아니 된다(법 제22조).

(1) 정당한 사유 없이 업무에 관한 위임을 거부하는 행위

(2) 당사자 중 어느 한 쪽의 위임을 받아 취급하는 업무에 관하여 이해관계를 달리하는 상대방으로부터 같은 업무를 위임받는 행위. 다만, 당사자 양쪽이 동의한 경우는 제외한다.

(3) 행정사의 업무 범위를 벗어나서 타인의 소송이나 그 밖의 권리관계분쟁 또는 민원사무처리 과정에 개입하는 행위

(4) 업무수임 또는 수행 과정에서 관련 공무원과의 연고 등 사적인 관계를 드러내며 영향력을 미칠 수 있는 것으로 선전하는 행위

(5) 행정사의 업무에 관하여 거짓된 내용을 표시하거나 객관적 사실을 과장 또는 누락하여 소비자를 오도하거나 오해를 불러일으킬 우려가 있는 내용의 광고행위

(6) 행정사 업무의 알선을 업으로 하는 자를 이용하거나 그 밖의 부당한 방법으로 행정사 업무의 위임을 유치하는 행위

4. 행정사의 교육의무

가. 실무교육

(1) 행정사 자격이 있는 사람이 행정사 업무를 시작하려면 행정안전부장관이 시행하는 실무교육을 받아야 한다(법 제25조 제1항).

① 실무교육은 기본소양교육과 실무수습교육으로 구분한다(영 제23조 제1항).

② 기본소양교육은 20시간 실시하며, 실무수습교육은 40시간 동안 행정사 사무소 또는 행정안전부장관이 지정하는 장소에서 실시한다(영 제23조 제2항).

(2) 행정안전부장관은 다음의 사항을 포함한 실무교육계획을 수립하여 교육 실시 30일 전까지 인터넷 홈페이지 등에 공고해야 한다(영 제23조 제3항).

① 교육시기 및 교육기간

② 민원처리 관련 법령 · 행정절차 · 기본소양 등 교육과목

③ 교육의 이수방법

④ 그 밖에 필요한 사항

(3) 실무교육은 집합교육 또는 온라인 교육으로 실시한다(영 제23조 제4항).

(4) 실무교육의 과목 · 시기 · 기간 및 이수방법 등에 관하여 필요한 사항은 대통령령으로 정한다(법 제25조 제4항).

(5) 행정안전부장관은 실무교육에 관한 권한을 시 · 도지사에게 위임한다(영 제25조).

나. 연수교육

(1) 행정사의 사무소(행정사합동사무소 또는 행정사법인의 경우에는 주사무소를 말한다)의 소재지를 관할하는 특별시장 · 광역시장 · 특별자치시장 · 도지사 · 특별자치도지사(이하 "시 · 도지사"라 한다)는 행정사의 자질과 업무수행능력 향상을 위하여 직접 또는 ① 행정사회, ② 「고등교육법」에 따른 대학(행정학과 또는 법학과가 개설된 대학으로 한정한다) 기관 및 단체 등에 위탁하여 행정사에 대한 연수교육을 실시하여야 한다(법 제25조 제2항, 영 제23조 제5항).

(2) 행정사는 연수교육을 받아야 하며 연수교육은 집합교육 또는 온라인 교육으로 실시한다(법 제25조 제3항, 영 제23조 제8항).

(3) 행정사는 전문성과 윤리의식을 높이기 위하여 다음의 구분에 따른 날(둘 이상에 해당하는 경우에는 가장 빠른 날을 말한다)부터 2년(휴업 기간 및 업무의 정지 기간은 제외한다)마다 16시간의 연수교육을 받아야 한다(영 제23조 제6항).

① 행정사사무소 또는 합동사무소를 설치한 행정사의 경우 : 행정사업무신고확인증을 발급받은 날

② 행정사법인을 구성하는 행정사(이하 "법인구성원"이라 한다)의 경우 : 법인업무신고 확인증을 발급받은 날

③ 행정사법인에 고용된 행정사(이하 "소속행정사"라 한다)의 경우 : 행정사법인이 해당 소속행정사의 고용을 신고한 날

(4) 시 · 도지사는 다음의 사항을 포함한 연수교육계획을 수립하여 교육 실시 30일 전까지 인터넷 홈페이지 등에 공고해야 한다(영 제23조 제7항).

① 교육시기 및 교육기간

② 민원처리와 관련하여 변경된 법령 · 제도 · 절차 및 기본소양 과목 등 교육과목

③ 교육의 이수방법

④ 그 밖에 필요한 사항

(5) 연수교육의 과목 · 시기 · 기간 및 이수방법 등에 관하여 필요한 사항은 대통령령으로 정한다(법 제25조 제4항).

Chapter 05

행정사법인

1. 행정사법인의 설립

가. 설립

행정사는 행정사 업무를 조직적이고 전문적으로 수행하기 위하여 3명 이상의 행정사를 구성원으로 하는 행정사법인을 설립할 수 있다(법 제25조의2). 행정사법인이 법인구성원에 관한 요건을 갖추지 못하게 된 경우에는 6개월 이내에 이를 보충하여야 한다(법 제25조의6 제6항).

나. 설립 절차

(1) 정관작성

행정사법인을 설립하려면 행정사법인의 구성원이 될 행정사가 정관(定款)을 작성하여 행정안전부장관의 설립인가를 받아야 한다. 정관을 변경할 때에도 또한 같다(법 제25조의3 제1항).

(2) 정관기재사항

행정사법인의 정관에는 다음의 사항을 적어야 한다(법 제25조의3 제2항 · 제8항, 영 제23조의3).

① **목**적, **명**칭, 주**사**무소 및 분사무소의 소재지
② 행정사법인을 **구**성하는 행정사(이하 "법인구성원"이라 한다)의 성명과 주소
③ 법인구성원의 **출**자에 관한 사항
④ 법인구성원 **회**의에 관한 사항
⑤ **자**산 및 회계에 관한 사항
⑥ 행정사법인의 **대**표에 관한 사항
⑦ **존**립시기, **해**산사유를 정한 경우에는 그 시기 또는 사유
⑧ 행정사법인의 업무를 수행하는 행정사의 권리 · 의무제한에 관한 사항
⑨ 법인구성원의 **가**입 · 탈퇴에 관한 사항

(3) 등기

행정사법인은 등기하여야 한다(법 제25조의3 제3항).

(4) 성립

행정사법인은 그 주사무소의 소재지에서 설립등기를 함으로써 성립한다(법 제25조의3 제4항).

다. 행정사법인의 설립인가 신청

(1) 행정사법인 설립인가신청서의 첨부서류

행정사법인의 설립인가를 받으려는 행정사법인의 구성원이 될 행정사는 행정사법인 설립인가신청서에 다음의 서류를 첨부하여 행정안전부장관에게 제출해야 한다(영 제23조의2 제1항, 규칙 제15조의2 제2항).

① **정**관
② 업무**계**획서 및 예산서
③ 법인구성원 및 행정사법인에 **고**용된 행정사(이하 "소속행정사"라 한다)의 행정사 자격증 사본 각 1부
④ **자**본금 납입을 증명하는 서류
⑤ 주사무소와 분사무소(분사무소를 두는 경우에만 해당한다)의 **설**치 예정지가 기재된 서류

(2) 설립인가증의 발급 등

행정안전부장관은 행정사법인의 설립을 인가하는 경우 행정사법인 설립인가대장에 다음의 내용을 적고, 신청인에게 설립인가증을 발급해야 한다(영 제23조의2 제2항, 규칙 제15조의2 제3항).

① 인가 번호 및 인가 연월일
② 행정사법인의 명칭
③ 주사무소 및 분사무소의 소재지
④ 법인구성원 및 소속행정사의 성명 및 자격증번호
⑤ 그 밖에 행정안전부장관이 필요하다고 인정하는 사항

라. 행정사법인의 설립등기

(1) 등기기간

행정사법인의 설립등기는 설립인가증을 받은 날부터 14일 이내에 주사무소 소재지의 관할 등기소에서 해야 한다(영 제23조의4 제1항).

(2) 설립등기사항

설립등기에는 다음의 사항이 포함되어야 한다(영 제23조의4 제2항).

① **목**적
② **명**칭
③ 법인**구**성원의 성명 및 주소
④ 주**사**무소와 분사무소의 소재지
⑤ 법인구성원의 **출**자 종류, 재산출자의 경우에는 그 가격과 이행한 부분
⑥ **존**립기간, 그 밖에 **해**산 사유를 정한 경우에는 그 기간 또는 사유
⑦ 행정사법인을 **대**표하는 법인구성원을 정한 경우에는 그 성명

(3) 신청서의 첨부서류

행정사법인의 설립등기는 행정사법인의 구성원이 될 행정사 전원이 공동으로 신청해야 하며, 그 신청서에는 다음의 서류를 첨부해야 한다(영 제23조의4 제3항).

① 정관
② 행정사법인 설립인가증 사본
③ 재산출자에 관하여 이행한 부분을 증명하는 서면

(4) 행정안전부장관의 확인의무

행정안전부장관은 법인이 설립등기 한 내용을 확인해야 한다. 이 경우 행정안전부장관은 「전자정부법」에 따른 행정정보의 공동이용을 통하여 법인 등기사항증명서를 확인할 수 있다(영 제23조의4 제4항).

2. 행정사법인의 업무신고 등

가. 법인업무신고

행정사법인이 행정사 업무를 하려면 주사무소의 소재지를 관할하는 시장등에게 행정사법인 업무신고 기준을 갖추어 신고(이하 "법인업무신고"라 한다)하여야 한다. 신고한 사항을 변경할 때에도 또한 같다(법 제25조의4 제1항). 법인업무신고를 하려는 자는 행정안전부령으로 정하는 신고서를 시장등에게 제출해야 한다(법 제25조의4 제4항 · 영 제23조의5 제2항).

나. 법인업무신고 기준[2)]

(1) 법인구성원 및 소속행정사가 결격사유에 해당하지 않을 것

(2) 법인구성원 및 소속행정사가 실무교육을 이수했을 것

(3) 법인구성원 및 소속행정사가 행정사 자격증을 보유하고 있을 것

(4) 법인구성원 및 소속행정사가 대한행정사회에 가입했을 것

(5) 행정안전부장관의 인가를 받고 설립등기를 했을 것

다. 수리거부

시장 등은 법인업무신고를 하려는 자가 법인업무신고 기준을 갖추지 아니한 경우에는 그 법인업무신고의 수리를 거부할 수 있다. 이 경우 지체 없이 법인업무신고의 수리 거부 사실 및 그 사유를 당사자에게 알려야 한다(법 제25조의4 제2항).

---

2) 법 제25조의4 제4항, 영 제23조의5 제1항

라. 법인업무신고확인증

시장 등은 법인업무신고를 받은 때에는 그 내용을 확인한 후 법인업무신고확인증을 행정사 법인에 발급하여야 한다(법 제25조의4 제3항).

3. 행정사법인의 사무소 등

가. 사무소 설치

행정사법인은 법인구성원의 수를 넘지 아니하는 범위에서 주사무소와 분사무소를 설치할 수 있다. 이 경우 주사무소와 분사무소에는 각각 1명 이상의 법인구성원이 상근하여야 한다(법 제25조의5 제1항).

나. 사무소 명칭

(1) 행정사법인은 사무소의 명칭 중에 행정사법인이라는 글자를 사용하여야 하고, 행정사법인의 분사무소에는 그 분사무소임을 표시하여야 한다(법 제25조의5 제2항).

(2) 행정사법인이 아닌 자는 행정사법인 또는 이와 비슷한 명칭을 사용하지 못하며, 행정사법인의 사무소나 그 분사무소가 아니면 행정사법인이나 그 분사무소 또는 이와 비슷한 명칭을 사용하지 못한다(법 제25조의5 제3항).

4. 행정사법인의 소속행정사 등

가. 고용

행정사법인은 행정사를 고용할 수 있다. 행정사를 고용한 경우에는 행정사법인은 주사무소 소재지의 시장등에게 행정안전부령으로 정하는 바에 따라 신고하여야 하며, 그 변경이 있는 경우에도 또한 같다(법 제25조의6 제1항 · 제2항).

나. 소속행정사의 자격

(1) 고용된 행정사(이하 "소속행정사"라 한다) 및 법인구성원은 업무정지 중이거나 휴업 중인 사람이 아니어야 한다(법 제25조의6 제3항).

(2) 법인업무신고를 한 행정사법인은 법정 실무교육을 받지 아니한 사람을 소속행정사로 고용하거나 법인구성원으로 할 수 없다(법 제25조의6 제5항).

다. 소속행정사의 행위 제한

소속행정사 및 법인구성원은 그 행정사법인의 사무소 외에 따로 사무소를 둘 수 없다(법 제25조의6 제4항).

라. 행정사법인의 의무

행정사법인이 「행정사법」에 따른 법인구성원에 관한 요건을 갖추지 못하게 된 경우에는 6개월 이내에 이를 보충하여야 한다(법 제25조의6 제6항).

5. 업무수행 방법 등

(1) 행정사법인은 법인의 명의로 업무를 수행하여야 하며, 수임한 업무마다 그 업무를 담당할 법인구성원 또는 소속행정사(이하 "담당행정사"라 한다)를 지정하여야 한다. 다만, 소속행정사를 담당행정사로 지정할 경우에는 법인구성원과 공동으로 지정하여야 한다(법 제25조의7 제1항).

(2) 행정사법인이 수임한 업무에 대하여 담당행정사를 지정하지 아니한 경우에는 법인구성원 모두를 담당행정사로 지정한 것으로 본다(법 제25조의7 제2항).

(3) 담당행정사는 지정된 업무에 관하여 그 법인을 대표한다(법 제25조의7 제3항).

(4) 행정사법인이 그 업무에 관하여 작성하는 서면(書面)에는 행정사법인의 명의를 표시하고 담당행정사가 기명날인하여야 한다(법 제25조의7 제4항).

6. 해산

(1) 사유

행정사법인은 다음의 사유로 **해**산한다(법 제25조의8 제1항).

① **정**관에서 정하는 해산 사유의 발생
② 법인구성원 전원의 **동**의
③ **합**병 또는 파산
④ 설립인가의 **취**소

(2) 신고

행정사법인이 해산하면 청산인은 지체 없이 그 사유를 행정안전부장관에게 신고하여야 한다(법 제25조의8 제2항).

7. 합병

행정사법인은 법인구성원 전원의 동의가 있으면 다른 행정사법인과 합병할 수 있다(법 제25조의8 제3항).

8. 설립인가의 취소

행정안전부장관은 행정사법인이 다음의 어느 하나에 해당하는 경우에는 설립인가를 취소할 수 있다. 다만, 제(1)호의 경우에는 설립인가를 취소하여야 한다(법 제25조의10).

(1) 거짓이나 그 밖의 부정한 방법으로 설립인가를 받은 경우

(2) 법인구성원에 관한 요건을 6개월 이내에 보충하지 아니한 경우

(3) 업무정지처분을 받고 그 업무정지 기간 중에 업무를 수행한 경우

(4) 법령을 위반하여 업무를 수행한 경우

9. 겸업의 금지

(1) 법인구성원 또는 소속행정사는 자기 또는 제3자를 위하여 그 행정사법인의 업무범위에 속하는 업무를 수행하거나 다른 행정사법인의 법인구성원 또는 소속행정사가 되어서는 아니 된다(법 제25조의11 제1항).

(2) 행정사법인의 법인구성원 또는 소속행정사이었던 사람은 그 행정사법인에 소속한 기간 중에 그 행정사법인의 담당행정사로서 수행하고 있었거나 수행을 승낙한 업무에 관하여는 퇴직 후 행정사의 업무를 수행할 수 없다. 다만, 그 행정사법인의 동의가 있는 경우에는 그러하지 아니하다(법 제25조의11 제2항).

10. 손해배상책임의 보장

(1) 행정사법인은 그 직무를 수행하면서 고의나 과실로 의뢰인에게 손해를 입힌 경우 그 손해에 대한 배상책임을 보장하기 위하여 손해배상준비금 적립이나 보험가입 등 필요한 조치를 하여야 한다(법 제25조의12).

(2) 행정사법인은 법인업무신고 후 15일 이내에 다음의 어느 하나에 해당하는 손해배상책임 보장조치를 해야 한다(영 제13조의8 제1항).
① 보험 가입
② 주사무소 소재지를 관할하는 공탁기관에 현금 또는 국공채의 공탁

(3) 행정사법인이 손해배상책임 보장조치를 하는 경우 그 금액은 행정사법인의 법인구성원과 소속행정사의 수에 1천만원을 곱하여 산출한 금액 이상 또는 행정사법인당 1억원 이상으로 한다(영 제13조의8 제2항).

11. 준용규정

(1) 행정사법인에 관하여 그 성질에 반하지 아니하는 범위에서 행정사 업무신고의 수리거부, 신고확인증의 재발급 및 대여금지, 행정사사무소의 이전 · 폐업 · 휴업신고, 행정사의 권리 · 의무에 관한 규정을 준용한다(법 제25조의13 제항).

(2) 행정사법인에 관하여 「행정사법」에서 정한 것 외에는 「상법」 중 합명회사(合名會社)에 관한 규정을 준용한다(법 제25조의13 제2항).

Chapter 06

대한행정사회

1. 대한행정사회의 설립 등

가. 대한행정사회의 설립

(1) 행정사의 품위 향상과 직무의 개선·발전을 도모하기 위하여 대한행정사회(이하 "행정사회"라 한다)를 둔다(법 제26조 제1항).

(2) 행정사회는 법인으로 한다(법 제26조 제2항).

(3) 행정사회는 정관을 정하여 행정안전부장관의 인가를 받아 설립등기를 함으로써 성립한다(법 제26조 제3항).

(4) 행정사회의 설립·운영 및 설립인가 신청 등에 필요한 사항은 대통령령으로 정한다.

나. 행정사회의 설립인가 신청

행정사회의 설립인가를 받으려는 행정사는 행정사회 설립인가 신청서에 ① 발기인이 서명하거나 날인한 명부 및 이력서 각 1부, ② 정관 1부, ③ 해당 사업연도의 사업계획 및 수지예산을 적은 서류 1부, ④ 임원 취임예정자의 취임승낙서 1부, ⑤ 창립총회 회의록 1부 등의 서류를 첨부하여 행정안전부장관에게 제출해야 한다(영 제24조).

다. 행정사회의 가입 의무

행정사(법인구성원 및 소속행정사를 포함한다)로서 개업하려면 행정사회에 가입하여야 한다(법 제26조의2).

라. 행정사회의 공익활동 의무

행정사회는 취약계층의 지원 등 공익활동에 적극 참여하여야 한다(법 제26조의3).

2. 행정사회의 정관

가. 정관기재사항

행정사회의 정관에는 다음의 사항이 포함되어야 한다(법 제27조 제1항).

(1) **목**적·**명**칭과 **사**무소의 소재지

(2) **대**표자와 그 밖의 임원에 관한 사항

(3) **회**의에 관한 사항

(4) 행정사의 **품**위유지와 업무 및 교육에 관한 사항

(5) 회원의 **가**입·탈퇴 및 지도·감독에 관한 사항

(6) **회**계 및 회비부담에 관한 사항

(7) **자**산에 관한 사항

(8) 그 밖에 행정사회의 목적을 달성하기 위하여 **필**요한 사항

나. 정관변경

정관을 변경하려면 행정안전부장관의 인가를 받아야 한다(법 제27조 제2항).

3. 「민법」의 준용

행정사회에 관하여 「행정사법」에서 규정하지 아니한 사항에 대하여는 「민법」 중 사단법인에 관한 규정을 준용한다(법 제28조).

4. 행정사회에 대한 감독 등

가. 감독기관

행정사회는 행정안전부장관의 감독을 받는다(법 제29조 제1항).

나. 서류 및 자료의 제출 명령 등

행정안전부장관은 감독을 위하여 필요하다고 인정하면 행정사회에 대하여 그 업무에 관한 사항을 보고하게 하거나 자료의 제출 또는 그 밖에 필요한 명령을 할 수 있으며, 소속 공무원으로 하여금 행정사회의 사무소에 출입하여 업무상황과 그 밖의 서류 등을 검사하게 할 수 있다(법 제29조 제2항). 이 경우 출입·검사 등을 하는 공무원은 증표를 지니고 상대방에게 이를 보여주어야 한다(법 제29조 제3항).

다. 과태료

행정안전부장관이 감독을 위하여 필요하다고 인정하여 요구한 보고 또는 자료제출을 정당한 사유 없이 하지 아니하거나, 거짓으로 보고·자료제출을 하거나, 출입·검사를 방해·거부 또는 기피한 경우에는 500만원 이하의 과태료를 부과한다(법 제38조 제1항 제3호).

지도 · 감독

1. 서설

행정사는 업무상 행정안전부장장관 또는 사무소 소재지를 관할하는 시장 등의 감독을 받으며, 경우에 따라서는 감독상의 명령에 따라야 한다.

2. 자격의 취소

가. 의의

행정안전부장관은 행정사가 다음의 자격 취소사유에 해당하는 경우에는 그 자격을 취소하여야 한다(법 제30조 제1항).

나. 취소사유

(1) 거짓이나 그 밖의 **부**정한 방법으로 행정사 자격을 취득한 경우

(2) 신고확인증을 **양**도하거나 대여한 경우

(3) 업무정지처분을 받고 그 업**무**정지 기간에 행정사 업무를 한 경우

(4) 「행정사법」을 위반하여 징**역**형이 확정된 경우

다. 청문의 실시

행정안전부장관은 행정사 <u>자격을 취소하려는 경우에는 청문</u>을 하여야 한다(법 제30조 제2항).

3. 업무의 정지

가. 의의

행정사 사무소(행정사합동사무소 또는 행정사법인의 경우에는 주사무소)의 소재지를 관할하는 시장등은 행정사 또는 행정사법인이 다음의 <u>업무정지사유에 해당하는 경우에는 6개월의 범위에서 기간을 정하여 업무의 정지</u>를 명할 수 있다(법 제32조 제1항).

나. 정지사유

(1) 행정사가 **두** 개 이상의 사무실을 설치한 경우

(2) 행정사합동사무소를 구성하는 행정사 또는 법인구성원이 **상**근하지 아니한 경우

(3) 행정사 또는 행정사법인이 3개월이 넘도록 휴업하고자 하는 때에 **휴**업신고를 하지 아니한 경우

(4) 행정사 또는 행정사법인이 위임인으로부터 보수 **외**에 금전 또는 재산상 이익이나 그 밖의 반대급부를 받은 경우

(5) 행정사법인의 소속행정사 및 법인구성원이 **따**로 사무소를 둔 경우

(6) 행정사 또는 행정사법인이 감독상 명령에 따른 **보**고 또는 업무처리부 자료 제출 등의 명령에 따르지 아니하거나 검사 또는 질문을 거부·방해 또는 기피한 경우

다. 업무정지에 관한 기준

업무정지처분 기준은 「행정사법」 시행규칙에 규정되어 있다(법 제32조 제2항, 규칙 제18조).

행정사법 시행규칙 [별표] 〈개정 2021.6.9.〉

업무정지처분 기준(제18조 관련)

1. 일반기준

가. 위반행위의 횟수에 따른 행정처분기준은 최근 1년간 같은 위반행위로 행정처분을 받은 경우에 적용한다. 이 경우 위반행위에 대하여 행정처분을 한 날과 다시 같은 위반행위를 적발한 날을 각각 기준으로 하여 위반횟수를 계산한다.

나. 위반행위가 둘 이상인 경우로서 그에 해당하는 각각의 처분기준이 다른 경우에는 그중 무거운 처분기준에 따른다. 다만, 둘 이상의 처분기준이 모두 업무정지인 경우에는 각 처분기준을 합산한 기간을 넘지 않는 범위에서 무거운 처분기준의 2분의 1의 범위까지 늘릴 수 있되, 그 늘린 기간을 합산한 기준은 6개월을 초과할 수 없다.

다. 업무정지처분에 해당하는 위반행위로서 그 위반행위가 다음의 어느 하나에 해당하는 경우 제2호의 개별기준에 따른 업무정지기간의 2분의 1 범위에서 그 기간을 줄일 수 있다.

1) 위반행위가 사소한 부주의나 오류 등 과실로 인한 것으로 인정되는 경우
2) 해당 위반행위자가 법 위반상태를 시정하거나 해소한 경우
3) 그 밖에 위반행위의 정도, 동기 및 그 결과 등을 고려하여 업무정지기간을 줄일 필요가 있다고 인정되는 경우

라. 업무정지처분에 해당하는 위반행위로서 그 위반행위가 다음의 어느 하나에 해당하는 경우 제2호의 개별기준에 따른 업무정지기간의 2분의 1 범위에서 그 기간을 늘릴 수 있다. 다만, 그 늘린 기간을 합산한 기간은 6개월을 초과할 수 없다.

1) 법 위반상태의 기간이 2개월 이상인 경우
2) 그 밖에 위반행위의 정도, 위반행위의 동기 및 그 결과 등을 고려하여 업무정지기간을 늘릴 필요가 있다고 인정되는 경우

2. 개별기준

위반행위	근거 법조문	행정처분기준		
		1회 위반	2회 위반	3회 이상 위반
가. 법 제14조 제1항을 위반하여 두 개 이상의 사무실을 설치한 경우	법 제32조 제1항 제1호	2개월	4개월	6개월
나. 법 제14조 제2항 후단 또는 제25조의5 제1항 후단을 위반하여 행정사합동사무소를 구성하는 행정사 또는 법인구성원이 상근하지 않은 경우	법 제32조 제1항 제2호	2개월	4개월	6개월
다. 법 제17조 제1항(법 제25조의13 제1항에서 준용하는 경우를 포함한다)에 따른 휴업신고를 하지 않은 경우	법 제32조 제1항 제3호	경고	1개월	2개월
라. 법 제19조 제2항(법 제25조의13 제1항에서 준용하는 경우를 포함한다)을 위반하여 위임인으로부터 보수 외에 금전 또는 재산상 이익이나 그 밖의 반대급부를 받은 경우	법 제32조 제1항 제4호	1개월	2개월	3개월
마. 법 제25조의6 제4항을 위반하여 따로 사무소를 둔 경우	법 제32조 제1항 제5호	2개월	4개월	6개월
바. 법 제31조 제1항에 따른 보고 또는 업무처리부 자료 제출 등의 명령에 따르지 않거나 검사 또는 질문을 거부·방해 또는 기피한 경우	법 제32조 제1항 제6호	1개월	2개월	3개월

라. 제척기간

업무정지처분은 그 사유가 발생한 날부터 3년이 지나면 할 수 없다(법 제32조 제2항).

4. 감독상 명령 등

가. 감독기관

행정사 또는 행정사법인은 행정안전부장관 또는 사무소의 소재지(행정사합동사무소 또는 행정사법인의 경우에는 주사무소)를 관할하는 시장 등의 감독을 받는다.

나. 서류 및 자료의 제출 명령 등

행정안전부장관 또는 사무소의 소재지(행정사합동사무소 또는 행정사법인의 경우에는 주사무소)를 관할하는 시장등은 행정사 또는 행정사법인에 대한 감독을 위하여 필요하다고 인정하면 해당 행정사 또는 행정사법인에 대하여 업무에 관한 사항을 보고하게 하거나 업무처리부 등의 자료의 제출 또는 그 밖에 필요한 명령을 할 수 있으며, 소속 공무원으로 하여금 그 사무소에 출입하여 장부·서류 등을 검사하거나 질문하게 할 수 있다(법 제31조 제1항). 이 경우 출입·검사 등을 하는 공무원은 증표를 지니고 상대방에게 이를 보여주어야 한다(법 제31조 제2항).

다. 과태료

행정안전부장관 또는 사무소의 소재지(행정사합동사무소 또는 행정사법인의 경우에는 주사무소)를 관할하는 시장등이 행정사 또는 행정사법인에 대한 감독을 위하여 필요하다고 인정하여 요구한 보고 또는 자료제출을 정당한 사유 없이 하지 아니하거나, 거짓으로 보고·자료제출을 하거나, 출입·검사를 방해·거부 또는 기피한 경우에는 500만원 이하의 과태료를 부과한다(법 제38조 제1항 제3호).

5. 행정제재처분효과의 승계 등

가. 지위승계

폐업신고를 한 후 업무를 다시 시작하는 신고를 한 행정사 또는 행정사법인은 폐업신고 전 행정사의 지위를 승계한다(법 제33조 제1항).

나. 처분승계

폐업신고 전의 행정사 또는 행정사법인에 대하여 업무의 정지에 해당하는 위반행위를 사유로 한 행정처분의 효과는 그 처분일부터 1년간 업무를 다시 시작하는 신고를 한 행정사 또는 행정사법인에게 승계된다(법 제33조 제2항).

다. 위반행위승계

폐업신고를 한 후 업무를 다시 시작하는 신고를 한 행정사 또는 행정사법인에 대하여 폐업신고 전 행정사 또는 행정사법인의 업무의 정지에 해당하는 위반행위를 사유로 행정처분을 할 수 있다. 이 경우에는 폐업한 기간과 폐업의 사유 등을 고려하여 업무정지의 기간을 정하여야 한다. 다만, 폐업신고를 한 날부터 업무를 다시 시작하는 신고를 한 날까지의 기간이 1년을 넘은 경우는 그러하지 아니하다(법 제33조 제3항·제4항).

Chapter

08 보칙

1. 권한의 위임 및 위탁

(1) 「행정사법」에 따른 행정안전부장관의 권한은 그 일부를 시・도지사에게 위임할 수 있고, 행정안전부장관의 업무는 그 일부를 행정사회에 위탁할 수 있다(법 제34조 제1항・제2항).

(2) 행정안전부장관은 실무교육에 관한 권한을 시・도지사에게 위임한다(영 제25조).

2. 응시 수수료

행정사 자격시험에 응시하려는 사람은 행정안전부령으로 정하는 바에 따라 수수료를 내야 한다(법 제35조).

3. 규제의 재검토

행정안전부장관은 과태료 부과기준에 대하여 2015년 6월 1일을 기준으로 2년마다(매 2년이 되는 해의 기준일과 같은 날 전까지를 말한다) 폐지, 완화 또는 유지 등의 타당성을 검토하여야 한다(법 제35조의2).

Chapter 09

벌칙

1. 형벌대상자와 유형

가. 3년 이하의 징역 또는 3천만원 이하의 벌금(법 제36조 제1항)

(1) 다른 법률에 따라 허용되는 경우를 제외하고 행정사가 **아**닌 사람이 행정사의 업무를 업으로 한 자

(2) 신고확인**증**을 다른 자에게 대여한 행정사, 행정사법인과 이를 대여받은 자 또는 대여를 알선한 자

나. 1년 이하의 징역 또는 1천만원 이하의 벌금(법 제36조 제2항)

(1) 행정사업무**신**고 또는 법인업무신고를 하지 아니하고 행정사 업무를 한 자

(2) **수**임제한 규정을 위반한 사람

(3) 업무수임 또는 수행 과정에서 관련 공무원과의 연고 등 사적인 관계를 드러내며 영향력을 미칠 수 있는 것으로 **선**전한 자

(4) 행정사의 업무에 관하여 거짓된 내용을 표시하거나 객관적 사실을 과장 또는 누락하여 소비자를 오도하거나 오해를 불러일으킬 우려가 있는 내용의 **광**고행위를 한 자

(5) 업무상 알게 된 사실을 다른 사람에게 **누**설한 자

(6) 업**무**정지처분을 받고 그 업무정지 기간에 행정사 업무를 한 자

다. 100만원 이하의 벌금(법 제36조 제3항)

(1) 위임인으로부터 보수 **외**에 금전 또는 재산상 이익이나 그 밖의 반대급부를 받은 자

(2) 정당한 사유 없이 업무에 관한 위임을 **거**부한 자

(3) 당사자 **양**쪽으로부터 같은 업무에 관한 위임을 받은 자

(4) 타인의 소송이나 그 밖의 권리관계분쟁 또는 민원사무처리과정에 **개**입한 자

(5) 행정사 업무의 알선을 업으로 하는 자를 이용하거나 그 밖의 부당한 방법으로 행정사 업무의 위임을 **유**치한 자

(6) **경**업금지 의무를 위반한 자

2. 양벌규정

행정사 또는 행정사법인의 사무직원이나 소속행정사가 행정사 또는 행정사법인의 업무와 관련하여 벌금 이상의 벌칙에 해당하는 위반행위를 하면 그 행위자를 벌하는 외에 그 행정사 또는 행정사법인에도 해당 조문의 벌금형을 과한다. 다만, 행정사 또는 행정사법인이 그 위반행위를 방지하기 위하여 해당 업무에 관하여 상당한 주의와 감독을 게을리하지 아니한 경우에는 그러하지 아니하다(법 제37조).

3. 과태료 부과 대상자와 유형

가. 500만원 이하의 과태료(법 제38조 제1항)

(1) 행정사가 아니면서 행정사 또는 이와 비슷한 명**칭**을 사용한 자

(2) 행정사사무소, 행정사합동사무소 또는 그 분사무소나 행정사법인 또는 그 분사무소가 아니면서 행정사사무소, 행정사합동사무소 또는 그 분사무소나 행정사법인 또는 그 분사무소와 비슷한 명**칭**을 사용한 자

(3) **손**해**배**상책임의 보장 등 필요한 조치를 취하지 아니한 행정사법인

(4) 정당한 사유 없이 감독상 명령에 따른 **보**고 또는 자료제출을 하지 아니하거나, 거짓으로 보고·자료제출을 하거나, 출입·검사를 방해·거부 또는 기피한 자

나. 100만원 이하의 과태료(법 제38조 제2항)

(1) 사무소 **이**전신고를 하지 아니한 자

(2) 행정사사무소, 행정사합동사무소 또는 행정사법인이라는 글자를 사용하지 아니하거나 그 분사무소임을 **표**시하지 아니한 자

(3) **업**무처리부를 작성하지 아니하거나 거짓으로 작성한 자

(4) **연**수교육을 받지 아니하고 행정사 업무를 수행한 사람

다. 과태료 부과·징수권자

과태료는 행정안전부장관, 시·도지사 또는 시장등이 부과·징수한다(법 제38조 제3항, 영 제27조).

행정사법 시행령 [별표 4] 〈개정 2021.6.8.〉

과태료 부과기준(제27조 관련)

1. 일반기준

가. 위반행위의 횟수에 따른 과태료의 기준은 최근 1년간 같은 위반행위로 과태료를 부과받은 경우에 적용한다. 이 경우 위반행위에 대하여 과태료 부과처분을 한 날과 다시 같은 위반행위를 적발한 날을 각각 기준으로 하여 위반횟수를 계산한다.

나. 부과권자는 다음의 어느 하나에 해당하는 경우에는 제2호에 따른 과태료 금액의 2분의 1의 범위에서 그 금액을 감경할 수 있다. 다만, 과태료를 체납하고 있는 위반행위자의 경우에는 그렇지 않다.

1) 삭제 〈2021. 6. 8.〉
2) 위반행위자가 위법행위로 인한 결과를 시정하거나 해소한 경우
3) 위반행위가 사소한 부주의나 오류 등 과실로 인한 것으로 인정되는 경우
4) 위반행위의 결과가 경미한 경우
5) 그 밖에 위반행위의 정도, 위반행위의 동기와 그 결과 등을 고려하여 감경할 필요가 있다고 인정되는 경우

다. 부과권자는 다음의 어느 하나에 해당하는 경우에는 제2호에 따른 과태료 금액의 2분의 1의 범위에서 그 금액을 가중할 수 있다. 다만, 가중할 사유가 여러 개 있는 경우라도 법 제38조 제1항 및 제2항에 따른 과태료 금액의 최고액을 넘을 수 없다.

1) 법령 위반상태의 기간이 2개월 이상인 경우
2) 그 밖에 위반행위의 정도, 위반행위의 동기와 그 결과 등을 고려하여 가중할 필요가 있다고 인정되는 경우

2. 개별기준

위반행위	근거 법조문	과태료 금액		
		1차 위반	2차 위반	3차 이상 위반
가. 법 제3조 제2항을 위반하여 행정사 또는 이와 비슷한 명칭을 사용한 경우	법 제38조 제1항 제1호	250만원	375만원	500만원
나. 법 제14조 제3항(제25조의13 제1항에서 준용하는 경우를 포함한다)에 따른 사무소 이전신고를 하지 않은 경우	법 제38조 제2항 제1호	50만원	75만원	100만원
다. 법 제15조 제1항 또는 제25조의5 제2항을 위반하여 행정사사무소, 행정사합동사무소 또는 행정사법인이라는 글자를 사용하지 않거나 그 분사무소임을 표시하지 않은 경우	법 제38조 제2항 제2호	50만원	75만원	100만원
라. 법 제15조 제2항 또는 제25조의5 제3항을 위반하여 행정사사무소, 행정사합동사무소 또는 그 분사무소나 행정사법인 또는 그 분사무소와 비슷한 명칭을 사용한 경우	법 제38조 제1항 제2호	250만원	375만원	500만원
마. 법 제24조(제25조의13 제1항에서 준용하는 경우를 포함한다)를 위반하여 업무처리부를 작성하지 않거나 거짓으로 작성한 경우	법 제38조 제2항 제3호	50만원	75만원	100만원

바. 법 제25조 제3항을 위반하여 연수교육을 받지 않고 행정사 업무를 수행한 경우	법 제38조 제2항 제4호	50만원	75만원	100만원
사. 법 제25조의12에 따른 조치를 취하지 않은 경우	법 제38조 제1항 제2호의2	250만원	375만원	500만원
아. 정당한 사유 없이 법 제29조 제2항 및 제31조 제1항에 따른 보고 또는 자료제출을 하지 않거나, 거짓으로 보고·자료제출을 하거나, 출입·검사를 방해·거부 또는 기피한 경우	법 제38조 제1항 제3호	250만원	375만원	500만원

행정사실무법 관련 법령

행정사법

[시행 2022. 11. 15.]
[법률 제19034호, 2022. 11. 15., 일부개정]

제1장 총칙

제1조【목적】 이 법은 행정사(行政士) 제도를 확립하여 행정과 관련한 국민의 편익을 도모(圖謀)하고 행정제도의 건전한 발전에 이바지함을 목적으로 한다.

제2조【업무】 ① 행정사는 다른 사람의 위임을 받아 다음 각 호의 업무를 수행한다. 다만, 다른 법률에 따라 제한된 업무는 할 수 없다.

1. 행정기관에 제출하는 서류의 작성
2. 권리·의무나 사실증명에 관한 서류의 작성
3. 행정기관의 업무에 관련된 서류의 번역
4. 제1호부터 제3호까지의 규정에 따라 작성된 서류의 제출 대행(代行)
5. 인가·허가 및 면허 등을 받기 위하여 행정기관에 하는 신청·청구 및 신고 등의 대리(代理)
6. 행정 관계 법령 및 행정에 대한 상담 또는 자문에 대한 응답
7. 법령에 따라 위탁받은 사무의 사실 조사 및 확인

② 제1항에 따른 업무의 내용과 범위는 대통령령으로 정한다.

제3조【행정사가 아닌 사람에 대한 금지 사항】 ① 행정사가 아닌 사람은 다른 법률에 따라 허용되는 경우를 제외하고는 제2조에 따른 업무를 업(業)으로 하지 못한다.

② 행정사가 아닌 사람은 행정사 또는 이와 비슷한 명칭을 사용하지 못한다.

제4조【행정사의 종류】 행정사는 소관 업무에 따라 일반행정사, 해사행정사 및 외국어번역행정사로 구분하고, 종류별 업무의 범위와 내용은 대통령령으로 정한다. <개정 2020. 6. 9.>

제2장 행정사의 자격과 시험

제5조【행정사의 자격】 행정사 자격시험에 합격한 사람은 행정사 자격이 있다.

제6조【결격사유】 다음 각 호의 어느 하나에 해당하는 사람은 행정사가 될 수 없다. <개정 2016. 1. 27.>

1. 피성년후견인 또는 피한정후견인
2. 파산선고를 받고 복권(復權)되지 아니한 사람
3. 금고 이상의 실형을 선고받고 그 집행이 끝나거나(집행이 끝난 것으로 보는 경우를 포함한다) 집행이 면제된 날부터 3년이 지나지 아니한 사람
4. 금고 이상의 형의 집행유예를 선고받고 그 유예기간이 끝난 날부터 2년이 지나지 아니한 사람
5. 금고 이상의 형의 선고유예를 받고 그 유예기간에 있는 사람
6. 공무원으로서 징계처분에 따라 파면되거나 해임된 후 3년이 지나지 아니한 사람
7. 제30조에 따라 행정사 자격이 취소된 후 3년이 지나지 아니한 사람

제7조【행정사자격심의위원회】 ① 행정사 자격의 취득과 관련된 다음 각 호의 사항을 심의하기 위하여 행정안전부에 행정사자격심의위원회를 둘 수 있다. <개정 2013. 3. 23., 2014. 11. 19., 2017. 7. 26.>

1. 행정사 자격시험 과목 등 시험에 관한 사항
2. 행정사 자격시험 선발 인원의 결정에 관한 사항
3. 행정사 자격시험의 일부면제 대상자의 요건에 관한 사항
4. 그 밖에 행정사 자격의 취득과 관련한 중요 사항

② 행정사자격심의위원회의 구성 및 운영에 필요한 사항은 대통령령으로 정한다.

제8조【행정사 자격시험】 ① 행정사 자격시험은 행정안전부장관이 실시한다. <개정 2013. 3. 23., 2014. 11. 19., 2017. 7. 26.>

② 행정사 자격시험은 제1차시험과 제2차시험으로 구분하여 실시한다.

③ 행정안전부장관은 행정사 자격시험의 관리에 관한 업무를 「한국산업인력공단법」에 따른 한국산업인력공단에 위탁할 수 있다. <개정 2013. 3. 23., 2014. 11. 19., 2017. 7. 26.>

④ 행정사 자격시험의 시험과목, 시험방법, 그 밖에

시험에 관하여 필요한 사항은 대통령령으로 정한다.

제9조 【시험의 일부 면제】 ① 다음 각 호의 어느 하나에 해당하는 사람은 제1차시험을 면제한다. <개정 2016. 12. 2., 2020. 6. 9.>

1. 공무원으로 재직한 사람 중 다음 각 목의 어느 하나에 해당하는 사람
   가. 경력직공무원(특정직공무원 중 대통령령으로 정하는 공무원은 제외한다. 이하 같다)으로 10년 이상 근무한 사람 중 7급(이에 상당하는 계급을 포함한다) 이상의 직에 5년 이상 근무한 사람
   나. 대통령령으로 정하는 특수경력직공무원으로 10년 이상 근무한 사람 중 7급 이상에 상당하는 직에 5년 이상 근무한 사람
2. 「고등교육법」에 따른 대학에서 외국어 전공 학사학위를 받은 후 그 외국어 번역 업무에 5년 이상 종사한 경력이 있는 사람
3. 「고등교육법」에 따른 대학원에서 외국어 전공 석사학위 또는 박사학위를 받은 후 그 외국어 번역 업무에 3년 이상 종사한 경력이 있는 사람
4. 행정사 자격이 있는 사람으로서 다른 종류의 행정사 자격시험에 응시하는 사람

② 다음 각 호의 어느 하나에 해당하는 사람은 제1차시험의 전과목과 제2차시험의 과목 중 2분의 1을 넘지 아니하는 범위에서 대통령령으로 정하는 과목을 면제한다. <개정 2020. 6. 9.>

1. 경력직공무원으로서 다음 각 목의 어느 하나에 해당하는 사람
   가. 15년 이상 근무한 사람 중 6급(이에 상당하는 계급을 포함한다) 이상의 직에 8년 이상 근무한 사람
   나. 10년 이상 근무한 사람 중 5급(이에 상당하는 계급을 포함한다) 이상의 직에 5년 이상 근무한 사람
2. 대통령령으로 정하는 특수경력직공무원으로서 다음 각 목의 어느 하나에 해당하는 사람
   가. 15년 이상 근무한 사람 중 6급 이상에 상당하는 직에 8년 이상 근무한 사람
   나. 10년 이상 근무한 사람 중 5급 이상에 상당하는 직에 5년 이상 근무한 사람
3. 「고등교육법」에 따른 대학에서 외국어 전공 학사학위를 받은 후 그 외국어 번역 업무에 7년 이상 종사한 경력이 있는 사람
4. 「고등교육법」에 따른 대학원에서 외국어 전공 석사학위 또는 박사학위를 받은 후 그 외국어 번역 업무에 5년 이상 종사한 경력이 있는 사람

③ 다음 각 호의 어느 하나에 해당하는 사람에게는 제1항 및 제2항을 적용하지 아니한다. <신설 2015. 5. 18.>

1. 공무원으로 근무 중 탄핵된 사람 또는 징계처분에 따라 그 직에서 파면되거나 해임된 사람
2. 공무원으로 근무 중 금전, 물품, 부동산, 향응 또는 그 밖에 대통령령으로 정하는 재산상 이익을 취득하거나 제공한 사유로 강등 또는 정직에 해당하는 징계처분을 받은 사람
3. 공무원으로 근무 중 다음 각 목에 해당하는 것을 횡령(橫領), 배임(背任), 절도, 사기 또는 유용(流用)한 사유로 강등 또는 정직에 해당하는 징계처분을 받은 사람
   가. 「국가재정법」에 따른 예산 및 기금
   나. 「지방재정법」에 따른 예산 및 「지방자치단체 기금관리기본법」에 따른 기금
   다. 「국고금 관리법」 제2조 제1호에 따른 국고금
   라. 「보조금 관리에 관한 법률」 제2조 제1호에 따른 보조금
   마. 「국유재산법」 제2조 제1호에 따른 국유재산 및 「물품관리법」 제2조 제1항에 따른 물품
   바. 「공유재산 및 물품 관리법」 제2조 제1호 및 제2호에 따른 공유재산 및 물품
   사. 그 밖에 가목부터 바목까지에 준하는 것으로서 대통령령으로 정하는 것

④ 제1항 및 제2항에 따른 외국어 번역 업무에 종사한 경력 등 자격인정에 필요한 사항은 대통령령으로 정한다. <개정 2015. 5. 18.>

⑤ 제1차시험에 합격한 사람에 대하여는 다음 회의 시험에서만 제1차시험을 면제한다. <개정 2015. 5. 18.>

[제목개정 2020. 6. 9.]

제9조의2 【시험부정행위자에 대한 조치】 ① 행정안전부장관은 제8조에 따른 행정사 자격시험에서 부정

행위를 한 사람에 대하여는 그 시험을 정지시키거나 무효로 처리한다. <개정 2017. 7. 26.>
② 제1항에 따라 시험이 정지되거나 무효로 처리된 사람은 그 처분이 있은 날부터 5년간 행정사 자격시험에 응시하지 못한다.
[본조신설 2016. 1. 27.]

제3장 업무신고

제10조【행정사의 업무신고】 ① 행정사 자격이 있는 사람이 행정사로서 업무를 하려면 대통령령으로 정하는 바에 따라 주된 사무소의 소재지를 관할하는 특별자치시장・특별자치도지사・시장・군수 또는 자치구의 구청장(이하 "시장등"이라 한다)에게 대통령령으로 정하는 행정사 업무신고 기준을 갖추어 신고(이하 "행정사업무신고"라 한다)하여야 한다. 신고한 사항을 변경할 때도 또한 같다. <개정 2020. 6. 9.>
② 행정사업무신고의 기준 및 절차 등에 관하여 필요한 사항은 대통령령으로 정한다. <개정 2020. 6. 9.>
[제목개정 2020. 6. 9.]

제11조【업무신고의 수리 거부】 ① 시장등은 행정사업무신고를 하려는 사람이 행정사업무신고 기준을 갖추지 아니한 경우에는 그 행정사업무신고의 수리를 거부할 수 있다. 이 경우 지체 없이 행정사업무신고의 수리 거부 사실 및 그 사유를 당사자에게 알려야 한다. <개정 2020. 6. 9.>
② 시장등이 업무신고를 받은 날부터 3개월이 지날 때까지 제12조에 따른 행정사업무신고확인증(이하 "신고확인증"이라 한다)을 발급하지 아니하거나 행정사업무신고의 수리 거부 통지를 하지 아니하면 3개월이 되는 날의 다음 날에 행정사업무신고가 수리된 것으로 본다. <개정 2020. 6. 9.>
③ 제1항에 따라 행정사업무신고의 수리가 거부된 사람은 그 통지를 받은 날부터 3개월 이내에 행정사업무신고의 수리 거부에 대한 불복(不服)의 이유를 밝혀 시장등에게 이의신청을 할 수 있다. <개정 2020. 6. 9.>
④ 시장등은 제3항에 따른 이의신청이 이유 있다고 인정하면 신고확인증을 발급하여야 한다.
⑤ 제3항에 따른 이의신청에 필요한 사항은 행정안전부령으로 정한다. <개정 2013. 3. 23., 2014. 11. 19., 2017. 7. 26.>

제12조【신고확인증의 발급】 ① 시장등은 행정사업무신고를 받은 때에는 그 내용을 확인한 후 행정안전부령으로 정하는 바에 따라 신고확인증을 행정사에게 발급하여야 한다. <개정 2013. 3. 23., 2014. 11. 19., 2017. 7. 26., 2020. 6. 9.>
② 제1항에 따라 신고확인증을 발급받은 사람은 신고확인증을 잃어버리거나 못쓰게 된 경우에는 행정안전부령으로 정하는 바에 따라 시장등에게 재발급을 신청할 수 있다. <개정 2013. 3. 23., 2014. 11. 19., 2017. 7. 26.>

제13조【신고확인증의 대여 등의 금지】 ① 행정사는 다른 사람에게 신고확인증을 대여하여서는 아니 된다. <개정 2020. 6. 9.>
② 누구든지 다른 사람의 신고확인증을 대여받아 사용하여서는 아니 된다. <개정 2020. 6. 9.>
③ 누구든지 제1항 및 제2항에 따른 신고확인증의 대여를 알선하여서는 아니 된다. <신설 2020. 6. 9.>

제14조【사무소의 설치 등】 ① 행정사는 제2조에 따른 업무를 하기 위한 사무소를 하나만 설치할 수 있다. <개정 2020. 6. 9.>
② 행정사는 그 업무를 효율적으로 수행하고 공신력(公信力)을 높이기 위하여 2명 이상의 행정사로 구성된 합동사무소를 설치할 수 있으며, 행정사합동사무소를 구성하는 행정사의 수를 넘지 아니하는 범위에서 주사무소와 분사무소(分事務所)를 설치할 수 있다. 이 경우 주사무소와 분사무소에는 행정사합동사무소를 구성하는 행정사가 각각 1명 이상 상근하여야 한다. <개정 2020. 6. 9., 2022. 11. 15.>
③ 행정사가 사무소를 이전한 때에는 10일 이내에 이전 후의 사무소 소재지를 관할하는 시장등에게 신고하여야 한다. <개정 2020. 6. 9.>
④ 제3항에 따라 이전신고를 받은 시장등은 이전신고한 행정사에게 신고확인증을 발급하여야 하며, 종전의 사무소 소재지를 관할하는 시장등에게 사무소의 이전 사실을 통지하여야 한다. <개정 2020. 6. 9.>
⑤ 제3항에 따른 신고 전에 발생한 사유로 인한 행정사에 대한 행정처분은 제3항에 따라 신고를 받은

시장등이 행한다. <개정 2020. 6. 9.>

⑥ 사무소의 설치·운영 및 신고와 그 밖에 필요한 사항은 행정안전부령으로 정한다. <개정 2013. 3. 23., 2014. 11. 19., 2017. 7. 26.>

[제목개정 2020. 6. 9.]

제15조【사무소의 명칭 등】 ① 행정사는 그 사무소의 종류별로 사무소의 명칭 중에 행정사사무소 또는 행정사합동사무소라는 글자를 사용하고, 행정사합동사무소의 분사무소에는 그 분사무소임을 표시하여야 한다.

② 행정사가 아닌 사람은 행정사사무소 또는 이와 비슷한 명칭을 사용하지 못하며, 행정사합동사무소나 그 분사무소가 아니면 행정사합동사무소나 그 분사무소 또는 이와 비슷한 명칭을 사용하지 못한다.

제16조【폐업신고】 ① 행정사가 폐업한 경우에는 본인이, 사망한 경우에는 가족이나 동거인 또는 그 사무직원이 지체 없이 그 사실을 시장등에게 신고하여야 한다. 폐업한 행정사가 업무를 다시 시작할 때에도 또한 같다.

② 제1항에 따른 신고에 필요한 사항은 행정안전부령으로 정한다. <개정 2013. 3. 23., 2014. 11. 19., 2017. 7. 26.>

제17조【휴업신고】 ① 행정사가 3개월이 넘도록 휴업(업무신고를 하고 업무를 시작하지 아니하는 경우를 포함한다. 이하 같다)하거나 휴업한 행정사가 업무를 다시 시작하려면 시장등에게 신고하여야 한다.

② 시장등은 제1항에 따른 업무재개신고를 받은 날부터 15일 이내에 신고수리 여부를 신고인에게 통지하여야 한다. <신설 2020. 6. 9.>

③ 시장등은 제2항에서 정한 기간 내에 신고수리 여부 또는 민원 처리 관련 법령에 따른 처리기간의 연장을 신고인에게 통지하지 아니하면 그 기간(민원 처리 관련 법령에 따라 처리기간이 연장 또는 재연장된 경우에는 해당 처리기간을 말한다)이 끝난 날의 다음 날에 신고를 수리한 것으로 본다. <신설 2020. 6. 9.>

④ 제1항에 따라 휴업한 행정사가 2년이 지나도 업무를 다시 시작하지 아니하는 경우에는 폐업한 것으로 본다. <개정 2020. 6. 9.>

⑤ 제1항에 따른 휴업신고 및 업무재개신고에 필요한 사항은 행정안전부령으로 정한다. <개정 2013. 3. 23., 2014. 11. 19., 2017. 7. 26., 2020. 6. 9.>

제4장 행정사의 권리·의무

제18조【사무직원】 ① 행정사는 사무직원을 둘 수 있으며, 소속 사무직원을 지도·감독할 책임이 있다.

② 사무직원의 직무상 행위는 그를 고용한 행정사의 행위로 본다.

③ 삭제 <2015. 5. 18.>

제19조【보수】 ① 행정사는 업무를 위임한 자로부터 보수를 받는다.

② 행정사와 그 사무직원은 업무에 관하여 제1항에 따른 보수 외에 어떠한 명목으로도 위임인으로부터 금전 또는 재산상의 이익이나 그 밖의 반대급부(反對給付)를 받지 못한다.

제20조【증명서의 발급】 ① 행정사는 업무에 관련된 사실의 확인증명서를 발급할 수 있다.

② 외국어번역행정사는 그가 번역한 번역문에 대하여 번역확인증명서를 발급할 수 있다.

③ 제1항과 제2항에 따른 증명서 발급의 범위는 대통령령으로 정한다.

제21조【행정사의 의무와 책임】 ① 행정사는 품위를 유지하고 신의와 성실로써 공정하게 직무를 수행하여야 한다. <개정 2020. 6. 9.>

② 행정사가 위임받은 업무를 수행하면서 고의 또는 과실로 위임인에게 재산상의 손해를 입힌 경우에는 그 손해를 배상할 책임이 있다. <개정 2020. 6. 9.>

제21조의2【수임제한】 ① 공무원직에 있다가 퇴직한 행정사는 퇴직 전 1년부터 퇴직할 때까지 근무한 행정기관에 대한 제2조 제1항 제5호에 따른 업무를 퇴직한 날부터 1년 동안 수임할 수 없다.

② 제1항의 수임제한은 제25조의7에 따른 법인구성원 또는 소속행정사로 지정되는 경우를 포함한다.

③ 제1항에 따른 행정기관의 범위는 대통령령으로 정한다.

[본조신설 2020. 6. 9.]

제22조【금지행위】 행정사와 그 사무직원은 다음 각 호의 행위를 하여서는 아니 된다. <개정 2020. 6. 9.>

1. 정당한 사유 없이 업무에 관한 위임을 거부하는 행위

부록

2. 당사자 중 어느 한 쪽의 위임을 받아 취급하는 업무에 관하여 이해관계를 달리하는 상대방으로부터 같은 업무를 위임받는 행위. 다만, 당사자 양쪽이 동의한 경우는 제외한다.
3. 행정사의 업무 범위를 벗어나서 타인의 소송이나 그 밖의 권리관계분쟁 또는 민원사무처리과정에 개입하는 행위
4. 업무수임 또는 수행 과정에서 관련 공무원과의 연고(緣故) 등 사적인 관계를 드러내며 영향력을 미칠 수 있는 것으로 선전하는 행위
5. 행정사의 업무에 관하여 거짓된 내용을 표시하거나 객관적 사실을 과장 또는 누락하여 소비자를 오도(誤導)하거나 오해를 불러일으킬 우려가 있는 내용의 광고행위
6. 행정사 업무의 알선을 업으로 하는 자를 이용하거나 그 밖의 부당한 방법으로 행정사 업무의 위임을 유치(誘致)하는 행위

제23조【비밀엄수】 행정사 또는 행정사이었던 사람(행정사의 사무직원 또는 사무직원이었던 사람을 포함한다)은 정당한 사유 없이 직무상 알게 된 사실을 다른 사람에게 누설하여서는 아니 된다.

제24조【업무처리부 작성】 ① 행정사는 업무를 위임받으면 대통령령으로 정하는 바에 따라 업무처리부(業務處理簿)를 작성하여 보관하여야 한다.
② 제1항에 따른 업무처리부에는 다음 각 호의 사항을 적어야 한다.
1. 일련번호
2. 위임받은 연월일
3. 위임받은 업무의 개요
4. 보수액
5. 위임인의 주소와 성명
6. 그 밖에 위임받은 업무의 처리에 필요한 사항

제25조【행정사의 교육】 ① 행정사 자격이 있는 사람이 행정사 업무를 시작하려면 대통령령으로 정하는 바에 따라 행정안전부장관이 시행하는 실무교육을 받아야 한다. <개정 2020. 6. 9.>
② 행정사의 사무소(행정사합동사무소 또는 행정사법인의 경우에는 주사무소를 말한다)의 소재지를 관할하는 특별시장 · 광역시장 · 특별자치시장 · 도지사 · 특별자치도지사(이하 "시 · 도지사"라 한다)는 행정사의 자질과 업무수행능력 향상을 위하여 직접 또는 대통령령으로 정하는 기관 · 단체 등에 위탁하여 행정사에 대한 연수교육을 실시하여야 한다. <개정 2013. 3. 23., 2014. 11. 19., 2017. 7. 26., 2020. 6. 9.>
③ 행정사는 제2항에 따른 연수교육을 받아야 한다. <개정 2020. 6. 9.>
④ 제1항에 따른 실무교육 및 제2항에 따른 연수교육의 과목 · 시기 · 기간 및 이수방법 등에 관하여 필요한 사항은 대통령령으로 정한다. <개정 2020. 6. 9.>

제4장의2 행정사법인

〈신설 2020. 6. 9.〉

제25조의2【행정사법인의 설립】 행정사는 제2조에 따른 업무를 조직적이고 전문적으로 수행하기 위하여 3명 이상의 행정사를 구성원으로 하는 행정사법인을 설립할 수 있다.
[본조신설 2020. 6. 9.]

제25조의3【설립 절차】 ① 행정사법인을 설립하려면 행정사법인의 구성원이 될 행정사가 정관(定款)을 작성하여 대통령령으로 정하는 바에 따라 행정안전부장관의 인가(이하 "설립인가"라 한다)를 받아야 한다. 정관을 변경할 때에도 또한 같다.
② 행정사법인의 정관에는 다음 각 호의 사항을 적어야 한다.
1. 목적, 명칭, 주사무소 및 분사무소의 소재지
2. 행정사법인을 구성하는 행정사(이하 "법인구성원"이라 한다)의 성명과 주소
3. 법인구성원의 출자에 관한 사항
4. 법인구성원 회의에 관한 사항
5. 자산 및 회계에 관한 사항
6. 행정사법인의 대표에 관한 사항
7. 존립시기, 해산사유를 정한 경우에는 그 시기 또는 사유
8. 그 밖에 대통령령으로 정하는 사항
③ 행정사법인은 대통령령으로 정하는 바에 따라 등기하여야 한다.
④ 행정사법인은 그 주사무소의 소재지에서 설립등기를 함으로써 성립한다.
[본조신설 2020. 6. 9.]

제25조의4【행정사법인의 업무신고 등】 ① 행정사법인이 제2조에 따른 업무를 하려면 대통령령으로 정하는 바에 따라 주사무소의 소재지를 관할하는 시장등에게 대통령령으로 정하는 행정사법인 업무신고 기준을 갖추어 신고(이하 "법인업무신고"라 한다)하여야 한다. 신고한 사항을 변경할 때에도 또한 같다.
② 시장등은 법인업무신고를 하려는 자가 법인업무신고 기준을 갖추지 아니한 경우에는 그 법인업무신고의 수리를 거부할 수 있다. 이 경우 지체 없이 법인업무신고의 수리 거부 사실 및 그 사유를 당사자에게 알려야 한다.
③ 시장등은 법인업무신고를 받은 때에는 그 내용을 확인한 후 행정안전부령으로 정하는 바에 따라 법인업무신고확인증을 행정사법인에 발급하여야 한다.
④ 법인업무신고의 기준 및 절차 등에 관하여 필요한 사항은 대통령령으로 정한다.
[본조신설 2020. 6. 9.]

제25조의5【행정사법인의 사무소 등】 ① 행정사법인은 법인구성원의 수를 넘지 아니하는 범위에서 주사무소와 분사무소를 설치할 수 있다. 이 경우 주사무소와 분사무소에는 각각 1명 이상의 법인구성원이 상근하여야 한다.
② 행정사법인은 사무소의 명칭 중에 행정사법인이라는 글자를 사용하여야 하고, 행정사법인의 분사무소에는 그 분사무소임을 표시하여야 한다.
③ 행정사법인이 아닌 자는 행정사법인 또는 이와 비슷한 명칭을 사용하지 못하며, 행정사법인의 사무소나 그 분사무소가 아니면 행정사법인이나 그 분사무소 또는 이와 비슷한 명칭을 사용하지 못한다.
[본조신설 2020. 6. 9.]

제25조의6【행정사법인의 소속행정사 등】 ① 행정사법인은 행정사를 고용할 수 있다.
② 행정사법인은 제1항에 따라 행정사를 고용한 경우에는 주사무소 소재지의 시장등에게 행정안전부령으로 정하는 바에 따라 신고하여야 하며, 그 변경이 있는 경우에도 또한 같다.
③ 제1항에 따라 고용된 행정사(이하 "소속행정사"라 한다) 및 법인구성원은 업무정지 중이거나 휴업 중인 사람이 아니어야 한다.
④ 소속행정사 및 법인구성원은 그 행정사법인의 사무소 외에 따로 사무소를 둘 수 없다.
⑤ 법인업무신고를 한 행정사법인은 제25조 제1항에 따른 실무교육을 받지 아니한 사람을 소속행정사로 고용하거나 법인구성원으로 할 수 없다.
⑥ 행정사법인이 제25조의2 또는 그 밖의 이 법에 따른 법인구성원에 관한 요건을 갖추지 못하게 된 경우에는 6개월 이내에 이를 보충하여야 한다.
[본조신설 2020. 6. 9.]

제25조의7【업무수행 방법】 ① 행정사법인은 법인의 명의로 업무를 수행하여야 하며, 수임한 업무마다 그 업무를 담당할 법인구성원 또는 소속행정사(이하 "담당행정사"라 한다)를 지정하여야 한다. 다만, 소속행정사를 담당행정사로 지정할 경우에는 법인구성원과 공동으로 지정하여야 한다.
② 행정사법인이 수임한 업무에 대하여 담당행정사를 지정하지 아니한 경우에는 법인구성원 모두를 담당행정사로 지정한 것으로 본다.
③ 담당행정사는 지정된 업무에 관하여 그 법인을 대표한다.
④ 행정사법인이 그 업무에 관하여 작성하는 서면(書面)에는 행정사법인의 명의를 표시하고 담당행정사가 기명날인하여야 한다.
[본조신설 2020. 6. 9.]

제25조의8【해산】 ① 행정사법인은 다음 각 호의 사유로 해산한다.
1. 정관에서 정하는 해산 사유의 발생
2. 법인구성원 전원의 동의
3. 합병 또는 파산
4. 설립인가의 취소
② 행정사법인이 해산하면 청산인은 지체 없이 그 사유를 대통령령으로 정하는 바에 따라 행정안전부장관에게 신고하여야 한다.
[본조신설 2020. 6. 9.]

제25조의9【합병】 ① 행정사법인은 법인구성원 전원의 동의가 있으면 다른 행정사법인과 합병할 수 있다.
② 제1항의 경우에는 제25조의3을 준용한다.
[본조신설 2020. 6. 9.]

제25조의10【설립인가의 취소】 행정안전부장관은 행정사법인이 다음 각 호의 어느 하나에 해당하는 경우

에는 대통령령으로 정하는 바에 따라 설립인가를 취소할 수 있다. 다만, 제1호의 경우에는 설립인가를 취소하여야 한다.

1. 거짓이나 그 밖의 부정한 방법으로 설립인가를 받은 경우
2. 제25조의6 제6항을 위반하여 법인구성원에 관한 요건을 6개월 이내에 보충하지 아니한 경우
3. 제32조에 따른 업무정지처분을 받고 그 업무정지 기간 중에 업무를 수행한 경우
4. 법령을 위반하여 업무를 수행한 경우

[본조신설 2020. 6. 9.]

제25조의11【경업의 금지】 ① 법인구성원 또는 소속행정사는 자기 또는 제3자를 위하여 그 행정사법인의 업무범위에 속하는 업무를 수행하거나 다른 행정사법인의 법인구성원 또는 소속행정사가 되어서는 아니 된다.

② 행정사법인의 법인구성원 또는 소속행정사이었던 사람은 그 행정사법인에 소속한 기간 중에 그 행정사법인의 담당행정사로서 수행하고 있었거나 수행을 승낙한 업무에 관하여는 퇴직 후 행정사의 업무를 수행할 수 없다. 다만, 그 행정사법인의 동의가 있는 경우에는 그러하지 아니하다.

[본조신설 2020. 6. 9.]

제25조의12【손해배상책임의 보장】 행정사법인은 그 직무를 수행하면서 고의나 과실로 의뢰인에게 손해를 입힌 경우 그 손해에 대한 배상책임을 보장하기 위하여 대통령령으로 정하는 바에 따라 손해배상준비금 적립이나 보험가입 등 필요한 조치를 하여야 한다.

[본조신설 2020. 6. 9.]

제25조의13【준용규정】 ① 행정사법인에 관하여는 그 성질에 반하지 아니하는 범위에서 제11조 제2항부터 제5항까지, 제12조 제2항, 제13조, 제14조 제3항부터 제6항까지, 제16조부터 제21조까지 및 제22조부터 제24조까지의 규정을 준용한다.

② 행정사법인에 관하여 이 법에서 정한 것 외에는 「상법」 중 합명회사(合名會社)에 관한 규정을 준용한다.

[본조신설 2020. 6. 9.]

제5장 대한행정사회

〈개정 2020. 6. 9.〉

제26조【대한행정사회의 설립 등】 ① 행정사의 품위향상과 직무의 개선·발전을 도모하기 위하여 대한행정사회(이하 "행정사회"라 한다)를 둔다. <개정 2020. 6. 9.>

② 행정사회는 법인으로 한다. <개정 2020. 6. 9.>

③ 행정사회는 정관을 정하여 행정안전부장관의 인가를 받아 설립등기를 함으로써 성립한다. <개정 2020. 6. 9.>

④ 행정사회의 설립·운영 및 설립인가 신청 등에 필요한 사항은 대통령령으로 정한다. <개정 2020. 6. 9.>

[제목개정 2020. 6. 9.]

제26조의2【행정사회의 가입 의무】 행정사(법인구성원 및 소속행정사를 포함한다)로서 개업하려면 행정사회에 가입하여야 한다.

[본조신설 2020. 6. 9.]

제26조의3【행정사회의 공익활동 의무】 행정사회는 취약계층의 지원 등 공익활동에 적극 참여하여야 한다.

[본조신설 2020. 6. 9.]

제27조【행정사회의 정관】 ① 행정사회의 정관에는 다음 각 호의 사항이 포함되어야 한다. <개정 2020. 6. 9.>

1. 목적·명칭과 사무소의 소재지
2. 대표자와 그 밖의 임원에 관한 사항
3. 회의에 관한 사항
4. 행정사의 품위유지와 업무 및 교육에 관한 사항
5. 회원의 가입·탈퇴 및 지도·감독에 관한 사항
6. 회계 및 회비부담에 관한 사항
7. 자산에 관한 사항
8. 그 밖에 행정사회의 목적을 달성하기 위하여 필요한 사항

② 정관을 변경하려면 행정안전부장관의 인가를 받아야 한다. <개정 2013. 3. 23., 2014. 11. 19., 2017. 7. 26.>

[제목개정 2020. 6. 9.]

제28조【「민법」의 준용】 행정사회에 관하여 이 법에서 규정하지 아니한 사항에 대하여는 「민법」 중 사단법인에 관한 규정을 준용한다. <개정 2020. 6. 9.>

제29조【행정사회에 대한 감독 등】 ① 행정사회는 행정안전부장관의 감독을 받는다. <개정 2013. 3. 23., 2014. 11. 19., 2017. 7. 26., 2020. 6. 9.>

② 행정안전부장관은 감독을 위하여 필요하다고 인정하면 행정사회에 대하여 그 업무에 관한 사항을 보고하게 하거나 자료의 제출 또는 그 밖에 필요한 명령을 할 수 있으며, 소속 공무원으로 하여금 행정사회의 사무소에 출입하여 업무상황과 그 밖의 서류 등을 검사하게 할 수 있다. <개정 2013. 3. 23., 2014. 11. 19., 2017. 7. 26., 2020. 6. 9.>

③ 제2항에 따라 출입·검사 등을 하는 공무원은 행정안전부령으로 정하는 증표를 지니고 상대방에게 이를 보여주어야 한다. <개정 2013. 3. 23., 2014. 11. 19., 2017. 7. 26.>

[제목개정 2020. 6. 9.]

제6장 지도·감독

제30조【자격의 취소】 ① 행정안전부장관은 행정사가 다음 각 호의 어느 하나에 해당하는 경우에는 그 자격을 취소하여야 한다. <개정 2013. 3. 23., 2014. 11. 19., 2017. 7. 26.>

1. 거짓이나 그 밖의 부정한 방법으로 행정사 자격을 취득한 경우
2. 제13조 제1항을 위반하여 신고확인증을 양도하거나 대여한 경우
3. 제32조에 따른 업무정지처분을 받고 그 업무정지 기간에 행정사 업무를 한 경우
4. 이 법을 위반하여 징역형이 확정된 경우

② 행정안전부장관은 제1항에 따라 행정사 자격을 취소하려는 경우에는 청문을 하여야 한다. <개정 2013. 3. 23., 2014. 11. 19., 2017. 7. 26.>

제31조【감독상 명령 등】 ① 행정안전부장관 또는 행정사의 사무소(행정사합동사무소 또는 행정사법인의 경우에는 주사무소를 말한다)의 소재지를 관할하는 시장등은 행정사 또는 행정사법인에 대한 감독을 위하여 필요하다고 인정하면 해당 행정사 또는 행정사법인에 대하여 업무에 관한 사항을 보고하게 하거나 업무처리부 등 자료의 제출 또는 그 밖에 필요한 명령을 할 수 있으며, 소속 공무원으로 하여금 그 사무소에 출입하여 장부·서류 등을 검사하거나 질문하게 할 수 있다. <개정 2020. 6. 9.>

② 제1항에 따라 출입·검사 등을 하는 공무원은 행정안전부령으로 정하는 증표를 지니고 상대방에게 이를 보여주어야 한다. <개정 2013. 3. 23., 2014. 11. 19., 2017. 7. 26.>

제32조【업무의 정지】 ① 행정사 사무소(행정사합동사무소 또는 행정사법인의 경우에는 주사무소를 말한다)의 소재지를 관할하는 시장등은 행정사 또는 행정사법인이 다음 각 호의 어느 하나에 해당하는 경우에는 6개월의 범위에서 기간을 정하여 업무의 정지를 명할 수 있다. <개정 2020. 6. 9.>

1. 제14조 제1항을 위반하여 두 개 이상의 사무실을 설치한 경우
2. 제14조 제2항 후단 또는 제25조의5 제1항 후단을 위반하여 행정사합동사무소를 구성하는 행정사 또는 법인구성원이 상근하지 아니한 경우
3. 제17조 제1항(제25조의13 제1항에서 준용하는 경우를 포함한다)에 따른 휴업신고를 하지 아니한 경우
4. 제19조 제2항(제25조의13 제1항에서 준용하는 경우를 포함한다)을 위반하여 위임인으로부터 보수 외에 금전 또는 재산상 이익이나 그 밖의 반대급부를 받은 경우
5. 제25조의6 제4항을 위반하여 따로 사무소를 둔 경우
6. 제31조 제1항에 따른 보고 또는 업무처리부 자료 제출 등의 명령에 따르지 아니하거나 검사 또는 질문을 거부·방해 또는 기피한 경우

② 제1항에 따른 업무정지에 관한 기준은 행정안전부령으로 정한다. <개정 2013. 3. 23., 2014. 11. 19., 2017. 7. 26.>

③ 제1항에 따른 업무정지처분은 그 사유가 발생한 날부터 3년이 지나면 할 수 없다.

제33조【행정제재처분효과의 승계 등】 ① 제16조(제25조의13 제1항에서 준용하는 경우를 포함한다)에 따라 폐업신고를 한 후 업무를 다시 시작하는 신고를 한 행정사(행정사법인을 포함한다. 이하 이 조에서 같다)는 폐업신고 전 행정사의 지위를 승계한다. <개정 2020. 6. 9.>

② 제1항의 경우 폐업신고 전의 행정사에 대하여 제

32조 제1항 각 호의 위반행위를 사유로 한 행정처분의 효과는 그 처분일부터 1년간 업무를 다시 시작하는 신고를 한 행정사에게 승계된다.

③ 제1항의 경우 업무를 다시 시작하는 신고를 한 행정사에 대하여 폐업신고 전 행정사의 제32조 제1항 각 호의 위반행위를 사유로 행정처분을 할 수 있다. 다만, 폐업신고를 한 날부터 업무를 다시 시작하는 신고를 한 날까지의 기간이 1년을 넘은 경우는 그러하지 아니하다.

④ 제3항에 따라 행정처분을 하는 경우에는 폐업한 기간과 폐업의 사유 등을 고려하여 업무정지의 기간을 정하여야 한다.

제7장 보칙

제34조【위임 및 위탁】 ① 이 법에 따른 행정안전부장관의 권한은 그 일부를 대통령령으로 정하는 바에 따라 시・도지사에게 위임할 수 있다. <개정 2013. 3. 23., 2014. 11. 19., 2017. 7. 26.>

② 이 법에 따른 행정안전부장관의 업무는 그 일부를 대통령령으로 정하는 바에 따라 행정사회에 위탁할 수 있다. <개정 2013. 3. 23., 2014. 11. 19., 2017. 7. 26., 2020. 6. 9.>

제35조【응시 수수료】 제8조에 따른 행정사 자격시험에 응시하려는 사람은 행정안전부령으로 정하는 바에 따라 수수료를 내야 한다. <개정 2013. 3. 23., 2014. 11. 19., 2017. 7. 26.>

제35조의2【규제의 재검토】 행정안전부장관은 제38조에 따른 과태료 부과기준에 대하여 2015년 6월 1일을 기준으로 2년마다(매 2년이 되는 해의 기준일과 같은 날 전까지를 말한다) 폐지, 완화 또는 유지 등의 타당성을 검토하여야 한다. <개정 2017. 7. 26.>
[본조신설 2015. 5. 18.]

제8장 벌칙

제36조【벌칙】 ① 다음 각 호의 어느 하나에 해당하는 자는 3년 이하의 징역 또는 3천만원 이하의 벌금에 처한다. <개정 2016. 1. 27., 2020. 6. 9.>

1. 제3조 제1항을 위반하여 제2조 제1항 각 호의 업무를 업으로 한 자
2. 제13조(제25조의13 제1항에서 준용하는 경우를 포함한다)를 위반하여 신고확인증을 다른 자에게 대여한 행정사, 행정사법인과 이를 대여받은 자 또는 대여를 알선한 자

② 다음 각 호의 어느 하나에 해당하는 자는 1년 이하의 징역 또는 1천만원 이하의 벌금에 처한다. <개정 2016. 1. 27., 2020. 6. 9.>

1. 행정사업무신고 또는 법인업무신고를 하지 아니하고 행정사 업무를 한 자
2. 제21조의2에 따른 수임제한 규정을 위반한 사람
3. 제22조 제4호(제25조의13 제1항에서 준용하는 경우를 포함한다)를 위반하여 사적인 관계를 드러내며 영향력을 미칠 수 있는 것으로 선전한 자
4. 제22조 제5호(제25조의13 제1항에서 준용하는 경우를 포함한다)를 위반하여 소비자를 오도하거나 오해를 불러일으킬 우려가 있는 내용의 광고행위를 한 자
5. 제23조(제25조의13 제1항에서 준용하는 경우를 포함한다)를 위반하여 업무상 알게 된 사실을 다른 사람에게 누설한 자
6. 제32조에 따른 업무정지처분을 받고 그 업무정지 기간에 행정사 업무를 한 자

③ 다음 각 호의 어느 하나에 해당하는 자는 100만원 이하의 벌금에 처한다. <개정 2020. 6. 9.>

1. 제19조 제2항(제25조의13 제1항에서 준용하는 경우를 포함한다)을 위반하여 위임인으로부터 보수 외에 금전 또는 재산상 이익이나 그 밖의 반대급부를 받은 자
2. 제22조 제1호(제25조의13 제1항에서 준용하는 경우를 포함한다)를 위반하여 정당한 사유 없이 업무에 관한 위임을 거부한 자
3. 제22조 제2호(제25조의13 제1항에서 준용하는 경우를 포함한다)를 위반하여 당사자 양쪽으로부터 같은 업무에 관한 위임을 받은 자
4. 제22조 제3호(제25조의13 제1항에서 준용하는 경우를 포함한다)를 위반하여 타인의 소송이나 그 밖의 권리관계분쟁 또는 민원사무처리과정에 개입한 자
5. 제22조 제6호(제25조의13 제1항에서 준용하는 경우를 포함한다)를 위반하여 알선을 업으로 하는

자를 이용하거나 그 밖의 부당한 방법으로 행정사 업무의 위임을 유치한 자

6. 제25조의11을 위반하여 경업(競業)을 한 자

제37조【양벌규정】 행정사 또는 행정사법인의 사무직원이나 소속행정사가 행정사 또는 행정사법인의 업무와 관련하여 제36조를 위반하면 그 행위자를 벌하는 외에 그 행정사 또는 행정사법인에도 해당 조문의 벌금형을 과(科)한다. 다만, 행정사 또는 행정사법인이 그 위반행위를 방지하기 위하여 해당 업무에 관하여 상당한 주의와 감독을 게을리하지 아니한 경우에는 그러하지 아니하다. <개정 2020. 6. 9.>

제38조【과태료】 ① 다음 각 호의 어느 하나에 해당하는 자에게는 500만원 이하의 과태료를 부과한다. <개정 2020. 6. 9.>

1. 제3조 제2항을 위반하여 행정사 또는 이와 비슷한 명칭을 사용한 자
2. 제15조 제2항 또는 제25조의5 제3항을 위반하여 행정사사무소, 행정사합동사무소 또는 그 분사무소나 행정사법인 또는 그 분사무소와 비슷한 명칭을 사용한 자

2의2. 제25조의12에 따른 조치를 취하지 아니한 행정사법인

3. 정당한 사유 없이 제29조 제2항 및 제31조 제1항에 따른 보고 또는 자료제출을 하지 아니하거나, 거짓으로 보고·자료제출을 하거나, 출입·검사를 방해·거부 또는 기피한 자

② 다음 각 호의 어느 하나에 해당하는 자에게는 100만원 이하의 과태료를 부과한다. <개정 2020. 6. 9.>

1. 제14조 제3항(제25조의13 제1항에서 준용하는 경우를 포함한다)에 따른 사무소 이전신고를 하지 아니한 자
2. 제15조 제1항 또는 제25조의5 제2항을 위반하여 행정사사무소, 행정사합동사무소 또는 행정사법인이라는 글자를 사용하지 아니하거나 그 분사무소임을 표시하지 아니한 자
3. 제24조(제25조의13 제1항에서 준용하는 경우를 포함한다)를 위반하여 업무처리부를 작성하지 아니하거나 거짓으로 작성한 자
4. 제25조 제3항을 위반하여 연수교육을 받지 아니하고 행정사 업무를 수행한 사람

③ 제1항 및 제2항에 따른 과태료는 대통령령으로 정하는 바에 따라 행정안전부장관, 시·도지사 또는 시장등이 부과·징수한다. <개정 2013. 3. 23., 2014. 11. 19., 2017. 7. 26.>

행정심판법

[시행 2023. 3. 21.]
[법률 제19269호, 2023. 3. 21., 일부개정]

제1장 총칙

제1조 【목적】 이 법은 행정심판 절차를 통하여 행정청의 위법 또는 부당한 처분(處分)이나 부작위(不作爲)로 침해된 국민의 권리 또는 이익을 구제하고, 아울러 행정의 적정한 운영을 꾀함을 목적으로 한다.

제2조 【정의】 이 법에서 사용하는 용어의 뜻은 다음과 같다.

1. "처분"이란 행정청이 행하는 구체적 사실에 관한 법집행으로서의 공권력의 행사 또는 그 거부, 그 밖에 이에 준하는 행정작용을 말한다.
2. "부작위"란 행정청이 당사자의 신청에 대하여 상당한 기간 내에 일정한 처분을 하여야 할 법률상 의무가 있는데도 처분을 하지 아니하는 것을 말한다.
3. "재결(裁決)"이란 행정심판의 청구에 대하여 제6조에 따른 행정심판위원회가 행하는 판단을 말한다.
4. "행정청"이란 행정에 관한 의사를 결정하여 표시하는 국가 또는 지방자치단체의 기관, 그 밖에 법령 또는 자치법규에 따라 행정권한을 가지고 있거나 위탁을 받은 공공단체나 그 기관 또는 사인(私人)을 말한다.

제3조 【행정심판의 대상】 ① 행정청의 처분 또는 부작위에 대하여는 다른 법률에 특별한 규정이 있는 경우 외에는 이 법에 따라 행정심판을 청구할 수 있다.
② 대통령의 처분 또는 부작위에 대하여는 다른 법률에서 행정심판을 청구할 수 있도록 정한 경우 외에는 행정심판을 청구할 수 없다.

제4조 【특별행정심판 등】 ① 사안(事案)의 전문성과 특수성을 살리기 위하여 특히 필요한 경우 외에는 이 법에 따른 행정심판을 갈음하는 특별한 행정불복절차(이하 "특별행정심판"이라 한다)나 이 법에 따른 행정심판 절차에 대한 특례를 다른 법률로 정할 수 없다.
② 다른 법률에서 특별행정심판이나 이 법에 따른 행정심판 절차에 대한 특례를 정한 경우에도 그 법률에서 규정하지 아니한 사항에 관하여는 이 법에서 정하는 바에 따른다.
③ 관계 행정기관의 장이 특별행정심판 또는 이 법에 따른 행정심판 절차에 대한 특례를 신설하거나 변경하는 법령을 제정·개정할 때에는 미리 중앙행정심판위원회와 협의하여야 한다.

제5조 【행정심판의 종류】 행정심판의 종류는 다음 각 호와 같다.

1. 취소심판: 행정청의 위법 또는 부당한 처분을 취소하거나 변경하는 행정심판
2. 무효등확인심판: 행정청의 처분의 효력 유무 또는 존재 여부를 확인하는 행정심판
3. 의무이행심판: 당사자의 신청에 대한 행정청의 위법 또는 부당한 거부처분이나 부작위에 대하여 일정한 처분을 하도록 하는 행정심판

제2장 심판기관

제6조 【행정심판위원회의 설치】 ① 다음 각 호의 행정청 또는 그 소속 행정청(행정기관의 계층구조와 관계없이 그 감독을 받거나 위탁을 받은 모든 행정청을 말하되, 위탁을 받은 행정청은 그 위탁받은 사무에 관하여는 위탁한 행정청의 소속 행정청으로 본다. 이하 같다)의 처분 또는 부작위에 대한 행정심판의 청구(이하 "심판청구"라 한다)에 대하여는 다음 각 호의 행정청에 두는 행정심판위원회에서 심리·재결한다. <개정 2016. 3. 29.>

1. 감사원, 국가정보원장, 그 밖에 대통령령으로 정하는 대통령 소속기관의 장
2. 국회사무총장·법원행정처장·헌법재판소사무처장 및 중앙선거관리위원회사무총장
3. 국가인권위원회, 그 밖에 지위·성격의 독립성과 특수성 등이 인정되어 대통령령으로 정하는 행정청

② 다음 각 호의 행정청의 처분 또는 부작위에 대한

심판청구에 대하여는 「부패방지 및 국민권익위원회의 설치와 운영에 관한 법률」에 따른 국민권익위원회(이하 "국민권익위원회"라 한다)에 두는 중앙행정심판위원회에서 심리·재결한다. <개정 2012. 2. 17.>

1. 제1항에 따른 행정청 외의 국가행정기관의 장 또는 그 소속 행정청
2. 특별시장·광역시장·특별자치시장·도지사·특별자치도지사(특별시·광역시·특별자치시·도 또는 특별자치도의 교육감을 포함한다. 이하 "시·도지사"라 한다) 또는 특별시·광역시·특별자치시·도·특별자치도(이하 "시·도"라 한다)의 의회(의장, 위원회의 위원장, 사무처장 등 의회 소속 모든 행정청을 포함한다)
3. 「지방자치법」에 따른 지방자치단체조합 등 관계 법률에 따라 국가·지방자치단체·공공법인 등이 공동으로 설립한 행정청. 다만, 제3항 제3호에 해당하는 행정청은 제외한다.

③ 다음 각 호의 행정청의 처분 또는 부작위에 대한 심판청구에 대하여는 시·도지사 소속으로 두는 행정심판위원회에서 심리·재결한다.

1. 시·도 소속 행정청
2. 시·도의 관할구역에 있는 시·군·자치구의 장, 소속 행정청 또는 시·군·자치구의 의회(의장, 위원회의 위원장, 사무국장, 사무과장 등 의회 소속 모든 행정청을 포함한다)
3. 시·도의 관할구역에 있는 둘 이상의 지방자치단체(시·군·자치구를 말한다)·공공법인 등이 공동으로 설립한 행정청

④ 제2항 제1호에도 불구하고 대통령령으로 정하는 국가행정기관 소속 특별지방행정기관의 장의 처분 또는 부작위에 대한 심판청구에 대하여는 해당 행정청의 직근 상급행정기관에 두는 행정심판위원회에서 심리·재결한다.

제7조【행정심판위원회의 구성】 ① 행정심판위원회(중앙행정심판위원회는 제외한다. 이하 이 조에서 같다)는 위원장 1명을 포함하여 50명 이내의 위원으로 구성한다. <개정 2016. 3. 29.>

② 행정심판위원회의 위원장은 그 행정심판위원회가 소속된 행정청이 되며, 위원장이 없거나 부득이한 사유로 직무를 수행할 수 없거나 위원장이 필요하다고 인정하는 경우에는 다음 각 호의 순서에 따라 위원이 위원장의 직무를 대행한다.

1. 위원장이 사전에 지명한 위원
2. 제4항에 따라 지명된 공무원인 위원(2명 이상인 경우에는 직급 또는 고위공무원단에 속하는 공무원의 직무등급이 높은 위원 순서로, 직급 또는 직무등급도 같은 경우에는 위원 재직기간이 긴 위원 순서로, 재직기간도 같은 경우에는 연장자 순서로 한다)

③ 제2항에도 불구하고 제6조 제3항에 따라 시·도지사 소속으로 두는 행정심판위원회의 경우에는 해당 지방자치단체의 조례로 정하는 바에 따라 공무원이 아닌 위원을 위원장으로 정할 수 있다. 이 경우 위원장은 비상임으로 한다.

④ 행정심판위원회의 위원은 해당 행정심판위원회가 소속된 행정청이 다음 각 호의 어느 하나에 해당하는 사람 중에서 성별을 고려하여 위촉하거나 그 소속 공무원 중에서 지명한다. <개정 2016. 3. 29.>

1. 변호사 자격을 취득한 후 5년 이상의 실무 경험이 있는 사람
2. 「고등교육법」 제2조 제1호부터 제6호까지의 규정에 따른 학교에서 조교수 이상으로 재직하거나 재직하였던 사람
3. 행정기관의 4급 이상 공무원이었거나 고위공무원단에 속하는 공무원이었던 사람
4. 박사학위를 취득한 후 해당 분야에서 5년 이상 근무한 경험이 있는 사람
5. 그 밖에 행정심판과 관련된 분야의 지식과 경험이 풍부한 사람

⑤ 행정심판위원회의 회의는 위원장과 위원장이 회의마다 지정하는 8명의 위원(그중 제4항에 따른 위촉위원은 6명 이상으로 하되, 제3항에 따라 위원장이 공무원이 아닌 경우에는 5명 이상으로 한다)으로 구성한다. 다만, 국회규칙, 대법원규칙, 헌법재판소규칙, 중앙선거관리위원회규칙 또는 대통령령(제6조 제3항에 따라 시·도지사 소속으로 두는 행정심판위원회의 경우에는 해당 지방자치단체의 조례)으로 정하는 바에 따라 위원장과 위원장이 회의마다 지정하는 6명의 위원(그중 제4항에 따른 위촉위원은 5명 이상으로 하되, 제3항에 따라 공무원이 아닌 위원이

위원장인 경우에는 4명 이상으로 한다)으로 구성할 수 있다.
⑥ 행정심판위원회는 제5항에 따른 구성원 과반수의 출석과 출석위원 과반수의 찬성으로 의결한다.
⑦ 행정심판위원회의 조직과 운영, 그 밖에 필요한 사항은 국회규칙, 대법원규칙, 헌법재판소규칙, 중앙선거관리위원회규칙 또는 대통령령으로 정한다.

제8조【중앙행정심판위원회의 구성】 ① 중앙행정심판위원회는 위원장 1명을 포함하여 70명 이내의 위원으로 구성하되, 위원 중 상임위원은 4명 이내로 한다. <개정 2016. 3. 29.>
② 중앙행정심판위원회의 위원장은 국민권익위원회의 부위원장 중 1명이 되며, 위원장이 없거나 부득이한 사유로 직무를 수행할 수 없거나 위원장이 필요하다고 인정하는 경우에는 상임위원(상임으로 재직한 기간이 긴 위원 순서로, 재직기간이 같은 경우에는 연장자 순서로 한다)이 위원장의 직무를 대행한다.
③ 중앙행정심판위원회의 상임위원은 일반직공무원으로서 「국가공무원법」 제26조의5에 따른 임기제공무원으로 임명하되, 3급 이상 공무원 또는 고위공무원단에 속하는 일반직공무원으로 3년 이상 근무한 사람이나 그 밖에 행정심판에 관한 지식과 경험이 풍부한 사람 중에서 중앙행정심판위원회 위원장의 제청으로 국무총리를 거쳐 대통령이 임명한다. <개정 2014. 5. 28.>
④ 중앙행정심판위원회의 비상임위원은 제7조 제4항 각 호의 어느 하나에 해당하는 사람 중에서 중앙행정심판위원회 위원장의 제청으로 국무총리가 성별을 고려하여 위촉한다. <개정 2016. 3. 29.>
⑤ 중앙행정심판위원회의 회의(제6항에 따른 소위원회 회의는 제외한다)는 위원장, 상임위원 및 위원장이 회의마다 지정하는 비상임위원을 포함하여 총 9명으로 구성한다.
⑥ 중앙행정심판위원회는 심판청구사건(이하 "사건"이라 한다) 중 「도로교통법」에 따른 자동차운전면허 행정처분에 관한 사건(소위원회가 중앙행정심판위원회에서 심리·의결하도록 결정한 사건은 제외한다)을 심리·의결하게 하기 위하여 4명의 위원으로 구성하는 소위원회를 둘 수 있다.
⑦ 중앙행정심판위원회 및 소위원회는 각각 제5항 및 제6항에 따른 구성원 과반수의 출석과 출석위원 과반수의 찬성으로 의결한다.
⑧ 중앙행정심판위원회는 위원장이 지정하는 사건을 미리 검토하도록 필요한 경우에는 전문위원회를 둘 수 있다.
⑨ 중앙행정심판위원회, 소위원회 및 전문위원회의 조직과 운영 등에 필요한 사항은 대통령령으로 정한다.

제9조【위원의 임기 및 신분보장 등】 ① 제7조 제4항에 따라 지명된 위원은 그 직에 재직하는 동안 재임한다.
② 제8조 제3항에 따라 임명된 중앙행정심판위원회 상임위원의 임기는 3년으로 하며, 1차에 한하여 연임할 수 있다.
③ 제7조 제4항 및 제8조 제4항에 따라 위촉된 위원의 임기는 2년으로 하되, 2차에 한하여 연임할 수 있다. 다만, 제6조 제1항 제2호에 규정된 기관에 두는 행정심판위원회의 위촉위원의 경우에는 각각 국회규칙, 대법원규칙, 헌법재판소규칙 또는 중앙선거관리위원회규칙으로 정하는 바에 따른다.
④ 다음 각 호의 어느 하나에 해당하는 사람은 제6조에 따른 행정심판위원회(이하 "위원회"라 한다)의 위원이 될 수 없으며, 위원이 이에 해당하게 된 때에는 당연히 퇴직한다.

1. 대한민국 국민이 아닌 사람
2. 「국가공무원법」 제33조 각 호의 어느 하나에 해당하는 사람

⑤ 제7조 제4항 및 제8조 제4항에 따라 위촉된 위원은 금고(禁錮) 이상의 형을 선고받거나 부득이한 사유로 장기간 직무를 수행할 수 없게 되는 경우 외에는 임기 중 그의 의사와 다르게 해촉(解囑)되지 아니한다.

제10조【위원의 제척·기피·회피】 ① 위원회의 위원은 다음 각 호의 어느 하나에 해당하는 경우에는 그 사건의 심리·의결에서 제척(除斥)된다. 이 경우 제척결정은 위원회의 위원장(이하 "위원장"이라 한다)이 직권으로 또는 당사자의 신청에 의하여 한다.

1. 위원 또는 그 배우자나 배우자이었던 사람이 사건의 당사자이거나 사건에 관하여 공동 권리자 또는 의무자인 경우

2. 위원이 사건의 당사자와 친족이거나 친족이었던 경우
3. 위원이 사건에 관하여 증언이나 감정(鑑定)을 한 경우
4. 위원이 당사자의 대리인으로서 사건에 관여하거나 관여하였던 경우
5. 위원이 사건의 대상이 된 처분 또는 부작위에 관여한 경우

② 당사자는 위원에게 공정한 심리·의결을 기대하기 어려운 사정이 있으면 위원장에게 기피신청을 할 수 있다.

③ 위원에 대한 제척신청이나 기피신청은 그 사유를 소명(疏明)한 문서로 하여야 한다. 다만, 불가피한 경우에는 신청한 날부터 3일 이내에 신청 사유를 소명할 수 있는 자료를 제출하여야 한다. <개정 2016. 3. 29.>

④ 제척신청이나 기피신청이 제3항을 위반하였을 때에는 위원장은 결정으로 이를 각하한다. <신설 2016. 3. 29.>

⑤ 위원장은 제척신청이나 기피신청의 대상이 된 위원에게서 그에 대한 의견을 받을 수 있다. <개정 2016. 3. 29.>

⑥ 위원장은 제척신청이나 기피신청을 받으면 제척 또는 기피 여부에 대한 결정을 하고, 지체 없이 신청인에게 결정서 정본(正本)을 송달하여야 한다. <개정 2016. 3. 29.>

⑦ 위원회의 회의에 참석하는 위원이 제척사유 또는 기피사유에 해당되는 것을 알게 되었을 때에는 스스로 그 사건의 심리·의결에서 회피할 수 있다. 이 경우 회피하고자 하는 위원은 위원장에게 그 사유를 소명하여야 한다. <개정 2016. 3. 29.>

⑧ 사건의 심리·의결에 관한 사무에 관여하는 위원 아닌 직원에게도 제1항부터 제7항까지의 규정을 준용한다. <개정 2016. 3. 29.>

제11조【벌칙 적용 시의 공무원 의제】 위원 중 공무원이 아닌 위원은 「형법」과 그 밖의 법률에 따른 벌칙을 적용할 때에는 공무원으로 본다.

제12조【위원회의 권한 승계】 ① 당사자의 심판청구 후 위원회가 법령의 개정·폐지 또는 제17조 제5항에 따른 피청구인의 경정 결정에 따라 그 심판청구에 대하여 재결할 권한을 잃게 된 경우에는 해당 위원회는 심판청구서와 관계 서류, 그 밖의 자료를 새로 재결할 권한을 갖게 된 위원회에 보내야 한다.

② 제1항의 경우 송부를 받은 위원회는 지체 없이 그 사실을 다음 각 호의 자에게 알려야 한다.

1. 행정심판 청구인(이하 "청구인"이라 한다)
2. 행정심판 피청구인(이하 "피청구인"이라 한다)
3. 제20조 또는 제21조에 따라 심판참가를 하는 자(이하 "참가인"이라 한다)

제3장 당사자와 관계인

제13조【청구인 적격】 ① 취소심판은 처분의 취소 또는 변경을 구할 법률상 이익이 있는 자가 청구할 수 있다. 처분의 효과가 기간의 경과, 처분의 집행, 그 밖의 사유로 소멸된 뒤에도 그 처분의 취소로 회복되는 법률상 이익이 있는 자의 경우에도 또한 같다.

② 무효등확인심판은 처분의 효력 유무 또는 존재 여부의 확인을 구할 법률상 이익이 있는 자가 청구할 수 있다.

③ 의무이행심판은 처분을 신청한 자로서 행정청의 거부처분 또는 부작위에 대하여 일정한 처분을 구할 법률상 이익이 있는 자가 청구할 수 있다.

제14조【법인이 아닌 사단 또는 재단의 청구인 능력】 법인이 아닌 사단 또는 재단으로서 대표자나 관리인이 정하여져 있는 경우에는 그 사단이나 재단의 이름으로 심판청구를 할 수 있다.

제15조【선정대표자】 ① 여러 명의 청구인이 공동으로 심판청구를 할 때에는 청구인들 중에서 3명 이하의 선정대표자를 선정할 수 있다.

② 청구인들이 제1항에 따라 선정대표자를 선정하지 아니한 경우에 위원회는 필요하다고 인정하면 청구인들에게 선정대표자를 선정할 것을 권고할 수 있다.

③ 선정대표자는 다른 청구인들을 위하여 그 사건에 관한 모든 행위를 할 수 있다. 다만, 심판청구를 취하하려면 다른 청구인들의 동의를 받아야 하며, 이 경우 동의받은 사실을 서면으로 소명하여야 한다.

④ 선정대표자가 선정되면 다른 청구인들은 그 선정대표자를 통해서만 그 사건에 관한 행위를 할 수 있다.

⑤ 선정대표자를 선정한 청구인들은 필요하다고 인정하면 선정대표자를 해임하거나 변경할 수 있다. 이 경우 청구인들은 그 사실을 지체 없이 위원회에 서면으로 알려야 한다.

제16조 【청구인의 지위 승계】 ① 청구인이 사망한 경우에는 상속인이나 그 밖에 법령에 따라 심판청구의 대상에 관계되는 권리나 이익을 승계한 자가 청구인의 지위를 승계한다.

② 법인인 청구인이 합병(合併)에 따라 소멸하였을 때에는 합병 후 존속하는 법인이나 합병에 따라 설립된 법인이 청구인의 지위를 승계한다.

③ 제1항과 제2항에 따라 청구인의 지위를 승계한 자는 위원회에 서면으로 그 사유를 신고하여야 한다. 이 경우 신고서에는 사망 등에 의한 권리・이익의 승계 또는 합병 사실을 증명하는 서면을 함께 제출하여야 한다.

④ 제1항 또는 제2항의 경우에 제3항에 따른 신고가 있을 때까지 사망자나 합병 전의 법인에 대하여 한 통지 또는 그 밖의 행위가 청구인의 지위를 승계한 자에게 도달하면 지위를 승계한 자에 대한 통지 또는 그 밖의 행위로서의 효력이 있다.

⑤ 심판청구의 대상과 관계되는 권리나 이익을 양수한 자는 위원회의 허가를 받아 청구인의 지위를 승계할 수 있다.

⑥ 위원회는 제5항의 지위 승계 신청을 받으면 기간을 정하여 당사자와 참가인에게 의견을 제출하도록 할 수 있으며, 당사자와 참가인이 그 기간에 의견을 제출하지 아니하면 의견이 없는 것으로 본다.

⑦ 위원회는 제5항의 지위 승계 신청에 대하여 허가 여부를 결정하고, 지체 없이 신청인에게는 결정서 정본을, 당사자와 참가인에게는 결정서 등본을 송달하여야 한다.

⑧ 신청인은 위원회가 제5항의 지위 승계를 허가하지 아니하면 결정서 정본을 받은 날부터 7일 이내에 위원회에 이의신청을 할 수 있다.

제17조 【피청구인의 적격 및 경정】 ① 행정심판은 처분을 한 행정청(의무이행심판의 경우에는 청구인의 신청을 받은 행정청)을 피청구인으로 하여 청구하여야 한다. 다만, 심판청구의 대상과 관계되는 권한이 다른 행정청에 승계된 경우에는 권한을 승계한 행정청을 피청구인으로 하여야 한다.

② 청구인이 피청구인을 잘못 지정한 경우에는 위원회는 직권으로 또는 당사자의 신청에 의하여 결정으로써 피청구인을 경정(更正)할 수 있다.

③ 위원회는 제2항에 따라 피청구인을 경정하는 결정을 하면 결정서 정본을 당사자(종전의 피청구인과 새로운 피청구인을 포함한다. 이하 제6항에서 같다)에게 송달하여야 한다.

④ 제2항에 따른 결정이 있으면 종전의 피청구인에 대한 심판청구는 취하되고 종전의 피청구인에 대한 행정심판이 청구된 때에 새로운 피청구인에 대한 행정심판이 청구된 것으로 본다.

⑤ 위원회는 행정심판이 청구된 후에 제1항 단서의 사유가 발생하면 직권으로 또는 당사자의 신청에 의하여 결정으로써 피청구인을 경정한다. 이 경우에는 제3항과 제4항을 준용한다.

⑥ 당사자는 제2항 또는 제5항에 따른 위원회의 결정에 대하여 결정서 정본을 받은 날부터 7일 이내에 위원회에 이의신청을 할 수 있다.

제18조 【대리인의 선임】 ① 청구인은 법정대리인 외에 다음 각 호의 어느 하나에 해당하는 자를 대리인으로 선임할 수 있다.

1. 청구인의 배우자, 청구인 또는 배우자의 사촌 이내의 혈족
2. 청구인이 법인이거나 제14조에 따른 청구인 능력이 있는 법인이 아닌 사단 또는 재단인 경우 그 소속 임직원
3. 변호사
4. 다른 법률에 따라 심판청구를 대리할 수 있는 자
5. 그 밖에 위원회의 허가를 받은 자

② 피청구인은 그 소속 직원 또는 제1항 제3호부터 제5호까지의 어느 하나에 해당하는 자를 대리인으로 선임할 수 있다.

③ 제1항과 제2항에 따른 대리인에 관하여는 제15조 제3항 및 제5항을 준용한다.

제18조의2 【국선대리인】 ① 청구인이 경제적 능력으로 인해 대리인을 선임할 수 없는 경우에는 위원회에 국선대리인을 선임하여 줄 것을 신청할 수 있다.

② 위원회는 제1항의 신청에 따른 국선대리인 선정 여부에 대한 결정을 하고, 지체 없이 청구인에게 그

결과를 통지하여야 한다. 이 경우 위원회는 심판청구가 명백히 부적법하거나 이유 없는 경우 또는 권리의 남용이라고 인정되는 경우에는 국선대리인을 선정하지 아니할 수 있다.
③ 국선대리인 신청절차, 국선대리인 지원 요건, 국선대리인의 자격 · 보수 등 국선대리인 운영에 필요한 사항은 국회규칙, 대법원규칙, 헌법재판소규칙, 중앙선거관리위원회규칙 또는 대통령령으로 정한다.
[본조신설 2017. 10. 31.]

제19조 【대표자 등의 자격】 ① 대표자 · 관리인 · 선정대표자 또는 대리인의 자격은 서면으로 소명하여야 한다.
② 청구인이나 피청구인은 대표자 · 관리인 · 선정대표자 또는 대리인이 그 자격을 잃으면 그 사실을 서면으로 위원회에 신고하여야 한다. 이 경우 소명자료를 함께 제출하여야 한다.

제20조 【심판참가】 ① 행정심판의 결과에 이해관계가 있는 제3자나 행정청은 해당 심판청구에 대한 제7조 제6항 또는 제8조 제7항에 따른 위원회나 소위원회의 의결이 있기 전까지 그 사건에 대하여 심판참가를 할 수 있다.
② 제1항에 따른 심판참가를 하려는 자는 참가의 취지와 이유를 적은 참가신청서를 위원회에 제출하여야 한다. 이 경우 당사자의 수만큼 참가신청서 부본을 함께 제출하여야 한다.
③ 위원회는 제2항에 따라 참가신청서를 받으면 참가신청서 부본을 당사자에게 송달하여야 한다.
④ 제3항의 경우 위원회는 기간을 정하여 당사자와 다른 참가인에게 제3자의 참가신청에 대한 의견을 제출하도록 할 수 있으며, 당사자와 다른 참가인이 그 기간에 의견을 제출하지 아니하면 의견이 없는 것으로 본다.
⑤ 위원회는 제2항에 따라 참가신청을 받으면 허가 여부를 결정하고, 지체 없이 신청인에게는 결정서 정본을, 당사자와 다른 참가인에게는 결정서 등본을 송달하여야 한다.
⑥ 신청인은 제5항에 따라 송달을 받은 날부터 7일 이내에 위원회에 이의신청을 할 수 있다.

제21조 【심판참가의 요구】 ① 위원회는 필요하다고 인정하면 그 행정심판 결과에 이해관계가 있는 제3자나 행정청에 그 사건 심판에 참가할 것을 요구할 수 있다.
② 제1항의 요구를 받은 제3자나 행정청은 지체 없이 그 사건 심판에 참가할 것인지 여부를 위원회에 통지하여야 한다.

제22조 【참가인의 지위】 ① 참가인은 행정심판 절차에서 당사자가 할 수 있는 심판절차상의 행위를 할 수 있다.
② 이 법에 따라 당사자가 위원회에 서류를 제출할 때에는 참가인의 수만큼 부본을 제출하여야 하고, 위원회가 당사자에게 통지를 하거나 서류를 송달할 때에는 참가인에게도 통지하거나 송달하여야 한다.
③ 참가인의 대리인 선임과 대표자 자격 및 서류 제출에 관하여는 제18조, 제19조 및 이 조 제2항을 준용한다.

제4장 행정심판 청구

제23조 【심판청구서의 제출】 ① 행정심판을 청구하려는 자는 제28조에 따라 심판청구서를 작성하여 피청구인이나 위원회에 제출하여야 한다. 이 경우 피청구인의 수만큼 심판청구서 부본을 함께 제출하여야 한다.
② 행정청이 제58조에 따른 고지를 하지 아니하거나 잘못 고지하여 청구인이 심판청구서를 다른 행정기관에 제출한 경우에는 그 행정기관은 그 심판청구서를 지체 없이 정당한 권한이 있는 피청구인에게 보내야 한다.
③ 제2항에 따라 심판청구서를 보낸 행정기관은 지체 없이 그 사실을 청구인에게 알려야 한다.
④ 제27조에 따른 심판청구 기간을 계산할 때에는 제1항에 따른 피청구인이나 위원회 또는 제2항에 따른 행정기관에 심판청구서가 제출되었을 때에 행정심판이 청구된 것으로 본다.

제24조 【피청구인의 심판청구서 등의 접수 · 처리】
① 피청구인이 제23조 제1항 · 제2항 또는 제26조 제1항에 따라 심판청구서를 접수하거나 송부받으면 10일 이내에 심판청구서(제23조 제1항 · 제2항의 경우만 해당된다)와 답변서를 위원회에 보내야 한다. 다만, 청구인이 심판청구를 취하한 경우에는 그러

하지 아니하다.
② 제1항에도 불구하고 심판청구가 그 내용이 특정되지 아니하는 등 명백히 부적법하다고 판단되는 경우에 피청구인은 답변서를 위원회에 보내지 아니할 수 있다. 이 경우 심판청구서를 접수하거나 송부받은 날부터 10일 이내에 그 사유를 위원회에 문서로 통보하여야 한다. <신설 2023. 3. 21.>
③ 제2항에도 불구하고 위원장이 심판청구에 대하여 답변서 제출을 요구하면 피청구인은 위원장으로부터 답변서 제출을 요구받은 날부터 10일 이내에 위원회에 답변서를 제출하여야 한다. <신설 2023. 3. 21.>
④ 피청구인은 처분의 상대방이 아닌 제3자가 심판청구를 한 경우에는 지체 없이 처분의 상대방에게 그 사실을 알려야 한다. 이 경우 심판청구서 사본을 함께 송달하여야 한다. <개정 2023. 3. 21.>
⑤ 피청구인이 제1항 본문에 따라 심판청구서를 보낼 때에는 심판청구서에 위원회가 표시되지 아니하였거나 잘못 표시된 경우에도 정당한 권한이 있는 위원회에 보내야 한다. <개정 2023. 3. 21.>
⑥ 피청구인은 제1항 본문 또는 제3항에 따라 답변서를 보낼 때에는 청구인의 수만큼 답변서 부본을 함께 보내되, 답변서에는 다음 각 호의 사항을 명확하게 적어야 한다. <개정 2023. 3. 21.>
1. 처분이나 부작위의 근거와 이유
2. 심판청구의 취지와 이유에 대응하는 답변
3. 제4항에 해당하는 경우에는 처분의 상대방의 이름·주소·연락처와 제4항의 의무 이행 여부
⑦ 제4항과 제5항의 경우에 피청구인은 송부 사실을 지체 없이 청구인에게 알려야 한다. <개정 2023. 3. 21.>
⑧ 중앙행정심판위원회에서 심리·재결하는 사건인 경우 피청구인은 제1항 또는 제3항에 따라 위원회에 심판청구서 또는 답변서를 보낼 때에는 소관 중앙행정기관의 장에게도 그 심판청구·답변의 내용을 알려야 한다. <개정 2023. 3. 21.>

제25조【피청구인의 직권취소등】 ① 제23조 제1항·제2항 또는 제26조 제1항에 따라 심판청구서를 받은 피청구인은 그 심판청구가 이유 있다고 인정하면 심판청구의 취지에 따라 직권으로 처분을 취소·변경하거나 확인을 하거나 신청에 따른 처분(이하 이 조에서 "직권취소등"이라 한다)을 할 수 있다. 이 경우 서면으로 청구인에게 알려야 한다.
② 피청구인은 제1항에 따라 직권취소등을 하였을 때에는 청구인이 심판청구를 취하한 경우가 아니면 제24조 제1항 본문에 따라 심판청구서·답변서를 보내거나 같은 조 제3항에 따라 답변서를 보낼 때 직권취소등의 사실을 증명하는 서류를 위원회에 함께 제출하여야 한다. <개정 2023. 3. 21.>

제26조【위원회의 심판청구서 등의 접수·처리】
① 위원회는 제23조 제1항에 따라 심판청구서를 받으면 지체 없이 피청구인에게 심판청구서 부본을 보내야 한다.
② 위원회는 제24조 제1항 본문 또는 제3항에 따라 피청구인으로부터 답변서가 제출된 경우 답변서 부본을 청구인에게 송달하여야 한다. <개정 2023. 3. 21.>

제27조【심판청구의 기간】 ① 행정심판은 처분이 있음을 알게 된 날부터 90일 이내에 청구하여야 한다.
② 청구인이 천재지변, 전쟁, 사변(事變), 그 밖의 불가항력으로 인하여 제1항에서 정한 기간에 심판청구를 할 수 없었을 때에는 그 사유가 소멸한 날부터 14일 이내에 행정심판을 청구할 수 있다. 다만, 국외에서 행정심판을 청구하는 경우에는 그 기간을 30일로 한다.
③ 행정심판은 처분이 있었던 날부터 180일이 지나면 청구하지 못한다. 다만, 정당한 사유가 있는 경우에는 그러하지 아니하다.
④ 제1항과 제2항의 기간은 불변기간(不變期間)으로 한다.
⑤ 행정청이 심판청구 기간을 제1항에 규정된 기간보다 긴 기간으로 잘못 알린 경우 그 잘못 알린 기간에 심판청구가 있으면 그 행정심판은 제1항에 규정된 기간에 청구된 것으로 본다.
⑥ 행정청이 심판청구 기간을 알리지 아니한 경우에는 제3항에 규정된 기간에 심판청구를 할 수 있다.
⑦ 제1항부터 제6항까지의 규정은 무효등확인심판청구와 부작위에 대한 의무이행심판청구에는 적용하지 아니한다.

제28조【심판청구의 방식】 ① 심판청구는 서면으로 하여야 한다.

② 처분에 대한 심판청구의 경우에는 심판청구서에 다음 각 호의 사항이 포함되어야 한다.
1. 청구인의 이름과 주소 또는 사무소(주소 또는 사무소 외의 장소에서 송달받기를 원하면 송달장소를 추가로 적어야 한다)
2. 피청구인과 위원회
3. 심판청구의 대상이 되는 처분의 내용
4. 처분이 있음을 알게 된 날
5. 심판청구의 취지와 이유
6. 피청구인의 행정심판 고지 유무와 그 내용

③ 부작위에 대한 심판청구의 경우에는 제2항 제1호·제2호·제5호의 사항과 그 부작위의 전제가 되는 신청의 내용과 날짜를 적어야 한다.
④ 청구인이 법인이거나 제14조에 따른 청구인 능력이 있는 법인이 아닌 사단 또는 재단이거나 행정심판이 선정대표자나 대리인에 의하여 청구되는 것일 때에는 제2항 또는 제3항의 사항과 함께 그 대표자·관리인·선정대표자 또는 대리인의 이름과 주소를 적어야 한다.
⑤ 심판청구서에는 청구인·대표자·관리인·선정대표자 또는 대리인이 서명하거나 날인하여야 한다.

제29조【청구의 변경】 ① 청구인은 청구의 기초에 변경이 없는 범위에서 청구의 취지나 이유를 변경할 수 있다.
② 행정심판이 청구된 후에 피청구인이 새로운 처분을 하거나 심판청구의 대상인 처분을 변경한 경우에는 청구인은 새로운 처분이나 변경된 처분에 맞추어 청구의 취지나 이유를 변경할 수 있다.
③ 제1항 또는 제2항에 따른 청구의 변경은 서면으로 신청하여야 한다. 이 경우 피청구인과 참가인의 수만큼 청구변경신청서 부본을 함께 제출하여야 한다.
④ 위원회는 제3항에 따른 청구변경신청서 부본을 피청구인과 참가인에게 송달하여야 한다.
⑤ 제4항의 경우 위원회는 기간을 정하여 피청구인과 참가인에게 청구변경 신청에 대한 의견을 제출하도록 할 수 있으며, 피청구인과 참가인이 그 기간에 의견을 제출하지 아니하면 의견이 없는 것으로 본다.
⑥ 위원회는 제1항 또는 제2항의 청구변경 신청에 대하여 허가할 것인지 여부를 결정하고, 지체 없이 신청인에게는 결정서 정본을, 당사자 및 참가인에게는 결정서 등본을 송달하여야 한다.
⑦ 신청인은 제6항에 따라 송달을 받은 날부터 7일 이내에 위원회에 이의신청을 할 수 있다.
⑧ 청구의 변경결정이 있으면 처음 행정심판이 청구되었을 때부터 변경된 청구의 취지나 이유로 행정심판이 청구된 것으로 본다.

제30조【집행정지】 ① 심판청구는 처분의 효력이나 그 집행 또는 절차의 속행(續行)에 영향을 주지 아니한다.
② 위원회는 처분, 처분의 집행 또는 절차의 속행 때문에 중대한 손해가 생기는 것을 예방할 필요성이 긴급하다고 인정할 때에는 직권으로 또는 당사자의 신청에 의하여 처분의 효력, 처분의 집행 또는 절차의 속행의 전부 또는 일부의 정지(이하 "집행정지"라 한다)를 결정할 수 있다. 다만, 처분의 효력정지는 처분의 집행 또는 절차의 속행을 정지함으로써 그 목적을 달성할 수 있을 때에는 허용되지 아니한다.
③ 집행정지는 공공복리에 중대한 영향을 미칠 우려가 있을 때에는 허용되지 아니한다.
④ 위원회는 집행정지를 결정한 후에 집행정지가 공공복리에 중대한 영향을 미치거나 그 정지사유가 없어진 경우에는 직권으로 또는 당사자의 신청에 의하여 집행정지 결정을 취소할 수 있다.
⑤ 집행정지 신청은 심판청구와 동시에 또는 심판청구에 대한 제7조 제6항 또는 제8조 제7항에 따른 위원회나 소위원회의 의결이 있기 전까지, 집행정지 결정의 취소신청은 심판청구에 대한 제7조 제6항 또는 제8조 제7항에 따른 위원회나 소위원회의 의결이 있기 전까지 신청의 취지와 원인을 적은 서면을 위원회에 제출하여야 한다. 다만, 심판청구서를 피청구인에게 제출한 경우로서 심판청구와 동시에 집행정지 신청을 할 때에는 심판청구서 사본과 접수증명서를 함께 제출하여야 한다.
⑥ 제2항과 제4항에도 불구하고 위원회의 심리·결정을 기다릴 경우 중대한 손해가 생길 우려가 있다고 인정되면 위원장은 직권으로 위원회의 심리·결정을 갈음하는 결정을 할 수 있다. 이 경우 위원장은 지체 없이 위원회에 그 사실을 보고하고 추인(追認)을 받아야 하며, 위원회의 추인을 받지 못하면 위원장은

집행정지 또는 집행정지 취소에 관한 결정을 취소하여야 한다.

⑦ 위원회는 집행정지 또는 집행정지의 취소에 관하여 심리·결정하면 지체 없이 당사자에게 결정서 정본을 송달하여야 한다.

제31조【임시처분】 ① 위원회는 처분 또는 부작위가 위법·부당하다고 상당히 의심되는 경우로서 처분 또는 부작위 때문에 당사자가 받을 우려가 있는 중대한 불이익이나 당사자에게 생길 급박한 위험을 막기 위하여 임시지위를 정하여야 할 필요가 있는 경우에는 직권으로 또는 당사자의 신청에 의하여 임시처분을 결정할 수 있다.

② 제1항에 따른 임시처분에 관하여는 제30조 제3항부터 제7항까지를 준용한다. 이 경우 같은 조 제6항 전단 중 "중대한 손해가 생길 우려"는 "중대한 불이익이나 급박한 위험이 생길 우려"로 본다.

③ 제1항에 따른 임시처분은 제30조 제2항에 따른 집행정지로 목적을 달성할 수 있는 경우에는 허용되지 아니한다.

제5장 심리

제32조【보정】 ① 위원회는 심판청구가 적법하지 아니하나 보정(補正)할 수 있다고 인정하면 기간을 정하여 청구인에게 보정할 것을 요구할 수 있다. 다만, 경미한 사항은 직권으로 보정할 수 있다.

② 청구인은 제1항의 요구를 받으면 서면으로 보정하여야 한다. 이 경우 다른 당사자의 수만큼 보정서 부본을 함께 제출하여야 한다.

③ 위원회는 제2항에 따라 제출된 보정서 부본을 지체 없이 다른 당사자에게 송달하여야 한다.

④ 제1항에 따른 보정을 한 경우에는 처음부터 적법하게 행정심판이 청구된 것으로 본다.

⑤ 제1항에 따른 보정기간은 제45조에 따른 재결기간에 산입하지 아니한다.

⑥ 위원회는 청구인이 제1항에 따른 보정기간 내에 그 흠을 보정하지 아니한 경우에는 그 심판청구를 각하할 수 있다. <신설 2023. 3. 21.>

제32조의2【보정할 수 없는 심판청구의 각하】 위원회는 심판청구서에 타인을 비방하거나 모욕하는 내용 등이 기재되어 청구 내용을 특정할 수 없고 그 흠을 보정할 수 없다고 인정되는 경우에는 제32조 제1항에 따른 보정요구 없이 그 심판청구를 각하할 수 있다.
[본조신설 2023. 3. 21.]

제33조【주장의 보충】 ① 당사자는 심판청구서·보정서·답변서·참가신청서 등에서 주장한 사실을 보충하고 다른 당사자의 주장을 다시 반박하기 위하여 필요하면 위원회에 보충서면을 제출할 수 있다. 이 경우 다른 당사자의 수만큼 보충서면 부본을 함께 제출하여야 한다.

② 위원회는 필요하다고 인정하면 보충서면의 제출기한을 정할 수 있다.

③ 위원회는 제1항에 따라 보충서면을 받으면 지체 없이 다른 당사자에게 그 부본을 송달하여야 한다.

제34조【증거서류 등의 제출】 ① 당사자는 심판청구서·보정서·답변서·참가신청서·보충서면 등에 덧붙여 그 주장을 뒷받침하는 증거서류나 증거물을 제출할 수 있다.

② 제1항의 증거서류에는 다른 당사자의 수만큼 증거서류 부본을 함께 제출하여야 한다.

③ 위원회는 당사자가 제출한 증거서류의 부본을 지체 없이 다른 당사자에게 송달하여야 한다.

제35조【자료의 제출 요구 등】 ① 위원회는 사건 심리에 필요하면 관계 행정기관이 보관 중인 관련 문서, 장부, 그 밖에 필요한 자료를 제출할 것을 요구할 수 있다.

② 위원회는 필요하다고 인정하면 사건과 관련된 법령을 주관하는 행정기관이나 그 밖의 관계 행정기관의 장 또는 그 소속 공무원에게 위원회 회의에 참석하여 의견을 진술할 것을 요구하거나 의견서를 제출할 것을 요구할 수 있다.

③ 관계 행정기관의 장은 특별한 사정이 없으면 제1항과 제2항에 따른 위원회의 요구에 따라야 한다.

④ 중앙행정심판위원회에서 심리·재결하는 심판청구의 경우 소관 중앙행정기관의 장은 의견서를 제출하거나 위원회에 출석하여 의견을 진술할 수 있다.

제36조【증거조사】 ① 위원회는 사건을 심리하기 위하여 필요하면 직권으로 또는 당사자의 신청에 의하여 다음 각 호의 방법에 따라 증거조사를 할 수 있다.

1. 당사자나 관계인(관계 행정기관 소속 공무원을 포함한다. 이하 같다)을 위원회의 회의에 출석하게 하여 신문(訊問)하는 방법
2. 당사자나 관계인이 가지고 있는 문서·장부·물건 또는 그 밖의 증거자료의 제출을 요구하고 영치(領置)하는 방법
3. 특별한 학식과 경험을 가진 제3자에게 감정을 요구하는 방법
4. 당사자 또는 관계인의 주소·거소·사업장이나 그 밖의 필요한 장소에 출입하여 당사자 또는 관계인에게 질문하거나 서류·물건 등을 조사·검증하는 방법

② 위원회는 필요하면 위원회가 소속된 행정청의 직원이나 다른 행정기관에 촉탁하여 제1항의 증거조사를 하게 할 수 있다.

③ 제1항에 따른 증거조사를 수행하는 사람은 그 신분을 나타내는 증표를 지니고 이를 당사자나 관계인에게 내보여야 한다.

④ 제1항에 따른 당사자 등은 위원회의 조사나 요구 등에 성실하게 협조하여야 한다.

제37조【절차의 병합 또는 분리】 위원회는 필요하면 관련되는 심판청구를 병합하여 심리하거나 병합된 관련 청구를 분리하여 심리할 수 있다.

제38조【심리기일의 지정과 변경】 ① 심리기일은 위원회가 직권으로 지정한다.

② 심리기일의 변경은 직권으로 또는 당사자의 신청에 의하여 한다.

③ 위원회는 심리기일이 변경되면 지체 없이 그 사실과 사유를 당사자에게 알려야 한다.

④ 심리기일의 통지나 심리기일 변경의 통지는 서면으로 하거나 심판청구서에 적힌 전화, 휴대전화를 이용한 문자전송, 팩시밀리 또는 전자우편 등 간편한 통지 방법(이하 "간이통지방법"이라 한다)으로 할 수 있다.

제39조【직권심리】 위원회는 필요하면 당사자가 주장하지 아니한 사실에 대하여도 심리할 수 있다.

제40조【심리의 방식】 ① 행정심판의 심리는 구술심리나 서면심리로 한다. 다만, 당사자가 구술심리를 신청한 경우에는 서면심리만으로 결정할 수 있다고 인정되는 경우 외에는 구술심리를 하여야 한다.

② 위원회는 제1항 단서에 따라 구술심리 신청을 받으면 그 허가 여부를 결정하여 신청인에게 알려야 한다.

③ 제2항의 통지는 간이통지방법으로 할 수 있다.

제41조【발언 내용 등의 비공개】 위원회에서 위원이 발언한 내용이나 그 밖에 공개되면 위원회의 심리·재결의 공정성을 해칠 우려가 있는 사항으로서 대통령령으로 정하는 사항은 공개하지 아니한다.

제42조【심판청구 등의 취하】 ① 청구인은 심판청구에 대하여 제7조 제6항 또는 제8조 제7항에 따른 의결이 있을 때까지 서면으로 심판청구를 취하할 수 있다.

② 참가인은 심판청구에 대하여 제7조 제6항 또는 제8조 제7항에 따른 의결이 있을 때까지 서면으로 참가신청을 취하할 수 있다.

③ 제1항 또는 제2항에 따른 취하서에는 청구인이나 참가인이 서명하거나 날인하여야 한다.

④ 청구인 또는 참가인은 취하서를 피청구인 또는 위원회에 제출하여야 한다. 이 경우 제23조 제2항부터 제4항까지의 규정을 준용한다.

⑤ 피청구인 또는 위원회는 계속 중인 사건에 대하여 제1항 또는 제2항에 따른 취하서를 받으면 지체 없이 다른 관계 기관, 청구인, 참가인에게 취하 사실을 알려야 한다.

제6장 재결

제43조【재결의 구분】 ① 위원회는 심판청구가 적법하지 아니하면 그 심판청구를 각하(却下)한다.

② 위원회는 심판청구가 이유가 없다고 인정하면 그 심판청구를 기각(棄却)한다.

③ 위원회는 취소심판의 청구가 이유가 있다고 인정하면 처분을 취소 또는 다른 처분으로 변경하거나 처분을 다른 처분으로 변경할 것을 피청구인에게 명한다.

④ 위원회는 무효등확인심판의 청구가 이유가 있다고 인정하면 처분의 효력 유무 또는 처분의 존재 여부를 확인한다.

⑤ 위원회는 의무이행심판의 청구가 이유가 있다고 인정하면 지체 없이 신청에 따른 처분을 하거나 처분을 할 것을 피청구인에게 명한다.

제43조의2【조정】 ① 위원회는 당사자의 권리 및 권한의 범위에서 당사자의 동의를 받아 심판청구의 신속하고 공정한 해결을 위하여 조정을 할 수 있다. 다만, 그 조정이 공공복리에 적합하지 아니하거나 해당 처분의 성질에 반하는 경우에는 그러하지 아니하다.

② 위원회는 제1항의 조정을 함에 있어서 심판청구된 사건의 법적·사실적 상태와 당사자 및 이해관계자의 이익 등 모든 사정을 참작하고, 조정의 이유와 취지를 설명하여야 한다.

③ 조정은 당사자가 합의한 사항을 조정서에 기재한 후 당사자가 서명 또는 날인하고 위원회가 이를 확인함으로써 성립한다.

④ 제3항에 따른 조정에 대하여는 제48조부터 제50조까지, 제50조의2, 제51조의 규정을 준용한다.

[본조신설 2017. 10. 31.]

제44조【사정재결】 ① 위원회는 심판청구가 이유가 있다고 인정하는 경우에도 이를 인용(認容)하는 것이 공공복리에 크게 위배된다고 인정하면 그 심판청구를 기각하는 재결을 할 수 있다. 이 경우 위원회는 재결의 주문(主文)에서 그 처분 또는 부작위가 위법하거나 부당하다는 것을 구체적으로 밝혀야 한다.

② 위원회는 제1항에 따른 재결을 할 때에는 청구인에 대하여 상당한 구제방법을 취하거나 상당한 구제방법을 취할 것을 피청구인에게 명할 수 있다.

③ 제1항과 제2항은 무효등확인심판에는 적용하지 아니한다.

제45조【재결 기간】 ① 재결은 제23조에 따라 피청구인 또는 위원회가 심판청구서를 받은 날부터 60일 이내에 하여야 한다. 다만, 부득이한 사정이 있는 경우에는 위원장이 직권으로 30일을 연장할 수 있다.

② 위원장은 제1항 단서에 따라 재결 기간을 연장할 경우에는 재결 기간이 끝나기 7일 전까지 당사자에게 알려야 한다.

제46조【재결의 방식】 ① 재결은 서면으로 한다.

② 제1항에 따른 재결서에는 다음 각 호의 사항이 포함되어야 한다.

1. 사건번호와 사건명
2. 당사자·대표자 또는 대리인의 이름과 주소
3. 주문
4. 청구의 취지
5. 이유
6. 재결한 날짜

③ 재결서에 적는 이유에는 주문 내용이 정당하다는 것을 인정할 수 있는 정도의 판단을 표시하여야 한다.

제47조【재결의 범위】 ① 위원회는 심판청구의 대상이 되는 처분 또는 부작위 외의 사항에 대하여는 재결하지 못한다.

② 위원회는 심판청구의 대상이 되는 처분보다 청구인에게 불리한 재결을 하지 못한다.

제48조【재결의 송달과 효력 발생】 ① 위원회는 지체 없이 당사자에게 재결서의 정본을 송달하여야 한다. 이 경우 중앙행정심판위원회는 재결 결과를 소관 중앙행정기관의 장에게도 알려야 한다.

② 재결은 청구인에게 제1항 전단에 따라 송달되었을 때에 그 효력이 생긴다.

③ 위원회는 재결서의 등본을 지체 없이 참가인에게 송달하여야 한다.

④ 처분의 상대방이 아닌 제3자가 심판청구를 한 경우 위원회는 재결서의 등본을 지체 없이 피청구인을 거쳐 처분의 상대방에게 송달하여야 한다.

제49조【재결의 기속력 등】 ① 심판청구를 인용하는 재결은 피청구인과 그 밖의 관계 행정청을 기속(羈束)한다.

② 재결에 의하여 취소되거나 무효 또는 부존재로 확인되는 처분이 당사자의 신청을 거부하는 것을 내용으로 하는 경우에는 그 처분을 한 행정청은 재결의 취지에 따라 다시 이전의 신청에 대한 처분을 하여야 한다. <신설 2017. 4. 18.>

③ 당사자의 신청을 거부하거나 부작위로 방치한 처분의 이행을 명하는 재결이 있으면 행정청은 지체 없이 이전의 신청에 대하여 재결의 취지에 따라 처분을 하여야 한다. <개정 2017. 4. 18.>

④ 신청에 따른 처분이 절차의 위법 또는 부당을 이유로 재결로써 취소된 경우에는 제2항을 준용한다. <개정 2017. 4. 18.>

⑤ 법령의 규정에 따라 공고하거나 고시한 처분이 재결로써 취소되거나 변경되면 처분을 한 행정청은 지체 없이 그 처분이 취소 또는 변경되었다는 것을 공고하거나 고시하여야 한다. <개정 2017. 4. 18.>

⑥ 법령의 규정에 따라 처분의 상대방 외의 이해관계인에게 통지된 처분이 재결로써 취소되거나 변경되면 처분을 한 행정청은 지체 없이 그 이해관계인에게 그 처분이 취소 또는 변경되었다는 것을 알려야 한다. <개정 2017. 4. 18.>

제50조【위원회의 직접 처분】 ① 위원회는 피청구인이 제49조 제3항에도 불구하고 처분을 하지 아니하는 경우에는 당사자가 신청하면 기간을 정하여 서면으로 시정을 명하고 그 기간에 이행하지 아니하면 직접 처분을 할 수 있다. 다만, 그 처분의 성질이나 그 밖의 불가피한 사유로 위원회가 직접 처분을 할 수 없는 경우에는 그러하지 아니하다. <개정 2017. 4. 18.>

② 위원회는 제1항 본문에 따라 직접 처분을 하였을 때에는 그 사실을 해당 행정청에 통보하여야 하며, 그 통보를 받은 행정청은 위원회가 한 처분을 자기가 한 처분으로 보아 관계 법령에 따라 관리·감독 등 필요한 조치를 하여야 한다.

제50조의2【위원회의 간접강제】 ① 위원회는 피청구인이 제49조 제2항(제49조 제4항에서 준용하는 경우를 포함한다) 또는 제3항에 따른 처분을 하지 아니하면 청구인의 신청에 의하여 결정으로 상당한 기간을 정하고 피청구인이 그 기간 내에 이행하지 아니하는 경우에는 그 지연기간에 따라 일정한 배상을 하도록 명하거나 즉시 배상을 할 것을 명할 수 있다.

② 위원회는 사정의 변경이 있는 경우에는 당사자의 신청에 의하여 제1항에 따른 결정의 내용을 변경할 수 있다.

③ 위원회는 제1항 또는 제2항에 따른 결정을 하기 전에 신청 상대방의 의견을 들어야 한다.

④ 청구인은 제1항 또는 제2항에 따른 결정에 불복하는 경우 그 결정에 대하여 행정소송을 제기할 수 있다.

⑤ 제1항 또는 제2항에 따른 결정의 효력은 피청구인인 행정청이 소속된 국가·지방자치단체 또는 공공단체에 미치며, 결정서 정본은 제4항에 따른 소송제기와 관계없이 「민사집행법」에 따른 강제집행에 관하여는 집행권원과 같은 효력을 가진다. 이 경우 집행문은 위원장의 명에 따라 위원회가 소속된 행정청 소속 공무원이 부여한다.

⑥ 간접강제 결정에 기초한 강제집행에 관하여 이 법에 특별한 규정이 없는 사항에 대하여는 「민사집행법」의 규정을 준용한다. 다만, 「민사집행법」 제33조(집행문부여의 소), 제34조(집행문부여 등에 관한 이의신청), 제44조(청구에 관한 이의의 소) 및 제45조(집행문부여에 대한 이의의 소)에서 관할 법원은 피청구인의 소재지를 관할하는 행정법원으로 한다.
[본조신설 2017. 4. 18.]

제51조【행정심판 재청구의 금지】 심판청구에 대한 재결이 있으면 그 재결 및 같은 처분 또는 부작위에 대하여 다시 행정심판을 청구할 수 없다.

제7장 전자정보처리조직을 통한 행정심판 절차의 수행

제52조【전자정보처리조직을 통한 심판청구 등】
① 이 법에 따른 행정심판 절차를 밟는 자는 심판청구서와 그 밖의 서류를 전자문서화하고 이를 정보통신망을 이용하여 위원회에서 지정·운영하는 전자정보처리조직(행정심판 절차에 필요한 전자문서를 작성·제출·송달할 수 있도록 하는 하드웨어, 소프트웨어, 데이터베이스, 네트워크, 보안요소 등을 결합하여 구축한 정보처리능력을 갖춘 전자적 장치를 말한다. 이하 같다)을 통하여 제출할 수 있다.

② 제1항에 따라 제출된 전자문서는 이 법에 따라 제출된 것으로 보며, 부본을 제출할 의무는 면제된다.

③ 제1항에 따라 제출된 전자문서는 그 문서를 제출한 사람이 정보통신망을 통하여 전자정보처리조직에서 제공하는 접수번호를 확인하였을 때에 전자정보처리조직에 기록된 내용으로 접수된 것으로 본다.

④ 전자정보처리조직을 통하여 접수된 심판청구의 경우 제27조에 따른 심판청구 기간을 계산할 때에는 제3항에 따른 접수가 되었을 때 행정심판이 청구된 것으로 본다.

⑤ 전자정보처리조직의 지정내용, 전자정보처리조직을 이용한 심판청구서 등의 접수와 처리 등에 관하여 필요한 사항은 국회규칙, 대법원규칙, 헌법재판소규칙, 중앙선거관리위원회규칙 또는 대통령령으로 정한다.

제53조【전자서명등】 ① 위원회는 전자정보처리조직을 통하여 행정심판 절차를 밟으려는 자에게 본인(本

人)임을 확인할 수 있는 「전자서명법」 제2조 제2호에 따른 전자서명(서명자의 실지명의를 확인할 수 있는 것을 말한다)이나 그 밖의 인증(이하 이 조에서 "전자서명등"이라 한다)을 요구할 수 있다. <개정 2020. 6. 9.>

② 제1항에 따라 전자서명등을 한 자는 이 법에 따른 서명 또는 날인을 한 것으로 본다.

③ 전자서명등에 필요한 사항은 국회규칙, 대법원규칙, 헌법재판소규칙, 중앙선거관리위원회규칙 또는 대통령령으로 정한다.

제54조【전자정보처리조직을 이용한 송달 등】 ① 피청구인 또는 위원회는 제52조 제1항에 따라 행정심판을 청구하거나 심판참가를 한 자에게 전자정보처리조직과 그와 연계된 정보통신망을 이용하여 재결서나 이 법에 따른 각종 서류를 송달할 수 있다. 다만, 청구인이나 참가인이 동의하지 아니하는 경우에는 그러하지 아니하다.

② 제1항 본문의 경우 위원회는 송달하여야 하는 재결서 등 서류를 전자정보처리조직에 입력하여 등재한 다음 그 등재 사실을 국회규칙, 대법원규칙, 헌법재판소규칙, 중앙선거관리위원회규칙 또는 대통령령으로 정하는 방법에 따라 전자우편 등으로 알려야 한다.

③ 제1항에 따른 전자정보처리조직을 이용한 서류 송달은 서면으로 한 것과 같은 효력을 가진다.

④ 제1항에 따른 서류의 송달은 청구인이 제2항에 따라 등재된 전자문서를 확인한 때에 전자정보처리조직에 기록된 내용으로 도달한 것으로 본다. 다만, 제2항에 따라 그 등재사실을 통지한 날부터 2주 이내(재결서 외의 서류는 7일 이내)에 확인하지 아니하였을 때에는 등재사실을 통지한 날부터 2주가 지난 날(재결서 외의 서류는 7일이 지난 날)에 도달한 것으로 본다.

⑤ 서면으로 심판청구 또는 심판참가를 한 자가 전자정보처리조직의 이용을 신청한 경우에는 제52조ㆍ제53조 및 이 조를 준용한다.

⑥ 위원회, 피청구인, 그 밖의 관계 행정기관 간의 서류의 송달 등에 관하여는 제52조ㆍ제53조 및 이 조를 준용한다.

⑦ 제1항 본문에 따른 송달의 방법이나 그 밖에 필요한 사항은 국회규칙, 대법원규칙, 헌법재판소규칙, 중앙선거관리위원회규칙 또는 대통령령으로 정한다.

제8장 보칙

제55조【증거서류 등의 반환】 위원회는 재결을 한 후 증거서류 등의 반환 신청을 받으면 신청인이 제출한 문서ㆍ장부ㆍ물건이나 그 밖의 증거자료의 원본(原本)을 지체 없이 제출자에게 반환하여야 한다.

제56조【주소 등 송달장소 변경의 신고의무】 당사자, 대리인, 참가인 등은 주소나 사무소 또는 송달장소를 바꾸면 그 사실을 바로 위원회에 서면으로 또는 전자정보처리조직을 통하여 신고하여야 한다. 제54조 제2항에 따른 전자우편주소 등을 바꾼 경우에도 또한 같다.

제57조【서류의 송달】 이 법에 따른 서류의 송달에 관하여는 「민사소송법」 중 송달에 관한 규정을 준용한다.

제58조【행정심판의 고지】 ① 행정청이 처분을 할 때에는 처분의 상대방에게 다음 각 호의 사항을 알려야 한다.

1. 해당 처분에 대하여 행정심판을 청구할 수 있는지
2. 행정심판을 청구하는 경우의 심판청구 절차 및 심판청구 기간

② 행정청은 이해관계인이 요구하면 다음 각 호의 사항을 지체 없이 알려 주어야 한다. 이 경우 서면으로 알려 줄 것을 요구받으면 서면으로 알려 주어야 한다.

1. 해당 처분이 행정심판의 대상이 되는 처분인지
2. 행정심판의 대상이 되는 경우 소관 위원회 및 심판청구 기간

제59조【불합리한 법령 등의 개선】 ① 중앙행정심판위원회는 심판청구를 심리ㆍ재결할 때에 처분 또는 부작위의 근거가 되는 명령 등(대통령령ㆍ총리령ㆍ부령ㆍ훈령ㆍ예규ㆍ고시ㆍ조례ㆍ규칙 등을 말한다. 이하 같다)이 법령에 근거가 없거나 상위 법령에 위배되거나 국민에게 과도한 부담을 주는 등 크게 불합리하면 관계 행정기관에 그 명령 등의 개정ㆍ폐지 등 적절한 시정조치를 요청할 수 있다. 이 경우 중앙행정심판위원회는 시정조치를 요청한 사실을 법제

처장에게 통보하여야 한다. <개정 2016. 3. 29.>
② 제1항에 따른 요청을 받은 관계 행정기관은 정당한 사유가 없으면 이에 따라야 한다.

제60조【조사 · 지도 등】 ① 중앙행정심판위원회는 행정청에 대하여 다음 각 호의 사항 등을 조사하고, 필요한 지도를 할 수 있다.
1. 위원회 운영 실태
2. 재결 이행 상황
3. 행정심판의 운영 현황

② 행정청은 이 법에 따른 행정심판을 거쳐 「행정소송법」에 따른 항고소송이 제기된 사건에 대하여 그 내용이나 결과 등 대통령령으로 정하는 사항을 반기마다 그 다음 달 15일까지 해당 심판청구에 대한 재결을 한 중앙행정심판위원회 또는 제6조 제3항에 따라 시 · 도지사 소속으로 두는 행정심판위원회에 알려야 한다.
③ 제6조 제3항에 따라 시 · 도지사 소속으로 두는 행정심판위원회는 중앙행정심판위원회가 요청하면 제2항에 따라 수집한 자료를 제출하여야 한다.

제61조【권한의 위임】 이 법에 따른 위원회의 권한 중 일부를 국회규칙, 대법원규칙, 헌법재판소규칙, 중앙선거관리위원회규칙 또는 대통령령으로 정하는 바에 따라 위원장에게 위임할 수 있다.

비송사건절차법 총칙

[시행 2020. 8. 5.]
[법률 제16912호, 2020. 2. 4., 타법개정]

제1조【적용 범위】 이 편(編)의 규정은 법원의 관할에 속하는 비송사건(非訟事件, 이하 "사건"이라 한다) 중 이 법 또는 그 밖의 다른 법령에 특별한 규정이 있는 경우를 제외한 모든 사건에 적용한다.
[전문개정 2013. 5. 28.]

제2조【관할법원】 ① 법원의 토지 관할이 주소에 의하여 정하여질 경우 대한민국에 주소가 없을 때 또는 대한민국 내의 주소를 알지 못할 때에는 거소지(居所地)의 지방법원이 사건을 관할한다.
② 거소가 없을 때 또는 거소를 알지 못할 때에는 마지막 주소지의 지방법원이 사건을 관할한다.
③ 마지막 주소가 없을 때 또는 그 주소를 알지 못할 때에는 재산이 있는 곳 또는 대법원이 있는 곳을 관할하는 지방법원이 사건을 관할한다.
[전문개정 2013. 5. 28.]

제3조【우선관할 및 이송】 관할법원이 여러 개인 경우에는 최초로 사건을 신청받은 법원이 그 사건을 관할한다. 이 경우 해당 법원은 신청에 의하여 또는 직권으로 적당하다고 인정하는 다른 관할법원에 그 사건을 이송할 수 있다.
[전문개정 2013. 5. 28.]

제4조【관할법원의 지정】 ① 관할법원의 지정은 여러 개의 법원의 토지 관할에 관하여 의문이 있을 때에 한다.
② 관할법원의 지정은 관계 법원에 공통되는 바로 위 상급법원이 신청에 의하여 결정(決定)함으로써 한다. 이 결정에 대하여는 불복신청을 할 수 없다.
[전문개정 2013. 5. 28.]

제5조【법원 직원의 제척 · 기피】 사건에 관하여는 법원 직원의 제척(除斥) 또는 기피(忌避)에 관한 「민사소송법」의 규정을 준용한다.

[전문개정 2013. 5. 28.]

제6조【대리인】 ① 사건의 관계인은 소송능력자로 하여금 소송행위를 대리(代理)하게 할 수 있다. 다만, 본인이 출석하도록 명령을 받은 경우에는 그러하지 아니하다.
② 법원은 변호사가 아닌 자로서 대리를 영업으로 하는 자의 대리를 금하고 퇴정(退廷)을 명할 수 있다. 이 명령에 대하여는 불복신청을 할 수 없다.
[전문개정 2013. 5. 28.]

제7조【대리권의 증명】 ① 제6조에 따른 대리인에 관하여는 「민사소송법」 제89조를 준용한다.
② 대리인의 권한을 증명하는 사문서(私文書)에 관계 공무원 또는 공증인의 인증(認證)을 받아야 한다는 명령에 대하여는 불복신청을 할 수 없다.
[전문개정 2013. 5. 28.]

제8조【신청 및 진술의 방법】 신청 및 진술에 관하여는 「민사소송법」 제161조를 준용한다.
[전문개정 2013. 5. 28.]

제9조【신청서의 기재사항, 증거서류의 첨부】 ① 신청서에는 다음 각 호의 사항을 적고 신청인이나 그 대리인이 기명날인하거나 서명하여야 한다. <개정 2016. 1. 19.>

1. 신청인의 성명과 주소
2. 대리인에 의하여 신청할 때에는 대리인의 성명과 주소
3. 신청의 취지와 그 원인이 되는 사실
4. 신청 연월일
5. 법원의 표시

② 증거서류가 있을 때에는 그 원본 또는 등본(謄本)을 신청서에 첨부하여야 한다.
[전문개정 2013. 5. 28.]

제10조【「민사소송법」의 준용】 사건에 관하여는 기일(期日), 기간, 소명(疎明) 방법, 인증(人證)과 감정(鑑定)에 관한 「민사소송법」의 규정을 준용한다.
[전문개정 2013. 5. 28.]

제11조【직권에 의한 탐지 및 증거조사】 법원은 직권으로 사실의 탐지와 필요하다고 인정하는 증거의 조사를 하여야 한다.
[전문개정 2013. 5. 28.]

제12조【촉탁할 수 있는 사항】 사실 탐지, 소환, 고지(告知), 재판의 집행에 관한 행위는 촉탁할 수 있다.
[전문개정 2013. 5. 28.]

제13조【심문의 비공개】 심문(審問)은 공개하지 아니한다. 다만, 법원은 심문을 공개함이 적정하다고 인정하는 자에게는 방청을 허가할 수 있다.
[전문개정 2013. 5. 28.]

제14조【조서의 작성】 법원서기관, 법원사무관, 법원주사 또는 법원주사보(이하 "법원사무관등"이라 한다)는 증인 또는 감정인(鑑定人)의 심문에 관하여는 조서(調書)를 작성하고, 그 밖의 심문에 관하여는 필요하다고 인정하는 경우에만 조서를 작성한다.
[전문개정 2013. 5. 28.]

제15조【검사의 의견 진술 및 심문 참여】 ① 검사는 사건에 관하여 의견을 진술하고 심문에 참여할 수 있다.
② 사건 및 그에 관한 심문의 기일은 검사에게 통지하여야 한다.
[전문개정 2013. 5. 28.]

제16조【검사에 대한 통지】 법원, 그 밖의 관청, 검사와 공무원은 그 직무상 검사의 청구에 의하여 재판을 하여야 할 경우가 발생한 것을 알았을 때에는 그 사실을 관할법원에 대응한 검찰청 검사에게 통지하여야 한다.
[전문개정 2013. 5. 28.]

제17조【재판의 방식】 ① 재판은 결정으로써 한다.
② 재판의 원본에는 판사가 서명날인하여야 한다. 다만, 신청서 또는 조서에 재판에 관한 사항을 적고 판사가 이에 서명날인함으로써 원본을 갈음할 수 있다.
③ 재판의 정본(正本)과 등본에는 법원사무관등이 기명날인하고, 정본에는 법원인(法院印)을 찍어야 한다.
④ 제2항에 따른 서명날인은 기명날인으로 갈음할 수 있다.
[전문개정 2013. 5. 28.]

제18조【재판의 고지】 ① 재판은 이를 받은 자에게 고지함으로써 효력이 생긴다.
② 재판의 고지는 법원이 적당하다고 인정하는 방법으로 한다. 다만, 공시송달(公示送達)을 하는 경우에는 「민사소송법」의 규정에 따라야 한다.

③ 법원사무관등은 재판의 원본에 고지의 방법, 장소, 연월일을 부기(附記)하고 도장을 찍어야 한다.
[전문개정 2013. 5. 28.]

제19조【재판의 취소 · 변경】 ① 법원은 재판을 한 후에 그 재판이 위법 또는 부당하다고 인정할 때에는 이를 취소하거나 변경할 수 있다.
② 신청에 의하여만 재판을 하여야 하는 경우에 신청을 각하(却下)한 재판은 신청에 의하지 아니하고는 취소하거나 변경할 수 없다.
③ 즉시항고(卽時抗告)로써 불복할 수 있는 재판은 취소하거나 변경할 수 없다.
[전문개정 2013. 5. 28.]

제20조【항고】 ① 재판으로 인하여 권리를 침해당한 자는 그 재판에 대하여 항고할 수 있다.
② 신청에 의하여만 재판을 하여야 하는 경우에 신청을 각하한 재판에 대하여는 신청인만 항고할 수 있다.
[전문개정 2013. 5. 28.]

제21조【항고의 효력】 항고는 특별한 규정이 있는 경우를 제외하고는 집행정지의 효력이 없다.
[전문개정 2013. 5. 28.]

제22조【항고법원의 재판】 항고법원의 재판에는 이유를 붙여야 한다.
[전문개정 2013. 5. 28.]

제23조【항고의 절차】 이 법에 따른 항고에 관하여는 특별한 규정이 있는 경우를 제외하고는 항고에 관한 「민사소송법」의 규정을 준용한다.
[전문개정 2013. 5. 28.]

제24조【비용의 부담】 재판 전의 절차와 재판의 고지 비용은 부담할 자를 특별히 정한 경우를 제외하고는 사건의 신청인이 부담한다. 다만, 검사가 신청한 경우에는 국고에서 부담한다.
[전문개정 2013. 5. 28.]

제25조【비용에 관한 재판】 법원은 제24조에 따른 비용에 관하여 재판을 할 필요가 있다고 인정할 때에는 그 금액을 확정하여 사건의 재판과 함께 하여야 한다.
[전문개정 2013. 5. 28.]

제26조【관계인에 대한 비용 부담 명령】 법원은 특별한 사유가 있을 때에는 이 법에 따라 비용을 부담할 자가 아닌 관계인에게 비용의 전부 또는 일부의 부담을 명할 수 있다.
[전문개정 2013. 5. 28.]

제27조【비용의 공동 부담】 비용을 부담할 자가 여럿인 경우에는 「민사소송법」 제102조를 준용한다.
[전문개정 2013. 5. 28.]

제28조【비용의 재판에 대한 불복신청】 비용의 재판에 대하여는 그 부담의 명령을 받은 자만 불복신청을 할 수 있다. 이 경우 독립하여 불복신청을 할 수 없다.
[전문개정 2013. 5. 28.]

제29조【비용 채권자의 강제집행】 ① 비용의 채권자는 비용의 재판에 의하여 강제집행을 할 수 있다.
② 제1항에 따른 강제집행의 경우에는 「민사집행법」의 규정을 준용한다. 다만, 집행을 하기 전에 재판서의 송달은 하지 아니한다.
③ 비용의 재판에 대한 항고가 있을 때에는 「민사소송법」 제448조 및 제500조를 준용한다.
[전문개정 2013. 5. 28.]

제30조【국고에 의한 비용의 체당】 직권으로 하는 탐지, 사실조사, 소환, 고지, 그 밖에 필요한 처분의 비용은 국고에서 체당(替當)하여야 한다.
[전문개정 2013. 5. 28.]

제31조【신청의 정의】 이 편에서 "신청"이란 신청과 신고를 말한다.
[전문개정 2013. 5. 28.]

2024 박문각 행정사 2차

조장형 행정사실무법 기본서

초판인쇄 | 2023. 11. 10. **초판발행** | 2023. 11. 15. **편저자** | 조장형

발행인 | 박 용 **발행처** | (주)박문각출판 **등록** | 2015년 4월 29일 제2015-000104호

주소 | 06654 서울시 서초구 효령로 283 서경 B/D 4층 **팩스** | (02)584-2927

전화 | 교재 문의 (02)6466-7202

저자와의
협의하에
인지생략

정가 35,000원

ISBN 979-11-6987-545-5